顾燕文◎主编

特级教师在课堂 上

——新时代课程教育

教学的智汇演绎

上海教育出版社
SHANGHAI EDUCATIONAL
PUBLISHING HOUSE

图书在版编目（CIP）数据

特级教师在课堂：新时代课程教育教学的智汇演绎：上、下册 / 顾燕文主编. — 上海：上海教育出版社，2025.1. — ISBN 978-7-5720-3185-4

Ⅰ. G632.0

中国国家版本馆CIP数据核字第2024H12J10号

责任编辑　朱剑茂　张嘉恒

美术编辑　周　亚

特级教师在课堂
——新时代课程教育教学的智汇演绎（上、下册）
顾燕文　主编

出版发行　上海教育出版社有限公司
官　　网　www.seph.com.cn
地　　址　上海市闵行区号景路159弄C座
邮　　编　201101
印　　刷　上海盛通时代印刷有限公司
开　　本　700×1000　1/16　印张36
字　　数　568千字
版　　次　2025年1月第1版
印　　次　2025年1月第1次印刷
书　　号　ISBN 978-7-5720-3185-4/G·2814
定　　价　140.00元（全二册）

如发现质量问题，读者可向本社调换　电话：021-64373213

前言

教师是教育的灵魂，是推进教育现代化的核心力量。优秀教师的培养与成长，直接关系到教育质量的高低和人才的培养质量。编撰《特级教师在课堂——新时代课程教育教学的智汇演绎》一书，旨在汇聚金山区特级教师的智慧与经验，为广大教育工作者提供可借鉴、可复制的教学方法和策略，进一步推动区域教师队伍整体素质的提升。

金山区教育局高度重视高端教师的培养工作，自2012年起，成功举办多期"领军校长、拔尖教师高研班"，汇聚了全市乃至全国知名的教育教学专家，为学员们带来了最前沿的教育理念、丰富的实践经验和精准的专业指导。这一举措不仅促进了金山区教育人才队伍的快速成长，更为金山区教育的长远发展奠定了坚实基础。在过去的高研班中，我们共培养了39名领军校长、50名拔尖教师，其中不乏荣获特级校长、特级教师等荣誉的杰出代表。他们的成长故事和教学经验，无疑是教育事业中宝贵的财富。

《特级教师在课堂——新时代课程教育教学的智汇演绎》一书，正是基于这样的背景应运而生。本书呈现了金山区不同学段、不同学科特级教师们的教育教学实践智慧，旨在通过生动的课堂实例和深刻的经验总结，引导特级教师深耕课堂，聚焦当下"双新"课程教学改革，以教育数字化转型为契机，着力推动金山区教育高质量发展。书中既有特级教师们对教育理念的深入阐述，也有他们在教学实践中的具体操作和反思，更有他们对学生成长的关爱与引导。这些内容不仅体现了特级教师们深厚的专业素养和教育情怀，更为广大教师提供了宝贵的学习资源和成长动力。

在阅读本书的过程中，您将深刻感受到特级教师们对教育的热爱与执着追求。他们不仅在课堂上兢兢业业、无私奉献，更在课外积极反思、不断探索。他们的成长历程告诉我们：教育是一项需要用心去做的事业，只有不断学习、不断进步，才能成为真正优秀的教师。

希望《特级教师在课堂——新时代课程教育教学的智汇演绎》一书的出版，能够为广大教育工作者带来启示和鼓舞。让我们以特级教师们为榜样，不断提升自己的专业素养和教学能力，为培养更多优秀人才贡献自己的力量。同时，也期待更多的教育工作者能够加入到这个行列中来，共同推动金山区教育的繁荣发展。

最后，衷心感谢所有参与本书编撰的特级教师和专家学者们的辛勤付出和无私奉献。你们的智慧和汗水将永远铭刻在金山区教育事业的史册上！

金山区教育局　郑　瑛

2024 年 10 月

目录

上　册

高 中 语 文

特级教师简介

顾燕文，1975 年出生，上海金山人。1998 年毕业于上海师范大学中文系，2013 年获得华东师范大学教育硕士学位，2017 年荣获上海市语文特级教师称号，2021 年被评为中学语文正高级教师。现任上海市金山区教育学院师训部主任、高中语文学科教研员。"上海市首届双名工程"于漪语文名师基地学员、上海市教师学研究会第七届理事会分支机构"青语会专业委员会"副主任、金山区中语会会长。曾获上海市首届教研员评比一等奖。被金山区人民政府授予"拔尖人才"（2015年）、"领军人才后备"（2017 年）、"优秀人才团队"主持人（2019 年）、"领军人才"（2021 年）等荣誉称号。被聘为上海市二期课改高中语文教材修订意见撰写专家顾问，上海市教委教研室《高中语文单元教学指南》《高中语文统编教材练习册》《高中语文统编教材单元教学设计》编写组核心成员。

2016 年《生态化作业设计》获得了上海市科研成果二等奖；2018 年《依托机制创新，突破学科教研瓶颈》获得上海市基础教育成果二等奖；2022 年主讲的"基于空中课堂的'双师教学'"被评为上海市优秀市级共享课程。培养指导教师连续 6 届获得华师大的语文大讲堂"十大教学之星"；1 人获得上海市中青年教师教学评优一等奖；1 人获得上海市"爱岗敬业"技能比赛二等奖，3 人获得三等奖。

～～～～ **特级教师优课与经验分享** ～～～～

沉浸课堂　以文化人

——我的"课堂·课例·课程"实践探索与经验分享

一、课堂——教学展示新探索

沉浸课堂,以文化人,让我的语文教学更具有唤醒并促进学生文化生命成长的意义。语文是母语学科,人文学科。语文教学的责任和使命就是激发、培养、提升学生对母语的感情,从而成为一个有文化底蕴、能自主发展、主动进行社会参与的人。"人"既是教育的主体,也是教育的目的。而要达成语文学科的育人目标,一定是通过"文字、文本、文学、文化"的途径,加之听说读写能力的培养,让学生在经历语言材料的积累、语言知识的积累、语言感受力的积累之后达成的。基于此种认识,我给自己确立了"以文化人"的教学理念。在具体教学设计和实施中,始终践行"立足生命,关注生趣,回归生活,指向生长"的教学策略。

用"问题"推动教学,以"经历"提升素养

——《兰亭集序》(第二课时)教学设计

学习目标

(1) 赏析这篇"序"和一般的"序"的不同之处,把握作品的独特价值。

(2) 理解王羲之的情感变化,体会王羲之在《兰亭集序》中流露出的复杂感情。

第二课时

学习环节

• 主问题

《兰亭集序》这篇序文为什么能成为流传千古的名篇?

• 问题一

从"乐"到"痛"再到"悲",这种情感是如何发展的？它们之间有怎样的关系呢？

明确：

首先，抓住"暂"和"况"字，关注摹本中的"向之"原为"于今"，由此理解面对景美人雅的集会，作者感到"信可乐也"，但是在想到集会终结之时，想到时间车轮碾过之后，所有的美好都将不复存在，心中不免有所感慨。作者从时间的角度，由事及人，从事物的变化联想到人生的变化，生发出对死生之痛的感叹，此为一转。

接下来，作者将古人"兴感之由"、时人"一死生""齐彭殇"和后人"后之视今，亦由今之视昔"的感情生发之由——打通，得出"虽世殊事异，所以兴怀，其致一也"的结论，形成了极具哲理性的时空观。这里的"悲"不同于上一段的"痛"，因为痛的只是人生短暂，好景不长；而悲的却是人生代代相痛，永无休止，这是对个体之痛的理性思考。值得注意的是，这种悲如果没有了前面置身于山水美景时的"乐"，没有了对时光易逝而感发的"痛"，没有了这两种情感作为情绪基础的话，那它是没有依附的。作者从时空的维度，从个体到群体，由乐转痛到悲，体现出强烈的生命意识、时间意识和空间意识，此为二转。

• 问题二

把目光聚焦到三个语句中的三个虚词，也就是"也""哉""夫"的时候，是不是还能发现在这种情感流转中的别样的精彩呢？

明确：

"也"在这里放在句尾，作为语气助词，表达的是对事物固定状态的肯定或确定。

"哉"字含有强烈的语气，且常用在反问句中，加强语气。

"夫"作为语气词用于句尾，常表示较为深沉的感叹。

文言虚词随语意而变，使文气更加贯通，气韵更加生动，并使行文风格协调一致，文辞贴合情感的起伏和流转。可见，《兰亭集序》的魅力还在于其辞采文质的精妙。

• 问题三

结合作品所产生的时代再思考，还有没有能让这篇序文成为名篇的原因？

明确：

魏晋时期长期分裂动荡,政治严酷,残杀异己。士大夫不满,普遍崇尚老庄,追求清静无为、自由放任的生活。文学创作内容消沉,出世入仙和逃避现实的情调很浓。

动荡残酷的时局和觉醒的生命意识的确使王羲之看清了生活的真相,也意识到生命的脆弱和有限,但他却能从精神层面进行自我开解,将生命的价值无限提升。他的不合时宜的"突破",激励着我们后世的每一代人都去寻找自己内心中的这份生命的活力。这就有了穿越时空的共情性,成就了它的千古流传。

• 问题四

本文的行文特点能体现出王羲之的这种不合时宜的"突破"吗?

明确：

东晋文坛盛行骈文,而王羲之的《兰亭集序》却是散体。骈、散,本无绝对的优劣可言,各有所宜。但从这一篇来说,这一种自然潇洒的韵致,却是骈文所不易达到的。在参差不齐的句子中,作者交错使用了较多的四言句,节奏明朗,音乐感强,使文章既显明快,又不致过于急促,保持了从容潇洒的仪态。

这种文体特点和《兰亭集序》所想要表达的思想与人生态度完美契合,即便是在文体的选择上,作者也突破了时代的束缚,不为常人好恶所动,足见其超凡脱俗。

• 结论

《兰亭集序》为什么能成为流传千古的名篇?

它传达了人类的永恒之悲,包括情随事迁的无奈和人寿有限的痛苦,揭示了魏晋时期生命意识觉醒后士人的普遍心理状态;作者有冲破时代文化局限的勇气,强调关注当下体验,获得审美超越,战胜了人类面对永恒之悲的恐慌;序文优美酣畅的表达,包括骈散结合的句式和语气词的巧妙运用,让读者在因声求气的呼吸吐纳之间,情感得到了最大限度的宣泄。

• 小结

1. 从文体特征和本文特点出发

书序多介绍和评析著作要旨和作者风格;本文却以"兰亭集会"为发端,以自己面对美景的感慨,引出"乐""痛""悲"的心路历程。因此,我们应抓住作者情感的变化,理清本文的思路。

2. 及时导入背景知识

魏晋时期在思想史上具有什么特点,当时士人普遍存在怎样的心态,这些背景知识是我们理解本文主旨的重要支撑。

• 作业

(1) 请完成黄浦一模第 23 题、松江一模第 24 题。

(2) 你认为这篇序文,对生活在当下的我们,有着怎样的价值和意义?请谈谈你的思考。

• 问题结构图

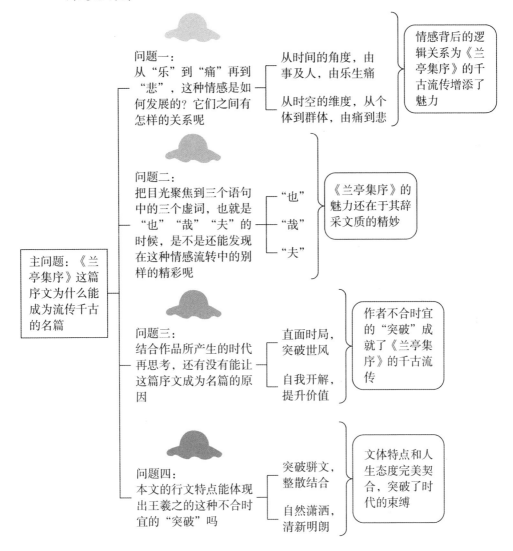

【结论与分析】

（一）用"主问题"的教学方式,破解学生学习经历中的"障碍"

将第二课时的学习目标设定为"理解王羲之的情感变化,体会王羲之在《兰亭集序》中流露出的复杂感情",是在完成了第一课时的"赏析这篇'序'和一般的'序'的不同之处,把握作品的独特价值"的基础上确立的。换而言之,也就是在基本落实了"文本写了什么? 怎样写的?"这一目标的基础上,进而转入落实"作者为什么这样写? 这样写的意义与价值"的思考。为了达成这两个学习目标,分别设计了"作者抒发了怎样的情感? 又是怎样抒发的?"和"这篇序文为什么能成为流传千古的名篇?"这两个主问题推进教学。这两个主问题的确定既来自于对文本的核心价值梳理后的提炼,也关注到了学生阅读思维提升的合理化推进。学生对"为什么"的问题把握难度远大于"是什么"和"怎么样";学生对作品价值的外延性思考的难度远大于对作品本身信息的提炼和梳理。这里的"难度"就是学习经历的障碍之处,而这个"障碍"又是这一篇文本价值集中体现的地方。不去探究《兰亭集序》这篇序文穿越千古的原因,就无法在现实情境中架构起学生与文本之间的情感连接;不去问"这篇序文为什么能成为流传千古的名篇?"这一"主问题"推动教学,就无法同时勾连起从文本内容到文本形式再到文本主题,从作者个性到文本特性再到时代背景的所有内容。

所谓主问题,就是能够贯串于一堂课始终的问题,是引导学生对课文进行深入研读的中心问题,是阅读教学中能从教学内容整体的角度或者学生整体参与的角度引发思考、讨论、理解、品味、探究、欣赏过程的重要问题。它有任务驱动的效果,同时又与目标紧密相连。要探究或者回答"这篇序文为什么能成为流传千古的名篇?"这一问题,就得再一次深入地进入全文。这样的"问题"牵动了学生对全篇文章反复阅读的心,让学生对文本内容进行了又一次的细致理解,并又一次地进行了关键信息的提取,比如"暂""况"的品读;比如对"岂不痛哉!"和"悲夫!"的体验感知。

（二）用体现语文个性的过程性问题,抓住学生学习经历中的"关键"

从高中语文教学的角度而言,我们所要关注的学生学习经历中的"关键点"就是文本的语言形式。学生读文本,有一个从理解到反思的过程。教学的主要目的不是读懂文本内容,而是要理解表现内容的语言形式,进而理解语言形式所蕴含的思想情感以及背后的文化内涵。因此,在学生基本把握文本内容之后,就要有意识地引导学生关注语言形式,看作者是用怎样的形式来表述的,为什么要用这样的形式来表述。

在《兰亭集序》第二课时教学实施中,分别设计了"从'乐'到'痛'再到'悲',这种情感是如何发展的? 它们之间有怎样的关系呢?"以及"把目光聚焦到三个语句中的三个虚词,也就是'也''哉''夫'的时候,是不是还能发现在这种情感流转中的别样的精彩呢?"这两个过程性问题。对于第一个问题的解决,聚焦在了"暂"和"况"字上,甚至关注到了摹本中的"向之"原为"于今"的变化,从具体的文言虚词和细微的文词变异入手,由此理解作者从时间的角度,由事及人,从事物的变化联想到人生的变化,生发出对死生之痛的感叹。第二个问题的设计更是抓住了文言语气词,让学生关注到作者在行文中对语气词的巧妙运用。这种语言形式,能让读者在因声求气的呼吸吐纳之间,情感得到了最大程度的宣泄。这些"关键"之处的捕捉,能进一步引导学生不断地调动已有的积累,通过已知来体验新知,并运用已有知识、已有能力来判别、赏析、评价文本内容和表现形式,逐步提高洞察能力,体会《兰亭集序》这一文本的独特价值,即辞采文质的精妙。文言随语意而变,使文气更加贯通,气韵更加生动,并使行文风格协调一致,文辞贴合情感的起伏和流转。

(三) 用有结构逻辑的问题链,增加学生学习经历中的"经验"

问题链是在落实主问题的过程中,根据学生学习过程中将要产生和可能产生的疑惑,将学习目标转化为层次鲜明,且具有结构体系的一组教学问题。它们是相对独立而又相互关联的问题。问题链的推进既是思维的源泉,更是思维的动力。设计符合学习认知规律的问题链能有效地引领学生沿着凸显文本核心价值的问题情境去思考和探究。这一教学方式,既在课堂中传达教学内容,同时也在培养学生学习的思维方式。以对问题的分解、梳理、提炼,来引导学生探索思考问题、解决问题的方法与途径,潜移默化地引导学生掌握一类文本的阅读路径,形成属于自己的阅读经验。

《兰亭集序》的教学,在主问题"这篇序文为什么能成为流传千古的名篇?"之下,分别依次设计了"从'乐'到'痛'再到'悲',这种情感是如何发展的? 它们之间有怎样的关系?""把目光聚焦到三个语句中的三个虚词,也就是'也'

'哉''夫'的时候，是不是还能发现在这种情感流转中的别样的精彩呢？""结合作品所产生的时代再思考，还有没有能让这篇序文成为名篇的原因？"以及"本文的行文特点能体现出王羲之的这种不合时宜的'突破'吗？"这几个问题。这些问题的设计环环相扣，从内容到形式、从整体到局部、从文本内到文本外；从易到难、从显性到隐形，既构成了对主问题的反复思考的问题群体系，同时又能产生吸引学生进行深入品读的牵引力，形成持续推进教学的支撑力。在课堂教学氛围上也表现出了一种师生共同参与、广泛交流的凝聚力，甚至在教学节奏方面具有让学生安静下来思考问题的课堂教学氛围的调节力。问题链的设计从文体特征和文本特点出发，引导学生在阅读文本时应抓住作者情感的变化，理清本文的思路。同时，在破解阅读障碍时要学会及时导入背景知识，比如"魏晋时期在思想史上具有什么特点，当时士人普遍存在怎样的心态"。背景知识的导入是理解本文主旨的重要支撑。这些都是学生学习经历中需要类化和内化的阅读经验。

学生的学习经历是学生自己的，但是并不代表放任学生自己去经历。真正学习的发生路径，一定是有问题化驱动的目标，有挑战的欲望和问题解决的激情，有不断试错和自我诊断的过程。用"问题"推动教学，以"经历"提升素养，让学习真正地发生。

（该教学设计荣获 2021 年教育部精品课）

二、课例——课改主题新思考

沉浸课堂，以文化人，让我的语文教研更接地气，自身也更有底气。我有 10 年一线教学的经历，并做过 9 年的班主任。2008 年后，我走上了教研员的工作岗位。在担任教研员的 15 年里，我累计听课近 1150 节，参与 460 多场教研组备课组活动，190 多场区级以上的主题教研活动，撰写区域学科报告 120 多份……通过这些量的积累，不断地提升我对语文学科教学的认识。真切地去发现区域语文教学的真实状态，基于现实构建提升策略。同时，我以教研员的身份不断坚持在一线上课，特别是 2017 年至今，我在金山中学支教，完整地带一个教学班。坚持了一年半。一周 5—6 课时加 2 个早读。之后，又连续 3 年，在亭林中学坚持上语文研究型课程。2018 年，我作为金山区教师代表，在云南支教 1 个月，同时完成上课、教研、培训三项工作。我希望通过我的这种在理论与实践之间的来回行走,有更强的底气和实力,全方位多角度地验证我"以文化人"的教学理念,不断地融于一线教师,用自身的行为感染引领教师,激发教师的教学活力,和一线的语文教师感同身受,用"贴肉"的教研指导提升教学质量。

基于空中课堂的"双师教学"模式的实践探索

——以《劝学》《师说》为例

2020 年,全球范围内的疫情加速了线上教学在所有层级和所有类别学校中的运用,其中上海市中小学的"空中课堂"应时而生。当线上教学从疫情前的可有可无,到疫情中的不得不用,再到如今作为常态教学的必要补充,教师需要接纳的已经不再是多媒体使用的技术问题,而是从教学对象、教学内容、教学策略到整个教育观念的重大转变。

在推进高中"双新"落实的过程中,上海市金山区高中语文学科团队聚焦疫情下的教学"新常态",开展了基于空中课堂的"双师教学"的探索与实践,旨在调研一线教师对空中课堂教学资源的使用方式和内容取舍的原则,探索"双师教学"的新模式,推动区域教育教学的改进。

一、基于空中课堂的"双师教学"模式

基于空中课堂教学资源,通过前期调研与课堂实践探索,项目组成员在探索中尝试、质疑、重构,对课例深入研讨,初步概括出了空中课堂运用的三种模式,即学用、化用和借用(见图 1)。下文以高中语文统编教材必修上册《劝学》《师说》的教学设计为例进行说明。

图 1 空中课堂运用的三种模式

（一）教师学用空中课堂内容进行日常教学

空中课堂主要作用于教师。线下的授课教师学习如何内化空中课堂,从而与空中课堂的执教教师之间形成培训与被培训的关系。当然学习之后,并非完全照搬,而需在从"虚拟"学情走向"真实"学情的过程中,进行局部调整与补充。

例如,《劝学》《师说》这一课的空中课堂执教者,将教学的"主问题"设定为"作者是如何使批判的锋芒直接显露出来的?"然后直接点出是通过对比手法的运用,接着列举对比的内容,发现内容对社会现实的针对性,进而说明对比的作用。而这一模式运用下的线下教师,则是对这一主问题进行再分解,在课堂中提出了三个下位问题,即"作者批判了哪些社会现实?""是如何进行说理的?""运用对比手法有什么作用?"这个思路就是在学用空中课堂之后的调整与补充,具体内容见表1。线下教师先从社会背景入手,让学生将文中的内容与当时的社会现实相联系,埋下"针对性"的种子,然后引导学生发现作者表达内容时所使用的方法——对比,进而通过对对比作用的分析,再结合当时的社会现实,体会作者"如何使批判的锋芒显露出来"。

表1　学用空中课堂后《劝学》《师说》的教学活动改进

教学活动	活动意图	学用空中课堂
教师介绍本单元学习主题与任务,通过"学习"的话题引入对《劝学》的分析探究	介绍本单元的学习内容和任务,奠定学生认识基础,激发学生学习兴趣,调动学生知识积累,导入新课	学习空中课堂的教学形式与课堂的切入形式
介绍荀子的"性恶论",师生交流讨论:荀子为什么要反面说学习不能停止(补充《荀子·性恶》中的相关语句)	学生通过《荀子·性恶》中的相关句子,了解荀子"性恶论"思想的主要内容与含义,并理解荀子为何要从反面提出观点	学习空中课堂的教学内容,借用问题与补充的材料,师生共同讨论
学生思考问题:关于学习,课文中提出了哪些观点?这些观点和荀子的"性恶论"有无联系	学生将荀子的思想与课文的论述观点联系起来,梳理文章的说理逻辑,体会荀子论述的针对性	学习空中课堂的设计思路,将《劝学》中的观点与荀子"性恶论"联系起来,增加学生分析和总结课文内容并提取观点的环节,锻炼学生文言文阅读理解能力

（续表）

教学活动	活动意图	学用空中课堂
总结"学习"的话题，转向"从师学习"。学生阅读《师说》第一段，思考讨论：作者为什么要强调"从师"的重要性	由《劝学》向《师说》过渡，引导学生转换思维，理解作者论述的目的性	学习空中课堂的教学形式与课堂的灵活转换
补充当时的社会背景；师生交流讨论：韩愈批判了哪些社会现实？是如何批判的？有怎样的作用和效果	学生运用所学，探究文本，通过分析对比手法的运用，理解作者论述中极强的针对性，掌握对比手法在说理中的作用	学习空中课堂的分析切入点和基本内容，但在设计思路和逻辑上进行适应性调整和补充，将大的主问题分解为小的支架问题，隐去明确的学习任务，引导学生自主探究，达成学习目标
给出课堂结论，进行课堂小结	落实教学目标和教学重难点，学生理解作者的论述目的，对作者有针对性的说理逻辑有清晰的认识，掌握阅读说理文章的基本方法	学习空中课堂精炼准确的结论与小结内容

　　之所以有这样的学习后的调整与改变，是基于空中课堂模式本身的特殊性以及它和实际课堂的差异性所导致的。空中课堂时间相对较短，但容量大，如果学生直接使用学习，就要面对大量的信息输出，较难在短时间内抓住关键点。因此，在空中课堂的教学设计中，执教教师需要将主要解决的问题和目标提前明确地告知学生，从而在学生学习过程中提供基础支点，以便于学生有效地抓住核心重点；而在线下课堂，我们拥有更长的课堂时间，同时，可以与学生产生直接的交流，及时获得学生反馈。在这样的前提下，如果仍然像空中课堂一样，一开始直接提出主要的目标和任务，则会在一定程度上限制学生的思考范围，让学生的思维局限在了教师提出的任务框架里。所以实际课堂的设计，在教师学用的基础上，可以将空中课堂中显性的教学目标和任务转变为隐性，教师明确但学生未知，进而通过教师再设计，再分解，再调整，最终让学生自己完成学习目标，解决学习任务。

　　（二）教师化用空中课堂资源共同解决当下教育教学中的真实问题

　　空中课堂同时作用于教师和学生，教师和学生同时在课前预习空中课堂，课中运用空中课堂开展研究讨论。线下的授课教师与空中课堂的执教教师之间，在完成教学任务的过程中,形成对教学内容的共建关系。

例如,课前学生和教师共同观看了《劝学》的空中课堂,并完成了课前的自主学习,对于空中课堂执教者提出的"《劝学》的'劝'字由何而来?"这一问题的解决也已达成初步的共识。而在线下课堂中,教师设计了一个情境化的导入"在你真实的学习经历中有没有被'劝'的经历?"紧接着将其转换成了一个驱动性问题"如果让你用荀子的方法去'劝'周围不主动学习的同学,你会怎么劝?"导入问题是驱动性问题的铺垫和基础,驱动性问题可以使核心知识进一步内化,同时又作用于学生的实际生活,引导学生回忆自己真实学习经历中被"劝"的经历,激发学生对于文本中"劝"字的理解,对于"劝"的方式和结果的思考,以此与文本中的荀子之"劝"产生联系思考。引导学生发现,家长的无效的"劝"停留在单纯的说教、劝说上;而荀子之"劝"却更上一个层次,不仅有劝说,而且还有勉励的含义,涉及说理方法。化用空中课堂后《劝学》《师说》的学习活动改进见表2。

表2 化用空中课堂后《劝学》《师说》的学习活动改进

学习活动	活动意图	化用"空中课堂"
学生课前观看《劝学》空中课堂	学生在课前预习,获取新知,为课堂学习做铺垫	学生自主学习,为线下课堂奠定基础
交流:在你真实的学习经历中有没有被"劝"的经历?你被"劝"服了吗?为什么	学生勾连真实的情感体验,归纳真实生活中一些无效之"劝"的共同特点	教师将空中课堂第一课时的主问题"《劝学》的'劝'由何而来?"下移,创设情境,建立起文本、空中课堂与学生经历之间的联系
讨论:荀子是如何"劝学"的	领会荀子通过大量的比喻论证一步步劝勉人们学习。观物取象,运用设喻说理以表现学习内在的特性,句式整饬而又有变化,将"学不可以已"的道理阐释清晰,内涵丰富	学生进一步内化课前观看的空中课堂视频,在课堂上实现师生、生生之间的互动,在互释疑惑、合作探究的过程中沉淀课前所学
交流:基于对荀子说理方法的掌握,如果让你去"劝"周围不愿学习的同学,你会怎么"劝"	学生深入理解荀子的观点,掌握其说理方法,学以致用。使其心理机能得到充分发展	学生在交流、讨论和输出的过程中完成对空中课堂的内化,将所学知识与真实的生活经历建立起联系

上述这种模式之所以能用这样一个生活情境引发学生对于荀子如何"劝"的讨论,是建立在学生已经有了空中课堂相关内容的学习基础之上,课堂中学生带着一些了解,也带着一些困惑,而教师则是不断引导、解疑、帮助学生归纳总结的。空中课堂提供给学生课前学习的资源,教师则内化于心,在课上带领学生联系生活进行深入理解。这是教师根据当下教育教学的需要化用空中课堂教学内容的一种尝试。

(三) 教师借用空中课堂资源,开展合作学习

空中课堂主要作用于学生,学生在课堂上直接学习空中课堂。教师在课堂上则以辅导和答疑者身份出现。在学生完成学习的过程中,线下授课教师与空中课堂的执教教师之间形成教学合作关系。

针对《劝学》《师说》的课例,线下教师基于学生在导学案中呈现出的不同学情,将班级学生分成A、B、C三个不同层次的学习小组。在课堂的导入环节中,教师分配给每个小组不同的学习任务,在课堂中这三个学习小组以小组为单位分别轮换不同的学习方式。三个小组的学生在一堂课中虽然都经历了"线下教师指导""看'空中课堂'授课视频""交流互动"三个活动,但是这三组的学习顺序不同,具体安排见表3。

表3 三个学习小组的学习方式

分组	学习进阶过程		
A组	指导	听课	讨论
B组	听课	讨论	指导
C组	讨论	指导	听课

A组学生在基础问题上尚有需要教师指导的疑惑,同时,教师还能够在他们看视频、交流讨论前进行学习习惯的指导;C组学生的理解能力较强,可以通过组内合作学习,解决导学案上的大部分问题,然后就重难点问题进行深入研讨,教师的指导可以解决学生讨论过程中生成的问题,并引导学生带着思考与质疑更仔细地观看空中课堂,学生或许会在看完视频后生成更有思维深度的问题,值得全班学生一起来关注;B组学生的自学质量通过导学案进行反馈,介于A、C两组学生之间,通过先看空中课堂,再交流,最后教师指导,更符合学生认知发展的

过程。在每一组的教师指导环节中,线下教师的作用是不一样的,针对解答的学生提问难易程度也不相同。针对学情分析,三个学习小组调整后的学习方式见表4。

表4　三个学习小组调整后的学习方式

分组	学习进阶过程				
A组	指导	听课	讨论		
B组		听课	讨论	指导	
C组			讨论	指导	听课

从表4中可以直观地看到,每组学生在一堂课中都经历了三项活动的学习,在对文本内容的理解认知上都有发展和进步,A组学生的终点虽是C组学生的起点,但这恰恰体现了因材施教的科学性,而C组学生提出的高维度问题,又引领A、B两组学生关注到此前未注意的要点,启迪思考。

综上所述,借用空中课堂后《劝学》《师说》的学习活动改进见表5。

表5　借用空中课堂后《劝学》《师说》的学习活动改进

学习活动	活动意图	借用空中课堂
教师编制导学案,学生在课前完成第二课时导学案练习	教师通过学案练习,了解学生的真实学情,并基于学情进行课堂分组,为混合式"双师"学习的顺利开展做铺垫	导学案基础问题、探究问题的问题链的设计基于空中课堂教学的重难点
学生按照A、B、C三个小组就座,教师介绍本节课的学习模式,明确每个小组的组长和学习任务,每组将以不同顺序推进落实"教师指导""学生讨论"和"利用Pad观看空中课堂视频"的学习活动	基于班中学生的真实学情,将其分为三组,每组按照不同顺序落实"指导""交流""观看"三个环节。确保每一位学生都能够在课堂学习过程中受到"双师"指导,结合小组互助,增强课堂参与感,运用新技术,在互动学习的过程中对核心问题有新思考	教师将空中课堂第一、第二课时关于《劝学》中的比喻论证在推进论证中的作用部分和《师说》中的对比论证部分截取出来,组成新的视频片段,作为学习资源推送在学生的Pad上,借用空中课堂视频资源,引导学生深入理解文本。通过引入空中课堂资源,确保在同一空间内,学生可以接受线上、线下两位教师的分别指导

（续表）

学习活动	活动意图	借用空中课堂
三组学生结合学案练习、课本,借用"空中课堂"学习资源,以"就地转换模式",展开双师指导下的合作学习	基于不同顺序的分组活动,线下教师的指导更具有学情针对性,可以及时发现并解决不同小组的学生在学习中真实存在的共性和个性问题,增强指导的现实意义。借用"空中课堂"资源,可以有效落实学案中的核心问题,引导学生加强对文本的理解。通过时间上的合理分配,线上线下两位教师可以分别对三个组的学生进行深入指导,增加学生的课堂学习参与度	学生基于线上、线下的"双师"指导,通过交流讨论,内化空中课堂视频,在课堂上实现师生之间、生生之间的互动
学生在讨论环节基于学案问题,深入研讨分析	通过学案设计,引导学生对《劝学》中比喻论证的喻体选择做分析,理解比喻在推进论证中的作用。研究并理解《劝学》和《师说》在论证说理上的逻辑严密性和层进性	师生、生生在交流、讨论和输出的过程中完成对空中课堂内容的内化理解,在互释疑惑、合作探究的过程中生成新思考

二、三种教学模式实施带来的变化

（一）构建了多样的课堂主体关系

三堂课中线下授课教师和学生的关系大致呈现为:课型一为教师主导,学生接受并配合;课型二为师生共同研究讨论;课型三为学生作为学习的主体,教师作为辅导和答疑者退居一隅。三堂课中学生在课堂上的主体作用渐趋明显,个性化学习的时间逐渐增多。

当三种课型与空中课堂相遇,空中课堂执教教师和线下授课教师之间就形成了这三类"双师模式":①模式一为培训关系,空中课堂主要作用于教师,教师学习内化空中课堂;②模式二为共建关系,空中课堂同时作用于教师和学生,教师和学生同时在课前预习空中课堂,课中运用空中课堂研究讨论;③模式三为合作关系,空中课堂主要作用于学生,学生在课堂上直接学习空中课堂,而教师在课堂上则以辅导和答疑者身份出现。

(二) 形成了"就地转换模式"的课堂新样态

课型三中,教师对空中课堂的使用方式有自己的考量:其一,学校网络设备齐全,智慧课堂能够同时为全班每位学生提供网络学习的机会;其二,学生学习能力水平较高,自主学习能力强,思维活跃,适合自主学习;其三,教师成熟,对课堂生成性问题有很好的把控能力。因此,教师针对学情,最大程度保证学生个性化学习和接受个别指导的时间,提升学生的思辨能力。我们发现,在这一模式中,在一个课堂空间,同时运行三组教学活动,自成体系,自有逻辑。各小组按时间节点迅速转换学习内容,小组之间没有互相打扰,这种相对自由的学习状态有条不紊。"就地转换模式"的使用,让我们看到了课堂教学形态的另一种可能。

(三) 促进了不同类型教师的专业成长

课型一对新手教师是最好的选择。教师课前对空中课堂的学习和研究,给了教师一个成长的支架,而对教师的专业的助力最终受益的是学生。

课型二中的教师相对较为成熟,能基于真实学情,设置情景化的任务。在课堂上,教师用生活情境引发讨论,这讨论因为建立在学生有了空中课堂相关内容的学习基础之上的,所以,有利于教师不断引导、解疑,帮助学生归纳总结。

课型三的教师对自身所处的教学环境有更多的分析与思考,也有教学理论的储备,更有勇于变革、创新突破的勇气,是智慧型教师的典型表现,具备智慧型教师的特质。

从课型一到课型三,从传统课堂到网络资源的化用,再到网络化课堂,我们试图将过去的那种定制的教育模式迁移为一种真正个性化的教育模式,从关注传递知识到更多关注探索和发现。"双师教学"从"培训关系"到"共建关系",再到"合作关系",每一步探索都是从课堂教学实际出发,面对不同学情,拓宽思考视野,力图构建教学新模式。通过实践研究,让教师们看到了互联网 2.0 时代对思维方式和教育方式的深刻改变,看到了数字化资源为这种统整和融合提供了最有力的支撑。

(此文发表于 2021 年 06 期《上海课程教学研究》)

三、课程——教研机制新创新

沉浸课堂,以文化人,为我的学科科研助力,让我对学科课程的认识更具有通透感。目前,我是教研、教学工作双线并进,我的培育对象同时兼顾学生和教师,是双主体。这种"教研融合"的个人特殊的工作经历,也让我比任何人在学科课程、学科教研和学科教学上"通透感"更强了些。我每年都有区级以及区级以上的课题,研究领域涉及语文课程建设、课堂教学、教师队伍建设、教学评价等多个领域。2018年4月"依托机制创新,突破学科教研瓶颈"的项目获得上海市基础教育成果二等奖。我以自我的学科育人追求,激活区域语文课程建设的活力,唤醒并促进师生的文化生命的成长。

依托机制创新突破学科教研瓶颈

【实施背景】

课程改革,关键在教师,成败在课堂,课堂始终是教育教学中最值得讲述的地方。在新课标不断修订完善的当下,语文学科将"教学内容的确定和学习策略的指导"作为学科教研的大主题。几年来,我们的一线教师和教学研究者不断地在探讨课堂教学内容确定的依据、教师文本解读和教学内容建构的策略、学生学习策略和教师教学指导的效度等问题,形成了一定的共识,但仍有些许的问题处于瓶颈,亟待破解。例如,当同一个文本,面对不同的教学对象,如何综合考虑学科知识因素、文体(文类)特点因素、学生需求因素,进行合理的、有效的教学实施。

【课例描述】

2014年12月15日,基于金山区语文学科发展中心的特色机制——跨学段团队建设,纵跨小学、初中、高中三个学段的同课异构教学研讨活动在金山初级中学举行。金山小学曾佳佳、罗星中学李天骄和上海中学俞超三位教师分别代表三个学段执教了《愚公移山》一文。活动旨在通过小、初、高三个学段对《愚公移山》一课进行同课异构,给全区的语文教师提供一个"确定教学内容,关注学习经历"教学研讨的平台,一种突破语文教学研究瓶颈的新视角,同时展示语文学

科发展中心一年来的工作成果。三堂课从教学实施与文本处理的具体呈现状态,我们用表格的形式呈现如下:

学段	小学	初中	高中
教学对象	五年级	七年级	高一
教学定位	当文言记叙文教	当神话故事教	当启迪思维的载体教
教学策略	阅读新体验、读演双通道	疑问中探究,探究中生疑	认知碰撞,主旨再探
教学目标	1. 能借助译文和图片了解部分词句的意思,理解故事内容 2. 能正确、有感情地朗读故事第三小节中愚公和智叟的对话,在熟读的基础上合作表演 3. 能感受到愚公敢于克服困难、做事锲而不舍的精神	1. 借助工具书及注释读通故事情节,积累"塞、谋、置、毛、彻"等字词及倒装句、反问句句式 2. 通过诵读和品味关键字词及特殊句式,感受不同人物对于移山的不同态度,感悟愚公精神的内涵 3. 在人物形象的对比分析和学生所质疑的问题的探究中,了解中国古代神话所具有的夸张化的特点	1. 训练质疑与反思的学习品质和细读文本的鉴赏能力 2. 认识和理解愚拙与天真的品性和挑战不可能的精神
教学过程	1. 复习导入,激发兴趣 2. 以读促学,读通课文 3. 读演结合,个性体验 4. 感悟升华,明白道理 5. 布置分层作业	1. 预习反馈,导入新课 2. 梳理情节,整体感知 3. 诵读品味,分析人物 4. 体会精神,归纳总结 5. 课堂小结,作业布置	1. 旧知生疑,认知碰撞 2. 细读文本,主旨再探 3. 拓展交流,融会贯通 4. 总结释疑,作业布置
教学内容	选取文本中的局部情节	以文本为中心	超越文本
解读结论	感受愚公敢于克服困难、做事锲而不舍的精神	理解愚公精神的内涵,了解中国古代神话所具有的夸张化的特点	从神话到现实,认识和理解愚拙与天真的品性和挑战不可能的精神
文本作用	让学生对文言故事"有感觉",产生文言阅读的好奇心和新鲜感	让学生对文言文本"能理解",教学生读懂古代神话故事	让学生对已学过的文言神话"再思辨",借文言文本教教师想教的东西
教师作用	带领学生阅读故事	引导学生理解神话	启发学生联系生活

【课后思考】

(一) 从"想法"到"方法"——将思路转变为方式

语文作为人文学科,语文教学作为母语教学,是人的综合素养的最高表现。某种意义上讲,它不是知识累积出来、分数量化出来,而应该是读出来、表达出来和感受出来的。因为学科属性的特殊性,很难用简单的数据,在短时间内评估与检测,就使得学科的教学有效性长期受到质疑:语文教学的随意性太大、语文教学的僵化太严重;教与不教、教多教少、先教后教的区别聊胜于无。语文教学教什么本来不应该成为问题,现在却成了亟待解决的问题。

语文学科发展中心"纵向推进和横向衔接"的工作模式,打破了小学、初中、高中语文教学的学段壁垒,打通了教学、科研、培训的各类通道,同时又聚焦"课堂教学研究",这些机制无疑为破解语文教学无序、无效、无力的问题提供了一个极好的平台和问题解决的可能。当我们将同一的教学文本《愚公移山》放置于三个学段,统一进行教学实施时,我们在一个参照系中进行教学研究的观察,自然将"教学内容"的区别与差异作为首要考虑的问题,同时通过课例研讨的形式呈现,对一线教师而言,"后教学观摩时期"的思考能级是极大的。

(二) 从"如果"到"如何"——将假设转变为行为

在三个学段的三个年级同时进行同一文本的教学实施,将破解问题的思路推向了一个极致,是一个大胆的假设。如何将这种假设变为事实,我们需要谋略具体的行动步骤,这是一个谋略中的难点。其一,面对教学对象年龄跨度如此之大的现实,选择什么文本进行这一"教研实验"确实很困扰;其二,在确定了《愚公移山》这一文本后,我们又面对了五年级的学生文言知识的"零起点"和高一学生《愚公移山》的文本教学已有基础的现实难题……

我们没有任何成功的教研案例可供借鉴与模仿,但学科发展中心给我们提供了一个"专家团队"与"基地学校"结合的研究机制。当问题扑面而来,我们从团队顾问那里获得学理上的支撑;从教研员那里获得集体研讨的合作力;从基地培养的青年教师那里获得教学实践的执行力;从发展中心的领导团队那里获得教学研讨的保障力……当所有的力量聚合为一体,我们也就拥有了破解问题的强大行动力。

(三) 从"目的"到"目标"——将动机转化为成果

语文学科发展中心创建的目的,主要是为了统整语文学科优质教育资源,破解语文课程改革与教学实践中的部分问题,发挥学科中心在研究、指导、培训、评价等方面的功能,创建语文学科品牌,培养语文特色教师,为深化区域中小学语文课程改革、全面实施素质教育提供专业的支持和服务。为了将这一目的落到实处,我们不断地制定具体、可操作、易执行、阶段性的行动目标。比如,研究区域语文学科跨学段整体性建设的核心内容与推进路径;探索区域语文学科发展中心建设的工作机制与保障体系;通过实践整体助推区域学科课程建设、教师专业发展和学科品牌创建等。

在《愚公移山》跨学段"同课异构"的课例研讨活动结束后,我们继续深化研讨的成果,在全区范围内以"关注学生学习经历"为主题开展了语文教师案例评审活动,汇编语文教师教学实践智慧增长的案例;开展了区域语文课程建设成效的阶段性比较研讨;举办了语文学科品牌创建经验要点规律性学理论坛等,通过一系列结构化的教研活动,助推了学段间语文学科的合作交流与资源共享,整体提升了语文教师学科知识容量与学科教学能力水平。

（此文发表于 2015 年 10 月《现代教学》）

四、三"课"背后的"心"话语

在"沉浸课堂,以文化人"教书育人目标的追求中,成长了自我,同时也不断地成就了他人。我连续 10 年评为区导师工程"优秀教师"。被金山区人民政府授予"拔尖人才""领军人才后备""领军人才"等 10 多项荣誉。让我特别感到幸运的是,在 2010 年,我作为一名刚刚踏上教研岗位才两年的最年轻的教研员,参加市教委教研室组织的首届全市教研员评比,获得了一等奖。

做一个"走心促行"的超级领跑者

台下的你们很年轻,我觉得以我今天的心态和心情望下去,你们的脸上满是清澈和纯真。年轻真好！为什么好？因为年轻意味着一切皆有可为,一切皆有可能。你们能被今天的话题讨论所吸引过来,我相信你们中的很多人一定早已踌躇满志、内心憧憬着,不久的将来步入教师这个身份角色,不是吗？如果你笃定这份信念,那么欢迎你不久的将来成为我的同行者。当然步入这个行业之后,也许不是每一个人都能成为一名卓越的教师，但我想没有一位教师不愿走向优秀的。那么，成长为一名优秀的教师，我们大致需要具备哪些基本的能力或者说素养呢？我想今天借这个机会，和各位分享我的思考。

首先，一个优秀的教师要会"走心"。走进学生的内心，走进教学的核心，走进自己的初心。

各位老师，我们大家都知道教育的核心，并不仅仅指教材、课堂、教法，而是让人去点亮人。于漪老师说："人家说我不像九十岁的老人，我猜想是因为老师都有一个'青春密码'，那就是学生至上。"在于老师的心目中，她相信每一个孩子都是独特的。教育是没有秘密的，丹心一片就是关键；教育是没有捷径的，师爱就是抵达学生心灵的最近的路。她一直说，每个教师心里都要有一团火，这团火就是爱学生的激情。

当然，一个优秀的教师一定是在教学一线中练出来的，在这方面一定要下功夫，要步入教学的核心。课既要上得一清如水，又要上得生命涌动，激情洋溢。作为一名优秀教师首先自己要拿出样子来。自胜者强。要用自己的身体力行，告诉你身边的伙伴高质量的教学必须是"以一当十"的，要教有方向、教有方法、教有积淀，只有扎实了这个"一"，才可能有精彩的"十"。教育更是一束光，照进学生内心的同时，也始终照亮自己的初心。教师这种职业，成就别人的同时，也是成就自己。人生的意义不是说"我来过，感受过世界的美好"，而是"因为我来过，使人感受到这世界的美好"。

所以，做一位"走心"的教师吧，始终带着初心去做事，就不会重复过去的自己；永远带着热情去工作，就不会因循守旧；一直带着专业理想去努力，就不会固步自封。

其次，一名优秀的教师还要能"促行"，那么具体要有哪些行动力呢？比如要能引导学生的学、要会提升课堂的质，同时还能规划好自己的教。

也就是要催逼着学生往前走，催逼着自己往前走。那么如何催逼，如何引导学生的学？理念与思想的引领高于技巧的训练。我给大家举个例子吧。比如，如果你想造一艘船，不要抓一批人来搜集材料，不要指挥他们做这个做那个，你只要教他们如何渴望大海就够了，不是吗？优秀教师要会引导人，把一个人的内心真正引导出来，帮助他成长成自己的样子，这是一件了不起的事。要会感染人，要时刻保持教育热情，专业精神的要义之一是四个字：精神饱满。我们彼此的正向激励，最大和最直接的感染来自于从对方那里获得了一种信心。就是我看见你，我觉得你活得真有精气神。你对于你执着的东西这么痴迷。不仅我想成为你这样的人，而且是你的这种信心感动了我。然后我能开始从你给我的看到的那个方向，开始我自己的探索。所以，教育的最佳状态，应该是一个精神健旺的人对另一个精神饱满的人的感染，这才是无限游戏。

当然，观念固然重要，没有行动的跟进，也是枉然。因为只有行动才能带来成果。未来有六种技能：设计感、讲故事的能力、整合事物的能力、共情能力、寻找意义的能力，还有就是行动，动起来。

优秀的教师，还要有更多的在教学"道"与"术"上的研究和反思。赫胥黎曾经说过一句特别有意思的话。他说，一个人的大半生都在阻止自己的思考。很多时候我们以为自己在思考，其实你只是在重新整理自己的偏见。如何真正促动自己的思维，突破自己的偏见呢？

优秀的教师凡事会多问"为什么""是否存在更好的路径"，在方法的使用中不断改进、完善教育教学。从"我会""我能"到"我还会""我还能"，一步步打破经验的窠臼，事情一件一件循序而做，问题一点一点辨析解决，心力一寸一寸积攒生长，在不断的精益求精、臻于至善中，引导学生学、提升自身课堂的质、规划自己的教，如此这般，才称得上"一辈子做教师，一辈子学做教师"。所以，我们要用自己有价值的思与行，在"外在世界"做好匠人，"内在世界"寻求开悟。

最后，还需要敢"领跑"，当我们走出"跟跑"的专业成长阶段后，不限于做陪跑者和呐喊助威者，甚至超越一般的善跑者，做一个能把握方向、引领价值，吸引一群人的超级领跑者。

一个敢于"领跑"的人，他需要什么？我觉得至少需要勇气、力量和吸引力吧！年轻的朋友们，我们要有勇气在自己的身上克服自己，我们要竭力突破我们身上那些"看不见的限制"。不甘于在自己现在的状态中沉陷，不甘于自己的视野被自己已知的世界框定，你愿意用一点点陌生的东西，来牵引自己的生命，让它变得大一点点，这样的你本身就是宝贵的，当然，这样的你需要勇气！

我们也需要力量。谁也无法说服他人改变，我们每个人都守着一扇只能从内开启的改变之门，不论动之以情，或晓之以理，我们都不能替别人开门。卡尔维诺说,人生不是玫瑰。但正因如此,才构成我们生活的要素。遇到诸多挑战的人才能更多地体验生活,他们会比完全冷漠或者万事顺利的人,更多地享受生活。推开"改变"之门需要力量。敢于"领跑"的人,还需要有吸引力。

我也给大家说个发生在自己身上的故事。2017 年,我在我们区的金山中学支教,顶班上课,带了一个班。一个小朋友毕业后,突然有一天给我发了一个微信。下面就是她发给我的内容。

顾老师您好,我是时澜,很感激您高一带了我们一年,您在我文学素养提升、人生经历指导方面都给了我很大的帮助,我一直铭记于心。所以今年高考我果断选择了我本来很喜欢,您让我更喜欢的汉语言文学(师范)专业,现在是上师大的新生! 谢谢您,我也希望成为一名优秀的人民教师,能如您一样,培养出一批优秀的孩子!

我看到之后,很有感触。那天发了一个朋友圈。

今日小惊喜,支教小果实。十几年前一直有个很天真的想法,要把我喜欢的和喜欢我的学生都引导成为语文老师,抓住一个是一个,"得逞"的概率还是不小滴。教师这份职业的幸运和幸福莫过于此。我时常感觉当年我讲了什么并不重要,而让小朋友们感到我讲的东西很重要的感觉很重要。未来一个教师如果仍然只是一个知识讲解与传授的角色,那么他会被替代,而如果能成为情绪劳动者的话,他就会无可替代,继续努力!

老师们,怎样给专业能力上杠杆? 有敢于接受挑战的勇气,有自我改变的力量,有能吸引跟跑者的意识,有运用杠杆的智慧,通过提升自己的影响力,来撬动更大的成就!

面对这样一个不确定的时代,我们都会说一句至理名言:唯一不变的就是变化! 所以总想干一点与众不同的事,事实真是这样的吗? 一个人无论是想要获得现实的幸福,还是体面或者是尊严,还是成功和成就,其实最重要的不是去追逐那些变化的东西,相反,是要回到那些不变的东西。老祖宗说过一句话:天不变,道亦不变。教育是与人性结合得最近的职业,更是如此。那什么是教育的不变? ——理解学生、认同职业、自我实现、面向未来的优秀教育者的底色素养。

最后的最后,年轻的老师们,里尔克有句话不由得在我脑海中浮现出来:"光亮的人物倚立在简朴的门前"。任何一个立志于求知、求道的人,他的生命就必然有光,他的光亮必定会以不同的方式照亮着周围的人。把里尔克的这句话送给你,愿你成为这道光! 愿你成为一个能"走心""促行"的超级领跑者!

　　(此文为 2023 年在华东师范大学 "影子校长"千校联盟论坛上的发言稿)

优课示例与推荐人语

优课示例

作者简介：刘思薇，任职于华东师范大学第三附属中学，从教时间 8 年。所获荣誉：2016—2017 年度金山区青年五四奖章(个人)称号；金山区首届"金穗杯"中青年教师教学评优中学组语文学科三等奖；金山区"中小学德育课程一体化建设"教学设计案例中学组语文学科三等奖；2021 年上海市中小学优秀单元作业案例设计大赛三等奖；2022 年上海市基础教育优秀教学成果项目二等奖；2023 年上海市"青教赛"中学语文组三等奖。

特长爱好：阅读。

教坛心语：静待花开。

多样文化背景下的精神成长
统编教材选择性必修上册第三单元　单元教学设计

【学情分析】

通过对学生的前期阅读情况了解可知，本单元课文对于学生的挑战主要来自：

一是学生文化认同和文化互鉴的意识亟待加强。不仅对外国作家作品没兴趣，参与度和投入度不高；且功利地认为无须学习，意义不大，学习的主观能动力不强。

二是本单元的课文节选自长篇小说，学生没有完整阅读过原著，对节选片段的理解缺乏逻辑连续性。

三是作品的创作年代距今久远，学生对小说中的写作背景和作者的创作意图感到陌生，往往容易忽略作品所传递的社会意义，更遑论作品背后所传递的不同的文化价值和审美取向。

不过，学生仍然拥有一些共同的阅读经验：其一，在必修上下册中已经研读了《乡土中国》和《红楼梦》,对长篇文学原著(节选)阅读有一定的经验和方法基础;其二,本单元文本拥有丰富的艺术表达形式,类似于影视剧、戏剧等的改编,各种形式和内容层出不穷,可以帮助学生多角度理解文本内涵。其三,学生在必修下册的小说单元已经积累了小说文体的阅读经验。

综上,教师要学会搭建支架,帮助学生克服自身认知的局限性,充分调动学生的阅读兴趣,自主将阅读经验迁移到本单元课文的阅读鉴赏过程中来。

【教材(内容)解析】

本单元属于"外国作家作品研习"任务群。这一任务群具有以下特点:跨文化性,本单元所选取的作家作品,涉及国家多且广;异质性,由于受到各自国家的社会文化背景、作家写作意图的影响,即使体裁相同、主题趋同,思想倾向上也存在巨大差异;共通性,这一任务群和其他学习任务群在指导思想、教学内容、教学目标和价值追求等方面存在相同之处,具体可参照下表。

学习任务群	学习目标	学习内容	主要实践活动
学习任务群5 文学阅读与写作	1. 提升文学素养 2. 提高阅读鉴赏、表达交流能力	1. 阅读不同体裁的中外优秀名篇佳作 2. 从不同角度欣赏文学作品,体会作品中独特的艺术形象 3. 撰写读书笔记和读书提要 4. 写文学评论	表达交流 阅读鉴赏
学习任务群11 外国作家作品研习	1. 了解不同国家的历史文化风貌 2. 培养阅读外国文学作品的兴趣 3. 尊重文化差异,提升文化鉴别力	1. 阅读文学作品,了解作品的价值 2. 记录阅读感受 3. 选择感兴趣的话题,撰写文学评论 4. 尝试分析不同国家文学间的差异	表达交流 阅读鉴赏
学习任务群17 跨文化专题研讨	1. 汲取人类文化精华 2. 发展批判性思维 3. 加深对中华文化的理解,增强文化自信	1. 阅读外国理论名著 2. 中外文化比较	阅读鉴赏
任务群之间的联系	相互渗透,逐层延伸		

因此,本单元教学需要妥善处理本任务群和其他任务群的关系,有意识地做好三个任务群之间的承上启下、相互连接,从而更好地帮助学生完成本单元、本任务群的学习要求。

本单元紧扣任务群的要求,围绕"多样的文化"这一人文主题选编的四篇课文,都是具有较高文学史地位和思想文化价值的名家小说,可以说是人类思想文化中的精华。

本单元的四篇课文均篇幅较长,各自独立成课;且四篇小说呈现出迥异的创作特点,在教学要求和重点上都有所不同。《大卫·科波菲尔》以客观描述见长,运用环境、人物外貌、人物行为等外部描写,推动情节跌宕发展;《复活》重视主观描写和分析,以大量心理描写和全知视角的心理诠释,集中体现人物在精神上的艰难探索与蜕变;《老人与海》通过超高叙事技巧、精妙的细节和精练的语言表达,来展示以"老人"为代表的一代人的精神追求;《百年孤独》在"魔幻"中映现现实,在对神奇的布恩迪亚家族的描绘中,试图揭示人类终极的心灵孤独。

四篇课文虽各有侧重,但其实都是对国家和民族不同时期的"社会文化面貌"和"人类精神世界"的综合体现。《大卫·科波菲尔》和《复活》都是现实主义小说,都重在反映社会文化面貌,再现了19世纪欧洲的现实社会生活。《老人与海》《百年孤独》是现代小说,更关注人类精神世界的成长与发展,故事情节更为跌宕变化甚至充满奇幻色彩,具有浓重的象征意味。因此教学中可以重点关注,引导学生全面达成了解世界面貌多样性、理解人类文明与文化的阅读目的。

【设计思想】

1. 单元设计思想

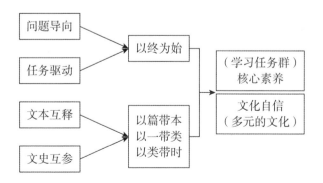

2. 单元设计框架

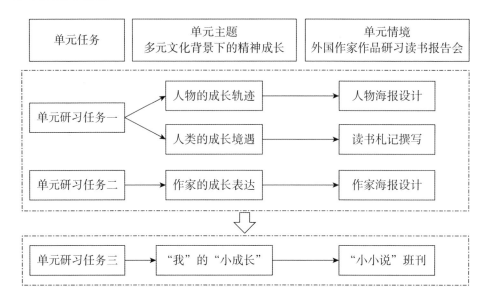

【单元教学目标】

序号	单元教学目标
1	把握小说中人物成长的精神轨迹,分析人物的性格特征及典型意义,体会人性的复杂和精神的丰富
2	联系相关历史文化背景,感受小说中展现的不同时代、地域的社会生活和人类心灵,感受人类文化的丰富多彩
3	感受小说多样的风格,从叙事艺术、典型人物塑造方法等方面入手,把握作品独特的艺术成就,了解不同文学流派的传承与创新
4	学习观察生活、思考生活以及艺术化地表现生活,能够发现生活中的小说元素,尝试创作小小说

【单元教学内容安排】

单元主题	单元设计	课题	课时	课时教学目标	落实单元教学目标
多元文化背景下的精神成长	人物的成长轨迹	人心灵的成长——研读《大卫·科波菲尔》	第1课时	1.在情节发展中梳理大卫的成长过程,归纳影响大卫成长的因素	1
				2.赏析漫画式的人物勾勒,感受人物形象的性格特征及典型意义	1
				3.品味作者塑造人物的幽默笔法,深入体会作者对底层人物的同情与关爱	3
		人精神的复活——研读《复活》	第2课时	1.分析典型人物的形象特点,探究人物精神"复活"的过程和原因	1
				2.体会托尔斯泰使用"心灵的辩证法"塑造人物、实现主题的艺术价值	3
		人灵魂的尊严——研读《老人与海》	第3课时	1.梳理老人五次捕鱼的具体情节,分析人物的内心独白,鉴赏老人的人物形象	1
				2.理解"失败英雄"背后所凸显的"硬汉精神"及其象征意义	1、2
		人永恒的孤独——研读《百年孤独》	第4课时	1.分析典型人物,明确"孤独"的内涵;品味作品通过人物群像表现主题的独特之处	1、3
				2.解读"失眠症""失忆症"的象征意味,思考荒诞的写法背后所隐射的现实,了解"魔幻现实主义"的特点	2、3

（续表）

单元主题	单元设计	课题	课时	课时教学目标	落实单元教学目标
多元文化背景下的精神成长	人类的成长境遇	折射的社会现实 ——研读《大卫·科波菲尔》《复活》	第5课时	把握环境特征，理解具有主题意蕴的场景内涵；领略小说借此呈现的社会生活风貌和人类精神世界	2、3
		影射的人类境遇 ——研读《老人与海》《百年孤独》	第6课时	把握环境特征，理解具有主题意蕴的场景内涵；领略小说借此呈现的社会生活风貌和人类精神世界	2、3
	作家的成长表达	典型的人物 ——研读《大卫·科波菲尔》《复活》《老人与海》《百年孤独》	第7课时	1. 理解小说中的"圆形人物"与"扁平人物"的含义；能区分并欣赏"圆形人物"与"扁平人物"	1、3
				2. 认识小说中各类典型人物的意义；理解作者塑造人物形象的典型性来表达作品主题这一手法	3
		叙事的艺术 ——研读《大卫·科波菲尔》《复活》《老人与海》《百年孤独》	第8课时	1. 赏析本单元四篇小说独特的叙事技巧，更为全面地理解文本主旨和写作意图	3
				2. 领略不同小说的艺术特质，进一步感受作家的独特风格	2、3
		文学即人学 ——单元梳理课	第9课时	梳理教材中涉及的外国作家小说，关注重要流派间的风格和差异，体会作家不同凡响的艺术个性和一脉相承的艺术使命	3
	"我"的"小成长"	他山之石 ——"小小说"写作指导	第10课时	1. 学会借鉴经典作品的写作技巧，尝试创作小说，实现以写促读、以读促写	4
				2. 学习借助评价量表评改优化作品，交流分享作品，激发创作热情。	4

【单元研习作业】

1. 阅读"单元导语"和"学习提示",了解作品的基本面貌和学习重点,并圈画要点。

2. 借助课文注释了解小说的前情后事,并为节选部分写一段故事梗概。

3. 研讨前准备:选择自己印象最深刻的作品和人物,根据人物分组,合作研读并汇总研读的困惑点。

小组研读记录

研读的作品和人物	我的研读体验和思考	同学的研读体验和思考	合作研读达成的共识	合作研读存在的困惑

【单元教学设计】

第一课时

题目	人心灵的成长 ——研读《大卫·科波菲尔》
教学目标	1. 在情节发展中梳理大卫的成长过程,归纳影响大卫成长的因素 2. 赏析漫画式的人物勾勒,感受人物形象的性格特征及典型意义 3. 品味作者塑造人物的幽默笔法,深入体会作者对底层人物的同情与关爱
教学重难点	教学重点:赏析细致入微的心理描写和漫画式的人物勾勒,感受人物形象的性格特征及典型意义 教学难点:赏析狄更斯塑造人物的艺术手法,认识作品的社会价值
实践类型	☑阅读与鉴赏　☑表达与交流　☑梳理与探究
主要过程设计	研讨前准备: 1. 完成小组研读记录 2. 自行阅读拓展材料 研讨专题: 人物是如何实现"心灵的成长"的 导入:展示学生在合作研读中存在的困惑 大卫为什么以和自己同龄的童工们的相处为耻辱,却视米考伯一家为亲人为知己

（续表）

主要过程设计	设计意图:由学生共同的阅读困惑导入,引导学生自主思考人物"异乎常理"的地方,激发学生阅读兴趣

设计意图:由学生共同的阅读困惑导入,引导学生自主思考人物"异乎常理"的地方,激发学生阅读兴趣

任务一:"自我救赎"——品读小大卫的人物形象

1.思考:大卫为什么以和自己同龄的童工们的相处为耻辱

第5段:"我竟沦落到跟这样一班人为伍……"

2.紧扣核心词"沦落",梳理文本内容,提炼重要信息;小组研讨:"我"是如何从"沦落"中"成长"的

设计意图:引导学生梳理大卫成长的轨迹,把握大卫的人物形象

任务二:"相互救赎"——品读米考伯夫妇的人物形象

1.出示甲同学和乙同学对"米考伯夫妇"的研读思考;猜测他们对米考伯夫妇的评价不同的原因

2.以小组为单位,结合根据文本生成的"词云图",圈画出1至2个高频词所在的句子;综合比较上述句子,进一步探究"米考伯夫妇"的形象。

关键词	词频
米考伯	38
太太	26
双胞胎	5
困难	5
少爷	4
青年女子	4
房间	4
回家	4
爸爸	3
爸妈	3

3.结合课前拓展材料,对比阅读:你觉得"米考伯主义"和阿Q的"精神胜利法"有什么异同吗

设计意图:对文本进行细读,打破思维定式,多角度深入对米考伯夫妇形象的认识

任务三:"泪水中的微笑"——赏析"狄更斯式的幽默"

1.进一步探究:大卫为什么视米考伯一家为亲人为知己

2.结合评论家的言论,进一步体悟狄更斯塑造人物的"幽默"笔法背后所体现的人文关怀和道义倾向

设计意图:进一步理解狄更斯式塑造人物的笔法,深入体会作者给予底层人物的同情与关爱

结论

小大卫自立自强、天真无私,米考伯夫妇真挚善良、乐观向上,底层人民之间境遇悲惨却彼此患难与共、亲密温情,于艰难困境中实现心灵的成长。作者以"一种观察细微人性的鹰眼","从普通人的胸中取出细小的、被人轻蔑的感情","挑选出和蔼友好的人性的种种特征,并把它们组成一个整体",体现其强烈的人文关怀和道义倾向。

小结

阅读小说,要把握典型的人物形象,从而理解作者对多样人生的观察和思考。

（续表）

学习评价与作业设计	必做题：
	1.回顾课上的学习所得，结合书中的其余章节，谈谈自己对米考伯夫妇的理解是否有了进一步的认识，与小组同伴交流并记录在下表中。

小说人物	原先的认识	更新的认识	发生转变的原因

2.单元情境任务：即将到来的4月23日是世界读书日，班级将组织开展"外国作家作品研习读书报告会"系列活动
环境布置小组需要完成人物海报的设计
宣传小组需要完成"作品推荐书"的撰写并使用班级公众号推送

选做题：
有人认为，纵观《大卫·科波菲尔》这部作品，教材所选的章节并不是最佳选择。作为高中生的你，如果让你参与这篇课文的编选，从作品内容及与读者契合度的视角来考虑，你会选择《大卫·科波菲尔》中的哪一章进入中学教材？请你参照"单元导语"的样式，为所选编的章节写一则不超过800字的课文导语。

第二课时

题目	人精神的复活 ——研读《复活》
教学目标	1.分析典型人物的形象特点，探究人物精神"复活"的过程和原因 2.体会托尔斯泰使用"心灵的辩证法"塑造人物、实现主题的艺术价值
教学重难点	教学重点：分析典型人物的形象特点，探究人物精神"复活"的过程和原因 教学难点：体会托尔斯泰使用"心灵的辩证法"塑造人物、实现主题的艺术价值
实践类型	☑阅读与鉴赏　☑表达与交流　☑梳理与探究
主要过程设计	研讨前准备： 1.完成小组研读记录 2.自行阅读拓展材料

（续表）

主要过程设计	研讨专题： 人物是如何实现"精神的复活"的 导入：展示学生在合作研读中存在的困惑 1. 一个贵族真的会因为良心发现而向一个妓女忏悔，甚至向她求婚吗 2. 贵族忏悔，主动求婚，对于一个沦落而被监禁的妓女来说，是天上掉下来的改变命运的大好机遇，然而玛丝洛娃却无动于衷。为什么呢 设计意图：由学生共同的阅读困惑导入，引导学生自主思考人物"异乎常理"的地方，激发学生阅读兴趣 任务一：探究聂赫留朵夫人物形象的多面性、矛盾性、变化性 1. 组织学生角色扮演，还原节选开头部分两人重逢的场景；师生共同赏析聂赫留朵夫对玛丝洛娃的称谓"您"的意味 2. 以师生共同赏析为例，以"称谓变换——聂赫留朵夫心路历程探究"为任务，小组共同研读称谓变化背后所反映的心理动态和原因 设计意图：抓住人物的言行举止，把握心理动态，深入人物的精神世界，从而体会聂赫留朵夫"异乎常理"的行为背后的"合乎常理" 任务二：探究玛丝洛娃人物形象的多面性、矛盾性、变化性 文中共六次描写了玛丝洛娃的笑，玛丝洛娃每一次笑时都在想些什么？选择2—3处试着为她撰写内心独白，分析其笑容背后的内心变化 设计意图：抓住人物的言行举止，把握心理动态，深入人物的精神世界，从而体会玛丝洛娃"异乎常理"的行为背后的"合乎常理" 任务三：探究"心灵的辩证法" 1. 结合所学知识，小组思考并讨论以下问题： (1)"心灵辩证法"和常见的心理描写有何区别？以《大卫·科波菲尔》为例与本文进行对比分析 (2) 有人认为，托尔斯泰对人物心理状态的描摹难免显得主观，但是他又是19世纪俄国现实主义代表作家，主观的心理描摹可以真实地反映现实中的问题吗 2. 为"心灵辩证法"的定义进行补充 设计意图：引导学生结合理论和同时期作品，辩证思考"心灵的辩证法"对人物塑造、主题揭示的重要作用 结论： 托尔斯泰通过"心灵的辩证法"对主人公的精神探索之路和复杂性格的演进作了细致的刻画，实现主题"精神的复活"，体现作者对人类道德和价值的不断寻求 小结： 阅读小说，要把握典型的人物形象，从而理解作者对多样人生的观察和思考。同时，可适当了解作家的创作理论，借此深入研读作品

（续表）

学习评价与 作业设计	必做题： 1. 回顾课上的学习所得，谈谈自己对人物的理解是否有了进一步的认识，与小组同伴交流并记录在下表中 （表格） 2. 单元情境任务：即将到来的 4 月 23 日是世界读书日，班级将组织开展"外国作家作品研习读书报告会"系列活动 环境布置小组需要完成人物海报的设计 宣传小组需要完成"作品推荐书"的撰写并使用班级公众号推送

小说人物	原先的认识	更新的认识	发生转变的原因

第三课时

题目	人灵魂的尊严——研读《老人与海》
教学目标	1. 梳理老人五次捕鱼的具体情节，分析人物的内心独白，鉴赏老人的人物形象 2. 理解"失败英雄"背后所凸显的"硬汉精神"及其象征意义
教学重难点	教学重点：梳理老人五次捕鱼的具体情节，分析人物的内心独白，鉴赏老人的人物形象 教学难点：理解"失败英雄"背后所凸显的"硬汉形象"及其象征意义
实践类型	☑阅读与鉴赏 ☑表达与交流 ☑梳理与探究
主要过程设计	研讨前准备： 1. 完成小组研读记录 2. 自行阅读拓展材料 研讨专题： 人物是如何展现"灵魂的尊严"的 导入：展示学生在合作研读中存在的困惑 圣地亚哥为什么总是絮絮叨叨，而且有些话似乎有悖于"硬汉"的形象 设计意图：由学生共同的阅读困惑导入，引导学生自主思考人物"异乎常理"的地方，激发学生阅读兴趣 任务一：不能被"谁"打败 第 12 段："但人不是为失败而生的，"他说，"一个人可以被毁灭，但不能被打败" 文章中的老人圣地亚哥不能被"谁"打败？请快速阅读文本，梳理老人与鲨鱼的五次搏斗过程

（续表）

	攻击者	数量	作战工具	结局
第一次				
第二次				
第三次				
第四次				
第五次				

<table>
<tr><td rowspan="1">主要过程设计</td><td>

设计意图：通过梳理五次对决，快速把握主要信息，体会老人与鲨鱼之间战斗力的差距，初步感知人物无与伦比的力量和勇气

任务二："失败英雄"

1.老人搏斗时的行动是勇猛的，他的内心又在想什么呢？请找出原文并加以分析

2.进一步思考：圣地亚哥为什么总是絮絮叨叨，而且有些话似乎有悖于"硬汉"的形象

设计意图：引导学生关注人物内心独白，进一步理解作品所塑造的这样一位不断战胜自己，维护"人的灵魂的尊严"的"失败英雄"形象

任务三："硬汉形象"及其象征意义

1."如果生命是一场徒劳，那么超越的意义在哪里？"结合海明威的阐释和自己的阅读理解，说说你对"硬汉形象"的理解

2.初中所学的《愚公移山》中，也刻画了一位意志坚定的老人。将两部作品对比阅读，思考中外不同的"硬汉形象"

设计意图：引导学生总结梳理"硬汉形象"的内涵，并将其放在一个更广阔的视角审视其象征意义

结论：

《老人与海》通过对圣地亚哥这一"失败英雄"的塑造，揭示了人类永恒的主题——不可避免的悲剧命运和绝不屈服的顽强精神。

小结：

阅读小说，要把握典型的人物形象，从而理解作者对多样人生的观察和思考；同时结合相关的文学评论，理解典型人物形象的象征意义，感受文学经典多样化阐释的魅力
</td></tr>
<tr><td>学习评价与
作业设计</td><td>

必做题：

1.回顾课上的学习所得，谈谈自己对人物的理解是否有了进一步的认识，与小组同伴交流并记录在下表中

小说人物	原先的认识	更新的认识	发生转变的原因

2.单元情境任务：即将到来的4月23日是世界读书日，班级将组织开展"外国作家作品研习读书报告会"系列活动

环境布置小组需要完成人物海报的设计

宣传小组需要完成"作品推荐书"的撰写并使用班级公众号推送
</td></tr>
</table>

（续表）

学习评价与 作业设计	选做题： 2021年清华大学的校长邱勇在给新生的录取通知书中附赠一份礼物——美国作家海明威所著的《老人与海》。但这一行为却遭网友质疑，理由是自古以来，中国有很多优秀作家作品，为什么偏偏要送一本外国小说 请你在学习单元四篇外国小说的基础上对网友的质疑作出回应。要求：观点明确，形式多样，有说服力，能清晰地向网友解释我们为什么要读外国小说

第四课时

题目	人永恒的孤独 ——研读《百年孤独》
教学目标	1.分析典型人物，明确"孤独"的内涵；品味作品通过人物群像表现主题的独特之处 2.解读"失眠症""失忆症"的象征意味，思考荒诞的写法背后所隐射的现实，了解"魔幻现实主义"的特点
教学重难点	教学重点：分析典型人物，明确"孤独"的内涵；品味作品通过人物群像表现主题的独特之处 教学难点：解读"失眠症""失忆症"的象征意味，思考荒诞的写法背后所隐射的现实，了解"魔幻现实主义"的特点
实践类型	☑阅读与鉴赏　☑表达与交流　☑梳理与探究
主要过程设计	研讨前准备： 1.完成小组研读记录 2.自行阅读拓展材料 研讨专题： 人物是如何对抗"永恒的孤独"的 导入：展示学生在合作研读中存在的困惑 1.小说为什么命名为《百年孤独》 2.为什么让身世成谜的丽贝卡带来传染性的失眠症 **任务一：梳理变化，探究人物的"孤独"** 1.选文开宗明义，点明马孔多发生改变。梳理具体发生了哪些改变？ 2.重点探究人物的变化：在文中，不同人物身上的"孤独"是怎么表现的？造成他们孤独的原因是什么？ | 孤独的类型	代表人物	典型细节	内涵解读 | |---|---|---|---| | | | | | | | | | | 设计意图：梳理人物的变化，进一步归纳人物所体现出的孤独特质

（续表）

主要过程设计	任务二：解析症候，探究"孤独"的现实内涵 1. 小组进一步探究： (1) 为什么让身世成谜的丽贝卡带来传染性的失眠症 (2) 为什么作者设定的是失眠症而不是抑郁症 2. 对比标题《家》《一百四十三年的孤独》和《百年孤独》，共同探究：何为"百年"？何为"孤独"？ 设计意图：以"失眠症""失忆症"为切入点，思考荒诞的写法背后所隐射的现实，了解"魔幻现实主义"写法的特点和效果 任务三：比较阅读，探究群体的"孤独" 结合课前拓展资料，对比阅读《百年孤独》与《边城》，体会其中群体的孤独；思考：中西方文化差异下，群体是如何对抗"孤独"的 设计意图：通过中西方文化对比，感受小说中展现的不同时代、地域的社会生活和人类心灵 结论： 马尔克斯通过塑造布恩迪亚家族不同"孤独"特质的人物，以"变现实为幻想又不失其真"的魔幻特色，展现了马孔多、拉丁美洲乃至于人类历史"百年孤独"的循环命运 小结： 阅读小说，要把握典型的人物形象，从而理解作者对多样人生的观察和思考。同时，可适当了解作家的创作风格，借此深入研读作品
学习评价与作业设计	必做题： 1. 回顾课上的学习所得，谈谈自己对人物的理解是否有了进一步的认识，与小组同伴交流并记录在下表中 表格： 小说人物 | 原先的认识 | 更新的认识 | 发生转变的原因 2. 单元情境任务：即将到来的4月23日是世界读书日，班级将组织开展"外国作家作品研习读书报告会"系列活动 环境布置小组需要完成人物海报的设计 宣传小组需要完成"作品推荐书"的撰写并使用班级公众号推送 选做题： 作者曾说"何塞·阿尔卡蒂奥们使这个家族得以延续，而奥雷里亚诺们则否"。借助课文后附的"本课主要人物表"，将所有的何塞·阿尔卡蒂奥们找出来，看看他们的性格、命运是否相似，说说为什么作者说他们使这个家族得以延续

第五课时

题目	折射的社会现实 ——研读《大卫·科波菲尔》《复活》
教学目标	把握环境特征,理解具有主题意蕴的场景内涵;领略小说借此呈现的社会生活风貌和人类精神世界
教学重难点	教学重点:把握环境特征,理解具有主题意蕴的场景内涵 教学难点:领会典型环境所反映的社会现实
实践类型	☑阅读与鉴赏　☑表达与交流　□梳理与探究
主要过程设计	研讨前准备: 1. 完成小组研读记录 2. 小组共同查阅相关资料,汇总本单元小说创作的时代背景和作家的创作意图 研讨专题: 小说中的典型环境是如何折射社会现实的 导入: 学校戏剧社想将四篇课文转换成舞台剧的形式,请你的小组协助他们进行舞台场景设计和布置,那么哪些环境元素是必不可少的 任务一:小说里的世界——梳理直接的环境要素 1. 按照小说进行分组,梳理节选内容中的环境描写,完成表格 	小说篇目	人物活动的主要场景	场景布置的要素	场景呈现的特点
---	---	---	---
《大卫·科波菲尔》			
《复活》			| 2. 小组代表作交流发言,陈述设计构思的理由 任务二:小说里的世界——梳理间接的环境要素 梳理节选内容中间接涉及的环境要素,提炼其特点,小组合作完成下表 | 小说篇目	间接的环境要素	反映的社会现实
---	---	---
《大卫·科波菲尔》		
《复活》			 设计意图:引导学生从直观的环境要素,到对间接的环境要素的把握,以此领会环境所反映的社会现实 任务三:小说外的世界——分析典型环境的作用 结合课前搜集的作品时代背景、作家创作意图等资料,选择课文中某一处典型环境描写加以分析 设计意图:结合小说创作的时代背景和作家的创作意图,发掘环境描写的典型性,深入感知小说的社会批判性

（续表）

主要过程设计	结论： 通过梳理小说所呈现和布局的人物活动时空场所的小说环境要素,感知狄更斯小说所反映的工业革命时期急剧变革的英国社会的风貌,以及列夫·托尔斯泰小说所揭示的沙皇俄国的社会现实,深入领会小说的社会批判性 小结： 在阅读经典的外国小说时,除了典型人物之外,还要学会把握小说中的环境特征,理解具有主题意蕴的场景内涵,从而领略小说借此呈现的人类精神世界和社会生活风貌
学习评价与 作业设计	必做题： 单元情境任务：即将到来的 4 月 23 日是世界读书日,班级将组织开展"外国作家作品研习读书报告会"系列活动 读书沙龙会小组需要完成交流稿(读书札记)的撰写

选做题：
根据课上所学内容,对课文内容进行提炼,小组合作完成下面的选题,撰写 400 字左右的发言稿

小说篇目	"小说折射的现实世界"选题思考
《大卫·科波菲尔》	19 世纪英国维多利亚盛世帷幕下的底层社会
《复活》	19 世纪末俄国沙皇政治统治下的社会众生相

第六课时

活动名称	影射的人类境遇 ——研读《老人与海》《百年孤独》
教学目标	把握环境特征,理解具有主题意蕴的场景内涵;领略小说借此呈现的社会生活风貌和人类精神世界
教学重难点	教学重点:把握环境特征,理解具有主题意蕴的场景内涵 教学难点:领会典型环境所隐含的人类境遇
实践类型	☑阅读与鉴赏　☑表达与交流　☑梳理与探究

（续表）

活动主要 过程设计	研讨前准备： 1. 完成小组研读记录 2. 小组共同查阅相关资料，汇总本单元小说创作的时代背景和作家的创作意图 研讨专题： 小说中的典型环境是如何影射人类境遇的 导入： 学校戏剧社想将四篇课文转换成舞台剧的形式，请你的小组协助他们进行舞台场景设计和布置，那么哪些环境元素是必不可少的 任务一：小说里的世界——梳理直接的环境要素 1. 按照小说进行分组，梳理节选内容中的环境描写，完成表格

小说篇目	人物活动的主要场景	场景布置的要素	场景呈现的特点
《老人与海》			
《百年孤独》			

2. 小组代表作交流发言，陈述设计构思的理由

任务二：小说里的世界——梳理间接的环境要素

梳理节选内容间接涉及的环境要素，提炼其特点，小组合作完成下表

小说篇目	间接的环境描写	反映的社会现实
《老人与海》		
《百年孤独》		

设计意图：引导学生从直观的环境要素，到对间接的环境要素的把握，以此领会环境所反映的社会现实

任务三：小说外的世界——分析典型环境的作用

结合课前搜集的作品时代背景、作家创作意图等资料，选择课文中某一处典型环境描写加以分析

设计意图：结合小说创作的时代背景和作家的创作意图，发掘环境描写的典型性，深入感知小说的社会批判性

结论：

通过梳理小说所呈现和布局的人物活动的时空场所，感知海明威笔下的大海所喻指的人类相依偎又相对抗的世界、马尔克斯笔下的马孔多小镇所象征的拉美大陆乃至全人类的生存处境，从而深入领会小说的深刻性和批判性

小结：

在阅读经典的外国小说时，除了典型人物之外，还要学会把握小说中的典型环境，从而领略小说借此呈现的人类精神世界和社会生活风貌

（续表）

学习评价与作业设计	必做题： 即将到来的 4 月 23 日是世界读书日，班级将组织开展"外国作家作品研习读书报告会"系列活动 读书沙龙会小组需要完成交流稿（读书札记）的撰写
	选做题： 根据课上所学内容，对课文内容进行提炼，小组合作完成下面的选题，撰写 400 字左右的发言稿

小说篇目	"小说折射的现实世界"选题思考
《老人与海》	老人与海的关系及其隐喻性
《百年孤独》	外来文明的来袭及其隐喻性

第七课时

活动名称	典型的人物 ——研读《大卫·科波菲尔》《复活》《老人与海》《百年孤独》
教学目标	1. 理解小说中的"圆形人物"与"扁平人物"的含义；能区分并欣赏"圆形人物"与"扁平人物" 2. 认识小说中各类典型人物的意义；理解作者塑造人物形象的典型性来表达作品主题这一手法
教学重难点	教学重点：能区分并欣赏"圆形人物"与"扁平人物" 教学难点：理解作者塑造人物形象的典型性来表达作品主题这一手法
实践类型	☑阅读与鉴赏　☑表达与交流　☑梳理与探究
活动主要过程设计	研讨前准备： 1. 完成小组研读记录 2. 自行阅读拓展材料 研讨专题： 不同典型的人物有什么作用？ 导入： 小说人物的性格是不是一成不变的呢 是不是只有某一种突出特征呢 怎样的人物性格更有魅力呢 任务一："圆形"和"扁平"——归纳特点 借助拓展材料认识"圆形人物"和"扁平人物"，归纳各自的特点 设计意图：引导学生从理论层面解读文本，理解、体会小说所塑造的人物

（续表）

活动主要 过程设计	任务二:"圆形"或"扁平"——分类分析 选择四篇课文中"你印象最深刻的一个人物",根据分类进行分析,并阐述理由 设计意图:引导学生尝试将文学理论和方法运用到具体的阅读鉴赏和人物赏析中,进一步挖掘形象的内涵 任务三:"一分为三"——辩证看待 1.结合相关理论和小说内容,选择本单元课文中的某个人物,小组研讨: (1) 你更喜欢圆形人物还是扁平人物? 作者塑造圆形人物和扁平人物各有什么意义 (2) 除了承载某种或被褒扬或被贬损的性格,体现作者创作意图外,圆形/扁平人物还有其他优势或劣势吗 2.共同拓展:在我们学过的课文或是读过的文学作品中,哪些是圆形人物,哪些是扁平人物 设计意图:引导学生结合自己的阅读感受辩证地看待"圆形人物"和"扁平人物"的分类,在思辨中有理有据地发表见解 结论: "圆形人物"与"扁平人物"承担着承载人物或被褒扬或被贬损的性格,体现作者创作意图以及反映某类社会现实等作用 小结: 阅读小说时,可尝试将文学批评的理论和方法运用到具体的阅读鉴赏中;同时还要结合个人阅读感受,学会在思辨中有理有据地发表见解
学习评价与 作业设计	必做题: 单元情境任务:即将到来的 4 月 23 日是世界读书日,班级将组织开展"外国作家作品研习读书报告会"系列活动 环境布置小组需要完成作家海报的设计 读书沙龙会小组需要完成交流稿(读书札记)的撰写
	选做题: 任何文本都不是孤立的,在解读某个人物形象时,如果能够与其他人物形象互为参照,往往能揭示出更深刻、更丰富的内涵。 比如,我们发现大卫是孤独的,聂赫留朵夫是孤独的,圣地亚哥老人是孤独的,布恩迪亚也是孤独的。 但不同历史情境下作家对"孤独"的理解是不一样或有所侧重:聂赫留朵夫在孤独中唤醒了"精神的我",实现"道德上的自我改善";圣地亚哥老人在孤独中战胜一切艰难险阻,维护了人的尊严;布恩迪亚在孤独中精神失常,陷入无人理解的神秘之境 以"他是一个孤独的人"为话题,撰写人物专题报告。 在人物形象的比较中,深刻理解人类孤独的本质,体悟该如何面对永恒的孤独 设计意图:找到有价值的话题,在不同人物形象之间实现互文参照

第八课时

活动名称	叙事的艺术 ——研读《大卫·科波菲尔》《复活》《老人与海》《百年孤独》
教学目标	1.赏析本单元四篇小说独特的叙事技巧,更为全面地理解文本主旨和写作意图 2.领略不同小说的艺术特质,进一步感受作家的独特风格
教学重难点	教学重点:赏析本单元四篇小说独特的叙事技巧,更为全面地理解文本主旨和写作意图 教学难点:领略不同小说的艺术特质,进一步感受作家的独特风格
实践类型	☑阅读与鉴赏　☑表达与交流　☑梳理与探究
活动主要 过程设计	研讨前准备: 1.完成小组研读记录 2.自行阅读拓展材料 研讨专题: 不同的叙事艺术有什么效果 导入: 比较《变形记》不同叙述艺术带来的效果差异 一天早晨,格里高利·萨姆沙从不安的睡梦中醒来,发现自己躺在床上变成了一只巨大的甲虫(《变形记》原文) 一天早晨,我从不安的睡梦中醒来,发现自己躺在床上变成了一只巨大的甲虫(更改后) 任务一:如何讲故事——梳理小说的叙事要素 哪些因素会影响叙事的效果? 请结合已学课文,梳理小说的叙事要素,并绘制思维导图 设计意图:结合已学课文,调动学生已有的学习经验,对小说的叙事要素进行梳理和整合 任务二:谁是讲故事的人——共同赏析叙事视角之妙 师生共同研读:圈画《大卫·科波菲尔》开头第1段出现的七个"我"字,思考各有什么不同,品味其在叙事视角上的独特效果 设计意图:尝试以叙事视角为例,感知作家所寄寓其中的文本主旨和写作意图 任务三:如何讲好故事——比较不同叙事艺术的效果差异 小组为单位,以篇目的不同分组,赏析其余三篇小说的叙事特色 设计意图:尝试比较不同叙事艺术所带来的效果差异,领略不同小说的艺术特质,进一步感受作家的独特风格 结论: 小说是一种叙事文学,讲究如何讲故事。各人各法,各有其妙,作家所选择的不同的讲故事方式,也将带给作品与众不同的独特风貌

（续表）

活动主要 过程设计	小结： 阅读小说，可聚焦叙事艺术，着重品读作者是"如何讲好故事"的
学习评价与 作业设计	单元情境任务：即将到来的 4 月 23 日是世界读书日，班级将组织开展"外国作家作品研习读书报告会"系列活动 环境布置小组需要完成作家海报的设计 读书沙龙会小组需要完成交流稿（读书札记）的撰写

第九课时

活动名称	文学即人学——单元梳理课
教学目标	梳理教材中涉及的外国作家小说，关注重要流派间的风格和差异，体会作家不同凡响的艺术个性和一脉相承的艺术使命
教学重难点	教学重点：梳理教材中涉及的外国作家小说，关注重要流派间的风格和差异 教学难点：体会作家不同凡响的艺术个性和一脉相承的艺术使命
实践类型	☑阅读与鉴赏　☑表达与交流　☑梳理与探究
活动主要 过程设计	研讨前准备： 1. 完成小组研读记录 2. 自行阅读拓展材料 研讨专题： 教材中的现实主义文学与现代派文学 导入： PPT 呈现本单元四篇小说以及必修下册第六单元《装在套子里的人》《变形记》两篇小说 思考：当我们把这些作品联系在一起时，我们发现了什么 任务一：梳理先后顺序 1. 梳理教材中这六篇外国小说在西方现代文学史上出现的先后顺序 | 时代	国家	作家	作品	发表时间 | |---|---|---|---|---| |　|　|　|　|　| |　|　|　|　|　| 设计意图：对本单元小说作品艺术特质的总体梳理和回顾，将之前所学的两篇外国小说一并纳入，使学生对西方现代文学史上的经典作品有个框架式的了解

(续表)

活动主要 过程设计	**任务二:划分风格流派** 小组合作,以西方文学史的文学流派划分上述作品,并说明原因 | 时代	国家	作家	作品	发表时间	文学流派 | |---|---|---|---|---|---| | | | | | | | | | | | | | | 设计意图:通过梳理不同的风格流派,引导学生在作家独特的艺术个性中寻找共性 **任务三:讨论流派归属** 1.小组讨论:海明威应该归入哪一个文学流派呢 2.以时间轴的形式呈现作品流派,并以海明威的文学流派归属为例,简要梳理19世纪现实主义小说和20世纪现代派小说的显著区别 设计意图:海明威作为由现实主义向现代派的过渡人物,将他作为一个切入点,由此梳理本单元两个重要文学流派的特质 **任务四:** 小组探究:钱谷融先生提出"文学即人学"这一理念是否也适用于教材中的课文?结合所学的外国经典小说以及教材中的现实主义文学与现代派文学这两个流派,谈谈你的看法 结论: 当我们把这些作品联系在一起时,我们发现了什么? 我们发现了从现实主义文学到现代派文学的流派嬗变过程,从"人性危机"到"人的异化",西方文学史的发展是人的发展历程,也是人们人性不断得到发挥、生命价值得到体现的抗争过程 小结: 一位作家在文学史上的坐标,纵轴是不同地域不同国家,横轴是文学流派 研习外国作家作品,不仅要把握纵轴,同时也要把握横轴,从而体会作家不同凡响的艺术个性和一脉相承的艺术使命
学习评价与 作业设计	必做题: 单元情境任务:即将到来的4月23日是世界读书日,班级将组织开展"外国作家作品研习读书报告会"系列活动 环境布置小组需要完成作家海报的设计 读书沙龙会小组需要完成交流稿(读书札记)的撰写

（续表）

学习评价与 作业设计	选做题： 《大卫·科波菲尔》侧重于作家经历的再现；《复活》是托尔斯泰宣扬道德自我完善的传声筒；《老人与海》彰显了作家的硬汉精神；《百年孤独》的现实原型是外祖父经历的内战。…… 有人说，"一切文学作品都是自身史"，对此，你怎么看？结合教材所学的外国作家小说，上网查阅相关资料，选择其中一篇，以小组分工合作的形式完成主题汇报 设计意图：引导学生关注文学作品的另一个隐蔽功能：展现作者本身的作用。很多伟大的作品都无可避免地隐含了作者本身的影子，引导学生从这个角度进一步解读文本

第十课时

活动名称	"我"的"小成长"——单元写作任务设计
教学目标	1. 学会借鉴经典作品的写作技巧，尝试创作小小说，实现以写促读、以读促写 2. 学习借助评价量表评改优化作品，交流分享作品，激发创作热情
教学重难点	教学重点：学习借鉴经典作品的写作技巧 教学难点：学习借助评价量表评改优化作品
实践类型	☑阅读与鉴赏　☑表达与交流　☑梳理与探究
活动主要 过程设计	研讨前准备： 1. 阅读单元写作指导《学写小小说》 2. 完成单元研习写作任务：只要你认真观察，就会发现生活中存在着不少"小说元素"，或让人感动，引人深思，或令人开怀……试着从中采撷一二，以之为基础创作一篇小小说 研讨专题： 如何写出好故事 导入： 班刊开设了"我的'小成长'"专栏，由于同学们参与热情高、投稿量大，为了能让优秀作品脱颖而出，编辑组鼓励大家采用"作品＋短评"模式参与投稿 完成了第三单元外国小说的学习，是否也激发了同学们的小说创作欲望 请确立主题，尝试创作一篇小小说参加班刊"我的'小成长'"专栏投稿 任务一：总结学习，拾取他山之石。 从小说创作角度来看，本单元四篇小说节选中，你感触最深、最受启发的是什么？尝试从小说创作的不同要素进行总结分析 设计意图：从个人阅读的审美感受出发，借鉴经典小说创作的不同要素来激活学生潜在的创作才能

（续表）

活动主要 过程设计	任务二:改写升格,以攻我山之玉 他山之石,可以攻玉。请同学们利用这些收获和技巧,对自己课前创作的小小说进行升格改写,并交流自己的改写理由与体悟 设计意图:通过改写,调动学生在阅读探究中获得的审美感受,帮助自己构建成功写作的知识图式 任务三:撰写短评,共赏众山玉石 为了提高投稿小说的被选中率,请组员依托《小小说评价量表》,相互撰写"小说短评"

小小说评价量表					
	评价要点	分值	自评	互评	修改意见
立意	正确鲜明,积极向上	15分			
立意	集中深刻,新颖独特	15分			
人物形象	鲜活而有典型意义	20分			
情节结构	脉络分明,构思巧妙 冲突悬念,跌宕起伏	20分			
叙事艺术	合理运用叙事视角、叙事时间与空间等	15分			
语言风格	用词准确,句式灵活,富有表现力	15分			
总分					
小说短评					

设计意图:通过自评、互评,激发学生持久的创作热情

结论:

本单元四篇小说,有许多值得借鉴的艺术技巧,如叙事视角、心理描写、环境描写等。如何写出一个好故事,学会借他山之石,攻我山之玉,让故事富有张力

小结:

"每个人都是一个潜在的艺术家",发现生活中的"小说元素",学会借鉴经典作品的写作技巧,不断改写优化,精益求精,学会"写出好故事"

学习评价与 作业设计	1. 根据组员的文学短评,对自己创作的小小说再次进行加工润色,并参加班刊"我的'小成长'"专栏投稿 2. 单元情境任务:即将到来的4月23日是世界读书日,班级将组织开展"外国作家作品研习读书报告会"系列活动 班刊编辑组需要完成小小说的评选与汇编

【教学反思】

本单元属于"外国作家作品研习"任务群。共通性,这一任务群和其他学习任务群在指导思想、教学内容、教学目标和价值追求等方面存在相同之处。因此,本单元教学需要妥善处理本任务群和其他任务群的关系,有意识地做好三个任务群之间的承上启下、相互连接,从而更好地帮助学生完成本单元、本任务群的学习要求。本单元紧扣任务群的要求,围绕"多样的文化"这一人文主题选编的四篇课文,都是具有较高文学史地位和思想文化价值的名家小说,可以说是人类思想文化中的精华。

从学情出发,我们发现一是学生文化认同和文化互鉴的意识亟待加强;二是缺乏连续性阅读体验和逻辑性思考;三是学生与作品有距离感。

不过,学生仍然拥有一些共同的阅读经验:其一,在必修上下册中已经研读了《乡土中国》和《红楼梦》,对长篇文学原著阅读有一定的经验和方法基础;其二,本单元文本拥有丰富的艺术表达形式,以帮助学生多角度理解文本内涵;其三,学生在必修下册的小说单元已经积累了小说文体的阅读经验。

综上,教师要学会搭建支架,帮助学生克服自身认知的局限性,充分调动学生的阅读兴趣,自主将阅读经验迁移到本单元课文的阅读鉴赏过程中来。

这是我的单元设计框架:

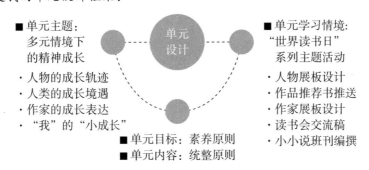

在进行本单元教学设计时,我努力践行如下几条基本理念和原则:

单元目标秉持素养原则,融合了必备品格和关键能力方面的目标,以此综合提升学生语文学科素养;单元内容秉持统整原则,围绕"多样的文化"这一人文主题,抓住学生的困惑点和兴趣点,我设计了"多元文化背景下的精神成长"这一单元主题;以及统整了单元的三个研习任务,我设计了"世界读书日"系列主题活动的单元情境任务。

围绕单元教材分析、学生学情,我主要是采取了以下的教学理念和教学策略:

(1) 问题导向,以终为始。通过课前的单元研习作业,要求学生完成小组研读记录表,记录阅读感悟,汇总共同困惑,这些都是非常宝贵的学习起点。我在批阅的过程中发现学生通过研读对于相关课文已经具备了感性的、大概的了解,对人物、情节、语言风格等,已经有了初步印象。而学生还不清楚的共同困惑,如主题"成长"的内涵以及主要人物形象矛盾点等,这些是学生的"痛点",才是我该出手的地方。语文教师的使命就是在学生思维"行到水穷处"时对他们进行适时、适宜的引导。与此同时,这个单元隶属于研习任务群,那就要引导学生对问题进行自我探索,我通过学生的共同困惑串联起本课,让学生充分表达自己对问题的看法和见解,并借此机会引导他们主动地把问题向更深层次延伸。

(2) 任务驱动,以终为始。"逆向教学设计",把学生最终要实现的"大任务"单元研习任务作为驱动,从"多元"的人文主题出发,聚焦"外国作家作品研习"这一核心学习任务,在真实情境中开展学习活动。

(3) 文本互解,文史互参。本单元的课文虽然都是单篇,但在执教的过程中,依然可以勾连学生的学习经历,进行群文阅读教学。通过文本互释,在求同存异中进行深入探究,生出新的结构和内涵新义,从而建构或者深化新文本阅读,从读懂"这一篇"走向读通"这一类"。将文学史引入高中语文教学,还原教材文本的历史背景与具体语境,使文本和文学史形成一种有机互参关系。学生思考的限度就由文本内部拓宽到了文本外部,问题意识随之发生转变,由对文本内部意义的追寻转向史与文的互证,如任务三中"结合评论家的言论,进一步体悟狄更斯塑造人物的'幽默'笔法背后所体现的人文关怀和道义倾向"。

高中生对于文本的理解和掌握往往是感性的,他们倾向于用"心"和"情"去感受和理解文本;但对于文学史的学习,对于文学事件的认识与梳理,对于作家思想与心境的把握,对于文学思潮流派渐变的感悟,这都是需要较强的逻辑思维与理性思维介入的,教师的指点,就是帮助学生使理智、逻辑和观念交互作用。

专家点评

情境：让学习与人生发生关联

在刘思薇老师的这个单元教学设计中，我们很明显地感觉到"情境设置"的重要性。首先，我感觉"情境创设"这个主题，就今天的"双新"推进，核心素养培育而言，特别有价值和意义。这种意义和价值，一则是因为符合真实"学习"发生的规律：学习意义的自主构建，一定是在学习的"情境"中完成的。只有合适的"情境"才能让学习成为一种能自我觉知的行为，这样的"学习"才有意义；二来正确指向了"课改"方向，如果说过去是强调知识的学习，今天课程改革的目标就是超越过去，强调在真实情境下创设任务，让学生在解决真实任务的过程中，获得对事物的认识、形成和发展的概念，以培养学生的核心素养。真实情境是今天开展教育教学的一个很重要的载体。

OECD 提出，"素养不只是知识和技能。它是在特定情境中，通过利用和调动心理、社会资源，以满足复杂需要的能力。"

"复杂需要"就是我们的学生在未来世界中需要面对的实际问题。学生需要面对真实场景，站在任务和问题的特定需求下思考，运用什么样的知识、方法能解决当前问题。这些问题解决的过程，正是因为我们有着共同的生活体验，生活在共同的文化下，才会理解。所以说，情境创设是让学习与人生发生关联。没有关联的情境没有价值，没有情境的任务也没有意义。

那么，围绕着"创设情境很重要"这扇"共识之窗"，在教学领域可以做哪些实践呢？

1. 在任务设计中，创设激发学生学习热情的情境

人的可持续的学习动力来自哪里？来自自我觉知的"学习"这件事情和"我"（我关心的人和事）有关的意识，也就是知识与自己产生的意义。所以，我们在教学任务的设计中，通过更为具体、更近距离的情境的再创设，比如"话题"的改编，把真实的情境化任务，适当地从生活中剥离出来，和语文活动产生关联，搭建我们的学生所处日常生活实践与语文课程学习之间的桥梁，建立学习生活与日常生活的联系，触发想象，激发情感，以"境"启思，唤醒、激活学生的真实体验和感

受,让学生觉知学习就是不断遇见和迁移的发展过程。情境本身就蕴藏了任务,完成任务提出了素养要求。从而实现从"教材上的学习"转向"情境中的学习",甚至"朝向真实生活情境的具身学习"。

2. 在指导推进中,设置反思性问题支架,让学生始终沉浸在情境中

"情境创设"的目标达成,很重要的一点是让学生找到角色,作为一个学习者的角色定位或叫身份确认,这种身份,可能是现在的自己,也可能是不同阶段的自己,更多的情形是未来的自己。但是,这种学习者身份的确认,学习目的的确定,有时候牢固性不强,黏合力不够,学生可能听着听着,学着学着,又会回到"完成教师布置的作业"的学习,不忘初心,有时候难度是不小的。

当然,这种"不偏移",很大程度上是和教师设计的情境的质量有关,有价值的情境创设,它的内部结构之间是不孤立、有联系、成体系的,它能紧紧吸引、裹挟住学习者;但在真实的教学世界中,不游离于情境的保障,很多时候也需要教师用连续的问题情境提示学生的自主发现,在教学实施推进中,通过反思性的问题支架,引导学生始终沉浸在情境中。在这种引导中,发展了学习者的批判性思维、自主学习和自我调节能力,让他们学会如何在自我纠偏中构建知识,并由此生成可以迁移的知识和技能。

3. 在评价指标制定时,建立实践研究的系统意识,关注情境创设的要点

在教学研究的过程中,我们还要时刻思考:一项教学设计,怎么证明它有效还是无效?怎么评估它究竟是有价值还是没有价值呢?哪怕是失败,也要用实证来证明它是"有效失败"还是"无效失败"吧!所以,还要尝试着将情境创设的几个要点,纳入对教师教学任务设计的评价指标中。只有反馈才能提高。好的教学永远是教学评一体的,无评价不教学,无检测不教学,评价和检测都基于目标的理解和对目标的回应。也就是在学习评价指标的制定中,通过情境要点的加入,将教师和学生积极性保持住。

通过刘思薇老师的这次指向情境化教学的单元教学实践,我们达成了哪些初步的共识?

1. 让学习中的认知和生活中的情感相融

学习过程其实是一种认知过程,若缺少情感的参与,这种认知也是冰冷的,对于教学活动则是无益的。因此,教学情境的创设必须将认知和情感相融合,才

能真正发挥情境的作用。

现实情境与氛围是激发学习欲望的最好催化剂,这种催化剂能触发主体的想象与联想本能。当然,创设情境引导体验的目的不仅仅在于指导学生观察和感悟生活,更重要的是在活动中教会学生观察和感悟生活的方法,潜移默化中使其形成良好的学习习惯,提升学习能力。

2. 让情境的开放性和学习的启发性相统一

情境能唤醒学生的认知与情感,激发学生的内驱力,产生灵感和创意。当然这首先要求情境具有启发性。实践证明,情境越开放,对学生学习的启发性就越大。开放的情境更易激发学生独立思考、多角度分析地解决问题。只有沉浸到了情境的世界,学生学习兴趣的激发和学习激情的冲动才能转移到学习本身的思考上来。我们应根据未来社会和个人终身发展的需要,从纷繁复杂的社会生活中筛选出与课程教学有关的典型情境与普遍情境,让学生入乎其"境",拔乎其"意",生发他的情意,熏陶他的精神,发展其"核心的""关键的""必备的"能力与品格。

3. 让情境的创设和单元的目标相契合

情境创设的重要作用之一,是促进教学任务的有效完成,为达成单元教学目标服务的。情境创设若能在学生学习中发挥这种作用,就需要和单元的目标相契合。教师可依据单元主题、任务群的要求,构筑符合生活逻辑的主题事件,并通过精心选择一个或多个真实事件、真实人物或话题与教学训练点组成主题系列,引导学生在现象和本质的统一中进行探究,培养学生具有正确的价值认同、科学的理性精神、强烈的情感意识和较强的学习认知能力。

最后,我想说的是,语文学习的很重要的目的,是要通过最为精准的交互去尽可能地影响别人的思考,改变别人的思想。学生的学习出发点,如果从来不想改变别人的思想,只想被教师评价,那绝对无法提高学习的质量和能力。而在教学中,只有创设出具体的、真实的情境,才有可能激发学习者完成任务的愿望,促进他们自觉、自动地产生通过表达与交流影响他人的冲动,实现对意义的整体获取。在这样的语境下,我们似乎可以感受到了——是情境使得思维得以可能和必要,只有这样才能避免无意义的教、无价值的学。

高 中 数 学

特级教师简介

沈保琪，1971年5月出生，中共党员，1994年毕业于上海技术师范学院数学系，2015年5月香港教育学院教育管理硕士毕业。2005年12月被评为中学高级教师，2017年荣获上海市数学特级教师称号，现任上海市张堰中学党总支书记，上海市金山区中学数学学会会长。曾获得上海市园丁奖、金山区拔尖教师、金山区师德标兵、优秀共产党员等称号，曾是金山区数学首席教师，数学学科工作坊主持人，上海市中学数学高级职称评审、特级教师评审专家组成员、上海市教育评估员中学数学高级职称论文鉴定专家组成员。上海市"双名工程"二期和四期名师基地学员、金山区拔尖教师研修班学员、2010年在北京首都师范大学参加教育部国培计划中小学骨干教师研修、"区十二五"中青年干部培训班成员、金山区第一届校(园)长任职资格培训学员。曾获上海市教学评选数学学科一等奖，全国二等奖。区首届基本功比赛一等奖，区青年教师教学比赛一等奖。培养指导多位中青年教师获市、区级教学评优数学学科一等奖。

从事与研究高中数学教学近30年，致力于教学改革实践，注重课堂教学改革，尝试多种课堂教学模式，如双语教学、152课堂教学、类问题教学等，形成简洁、灵活、智慧、极具亲和力的课堂教学风格。在教学上又形成归因分析教学特色。主持并参与完成多项市级与区级课题，多项教育教学研究成果获奖。多篇论文在国家级、市级核心刊物上发表。

特级教师优课与经验分享

基于学情的中学数学优质课教学实践与研究

前言:随着新课标新教材的实施,广大数学教师对课堂教学的理念也随之转变,课堂教学改革思路也更清晰,为了培养学生的数学学科能力,对课堂教学有效性越来越关注,也越来越追求优质课堂教学。那么什么样的课算优质课呢?在"双新"背景下,许多数学教学专家纷纷发表了自己的观点,但没有统一的模式去衡量或评价一节课的优劣。构成一堂优质课的因素是复杂的,这当中既有教师、学生、教学内容等主要因素,也包括了其他一些次要但不能忽视的因素;既有教师的教学水平、学生的学习能力等相对稳定的因素,也有许多时时变化的即时性因素。对此,本人在近三十年的教学生涯中不断实践与探索,追求让每节课都能成为优质课。

近年来在新课程新教材的实施中,我们一直在努力追求优质的课堂教学,不断探究课堂教学模式,寻找一种适合不同学情、不同层次学生的课堂教学模式,想让教师从繁重的教学任务中解脱出来,让学生从繁重的学业、考试压力中解脱出来。为此,我们的教师探索过,也尝试过,但成功的概率很低,往往与期望的差距很远,有的老师甚至无从下手。本人多年来观察、实践中发现当前课堂教学或多或少存在一些问题,影响了课堂教学有效性与实效性,与我们追求的优质课相差甚远。比如说存在一些以下现象。

1. 课堂教学模式机械地套用

课堂教学模式不是一成不变的,而是在不断地发展的。不同的时代有不同的教学模式,对不同的学生使用不同的教学模式,只有基于学情的教学模式才是最好的。现在优质资源非常丰富,如空中课堂、国家教育智慧平台等,许多教师往往是拿来主义,过度地注重模式,机械地模仿套用模式,课堂没有个性,处在流于形式的局面。在现有的课堂教学中，有的教师机械地模仿别人，使整堂课别扭而不流畅，学生在课堂中的主体性作用也没有体现，从而使课堂教学效率低下。

2. 课堂教学方法盲目地标新立异

目前在中学数学教学中往往会看到过多崇尚新异的教学方法，如数字化教学技术在课堂中应用，有的教师使用 PPT，只是为了课堂的"漂亮"，而不是为了课堂的"有效"。实际上对课堂教学的作用不大甚至没有。我觉得有的数学课堂还是可以使用传统的教学方法如讲授法等，课堂教学的有效性更高。其实我个人非常崇尚一支粉笔进课堂的高境界，所有的知识点、教材内容、习题都在教师的心中，融会贯通，体现教师自身的专业素养，课堂驾驭游刃有余，这样才能上出优质课。所以，根据课的类型选择恰当的教学方法才会取得最优质的课堂教学效果。

3. 教师关注学生参与课堂教学活动意识缺乏

我们经常发现许多教师在课堂上自己认认真真地讲解，但没有体现以学生为中心的课堂教学育人方式的变革，缺乏关注学生参与课堂教学活动，缺乏关注学生的听课状态与精气神。只是根据自己的教学设计，为了完成本堂课的教学任务而按部就班地完成传授，缺乏师生课堂对话，缺乏师生眼神间和肢体动作的交流；缺乏对课堂中即时产生的素材灵活应用，导致课堂效率低下，使教学任务变得枯燥而乏味。

通过近三十年的教学实践研究，基于学生实际情况与教学目标和要求，本人认为要使一堂课成为优质课，有以下几个方法可以尝试。

一、关注学生课堂教学中的听课状态

课堂教学是师生交流的过程，教师在关注知识发生过程的同时必须关注学生的认知过程，在课堂教学过程中应该特别关注三个方面：①遇到学生思维受阻时的恰时辅助；②按照学生最近发展区的恰当分解；③顺着学生体态语言的亮点挖掘。

在《任意角三角比》开始的复习环节教学中有如下的片段：

师：在初中，我们已经学过锐角三角比，请问初中锐角三角比是如何定义的？

生：?

师：为何回忆不起来？我给大家一个图辅助一下。

生：我能说了，如果是关于直角 $\triangle ABC$ 中的锐角 $\angle C$（$\angle A$ 为直角），那么根据锐角三角比的定义，$\angle C$ 的正弦、余弦和正切分别是 $\sin\angle C = \dfrac{AB}{BC}$，$\cos\angle C = \dfrac{AC}{BC}$，$\tan\angle C = \dfrac{AB}{AC}$。

【思考】初中阶段学生学习的三角比是在直角三角形的背景中定义的，因此脱离图形是较难回忆和表述的，教师看到学生困难后及时地给予了图形的辅助，有了图形语言的帮助，学生自然地将锐角三角比的定义用符号语言表述出来了。

再如：

师：除了上述的三个比例，另外的比例还有吗？

生：$\dfrac{BC}{AB}$，$\dfrac{BC}{AC}$，$\dfrac{AC}{AB}$。

师：其他的比值还有吗？

生：其他应该没有了，因为它们都是直角三角形 3 条边长的比值，而其中又是两两互为倒数的。

师：对，一共是 6 个，由于互为倒数，所以先研究其中的 3 个好吗？

生：好。

师：这儿锐角三角比对应于直角三角形边长的比值。

师：那这些比值只能是一个直角三角形的比值？

生：不是，其他直角三角形也行的。

师：这些三角形有何关系？

生：它们是相似的三角形。

【思考】对学生来说，直角三角形中的锐角三角比的定义到直角坐标平面内任意角三角比定义有较大的跨度。按照学生的最近发展区，首先引导学生从一个确定的直角三角形中突破出来，逐步显现"角"与"比值"的函数关系。

二、关注学生数学思维品质的主体性激发

如何培养学生良好的数学思维品质？通过课堂短暂的 40 分钟，将学生的思维品质的主体性激发出来，本人在教学实践中不断探索，得出这样的几种提升方法。

1. 精心设问,培养学生思维的广阔性和深刻性

思维的广阔性是指善于全面考察问题,从事物多种多样的联系和关系中去认识事物。在教学中,教师要善于引导学生广泛思维,触类旁通,同时遵循从感性到理性,从具体到抽象的原则,帮助和引导学生寻觅知识的内在联系,刺激学生打破结构和思维方式,培养学生思维的广阔性。

例如,在传授《抛物线标准方程》这一课时,抛物线是圆锥曲线中的一种,也是日常生活中常见的一种曲线。学生很早就认识了抛物线,知道斜抛物体的轨迹是抛物线,一些拱桥的桥拱形状是抛物线,一元二次函数的图像是抛物线,等等。可以说,学生对抛物线的几何图形已经有了直观的认识。在本节课之前,学生已经学习了几种圆锥曲线,对圆锥曲线的研究过程和研究方法有了一定的了解和认识,这对于本节课的探究有借鉴、迁移的作用。本人在本节课教授推导抛物线方程这一环节时,为了培养学生思维的广阔性和深刻性,进行了如下设计。

选取不同的建系方式,哪种建系方式最简洁? 请说明理由。

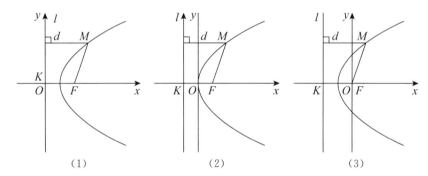

(1)　　　　　　　(2)　　　　　　　(3)

提示:设 $KF=P(P>0)$,先将抛物线的焦点坐标和准线方程求出来,再求抛物线的方程。三种建系方式下的抛物线方程分别为:$y^2=2px-p^2$,$y^2=2px$,$y^2=2px+p^2$。不难得出,第二种建系方式下的抛物线方程最简洁,因此第二种建系方式最好。

这样的设计,让学生能体会到:建立不同的坐标系得到的是不同的抛物线方程。该设计使学生不会形成思维定式,同时又让学生能深层次地体会到:虽然坐标系能任意建立,但如果坐标系选择不恰当,那么所得的抛物线方程可能非常复杂,甚至很难得出抛物线方程。所以,起到了让学生考虑任何问题时都要深层次考虑,今后就养成数学思维的广阔性和深刻性的作用。

2. 激发兴趣,培养思维的灵活性和连续性

在主体性教学过程中,教师要善于培养学生从新观点、新角度去思考问题,注意顺思维、逆思维和发散思维的合理运用,培养学生思维的灵活性。

例如,在传授《数列极限》第 1 课时时,为了能让学生掌握本课时知识点的同时也为第 2 课时做好铺垫,培养思维的灵活性和连续性,本人进行如下设计。

前面,我们介绍了数列极限的概念,并据此确定了一些简单数列的极限,但通常求极限的问题较为复杂。

例如,我们要计算抛物线 $y=x^2$、x 轴以及直线 $x=1$ 所围成的面积 S,可用 x 轴上的分点 $0,\dfrac{1}{n},\dfrac{2}{n},\cdots,\dfrac{n-1}{n},1$ 把区间 $[0,1]$ 分成 n 个小区间;每个区间上作一个小矩形,使矩形的左端点在抛物线 $y=x^2$ 上。这些矩形的高分别为 0,$\left(\dfrac{1}{n}\right)^2,\left(\dfrac{2}{n}\right)^2,\cdots,\left(\dfrac{n-1}{n}\right)^2$,矩形的底边长均为 $\dfrac{1}{n}$,所有这些矩形面积的总和设为 S_n,则有

$$S_n=\frac{1}{n}\left[0+\left(\frac{1}{n}\right)^2+\left(\frac{2}{n}\right)^2+\cdots+\left(\frac{n-1}{n}\right)^2\right]=\frac{1^2+2^2+\cdots+(n-1)^2}{n^3}$$

$$=\frac{(n-1)n(2n-1)}{6n^3}=\frac{(n-1)(2n-1)}{6n^2}。$$

S_n 可看作 S 的不足近似值,为求 S,只需令分割的份数 n 无限增大,那么 S_n 就无限接近于 S,即 $S=\lim\limits_{n\to\infty}S_n=\lim\limits_{n\to\infty}\dfrac{(n-1)(2n-1)}{6n^2}$。

但要计算这一极限的值,仅凭极限的定义来确定是不方便的。

我们已经学过数列 $\left\{\dfrac{1}{n}\right\}$、$\{q^n\}(|q|<1)$ 和 $\{C\}$ 的极限,能否从这些常见的极限出发,得出一些复杂问题的极限呢? 为此,需要研究数列极限的运算性质。

3. 创设环境,培养学生思维的独立性和创造性

思维的独立性是指善于独立地提出问题,主动寻求答案。思维的创造性,是思维的高级形态,指思维方法新颖、奇特,站在新的高度,从新的角度去考虑问题,提出超常的见解,从而解决问题。

例如,在传授《余弦定理》这一课时,为了打破常规,培养学生思维的独立性和创造性,我让学生走出教室,去探究生活中的问题,让学生面对问题独立思考,寻找解决问题的方法,让学生创造性地解决问题。所以我进行了这样的设计:

问题提出:

利用2分钟时间播放关于金山三岛的录像片段。通过解说让学生了解金山三岛的大致情况。

师:同学们,我们都生活在金山,有哪位同学知道大、小金山岛之间的距离?

(沉默片刻,都摇头示意不知道)

师:为了了解大、小金山岛之间的距离,我班数学探究性学习小组进行了实地测量与研究,接下来我们请探究性学习小组的成员来汇报他们的探究结果,大家欢迎。(掌声响起)

由探究性学习小组成员上讲台汇报他们对大、小金山岛间进行测量的方法和他们研究的结果,并同时提出他们在测量与研究过程中碰到的一些困难与疑惑,要求老师与同学们帮助他们解决这些问题。(在学生汇报的同时,多媒体播放探究性学习小组实地测量的录像片段)

师:同学们提出他们在研究过程中碰到这样一个问题——在斜三角形 ABC 中,已知两边和一夹角,求第三边时,他们在计算中碰到困难,今天我们这节课与同学们一起来解决这个问题。

三、关注学生"会而出错"的归因分析

学生在学习过程中经常会出现这样或那样"会而出错"情况,那么我们必须要对学生出现这样的问题进行归因分析。

如,因概念不清而导致的。数学概念是数学学习的核心内容,概念的形成是概念学习历程中非常重要的一部分,也是思维过程中最复杂的部分。概念的形成过程是抽象出一类对象或事物的共同本质特征的过程,其具体过程如下:辨别—分化—类化—抽象—检验—概括—形成。在学习某一数学概念时,与此概念相关的例子中常常会含有其他概念。

例:对于定义在区间 D 上的函数 $f(x)$,若实数 $x_0 \in D$,满足 $f(x_0)=x_0$,则

称 x_0 为函数 $f(x)$ 在 D 上的一个不动点。若函数 $f(x)=2x+\dfrac{1}{x}-a$ 在 $(0,+\infty)$ 上有不动点,求实数 a 的取值范围。

此题是一个即时学习新概念题型,虽题目条件中已明确定义是不动点的新概念,但此概念中实质还牵涉到一元二次方程有解的问题;而大多数学生在理解此概念时突出的是点,故结论是求点坐标。

造成这样的失误可能是粗心大意,但关键是长期对学习数学概念不重视,对理解数学概念关键词、关键点的掌握方法有偏差而产生的,这是长期学习方法不正确与学习习惯不良造成的,也是现在数学教学中强调题海训练而忽视概念教学导致的。

解决策略:

(1)重视概念教学。让学生共同参与到数学概念形成过程探究中,让学生了解概念的形成通常分两类:第一类是定义法,第二类是由抽象概念形成。在日常的数学概念教学中让学生学会判断所学数学概念是哪一类,以便学生初步掌握。

(2)排除对数学概念认知障碍。教师在概念传授中适时为学生做好铺垫,根据认知发展区就近原则,用已知的概念去理解新概念。

(3)学会对学习概念的掌握方法。只有掌握方法,才能在数学解题中理解概念,升华概念。

又如因审题失误而导致。在日常数学教学中通常会有这样的现象:在学生每次测试后与他共同分析错因时,学生捶头顿足,后悔不已,原因是审题失误而导致失分。

例:设集合 $M=\{x\mid x\leqslant0\}$,集合 $N=\{x\mid x>a+1\}$,且 $M\cap N\neq\Phi$,则 a 的取值范围是( )

A. $[-1,+\infty)$ B. $(0,+\infty)$ C. $(-\infty,-1)$ D. $(-\infty,-1]$

班级 40 位学生,竟然有 16 位学生选 A,其原因是把 $M\cap N\neq\Phi$ 看成 $M\cap N=\Phi$。

造成这样因审题失误而失分的原因是:学生往往受到以往例题或在作业中碰到类似题型的影响。做题时没有仔细看清题意,或没有看清题目要求或潜在假设,变形,答非所问,这些都是非智力因素造成的。

解决策略：

（1）注重培养学生严谨、细心的习惯。如在试题上做适当的记号等,可以少犯甚至不犯此类错误。

（2）注重培养学生要关注细节。"天下大事,必作于细;天下难事,必成于易"。注重细节,做好每件小事,方能成大事。如果在平时教学中纵容学生习以为常的小毛病,久而久之,学生的小毛病将会酿成大错误,造成个性缺陷,对他们的今后发展不利。特别是对资普生,他们在小学、初中已在学习上养成不良的习惯,所以在高中平时的教学中更要化时间与力气去培养学生学会细心、耐心、恒心,这样就尽可能避免因审题失误而失分。

（3）注重培养学生养成题后总结反思。绝大多数学生做题时往往是做好题就认为完成了,没有题后思考是否正确,结论与题目条件、公理、定理,或实际问题等是否符合的习惯。在教学中我们就时刻要求学生每题学会检验、总结、反思。

四、关注课堂教学中学生质疑

孔子曰"小疑小悟,大疑大悟",疑是悟性形成的激发点。在数学教学过程中,若经常性利用问题进行质疑,刺激学生学习积极性,鼓励和激发学生独立思考、积极探索,学会分析、判断、推理,打破常规,不限于书本和教师传授的方法,则能不断地培养学生的悟性,使其不拘泥于现成答案,敢于创新。

质疑是学生从学会到会学的重要学习方法,而作为教学主要阵地的课堂,有多少自由空间能为学生提供质疑? 同时,在教学中该如何培养学生质疑的品质?

（一）课堂教学中影响质疑的重要因素

1. 教师因素

目前,课堂上仍时不时出现"教师独裁"的现象,不鼓励学生进行质疑,相反有时甚至制止学生质疑,认为这样会被学生搞乱了自己的教学计划,完不成自己的课堂教学内容。所以,每当学生提问时,往往采用简略回答。有时说"等课后我们讨论"。甚至给学生扣上"上课不认真听讲""钻牛角尖"等词语,抹杀学生质疑的兴趣,使得学生有问题不敢问,也不肯问。长此以往,学生质疑的兴趣越来越弱,这样就影响了学生的思维发展和创造能力的提升。

现在的课堂教学中,学生是主体,给学生足够的空间进行学习与思考,教师应该在课堂上起引导作用,本人在课堂教学中渗透了五个一点:①容量大一点;②难度降一点;③气氛活一点;④关注学生多一点;⑤习题精一点。目的是使每位学生每堂课上都能学有所获。我在平时的备课中花大力气,对每堂课每个环节都站在学生的角度进行预设,给予学生足够质疑的空间,让学生能感到自己有质疑的权利,意识到自己是课堂主角,充分体现他们的主动性;同时也以质疑的方式进行教学,这样使学生的思维一直处于兴奋的状态,激发学生的潜能,达到良好的教学效果。

2. 学生因素

学生是学习的主体,有良好学习习惯的学生,往往成绩比较优秀。而目前学生中普遍存在这些现象:①学优生有时不愿回答学困生的质疑,认为这些问题不屑一顾,缺少互相学习、互相帮助的学习氛围;②学困生存在害羞或任其发展的心态,怕自己提出问题被人笑;③胆小的学生有问题不敢问,怕老师,在心理上总与老师存在一段距离;④有些学生认为老师讲的总是正确的,缺乏灵活性,学习方法比较死板;⑤也有学生学习方法不当,因为自己平时问题积累得太多,总觉得有许多问题,又提不出问题,比较盲目等。在教学中发现有质疑习惯的学生绝大部分是班级中成绩中上的,自学能力较强。教师如何培养学生的质疑品质,使学生主动地进行质疑,是目前教学中的当务之急。

(二)课堂教学中帮助学生学会质疑的方法

1. 让学生敢问

长期以来,学生总是把教师看作长辈或不可交流的对象,自然在心中与老师间产生距离,如果老师放下架子,尊重学生,与学生做朋友,将学生看作是平等的有思想的教学参与者,鼓励学生敢于发表自己的看法,不懂就问,敢于对老师、同学和教材质疑。对于学生大胆的猜测和疑问,即便是错误的也要首先肯定其积极动脑的一面,要保护学生质疑的积极性,绝不可嘲讽,并且调动全班学生进行思考、讨论,教师在一旁作引导、评价,这样就能使学生敢于提问了。

2. 让学生想问

融洽的师生关系能让学生放开胆子敢问,而浓厚的兴趣是学生想问的源泉。高中学生正处于成长时期,都有自己的想法,但现在的学生对学习上的问题都羞于提问,只有在教学中激发学生的兴趣,投其所好,学生才愿意提问。为让学生能问问题,本人在教学中经常会:①利用数学奥妙激发兴趣。如传授等比数列求和第一课时引例:相传国王要奖励国际象棋发明者,问他有什么要求,发明者说:"请在棋盘上的 64 格中的第 1 格放入 1 粒麦粒,第 2 格放入 2 粒麦粒,第 3 格放入 4 粒麦粒,第 4 格放入 8 粒麦粒,依此类推,每一个格子放的麦粒数都是前一个格子里放的麦粒数的 2 倍,直到放满 64 个格子为止。那么请同学们算算总共有多少粒?"学生的激情一下子被调动起来了,更激发了探究其原因的动力,也就是更加"想问"了。②利用数学史中的人物故事激发兴趣。在实际教学中,本人有意识地介绍一些数学家的故事,如在讲二项式系数表即"杨辉三角"时,就重点介绍这位宋朝时期的著名数学家杨辉,让学生了解数学领域中著名人物,同时也让学生感受杨辉三角优美的排列和丰富的数学规律,使学生深深体会到数学的奥妙。这样既培养了学生正确的崇拜观,又激发了学习的兴趣,更将"有条件的怀疑"寓于故事之中。先辈们的成功经验也让学生对大师们的才华由衷赞叹,也更好地激励有志于科学的青年勤于思考,善于发现问题并勇于质疑。

3. 让学生能问

我们在教学中一直埋怨学生不问,不会问,原因之一是我们在教学中没有给学生创设好提问的情境。"情境"简单地讲就是"情"与"境"的总和:"情"是学生心理活动高度发展的必要条件,是学生认识活动的催化剂,是思考的内在因素;而"境"是学生思考的外在因素。例如,在传授三角比中的诱导公式,让学生掌握"奇变偶不变,符号看象限"这一口诀时,让学生提问为什么奇变偶不变,这里的奇指的是什么,偶又指的是什么? 符号是哪个符号? 等等,能让学生有疑可问。教师在教学活动中,有意识地创造一定的情境,让学生大胆地提出自己猜测性的"质疑",这对培养创造性的思考是非常有利的。

4. 让学生善问

要想让学生提出高质量的问题,首先要唤醒学生质疑的意识,要有"怀疑一切,察其所由"的精神,同时要有意识地培养学生不断探究、追根求源的品质,引导学生对数学结论多问一问其产生的原因。如在学习数列中,就让学生用类比的方法学习等比数列,明确等比数列的定义、通项公式、等比中项、性质等都是由等差数列类比得到的。而等比数列的求和公式为何不能由等差数列求和公式类比得到？如果等差数列求和公式类比过来又是怎样的结论？类比是常用的一种思维方式，由这种方法所得到的结论虽然不一定可靠，但在逻辑思维中却很富有创造性，通过类比可以让学生更易理解。

五、数学优质课具备的几个基本特征

一堂优质课虽然没有绝对的标准，但有一些基本的特征。随着新中高考改革的深入，一堂优质课必须体现以学生发展为核心，体现培养学科核心素养理念，这是最基本但也是数学教育最高的境界。数学教师必须建立现代的数学教学观：学生对于教师所授予的知识是被动地接受，还是以自己已有的知识和经验为基础，在教师的导引下，主动地进行建构。个人认为优质课应具备以下几个基本的特征。

1. 主动性

主动性是指学生参与课堂教学活动的态度。我们的数学教学应该促使学生的学习活动向着这样的方向转变：学生主动且独立地处理学习内容，并且越来越自主地学习，并能系统地形成学习目标；选择并使用适合于内容、条件及目标的学习策略；合理地使用学习工具与学习时间；等等。换句话说，数学教师所进行的教学思考与所作出的教学决策，必须有利于促使学生从"学会数学"进而发展成为"会学数学"。以往课堂教学的突出问题是学生在教师指定的轨道中行进，按教师指定的活动节律被动地学习。如果学生在课堂里没有学习的欲望，完全被教师牵引着被动地学习，思维不活跃，怎么会学得好？优质课应让学生主动参与，学生是课堂教学的主体，课堂教学应该实现陶行知先生所倡导的那样，充分解放学生的大脑、双手、嘴巴、眼睛。让学生的多种感官全方位地参与学习，才能调动学生的学习积极性，使课堂焕发出生命的活力。课堂教学的立足点是人而不是"物化"的知识，让每个学生都有参与的机会，让每个学生在参与的过程中体验学习的快乐，获得心智的发展。在一堂学生主动参与的课堂中，学生的素养又怎能会得不到发展呢？能让学生的素养得到发展的课又怎会不是好课呢？

2. 有效性

有效性是指学生上课以后的实际收获。课堂是实施有效教学的主要阵地，课堂教学的有效性是衡量一节优质课的关键要素。有效性主要表现在三个方面:"教学效果",教学效果是指教学活动的结果,它考察的重点是学生具体的学习进步和教学发展;"教学效益",教学效益是指教学效果或结果与教学目标相吻合,满足了社会和个人的教育要求;"教学效率",教学效率是指单位教学投入所获得的教学产出。从教学的内涵上讲,有效教学是教师教学的活动及教学过程的有效性。从学生角度讲,主要是看学生的学习达成状态,使每个学生在原有的基础上得到尽可能大、尽可能全的发展,在面向全体学生的时候,让优等生"吃得饱",让学困生"吃得了",真正学有所得。有效教学主要表现为以下几个方面:应引导学生积极、主动地参与学习;应使教师与学生、学生与学生之间保持有效的互动;应为学生的主动建构提供学习资源、时间以及空间上的保障;使学习者对知识有真正的理解;必须关注学习者对自己以及他人学习的反思;应使学生获得对数学学习的积极体验和情感。

3. 生成性

课堂是活的,永远呈动态,会生成许多新问题、新情况。课堂教学是预设与生成的统一,优质课不仅需要教师有充分的预设,要把学生在课堂上可能生成的点点滴滴尽量多想一些,多找一些对策,而且根据实际情况调整预设的教学目标、过程与进度,与学生共同完成课堂内容和新的教育教学资源。有生成的课才是有生命的课,才是有活力的课,才是一堂优质课。

4. 互动性

课堂上,教师是否创设民主、平等、宽松、和谐的学习环境,让学生感到自己在这个环境中是安全的、融洽的、自主能动的,他和同学、教师甚至教材进行平等的对话。他讲错,没有关系;他提出问题,有人关注;他不认同教师的观点,不受批评;他对教材有异议,也没有人指责。从学生的动态变化中去动态生成课堂教学,教师要做到循循善诱,以目标为导向,对学习过程中不理想的,甚至是错误的东西进行匡正,对游离教学目标较远的学生及时调控,真正体现教师为主导、学生为主体的实质。在这个过程中,师生、生生分享彼此的思考、见解和知识,交流彼此的情感、观念与理念,这才有可能丰富教学内容,求得新的发展,实现教学相长。在这样的环境里,学生迫切地想与大家交流自己的学习体验,课堂成了学生放飞心灵的天空。这样的课才是优质课。

5. 针对性

在教学目标上,要明确、全面、有导向性;在教学内容上,要针对学生的情况选择一些贴近学生生活实际的内容,这样才有助于学生自主探索和合作交流,获得广泛的数学活动经验。同时,教师在备课中要精心设计教学过程,把探索的过程还给学生,让学生通过自主活动、意义建构,真正理解知识内容;对于学生的学习要求,应让学生带着问题进教室,通过猜想、尝试、分组讨论、反思,让学生带着新的更高层次的问题走出教室。在教学过程中若注意这几个方面的针对性思考,那么设计出的课一定是优质课。

6. 真实性

一个班级有优秀的学生,当然也有一般普通的学生。教学中,要时时关注每一个学生,要注意从他们的反馈中及时发现问题,予以补救。一堂课留有些"缺憾",几多"瑕疵",不是教师追求的结果,而是事物的必然。课堂教学值得反思,可以重组,真实的课才是好课,教师就是在挑战、疏漏、欠缺中不断反思与修正中进行专业成长,生成自己的教育智慧。

7. 和谐性

课堂教学应符合数学发展的逻辑性,也应符合学生认识数学的规律性。我们在教学实际中要求能把握教学内容的内在联系及其在整体结构中的地位;以学生已有的知识及经验为基础,以学生的最近发展区为定向,引导学生主动获取知识,深入理解内容,体会数学思想和方法,并在学习的过程中,发展和端正情感、态度、价值观。

在课堂教学中既要展示知识发生、发展和形成的过程,让学生对知识的形式和应用有必要的经历和体验,还应为学生提供形成概念的有效情景,引导学生从感性认识到理性认识,概括并领悟概念的本质,引导学生在解决问题的过程中提高数学应用的意识和能力。在课堂教学中要强调结果与过程并重,活动与接受互补。教师在完成基本的教学目标(基本知识与基本技能)的同时,要时时关注提高学生的数学能力与数学文化素养。

8. 能动性

一堂优质课应该是充满活力的,根据学生的年龄特征,他们正处于活泼、好动,具有强烈的求知欲和浓厚的兴趣的阶段,他们的思维活跃,具有上进心,有竞争意识。一堂课中教师应利用"问题"激活学生的思维，提出的问题应具有适度的探究性和一定的挑战性，让学生自主解决问题；教师应在一堂课中时时发现学生的进步，肯定学生的进步，鼓励学生奋发进取，尊重真实的学习过程，引导学生克服困难、争取成功，让学生在希望中学习。这样的课才是优质课。

优课示例与推荐人语

优课示例 1

作者简介：张欢，任职于金山区教育学院，从教时间 15 年。中学高级教师，金山区高中数学教研员，上海市金山区第六届、第七届、第八届"明天的导师工程"骨干教师，第四期上海市"双名工程"种子计划成员。曾指导青年教师荣获上海市青年教师展示课比赛一等奖、在全国第十一届高中青年数学教师课例展示活动中荣获"最优秀选手"称号的最高荣誉、荣获上海市中青年教学大奖赛一等奖。所获荣誉：第七届教育教学论文评优活动中荣获中学组一等奖；2018 年 10 月上海市高中青年数学教师优秀课展示活动中获二等奖；2022 年度金山区"最美家庭"称号；2019、2020、2022、2023 学年金山区"明天的导师工程"金苗奖；全国中学生数学奥林匹克竞赛（预赛）优秀指导教师；金山区第二届金穗杯比赛中荣获高中数学二等奖；上海市"崇明杯"班主任基本功竞赛高中组二等奖；上海市"普陀杯"班主任基本功系列竞赛荣获三等奖；荣获 2019—2020 学年金山区"十佳班主任"；金山区第三届班主任基本功大赛中荣获中学组一等奖。

特长爱好：教育教学、教学研究。

教坛心语：数学是智慧的源泉，教师是知识的导航；用心去探索，用爱去教化。

向量的坐标表示

一、主旨内容

本章内容是在初中学习了向量的基本概念，向量的加法、减法、实数与向量的积等基础之上的后继学习。但与初中有所不同的是，初中教材对向量的学习是以"形"为主，主要从"形"的角度展开，而本章内容则需在"形"的基础上，研究向量"数"的运算,体现以形助数,以数解形。当然,由于向量本身所具有的数形结合的特点,"数"和"形"二者相得益彰,互为依赖、互为补充。

以"数"为主旨研究向量,其核心是向量的坐标表示。向量的坐标表示,实际上是向量的代数表示。在引入向量的坐标表示后,向量的加法、减法、实数与向量的积、向量的数量积等就可以用它们的坐标的加法、减法、数乘、数量积等运算来进行,使向量运算代数化,从而将数与形紧密结合起来。这样使很多问题转化为可以用熟知的数量的运算来解决。向量的坐标表示,一方面为用代数方法处理几何问题提供了通道,另一方面也为向量概念推广到高维空间指明了途径,同时,它也是高中数学中描述与处理如立体几何、解析几何、三角等诸多问题的一个有力的工具。

作为向量的坐标表示的第一课时,本节课的主要内容是将向量和其运算用坐标来表示。本节课的基本处理方法是在引入一些相关的基础性的概念之后,通过任意向量都可以正交分解为基本单位向量的线性组合,在向量的正交分解的基础上抽象概括出向量的坐标表示形式,并依据向量的正交分解的本质得到向量坐标形式下的运算法则。

本节课要着力解决三个问题:一是要强调引入向量的坐标形式的必要性,以激发学生学习的动机;二是要解决如何引入向量的正交分解及如何由此抽象出向量的坐标形式;三是要解决引入向量坐标形式以后如何以坐标形式进行运算的问题。作为本节课的第一个课时,第二个问题是重中之重,因为如果学生不能理解向量的坐标是怎么来的,它的本质是什么,就会对后续的学习带来一定的困惑。

二、教学目标

1. 了解引入向量的坐标表示的必要性,理解平面向量的正交分解及其坐标表示,掌握向量的坐标运算。

2. 经历向量的度量计算转化为坐标运算的过程,体会坐标化的意义,体会数形结合、类比、从特殊到一般的数学思想。

3. 通过向量的坐标表示的学习,培养数学抽象、逻辑推理和数学运算等素养。

三、教学重点

向量的坐标表示。

四、教学难点

由向量的正交分解抽象出向量的坐标表示。

五、教学流程

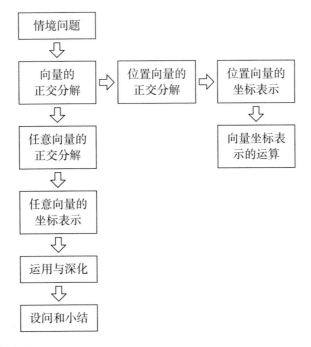

六、教学过程

(环节一)创设情境　引入课题

1.教师自我介绍。

【设计意图】

(1) 通过教师的自我介绍,减少与学生之间因为陌生而产生的距离感,为实现本节课的教学环节做铺垫,从而更好地实现本节课的教学目标。

(2) 通过介绍两次来到复旦中学的不同路径,引出本节课的教学情境:如何求出教师在两次路径下的位移;同时引导学生抽象地得出数学模型:计算教师从金山(P 点)到复旦中学(Q 点)的位移。

2.通过地图展示两次到复旦中学的不同路径,计算教师从金山(P 点)到复旦中学(Q 点)的位移。

【设计意图】

(1) 引导学生发现在两次不同的路径下,从金山(P 点)到复旦中学(Q

点)的位移没有发生改变,位移的大小就是$|\overrightarrow{PQ}|$,培养学生分析问题、解决问题的能力。

(2)通过对两次不同路径下位移大小的分析,引导学生发现$|\overrightarrow{PQ}|$的大小只与P点和Q点的位置有关,建立适当的直角坐标系之后,可得P点和Q点的坐标,通过两点之间的距离公式进行求解,培养学生建立数学模型的核心素养。

(3)引导学生发现$|\overrightarrow{PQ}|$只与P点和Q点的坐标有关,$|\overrightarrow{PQ}|$可以与P点和Q点的坐标形成一一对应的关系(两点之间的距离公式),诱发学生思考:$\overrightarrow{PQ}$也只与起点P和终点Q的位置有关,那么$\overrightarrow{PQ}$是否也可以用P点和Q点的坐标来表示?培养学生发现问题、提出问题的能力,培养学生类比的数学思想。

(4)通过情景引入,引导学生发现两点间位移的不同求法,引出向量坐标表示的必要性和作用,引起学生的学习兴趣,诱发学生的学习主动性和积极性。

(环节二)形成概念　理解辨析

1.位置向量。

将向量$\vec{a}$的起点置于坐标原点O,作$\overrightarrow{OA}=\vec{a}$,我们将$\overrightarrow{OA}$叫作位置向量。平面上任一向量$\vec{a}$都有与它相等的位置向量,所以研究向量的性质可以通过研究其相应的位置向量来实现。

【设计意图】

(1)为了研究向量的坐标表示,我们应该将向量置于直角坐标系中,引导学生思考如何将任意一个向量置于直角坐标系中。培养学生发现问题、提出问题、分析问题、解决问题的能力。

(2)复习初中有关向量的知识点,得到位置向量的定义,从而可以将任意一个向量置于直角坐标系中得到位置向量,我们先研究位置向量的坐标表示,为研究任意向量的坐标表示做铺垫。

(3)向量的坐标表示应该由起点和终点决定,而位置向量的起点一定是坐标原点,所以位置向量的坐标表示只和终点有关,引导学生了解一个非常重要的数学思想:控制变量法。

2. 向量的正交分解。

研究向量 $\vec{a}$ 的位置向量 $\overrightarrow{OA}$ 的终点 A 的坐标 (x,y)，确定点 A 分别在 x 轴和 y 轴投影点 M 和点 N 所对应的数为 x 和 y；引导学生通过向量加法的平行四边形法则发现 $\overrightarrow{OA}=\overrightarrow{OM}+\overrightarrow{ON}$；由单位长度类比单位向量，引出基本单位向量 $\vec{i}$、$\vec{j}$ 的概念，从而得到向量的正交分解表示：$\overrightarrow{OA}=x\vec{i}+y\vec{j}$；引导学生发现基本单

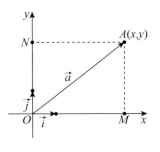

位向量 $\vec{i}$、$\vec{j}$ 的系数 x、y 是位置向量 $\overrightarrow{OA}$ 的终点 A 的坐标，得向量 $\vec{a}$ 的坐标表示。

（1）确定点 A 分别在 x 轴和 y 轴投影点 M 和点 N，根据向量加法的平行四边形法则可以发现：$\overrightarrow{OA}=\overrightarrow{OM}+\overrightarrow{ON}$。

（2）通过类比单位长度，得到单位向量的概念。

规定：在平面直角坐标系内，方向分别与 x 轴和 y 轴正方向相同的两个单位向量叫作基本单位向量，分别记为 $\vec{i}$ 和 $\vec{j}$。从而 $\overrightarrow{OA}=\overrightarrow{OM}+\overrightarrow{ON}=x\vec{i}+y\vec{j}$。

（3）由此可知，任意位置向量 $\overrightarrow{OA}$ 都能表示成基本单位向量 $\vec{i}$、$\vec{j}$ 分别乘以实数 x、y 后组成的和式，该和式称为基本单位向量 $\vec{i}$、$\vec{j}$ 的线性组合。这种向量的表示方法叫作向量的正交分解。

【设计意图】

（1）复习直角坐标系中点的定义，为向量的正交分解做铺垫。

（2）通过类比的思想得到单位向量的概念，构建点的坐标到向量的正交分解表示的桥梁，起到承上启下的作用，同时培养学生类比的数学思想。

3. 向量的坐标表示。

平面上任一向量 $\vec{a}$ 都有与它相等的位置向量 $\overrightarrow{OA}$，所以向量 $\vec{a}$ 也都可以用基本单位向量 $\vec{i}$、$\vec{j}$ 表示：$\vec{a}=\overrightarrow{OA}=x\vec{i}+y\vec{j}$，它们的系数 x、y 是与向量 $\vec{a}$ 相等的位置向量 $\overrightarrow{OA}$ 的终点 A 的坐标，通常我们用有序实数对 (x,y) 表示向量 $\vec{a}$，并称 (x,y) 为向量 $\vec{a}$ 的坐标，记作 $\vec{a}=(x,y)$。

【设计意图】

（1）引导学生发现向量的正交分解中基本单位向量 $\vec{i}$、$\vec{j}$ 前的系数 x、y 与向量 $\vec{a}$ 相等的位置向量 $\overrightarrow{OA}$ 的终点 A 的坐标的关系，培养学生归纳、总结的能力。

(2)通过用有序实数对(x,y)表示向量$\vec{a}$,培养学生发现问题、提出问题、分析问题和解决问题的能力,掌握数学的基础知识、基本技能。

(环节三)例题讲解 巩固新知

例1 如图,写出向量$\vec{a}$,$\vec{b}$,$\vec{c}$的坐标。

解:由图知$\vec{a}=(1,2)$。

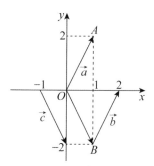

与向量$\vec{b}$相等的位置向量为$\overrightarrow{OA}$,可知$\vec{b}=\overrightarrow{OA}=(1,2)$。

与向量$\vec{c}$相等的位置向量为$\overrightarrow{OB}$,可知$\vec{c}=\overrightarrow{OB}=(1,-2)$。

思考:向量$\vec{i}$、$\vec{j}$和$\vec{0}$的坐标表示?

【设计意图】

(1)体验确定位置向量的过程,加深理解位置向量的概念。

(2)辨析向量坐标表示的概念,理解向量$\vec{a}$的坐标是与向量$\vec{a}$相等的位置向量的终点坐标,培养学生等价转化的能力。

(3)通过寻找特殊向量$\vec{i}$、$\vec{j}$和$\vec{0}$所对应的位置向量,掌握特殊向量$\vec{i}$、$\vec{j}$和$\vec{0}$的坐标表示,理解向量的正交分解表示与向量的坐标表示之间的转化。

例2 已知向量$\vec{a}=(3,-1)$与$\vec{b}=(-1,2)$,求:(1)$2\vec{a}+3\vec{b}$的坐标;(2)$|2\vec{a}+3\vec{b}|$。

解:(1) $2\vec{a}=2(3\vec{i}-\vec{j})=6\vec{i}-2\vec{j}$

$3\vec{b}=3(-\vec{i}+2\vec{j})=-3\vec{i}+6\vec{j}$

$2\vec{a}+3\vec{b}=(6\vec{i}-2\vec{j})+(-3\vec{i}+6\vec{j})=3\vec{i}+4\vec{j}$

即:$2\vec{a}+3\vec{b}=(3,4)$。

(2) $|2\vec{a}+3\vec{b}|=\sqrt{(3-0)^2+(4-0)^2}=5$。

【设计意图】

(1)通过向量与向量加减法、数与向量的乘法运算,掌握向量的正交分解表示与向量的坐标表示之间的转化。

(2)通过向量与向量加减法、数与向量的乘法运算以及向量的模的运算,引导学生归纳总结向量的坐标运算法则,培养学生理解从特殊到一般的数学思想以及归纳总结的能力。

4. 向量的坐标运算。

设 λ 是一个实数,$\vec{a}=(x_1,y_1)$,$\vec{b}=(x_2,y_2)$。

（1）向量的和（差）:$(x_1,y_1)\pm(x_2,y_2)=(x_1\pm x_2,y_1\pm y_2)$。

（2）数与向量的积:$\lambda(x_1,y_1)=(\lambda x_1,\lambda y_1)$。

（3）向量的模:$|\vec{a}|=\sqrt{x_1^2+y_1^2}$。

练习(例 2):已知向量 $\vec{a}=(3,-1)$ 与 $\vec{b}=(-1,2)$,求:(1)$2\vec{a}+3\vec{b}$ 的坐标;(2)$|2\vec{a}+3\vec{b}|$。

解:(1) $2\vec{a}=2(3,-1)=(6,-2)$,

$\qquad 3\vec{b}=3(-1,2)=(-3,6)$,

$\qquad 2\vec{a}+3\vec{b}=(6,-2)+(-3,6)=(3,4)$。

（2）$|2\vec{a}+3\vec{b}|=\sqrt{3^2+4^2}=5$。

【设计意图】

（1）掌握向量坐标的加减运算和数乘向量的运算以及模的运算。

（2）利用向量的坐标运算,对例 2 进行重新的解答,培养学生一题多解的能力。

（3）通过向量正交分解表示和坐标表示的比较,对同一个向量问题进行多角度的探究,以求问题解决的最优化,培养学生解题之后反思的数学思想。

（4）通过对例 1、例 2 的反思,发现现有知识下,向量的坐标表示的不足之处,培养学生反思的能力,同时培养学生发现问题、提出问题、分析问题以及解决问题的能力。

例 3　设 $P(x_1,y_1)$,$Q(x_2,y_2)$,写出向量 $\overrightarrow{PQ}$ 的坐标。

解:(解法 1)如图:$\overrightarrow{PQ}=(x_2-x_1,y_2-y_1)$。

(解法 2)$\overrightarrow{PQ}=\overrightarrow{OQ}-\overrightarrow{OP}=(x_2,y_2)-(x_1,y_1)=(x_2-x_1,y_2-y_1)$。

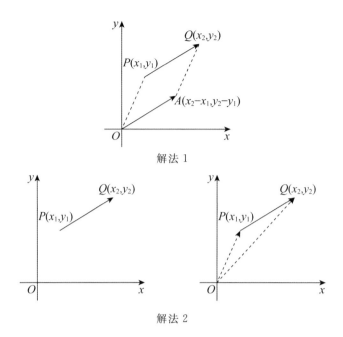

解法1

解法2

【设计意图】

(1) 承上启下,回顾情境问题,调动学生思考积极性,研究任意向量的坐标表示,培养学生转化与化归的数学思想,理解将未知转为已知的过程。

(2) 理解任意向量的坐标表示。

(3) 通过对位置向量和任意向量的坐标表示的研究,知道位置向量的坐标表示是任意向量的坐标表示的特殊情况,理解向量坐标表示的"一致性"。

5. 向量的坐标表示:设 $P(x_1,y_1)$,$Q(x_2,y_2)$,则 $\overrightarrow{PQ}=(x_2-x_1,y_2-y_1)$。

(环节四)课堂练习　迁移应用

练习1　(例1)如图,写出向量 $\vec{a},\vec{b},\vec{c}$ 的坐标。

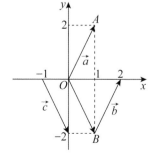

解:$\vec{a}=(1,2)$,

$\vec{b}=(2-1,0+2)=(1,2)$,

$\vec{c}=(0+1,-2-0)=(1,-2)$。

【设计意图】

(1) 通过位置向量和任意向量的坐标表示的比较,对同一个向量问题进行多角度的探究,以求问题解决的最优化,培养学生解题之后反思的数学思想。

(2) 通过练习,掌握任意向量的坐标表示方法。

练习2 已知平面内两点 P、Q 的坐标分别为 $(-2,4)$、$(2,1)$,求 $\overrightarrow{PQ}$ 的单位向量 $\overrightarrow{a_0}$。

解:因为 $\overrightarrow{PQ}=(2-(-2),1-4)=(4,-3)$,故 $|\overrightarrow{PQ}|=5$,

所以 $\overrightarrow{a_0}=\dfrac{\overrightarrow{PQ}}{|\overrightarrow{PQ}|}=\dfrac{1}{5}(4,-3)=\left(\dfrac{4}{5},-\dfrac{3}{5}\right)$。

【设计意图】

(1) 巩固任意向量的坐标表示,以及模的运算。

(2) 复习与任意非零向量同方向的单位向量的相关知识,引导学生写出已知向量的单位向量的坐标。

练习3 如图,平面上 A、B、C 三点的坐标分别为 $(2,1)$、$(-3,2)$、$(-1,3)$。如果四边形 $ABCD$ 是平行四边形,求 D 的坐标。

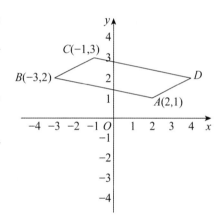

解:因为四边形 $ABCD$ 是平行四边形,所以 $\overrightarrow{DC}=\overrightarrow{AB}$。

设点 D 的坐标为 (x_D,y_D),于是有 $(-1-x_D,3-y_D)=\overrightarrow{AB}$。

又 $\overrightarrow{AB}=(-3-2,2-1)=(-5,1)$,故 $(-1-x_D,3-y_D)=(-5,1)$。

由此可得 $\begin{cases}-1-x_D=-5\\3-y_D=1\end{cases}$,解得 $\begin{cases}x_D=4\\y_D=2\end{cases}$。

因此点 D 的坐标为 $(4,2)$。

【设计意图】

(1) 引导学生利用"方向相同且模相等的两个向量相等"的结论,处理几何中"平行且相等"的线段问题,理解两个相等向量的几何意义。

(2) 引导学生理解两个相等向量坐标之间的关系。

思考题:已知平面上 A、B、C 三点的坐标分别为 $(0,1)$、$(1,2)$、$(3,4)$,试说明 A、B、C 三点共线。

(解法 1)由题意得:$\overrightarrow{AB}=(1,2)-(0,1)=(1,1)$,$\overrightarrow{AC}=(3,4)-(0,1)=(3,3)$。

因为 $\overrightarrow{AC}=3\overrightarrow{AB}$,所以 $\overrightarrow{AC}//\overrightarrow{AB}$.又因为 $\overrightarrow{AC}$ 与 $\overrightarrow{AB}$ 有公共点 A,所以 A、B、C 三点共线。

(解法 2)由题意得:$|\overrightarrow{AB}|=\sqrt{2}$,$|\overrightarrow{BC}|=2\sqrt{2}$,$|\overrightarrow{AC}|=3\sqrt{2}$。

所以 $|\overrightarrow{AB}|+|\overrightarrow{BC}|=|\overrightarrow{AC}|$,因此 A、B、C 三点共线。

【设计意图】

(1) 复习实数与向量的乘积,利用向量的坐标表示得到两个非零向量平行的充要条件,培养学生分析问题的能力。

(2) 通过对本题不同解法的分析,培养学生一题多解的能力。

(3) 利用向量的坐标表示,引导学生思考深入优化两个非零向量平行的充要条件,为《向量的坐标表示及其运算》第 2 课时做铺垫。

(环节五)课堂小结 布置作业

本节课我们通过计算位移的情境引入,学习了如何建立适当的直角坐标系,从而确定任意一个向量的位置向量,在此基础上,探究位置向量的正交分解表示,从而引出位置向量的坐标以及向量运算的坐标表示。通过例题的讲解,发现位置向量的坐标表示的局限性,从而引起探究任意向量的坐标表示的必要性。通过本节课的学习对从具体到抽象、类比以及数形结合的思想方法的形成具有重要的定义。提升了数学抽象、逻辑推理和数学运算的数学素养。

知识:基本单位向量、位置向量、任意向量。

思想方法:数形结合、类比、从特殊到一般。

核心素养:数学抽象、逻辑推理、数学运算。

【设计意图】

(1) 通过对基本单位向量、位置向量、任意向量这三个概念的辨析,厘清整节课的脉络,提升学生对基础知识的掌握。

(2) 通过对向量的两种表示方法的回顾,理解向量的正交分解表示和向量的坐标表示之间的关系,掌握两者的互化。

(3) 通过对向量的正交分解表示和向量的坐标表示研究过程的回顾,提升学生基本技能、基本思想、基本活动经验的掌握。

作业：教材 p.120 习题 8.3A 组

七、教学反思

数学概念课是课堂教学中常见的课型之一，如何上好数学概念课是值得我们每一位数学教师认真思考、探讨的。注重新概念科学的引入是讲好概念的前提，揭示概念本质属性是理解概念的关键。备课的时候，我一直非常犹豫，如何将向量的坐标表示讲好，怎么让学生理解向量的坐标表示的本质。所以我一直在思考这样两个问题：为什么引入向量的坐标表示，向量的坐标表示到底解决了哪些原有知识无法解决的问题或者可以优化了哪些类型的问题？向量的坐标表示为什么一定要在正交分解的前提下，能否用其他的有序数对来表示向量的坐标，能否类似在极坐标系中用 (ρ, θ) 来表示坐标？

基于此，在备课过程中，我参考了很多优秀教师的教案以及询问了很多有经验的教师，发现他们也没有很好地解决这两个问题。在他们的授课过程中，"向量的正交分解表示"，更多地是以"告诉"的形式传授给学生，有一部分教师会解释向量坐标表示的必要性，但基本没有教师解释为什么位置向量一定要正交分解，正交分解的产生过程是什么。

本节课，我想尝试从这两个问题出发，立足于这两个问题的解决来设计教案。

本节课在引入的时候，从实际问题出发，设计问题链，引导学生发现两点之间位移的求法，通过与两点之间的距离公式的类比，发现向量的坐标表示的必要性。学习一个新概念，首先应让学生明确学习它的意义、作用。教师设置合理的教学情景，使学生体会学习新概念的必要性。概念的引入，通常有两类：一类是从数学概念体系的发展过程引入，一类是从解决实际问题出发的引入。本节课因为是向量坐标表示的第一节课，所以从解决实际问题出发更符合知识的产生过程。

本节课在概念的形成阶段，区别传统教学模式中直接告诉学生位置向量的正交分解，本节课通过对点的坐标的深入理解，让学生进行分析、类比等活动，揭示向量正交分解形成过程、理解向量坐标表示的本质。在本节课的教学过程中，比较注重学生对概念形成的探究和概括。比如正交分解、位置向量的坐标表示、任意向量的坐标表示、正交分解表示到坐标表示的转化以及位置向量到任意向量的坐标表示扩展都是一步一步引导学生,让学生在抽象的分析中概括出来。这样进行的新授课的教学,不仅能够让学生理解概念,而且还能够培养学生的思维能力。

正是这两个问题的处理,我觉得是本节课的亮点,在完成教学目标的前提下,也培养了学生发现问题、提出问题、分析问题、解决问题的能力,是一堂紧扣基础知识、基本技能、基本思想、基本活动经验的教学课。

不过,上好这节课之后,我也在反思自己:本节课的亮点是探讨向量正交分解的形成过程,但这个知识点即使不去解释它的形成过程,因为其本身的简单性,在今后的练习中,学生也一定能够掌握,那么是否有必要在本节课花很多时间来和学生解释概念的形成过程? 同时,一个简单的知识点,带着学生进行探究,是否有简单问题复杂化的嫌疑,从而误导学生对于向量的坐标表示难易度的把握?

专家点评

概念是思维的基本形式之一,反映客观事物的一般的、本质的特征。数学概念是现实世界中空间形式和数量关系及其本质属性在思维中的反映。学习数学概念的关键是数学概念的形成与数学概念的同化,学习数学概念的过程可以说是一种再创造过程。学生从对数学知识的提炼和组织——通过对低层次活动本身的分析,把低层次的概念变为高层次的常识,再经过提炼和组织而形成更高层次的概念,如此循环往复。其过程可简述为:观察实例→归纳实例的共同点→揭示概念的本质属性→找出新概念与原认知结构中的知识联系→形成新概念→纳入概念体系。本节课《向量的坐标表示及其运算》是在学习了向量的基本知识以及在《平面向量分解定理》之后学习的内容,老师对本节课的教学设计有几个亮点:

1. 注重概念教学。张老师重视了概念的引入——现实性原则,中学数学概念无论如何抽象,实际都有它的具体内容和现实原型。在教学中,既应注意从学生的生活经验出发,也应该注意从解决数学内部的运算问题出发来引入概念。这样,从学生熟知的语言和事例中提供感性材料,引导他们抽象出相应的数学概念,才能使学生较好地掌握概念的实质。张老师按这个原则,在学生已掌握的向量基本概念和向量正交分解定理基础上,引出向量坐标表示。

2. 教学设计精致。本节课张老师注重问题意识,立足两个问题的解决设计教学,重视培养学生发现问题、提出问题、分析问题、解决问题能力。虽只是解决两个问题,但贯串整节课的教学,非常流畅。

3. 注重数学思想。本节课从情景引入,到整个教学过程,都重视对数学思想方法的渗透以及重视培养学科核心素养,以金山到复旦中学现实情景引入,渗透数学建模的思想,同时又激发了学生数学兴趣,另外向量坐标表示,又渗透了向量(形)到坐标(数)的数形结合思想方法。

总之,本节课设计合理、条理清晰、逻辑性强。

数学特级教师　沈保琪

优课示例 2

作者简介:张辉,任教于上海师范大学附属金山前京中学,从教时间 2005 年 7 月。中学数学高级教师,坚持"理解数学、理解学生、理解教学"的数学课堂,积极投身于教学研究,探索"双新"背景下新的教学模式。在课堂中关注数学在各学科、社会科学经济等领域的应用,结合数学史创设真实情境与问题链。引导学生通过实验探究、推理论证、类比总结等方法发现数学、探究数学,体验思维的活力和数学的魅力,进而形成具有数学特征的关键能力、必备品格与价值观念,达到"立德树人"的教育目的。所获荣誉:第四届上海市基础教育青年教师爱岗敬业教学竞赛中学数学组优胜奖,金山区第四届中青年教师教学评优活动二等奖,2022 年金山区高中数学单元教学设计评比一等奖,论文《浅谈中学数学问题情景的创设》获金山区第四届教研论文一等奖,教学案例《在生活中做数学,在数学中感受生活》获金山区案例评选一等奖,案例《跨越学科界限,发现不一样的问题》获金山区教学案例评选三等奖,金山区 2022 年度鑫工巧匠、金山区第八届"明天的导师工程"数学学科导师。

特长爱好:阅读、运动。

教坛心语:启智润心,以教育的方式。

跨越学科界限　发现不一样的问题

一、主旨内容

数学源自对现实世界数量关系与空间形式的抽象,与自然科学学科有紧密的关系。本节课从学科融合的视角创设真实问题情境,引导学生感知数学与自然科学的紧密关系,设计了"平面向量的数量积"一课,体会数学的科学价值、应用价值。

平面向量的数量积是继向量的线性运算之后的又一重要运算,它有显著的物理意义、几何意义,是连接代数、几何与三角函数的一种重要工具,在研究方法上充分地体现了化归、数形结合等数学思想。向量数量积的知识体系从实际的物理问题中抽象出来,它在解决几何问题中的三点共线、垂直、求夹角和线段长度、确定定比分点坐标以及平移等问题中显示出易理解和易操作的特点。

学生在学习本节内容之前,已经学习了平面向量的线性运算,理解并掌握了向量数乘运算及其几何意义。学生会产生这样的疑问——平面向量之间可以进行向量与向量的乘法运算吗? 学生已有了功等物理知识的背景,能够解决简单的物理问题,并熟知实数的运算体系,这为学生学习向量数量积做了很好的铺垫。所以本节课从学生熟悉的"功"引入"数量积",在学生基本活动经验下,创设问题情境,实现知识的合理迁移,促进学生实践能力和创新意识的发展。

二、教学目标

1. 理解平面向量数量积和投影的概念及数量积的几何意义;

2. 掌握平面向量数量积的性质与运算律;

3. 会用平面向量数量积表示向量的模与向量的夹角,会用数量积判断两个平面向量的垂直关系;

4. 通过平面向量数量积的学习,加深对数学与自然科学知识间联系的认识,体会数学知识的抽象性、概括性和应用性,提高用数学解决实际问题的能力。

教学重点:平面向量数量积的概念,用平面向量数量积表示向量的模及向量的夹角。

教学难点：平面向量数量积的概念与运算律的理解，平面向量数量积的应用。

三、教学过程

环节1：基于学生基本活动经验，让学生在真实情境中思考不一样的问题。

情境一：

问题1：物理中力做功的公式是什么？

学生A：$W=FS$。

问题2：功是标量还是向量？

学生B：是向量，因为力和位移都是向量。

学生C：是标量。

老师：为什么？

学生D：还有一个公式是$W=|\vec{F}||\vec{S}|\cos\theta$，力的模、位移的模都是标量，所以乘积也是一个标量。

回答是向量的同学一听好像有道理，又疑惑了，就这样争辩、讨论着。

老师：既然大家有分歧，这节课让我们从数学的视角，来解决同学们物理学中的一个疑问。

课堂沸腾了，每个学生都兴致很高，议论着，大家心里想数学课怎么研究物理问题？带着好奇心想听数学老师如何解释这个物理问题。由学生不确定的答案可以知道学生对于力做功的公式只是机械性的记忆、机械性的应用，并不了解知识的发生、发展的过程，也不清楚知识的内涵与外延。有了认知冲突，才有学习新知的内需与动机。此时引出课题"向量的数量积"，用数学的研究视角与科学方法解决这个和物理学科相关联的数学问题。

【设计意图】由学生所熟悉的物理概念"功"开始这节课，以物理问题为背景，创设情境，激发学生想要解决问题的学习动机。同时，初步认识向量的数量积，为引入向量数量积的概念做铺垫。

环节2：层层追问基于学生数学核心知识的解决。

情境二：

问题3：如图所示，θ表示一个什么角？

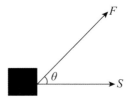

学生 A:θ 表示力 F 的方向与位移 S 的方向的夹角。

问题 4:你能指出下列图中两向量的夹角吗？

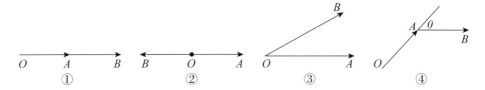

①②③答案学生容易得到,④学生出现两种答案,老师指出两个向量要共起点。

问题 5:对于两个非零向量 $\vec{a},\vec{b}$,你能给出它们夹角的定义吗？

问题 6:请大家思考向量夹角的范围？

【设计意图】从力学中两个力的夹角出发,逐步抽象成两个一般的向量,进而研究两个向量夹角的定义与范围。创设学生熟悉的问题情景,将学生自然地带入到课堂的教学内容中。

情境三:

问题 7:一物体在力 F 的作用下产生位移 S,那么力 F 所做的功:$W=|\vec{F}||\vec{S}|\cos\theta$,你能用文字语言表述"功的计算公式吗?"

学生 B:功是力与位移的大小及其夹角余弦的乘积。

问题 8:$|F|\cos\theta$ 表示什么？

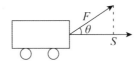

学生 C:力 F 在位移方向上的分量

老师补充:我们把 $|F|\cos\theta$ 称为力 F 在位移 S 方向上的投影,引出向量的数量积的定义。

问题 9:根据投影的概念,数量积 $\vec{a}\cdot\vec{b}=|\vec{a}||\vec{b}|\cos\theta$ 的几何意义是怎样的？

【设计意图】以上两个教学环节从物理模型中抽象出这节课要研究的数学概念,通过具体的问题引领学生得到准确的定义,创设由"形到数"的研究方法,符合学生学习的认知规律。学生感受着数学科学的力量,每个同学的眼神是深邃的,眼睛中写满了"为什么"及"如何解决",这些物理问题同学们太熟悉了,他们想知道这么熟悉的知识还隐藏着自己不知道的一面,他们貌似一个个小科学家,在一堂由物理引发的科学探究课中寻找着事物的本质。

情境四:

问题 10:我们回到课前的问题,F(力)是____量,S(位移)是____量,W(功)是____量。

学生异口同声,开心地、确定地回答着,仿佛告诉每一个人他们这次是把一个知识研究得很透彻,没有人再能难倒他们。

问题 11:请同学们用一句话来概括"功"的数学本质?

学生 D:功是力与位移的数量积。

【设计意图】哲学家罗素说:"数学,如果正确地看她,不但拥有真理,而且也具有至高的美。数学提供了一种精确简洁通用的科学语言,数学语言正是以她的结构域内容上的完美给人以美的感受。"当学生能用自己的语言说出"功"的数学本质时,感觉数学语言确实是一种"最美的科学语言",而跨越学科界限的教学激发了学生浓厚的兴趣,孩子们以一颗探索的"心"贯串于一节数学课的始终,本节课难背的数学定义、公式,学生能很快地说出,如,向量数量积的定义、公式、几何意义。注重跨学科知识的整合,创建合理的数学模型,从具体到抽象,数学素养的培养能真正落地,孩子们上完一节课是开心的、兴奋的、有效的,这样的数学课是孩子们需要的课堂。

环节 3:探究向量数量积的性质与运算律。

问题 11:(1)$(\vec{a} \cdot \vec{b})\vec{c}$ 与 $\vec{a}(\vec{b} \cdot \vec{c})$ 相等吗? (2)如果 $\vec{a} \cdot \vec{b}=0$,那么 $\vec{a}=\vec{0}$ 或 $\vec{b}=0$,对吗? (3)如果 $\vec{a} \cdot \vec{c}=\vec{b} \cdot \vec{c}, \vec{c} \neq \vec{0}$,那么能得出 $\vec{a}=\vec{b}$ 吗? 为什么?

【设计意图】在学习了向量数量积的概念之后,学生有能力完成向量数量积的性质与运算律的探究。对于向量数量积的运算律,教师先给出一些相关的问题,由学生小组讨论并证明,在学生讨论展示过程中出现的问题及时给予帮助,问题的设置让学生体会向量数量积运算律与实数乘法运算律的区别,强化对向量数量积的认识理解。

问题12:合作探究。

(1) 已知$|\vec{a}|=6$,$|\vec{b}|=4$,$(\vec{a}+2\vec{b})\cdot(\vec{a}-3\vec{b})=-72$,求$\vec{a}$与$\vec{b}$的夹角?

(2) 已知向量$\vec{a},\vec{b}$夹角为$45°$,且$|\vec{a}|=1$,$|2\vec{a}-\vec{b}|=\sqrt{10}$,则$|\vec{b}|=$_____。

【设计意图】小组合作探究激发学生钻研探索的欲望,提高合作意识,探索应用向量数量积解决向量的模的问题。

四、教学反思

学习新事物是一个人的本性,学生对于学习应该是出于人的学习的本能,但是为什么有很多孩子排斥和抗拒学习数学?从这节课的案例设计中,我深深感受到学生抗拒的不是知识本身,而是我们的教学方式。一节数学课的设计不应该是单纯的数字公式、数学证明、数学计算,它应该有数学抽象、逻辑推理、数学建模等思想,有对于"困惑"探究到底的人生态度,更有"世界是各种物质之间的联系"——这个世界运行的本质的世界观。

张奠宙先生说数学就是一位光彩照人的科学女王。但是如果把数学仅等同于抽象的逻辑推理、枯燥的公式,那么这个美女就变成 x 光下的骷髅,我们只能看到她的骨骼。人需要坚硬的骨骼还是柔软的肌肉呢?两者都需要,仅有骨骼,不能运动,没有骨骼,肌肉就丧失了起作用的对象,对于一切知识的领域,情况都是如此。但是,在我们的课堂中,骨骼似乎太强大了,这个数学女王失去了她的光环,下面的学生害怕了,他们只能靠老师的描述、死记硬背这个女王的形象。整个课堂是死气沉沉、毫无生机的。教师应该通过精心创设情境使女王的肌肉丰满起来。数学考试成绩固然重要,真正对一个人的终身发生作用、贯串于日常行动的,往往是数学素养。数学的抽象性致使数学学习有一定的难度,所以,化解困难的手段是让学生在学习数学的过程中,知道知识产生的背景、形成的过程和其中蕴含的数学思想方法。这就需要教师跨越学科界限,整合学科知识。

作为高中数学的教育工作者,在课改的当今,我们应具有的数学眼光和态度是什么?

一个数学教师,应该对自己的学科怀有一种追本溯源的态度,如果不能对什么是数学、什么是数学教育、数学与人的关系、数学教育存在的意义等有一份深切关注与深刻的思索,他的工作就必然带着一种盲目性与追逐性,不能找准继承与创新教育改革的支点。

而学科综合是现代科技发展的必然趋势,跨学科教学是课程发展的必然选择。"云厚者,雨必猛;弓劲者,箭必远",在教师专业化发展的背景下,我们教师要做数学教育的"专家"与"杂家"。"专家"要有专门的学问、深厚的专业知识,教师的知识不仅要"厚",还要"宽";不仅要"一专",还要"多能";不仅是"专家",也应是一位"杂家"。因为教育是培养人的工作,学生是不同的鲜活的个体,面对不同学生的"因材施教",教师就应该"多才多艺"。数学作为自然学科的基础和工具,数学教学就理应成为多学科交叉、融合的中心,数学教师也顺理成章地应该成为"杂家"式的复合型教师,才能更好地培养学生的数学创造力,提高数学核心素养,为科学技术的发展奠定坚实的数学基础。

专家点评

问题是思维的起源,只有发现问题,才有动力去探究问题,从而解决问题,得到新知识。本节课从课题中就立意在跨学科中发现问题。教师的教学设计有几个亮点:

1. 熟悉背景。教师以学生已知的知识,即初中平面向量知识和物理学中功为教学背景引入课堂教学,让学生体会到数学与物理学两门学科间既有联系又有区别。有联系是指平面向量数量积的思想方法是一致的,结论也是一致的;区别则是指思考分析角度略有不同。

2. 基于问题。本节课教学内容是平面向量这一章节中一种向量运算:平面向量数量积,教师在教学设计中是花了心思的,她在学生真实情景下,基于学生学习经验在各个环节设计问题,根据学生实际掌握知识的情况有层次地设计教学问题,环环紧扣,整个问题设计比较流畅、到位,让学生能跟着教师的问题设计自然而然地掌握新知。

3. 注重能力。本节课教师在教学设计中不仅注重学生基本能力的培养,如基本知识、基本技能、基本思想方法以及基本活动经验等,在平面向量数量积的概念和其几何意义上就夯实了基本能力,同时又注重对学生的创新能力及学科综合素养能力的培养。本节课采用跨学科的教学背景设计就有所创新,同时又渗透了学科的素养,效果非常好。

4.关注思想。数学知识是基础,数学思想方法是灵魂。如果一堂课中没有数学思想方法,那就等同于整堂课没有灵魂。数学学科讲究思维,如何提升学生的思维品质、提升学生的思维主体性,是我们数学课堂中必须要关注的。本节课教师在设计过程中就注意到数学建模、数形结合、抽象思维等数学思想方法,让学生在掌握平面向量数量积的知识同时,也提升了学生的数学素养。

数学特级教师　沈保琪

高中政治（一）

特级教师简介

黄兰珍，1968 年出生，福建福州人，1991 年毕业于华东师范大学政教系政教专业，2012 年华东师范大学研究生毕业，2014 年荣获上海市特级教师称号，2020 年被评为正高级教师，现任华东师大三附中党总支书记。上海市第一期黄静华德育名师基地学员、上海市第三期名师基地政治一组学员，曾被评为上海市模范教师、上海市中小学优秀德育课教师、金山区"领军人才"，连续四届当选金山区教育系统首席教师，荣获金山区 2015 学年、2017 学年、2020 学年"情系金山，魂系教育"——明天的导师工程"金牡丹奖"。

长期从事高中思想政治课教学，建构"导之以境，悟之以辨"的生活化政治课堂的教学特色。2020 年承担秋季高中思想政治学科上海市"空中课堂"在线教育视频课《哲学与文化》第三单元综合探究的教学任务。2018 年参加上海市基础教育系统《讲台上的名师》系列活动，承担 10 节录像课，曾获得全国思想政治学科优质课评选二等奖、市教学评比一等奖；曾受教育部中学校长培训中心郑州学校优质化工程项目组邀请在郑州 101 中学进行全国教学示范。从教以来，曾获得 10 多项区、市、全国各类教育教学奖励和教育科研奖励，在国家和省市级刊物上发表文章 30 多篇、出版教学专著 1 本、出版教学丛书 1 本（主编）、主持上海市"十二五""十三五"教师培训市级共享课程 1 门、主持市级课题 7 项，执笔撰写的研究报告荣获上海市教科院第四届学校教科研成果二等奖。受邀参加上海市高考命题和审题工作,多次为华东师大教师教育学院思政教育硕士和一线教师开设统编教材使用培训专题讲座。2018年承担金山区名师工作室项目,工作室以"基于学科核心素养的生活化政治课堂实践研究"课题为载体,打造生活化的政治课堂,让思想政治学科核心素养在课堂落地。2023年成立金山区黄兰珍名师工作室,旨在打造一支"政治素养硬、师德修养高、专业能力强、团队意识浓"的学习共同体。从教三十多年来,始终秉承"教育,不只是教知识,更是传播人生信念"的教育格言,坚守三尺讲台,做好一件事情把政治课上好。

～～～ 特级教师优课与经验分享 ～～～

匠心筑梦:从新手到研究型教师的进阶之路

——生活化政治课堂的实践研究与经验分享

时光荏苒,我的思想政治课教学生涯已经走过了三十三个春秋。在这三十多年里,我实践并反思,耕耘并收获,享受着教育的快乐!忆往昔,我的思绪回到了第一次教学公开课,那是我大四实习时在晋元中学开设的。当时,那种紧张而快乐的感觉至今记忆犹新,老前辈一句朴素评价——"你适合做老师",就是这句话激励着自己在思想政治课教学之路上前行了三十余载。1999年末,市教委教研室来华东师大三附中进行全面督导,那时年轻的我第一次结识上海市教研员,这是一件很幸运的事情。我在高三开设了关于西部大开发的专题教学课,通过唐代诗人王之涣《凉州词》"羌笛何须怨杨柳,春风不度玉门关"来导入,从政治和经济多角度来解读西部开发的重要性。教研员等专家连续听了我的两节课,给予一致好评,正是教学专家的肯定让我更坚信自己"适合做老师"。如今,我也常常用这句话激励我身边的青年人。在经历一次次"第一次"之后,我对上好思想政治课有了充分的信心和决心,即使行政职务的变动,也没有动摇我上好政治课的初心,始终没有离开过思想政治课的讲台。这张讲台和时代、社会、青少年紧紧相连,多年来我也不断思考和回答思想政治课到底教给学生什么?如何把学生培养好?在我成长的每一个阶段思考方向和实践路径都不尽相同,我愿意和大家分享我那微不足道的教育教学经验。

一、七年探索:有效教学的理念浸润着我的课堂教学

(一)缘由

我对有效教学的研究主要集中在 2006 年至 2013 年。在我教学职初阶段,思想政治课堂教学中广泛存在着"学生学习兴趣不高,教师教得辛苦,教学效果不明显,教学效益不理想"的现象。对于这样一个充满困惑、问题、压力和冷漠,但同时又充满着挑战、魅力、生机和希望的课程,在从教十年之后,我越来越意识到要上好思想政治课,必须解决课堂教学有效性的问题。恰巧,20 世纪 90 年代,国内学界掀起了对有效教学的研究热潮,有关有效教学的研究引起了学者和教学一线工作者的高度重视,成为当时课堂教学改革的热点问题、难点问题和核心问题。我有幸抓住了好时机,2006 年我申报"新课程背景下高中思想政治课有效教学策略研究"课题,成为上海市"普教系统名校长、名教师培养工程"教育科研专项课题。因为有任务的驱动、有踏实的课题研究,为解决真实问题奠定了基础。

(二)我对有效教学有了初步认识

什么是有效教学?通过阅读王鉴撰写的《近十年来我国有效教学问题研究评析》、卢尚建撰写的《我国有效教学研究十年——回顾与反思》等有效教学研究综述,我认为对有效教学的内涵分析,大家普遍比较接受余文森教授的观点。余教授在《有效教学三大内涵及其意义》一文中指出:"有效教学是一种提倡效果、效用、效率三者并重的教学观,有效果、有效用、有效率是有效教学的三个维度。有效果指的是学有所得、所获;有效用指的是学的东西是有价值的、有用的;有效率指学的过程和方法是科学的、简洁的、省时的。有效教学的有效果、有效用、有

效率,就像长方体的长、宽、高一样,三者缺一不可,缺少任何一个维度都不能构成完整意义的有效教学。"[①]

我试图从"有效果、有效用、有效率"三个维度来分析思想政治课有效教学的内涵,具体如下:

思想政治课教学有效果。它是强调思想政治课教学产生的结果,是教引起学的变化,其落脚点是学,不是教。有效果的思想政治课教学,不在乎政治教师在课堂上教了什么,讲了什么,教学进度以及教学任务完成情况如何,在乎的是学生学了什么、会了什么,在教学活动之后,学生有无进步和发展是教学有无效果的唯一指标。具体说,就是在知识上有所收获,学生对马克思主义基本理论有所习得;在能力上有所提高,学生能用所学的理论知识分析问题、解决问题;在情感上有升华,思想上有启迪,能实现知识、能力、觉悟和行为的统一。教学有效果,很多学科评判的标准是学科成绩,如崔允漷教授把好课标准归纳为十二字:"教得有效、学得愉快、考得满意"。其中"考得满意"就是体现学科成绩的评判标准。而思想政治课教学有效果更多要看学生认知的变化,以往的教学仅仅注意学习结果,让学生死记硬背一些结论性的东西,而忽视学习过程,忽视对学生能力的培养,不利于学生的可持续发展,因此需要变革。但不能从一个极端走向另一个极端,不能只注重学习过程而忽视学习结果。当然,教学有效果,最重要的试金石是看学生学习本学科态度的变化,有效果的思想政治课教学,就是通过教学,让学生感受到政治课是有意义的,不是死记硬背的,不是枯燥无味的,而且越来越喜欢学思想政治课。实际上,学生是否愿意学思想政治课、主动学思想政治课以及怎么学思想政治课、会不会学思想政治课,这样教学有效果的标准对思想政治课教师无疑是很大的挑战。思想政治课教师不得不从关注"教"向更关注学生"学"的转变,换句话说,"一言堂""满堂灌"的传统思想政治课教学方式终将成为历史。

思想政治课教学有效用,即有效益。作为政治教师,对经济学中的经济效益一词并不陌生,其中之要义是生产的产品一定要适销对路,满足人们的需求,否则是资源浪费,是无经济效益可言的。同样,教学效益是指教学及其结果与社会

---

① 余文森.有效教学三大内涵及其意义[J].中国教育学刊(课程与教学),2012(5).

和个人发展的需求相一致,强调教学及结果要符合目的性和价值性。邓小平说,"学马列要精,要管用",这里"要管用"就强调效益,思想政治课教学的最大效益就是培养学生学以致用,学会做人,培养正确的世界观、人生观和价值观,为学生终身发展和幸福奠基,成为社会主义的合格公民。通过加强政治认同教育、国家意识教育、文化自信教育等,使学生能担当建设社会主义现代化国家和振兴中华民族的重任。

思想政治课教学有效率。经济学中的"效率"是指经济资源配置的最大合理化,人尽其才,物尽其用。同样,教学效率就是教学的各个要素、各种资源进入最佳状态,教学投入少,教学产出多。思想政治课教学有效率并不是倡导"课"上得多么热闹,多么花哨,而是指一节课要有足够容量,要读、练、议、讲的和谐统一。同时,在有限的时间内,教师精选教学内容,少教多学,使学生的知识得到丰富与更新,使学生的能力得到提高与扩展,使学生的情感、态度与价值观得到巩固与提升。

(三) 对有效教学的系统思考和个性化解读

经过七年的教学实践研究,我对思想政治课有效教学有了较全面系统的认识,我开始写作《此岸·彼岸——一位政治教师对有效教学的追求》一书。"此岸"是指什么?"彼岸"又是指什么?如何才能从"此岸"顺利抵达"彼岸"?我认为"此岸"是指学生已有的发展水平,包括原有的经验、认知方式、前概念、情感、思想认识等。"彼岸"是指学生要学会什么,学会到什么程度,这就是思想政治课程标准中所追求的课程价值目标。具体地说,就是学生要学会做人,能形成正确的世界观、人生观和价值观,把马克思主义基本理论知识转化为个人成长不可或缺的思想政治素养,真正做到知、情、信、意、行的统一。

"此岸"是现实,"彼岸"是理想。站在"此岸",一心想跋涉到美丽的"彼岸",这就需要教师的智慧而非仅局限于工作的干劲。上海市浦东教育发展研究院顾志跃院长在《教师的职业生涯规划与专业发展》讲座中提出:"上课,不是一个简单给学生知识的过程,而是引领学生从'此岸'走向'彼岸'的过程,所以要针对学生设计有效的'桥'。"因此,思想政治课有效教学,意味着思想政治课教师要有架"桥"的本领,无论是教学目标设计、教学内容选择,还是教学过程实施,思想政治课教师都要有为学生有效"架桥"的意识,千方百计地在教学和学生生活之间架起一座座桥梁。这些"桥"可以是一种情境的创设、一个问题的铺设、一种活动的开展、一次师生的对话，也可以是一次书中学，或是一次做中学……有效的"桥"是形形色色、五花八门的，而成功"架桥"需要依赖于教师的学情分析能力、教学设计能力、教学实施艺术、教材处理技巧、教师育德能力、教师反思能力、教师评价能力等多重能力和综合素养。

有一位学者问大师："我有一个好朋友，为什么我的重要观点，他就是听不进去呢？"大师没有直接回答，而是做了一个动作：一只杯子已经盛满了水，大师视而不见，还把水壶里的水往杯中倒，杯中水都溢出来了，大师仍向杯中倒水。学者看到这个动作后，对大师说："我知道了。"

这个故事给我们的启迪是听不进去的原因，也许不仅仅是情感态度问题，因为每个学生都会有自己一定的知识、经历和观点，教师加强学情分析势在必行。思想政治课教师在传授马克思主义基本常识教育和公民品德教育时，就有可能与学生原来的知识、观点相冲撞，因此，思想政治课教师要想方设法帮助学生对不同知识起点进行有效区别和分析，通过有效的分析、综合、评价等高阶思维活动的参与来提升学生的认知能力，调整、修正原有的认知，从而到达课程价值目标的"彼岸"。

通过不懈努力，我终于完成了 20 多万字的论著。在这本书里，我全面阐述对思想政治课有效教学的理解，重点从新的课堂教学基本要素，即主动参与、和谐互动、合作探究以及真切体验的视角，研究思想政治课有效教学的实施策略，提出讲授型、生成型、互动型、情感型、自主型五大教学策略。期望学生能借助教师架设的七彩桥走到春意盎然的"彼岸"，也期望教师通过研究学情，搭建好思想政治课有效教学这座"桥"，从而实现"此岸播种彼岸花"的理想教育境界。在此期间我开设了多节市级、国家级公开课、示范课，其中，"当代国际关系中的合作与竞争"教学设计入选了上海二期课改探索实践课。教学实录参加了上海市中学思想品德与思想政治课教学光盘评比，荣获一等奖，该课在 2008 年全国思想政治学科优质课评选活动中荣获二等奖。在教学设计中成功运用"互动型教学策略"和"主动探究型教学策略"，探究温总理的"融冰之旅"以及对西方国家的"中国威胁论"错误论调进行师生对话，关注学生在学习过程中的主动性和参与性、关注思想政治课程学科价值的体现，通过教学设计来实现思想政治课程所承载的课程任务,培养学生的思想品德和思想政治素质。十多年之后,当我重新审视这节有一定影响力的公开课,还是发现了最大的局限性,教师满足于把书本的内容讲得生动有趣、有声有色,但关注复杂纷繁的社会现实和青少年思想现实略显不足,学生的批判性思维并没有得到多大的发挥,课堂探究的"问题链"并非是学生真实的问题,而是教师基于文本自我预设的问题。在辩论的过程中,貌似很热烈,但是如何引导学生在观点的碰撞下认可和吸纳对方观点的合理部分,兼收并蓄,在价值冲突中努力做到价值的重构,从而解决真实的问题,这是值得再研究的课题。

二、四年淬炼:在总结教学特色中延续对有效教学的研究

(一) 缘 由

提炼教学特色这件事情,要从我有幸参加第三期上海市普教系统名校长名师培养工程谈起。2012年我成为名师基地思想政治一组的学员,得到了复旦附中特级教师方培君导师的专业指导。在她的大力支持和帮助下,从2013至2016年,我用了四年时间,提炼出了"导之以境,悟之以辨"的生活化政治课堂教学特色。"导之以境"是指师生在情境中互动达到感知生活的目的,"悟之以辨"是指师生互通情境中问题达到更好地理解生活的目的。打造生活化的政治课堂,关照了学生的生活形态、话语环境和思维特点,一定程度上也是对有效教学研究的延续。2013年底,我成功开设了教学特色市级研究课和专题讲座。同时,2015年《现代教学》的教学思想和教学特色名师栏目专题介绍了我的教学特色。

(二) 生活化政治课堂的典型案例

• 破解难题:从走近生活到走进生活

2014年初,上海市第三期名师基地政治一组对全市4202名在校初高中学生进行了上海市中学生思想政治(思想品德)课认同度问卷调查,调查发现高二学生在喜欢政治课原因中对教材(政治常识)的认同度是最低的。因此,在教学实践中要破解这个难题,不仅要让学生在生活情境中走近生活,感受生活,而且教师要放开手脚,让学生真实地体验生活,从而增强学生对教材的认同度。美国教育家杜威先生曾说:"教学绝不仅仅是一种简单的告诉,教学应该是一种过程的

经历、一种体验、一种感悟。"构建生活化的课堂,就要让政治课堂从"走近"生活到"走进"生活。下面我以"建设法治政府、责任政府、服务政府"一课为例进行说明。

• 教学实录·生活化的教学情境

教师:(上课前我们布置了"走进政府"探究实践活动,我们班级有 4 位同学走进金山区出入境管理局,并拍摄了视频)现在请同学们观看视频。

(以下是视频的内容)

学生:现在高中生要出国旅游或游学,学生也需要护照,那么学生怎么办护照呢?

女民警:本市高中生带好本人的户口本和身份证到出入境办理中心办理,但是一定要本人来办理。

学生:办理护照需要多长时间?

女民警:办证工作日是十天。如果时间比较紧,我们可以提供电子政务服务,将自己第二代的电子身份证放在读卡器上,电脑就会将身份证上的信息读出来,然后将表格进行补充完整,通过电子政务服务,申请办证的时间从十天缩短到八天。如有机会欢迎同学们来体验一下我们便捷、高效的服务。

(看完视频后,课堂师生进行交流)

教师:结合视频,举例说明金山区公安分局出入境管理中心努力建设忧民所忧,乐民所乐的服务政府。

学生 1:办证需要的手续、材料、时间都介绍得很清楚。

学生 2:通过电子政务等信息技术手段优化服务流程,减少环节,提高了效率。

学生 3:民警介绍如何办证时,始终面带微笑、和蔼可亲。通过本次采访活动,我们已经知道了怎样办护照,体会到民警对市民的帮助和热情,真的体会到出入境管理局的宗旨"出入有境,服务无境"。

教师:你们一组去采访时,事先认识这个民警吗?

学生 4:不认识。

教师:事先和这个民警联系过吗?

学生 4:没有联系过。我们去的时候,心里很忐忑不安,害怕他们不会接受我们采访。但是,我们到了以后,女民警便欣然接受我们采访,而且能从高中生角度设身处地为我们着想。在我们回校的路上,我们心情特别愉悦,是民警的服务让我们倍感生活的快乐,她是天下最美的民警。

教师:你们拍好视频后,建议你们把视频光盘送过去,感谢民警"为人民服务"的精神。

• 案例反思

这是发生在课堂内外的真实故事。学生在课前预习中最大的问题是"政府的服务,你感受到了吗?"针对学生这一疑问,教师与其花大力气去讲授,还不如引导学生自己"走进"政府,这样对人民政府为人民服务的宗旨更有体会和理解,更有助于形成正确的判断。"走进"生活的体验教学,鼓励学生用自己的眼睛去观察,用自己的心灵去感悟,用自己的理智去感知。政治课教学取信于学生,关键是教师能让学生在生活案例中知晓道理,触动情感,让教材知识活化在生活中,潜移默化中转化成学生的能力。这样升华了学生的情感,促进了学生的发展。

在此基础上,我们探寻思政课教学如何更好地"走进"生活。其中,"走进"政府实践与探究活动取得了实效,学生"走进"了金山区公安分局蒙山路派出所、金山区朱泾交警大队、金山区气象局、金山区环保局、金山区教育局等十多个政府部门,特别是有一组学生"走进"了金山区人民政府,访问了金山区规划和土地管理局,撰写了"华师大三附中迁建工程访谈调查报告及建议意见书",引起了各方关注。高二年级以"走进"政府实践项目为载体构建生活化的政治课堂,在真实的生活情境中,沟通书本知识与生活的联系。帮助高中生对一个社会或政治真实问题做出正确的价值判断与选择,提高理性决策与批判思考的社会态度与技能,增强了参与社会生活的意识与能力,这正是构建"导之以境,悟之以辨"的生活化政治课堂的真谛!

(三) 构建"导之以境,悟之以辨"的生活化政治课堂的教学思想

如果一个教师既具有高尚的精神境界和较高的思想水平,又能坚持实践,积累经验并加以理性升华,久而久之,他就会形成比较稳定的、别具一格的教学特色。教学特色的形成非一日之功,我不断实践探索,努力构建生活化政治课堂。在提炼教学思想过程中,我需要讲清楚三个问题,为什么要构建生活化政治课堂? 构建什么样的生活化政治课堂? 怎么样构建生活化政治课堂? 围

绕这三个问题,形成了"导之以境,悟之以辨"的生活化政治课堂的基本思想和教学特色。

1. 构建生活化政治课堂是思想政治课有效教学的客观要求

在探索构建生活化政治课堂过程中,我意识到生活化教学是实现思想政治课有效教学的必由之路,思想政治课教师要想方设法地在教学和学生生活之间架起一座座桥梁,引领学生从此岸走向彼岸。

生活化政治课堂促进思想政治课教学有效果。实践表明,生活化政治课堂能让学生喜欢上政治课,他们会渐渐感觉政治课是有意义的,而不是死记硬背枯燥乏味的,因为生活化政治课堂其优势在于让课堂教学更亲近学生,而不是远离学生,在生活情境中更能发挥"课堂助学"的功能。

生活化政治课堂促进思想政治课教学有效用。生活化的政治课堂是开放的课堂,是充满生命活力的课堂。不断改进教学内容的陈述方式,这样的课堂较过去"推理的直白和结论的僵硬""过多从概念到概念的推导""不大关照学生当前的生活形态、话语环境和思维特点"就形成鲜明的对比。思想政治课教师在日常教学中关注社会生活中发生的热点问题,把学生身边的事例引入课堂,把教材观点和原理与现实生活中的案例和问题相结合,用生活来激活学生的情感,使思想政治教学充满生活色彩,富有生活气息,反映生活本质。

生活化政治课堂促进思想政治课教学有效率。在打造生活化政治课堂过程中,不断探索形成"情境+问题+表达"的教学策略,形成"情境故事化·问题探究""情境系列化·问题探究""情境半结构化·问题探究""情境冲突化·问题探究"等具体操作范式。这些具体操作范式,着力于结构化情境以及连续性问题的设计,都是为了让各种教育资源进入最佳状态,使得教学投入少,教学产出多,从而提高教学效率。从教学实践来看,有些教学设计缺乏生活化政治课堂教学的元素,单纯从教材出发,满堂课充斥着复杂、抽象的材料,冲淡了政治课的味道,往往使得教学效率低、效果差。

2. 构建"导之以境,悟之以辨"的生活化政治课堂的基本要求

基于"教学源于生活,寓于生活,用于生活"的理念,我在教学实践中努力构建"导之以境,悟之以辨"的生活化政治课堂,其基本要求如下。

首先,导之以境,感知生活。

通过"导之以境"达到感知生活的目的,课堂教学从学生的生活经验和已有的知识背景出发,呈现情境,激发学生学习兴趣,引出理论知识的学习,使教学"活"起来、学生"动"起来,这是构建生活化课堂的起点。"导之以境"表现在以下三个方面:

一是情境设置对内容和目标有引导。设置教学情境达成教学目标,已成为政治课堂教学的常态。情境设计要围绕教学内容,以课标为依据,以实现教学目标为目的。现实生活中每天发生的事件不计其数,教师要对真实的情境进行"去伪存真、去粗取精、由此及彼、由表及里"的加工,选择最有典型意义、针对性强、最能承载课标、符合教学内容的情境,才能实现寓知识于情境,借情境感悟知识的最佳效果。

二是情境设置对活动有激励。通过直观动情的教学情境,唤起学生积极参与课堂活动的热情和对新知的探求欲望。通过现实生活中真实可靠的事情和学生熟悉的经验,将教材的抽象内容还原于生动具体的生活情境,缩小理论与实践的差距,引导学生思考的兴趣,激发学生积极参与课堂活动。"只有那些带有探索因素的问题情境才能像磁铁一样吸引学生,才能激起学生的学习兴趣、好奇心和求知欲,使他们专注于特定的情境,投入到解决问题的思考中。"①

三是情境设置对问题探究有适切性。情境设置最重要的功能在于引起学生对问题探究的兴趣,从而营造自主学习的心理环境,最好是学生有过类似体验,所设置的情境不能脱离学生的认识能力和水平,这样才能达到以境生"情"、以境促"动"的预期目的。生活化政治课堂所设的情境不仅要来源于社会生活实践中具有代表性的现象或问题,具有学生认知的兴趣性、学习的启发性,而且更要具有学科育人的充分性、内容教学的适切性和妥帖性。

其次,悟之以辨,理解生活。

通过"悟之以辨"更好地理解生活。学生主动、积极地对情境中的问题进行思辨,使学生的直接经验能迁移到教材知识的学习过程中,使学习内容与学生生活之间建立起联系,这是构建生活化政治课堂的着力点。

---

① 李定平.探究式教学在中学政治教学中的应用[J].新课程研究(基础教育),2010(3).

　　为了有效达到"悟之以辨"的效果，教师需要贴近学生生活，寻找与课程学习内容密切相关的现实生活热点，设计有效问题，引导学生思辨，"在价值冲突中澄清观点、在比较鉴别中辨认观点、在自主探究中提炼观点"，这是构建"悟之以辨"生活化政治课堂的关键。"悟之以辨"强调教学过程中紧紧围绕问题进行思辨，教师了解学生越深刻，设计问题才有可能越有效。教师要善于运用课堂讨论、专题辩论、真实体验等方法为学生释疑解难，使学生能从质疑—探疑—释疑的积极思辨基础上，完成政治学科的德育目标。总之，通过"悟之以辨，理解生活"的教学环节，引导学生合理寻求现实生活体验和教材知识的结合点，体验课程知识的价值，从而实现从生活到理论观点的一次飞跃，更好地引领学生理解生活。

　　最后，明理导行，回归生活。

　　"悟之以辨，理解生活"的生活化政治课堂是建立在"导之以境，感知生活"的基础上，两者不可分割。情境的科学设置是学生思辨感悟的前提，学生通过思辨提高德性则是情境设置的最终目的。无论是"导之以境，感知生活"，还是"悟之以辨，理解生活"，其终极目标都是指向"明理导行，回归生活"。对德育知识只有进行明辨后才能做到导行，以思想来引导学生对是非的明辨、对现象和本质的明辨、对局部利益和整体利益的明辨。这样社会现象中的是非、正误、主次、真假、美丑、善恶才能够看得更清楚，才能促进学生形成适应社会生活的世界观、人生观和价值观，从而让学生更好地适应社会，过健康的社会生活，这是构建生活化政治课堂的落脚点。

　　综上所述，通过"导之以境"师生互动达到感知生活的目的，通过"悟之以辨"师生互通达到更好地理解生活的目的。"明理导行，回归生活"，以思想来涵养学生，让政治课真正成为一门立德树人的课。

三、六年新探索：基于学科核心素养的生活化政治课堂实践研究

（一）缘由

　　我对基于学科核心素养的生活化政治课堂实践研究主要集中在 2017 年至2023 年。随着《普通高中思想政治课程标准》（2017 年版）的正式颁布，以培育核心素养为主导的新课程改革成为教师关注点，我对基于学科核心素养的生活化

政治课堂的实践研究也正是在这样的背景之下展开的。我的研究聚焦在新的思想政治课程标准与"导之以境，悟之以辨"的生活化政治课堂的内在联系，以及新的思想政治课程标准指导下的生活化政治课堂教学育人价值的实现。建构"导之以境，悟之以辨"的生活化政治课堂，让政治课真正成为一门立德树人的课。研究结合点在于政治课堂生活化和议题式活动型思想政治课的融合，相关论文发表在全国核心刊物《思想政治课教学》上，近七千字。同时，2018年代表金山区参加上海市基础教育系统"讲台上的名师"系列活动，承担10节录像课，10节活动探究课，呈现情境化、生活化、结构化的教学特点，努力体现"有信仰、有思想、有尊严、有担当"的学科育人价值。2019年又承担了上海市学校德育"德尚"系列重点课题"基于学科核心素养的生活化政治课堂的实践研究"，组建由12位金山区政治骨干教师和青年教师组成的研究团队进行实践研究，于2021年结题，荣获2021年度上海市学校德育"德尚"系列研究课题优秀成果二等奖。

（二）"导之以境，悟之以辨"的生活化政治课堂和思想政治学科核心素养的落地在内在逻辑上一脉相承

《普通高中思想政治课程标准》（2017版）指出，思想政治学科核心素养，主要包括政治认同、科学精神、法治意识和公共参与，把握每个思想政治学科核心素养要素的独特价值，可依次归结为有信仰、有思想、有尊严、有担当。[①] 在此指导下，思想政治学科核心素养导向的生活化政治课堂教学要具备"有信仰、有思想、有尊严、有担当"的学科育人价值。

1. 生活化政治课堂，要让学生有信仰

"导之以境"中的"境"和"思想政治学科核心素养"的培养有着密切的关系。什么是核心素养？"核心素养是应对复杂的、不确定性现实情境的综合性品质"，[②]情境的创设是课堂学习发生的基础，与情境互动才能生发出核心素养。情境对学生很重要，情境是学生沟通生活世界和书本世界的桥梁，"知识的情境化是知识活化并转为素养的必经途径，而知识的过度符号化和抽象化必然导致知

---

① 中华人民共和国教育部.普通高中思想政治课程标准［M］.北京：人民教育出版社，2017：41.

② 杨向东.核心素养、学生学习与学校变革［G］.2016年上海市中小学、幼儿园校（园）长暑期专题培训资料汇编.

识的惰性化和僵化,从而丧失知识的活力和价值"。① 思想政治学科核心素养是凭借本学科课程学习逐步形成正确的价值观念、必备品质和关键能力,它具有核心素养的一般特质。那么,教师如何培养学科核心素养?华东师范大学杨向东教授在《核心素养、学生学习与学校变革》一文中是这样说的:"教师培养核心素养的主要任务是能够创设与现实生活紧密关联的、真实性的问题情境,让学生通过基于问题的或基于项目的活动方式,开展体验式的、合作的、探究的或建构式的学习"。因此,毋庸置疑,政治教师在培养学科核心素养时离不开情境的运用,离开了情境,也就谈不上思想政治素养的养成,"在学科核心素养教学中,情境设计能力是教师必须具备的核心专业素养"。②

"导之以境"中的"境"是广义的,这个"境"分为大"境"和小"境",国家时事政治生活是大"境",与学生生活直接发生关系的往往是小"境",从我们政治课的教育高度出发,这个"境"应该是富含教育意义的东西,而不是说仅仅为了热闹,这事关课堂有效教育的问题。正如政治特级教师董晨在《守成与创新》一文中强调,"构建以学科素养为导向、以情境活动为载体的课程形态已然开启,太多的课题等待我们去探索"。③ 情境设置如何更加有价值,不是一个新话题,但是在新的思想政治课程标准的指导下,为了让学科核心素养在政治课堂中生长,教师要选择与创设合理的情境,无论是大"境"和小"境"都要有助于"有信仰、有思想、有尊严、有担当"的学科核心素养的呈现和内化,尤其要常常用是否有助于培养学生"有信仰"这把尺子去衡量一下情境价值。让课堂更具有"信仰"的力量,因为它事关学生的成长方向和理想信念的确定,这是思想政治学科核心素养有中国特色的共同标识。现实生活中每天发生的事件不计其数,教师要选择最有典型意义、最能承载"信仰"的学科核心素养、符合教学内容的情境,才能实现寓信仰信念于情境,借情境感悟信仰信念的最佳效果。

2. 生活化政治课堂,要让学生有思想

"悟之以辨"中的"悟"和"辨"与"思想政治学科核心素养"的培养也有密切的

---

① 余文森.核心素养导向的课堂教学[M].上海:上海教育出版社,2017.
② 陈友芳.情境设计能力与学科核心素养的养成[J].思想政治课教学,2016(9):4.
③ 董晨.守成与创新[J].思想政治课教学,2015(12):17.

关系。"悟之以辨"中的"悟",我认为其最大的"悟"就是要认同习近平新时代中国特色社会主义思想,坚定对社会主义道路、制度、理论和文化的自信力,认同社会主义核心价值观,达到"知、情、信、意、行"的和谐统一,使学生能担当建设社会主义现代化国家和振兴中华民族的重任。"悟"是一个过程,辨是其中的一个关键,如何"悟"则需要强调"辨",要从生活当中提炼出能够为"悟"服务的、有利于学生认识的提高、情感的变化以及价值观的形成和发展的东西,这其中关键的问题就是辩证思维方法的运用。用马克思主义基本立场、观点和方法,观察事物、分析问题、解决矛盾,对经济、政治、文化、社会和生态文明建设的实践,做出科学的解释、正确的判断和合理的选择,以思想来涵养学生,树立科学精神。

3. 生活化政治课堂,要让学生有尊严

"所谓有尊严,是凝结自由、平等、公正价值取向的尊严,唯有法治意识才能使人切实感受到这样的尊严。"[1]"导之以境,悟之以辨"的生活化政治课堂要努力培养有法治意识的现代公民。"导之以境,悟之以辨"的生活化政治课堂遵循了政治课教学最根本的方法,即理论联系实际。离开了生活实际和学生的生活体验,政治课一定是上不好的。我们国家在加快推进社会主义法治国家建设,生活化课堂要围绕这种实际,充分挖掘教材中的法治内容,营造生活化的法治教育场景,帮助学生在真实生活中依法行使权利并履行义务,严守道德底线,维护公平正义,做社会主义法治的忠实崇尚者、自觉遵守者、坚定捍卫者。

4. 生活化政治课堂,要让学生有担当

从当下教育实践来看,回归生活,让学生在政治课的学习中实现"从知到行"的转化,实现"知行合一",还不尽理想。在新课程理念指导下,要推进学生体验与实践能力的培养,引导学生有序参与公共事务,积极行使人民当家做主的政治权利,从小树立"为了社会群体对善的共同担当"。

(三) 基于学科核心素养的生活化政治课堂的教学策略——"四要素联结法"

1. "四要素联结法"概述

基于学科核心素养的生活化政治课堂的现状分析和"生活化与素养化"这对

---

① 中华人民共和国教育部.普通高中思想政治课程标准[M].北京:人民教育出版社,2017:41.

关系的理论研究,是依据新课程标准(2017 年版 2020 年修订)要求尊重学生身心发展规律的需要。学科核心素养是个体在面对现实的、不确定的生活情境时,在分析情境、提出问题、解决问题、交流结果过程中表现出来的综合性品质。构建基于学科核心素养的生活化政治课堂,生活化是素养化的前提和基础,素养化是生活化的目的和归宿。培育学科核心素养必须基于真实的现实生活,让学生通过体验、探究和发现来建构知识,形成正确价值观念、提升能力和养成品格。在此基础上,课题组总结了基于学科核心素养的生活化政治课堂的具体策略即"四要素联结法"。课堂教学实施过程中,关注四个要素以及四个要素之间的关系,这四个要素分别是议题—情境—活动—评价。教师根据学情、课程标准、学科大概念确定生活化议题;围绕议题收集、筛选并创设出具有多水平、多层次、思辨性和价值性的生活化情境;针对情境创设关键性活动,做到内容活动化和活动内容化;在实施过程中对学生的行为表现进行过程性评价。通过"确定生活化议题—创设生活化情境—设计关键性的学习活动—贯串发展性课堂评价"四个环节实施课堂教学过程,从而促进学科核心素养在政治课堂生根发芽。如图 1 所示。

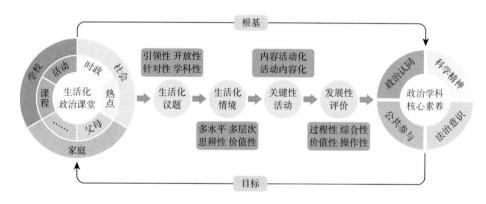

图 1　"基于学科核心素养的生活化政治课堂"的教学策略图

2."四要素联结法"运用的实例

课题组根据基于学科核心素养的生活化政治课堂的"四要素联结法",将思想政治课程必修 3《政治与法治》教材中每一单元、每一框、每一目的内容都进行选择性设计,及时利用课内外的社会教育资源,作为最直接、最深刻、最生动的思政课生活化素材,不断增强思政课的思想性、理论性和亲和力、针对性,形成系列的典型课例。以第二单元第六课第三框"基层群众自治制度"为例,如表 1 所示。

通过课堂实践,验证了课题组提出的"四要素联结法"教学策略的有效性,同时课题组精心汇编了《基于学科核心素养的生活化政治课堂的教学设计》,为金山区思想政治统编教材的推广使用提供了借鉴意义。以"四要素联结法"为范式,我录制了 2020 年秋季高中思想政治学科上海市"空中课堂"在线教育视频课思想政治必修 4《哲学与文化》第三单元综合探究。

表 1　四要素联结法:基层群众自治制度课例设计

课题	统编教材必修三《政治与法治》　第二单元　第六课　第三框　基层群众自治制度		
议题	总议题:如何走好最后一公里		
情境	以走进居委会探讨垃圾分类问题解决方案为真实情境		
	分议题 1:基层治理是自治还是他治 提供基层治理的发展脉络和代表型事例	分议题 2:依靠什么实现基层群众自治 展示学生课前采访金山区朱泾镇钟楼居委会主任的视频	分议题 3:如何通过基层群众自治走好最后一公里 提供部分社区施行垃圾分类过程所出现的一系列问题
关键性活动 表现性任务	活动任务一: 学生依据情境材料,结合自己所学知识和生活经验,展开微辩论"基层治理是自治还是他治"	活动任务二: 结合视频内容及所学知识,交流对基层群众自治组织的认知	活动任务三: 结合真实问题情境,模拟召开居民会议,商讨解决方案
课堂 过程性评价	1. 论证观点与论证过程是否一致、是否全面、是否辩证 2. 小组讨论是否热烈、是否充分、是否能够提炼小组观点 3. 针对对方的质疑、批判能否有针对性地进行反驳	1. 发言学生表达是否完整、规范、准确 2. 其他同学是否认真倾听,并认真做好记录 3. 发言学生能否结合实例或亲身实践进行阐述	1. 发言学生提出的解决方案是否具有科学性、可行性和有效性 2. 居民会议的流程推进是否自然顺畅、是否能够形成最终的解决方案 3. 学生能否从不同方面多角度、多层次地分析问题并解决问题

（本案例提供者系华东师范大学第三附属中学　刘　辉）

3. 对核心素养导向下的情境设置新认识

课题组对我提出的生活化政治课堂"导之以境"中的"境"和"思想政治学科核心素养"的关系有了突破性、进阶性的认识。除了情境注重思辨性和价值性外,在以下两个方面有新的提升。

一是强化生活化情境创设要体现多水平。思想政治课程标准将学科核心素养水平划为四个等级,与此相对应的,生活化情境的确定可以根据教学内容选择不同水平的生活情境,按照简单、一般、复杂、挑战性的情境四种水平层次递进。每一情境水平与学科核心素养的学习水平要求和学生实践活动的要求是相一致的,根据教学任务和目标,对真实生活情境进行加工设计,进行内容的整合和编排,注重结构化和层次性设置简单、一般情境到复杂情境和具有挑战性的情境与学科核心素养水平层次相对应。

二是生活化情境创设要体现多层次。不同水平的情境所对应的学习能力的要求是不同的,因此情境的创设并不仅仅注重情节上或时间上的连贯性,更要按照知识逻辑与不同的能力层次要求贯通起来。第一层次的情境起导入作用,引入话题、激发兴趣;第二层次情境的作用是为探究新知营造真实的学习环境,使学习内容、学习方式能推动学生的认知感悟。这就要求情境的创设要将学科知识、价值引领和核心素养有机整合,引导学生带着对议题的思考、在情境的推进中经历知识发现的过程,在解读议题、辨析议题、解决问题中自然习得知识。第三层次情境的作用是将学科知识结构转化为学生的认知结构。通过在教学中重建知识产生的情境,在具有挑战性的复杂情境中让学生在回应冲突矛盾,理性澄清有关信息和观点过程中建立对于知识的理解,重新建构起自己的认知结构。

四、未来之路:打造思政金课,培育时代新人

2024年是习近平总书记学校思想政治理论课教师座谈会召开五周年,习总书记强调,思政课是落实立德树人根本任务的关键课程,上好思政课关键是教师。回顾自己教学走过的路,走过从新手到研究型教师的进阶之路,我想,努力增强思政课的思想性、理论性和亲和力、针对性,讲深、讲透、讲活思政课总有些规律可以遵循。

1. 始终把"六个坚持"运用到思政课教学中

思想政治课就是以立德树人为根本任务，以培育社会主义核心价值观为根本目的，是帮助学生确立正确的政治方向，提高思想政治学科核心素养，增强社会理解和参与能力的综合性、活动型学科课程。如何上好思政课是一门大学问，说难很难，说容易也很容易。一般来说，我们的思政课都能体现习近平新时代中国特色社会主义思想的世界观和方法论，领悟"坚持人民至上、坚持自信自立、坚持守正创新、坚持问题导向、坚持系统观念、坚持胸怀天下"的思想真谛。一方面，我们要全面讲好新时代十年伟大成就，激发学生为我国社会主义现代化建设取得的全世界有目共睹的历史性成就、历史性变革而感到骄傲和自豪，树立对马克思主义的坚定信仰，对中国特色社会主义的坚定信念；另一方面，坚持问题导向，深刻意识到走向更加强大的中国将面临的巨大挑战，不回避自主创新能力、环境治理水平、贫富差距、党的执政考验等方面存在的堵点、卡点、弱点，更重要的是以守正创新为实践引领，引导学生认同党和国家如何破解中国之问、世界之问、人民之问、时代之问，强化学生的责任担当。

2. 始终把思政课一体化教学思路贯串在思政课教学中

习近平总书记指出："青少年思想政治教育是一个接续的过程，要针对青少年成长的不同阶段，有针对性地开展思想政治教育。"思政课一体化教学已经成为提高思政教育有效性的途径。要聚焦"跨学段研究""校内外打通"和"知信行统一"三个教学原则。对照初高中课程标准，必须充分考虑到不同学段内容安排上的循序渐进、螺旋上升，善于转化为教学实践上的有机衔接。在教学策略的选择与应用上，需要教师从教学目标确定、教学活动组织、思维能力培养和教材整合等方面来考虑高一学生和初中学段的区别，以明晰高中阶段学生特点及目标导向。"大思政课"我们要善用之，鼓励学生走向社会、融入社会，将思政小课堂与社会大课堂有机结合，实现小我和大我的贯通，有效发挥社会实践资源的育人功能。"教育不能再是一味灌输，要超越学校课堂和书本的局限，让实践成为重要的学习方式，让学生的知识能力、态度情感与价值观在实践中得到锻炼和升华。""行走的思政课"将有效避免教师单向的"填鸭式"说教，实现知信行合一，这是思政课程改革值得推广的重要路径。利用社会实践"大课堂"，构建大思政的新格局。

3. 始终把思政课教师"六个要"落实在思政课教学中

讲深、讲透、讲活思政课，关键在教师，按照政治要强、情怀要深、思维要新、视野要广、自律要严、人格要正的要求，不断提高自己的理论素养和学科专业水平。教学要遵循中小学学生认知的特点和学习规律，拓展自己的思维和视野，基于课标要求和教材内容，用教师自己的情怀打造有人文温度的思政课堂，以教师高思维、高视野来培养学生的眼界和境界，发挥思政课教师凝神聚力的关键作用。

基于学科核心素养的生活化政治课堂，给学生心灵埋下真善美的种子。打造思政"金课"，培育时代新人，我们要久久为功，止于至善！

优课示例与推荐人语

优课示例 1

作者简介:张欢欢,任教于上海市金山中学。从教时间 2004 年 7 月。所获荣誉:荣获教育部"一师一优课、一课一名师"活动"优课";上海市德育精品课程;上海市中小学作业设计二等奖;上海市道法与思想政治学科论文评比三等奖;金山区第八届教科研成果评比三等奖;金山区第四届中青年教师教学评优一等奖;金山区第三届"金穗杯"中青年教师教学评优一等奖;多次荣获金山区"明天的导师工程"金苗奖和教育局记功奖励。

特长爱好:阅读、音乐。

教坛心语:用爱心去呵护,用理性去浇灌,使学生健康成长,把学生送往理想的彼岸。

高中思想政治必修一第四课
《只有坚持和发展中国特色社会主义才能实现中华民族伟大复兴》
单元教学设计

一、课程标准分析

本课依据《普通高中思想政治课程标准(2017 年版 2020 年修订)》必修一"中国特色社会主义"内容要求 2.3 和 2.4 编写。课程标准对教学评价的内容和要求规定如下。

学习内容	学业质量水平要求	学科核心素养水平要求
2.3 论证中国特色社会主义是当代中国发展的根本方向,坚定坚持和发展中国特色社会主义的自信 2.4 阐明中国特色社会主义进入新时代,我们比历史上任何时期都更接近、更有信心和能力实现中华民族伟大复兴的目标,明确把爱国情、强国志、报国行自觉融入坚持和发展中国特色社会主义事业、建设社会主义现代化强国、实现中华民族伟大复兴的奋斗之中	1-1 回顾改革开放的发展历程,表明习近平新时代中国特色社会主义思想是马克思主义中国化最新成果 1-4 结合各层面、各领域公民参与的情境,表明公共参与是体现人民主体地位的应有之义 2-2 运用辩证唯物主义基本观点和方法,回应当前经济、政治、文化、社会和生态文明建设中的突出问题,并对相关信息或推理进行检验和评价;关注当前热点问题和事件,科学论证选择方案,既表达担当社会责任的态度,又表现促进社会和谐的智慧 3-1 结合改革开放的实践,阐述习近平新时代中国特色社会主义思想的精神实质 3-2 针对经济、政治、社会活动中的重要议题,运用相关学科原理辨识各种选择方案,预测未来发展的走向,作出恰当的研判 4-1 阐述习近平新时代中国特色社会主义思想的丰富内涵,表达坚守本色、保持特色、锐意进取的意志	政治认同: 水平1:表述马克思列宁主义、毛泽东思想、邓小平理论、"三个代表"重要思想、科学发展观、习近平新时代中国特色社会主义思想是中国共产党的行动指南。认同伟大祖国、中华民族、中华文化、中国共产党和中国特色社会主义 水平3:结合改革开放的实践,阐述马克思主义中国化最新成果的时代特征 科学精神: 水平2:能够面对一般情境问题,运用辩证唯物主义基本观点和方法,解释当前社会现象中的突出问题,并对相关信息和推理进行检验和评价;理性评估个人成长或社会发展面临的各种问题,阐述承担社会责任、促进社会和谐的意义 水平3:能够面对复杂情境问题,坚持历史唯物主义的基本观点,阐释社会变迁的原因,把握社会发展的趋势 公共参与: 水平3:着眼于人民当家做主的意义,论述公共参与的责任担当精神

二、单元内容结构分析

本单元紧紧围绕"新时代—新征程—新思想"这一逻辑思路展开论述。第一框"中国特色社会主义进入新时代",讲述新时代的科学内涵和我国社会主要矛盾的变化,阐释新时代必须一以贯之地坚持和发展中国特色社会主义;第二框"实现中华民族伟大复兴的中国梦",讲述了中国梦的本质、新时代新征程中国共产党的使命任务、新时代中国特色社会主义发展的战略安排;第三框"习近平新时代中国特色社会主义思想",讲述了习近平新时代中国特色社会主义思想创立并不断丰富发展的社会历史条件、主要内容和重要地位。第一框是本单元的理论逻辑起点,从新时代我国发展新的历史方位和我国社会主要矛盾的变化出发,进而明确中华民族伟大复兴中国梦的本质和新时代中国特色社会主义发展的战略安排。阐明习近平新时代中国特色社会主义思想是回答时代之问的科学理论,是党和国家必须长期坚持的指导思想,引导学生牢固树立中国特色社会主义理想信念,自觉承担新时代的社会责任和历史使命。

三、学情分析

从知识基础看,通过前面几课的学习,学生对人类社会发展规律有了一定的认知,对于只有社会主义才能救中国、只有中国特色社会主义才能发展中国有了充分的了解,尤其是对改革开放40多年来中国经济社会所取得的巨大成就,有了一个较为系统的认识。这些,都为第四课的学习做了知识的铺垫和准备,为学生理解新时代、学习新思想做好了知识的准备。

从认知特点看,高一学生思维比较活跃,课堂参与度高,愿意表达自己的观点和看法。这个年龄段的学生对社会热点感兴趣,但理解问题的角度不是很全面、很深刻。他们接触、接受信息的渠道很多,社会上的一些思想观念会影响学生的认知和价值判断。

本课的内容理论性比较强,叙事比较宏大、比较抽象,有一定的深度和难度,往往不被学生理解和接受。而学生个人体验多为生活点滴,对于宏观问题的感悟、理解能力不一。因此为了明确教学起点,我通过课前调查,收集相关信息,以便于后续教学的展示。同时将抽象的理论知识与国家发展实际情况相结合,注重培养学生提取材料信息和分析问题、解决问题的能力。

四、单元教学目标

通过查阅党的十八大以来我国取得的辉煌成就的资料,理解中国特色社会主义进入了新时代,这是我国发展新的历史方位。

明确我国社会主要矛盾已经转化为人民日益增长的美好生活需要和不平衡不充分的发展之间的矛盾,理解解决当代中国发展主要问题的根本着力点。

通过对比中国特色社会主义进入新时代的变与不变,明确我国仍处于并将长期处于社会主义初级阶段,知道我国仍是世界上最大的发展中国家,理解党和国家的路线、方针、政策都是从这个基本国情和最大实际出发的,积极认同党在社会主义初级阶段的基本路线。

通过回顾历史,理解中国共产党人的初心和使命,明确近代以来中华民族最伟大的梦想,理解中国梦的本质,知道实现伟大梦想必须进行伟大斗争、建设伟大工程、推进伟大事业,知道新时代新征程中国共产党的中心任务。

通过回顾历史和观照现实,了解新中国成立以来中国共产党建设社会主义现代化国家的目标和步骤,明确建成社会主义现代化强国的战略安排。

通过学习习近平新时代中国特色社会主义思想的主要内容,理解习近平新时代中国特色社会主义思想在党和国家治国理政中的重要地位和作用,明确习近平新时代中国特色社会主义思想丰富和发展了马克思主义,是马克思主义中国化和时代化的最新成果。

通过学习,增强对中国特色社会主义的政治认同感,理解当前社会变革和实践创新中的新挑战、新问题、新机遇。学会用历史的眼光、辩证的眼光看待中国特色社会主义的发展,提高学习和贯彻习近平新时代中国特色社会主义思想的自觉性,明确青年的社会责任和历史使命,坚定中国特色社会主义共同理念,树立共产主义远大理想。

五、单元规划结构图表

本课是全书的落脚点,讲述了中国特色社会主义进入新时代,我们要坚持以习近平新时代中国特色社会主义思想为指导,实现中华民族伟大复兴。本课内容比较抽象,理论涉及面广,教材内容高度浓缩,因此分配每框一课时,力求把各部分内容讲透、讲清楚。

教材逻辑思路	教学主要思路	课时
新时代	新时代从何而来——新时代的科学内涵、意义	1课时
	新时代因何而立——新时代的社会主要矛盾	
	新时代以何而成——一以贯之坚持和发展中国特色社会主义	
新征程	中国梦是什么——中国梦的本质和主体	1课时
	实现中国梦靠什么——伟大梦想、伟大斗争、伟大工程、伟大事业	
	怎样实现中国梦——实现中国梦的目标、步骤、战略、重点	
	谁来实现中国梦——中国梦是历史的、现实的,也是未来的	

（续表）

教材逻辑思路	教学主要思路	课时
新思想	习近平新时代中国特色社会主义思想是在什么背景下创立的——回答时代之问的科学理论	1课时
	习近平新时代中国特色社会主义思想的核心内容是什么——具有开创性意义的新理念、新思想、新战略	
	为什么我们必须长期坚持习近平新时代中国特色社会主义思想——是党和国家必须长期坚持的指导思想	

第四课　只有坚持和发展中国特色社会主义才能实现中华民族伟大复兴

4.1　中国特色社会主义进入新时代

一、教学目标

通过搜集展示改革开放和党的十八大以来的历史性成就,科学认识我国发展新的历史方位,理解进入新时代的现实基础,厘清"新时代"的科学内涵及重大意义,提升对中国特色社会主义进入新时代的政治认同。

通过分析数据图表,理解我国社会主要矛盾的转化,坚持历史唯物主义的基本观点,理解中国特色社会主义进入新时代的主要依据。在辨析观点中明确我国社会主要矛盾的"变"与"不变",理解党在社会主义初级阶段基本路线的科学性和必然性,树立科学精神,提高辩证思维能力。

通过小组合作探究学习,结合当前社会热点问题,以小见大,感悟"时代之问",与时代互动去认识新时代、解释新时代、奋进新时代,激发一以贯之坚持和发展中国特色社会主义的责任担当。

二、教学重难点

教学重点:把握新时代我国社会主要矛盾的变与不变和新时代坚持和发展中国特色社会主义要一以贯之的历史使命。

教学难点:认同并践行"要一以贯之坚持和发展中国特色社会主义"。

三、教学技术与资源运用

利用问卷星、词频统计软件,了解学情,掌握学生学习起点,及时了解学生的学习结果。

教师利用互联网搜集教学资源,制作视频、数据图表、多媒体课件等。

四、教学过程

(一) 导入

情境素材:两个辛丑年图片对比。

活动任务:中国政府的态度有什么变化? 为什么会有这样的变化?

设计意图:通过两张图片的对比,激发学生学习兴趣,并让学生感受到中国正在强大起来,从而引出本课话题。

(二) 议学过程

议题一:新时代从何而来?

教学环节:展现新时代。

情境素材:课前调查结果。

活动任务:你还从哪些方面或者哪个时刻感受到中国强大起来了?

教师总结:新时代的内涵和意义。这些综合要素、历史巨变和全方位成就,凝结铸就了一个新的时代,奠基并支撑起了一个新的时代。(播放习近平总书记的话:经过长期努力,中国特色社会主义进入了新时代,这是我国发展新的历史方位)结合学生课前调查结果,明确新时代的内涵和意义。

设计意图:通过展示课前调查结果,反馈学生预习成果,了解学生的认知起点。帮助学生从感性到理性、从具体到抽象认识新时代的内涵和意义。结合我国各方面的成就,帮助学生理解新时代从何而来、中国特色社会主义进入新时代的现实基础。

议题二:新时代因何而立?

教学环节:透视新时代。

• "数说"新时代

情境素材:中国 GDP 走势、人均 GDP 世界排名、中国 31 省份 GDP 排名、养老需求、芯片国产化率数据图表。

活动任务:你从这些图表数据中看到了哪些信息? 从中反映出我国经济社会发展中存在着哪些问题?

教师总结:我国社会主要矛盾已经转化为人民日益增长的美好生活需要和

不平衡不充分的发展之间的矛盾。生产力和生产关系之间的矛盾运动推动着人类社会不断向前发展。新时代,是对我们发展历史方位的新判断,判断的重要依据就是社会主要矛盾的转化。社会主要矛盾反映着社会发展的整体状态。展示我国社会主义矛盾的三次论断,社会主要矛盾状况及其变化是社会发展阶段性划分的重要依据。

设计意图:通过解读数据图表,培养学生描述、分析、解释、透过现象看本质等能力,辩证地看待我国经济社会发展获得的成就与存在的问题,理解我国社会主要矛盾的转化以及这是中国特色社会主义进入新时代的主要依据,理解新时代因何而立。

• "辨析"新时代

情境素材:(视频)中美女主播跨洋约辩。美国女主播翠西向中国女主播刘欣提出问题:中国现在是世界第二大经济体。中国什么时候才能放弃发展中国家的地位?

活动任务:如果你是刘欣,你会如何应辩?

教师总结:展示当时刘欣的应辩词:如果你看中国经济的总体规模,没错,我们是一个大国,但别忘了我们有 14 亿人口。这是美国人口的三倍多。所以,如果你把世界第二大经济体划分为人均的 GDP,我认为它还不到美国的六分之一,甚至不如欧洲一些比较发达的国家。所以你告诉我,我们应该把自己放在什么样的位置?

我国社会主要矛盾转化了,但没有改变我国的基本国情和国际地位。我们要把变与不变这两个论断统一起来理解和把握。正确把握变与不变,这是解决当代中国发展问题的根本着力点。

设计意图:通过视频,让学生置身于当时情境,模拟应辩,提高学生辩证思维能力,在观点争辩中深刻把握新时代我国社会主要矛盾变与不变的关系,科学认识我国的基本国情和社会发展的阶段性特征,培养实事求是的科学精神。

议题三:新时代以何而成?

教学环节:奋进新时代。

情境素材:我们对新时代的认识和理解,绝不可只是作为一个认识判断来对待,而要作为一项伟大事业、伟大实践来推进实施。展示三份中国档案。

（一）华为手机

近年来,手机市场的竞争愈发激烈,各大厂商纷纷推出旗舰级新机,在这场白热化的竞争中,华为Mate60系列凭借其出色的表现和突破创新,成了这些新机中热度最高的一款。一时之间,华为Mate60被网友称为"华为争气机"。这一部手机,引发了激烈的争议,有人疑惑地问:"为什么一部手机能引发如此的爱国情感?"

小组讨论:为什么华为手机能引发如此的爱国情感? 定好发言人,并写好发言提纲。

（二）个人就业、人生规划

模拟情境:高考后,6月的某个晚上,你们家正在召开家庭会议,商量志愿填报。父母要你填报金融专业,说未来好就业,工资高。但你却对金融没有兴趣,反而想填报师范专业,做一名老师,甚至还想去中国其他穷困的地区支教,为大山里的孩子们带去知识和希望。你该如何说服你的父母? 请进行角色扮演,以短剧表演的形式模拟家庭会议,说服你的父母,从而奔赴你的理想。

（三）巴以冲突

巴以新一轮冲突持续升级,已造成双方超3500人死亡,包括许多无辜平民,造成严重的人道主义灾难。对于当前的危急形势,国际社会的反应大体分为三类:一类是以美国为代表谴责哈马斯、支持以色列的;另一类是以伊朗为代表支持巴勒斯坦、警告以色列的;还有一类以中国为代表呼吁停火止战,积极推动巴勒斯坦问题早日得到全面、公正、持久解决的。

请模拟新闻发布会现场。

记者:巴以新一轮冲突持续升级,导致大量平民伤亡,人道主义形势急剧恶化。请问中方对此是何立场?

活动任务:分小组合作探究完成三份中国档案,并提炼出相应的"时代之问——中国答卷"。

设计意图:通过小组合作探究学习,从科技、就业、政治、国内国际等角度,让学生感悟新时代给我们提出的问卷,思考中国如何答好这份问卷。理解新时代坚持和发展中国特色社会主义是无比崇高的事业,需要党领导人民继续奋斗,一以贯之进行下去。在探究活动中培养学生分析解决问题、合作精神、逻辑表达等能力,激发学生积极投身社会主义现代化建设。

本课小结:当今世界正面临百年未有之大变局,我们面对很多的时代之问,如何做好中国答卷? 那就是要一以贯之地坚持和发展中国特色社会主义。中国特色社会主义进入新时代,我们不能辜负了这个新时代。只要勇于担当、埋头苦干,只要行动起来、躬身实践,我们就一定能够使源于实践的新时代判断,转化为亿万人民群众的实际获得,不断交出新时代坚持和发展中国特色社会主义的满意答卷。

课后作业:"两个一百年"奋斗目标清晰擘画了全面建成社会主义现代化强国的时间表、路线图。到新中国成立100周年时我国将建成富强民主文明和谐美丽的社会主义现代化强国,中国共产党正带领全国人民为实现中华民族伟大复兴的中国梦努力奋斗着。进入新时代,心怀新梦想,踏上新征程,你的梦想又是什么? 又会通过怎样的路径实现呢? 请以"我的'2049'"为题,结合人生重要时间节点,规划个人梦想路径图(文字、图表等,并用智慧平板上传)。选取精彩的作品上传班级公众号,积极点赞、评论。

设计意图:选择特殊时间节点"2049,新中国一百周年",引导学生绘制"我的'2049'"人生坐标系,开展生命与未来的对话,激发学生树立用奋斗实现人生价值的理念,立足中国特色社会主义伟大实践,将个人小梦想融入国家大梦想。并上传智慧平台分享,及时反馈学习结果,激发学生争做新时代见证者、开创者、建设者、奋斗者。

板书设计:

(本节课荣获金山区第三届"金穗杯"中青年教师教学评优一等奖)

教学反思

思政课的本质是讲道理,努力把道理讲深、讲透、讲活。本课采用议题式教学,以课程标准和教材为依据,理清楚进入新时代的内在逻辑,并以此设置三个议题,分别是新时代从何而来、新时代因何而立、新时代以何而成。坚持学科逻辑与实践逻辑、理论知识与生活关切相结合,构建活动型学科课程。为了把道理讲深、讲透、讲活,选取的素材给学生一个宏大的视野去理解新时代,比如我国各个方面经济社会发展现状的数据图表,包括最后环节合作探究完成的 3 份中国档案,能够让学生横向、纵向,国内、国际全方位地去认识新时代、解读新时代,渗透辩证唯物主义、历史唯物主义的思想方法。同时本课也是在信息化智慧学习环境下,对活动型思政课的探索。

1. 课堂教学从"教知识"转向"育素养"。本课以议题、情境、活动、任务有机统一,做到目标素养化、议题情境化和活动序列化。以展现新时代—透视新时代—辨析新时代—奋进新时代的逻辑线索依次展开,层层递进。在课前调查、解读数据、辨析观点、面临时代之问提炼中国答卷等一系列活动中,讲好中国故事,凸显价值引领,坚定四个自信,涵育素养。

2. 学生角色从接受者成为参与者。活动型学科课程以序列化的活动,让学生在活动中议学、在活动中体验、在活动中感悟。本课充分发挥学生主体作用,以学生的各种活动、任务来完成教学过程。比如在"数说"新时代环节,给学生呈现我国经济社会发展的主要面貌,通过解读数据图表,培养学生描述、分析、解释、透过现象看本质等能力,辩证地看待我国经济社会发展获得的成就与存在的问题。比如设计辨析式学习,让学生在价值冲突中深化理解,在比较、鉴别中提高认识,在探究中拓展视野,从而实现价值引领。学生在活动中积极参与,成为课堂主体。

3. 教学样态从传统化走向数字化。从课前的搜集网络资源、词频统计,到呈现数据图表、设计人生梦想路径图并上传分享,都在为课堂教学服务。智慧平台环境的应用,更好地满足学生个性化需求,实现了全班全员参与,充分发挥了学生主体作用,调动积极性,呈现出更鲜活、直观、立体的多元教学样态。课前调查反馈数据,准确了解学习进度和学习偏好,智慧平台上的分享、公众号点赞、评论等在线功能,都有助于学生直接表达主观体验和情感诉求,增强学生的体验感、获得感,以数字化、信息化助力思政课内涵式发展。

本课的不足之处是并没有充分运用好课前的调查结果,只在课堂上展示了调查结果的词频统计,印证新时代的内涵和意义,并没有在后续的分析中深入挖掘、运用。

专家点评

张欢欢老师执教的《只有坚持和发展中国特色社会主义才能实现中华民族伟大复兴》一课,具有浓厚的思想理论政治课的味道,越品越香,是值得学习借鉴的一节难得好课。这节课的教学特色主要有以下三大特点:

1. 突出素养导向,实现价值引领。本节课素养导向是可见的、清晰的。张老师立足单元教学设计,从课程标准对教学评价的内容和要求入手,详细分析了单元学习内容、学业质量水平要求和学科核心素养水平要求之间的内在联系,为课时教学目标的设定和教学活动环节的设置提供了科学的依据。聚焦政治认同、科学精神、公共参与等学科核心素养,厘清"新时代"的科学内涵及重大意义、把握新时代我国社会主要矛盾的变与不变和新时代坚持和发展中国特色社会主义要一以贯之的历史使命,较好地落实了立德树人的根本任务,深刻体现了思想政治课程的性质和理念。

2. 优化教学布局,凸显活动型课程。本节课教学布局新颖别致,教学富有强大的张力和吸引力,以展现新时代—透视新时代—辨析新时代—奋进新时代的逻辑线索依次展开,序列化处理了"新时代从何而来、新时代因何而立、新时代以何而成"的三大议题。围绕议题展开"你还从哪些方面或者哪个时刻感受到中国强大起来了?""美国女主播翠西向刘欣提出问题:中国现在是世界第二大经济体。中国什么时候才能放弃发展中国家的地位? 如果你是刘欣,你会如何应辩?""分小组合作探究完成三份中国档案,并提炼出相应的'时代之问——中国答卷'"等活动任务。活动设计有明确的目标和清晰的线索,统筹了议题所要涉及的主要教学内容,创设了丰富多样的教学情境,提供了充分的表达和阐释的机会,突出重点、突破难点,教学目标达成度较高。

3. 关注学生主体,创新教学方式。本节课张老师能够坚持主导性和主体性相统一,课前做好调查,反馈学生预习成果,了解学生认知起点;课中让学生在活动中议学,从学生的生活实际出发,搜集热点资源,运用数字化教学手段,激发学生深度学习。课后作业选择特殊时间节点"2049,新中国一百周年",引导学生绘制"我的'2049'"人生坐标系,选取精彩的作品上传班级公众号,积极点赞、评论。可见,在课程实施中,张老师充分利用现代信息技术,拓展教育资源和教育空间,能够针对高中学生的思想活动和行为方式的多样性,采取多样的教学方式和学习方式,值得我们学习和借鉴。

张老师提供的高中思想政治必修一第四课《只有坚持和发展中国特色社会主义才能实现中华民族伟大复兴》单元教学设计是一次较好的教学实践探索。作为单元教学设计,在课程标准分析、学情分析、单元内容分析、单元教学目标、单元规划结构图表等内容的分析基础上,还需要在单元典型活动、单元作业设计、单元教学资源等方面进行系统设计。

优课示例 2

作者简介:陈艳洋,任教于上海市张堰第二中学。从教时间 2007 年 7 月。所获荣誉:教育部"一师一优课、一课一名师"活动"优课";第三届全国中小学教师教育技术能力建设计划应用成果评比活动教学设计方案三等奖;2023 年上海市中小学(中职校)时事课堂教学展示活动一等奖;上海市初中思想品德学科教学资源包征集活动一等奖;2017 年上海市园丁奖;"把党的二十大精神融入初中道德与法治课程的实践研究"立项为上海市普教系统党建研究会重点课题,上海市普教系统党建研究课题优秀成果二等奖;金山区第五届中青年教师教学评优活动中学组政治学科二等奖;多次荣获金山区"明天的导师工程"金苗奖。

特长爱好:阅读、旅行。

教坛心语:潜心为学,身正为师,诚信为人。

《党的二十大精神进课堂的专题复习》单元教学设计

教学基本信息					
学科	道德与法治	学段	初中	年级	九年级
单元类型					
1.教材自然单元(　)		2.复习主题单元(√)		3.统整主题单元(　)	

（续表）

单元主题规划	
单元主题名称	党的二十大精神进课堂的专题复习

本单元的课标依据

核心素养	☑政治认同　□道德修养　☑法治观念　□健全人格　☑责任意识

单元主题说明

本单元作为复习单元,建立在前期教材自然单元复习的基础上,融入了党的二十大精神中与教材相关的重点内容,从更加广阔的视角理解中国式现代化是全体人民共同富裕的现代化。中国共产党坚持以人民为中心的发展思想,团结带领中国人民贯彻新发展理念,创造美好生活,旨在推进党的二十大精神进课堂、进教材、进头脑,不断丰富初中道德与法治课程内容,增强课程的思想性、时代性,培育有理想、有本领、有担当的时代新人

单元整体教学目标

通过梳理党的二十大精神与初中道德与法治课程内容的融合点,进一步丰富课程内容。通过对典型案例的分析,理解中国式现代化是全体人民共同富裕的现代化,理解新时代新征程中国共产党的使命任务,并在面对真实情境时,能够综合运用所学,提高分析问题、解决问题的能力。在学习党的二十大精神的过程中,坚持党的领导,认同坚持以人民为中心的发展思想,厚植家国情怀,增强责任意识

单元设计思想

一、探索融合原则,分析融合可行性

1. 政治性原则

把党的二十大精神融入初中道德与法治课程应该遵循政治性原则。学习宣传贯彻党的二十大精神是这一时期全党全国的首要政治任务,事关国家发展和民族复兴伟业。青少年是祖国的未来,学习党的二十大精神也是对时代新人的政治要求。思政课教师应当积极推动党的二十大精神进课堂、进头脑,以政治导向引领学生,增强学生的理论自信、政治认同,从而奠定坚实的思想政治基础

2. 时代性原则

党的二十大精神融入初中道德与法治课程还应遵循时代性原则。习近平新时代中国特色社会主义思想一以贯之坚持马克思主义,与时俱进发展马克思主义,在当代中国、在当今世界,开辟了马克思主义的崭新境界。思政课教师要在课堂教学中及时融入党的最新理论成果和实践成果,引导学生运用创新理论武装头脑,理解并运用党的二十大精神观察时代、把握时代、引领时代,增强理想信念

3. 适切性原则

党的二十大精神融入初中道德与法治课程还应遵循适切性原则。初中生的生活正逐步从家庭、学校扩展到社会和国家层面。他们对一些社会现象、社会问题已经有了自己的见解和观点,但有时也存在片面、主观的情况。思政课教师要根据初中生成长的时代特征、初中生的认知起点、困惑点、思维发展情况等,找准与思政课的融合点,适切融入,才能把党的二十大精神讲深讲透,予以释疑解惑

（续表）

单元设计思想

二、梳理融合点,丰富课程内容

1. 融入新时代十年的伟大变革,增底气

新时代十年,"我国发生历史性变革,取得举世瞩目的成就,迈上全面建设社会主义现代化国家新征程"。思政课教师要在教学中运用好这些内容,融入教材"踏上强国之路""创新驱动发展""建设法治中国""维护祖国统一"中,增强自豪感、自信心,引领学生增强对党和国家的热爱之情

2. 融入党的理论创新成果,育认同

中国共产党勇于在实践基础上进行理论创新,形成了新时代中国特色社会主义思想。党的二十大报告指出,要坚持不懈地用新时代中国特色社会主义思想凝心铸魂。初中道德与法治课程用这一创新理论指导教育教学工作,引导学生理解中国梦的本质、建设美丽中国、发展全过程人民民主、构建人类命运共同体等内容,引导学生理解运用创新理论成果观察时代、把握时代、引领时代的意义,培育政治认同

党的二十大报告相关内容与初中道德与法治课程的融合点

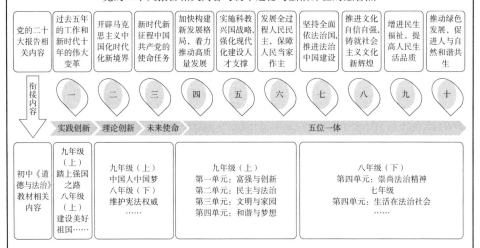

3. 融入新征程党的使命任务,提信心

把中国共产党的使命任务融入思政课"民族复兴梦""新时代的战略安排"等内容中,引导学生对国家有认同,对发展有信心,对文化有底气,并发扬团结奋斗精神,努力把自己培养成德智体美劳全面发展的时代新人

三、探索融合路径,培育核心素养

通过梳理党的二十大精神与初中道德与法治课程的融合点,建立起"点—线—面"立体思维的融合路径,培育学生的核心素养

（续表）

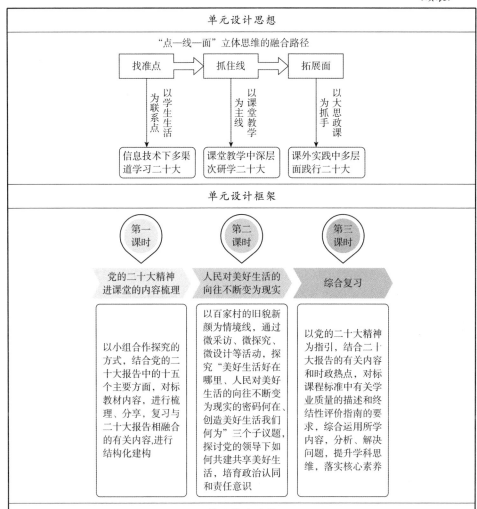

单元设计思想

"点—线—面"立体思维的融合路径

找准点 → 抓住线 → 拓展面

以学生生活为联系点

以课堂教学为主线

以大思政课为抓手

信息技术下多渠道学习二十大 | 课堂教学中深层次研学二十大 | 课外实践中多层面践行二十大

单元设计框架

第一课时 | 第二课时 | 第三课时

党的二十大精神进课堂的内容梳理 | 人民对美好生活的向往不断变为现实 | 综合复习

以小组合作探究的方式，结合党的二十大报告中的十五个主要方面，对标教材内容，进行梳理、分享、复习与二十大报告相融合的有关内容，进行结构化建构

以百家村的旧貌新颜为情境线，通过微采访、微探究、微设计等活动，探究"美好生活好在哪里、人民对美好生活的向往不断变为现实的密码何在、创造美好生活我们何为"三个子议题，探讨党的领导下如何共建共享美好生活，培育政治认同和责任意识

以党的二十大精神为指引，结合二十大报告的有关内容和时政热点，对标课程标准中有关学业质量的描述和终结性评价指南的要求，综合运用所学内容，分析、解决问题，提升学科思维，落实核心素养

单元作业设计

【应用类作业】

1. 供第1课时后使用

不负少年时 共圆中国梦

从问天到梦天，中国不断刷新太空神话！为坚定理想信念，以航天梦托举中国梦，长征中学开展了系列主题活动

在活动中，同学们通过制作图文展板，了解我国航天事业取得的辉煌成就，感受中国航天人热爱祖国、敢于超越、科学求实、团结协作、默默奉献的崇高品质，他们用青春托起自己的航天梦，也让飞天的华夏神话从梦想走进现实。最后，同学们在老师的指导下，开展了"不负少年时 共圆中国梦"的演讲比赛，激励同学们奔跑在圆梦的路上

你愿意和同学们一起参加这样的系列主题活动吗？结合案例，综合运用所学内容阐述你的理由

（续表）

单元作业设计

2. 供第2课时后使用

乡村振兴是实现共同富裕的必经之路。小林同学通过官方网站搜集信息，信心满满地认为，我们一定能用好"生态宝藏"，推进乡村振兴，实现共同富裕。综合运用所学内容分析小林充满信心的理由

3. 供第3课时后使用

中国式现代化是人与自然和谐共生的现代化，这需要全社会践行绿色低碳发展道路。为此，上海创新建立以"人人低碳，乐享普惠"为核心理念的碳普惠机制，包括运用区块链、大数据等数字技术建设碳普惠系统平台、培养更多的低碳绿色人才、探索建立个人碳账户等一系列内容

结合上述材料，请从"创新驱动发展"和"建设美丽中国"的角度谈谈如何才能让上海碳普惠机制更好地落地起效

【拓展类作业】（第1课时后使用）

微采访：围绕"我们的美好生活"这一主题进行采访（供有兴趣的同学选择使用）

具体要求：

(1) 设计采访提纲，如，你心目中的美好生活是怎样的？美好生活就是生活富裕吗……

(2) 寻找不同的采访对象

(3) 制作成微采访视频，加片头，加字幕

单元评价设计

应用类作业考查学生经过单元学习后，是否能综合运用学科内容分析和解决实际问题，教师从必备品格、实践能力、学科思维等角度对学生的学习过程及结果进行评价

拓展类作业要求较高，供有兴趣的同学组队合作完成。教师指导学生学习自评、互评后可以将拓展活动的内容、成果填入上海市学生成长记录册中的实践活动记录中

评价指标	评价内容	自我评价
必备品格	了解基本国情，坚持习近平新时代中国特色社会主义思想	☆☆☆☆☆
	热爱伟大祖国、中华民族、中华文化、中国共产党、中国特色社会主义，自觉践行和弘扬社会主义核心价值观	☆☆☆☆☆
实践能力	掌握处理、运用信息的方法，具有媒介素养，能够适应信息化社会	☆☆☆☆☆
	面对复杂的社会生活和多样的价值观念，以正确价值观为标准，作出正确选择	☆☆☆☆☆
学科思维	综合运用所学内容，解释并论证产生某些社会现象的原因，或预测社会发展趋势并说明理由	☆☆☆☆☆
	综合运用所学内容，针对具体社会现象，发现问题，提出解决问题的措施，设计相应方案并实施	☆☆☆☆☆

备注：根据自我表现进行客观评价，为相应数量的"☆☆☆☆☆"涂上颜色。

【单元教学设计之课时教学设计】

	第二课时教学设计
课题	百家村的乡村振兴进行曲 ——让人民对美好生活的向往不断变为现实

1.教学内容分析

中国式现代化是全体人民共同富裕的现代化,党坚持把实现人民对美好生活的向往作为现代化建设的出发点和落脚点。党的二十大报告指出,全面建设社会主义现代化国家,最艰巨最繁重的任务仍然在农村。加快建设农业强国,扎实推动乡村振兴。推进中国式现代化,必须全面推进乡村振兴,乡村振兴实质就是乡村现代化问题

本课时以百家村的变迁为主要教学情境,从采访百家村的村民出发,通过居住在百家村的学生的介绍,了解百家村如何从贫困村变成乡村振兴示范村。引导学生探寻变化的原因,并为百家村的进一步发展出谋划策,进而探索人民对美好生活的向往不断变为现实的密码。引导学生认同党的领导和坚持以人民为中心的发展思想,认同乡村振兴战略和新发展理念,理解劳动创造美好生活。从而培养学生热爱伟大祖国,热爱中国共产党,培育学生的政治认同,坚定正确的政治方向,有助于学生形成正确的世界观、人生观、价值观,并引导学生积极投身家乡建设,增强责任意识

2.学情分析

本课时授课班级为九年级学生,他们对"走向共同富裕"等教材内容已进行了学习,并在党的二十大精神进课堂活动中,对中国式现代化是全体人民共同富裕的现代化有了初步的了解;对党和国家坚持把实现人民对美好生活的向往作为现代化建设的出发点和落脚点,着力促进全体人民共同富裕有了进一步认识。学生对美好生活也有自己的理解和感悟,但容易片面化和表面化,他们感受到了生活的变化,但对为何发生变化,以及人民对美好生活的向往不断变为现实的探究不够深入,对美好生活如何创造的理解不够全面,在真实情境中运用所学去分析、解决问题的能力有待进一步提高

3.目标确定

通过观看自制的微访谈,了解师生及百家村村民对美好生活的感受与理解,理解美好生活的深刻内涵,提升媒介素养;通过微探究百家村的变迁,分析百家村从贫困村变为乡村振兴示范村的原因,探究人民对美好生活的向往不断变为现实的密码。理解中国共产党坚持以人民为中心的发展思想,明确劳动创造美好生活,增强政治认同,提升分析问题、解决问题的能力;通过微设计"百家村美传万家"宣传方案,感悟美好生活需要共建共享,提升合作探究能力和创新思维能力,厚植家国情怀,增强为家乡发展贡献力量的责任意识

4.学习重点难点

教学重点:探寻人民对美好生活的向往不断变为现实的密码

教学难点:通过合作设计方案,理解美好生活需要共建共享

5. 学习活动设计

【新课导入】诵读新时代十年伟大变革	
教师活动 播放视频 提问:让你印象深刻的是哪组数据,谈谈你的感受	学生活动 观看视频 畅谈感受
设计意图 感受新时代十年的伟大变革,了解学生的真实感受,激发作为中国人的自豪感,引出本课主题	

【环节一】前奏:感受美好——美好生活,好在哪里	
教师活动 情境:微采访——美好生活之我见 (1)播放微采访 (2)归纳:美好生活,好在哪里 共识:美好生活,促进人的全面发展,社会全面进步	学生活动 (1)观看由学生制作的微采访视频(采访对象:老师、同学、父母、百家村村民等) (2)辨析视频中的观点 (3)思考:美好生活,好在哪里
设计意图 通过观看"微采访"视频,辨析观点,归纳"美好生活,好在哪里",理解美好生活的深刻内涵,形成情感共鸣。达成"美好生活,好在物质富有、精神富足、能促进社会公平正义、人的全面发展、社会全面进步"的共识,为探寻百家村成为乡村振兴示范村,解密人民对美好生活的向往不断变为现实做铺垫	

【环节二】主旋律:探秘美好——人民对美好生活的向往不断变为现实的密码何在	
教师活动 情境:微探究——百家村的变迁 (1)展示图文:百家村的变迁 (2)提供学习单并组织讨论 共识:美好生活,党的领导,劳动创造	学生活动 (1)学生(百家村村民)讲述百家村近几年发生的变化 (2)讨论:百家村是如何从贫困村成为上海乡村振兴示范村的 (3)总结:人民对美好生活的向往不断变为现实的密码
设计意图 通过提供学习单,组织小组讨论,引导学生发现问题、分析问题,探究百家村从贫困村成为乡村振兴示范村的原因,由此归纳总结人民对美好生活的向往不断变为现实的密码,理解党坚持以人民为中心的发展思想,认同乡村振兴战略和绿色发展道路;理解劳动创造美好生活,实干创造美好未来	

（续表）

【环节三】尾声:创造美好——创造美好生活,我们何为	
教师活动 情境:微设计——百家村美传万家 (1) 出示"百家村美传万家"宣传方案的要求 (2) 提供百家村特色项目,组织进行宣传方案的设计 共识:美好生活,人人参与,人人享有	学生活动 (1) 分组讨论,自主选择百家村特色项目,讨论"百家村美传万家"的宣传方案 (2) 设计方案,并交流、分享方案
设计意图 通过分组讨论,设计方案,感悟美好生活需要共建共享,提升合作解决问题的能力,培育创新精神,厚植家国情怀,增强责任意识	
【环节四】课堂小结,布置作业	
教师活动 出示习近平总书记在党的二十大报告中的金句 朗读金句,总结提升本课,布置作业	学生活动 聆听思考,感悟共鸣
设计意图 通过引用习近平总书记在党的二十大报告中的语句,进一步理解党坚持以人民为中心的发展思想,培养热爱党的情感,认同"全面推进乡村振兴"的举措,并转化为实现中华民族伟大复兴为己任的责任感和使命感	

6. 板书设计

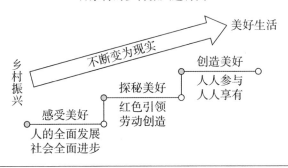

百家村的乡村振兴进行曲

7. 作业与拓展学习设计

课后继续以小组为单位,完善"百家村美传万家"的宣传方案,下周一上交。要求:

(1) 宣传主题新颖;宣传内容具体、可操作;宣传形式丰富;建议实地考察

(2) 写明设计理念和策划人

(3) 成果将记录到学生成长记录册,择优推荐给百家村,并推广到班级微信公众号

(续表)

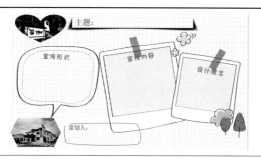

8.特色学习资源分析、技术手段应用说明
(1)采用学生制作的微采访视频,采访对象:师生、家长、百家村村民等
(2)设计学习单,为学生提供百家村相关素材,方便学生学习使用
(3)制作宣传方案的基本模板,方便学生展示交流
(4)制作PPT

9.学习评价设计

教师指导学生根据课堂表现和学习情况,进行自评、互评,在相应数量的"☆☆☆☆☆"涂上颜色。同时教师作出客观评价,并及时反馈,鼓励学生,帮助学生改进学习

评价指标	评价内容	自我评价	同伴互评	教师评价
学习态度	能够按照有关要求,积极完成学习内容。在微采访、微探究、微设计等环节,愿意主动表达自己的想法,积极参与小组讨论、合作探究,愿意主动交流展示	☆☆☆☆☆	☆☆☆☆☆	
能力提升	能够参与微采访,或参与制作采访视频,掌握必要的信息技术,提升媒介素养;能从学习资源中观察、分析出百家村成为乡村振兴示范村的原因,找到百家村可以宣传的亮点,并设计出有特色的宣传方案,提升观察、分析问题、合作解决实际问题的能力	☆☆☆☆☆	☆☆☆☆☆	
综合评价	能够综合运用所学内容,通过观看采访视频、辨析观点,理解美好生活的内涵;通过学生亲口讲述百家村的变化,分析百家村从贫困村成为乡村振兴示范村的原因,探究人民对美好生活的向往不断变为现实的密码,从而认同党的领导,认同乡村振兴战略;通过小组合作,设计"百家村美传万家"的宣传方案,并提出有效建议,增强为家乡发展主动贡献力量的责任感和使命感,厚植家国情怀	☆☆☆☆☆	☆☆☆☆☆	

(本节课荣获2023年上海市中小学(中职校)时事课堂教学展示活动一等奖)

教学反思

1. 力求素养为先，入脑入心。核心素养是学生通过课程学习逐步形成的正确价值观、必备品格和关键能力。本节课要培养的核心素养主要为政治认同和责任意识。本节课通过融入百家村从贫困村变成乡村振兴示范村的情境，引导学生充分认识坚持中国共产党的领导才能不断实现人民对美好生活的向往，全面推进乡村振兴是推进共同富裕的现代化的有效举措，坚定政治方向，同时激发学生积极投身家乡建设的责任意识，让核心素养的导向和落实贯串教育教学的各个环节，潜移默化，入脑入心。

2. 力求以生为本，以小见大。习近平新时代中国特色社会主义思想内涵丰富，以中国式现代化推进中华民族伟大复兴所涉及的可结合的教学内容非常多，厘清时政热点与教学内容的关系，从学情出发，以社会发展和学生生活为基础进行教学设计非常关键。本节课以学生身边的百家村的变迁为情境，通过感受美好、探秘美好、创造美好三个环节，对百家村从贫困村成为乡村振兴示范村进行解密。第一版设计中在创造美好环节，用人才回流的案例，引导学生体会美好生活需要共建共享，学生的参与感不强。调整后改为设计"百家村美传万家"的宣传方案，这样的修改既增强了学生的参与感、责任感和合作探究能力，又能从中体会美好生活需要"人人参与、人人尽力、人人享有"，把思政小课堂和社会大课堂有机结合，更能发挥学生的主体作用，实现学科育人价值。

3. 力求提升改进，眼中有"人"。本节课的教学目标基本落实，但是教学是一门遗憾的艺术，在师生互动中，预设很重要，但生成性的问题更能反映学生的真实想法，应及时捕捉，加以引导或调整，鼓励学生大胆表达。比如在"百家村美传万家"方案设计中，学生有许多别出心裁的想法，如宣传主题的创意、宣传内容的丰富、宣传形式的创新(详见下表)。

	主题	宣传内容	宣传形式	设计理念
方案一	玩转"乡村博物馆"	乡村博物馆三大展区；生态林中采集植物、观察昆虫如蝴蝶等	发布宣传视频到抖音；制作云参观 APP；与学校联合开展实践体验活动……	人与自然和谐共生

（续表）

	主题	宣传内容	宣传形式	设计理念
方案二	科技百家欢迎您	"森活百家"电商平台、千亩生态林、消防培训体验等	VR虚拟体验；激光雕刻、3D打印——百家十景文创雪糕、文创产品……	科技改变生活，玩在其中，乐在其中
方案三	住百家村民宿，寻百家村风情	玉兰湖景区邻里民宿垂钓、烧烤、私人定制生日party方案等	旅游节活动百家村宣传片，借助小红书等媒体平台……	村在林中，林在村中，打造美丽乡村
方案四	访"老字号"，尝"老味道"，赶"新发展"	体验酱菜制作，参观酱菜公园，了解非遗文化，感受工匠精神	参观酱菜体验馆；明星代言酱菜厂，与本地超市协商，开辟酱菜展区，网络直播带货……	创新、绿色、协调、开放、共享的新发展理念

学生在短短几分钟内设计出如此精彩又有创意的方案让我惊喜，但担心时间紧张，没能进行小组间的互评，没有创造更多智慧碰撞和思想碰撞的机会，我将在今后的教学实践中不断改进，让"精心预设"与"精彩生成"相得益彰。

专家点评

2023年4月13日，第六期上海市初中道德与法治学科德育实训基地、金山区黄兰珍名师工作室在上海市张堰第二中学组织开展了联合展示与研讨活动。上海市张堰第二中学陈艳洋老师执教的《党的二十大精神进课堂的专题复习》课"人民对美好生活的向往不断变为现实"，得到了特级教师、正高级教师、市德育实训基地主持人秦红的充分肯定。陈老师执教的这节时政教育课，无论是课前的教学设计，课中的教学实施，还是课后的教学反思，都能始终贯串以学生为主体，落实学科核心素养的教学理念。本课主要有以下几个方面特点。

1. 素养导向，设计创新

本节课教学设计新颖之处在于以单元视角下"议题式教学"的新思路来推进核心素养的培育。陈老师通过对"美好生活，好在哪里""人民对美好生活的向往不断变为现实的密码何在""创造美好生活，我们何为"三个子议题，层层递进、螺旋上升、一气呵成。同时,立足《党的二十大精神进课堂的专题复习》单元设计进行本课时的教学链接,单元教学设计完整、规范。从课堂观察来看,课时教学实施能够引导学生理解党坚持以人民为中心的发展思想,感悟美好生活需要共建共享,让学习党的二十大精神走深、走实、走心,政治认同和责任担当的素养得以有效落实。

2. 联系生活,活用教材

本节课是二十大精神进课堂的时政教育课,主题教育鲜明。陈老师善于把二十大精神和教材内容进行有机融合,把"新时代十年的伟大变革""中国式现代化"的创新理论融入教学,丰富"踏上强国之路""创新驱动发展""新发展理念"等教材内容。同时,努力构建生活化政治课堂,联系学生生活,以百家村的变迁为主要教学情境,将思政小课堂和社会大课堂有机结合,有理有例分析出百家村成为乡村振兴示范村的原因,体现思政课"要坚持理论性和实践性相统一""要坚持政治性和学理性相统一""要坚持主导性和主体性相统一",实属不易。引导学生认同乡村振兴战略和新发展理念,取得很好的教学效果。

3. 以生为本,入脑入心

本节课探索时政专题复习有效路径,充分发挥学生的主体性,学生活动设计形式多样,通过观看自制的微访谈、微探究百家村的变迁、微设计"百家村美传万家"宣传方案等活动,有效调动了学生学习的积极性。本节课师生互动好,课堂对话精彩、到位,有提升性的阐释、归纳,提高了学生合作探究能力和创新思维能力。

当然本节课在问题与思辨、预设与生成等方面还需要提升,设计有思辨性的问题进行价值判断和选择,才有助于学生解决真实问题,做到四个自信。希望进一步夯实以学生发展为本的理念,真正实现立德树人,帮助学生扣好人生的第一粒扣子。

高中政治(二)

特级教师简介

叶志鸿,1965 年生,安徽省桐城人,1989 年毕业于安徽大学哲学系,2004 年中学高级教师,现为上海市金山区高中思想政治学科教研员。曾获淮南市首届教坛新星、淮南市十佳师德标兵、教学创新标兵、淮南市首届政治学科带头人、安徽省优秀教师、安徽省特级教师、上海市金爱心教师等荣誉称号。曾任安徽省高级教师专业评审委员会专家组和上海市教研室教材研究专家库成员、上海市中高职称评审论文鉴定专家、上海市《思想政治》教材日常修改工作研究评价阶段专家组组长、金山区政史教学专业委员会会长等。在《政治教育》《中学政治教学参考》《中学政治课教学》《教学月刊·政治教学》等全国核心期刊上发表论文 20 余篇,并有幸成为《中学政治教学参考》2016 年第 11 期的封面人物。多个课件制作和论文在省、市评比中获奖,主持 2 个安徽省级课题和 1 个上海市教材使用意见征集项目,科研成果获安徽省教育科研成果三等奖、淮南市一等奖,自主搭建的《中学政治教材与教学研究》学科资源共享平台在全国有很高的知名度。指导学生荣获全国中学生小论文比赛二等奖、上海市一等奖。指导教师多人次入选教育部基础教育精品课、上海市德育精品课,并在上海市中青年教师评优、青年教师基本功评选、见习教师基本功大赛、时事课堂教学评优等比赛中获得好成绩。

特级教师优课与经验分享

专注教学微环节研究　采撷课堂实践的微光

——以我的课堂教学实践与研究为例和青年教师谈教师的专业成长

写在前面：

　　每位教师都曾期待过成为蜡烛，用温暖的力量陪伴学生的成长，每位教师也都应该期待自己破茧成蝶实现自己专业的进步。教师成长在课堂，专心教育实践，勤于教学反思是名师成长的共同路径。课堂教学研究源于问题，从课堂教学问题出发确立课堂教学研究目标，开展课堂教学某一微环节的教学实践研究。教师学问是教学经验的日积月累，通过一系列有目的的课堂教学的微环节教学实践，并注意及时记录和积累，在不断反思的基础上，采撷其中自己教学实践中异于别人的独特"智慧"称之为你的课堂教学的微光，然后分门别类，整理成文，积累起自己的教学智慧，慢慢会成就教师专业发展成长的精彩来。

　　每位教师都曾期待过自己专业的成长，每位教师都曾有过自己成长的困惑，每位教师都曾寻找或者正在寻找实现自己专业成长的道路，每位教师都曾抱怨或者正在抱怨自己缺少一个自己成长的平台。而当我们去研究优秀教师专业发展个案时，不难发现每个优秀教师的成长路径各有不同，无法简单地复制。但你同样会发现，无论哪位优秀的教师，课堂就是他们成长的平台，敢于实践、勤于反思是他们成长的共同路径。华南师范大学教育科学学院博士刘良华教授在教师成长的话题中曾经提到，很多人抱怨没有人发现自己，其实，是自己没有为自己寻找一方平台一直不断地做下去。我觉得这话说得真好。在金山中学任教的2014学年，我利用一个学年的时间主要做了一件事，就是专注自己的课堂教学的导入这一微环节。下面我就回忆一下自己在这段时间的教学实践与反思，记录自己课堂教学的微光，感受自己的点滴成长体会。

一、研究源于问题

英国科学哲学家波普尔说过，"科学和知识的增长永远始于问题，终于问题——越来越深化的问题，越来越能启发新问题的问题"。"问题导向"已经成为使学科生长、发展充满生机和活力的必然取向，同样，也是我们教师专业成长的必然取向。我们的教学研究必须要回到课堂教学的实践中去，关注课堂教学中碰到的现实问题。课堂教学到底应关注哪些问题呢？每个教师需要面对和需要解决的问题不一样。每一节课都是由一个个细小的环节组成的，不同学科甚至同一学科不同教学内容课堂的微环节可能会有很大的不同，所以，也不能期待一下解决所有的问题，也不可能每个教师的问题是一样的。细节决定成败，我们要认同的一点是我们每堂课细小环节的效率和质量可能决定或者影响每一节课的成败。开展课堂教学微环节研究可以选择自己认为最重要的或者自己教学中的瓶颈性的问题作为突破口。

常言道"好的开头是成功的一半"，在我的课堂教学中，我就发现课堂教学导入对一节课起到举足轻重的作用。在不同的班级或者同一个班级不同的教学实践中，常常会出现种种不同的课堂导入方式，而不同的课堂导入方式，对课堂教学效果的影响是很大的。"同学们，请把书翻到某某页，上节课我们学习了某某知识，这节课我们来学习某某知识……"平淡无味的导语无法激发学生学习的兴趣，它好似催眠的曲子，一旦响起，整个课堂气氛就会很压抑，学生参与的积极性就会大打折扣，课堂教学效果也会受影响。长期下去，日复一日，教学激情就会慢慢磨灭，自己的教师专业发展从何谈起。而一个精彩的开头就会吸引住学生的目光，激发出学生强烈的学习兴趣，精彩就会从"头"开始。所以，我决定，改变自己的课堂状态，从改变自己的课堂导入开始。于是，我在这个学期针对课堂导入中碰到的问题作为自己教学方式改变的突破口，把"课堂教学导入"作为我的课堂教学的专题进行研究和实践。每节课备课和设计，我都在问自己：围绕这节课的教学目标和内容，我应该采用什么样的有效方法，让自己的这一节课更精彩些呢？然后以问题和任务作为驱动，在问题和任务的"逼迫"下，自己每节课前都去想方设法，尝试着设计不同的导入方式，开始了自己的这个学期课堂教学微环节的研究之旅。

二、学问是经验的积累

著名作家茅盾说过,学问是经验的积累,才能是刻苦的忍耐。我认识到我不能忽视自己每一节的课堂实践,不能忽视自己课堂教学的点滴微光,要注重自身教学经验的积累。因为我知道,教育家的理论虽然很全面,别的老师的教法虽然很高明,但自己亲身在教育实践中形成的体会和体验是最深刻的,对自己影响最大。同时在这里我要说还有,这种经验不是某一种经验数量上的简单累加,而是在广度、深度上的不断拓展。尝试不同的方式,开展不同的实践,从而积累不同方面的经验,形成不一样的精彩之处。这学期,我根据不同的教学内容,尝试很多种不同课堂导入的方法,不同的开头,就有了不同的精彩,也会有不同的体验。掌握了众多课堂导入方式,技巧也就日渐多样而娴熟,自己的认识也就深刻、丰厚起来。就这样,我在教育教学工作中,留心自己教学实践中的体会和经验,采撷与积累自己的教学案例,把它编辑起来,收藏起来,在实践中积累经验,在反思中积攒智慧。

我在讲《市场经济的作用》中就采用时政新闻导入的方法。我的开始语就走进生活,发现问题。我说:大家都知道目前正在爆发 H7N9 禽流感,禽蛋价格下滑,家禽遭到捕杀,家禽养殖业受到重创,家禽养殖业从业人员要面对突如其来的市场风险,市场怎么啦? 我们该怎么做呢? 从而导入新课。时政新闻导入是政治课教师常用的一种导入方法,通过创设情境,走进生活,发现和引出问题,很好地实现了课堂教学内容与社会生活的有机联系,体现了新课程关注生活的理念。但千篇一律的时政新闻导入也会让学生产生"审美"疲劳。特别是上海地区的学生的理科倾向,对纯粹的时政新闻未必感兴趣,甚至有抵触情绪。我注意到课堂教学中的这些问题,于是我在保留这一好的做法的同时,注意变化,不断拓展。

我在上海市高一教材《宏观调控主要目标和手段》时又开始一些新的探索。这节课我是从一道简单的小学算术开始的,$(2.5 \times 80) \div (4 \times 2) = ?$ 同学们一看,乐了,这个啥意思? 我于是开始了本节课课堂导入。我说:同学们,我们是经济学课程,每个数字背后都代表具体的内涵,那么,大家猜一猜,这些数字代表什么呢? 同学们开始议论纷纷,注意力一下子全部集中起来了,效果达到了。从大家的表情上看大家很难猜,我提示了一下,是要大家计算上海的房价收入比。房价收入比,一个重要的经济指标,它是衡量房地产泡沫的主要指标。从计算上海的房价收入比到当时4月份全球最大空头基金公司尼克斯联合基金总裁吉姆·查诺斯唱空中国,而在此之时,中国、上海的房价还在继续疯狂上涨,中央政府出台了被史上称之为最为严厉的房地产的宏观调控,引发社会热议。我引导学生关注三个问题:《新国五条》这些政策属于宏观调控哪些政策? 这些政策会怎么来调节? 达到什么样宏观调控的目标? 从而导入新课。整个导入从身边到国外,从老百姓社会热议的话题到国务院的政策,再到课堂教学内容,自然流畅,再加上语言上的幽默风趣,整个导入过程深深吸引住了学生的目光,整节课学生参与度高,效果很好。

有了很好的经验,我继续开始探索多样的课堂导入方式,并注意不断完善技巧。在《经济全球化影响》的教学时我是这样开始的:你知道吗? 有人说你们这一代是受美国三片影响的一代,那么指的是哪三"片"呢? 同学们一听,议论开来。汇集大家的观点,对,是芯片、薯片、影片。那我再问一下,这三片分别代表美国对我们哪三个方面的影响呢? 教师最后总结,芯片代表着美国科技和创新能力;薯片则代表着美国所向披靡的商业推广和营销能力;影片就是好莱坞年产近千部、风靡全球的美国大片,这一切都在世界范围内讲述着"美国故事",施加对世界的影响。那么"吃的是薯片、用的是芯片、看的是大片的当代中国青少年该如何正确面对美国的影响,如何正确看待经济全球化",是值得我们今天这堂课共同研讨的话题。

在讲到《对外开放是我国一项基本国策》时,我则换成另一种导入方法,以历史事件导入。我用的是《1793 乾隆英使觐见记》简介语开始的。我是这样开场的:大家学习中国历史,是否记得 1793 年,中国有什么大的历史事件发生? 同学们思索,摇头。我说对,大家没记错,这一年,中国无大事。但是,就在这一年,中国发生了一件令研究清史和读历史的人怎么也绕不过去的事件——大英帝国派遣以马戛尔尼为首的庞大代表团,以给乾隆祝寿的名义出使中国。这是"天朝上国"和大英帝国的第一次正式接触,这不经意接触背后却开始了中国历史进程中一次重大的矛盾与冲突,影响了中国历史的进程。这种冲突从更深层次来说是什么冲突? 对了,是要打开国门实行对外开放,还是要闭关锁国两大决策的冲突,不同选择导致不同的结果,以史为鉴,当代的中国选择了对外开放。就这样新课导入了。为配合导入材料,在整节课的教学中,我运用大量的史料,如,唐朝开放、清朝闭关锁国的对比,新中国初期和1978年改革开放以后的对比,结合经济学的观点来说明对外开放的客观必然性,实现史料与政论的结合,也使课堂导入与课堂教学的过程达成一致从而融为一体。

在讲到《世界贸易组织》这一章节时,我则另辟蹊径,从导入开始拓宽课堂教学的容量和维度,使得课堂导入别具一格。我从LOGO到我校金山中学的LOGO再到世界贸易组织的LOGO,然后发掘世界贸易组织的LOGO的中华文化内涵以及LOGO代表的独特内涵,引导学生从形状上看和从色彩上总结出世贸组织是一个世界性国际组织这个充满活力的结论。在学生感官感知了世贸组织的基础上导入《世界贸易组织》这一课的理论学习,丰富了课堂导入的方式,拓展延伸了学生的其他能力。

我从一次又一次的课堂导入设计、实践、修改和调整中收获很多,得出了课堂导入需要注意的几个原则问题:课堂导入需要鲜活的时政和社会生活的素材,引导学生关注生活,参与生活;课堂导入需要设置悬念,跌宕起伏,切忌平铺直叙,这虽然是一个技巧性问题,但它可以吸引学生的眼光,从一开始就抓住学生思路,激发学生参与课堂教学的兴趣;课堂导入更需要把课堂导入与课堂教学整个过程衔接起来,发挥导入在课堂教学中的作用,切忌脱离课堂内容,使教学目标落实无处不在,教学目标落实从课堂导入就开始,等等。

三、反思积累智慧

我们在教学实际生活中,有时会满足于知识的授受,兢兢业业地从事"教育",在日复一日的忙碌中,机械地重复着没有创造性的工作,这是不够的。这种再多、再长的教学实践也很难有教学智慧的产生。教师的教育智慧并不是高不可攀、神秘莫测的,其实它可能在每一个热爱教育、热爱学生的教师身上发生,也可能在教师每一次极富创意、不落俗套的教育活动中出现。只有当教师运用理性,不断反思自己的教育经验和教育行为的时候,智慧的转化才有可能发生。

在课堂导入实践研究中,我就发现有很多无效的课堂导入,导入所提问题表面化,主要利用的还是过去的认知经验,学生无法进行更深更新的思考,缺失思维深度。或者创设了一个很好的情境,但你却发现与整个教学过程关联度不大,与本节课教学目标无关,而且喧宾夺主,浪费了很多时间,甚至出现了误导的问题。经过对导入的反思,我认识到,自己在对导入作用的认识仅停留在激趣、引出课题等微观层面上,没有站在课堂教学系统的高度上关注它,用好它。所以,我在课堂导入时就慢慢注意两个问题,一方面注意从宏观层面来看课堂导入,课堂导入应该是完成优质教学任务,实现教学目标的重要保证,是激发学生积极学习心理的基础。同时,又注意从微观上来看课堂导入,注意不断创新课堂导入方式,不断完善导入技巧,注重课堂导入与教学整个过程相联系等。如在教学《经济全球化影响》这节课时,我就关注后面新课教授环节的安排,有意识地寻找资料,围绕这导入中提到的"三片"分别编辑材料,根据教学内容有所侧重分析不同问题,使得整节课课堂教学导入和新课教学环节融为一个整体,一气呵成。

思考每堂课的得与失,把自己有感觉的几节课堂导入案例积攒起来,归纳出课堂最佳导入方法,课堂导入应该注意的问题,有什么规律性的东西,然后把它记录下来,日积月累,案头就有了厚厚的一沓教学素材,不乏自己觉得自豪的精彩的案例。学期结束了,我把这些案例装订起来,或分门别类整理成文件包,这就构成了本学年自己教学成长的轨迹,教学行程的一种标记,而其间对教学行为的反思,或许成了我未来教学实践中异于别人的独特"智慧"。所以,我认为平时多采撷自己课堂教学时的点滴微光,这样积攒起来的星星之火会越烧越亮,从而点亮起自身的专业发展成长之途。

(本文曾发表于《思想政治课研究》)

附:教学随笔三篇

我选出几篇在金山中学担任高中政治课堂教师开展课堂教学时做的教学随记,这些随记也是上面教学论文的重要写作素材,特附上供大家参考。

问渠哪得清如许　为有源头活水来

某年 3 月 5 日,"同学们,请把书翻到某某页,上节课我们学习了某某知识,这节课我们来学习某某知识……"今天我有意采用一次最为传统最为常见的课堂教学方式作为这节课的课堂导入,学生无奈地收拾好手中正在忙活的作业本,慢腾腾地从抽屉中翻出政治书本,花费了二三分钟时间课堂才安静下来,而且整个一堂课氛围沉闷。本来想思想政治课教学任务重、课堂教学时间有限,开门见山进行课堂教学,略去或者简化课堂导入,貌似节省了 3 分钟,实际上整节课都浪费了,心里很是郁闷。一开始我还是责怪学生对思想政治课不重视,现在想来可能这种平淡无味、毫无新意的课堂导入拉开我们课堂教学的序幕,一定无法激起学生学习的兴趣,它好似催眠的曲子,一旦响起,整个课堂气氛就会很压抑,学生参与积极性就会大打折扣,课堂教学效果也会受影响。长期下去,日复一日,教师的教学激情就会慢慢磨灭,教与学无法实现良性的互动,这个损害可谓大也。王汉澜主编的《教育学》中把学生掌握知识的基本过程分为六个阶段,导入作为引起学生求知欲望的第一阶段,作用非同一般。是呀,"问渠哪得清如许,为有源头活水来",巧妙地导入,如同一泓湖水的源头,可产生激发学生的求知欲,唤醒书本沉睡的知识,激活课堂的气氛,实现师生良性的双向的活动等实效。清人李渔在谈及文章写作技巧时曾说过:"开卷之初,当以奇句夺目,使之一见而惊,不敢弃去",戏剧表演也好,课堂教学也罢,就其本质而言有很多相同之处,需要精彩那就得从"头"开始。

转轴拨弦三两声　未成曲调先有情

　　同年 5 月 1 日,今天讲哲学常识唯物辩证法的联系观这节课,这段时间,我非常重视课堂导入,反复掂量过后,本节课的课堂导入我是从一段寓言故事开始的。这段材料简洁,用来说明事物联系的普遍性也很贴切,一开始感觉很不错,"同学们,你们听说过一颗钉子丢了会使一个国家灭亡的故事吗?"如是我就开始了这样的叙述,"据说,在西方有一首民谣,大概意思是这样的,一颗钉子丢失会使铁蹄坏掉,会使一匹战马的腿被折断,会使骑士受伤,会使战斗失败,最后国家灭亡。从日常生活看来,钉子似乎和国家扯不上关系,而在这里,却形成紧密的联系,这个故事告诉我们,世界一切事物都在普遍联系之中,孤立的事物是不存在的。无视这种联系就有可能造成一个国家亡了的结局。这堂课我们就来学习唯物辩证法的联系观及有关知识",但学生听课效果并不理想。这是什么原因呢？仔细分析下来,是不是有下面几个问题:选材方面,导入材料用"据说"开始,以寓言故事、民谣形式呈现,给学生的感觉是编派出来的故事。从表达方式方面,语言表述采用平铺直叙方式,平淡没有起伏,没有任何悬念,可能无法扣住学生的心弦,过于追求导入语的简洁,而失去故事的生动性,语言文字过于理性和抽象,就会失去感染力,就成了单纯的说教。如果我们加之有一定的细节描述,是不是效果会更好些。最后导入是不是过于直白,直接挑明主旨,强加给学生一个现成的结论,如果设计成系列问题,围绕问题让学生参与讨论,并与教材内容有机结合,可以让材料得到更好的利用。后来,我对这节课的导入参考了网络资源进行重新设计,从在另一班上课的情形看,学生听课状态果然好了很多。所以精选好的情景材料固然重要,如何利用好更需要教学技巧。"转轴拨弦三两声,未成曲调先有情",唐代大诗人白居易笔下所描写的琵琶女,随手拨弦两三下,曲调未成,情韵已出,产生这样的效果需要弹奏者高超娴熟的技艺。教师上课,一开口就能扣人心弦,一举足就能抓住孩子们的目光,语言文辞的表达方式、教学技巧的表现真的很重要,继续努力!

曲径通幽处　禅房花木深

同年 5 月 28 日,今天开讲《国家宏观调控》,这是一节区级公开课。我在原来的教学设计基础上进行了反复修改,课堂上我是这样开始本节课的导入的:

第一步,黑板板书一道简单的小学算术题$(2.5 \times 80) \div (4 \times 2) = ?$（同学们一看这么一道简单的算术题就乐了,这个啥意思? 注意力开始集中起来,同时给学生对房价与收入比有了更为感性的了解,拓展了课堂教学的视野）

第二步,同学们,我们是经济学课程,可不是数学课,在经济中,数字不再是抽象符号,每个数字背后都代表特定的内涵,现在,请同学们猜一猜,这些数字代表什么呢?（同学们开始议论纷纷,课堂气氛开始活跃起来,为整节课的活跃气氛打下了基础）

第三步,看同学们的表情很是茫然,我一点一点地提示数字的含义,最后指出同学们正在计算的是上海市的房价与收入比,而房价与收入比是一个衡量房地产泡沫程度的重要经济指标。按照世界银行的标准,房价与收入比为 6 倍是正常的,而中国目前全国房价与收入比已超过 15 倍,上海大家刚才计算了一下高达 50 倍以上,同学们这说明了什么经济现象? 这种现象会带来什么结果? 为什么会带来这一现象?(提出问题,引导学生对材料进行简单分析,把学生的能力训练和培养从课堂伊始就进行)

第四步,对,同学们总结得很好,房地产市场价格继续疯狂上涨,是市场调节局限性的表现,高房价会影响老百姓生活,长此下去会出现严重的经济和社会危机,与宏观调控的目标相违背,需要政府采取实行更有力措施进行调节控制。宏观调控的目标是什么呢? 国家又是通过哪些措施或者手段来达成此目的的呢? 这堂课我们就来一起探究这些问题。

这节课从表面上看,课堂导入时间有点长,但一方面回顾和复习了上节课宏观调控的必要性,实现了知识的衔接,同时提出系列问题,从老百姓社会热议的话题到国务院的政策,再到课堂教学内容,自然流畅,一个个问题链,紧紧锁住学生的注意力。同时,我在完成课堂导入,分析课堂重点难点时,围绕房价问题和国务院房地产调控等举措进行了阐述,使得整节课的教学活动过程紧紧围绕房地产调控这一社会热点话题来展开,教学环节紧凑,使得对社会热点问题分析也能很透彻。课堂导入,不仅仅是搭出一个平台,引出一个话题,更应该从课堂导入开始,把导入的材料和话题变成穿起整个教学过程的一条红线,把整节课教学内容和环节相互融合为一体。通过层层设疑、步步引导的方式牢牢牵住学生注意力,让学生在不断探究中理解学科知识,获取生活的大智慧,今天的这节课还真有点"曲径通幽处,禅房花木深"的感觉。

优课示例与推荐人语

优课示例 1

作者简介:邱路卫,任教于华东师范大学第三附属中学,从教时间1996年。所获荣誉:2017年,金山区"明天的导师工程"金玉兰奖;2018年,金山区"明天的导师工程"金玉兰奖;2008年,上海市中青年教师教学评选二等奖;2018年,上海市首届时事政治课堂教学评选二等奖;2018年,上海市教学论文评选二等奖;2021年,金山区优秀共产党员;2022年,教育部基础教育精品课;2022年,金山区优秀班主任;2023年,金山区"明天的导师工程"金玉兰奖;第五、六、七届金山区"明天的导师"学科导师。

特长爱好:游泳、书法。

教坛心语:倾听学生的声音、体验教学的乐趣,用温暖的力量陪伴生命的成长。

《家乡门前的那条小河——走近"河长制"》教学设计

一、教学设计

(一)教学任务分析

时事课堂不仅是高中思想政治课堂的重要组成部分,也是贯彻党的教育方针,树立中国特色社会主义道路自信、理论自信、制度自信、文化自信的前沿阵地。上好一节高中时政课,不仅仅要让学生看"热闹",也要在"热闹"之后叩问"门道"。2017年元旦,习近平总书记在新年贺词中发出"每条河流要有'河长'了"的号令。2018年7月17日,在北京举行的全面建立河长制新闻发布会上,水利部部长鄂竟平表示,截至2018年6月底,全国31个省(自治区、直辖市)已全面建立河长制。

本节课的内容围绕"河长制"这一时下热门话题展开,结合时事新闻,了解"河长制"的内涵并且分析当前我国大力推行"河长制"这一生态文明新举措及其意义。通过学习明确河道治理、生态文明建设和"我"的关系,对河长制进行理性思考,与全面落实依法治国的联系。形成正确的价值判断和选择,丰富理论联系实际的学习体验,提升参与社会生活的实践能力。

（二）教学目标

通过走访调查,了解家乡河道现状,感受生态文明成果,认识生态文明新举措——河长制的相关政策,丰富理论联系实际的学习体验,提升参与社会生活的实践能力。

通过翻阅历史资料,了解河道治理的历史过程,通过深入分析问题,理解生态文明、全面依法治国的基本内涵及重大意义。

通过畅想未来,激发学生热爱故乡、主动参与生态建设,提高对美丽中国建设的自觉意识,引导学生树立中国特色社会主义的制度自信,增强公民意识。

（三）教学重点与难点

教学重点:懂得河道治理、生态文明建设和"我"的关系,提高美丽中国建设的自觉性。

教学难点:对河长制实施的理性思考,与全面落实依法治国的衔接。

（四）教学技术与资源运用

（1）实地考察、感受家乡河流的今昔变化,进行关于河长制的小调查,上网查阅相关资料。

（2）教师收集有关网络资源,制作多媒体课件。

（五）教学过程

1.教学流程图

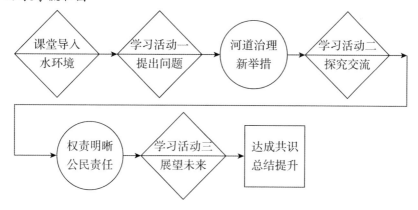

2. 教学流程设计意图说明

话题导入:河流是一方水土的血脉,是城市、村庄、人们成长绵延、生生不息的源泉。我区是水网稠密、河流密布之地,说起家乡时就会让我们想起家乡门前那条弯弯的小河,蜿蜒澄澈烙在了记忆中……今天我们就来一起聊聊家乡门前那条河的故事,开启课堂教学。

设计意图:基于乡情,引出话题,创设情境,激发学生的学习兴趣,引导学生积极投入学习过程。

关键性学习活动一:汇报调查成果,引出问题。(昨天,河之殇)

出示 2005 年松花江水体污染以来我国的重大水污染事件以及对百姓生活和经济发展的严重影响。

同学们对家乡的河道治理情况进行了一次社会实践走访调查,实践小组汇报调查成果:展示家乡河道治理前后的情况,过去有过很多措施但效果不明显、环境污染反复很大,集体探讨"昨天"河道环境差的原因,去年以来河道变化很明显,新举措带来新变化,引出河长制话题。

设计意图:通过实践调查活动丰富学生对河道治理的认知,了解河道治理的相关措施,引导学生关注社会热点生态环境问题,能够对不同的社会现象进行辨别分析,通过归纳、比较学会透过现象看本质。

通过家乡河流的今昔变化,分析变化原因,了解政府治理水污染的举措,感受政府下决心为百姓谋福祉的勤政态度。理解经济发展与水环境保护的关系是相辅相成的,感悟"既要金山银山,也要绿水青山"的道理。锻炼学生合作学习能力,提高辩证分析与归纳能力。

关键性学习活动二:学习调查内容,深入分析问题。(今天,河之幸)

(1) 学生阅读、分析河长公示牌。抛出问题,分析河长制治理河道的优势。

设计意图:通过这一关键性学习活动,联系生活实际,通过比较、归纳、分析河长制的优势,明确河长制是依法治国在环境治理方面的具体体现,同时也是为了化解教学难点,培养学生理性思考、学会用联系的观点看问题。

(2) 学生讨论并分角色交流"我"与河道环境的关系。

设计意图:通过这一关键性学习活动,分角色交流体验作为公民的政治参与意识和能力,作出正确的价值判断和行为选择,增强社会责任感和使命感,提升解决生活中的实际问题的能力,同时,也是突破教学重点,懂得个人行为与国家政策的贯彻落实有着密切关系,美丽中国,人人有责。

(3)重点精讲全面推行河长制是落实绿色发展理念、推进生态文明建设的内在要求,是保障国家水安全的制度创新,是全面依法治国的具体体现。

设计意图:通过适当总结提升,更加理性地认识社会热点,同时化解教学难点。

关键性学习活动三:畅想未来,充满信心。(明天,河之清)

讨论交流"绿水青山与金山银山之间的关系",畅想家乡小河的明天。通过本节课的学习,对家乡门前这条河的未来充满信心,用语言表达对家乡的自豪和热爱,对国家政策的支持和信任。

设计意图:引导学生热爱家乡,树立制度自信。

课堂总结:老百姓期待河清人寿,我们的党也正致力于环境优美,人民幸福,秉承"创新、协调、绿色、开放、共享"的发展理念正在推进我们各项事业全面发展,带领中国奔向全面小康社会,这值得我们期待,更需要我们共同参与。

设计意图:总结归纳本次时政专题教育课的收获,升华情感,实现时政专题教育目的。

(六)作业与评价

组织一次课后实践活动——参观金山城市规划馆,了解金山生态文明建设的新举措。并以小组为单位就感兴趣的话题做一份问卷进行社会调查,将安排一节课进行作业交流,并评选出优秀作业若干。

(七)教学设计说明

一堂生动有效的时政教育课必须有学生的热情参与和思想交流的存在。一堂有效的时政教育课,应该是基于学生的认知起点,着眼于学生生命成长的课堂,因此,创设联系学生实际,贴近学生生活和学习经验的情景和设问非常重要。本节课教学主要线索是从学生研究性学习小组汇报社会实践调查报告开始引出问题,通过推动"昨天,河之殇—今天,河之幸—明天,河之清"三个教学环节的实施,以问题链促进学生认知的提升。第一个环节引导学生关注社会热点生态环境问题,能够对不同的社会现象进行辨别分析,通过归纳、比较学会透过现象看本质;第二个环节联系生活实际,通过比较、归纳、分析河长制的优势,化解教学难点,培养学生理性思考、学会用联系的观点看问题,作出正确的价值判断和行为选择,增强社会责任感和使命感,提升解决生活中实际问题的能力;第三个环节通过交流学习感悟、畅想家乡小河的明天,用语言表达对家乡的自豪和热爱,对国家政策的支持和信任。

二、教学反思

本节时事政治教育课围绕"家乡门前那条河"设计议题,并对该议题进行线索追踪,让学生既动脑又动手更动口,情感体验,责任担当。时政事件不能仅仅就事论事,知其然更要知其所以然。教学中,以小见大,贴近学生,从家乡门前那条河说起,重视课前学生的调查研究,以及课堂中学生的体验和课堂后的学习延伸,充分发挥学生的参与性和主体性。本节课的设计基于以下两点考虑。

1. 选择具有典型性的时政热点,聚集德育目标,统一价值判断的标准

时事教育是德育教育的重要组成部分,引导学生树立正确的价值观、人生观和世界观。时政材料的选择要有典型性、有德育价值。首先,上海生态文明建设是一个大课题,需要全社会共同努力,政府、企业、个人三方合力,有许多具体措施和工作,课堂40分钟内不可能面面俱到,所以材料选择要具有典型性,以小见大,以局部反映全局。选择贴近学生生活实际的地方时事政治资源,营造地方性文化氛围,容易引起学生的共鸣,调动学生关心家乡生活的积极性,进而潜移默化地形成学生热爱家乡、热爱国家和民族的情感;其次,要选择具有德育价值的社会热点问题、党和国家的大政方针、改革开放重要举措等等,这些都关乎社会生活的重大问题,与学生的生活实际息息相关,反映着社会的变化和发展,需要让学生及时了解;还需要注意,时政材料选择要以正面材料为主,把握好正确方向,唱响主旋律,多弘扬正气,讴歌正义,用正确的舆论引导学生,用积极向上的内容鼓励学生,让学生产生思想共鸣。遇到负面材料时,教师应正视材料,揭露其所反映出来的社会问题,引导学生辩证地、用发展的眼光去看待问题,既要立足材料的客观性,也要着眼于培养学生正确看待问题、正确分析问题并尝试提出合理建议的能力,从而培养学生的制度自信、道路自信。

2. 尝试议题式教学力促思行合一,以行促议,以议达思

时事性议题以社会热点话题为议题,生活逻辑与学科逻辑紧密结合,能够

帮助学生走进新时代、了解新时代、理解新时代,从而培养其政治认同、法治意识和公共参与等学科核心素养和正确的价值观。本节课的教学设计中引导学生在课前进行研究性学习,开展了一次对战斗港(横贯石化新城,1986年开挖,本是城区一条重要的景观河道,但河道污染一直颇受诟病)多年来的河道整治工作及其成效进行了调查,引导学生面对生活世界的各种现实问题,将思维活动和探究实践活动结合起来。在"昨天,河之殇"之议阶段了解河道治理的历史,通过情知关联活动思考议题背后的原因是什么;在"今天,河之幸"之议阶段深入了解当前"生态文明新举措——河长制"的相关政策、措施,综合运用学科知识,深入观察、分析、了解社会重大事件本质,形成正确的价值判断和选择;"明天,河之清"之议阶段丰富理论联系实际的学习体验,激发对议题指向的美好未来的向往。

当然,教学中存在一些不足,需要在今后教学实践中不断完善,如为了保证课堂教学的完整性,课堂讨论受时间的限制,未能充分展开,学生的思维受到了一定的束缚;解答课堂上学生临时生成的问题时,教师的语言可更加严谨些;问题设计要更加注重激发学生的深层次思维能力。

专家点评

高中思想政治课是一门综合性活动型学科课程,作为综合性课程时政教育课成为思想政治课的重要组成部分。时政教育课堂教学内容主要是及时宣传党和国家重大方针政策或者回应社会热点和焦点问题,更具时代性、政治性、及时性等特点,更能彰显思想政治课的课程性质,所以,所有思想政治课教师都要上时政教育课,都能上好时政教育课。结合本节课特点我想提出以下思考。

(一)精选时政教育课堂的内容

邱路卫老师在教学反思中对此作了很好的说明,时政教育课堂的内容要注意能折射时代和社会焦点的重大问题,具有典型性,更能聚集德育目标。

(二)精准时政教育课堂的性质

最好的时政教育课堂应该和常规思想政治课堂一样,也应该是德育目标为指引,坚持学生学科素养特别是政治认同的培养课堂;也是以时政为议题,坚持现实关切和理论知识相结合的课堂;也是以活动实施为关键,坚持任务驱动发挥学生学习主体作用的课堂,但同时我们也应该精准时政教育课堂的性质。时政教育课堂以所有学生为教育对象,因此教学过程中应该淡化学科知识和理论。常规课堂则是通过学科知识学习来分析真实复杂的社会问题,全面提升学生学科素养,而时政课堂教学则是通过复杂的社会问题和身边的故事帮助学生理解党和国家的大政方针,实现政治认同,树立正确的政治方向、提高政治思想觉悟为目标。本节课就是以《家乡门前的那条小河》为议题,来引领学生学习了解生态文明的一个重要举措"河长制"的有关时政内容。

(三) 精心时政教育课堂的设计

时政教育课堂比常规的思政课堂教学更容易成为说教课,而空洞的说教更容易引发抵触情绪,产生逆反效果。所以,时政教育课更应精心教学设计,注意从社会历史进程的大视角来帮助学生理清政治事件和政策措施的发展过程,以全面、发展的观点辩证地看待问题,以理性思考促进德性培养,促进德与智融合;通过真实生动的故事带领学生去体验,实现情理交融;注重设计从学习活动和开展社会调查、社会观察和社会实践活动中,引导学生走进社会的大课堂,促进学生知与行的统一。就像本节课这样,以关心家乡门前的一条小河为议题和起点,以战斗港多年来的河道整治工作及其成效调查为依据,以"昨天,河之殇""今天,河之幸"和"明天,河之清"河道治理的历史沿革为直线,让学生体会理解生态文明建设和创新、协调、绿色、开放、共享的"五大"发展理念,实现教学目标,达到实际教育效果。

优课示例 2

作者简介:曲丽娟,任教于上海市枫泾中学,从教时间 2008 年。所获荣誉:2013 年浙江省嘉善县十三届"教学能手"、2014 年浙江省嘉善县十四届"教学能手"、2015 年浙江省嘉兴市优质课评比二等奖、2016 年浙江省嘉善县教育系统先进工作者、2020 年上海市中青年教师课堂教学评优三等奖、2021 年上海市金山区第七届"明天的导师工程"学科骨干教师。

特长爱好：音乐、阅读。

教坛心语：永远用欣赏的眼光看学生，永远用宽容的心态面对学生，永远用爱与智慧教书育人。

《从"旅游热"现象谈影响生活质量的因素》教学设计

一、教学设计

（一）教学任务分析

1. 学生情况分析

"影响生活质量的因素"与学生的现实生活联系比较密切。从学生本身的认知水平看，能够发表自己对于消费、生活质量的观点。学生能够与已经学过的知识相联系，具备一定的思维广度和深度。

2. 教材内容分析

"影响生活质量的因素"的教学基于这一单元消费的主题，在对消费基本知识认知的基础上分析影响生活质量的因素，这节课内容设置了三个方面，"生产与消费的关系""恩格尔系数的计算及意义"以及"影响生活质量的因素有哪些"。这三个内容可以互相整合，融会贯通，这些内容与学生生活实际联系紧密，学生会在活动的参与中对具体知识有新的生成和总结，形成如何提升生活质量的价值观。

（二）教学目标

通过谈一谈"他能去哪游？"学习活动，以十年前后旅游景点的变化为案例进行分析，理解生产与消费的关系，了解发展生产是提高生活质量的根本因素，从而体会改革开放以来中国社会经济的快速发展。

通过议一议"我能去哪游？"学习活动，引导学生动手学会计算理解恩格尔系数，通过小组讨论、辩论理解影响消费的其他因素，树立正确的生活观和消费观。

通过试一试"你想去哪游？"学习活动，小组合作共同设计一份旅游策划书，培养学生合作学习的习惯，提升参与生活实践的能力，形成努力追求美好生活的价值观。

（三）教学重点与难点

教学重点：影响生活质量的因素。

教学难点：生产与消费的关系。

（四）教学技术与学习资源应用

利用多媒体手段辅助教学。通过材料分析、出谋划策、设计旅游方案等手段开展教学活动。

（五）教学过程

1. 教学流程图

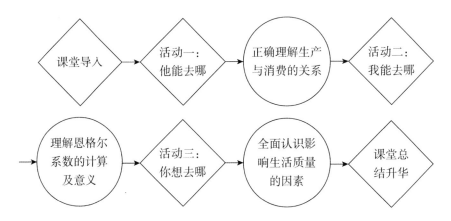

2. 教学流程图说明

新课导入：过去人们见面经常问的是："你吃了吗？"现在人们见面经常问："你去哪玩了？"问候语的变迁说明了什么呢？说明旅游已成为当下人们讨论的热点话题，今天我们就以"旅游热"为话题，和大家探讨一下到底有哪些因素影响了我们的生活质量！

设计意图：引出议题，激发学生学习兴趣，调动学生进行议题讨论的积极性。

关键学习活动一：谈一谈，他能去哪游？

教师活动：现在生活好了，人们更加追求生活品质了，这不最近老师的表弟一家老小要来上海玩，为了让表弟一家好好感受"潇洒申城·中国魔都"的魅力，同学们帮忙推荐几个上海值得他们一家玩的地方！

学生活动：自由讨论，各组给出不同的旅游景点。

教师活动:这是十年前表弟家来上海的旅游线路,十年后的今天你们推荐的景点和十年前有哪些是不同的?

Q1:比较十年后的今天同学们推荐的旅游景点和十年前有哪些是不同的?说明了什么?

学生活动:总结不同,说明理由。

设计意图:通过贴近生活的案例,学生很快可以对方案进行对比总结出结论,十年前有些还没有,说明生产决定了消费。

探究:材料一:近年来,迪士尼、欢乐谷、田园游等已经成为上海新的旅游消费需求,说明了什么?

材料二:上海市 2017 年迪士尼旅游情况统计,看到了什么?

学生活动:讨论探究。

设计意图:通过探究学生认识到消费的反作用,全面理解生产与消费关系的同时,形成生产和消费是提高生活质量的物质基础。

关键学习活动二:议一议,我能去哪游?

教师活动:世界那么大我也想去看看,我能去哪游呢? 老师把自己家庭某月的收入和支出的情况和大家分享一下,帮我分析分析,我能去哪游?

Q2:结合曲老师的家庭收入和消费情况说说曲老师的家庭消费水平怎么样?你是怎么看出来的?

学生活动:分析老师家庭的收支情况,计算食品支出在家庭总支出中的比重。

设计意图:老师家庭收入支出的展示,使得学生兴趣很高,比较易于恩格尔系数的讲解。

Q3:想一想,消费水平提高,生活质量一定会提高,你同意吗?

设计意图:学生很容易总结消费水平的提高不代表生活质量的提高。

Q4:辩一辩,正方:旅游是花钱买享受;反方:旅游是花钱买罪受。

学生活动:正反两方辩论。

设计意图:通过辩论提升学生理性认识旅游的目的,总结出旅游中我们要关注精神消费、闲暇时间、生活环境等因素,这些因素的具备才能提高我们的旅游质量。

关键学习活动三:试一试,你想去哪游?

教师活动:旅游让我们感受到生活的乐趣和生活质量的提高,那么接下来同学们以小组为单位,为本组制定一份旅游计划,看看你们想去哪儿游。

学生活动:以小组为单位,设计一份旅游策划书。

1) 内容要求:旅游策划书应包括以下内容:

旅游主题、旅游时间、旅游地点、旅游费用、旅游项目、旅游目的。

2) 具体要求:(1)小组同学分工合作,确定组长(发言人)、执笔。(2)需对计划方案进行说明。(3)时间为 6 分钟。

设计意图:通过这一活动使学生回归自己的生活实际,通过小组策划、讨论,总结出旅游需要经济基础、精神的满足、闲暇时间、良好的环境等,才能陶冶情操提升幸福感! 这一活动最终帮助学生生成对影响生活质量因素的深层理解,实现知识在生活中的运用。

课堂升华:总结本课内容,升华情感。

设计意图:提炼、总结,并升华情感,实现情感态度价值观的教学目标要求,培养学生的认知能力和参与能力。

(六) 作业与评价

课后实践性作业:调查上海旅游资源的优势和劣势,为上海成为最具魅力的旅游城市提出几点倡议。

设计意图:综合课堂学习和探究,锻炼学生课后运用知识参与生活的能力。

评价:对活动中积极参与、表现优秀的同学给予及时表扬,鼓励学生在课堂深入思考的同时积极参与社会实践活动,提升学生社会参与的能力。

(七) 教学设计说明

这节课设计的出发点是,以学生为主体,议题为主题,活动为主线,教师为主导,这样更贴近学生的教学设计,目的是探索议题式活动型课堂的教学新模式,使学科的核心素养贯彻于实际的课堂教学中,调动学生积极性的同时,实现全面发展的育人目标。

附:

一、阅读材料

材料一:近年来,迪士尼、欢乐谷、田园游等已经成为上海新的旅游消费需求。

材料二:上海市 2017 年迪士尼旅游情况统计。

	总人次	增长率
接待人数	1300 万人次	7.5%
总收入	551.4 亿元	15.7%
旅游带动效益	住宿	19%
	餐饮	17%
	购物	25%

二、曲老师家某月家庭收入支出情况表

总收入	总支出								
	食品	日常用品	通讯交通	教育培训	医疗保健	旅游娱乐	孩子教育	房贷	其他
18000	3300	1000	1000	700	800	1000	1600	2200	500

三、阅读材料

恩格尔系数衡量消费水平的具体标准:

(1)59%以上为绝对贫困;(2)50~59%为温饱水平;(3)40~49%为小康水平;

(4)30~39%为相对富裕;(5)20~29%为富足水平;(6)20%以下为极度富裕。

二、教学反思

《从"旅游热"现象谈影响生活质量的因素》的教学设计是对议题式活动型课程的一次尝试。意义在于探索议题式活动型课程教学的价值、实施策略,构建高中政治教学的新模式,提升学生的学科素养,实现高效政治课堂的育人目标。针对这次教学设计,笔者也有自己的反思和感悟。

1. 围绕核心素养培育——进行议题式活动型课程的教学设计

《新课标》指出:"高中政治课要围绕议题,设计活动型学科课程的教学。议题式活动型课程教学,应专注学科核心素养的行为表现"。从这段表述,一方面可知议题式活动型课程的重要性,它是当前教学的"关键"突破点;另一方面可见议题式活动型学科课程实施是学科核心素养培育的新要求,思想政治教学议题式活动型课程应将提升学生的思想政治学科核心素养作为根本目标。

在本课的教学设计过程中,笔者尝试的是议题式活动型课程的教学设计思路,这种教学强调以学生为主体、议题为主题、情境为载体、活动为主线、教师为主导、学科素养为目标的教学方式。议题式活动型课程的教学设计不同于议题中心式教学,不同于问题式教学,也不同于主题式教学,和这些教学方式相比较,议题式活动型课程教学设计中不强调价值冲突,而是通过一系列符合学生实际、生活实际以及学科知识的议题,让学生形成对学科价值的认同,往往没有固定唯一的答案,更加具有综合性,更加侧重于让学生在真实的生活场景中学会思考和处理问题,构建和培育学科核心素养。因而,在本质上讲,这种教学是由真实的议题、真实的场景和真实的学习组成并结合为真实效果的一种教学方法。

总之,议题式活动型课程的教学设计更注重协同性、综合性、真实性,对培育学生的政治认同、理性精神、法治意识、社会参与等政治学科核心素养有独特价值。

2. 基于学生发展需要——开展议题式活动型课程的学习活动

教学无论采取何种方式,中心永远是学生。议题式活动型课程的活动设置应以符合学生发展需要为中心,因此笔者在本次教学设计选择议题时,搜集了大量的社会热点话题,确定了"从旅游热现象谈影响生活质量的因素"的议题。这一议题源于生活,贴近实际,以学生为中心,这种教学活动调动了学生课堂学习积极性的同时,能够运用教材知识正确看待和解决旅游中遇到的问题。围绕这一议题,教学设计设置了三个活动环节,学生活动一:他能去哪游? 学生活动二:我能去哪游? 学生活动三:你想去哪游? 三个环节环环相扣,既是活动也是议题,生活中的真实情景通过活动呈现出来。学生通过活动,根据自己亲身感受和体验,对议题进行思考、归纳、剥离,总结出自己的观点。学生通过自我认知的学习,激发自身在思考中参与、在参与中总结、在总结中生成对议题的理解和价值判断。

3. 关注课后实践反馈——体验议题式活动型课程的育人价值

一个议题完成后,学生的课后反馈交流是检验议题式活动型课程效果的重要环节。有效的反馈交流不仅能明确知识,提升能力,更能无形地生成素养,体会到学习的乐趣,参与的成就,更好地调动学生的积极性。因此,笔者在"从旅游热现象谈影响生活质量的因素"这一课教学设计中,特别关注课后实践作业的设计,以"调查上海旅游资源的优势和劣势,为上海成为最具魅力的旅游城市提出几点倡议"作为课后实践作业,教师作引导,学生多角度调研,形成研究报告发送到市长信箱和政府相关部门,真正地发挥了学生的主体作用,提升自身参与意识和公民意识。

总的来说,本课教学作为议题式活动型课程的尝试,还有很多不足,可供研究的空间很大,有问题、更有探索的价值。随着进一步的研究与实践,相信这种类型的教学设计会变得更加成熟,成为高中思想政治课教学的主推方向。

专家点评

本节课是基于新课标下议题式活动型课堂教学模式的探讨来设计的,有三大亮点。

(一) 议题选择基于学情

从学生实际情况出发,确立学生能触摸、能感受和可探究的"从'旅游热'现象来谈影响生活质量的因素"这样的总议题,并设计了三个子议题,"他能去哪游?""我能去哪游?""你想去哪游?"这些议题设置很容易引发学生共鸣,便于学生参与其中,从而有效地保证了这节课学生的高参与度和热情。

(二) 学习活动设计"别有用心"

本节课教师设计的三个学生活动"他能去哪游?""我能去哪游?""你想去哪游?"分别从你、我、他三个不同的主体体验旅游热这样的话题,同时三个关键活动环节都很好地契合了课程标准和教学基本要求规定的学习内容和要求,落实课程标准的学习要求。整个学习活动很好地体现了课堂教学和学习活动的结构性与关键性,可谓"别有用心"。

(三) 教学目标有机融合

教师教学通过谈一谈"他能去哪游?"的学习活动,以十年前后旅游景点的变化为案例的分析,让学生理解生产与消费的关系,了解发展生产是提高生活质量的根本因素,从而体会改革开放以来中国社会经济的快速发展。通过议一议"我能去哪游?"的学习活动,学生动手学会计算理解恩格尔系数,通过小组讨论、辩论理解影响消费的其他因素,树立正确的生活观和消费观。通过说一说"你想去哪游?"学习活动,小组合作共同设计一份旅游策划书,培养学生合作学习的习惯,提升参与生活实践的能力,形成努力追求美好生活的价值观。每一个环节全面而有机地融合了三维目标,每一个教学任务或者说学生活动都是"学习过程+需要掌握符合主干知识+需要习得的方法和关键能力+应该收获的对应的具体需要培养的必备品质和正确的价值观",这样有效地改变了传统三维目标对教学目标的分割,更好体现和更有效落实新的课程标准的学科素养的教学目标要求。

总的来说,本节课基于新课程标准,立足生情学情,以议题为主线,以学生活动为中心,精心设计学习活动,带领学生议中学,学中议,极大地调动了学生参与课堂教学的积极性,取得很好的教学效果。这次课堂教学实践展示了曲老师个人教学风采的同时,也很好诠释了议题式活动型课程的魅力。

优课示例 3

作者简介:沈妍,任教于上海师范大学第二附属中学,从教时间 2018 年。所获荣誉:2018 年,上海师范大学第二附属中学青年教师课堂教学评优大奖赛三等奖;2019 年,见习教师规范化培训"最受欢迎"公开课;2022 年,上海市基础教育青年教师教学基本功大赛优秀奖;2022 年,金山区"金苗杯"青年教师课堂教学评优一等奖。

特长爱好:阅读、旅游。

教坛心语:用欣赏的眼光看待学生,用宽容的心态对待学生,给他们自由成长的空间。

《华为的经济全球化之路》教学设计

一、教学设计

(一) 教学任务分析

经济全球化是当今世界的一个基本经济特征,是不可逆转的趋势和潮流。高一年级学生在日常生活中可能接触到一些经济全球化的具体现象,对"经济全球化"建立了基本的感性认识。但是"经济全球化"这一概念对他们来说还是相对陌生和抽象的,理解上还是不够到位的。因此以学生熟悉的经济现象为切入点,从感性认识上升到理性认识,开展经济全球化的课堂教学还是十分必要的。

本课是经济常识第八课《对外开放 合作共赢》中的第一框"经济全球化趋势"的内容。通过对经济全球化的基本特征、基本内涵以及经济全球化带来的机遇和挑战的认识和理解,有助于培养学生的科学精神和解决实际问题的能力,学会辩证地看待经济全球化,树立危机意识,利用所学知识探索转危为安的举措;同时增强学生对实施更加积极主动的开放战略的认同感,为青年学生成为未来深化对外开放的重要力量打下基础。

(二) 教学目标

通过聚焦华为的管理理念微观察,分析和归纳出经济全球化的基本内涵和基本特征,提升学生对材料的分析能力和概括归纳能力,以及形成对经济全球化已成趋势的认识。

通过对华为市场战略的微辩论,培养学生的辩证思维能力和用全面、联系的观点分析问题的能力,学会正确看待经济全球化的机遇与挑战。

通过华为的未来之路微预测,培养学生的危机意识,学会用辩证的视角解决实际问题。认同顺应和融入经济全球化的必要性;辩证看待"走出去"的机遇与挑战;增强我国经济对外开放的信心;培养应对经济全球化居安思危的意识和自觉性。

(三) 教学重点与难点

教学重点:正确理解经济全球化的基本内涵和基本特征。

教学难点:学会辩证地看待经济全球化的机遇与挑战。

（四）教学技术与学习资源应用

视频、图表和材料收集、整理和筛选；多媒体课件制作。

（五）教学过程

1. 教学流程图

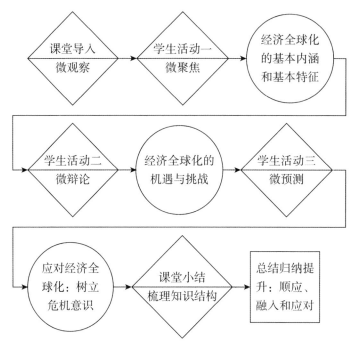

2. 教学流程图说明

新课导入：微观察。

展示 2019 世界移动通讯大会视频，设置快问快答：召开了什么世界性大会？有多少国家、企业参与？有哪些品牌？本次大会上最亮眼的是哪个品牌？

设计意图：通过观看视频和快问快答，简单感知经济全球化是现在世界经济的一大特征，引出华为在经济全球化背景下的发展之路。

关键学习活动一：微聚焦。

提供阅读材料"华为的做与不做"，设置一系列问题：一个成功的企业，需要具备哪些生产要素？华为是如何利用开发这些生产要素的？华为是如何打开国际市场的？最后总结归纳出华为成功的秘诀在于它走经济全球化的道路，引出了经济全球化的基本内涵和基本特征。

设计意图:通过阅读材料,分析归纳华为成功的秘诀在于充分利用了全球范围内生产要素的流动,通过建立跨国公司和合作,走向海外市场,感知华为在顺应和融入经济全球化,通过走经济全球化之路实现自身的发展。帮助学生在潜移默化中理解和掌握经济全球化的基本内涵和基本特征。

关键学习活动二:微辩论。

提供图表和相关文字材料,提示可利用相关信息论证双方观点。

组织微辩论:华为市场战略的重点应该放在国内市场还是国际市场。展示正反双方辩题,正方立场认为扎根国内市场更重要,反方立场认为开拓海外市场更重要。

设计意图:通过组织论点和论据,展开自由辩论,在思维碰撞中分析和归纳出经济全球化的机遇与挑战,学会充分利用两个市场,培养学生的辩证思维能力和用全面、联系的观点分析问题的能力。

关键学习活动三:微预测。

展示任正非对华为未来预测的著名语录,展开头脑风暴:你认同他的预测吗? 你是如何理解这句话的?

设计意图:通过展示任正非语录并预测华为未来之路,培养学生居安思危的危机意识,学会正确应对经济全球化,提升学生分析和解决问题的能力。

课堂小结:

总结华为的成功秘诀在于顺应和融入经济全球化,积极应对经济全球化的挑战。进一步归纳华为的发展之路带给我们的启示是:在经济全球化的过程中,我们要树立危机意识,要通过自力更生、自主创新增强应对经济全球化的实力,才能走好经济全球化之路,实现可持续发展。

设计意图:通过对华为发展之路的总结提升,带动学生认同顺应、融入和应对经济全球化的必要性;树立危机意识,理解自力更生的重要意义,增强对中国应对经济全球化的信心和决心。

(六) 作业与评价

课后巩固练习:运用所学知识,为华为未来之路或中国其他民营企业的全球化之路设计一份企划案。

设计意图:学会综合运用所学知识,解决生活中的实际问题,提升解决问题的能力。

评价:及时表扬能熟练运用经济全球化的知识,设计富有独创性的企划案,评选出优秀作业,并在班级学生风采专栏、学生群和家长群进行展示。

(七) 教学设计说明

本课尝试采用议题式活动探究的方法,以华为的经济全球化之路作为议题并贯串始终。以学生为主体,围绕议题,设计了三个学生活动,创设真实的问题情境构建生活化的课堂,引导学生在具体情境中探索思考,培养学生的辩证思维能力和解决实际问题的能力,增强学生对我国进一步对外开放政策的认同感,落实政治认同、科学精神的学科核心素养,实现学科的育人功能。

二、教学反思

本课教学是基于新课标议题式活动探究课的一次创新性的尝试,围绕议题,展开一系列的学生活动,突出育人目标,落实学科核心素养,构建以学生为主体的、真实情境化的、具有思辨性的课堂。现总结一下本课教学的主要特点。

1. 以生活化的议题为切入点,贯串整个教学过程

经济全球化趋势对学生来说较为抽象,因此要想办法从学生生活中较为熟悉的具体现象入手,由感性认识上升到理性认识。因此决定以学生感兴趣的手机品牌华为为切入点,围绕"华为的经济全球化之路"的议题,分别从华为的管理理念、市场战略重心和未来之路设置一系列问题式的探究活动,通过学生的微聚焦、微辩论、微预测等活动,探索出经济全球化背景下以华为为代表的民营企业的发展之路。结构清晰,教学各环节较为流畅,一例到底。

2. 以微辩论的形式激发思维碰撞,提升学生的思维品质

高一学生的逻辑表达能力和辩证思维能力还较为欠缺,需要通过设置有真实的矛盾冲突、有思辨性的微型辩论活动,调动他们主动参与的热情,在潜移默化中实现思维的交锋与碰撞。本课通过辩论"华为市场战略的重心放在国内市场还是国际市场的论点",培养学生学会辩证地看待问题。此外,针对学生对华为在国内外市场的情况并不熟悉,可能很难产生高质量的思维碰撞的问题,以图表和文字的形式为学生提供了较为丰富的辩题链接材料,为辩论的成功开展建立了论据储备支撑,也在一定程度上培养了学生分析和运用材料的能力。

3. 以学科德育为目标,落实学科核心素养

一堂成功的思想政治课一定是要以立德树人为总目标的,最终要把情感、态度和价值观落实到位。育人目标的实现一定不是灌输式和生硬化地植入,而是随着课堂探究的深入慢慢生成的。高一学生对国家实施更加积极主动的对外开放战略是一知半解的,但是通过辩论华为市场战略的重心、预测华为的未来之路,学生会在自主探索中进一步理解对外开放的重要性,同时也会意识到开放会带来的风险与挑战,从而在润物细无声中培养科学看待事物的精神,认同国家的对外开放政策,落实核心素养。

当然,在实际的课堂实践中,也发现了教学设计中的一些问题。一是问题链的设置还是不够细致、不够贴近学生,缺乏一定的层次性。二是对学生认知起点的把握还不是很到位,应通过设置课前小调查进一步了解学生的认知起点。三是课堂节奏的把控、各教学环节的过渡语以及对学生活动的时间把控还可以进一步加强。可以留给学生更多的自主探究和试错的空间,促进课堂的生成性。四是组织课堂辩论活动的能力和技巧还有待提高,应当要加强常规课中对学习小组模式的训练。总之,本课教学还是留有些遗憾,但或许就是这些不完美在助推着教师的成长与进步。对于思想政治教学的研究和探索,我们始终是学习者。

专家点评

本课尝试采用议题式活动探究的方法,以华为的经济全球化之路作为议题并贯串始终。以学生为主体,围绕议题,设计了三个学生活动,创设真实的问题情境,构建知识问题化、问题情境化、情境生活化的课堂。以学生较为熟悉的国内知名手机品牌华为为切入点,以华为的管理理念、市场战略和未来之路三个角度,设置了微聚焦、微辩论和微预测三个学生活动。围绕一系列问题链,层层递进,引导学生在具体情境中探索思考,培养学生的辩证思维能力和解决实际问题的能力,增强学生对我国进一步对外开放政策的认同感,落实政治认同、科学精神的学科核心素养,实现学科的育人功能,促进德育生活化的探索和试验。本节课评点的重点围绕新课程下德育目标实施,我提出以下几点思考。

（一）站住课堂教学实施的高点

思想政治理论课是落实立德树人根本任务的关键课程，育人是思想政治课教学的根本任务，也是思想政治课教学的首要目标。教材研究需要充分挖掘教材中的德育内涵，课堂教学实施始终要站在德育目标的实现上，把价值引领作为课堂教学始终不渝的目标来追求。本节课讲述经济全球化的趋势，所以课堂教学不应只是定位在"识记经济全球化的内涵、了解经济全球化的新特征"这些教学的基本要求上。而应该帮助引导学生理解当前，国际社会逆全球化思潮正在发酵，保护主义的负面效应日益显现，而中国则高举经济全球化大旗，坚定不移地推进经济全球化，引导好经济全球化走向等一系列观点和主张。沈老师通过几次磨课，逐渐调整教学方向，在课堂教学设计和实施中摆脱知识目标的束缚和困扰，以"华为的全球化之路"为议题来解释"华为成功之路"，很好地回答了只有顺应和融入经济全球化，正确面对经济全球化、走好经济全球化之路，才能实现企业和国家的可持续发展，站住课堂教学实施的高点。

（二）找准德育目标实施的起点

育人是思想政治课教学的首要目标，如何有效实施这一目标一直是学科教学的难题。在知识教学的一花独放中，这一目标往往被虚化、弱化、矮化，或演变成一种标签、一种华丽的包装，停留在价值观和道德的认知层面，势必成为缺乏学生情感和共鸣的枯燥说教。有效达成这一目标需要切实把握其实施起点，这就是学生认知起点和思想的要点。本节课在备课和试教中学生参与比较少，教师的说和教占了课堂教学的主要时间。在课堂改进的过程中对关键性学习活动任务进行了多次修改，把一个个空洞的大问题变成了问题链的形式，从基本问题出发引发学生思考回答辩论。如，教师在提供阅读材料"华为的做与不做"后，设置了一系列问题：一个成功的企业，需要具备哪些生产要素？华为是如何利用开发这些生产要素的？华为是如何打开国际市场的？最后让学生总结归纳出华为成功的秘诀在于它走了经济全球化的道路，引出经济全球化的基本内涵和基本特征。

（三）用好德育目标实施的支点

德育目标的达成、学科素养的养成需要教师寻找课堂教学实施的支点，有了很好的支点才能激活课堂,实现教学目标。本节课采用议题式活动探究的方法,以华为的全球化之路作为议题并贯串始终,创设真实的问题情境,以华为的管理理念、市场战略和未来之路三个角度来组织课堂教学。通过知识问题化、问题情境化、情境生活化,让抽象的知识有了可感受的温度;以学生为主体,设计了三个关键性学习活动,"微聚焦""微辩论"和"微预测"课堂具有很严密的结构性,三个具体的学习活动让学生在具体情境中探究、在讨论时"议中学",在解决真实复杂的问题中去寻找解决问题的方法,在关键能力必备品质的养成中实现德育目标的内核。

优课示例 4

作者简介:张慧源,任教于华东师范大学第三附属中学,从教时间 2018 年。所获荣誉:2018 年金山区见习基地见习教师考评课一等奖、2019 年全国青少年模拟政协优秀指导教师、2021 年上海市时事课堂评比二等奖。

特长爱好:唱歌、看新闻。

教坛心语:教育不是一支短短的蜡烛,而是一支暂时由我们拿着的火炬。我们一定要把它燃得十分光明灿烂,然后交给我们的学生。

《经济全球化:揭秘中国高铁背后的故事》教学设计

一、教学设计

(一) 教学任务分析

"经济全球化趋势"是沪教版思想政治经济常识第八课《对外开放 合作共赢》第一框题的内容,是第七课市场在全球范围内配置资源的具体表现,又是后面"坚持对外开放基本国策"和"构建开放型经济新体制"的时代背景,所以本课内容既是前单元的延伸和深化,又对下个框题起到承上启下的作用。课程标准要求学生能识记经济全球化的基本内涵和特征,并能辨认或列举经济全球化内涵与特征的社会经济现象。基于教材、课程标准和思想政治学科核心素养的要求,本教学设计围绕中国高铁发展历程这一议题,通过三个子议题引导学生学以致用,最终落实科学精神、政治认同、公共参与、法治意识的核心素养。

从高一学生已有的生活经验看,生活中几乎处处都能感受到经济全球化的影响,但对经济全球化的理解是比较模糊的,没有系统的认识和理解。经过近一年的学习,学生初步具备利用所学知识分析经济现象的能力。但因为思维和视野的局限性,还不能用辩证思维的方法全面地分析问题。本课设计从学生的认知基础和思维特点出发,聚焦中国高铁的发展历程这一议题,通过议题描述加深学生对于经济全球化基本内涵和特征的理解;通过议题辩论培养学生用辩证的思维方法全面看待经济全球化带给中国的机遇和挑战;通过议题追问提升学生面对经济全球化解决实际问题的能力,以落实思想政治学科核心素养。

(二)教学目标

通过了解中国高铁的发展历程,学生理解经济全球化的内涵和特征,提炼知识和锻炼分析材料的学科关键能力。

通过对中国高铁发展前景的辩论,学生可以正确看待经济全球化的机遇与挑战,并根据辩论提高学生辩证地、全面地分析问题的能力,落实科学精神的核心素养。

通过探讨如何应对经济全球化,树立危机意识,并学会未雨绸缪,提高联系社会实际及解决问题的能力,增强自身的使命感与责任感,树立规则意识,善于抓住机遇,迎接挑战。为引导学生认同对外开放基本国策的正确性打下基础,落实政治认同的核心素养。

(三)教学重点与难点

教学重点:理解经济全球化的基本内涵和特征。

教学难点:辩证地看待经济全球化的机遇与挑战。

(四)教学技术与学习资源运用

(1)教师运用表格、鱼骨图、阅读材料等形式帮助学生理解问题分析问题。

(2)教师收集有关网络资源,剪辑视频,制作多媒体课件。

（五）教学流程

1. 教学流程图

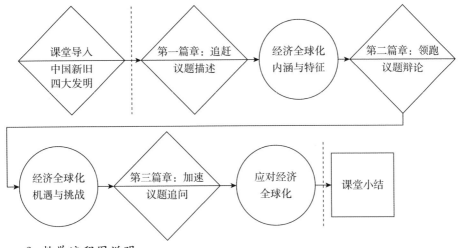

2. 教学流程图说明

（1）新课导入：

中国古代的四大发明（指南针、造纸术、活字印刷术、火药）勾勒经济全球化1.0 版本，中国新四大发明（网购、扫码支付、共享单车、高铁）是来自"一带一路"沿线的 20 国青年评选的，事实上不全是中国发明的，只不过是中国在推广应用方面比较领先，其中最有代表性的国家名片是中国高铁。

设计意图：基于学生们的认知基础和社会热点，创设情境引出话题，激发学生的学习兴趣，引导学生积极投入学习过程。

（2）第一篇章：中国高铁的昨天——追赶（议题描述）。

观看视频，用几个关键词概括中国高铁发展的特点，结合教材，分析图片材料中"中国高铁的发展历程"是如何体现经济全球化的基本内涵和特征的。

视频描述：

世界第一条高速铁路诞生于日本，1964 年 10 月新干线速度达到 270 km/h，当时中国机车最高时速仅有 80 千米。44 年后的 2008 年中国第一条高速铁路开通运行，从此我国高速铁路进入快速发展时期。今天中国拥有世界先进的高铁集成技术、施工技术、装备制造技术、运营管理技术。拥有种类齐全，覆盖时速 200 至 380 千米各个速度等级的高速列车。

2007 年北京到上海 1318 千米的高铁项目开工,预计 3 年半建成。设计时速为 350 千米,但是国内高速机车无法制造生产,存在技术瓶颈。当时我国决定引进国外高铁产品、技术,用 500 亿买 500 辆国外高速机车以及其工艺水平、工艺技术、工艺标准、制造步骤等。中国的高铁发展站在巨人的肩膀上引进、吸收、消化、再创新。350 km/h"和谐号"实现了自主生产。从无到有,从引进吸收到自主创新,短短十年间中国高铁成为世界各国的"集大成者",形成了完整的高速铁路设计、建设、装备和运营安全标准管理体系以及铁路装备品。

设计意图:通过对中国高铁发展历程的了解,引导学生对所给材料进行归纳、分析和总结,从而理解经济全球化的基本内涵和特征,培养学生提炼知识和分析材料的能力。让学生了解中国高铁的历程,增强学习意识,树立创新意识。

(3) 第二篇章:中国高铁的今天——领跑(议题辩论)。

中国高铁"复兴号"最高运行速度达到 486.1 km/h,完全自主研发,上千项技术专利,中国高铁技术居全球领先水平,中国高铁进入领跑时代。但中国高铁的发展还存在一些问题,阅读材料,组织学生围绕"中国高铁的发展前景看好/中国高铁的发展前景堪忧"的辩题进行辩论。

议题任务:在"鱼骨"的三个顶端分别写出赞同中国高铁发展前景看好的三个理由的关键词,在"鱼骨"的三个底端分别写上赞成中国高铁发展前景堪忧的三个理由的关键词,组间讨论,并进行组际辩论。

活动要求:准备时间 5 分钟,每个小组安排记录员、发言员。

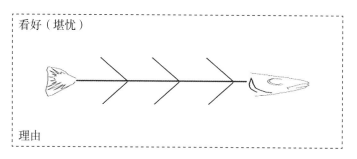

设计意图:通过对中国高铁的发展前景的辩论,引导学生正确看待经济全球化的机遇与挑战,培养学生辩证地、全面地分析问题的能力,并落实科学精神的核心素养。

(4) 第三篇章:中国高铁的明天——加速(议题追问)。

面对经济全球化的机遇与挑战,中国高铁如何趋利避害。学生进行讨论并提出解决方案。

议题情境:中国在经济全球化背景下的战略决策。

材料:2019年4月25日至27日,中国举办第二届"一带一路"国际合作高峰论坛。进一步推动各方加强发展战略对接,深化伙伴关系,实现联动发展,推进中国经济社会发展和结构调整的同时,推动国际合作,实现合作共赢。求木之长者,必固其根本,欲流之远者,必浚其泉源。通过推进"一带一路"建设,为促进世界经济增长、深化地区合作打造更坚实的发展基础,创造更便利的联通条件,更好地造福各国和各国人民。

议题任务:在"鱼骨"的顶端,从国家层面写出促进中国高铁发展措施的关键词;在"鱼骨"的底端,从企业层面写出促进中国高铁发展措施的关键词。

活动要求:活动时间3分钟。

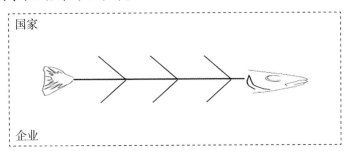

设计意图:通过探讨如何应对经济全球化,引导学生树立危机意识,并学会未雨绸缪,提高联系社会实际解决问题的能力,增强自身的使命感与责任感,树立规则意识,善于抓住机遇迎接挑战;为引导学生认同对外开放基本国策的正确性打下基础,落实政治认同的核心素养。

(5) 课堂总结:

中国高铁的发展历程其实也是中国经济发展的一个缩影,本节课通过对中国高铁发展历程的分析,我们理解了经济全球化的基本内涵和特征,全面认识到经济全球化带给中国的机遇与挑战,并为以中国为首的发展中国家如何趋利避害应对经济全球化提供了可参考的中国方案。希望同学们通过今天的学习树立忧患意识,为中国未来的发展贡献出自己的一分力量!

设计意图:升华情感,实现情感态度价值观的教学目标要求,落实学生核心素养,实现理想教育目的。

(六) 作业与评价

世界500家最大跨国公司已经有400家进驻中国。有人认为这不利于我国民族工业的发展,请问你是怎么看待这个问题的? 写在笔记本上,下节课前交流。

设计意图:通过本节课的学习,能够综合运用所学知识,从具体问题引发学生思考,锻炼学生辩证思考的能力,面对经济问题作出理性的解释、判断和选择,坚定理想信念,以负责任的态度和行动促进理性精神的形成与树立。

评价:学生文字表达是否连贯,回答内容是否条理清晰,针对问题从单方面还是多个方面来对待,对于回答较好或有代表性的回答,请该同学下节课课前和大家交流并评选出优秀作业。

(七) 教学设计说明

本课是对议题式教学的初探和尝试,以学生为主体并基于学生认知起点,设计有讨论空间的议题,具有开放性、引领性。学生充分参与到问题的提出和讨论,引发学生对国家大事和国际问题的思考,观察发现并解决问题。本课以高铁的发展为议题主线,设置三大板块:议题描述—议题辩论—议题追问,通过了解高铁的发展历程,总结和概括经济全球化的内涵与特征,做到理论联系实际。通过对高铁前景的辩论,使学生积极参与其中,动脑、动笔、动嘴,锻炼思辨能力、整理归纳能力以及语言表达能力,并引导学生正确看待经济全球化的利弊,落实科学精神。通过探讨如何应对经济全球化,引发学生对经济政治国际问题的思考,树立正确的危机意识,提高解决识记问题的能力,增强自身的使命感与责任感,树立规则意识,善于抓住机遇,迎接挑战。为引导学生认同对外开放基本国策的正确性打下基础,落实政治认同的核心素养。

二、教学反思

本节课是我的一堂见习教师汇报课,在叶志鸿老师、张明珠老师的悉心指导下,在不断磨课、修改教学设计和调整课堂教学过程中,我获益匪浅,下面从两个方面进行了深入反思。

（一）经验源于实践

本节课为第八课《对外开放　合作共赢》第一框经济全球化,本来我只是根据教材内容安排了教学,但在导师们的指导下,为了更好地实现德育目标和实现学科素养,在单元教学理念的指导下,我对教学内容进行重新编排与设计,增加了如何辩证地看待经济全球化内容的分量和经济全球化遇到的问题并提出解决方案,让自己的课堂教学内容增加了厚度。在教学手段上,我利用现有网络资源搜集材料制作视频及PPT,运用材料分析法、课堂讨论法,以及学生辩论等方式达成教学目标,使得我的教学技术有了不小的提升。在教学实施中,如学生在辩论环节中,由于缺乏辩论经验,在积极参与过程中稍显混乱。还有同学在辩论过程中提出换队的想法,这些让我知道了教学过程中有很多偶发事件,需要用教育智慧灵活应变,也需要教师有更多的才能,如组织辩论并指导学生如何进行辩论以及辩论的技巧及对规则的了解。本节课教研员叶老师要求运用议题式教学组织教学,议题式教学我以前只是耳闻,羡慕其他老师在做,这次硬逼自己也迈开步伐,拿起书本研究起了议题式教学的相关书籍和案例,我开始从学习到模仿,从模仿到尝试创新,这节课让我对新的课程标准下课堂教学实施手段有了先人一步的感觉。如果没有这次教学实践的尝试,创新只能永远停留在书本上。

（二）改变才能进步

本节课课堂教学效果还不错,被评为见习教师规范化培训课堂展示的一等奖,但我知道,这节课还有许多方面需要改进。如在课堂中学生用关键词描述中国高铁的发展,有学生用"把国外的技术拿过来"这样的表述方式,虽然我随即指导学生用学科术语规范语言表达方式,学生也知道改为"引进国外技术"的规范用语,但在学习任务的描述时我就应该提出要求,这样就能更好地规范学生用语,培养学生的学科素养。还有我发现课堂教学中教师用语一定要严谨,避免产生歧义,如对中国高铁发展的描述中"自主生产"与"自主研发"不能混淆,在对"复兴号"的描述中用到最高速度达486.1 km/h,忽略了"运行"二字,最高运行速度486.1 km/h,而实验时空车最高速度达到700 km/h左右。课堂节奏和时间的把握上,如在本节课的辩论环节,学生感觉"意犹未尽",并没有给学生充分发表观点的时间,而课堂小结总结时间安排比较长,节奏较为缓慢。在以后的课堂教学实施中,我需要更加灵活、合理安排时间,把握好课堂节奏。

专家点评

本节课是以议题式教学方式开展新课标教学化实施的一次尝试课。执教老师认真分析教学任务,确立课堂教学目标,坚持以学生发展为本的教学理念,明确立德树人和素养培育的导向,精心设计教学活动,让活动型学科课程特征得以很好体现。课堂教学实施中各环节清晰有序,整堂课学生参与学习活动积极,气氛活跃,教学效果良好。活动型课程应该是以学生为主体的,让学生动起来,本课较为突出的亮点就是学习活动,所以结合本节课教学设计与实施谈几点想法。

(一)活动型课程要想让学生更好地参与必须从学生的视角解读教学任务

活动型课程其本质还是学科课程,活动只是课程教学化实施的具体路径和方式,因此学习活动安排需要体现课程标准规定的教学内容和教学基本要求,所以议题选择需要包含具体内容、体现教学重点和针对教学的难点,而实现教材教学内容和任务,仅仅从课程标准来解读教材还不够,还需要注意从学生的视角,安排适合学生感兴趣的话题、确定学生能够做到的学习任务,实现教材内容与学生学情有机统一,这也是为什么在教学任务分析中需要教师注意分析教材的同时要注意分析学情的原因,两只眼睛的一只眼睛看从课程标准来研读教材,另一只眼睛从学生角度看教材,只有这样才能有效地推进教学任务的落实。从这点上看,本节课在教学任务分析中能很好地从两个角度分析教学任务,在教学实施过程中也能较好地实现两个统一。

(二)活动型课程要想让学生更好地参与需要创设真实的情境

课堂教学时间有限,在课堂教学中开展学习活动的最大诟病就是效率不高,因此,提高课堂教学的效率,真正在活动中完成学习任务和提高学科核心素养等教学目标关键是提高效率。因此,在活动型课程实施中设计真实、复杂的情境,让学生在真实、复杂的情境下解决问题,实现教学目标,是实施活动型课堂的题中之意。本节课设计了从新四大发明引出话题,把中国高铁置于全球化背景下来分析,揭秘中国高铁背后的故事,来看中国高铁的昨天今天和明天。把议题的提出和问题的提出放在特定范围内和真实的情境下来分析,应该说,教师的情境创设是精心设计和安排的。

(三)活动型课程要想让学生更好地参与需要设计学生能参与的学习任务

在活动型课程教学实施环节中,学习任务的设计好不好关系到学生能否参与学习过程、参与学习过程的程度高不高,也关系到新课程落地、生根、开花的关键所在。因此,在教师教学流程设计中,需要确定好关键性学习活动,需要将学科知识、真实的情境和解决的问题有机融合起来,而不能相互隔绝。本节课教师在安排学习任务中,比较好地学习和模仿了江苏省特级教师沈雪春老师在《议题式教学简论》中提供的课堂教学的架构,在议题描述、议题辩论、议题追问三个流程中来实现学生思维进阶,通过鱼骨图的分析方法让学习任务在可操作的情况下得以开展,学生能够较好地参与学习过程。

正如本课执教教师在教学反思中所说的那样,教师成长过程也是一个从学习到模仿,从模仿到尝试创新,只要不断积累经验,不断精益求精,每一位教师都能通过自己精心设计的教案和有效的教学实施,给学生一个精彩的课堂,给自己一个更大的舞台。

高 中 生 物

特级教师简介

陈红梅，女，中共党员。1991 年参加工作，2014 年获上海市特级教师称号，2017 年评为正高级教师。是上海市高考命题专家，上教版初中生物新教材编写专家。现任上海市金山中学人力资源部主任、高中生物学教师，兼任金山区教育学会第三届理事会副会长、生地科创专委会会长、区生物名师工作室主持人、兼职教研员、学科中心组成员、教科研中心组成员。先后获得全国教育科研先进个人、上海市三八红旗手、上海市优秀班主任、金山区领军人才、金山区领军人才后备队、金山区青年拔尖人才、金山区首届理想教师、金山区首届师德标兵、金山区学科首席教师等三十多项荣誉称号。

从事高中生物学教学三十多年，是上海市二期生物名师基地学员、金山区拔尖教师研修班学员。曾获上海市中青年教学评选生物学科一等奖、上海市生物学教学设计一等奖、金山区明天的导师工程"金牡丹"奖等 10 多项区、市级教学评比及教学成果奖。专业知识和学科素养扎实，教学成绩优异，辅导学生获全国生物联赛一等奖、上海市高中生物竞赛一等奖等市级奖项 30 多人次。致力于教学改革实践，先后主持上海市市级课题 5 项，获全国"十一五"教育科研优秀成果一等奖、上海市教育科学研究院第五届、第七届学校教育科研成果二、三等奖等多个市级、国家级课题研究成果奖。70 多篇论文在全国核心刊物发表或在区、市、全国范围各类评比中获奖，出版个人教学专著《生活化·生本化·生命化——生命科学"三生"课堂初探》，形成了"生活化·生本化·生命化"的"三生"课堂教学特色。作为生物名师工作室主持人，发挥示范引领作用，注重团队建设，带教区内外骨干教师30多名，加速名师的成长。

特级教师优课与经验分享

向着梦想的方向奔跑

做教师，是我小时候的梦想。做一名学生喜欢的好教师，是我成为教师后的梦想。1991年我从师范院校毕业后，分配到了家乡的一所普通初中——上海市廊下中学，两年后，调入普通完中——上海市吕巷中学，2001年，调入上海市实验性示范性高中——金山中学。在追梦路上，我从一名初级中学的乡村女教师，逐步成长为普通完中的骨干教师，实验性示范性高中的特级教师、正高级教师。我觉得幸运之神之所以眷顾我，是因为我不忘初心，一直在追梦路上向着做好教师的目标奔跑。

一、在阅读中成就"三生"课堂

（一）我的专业阅读史

我的成长，得益于阅读。我立志做教师，最初的想法就是为了圆自己的阅读梦。"智者阅读群书，亦阅历人生。"读书能让我们遇见有趣的灵魂，发现世界运转的知与未知，探寻生命更高远的境界。

少女时代的我，喜欢看琼瑶的小说，三毛的散文，汪国真、席慕蓉的诗歌。工作后，又喜欢上了毕淑敏、林清玄、张晓风、周国平、余秋雨、张爱玲、李娟等作家的散文。阅读，打开了我的眼界，也让我对这个世界有了更多的了解和思考。

促使我走上专业阅读历程的,是1999年参加上海市中青年教师大奖赛。当时,我还在吕巷中学,那时的学校是一所拥有初中、高中、中专的普通完中。前两年,我兼任初、高中生物课。后来,随着计算机的兴起,高中和中专都要开设计算机课,计算机老师稀缺。学校领导让我兼任高一年级两个班的生物和计算机课,同时,还做其中一个班的班主任。对于一个没有专业背景的计算机菜鸟来说,要跨专业给学生上课,难度可想而知。现在想来,我还真佩服当年的自己,一个计算机外行竟然敢接下这样有挑战性的任务。凭着一股初生牛犊不怕虎的勇气,我买来了所有能买到的与高中计算机教学有关的书籍,边学边教,同时,还虚心向计算机专业老师请教,一路摸索着前行。

在教自己所学专业的学科时,我们往往很难理解,一些很简单的内容,为什么有些学生总是学不会。因为有了这段非专业教学的经历,我对此深有体会。因为,我们和学生站在不同的起点上,老师经过了系统完整的专业学习,加上几年甚至几十年的教学,学科内容已经烂熟于心。而学生是零起点,每天要上五六门不同的课程,又没有太多的时间复习巩固,他们觉得难很正常。因为自己是计算机外行,和学生的起点几乎相同,这样的教学过程虽然很艰辛,但同学们看到老师和他们一起在学,在努力,他们的学习积极性被激发出来了;同时,由于和学生起点相近,知道哪些是学习难点,哪些是易错点,哪些概念学生容易混淆,因此,教学设计符合生情;作为班主任,我熟悉每位学生的学习情况,采用小组合作学习方式,让学科尖子帮助学困生,并经常向学生发起学习挑战,培养学生的自学能力和合作能力。通过师生的共同努力,连续两年,我任教的生物和计算机两门课的会考合格率均达100%。当时,许多重点中学也没有达到会考合格率100%,何况,计算机还是我的非专业学科,也算是创造了教学上的奇迹。在区教育局召开的全区中小学校长会议上,当时在任的徐虹局长多次点名表扬我,使我在区里有了一定的知名度,许多校长并不认识我,却知道我的名字。看我这个外行教得不错,下一学年,学校还让我兼了一门中专部的计算机专业课。在最后的全市统一考试中,学生的优秀率和合格率都遥遥领先,超过了许多计算机专业老师教的班。这段跨专业的教学经历,让我获益匪浅。它让我认识到,教师自身的学科底蕴固然很重要,但比这更重要的是如何激发学生的内驱力,如何站在学生的起点设计教学。我也因此走上了研究之路,研究如何激发学生的学习兴趣,如何把握教学重难点,如何通过多样化的教学组织方式来提高课堂教学效率。

1999年,三年一度的上海市中青年教师教学大奖赛拉开了帷幕,经过层层选拔,我有幸成为生物学科的参赛选手。作为一名普通中学的年轻老师,代表区参加全市的学科大奖赛,这压力本身就很大,何况,学校里就我一位高中生物教师,一切全靠自己,真是压力山大。当时,网络才刚刚兴起,网上资源并不多,我唯一能依靠的只有专业书籍。于是,我就借阅了前几年的《生物学教学》杂志,看其中的教学案例,汲取教师们的教学智慧;到上海书城找各种教学参考书,学习教学设计的理论,模仿着撰写教案;到区教育学院(当时叫教师进修学院)借教学录像,借鉴优秀教师的课堂教学设计。经过一个多月废寝忘食的努力,功夫没有白费,竟然获得了1999年上海市中青年教师教学大奖赛的一等奖。这对于一个教龄不满十年,在普通中学工作的青年老师来说,真是一项殊荣!后来,在一个偶然的场合,听到了其中一位评委对我这节课的评价。他说,真想不到,在郊区的一所普通中学里,一位年轻老师单枪匹马设计的一堂课,教学理念先进,教学组织有效,真正调动了学生的学习积极性,这些农村学生的课堂表现比城镇学生还要好,小组合作学习搞得有声有色,太不容易了!而我想说,我的这些教学理念、教学组织方式、教学设计,都是从专业书籍里学来的。书本是最好的老师,阅读是最好的成长方式!

在不断的教学、阅读、研究过程中,我开始尝试着把自己的教育教学思考、教学设计与反思写下来。除了参加各类论文评比,还主动投稿。至今,我已有70多篇论文获奖或发表,仅在《生物学教学》这本全国教育类核心期刊上就发表了十多篇专业文章,并将自己的教学特色和教学过程中的成功案例编著成书,出版了教育教学专著《生活化·生本化·生命化——生命科学"三生"课堂初探》。

(二)我的"三生"课堂

在教学专著《生活化·生本化·生命化——生命科学"三生"课堂初探》中,我将自己近年来的教育教学实践进行了系统的回顾,全面阐述了对"三生"课堂的理解:"三生"课堂是一个统一的有机整体,是在"生本化"的教育理念下,以教学内容的"生活化"为依托,让每个孩子实现"生命化"的目标追求。本书共分"生活化的课堂""生本化的课堂""生命化的课堂"三章，既有理论阐述，同时配套了50个相应的实践案例，具有很强的操作性和推广性，敬请广大教师垂青、指教。

1. 打造"生活化"的绿色课堂

"生活化"课堂，就是让学科知识紧密联系生活，学生能运用学科知识解释生活现象，透过生活现象认识学科规律。实施的途径是：课堂中，充分挖掘教材中与生活、生产实践相结合的内容，让学生通过学习能认识多彩的生活，引导学生从书本走向生活实际，促使两者的交汇，形成解决实际问题的能力，激发学生的联想，生成创意。课堂外，创造一切机会，让学生走进生活、认识生活。如，学农期间组织学生开展做馒头和酿酒的活动，开展影响光合作用因素的调研，将学科知识应用于生活实际，提高生活质量和生产效率，让学生真正感受知识的魅力；节假日，组织学生深入家庭、医院、社区、超市、花店等生活场所，开展水资源、毒品危害、生物多样性等方面的调研；寒暑假，让学生走向农田，运用所学知识为家乡的农业生产服务。通过以上途径，把书本和生活、理论和实践、结论和过程很好地统一起来，合理构建"生活化"课堂，实现教师教学方式和学生学习方式的转变，提高课堂教学的有效性，真正让学生喜欢充满生命活力的生命科学课堂，培养学生的"乐学"精神。

2. 构建"生本化"的活力课堂

"生本化"课堂是指以学生发展为本的课堂。即强调让学生成为课堂的主人、学习的主体，一切教学都应以学生的发展作为出发点和归宿。在课堂教学中，教师的角色是"导学、助学、督学"，学生在教师"三学"指导下经过"自研、互研、深研"的"三研"获取知识，提升能力，学会创新。为了更好地落实"导学"，可以通过编制导学案、提供课前微视频、阅读学习资料等方式，培养学生的"自学自研"能力。在"助学"方面，主要通过构建"小组合作学习"的模式，创设学生研讨的氛围，把课堂交给学生，在"互学互研"中充分发挥学生学习的积极性和主动性，将学生的知识学习、实践体验、态度养成、能力培养等统一起来，促使学生综合能力的提升。在"督学"方面，一是及时检测和巩固课堂学习的情况，提高课堂教学效率。二是对学生感兴趣的或有疑问的内容，指导学生开展小课题研究。如学习"细胞呼吸"一节内容后，学生对利用酵母菌酿酒很感兴趣，在拓展课上开设"自酿葡萄酒的制作"课程,并衍生出"自酿葡萄酒中甲醇含量检测"的课题。在"深学深研"中,培养学生"会学"的能力。

3. 营造"生命化"的幸福课堂

提升人的生命意义和质量是教育的终极目的。生命的潜能是无穷的,而如何激发学生的潜能是需要策略和艺术的。生命科学是一门开展生命教育的显性课程,教师要充分激活教材中的生命教育内容,使学生能真正走近自然,珍爱生命,敬畏生命。其次,教师要创设生命化的课堂教学环境。教师可以发动学生一起布置教室,在这个过程中,既可以增强班级凝聚力,又可以营造浓厚的学习环境,为学生提供一个"乐学"的物理环境。同时,要构建生命化课堂的心理环境。教师要用自己的人格魅力、丰富学识吸引学生,更要尊重学生的独特个性,平等对待每一位学生,营造"乐学"的课堂心理环境。这样的课堂,学生的身心是舒展的,学习是快乐的;这样的课堂,教师是自信充实的,教学是幸福的。

"三生"课堂带给学生怎样的改变? 首先,培养学生"乐学"的精神。"三生"课堂,可以让学生对知识兴趣盎然,对课堂充满期待。其次,提升学生"会学"的能力。"三生"课堂,可以使学习效率提高,爱刨根问底的学生增多。第三,提升学生的生命质量。"三生"课堂,可以使学生的生命自觉得以唤醒,团队合作意识得到加强。

可以说,阅读提升了我的人文素养,阅读加速了我的专业成长,阅读成就了我的"三生"课堂。

二、在科研中解决真实问题

阅读,滋养了我的精神、扎实了我的专业技能,为我的成长奠定了基础。研究,则促使我在实践中思考,在思考中顿悟,提升了我对学科教学的认识。

(一) 我的课题研究史

2001 年,因吕巷中学高中部撤除,我调往我的高中母校,也就是现在任教的学校——上海市金山中学。当时金山中学的汤健校长并不认识我,就因为徐虹局长在全区中小学校长会议上的几次点名表扬而知道了我的名字,面试后就欣然签约。从普通高中调往重点高中,前后两所学校的生源相差很大,新的教学压力扑面而来。刚调来的前两年,我把所有精力都放在学科教学上,由于这里生源好,提升学生的学习成绩并非难事,我的教学很快就得到了领导和学生的认可。但在教学过程中,我却发现,这里的许多优秀学生,出生农村,却连孟德尔实验用的豌豆都不认识,能完整书写光合作用过程,却不知道如何利用光合作用原理来管理自家种植的果树,提高作物产量和品质,教学和生活、生产实践完全脱钩。渐渐地,我对自己的教育梦想也感到了迷茫。我不禁问自己,我想成为的那个好老师,难道仅仅就是提升学生的学科成绩?学科教学的根本目的是什么?思索良久,我把困惑和当时在任的徐晓燕书记进行了交流,她鼓励我申报课题,通过课题研究来改变这种教学现状。于是,在 2003 年 10 月,我申报立项了上海市青年教师课题"生物教学与金山区农村'家家富工程'整合的实践与研究",徐书记亲自担任课题指导老师,帮助我联系"家家富工程"实践基地。通过此课题的研究,找到了一条农村中学生物教学的新途径,架起了书本世界与生活世界沟通的桥梁,使生物教学能与本地区的生产实践有机结合,使学农活动穿插在生物教学中。让生物教学走出课堂,为生产实践服务;让生产实践充实课堂教学,推动课堂教学改革。尝到课题研究的甜头后,2007 年,又成功立项了市级规划课题"新课程背景下构建高中生命科学综合评价体系的实践研究"。通过不断改革学生的评价体系,注意评价内容的多元化、评价标准的个性化、评价方法的多样化,形成教师、学生、评价小组、家长等多主体共同参与的评价模式,达到了调动学生学习兴趣,促进学生可持续发展和提高教师教学能力的目的。

2008 年 6 月,我有幸入选第二期"上海市普教系统名校长名师培养工程"生命科学基地。在基地学习期间,我遇到了德高望重的基地主持人程元英老师,在她的鼓励下,又申报了课题"拓展学习时空优化高中生命科学学习方式的实践研究",并被确立为 2009 年度上海市"名教师后备人选培养工程"专项课题。通过拓展学生的学习时空,重视课内、课外多种学习途径的结合,重视学校课程和社会实践的有机结合,构建丰富多彩的学习环境,从而将接受式学习、探究性学习、自主性学习、合作性学习等多种学习方式按学习内容和学习环境的不同有机整合,形成能有效促进学生可持续发展的多样、高效的学习方式。

当科研的种子扎根内心后,我总是习惯将教学中遇到的问题转化成课题进行研究解决。2012 年,课题"基于小组合作学习的高中生命科学教学范式研究"

立项金山区第五届"明天的导师"工程项目。通过课题研究,探索形成了在生命科学教学中开展高效小组合作学习的教学范式,提高课内外生命科学的学习效率,提升学生的学科素养。2017 年,又成功立项"基于核心素养培育的 STEAM(即科学、技术、工程、艺术和数学等多学科融合)校本课程开发与应用研究"市级一般课题,通过 3 年的课题研究,带领全校教师一起开发 STEAM 校本课程,培育学生的核心素养。2023 年,我开始主持区生物名师工作室,为了更好地引领工作室成员一起通过课题研究来解决课堂教学面临的问题,再次立项了市级一般课题"基于'研•学共同体'的问题化学习设计与实施研究",期望通过本课题的研究,改变学生不会提问、被动学习的现状,提高学生的问题意识,培育学生的创新能力。

正是在这一个个课题研究的过程中,自己的教育教学理念得到不断更新,教学能力得到提升,学生的学科素养得到培养,我自己也向着好教师的目标一步步迈进。

(二) 课题研究案例

至今,我共申请立项了两个区级课题(项目),五个市级课题,参与了十多个区市级课题。成果获全国"十一五"教育科研优秀成果一等奖,上海市学校教育科研成果二、三等奖,区级科研成果一、二等奖等多个奖项。下面,以 2009 年立项的市级名师课题"拓展学习时空优化高中生命科学学习方式的实践研究"为例,介绍一下本课题的研究成果(简缩版)。

优化高中生命科学学习方式的实践研究

一、研究背景

上海市中学生命科学课程标准中提出了以提高全体学生生命科学素养为核心的课程理念,提倡学习方式的多样化。但通过调查发现,目前,学生的学习方式仍以传统的课堂学习为主,缺少与生产、生活实际的联系,学生学到的还是枯燥乏味的死知识,没有体现出生命科学鲜活的生命力。通过本课题的研究,我们志在拓展学习时空、优化学生学习方式和操作模式上作一些探索,形成多样化的高中生命科学学习方式,培养学生的学科素养,提升学生的综合能力。

二、研究概况

1. 研究目标

(1) 探究拓展学生学习时空的途径,优化高中生命科学学习方式,形成相关的有效学习方式操作模式。

(2) 提高教师灵活运用多种教学方式转变学生学习方式的能力,形成高中生命科学有效教学方式。

2. 研究的基本内容

(1) 设计问卷调查,了解学生初中生命科学学习方式。

(2) 梳理教学内容,寻找拓展学习时空的途径,形成相关的有效学习方式操作模式。

(3) 编制生命科学有效学习方式案例集。

(4) 撰写相关的研究论文。

3. 研究过程

准备阶段:2009 年 6 月—2009 年 8 月。设计调查问卷;确立优化高中生命科学学习方式的原则;梳理高中生命科学教学内容,构建适合不同教学内容的有效学习方式。

实施阶段:2009 年 9 月—2011 年 6 月。根据不同的教学内容,设计相应的自主学习、探究学习、合作学习作业,形成每种学习方式的有效模式;开展对学生学习多种学习方式的评价;针对实施多种学习方式过程中存在的问题进行剖析,找到相应的对策,不断完善各种学习模式。

结题阶段:2011 年 7 月—2011 年 10 月。整理研究成果,编制生命科学有效学习方式案例集,形成高中生命科学有效教学方式教案集,撰写课题研究报告。

4. 研究方法

(1) 文献研究法。通过资料的收集、整理和学习,增强课题研究的理论支撑,借鉴其他学科在转变学习方式上的成功做法,有利于本课题研究顺利高效地开展。

(2) 问卷调查法。通过学期初的问卷调查,了解学生初中学习生命科学的方式;通过学期末的问卷调查,了解学生在有效学习方式下生命科学学习兴趣的提升。

（3）行动研究法。通过行动研究，梳理高中生命科学教学内容，构建适合不同教学内容的有效学习方式，并在实施过程中不断调整和完善。

三、研究成果

（一）了解了学生初中生命科学学习基础及学习方式

2009年9月，我们在高二年级随机选择了3个班级，就学生在初中时《科学》和《生命科学》的学习方式、学习习惯及相关实验技能（如显微镜操作技能等）的掌握情况，以及对高中《生命科学》学习方式的要求开展调查，了解了学生在初中《科学》和《生命科学》的学习基础，掌握了学生对高中《生命科学》学习方式的期待。通过调查和分析，为开展本课题研究打下了基础。

（二）确立了高中生命科学学习方式的基本原则

通过对学习方式相关理论的学习，在优化学生学习方式过程中，我们遵循了以下几个原则：

（1）多样性原则。传统学习方式存在着单一、被动、封闭等弊端，要优化学生的学习方式，必然要构建起自主探究、合作学习等培养多种能力的多样、生动的学习方式。

（2）过程性原则。学习方式的构建不仅关注学习结果，更应关注学生的学习和成长过程，关注学生在学习过程中能力的提升。

（3）操作性原则。开展多样化学习需要得到学校、家长、社会全方位的支持，需要一些配套的学习场所和学习内容。应有效利用各种社会资源，开发一些操作性较强的学习项目。

（4）个性化原则。应根据学校的特点，开发形成相应的具有学校特色和地域文化特色的学习项目。通过不同的学习方式，促进每个学生个性和能力的发展。

（5）激励性原则。要形成相应的激励机制，促使学生积极参与多样化的学习方式，提高学生的学习积极性并发挥其潜能，调动更多教师一起开发多样化学习项目，促进教育教学质量的提高。

（三）构建了适合不同教学内容的有效学习方式

通过对教材教学内容的梳理，我们在课堂内外都构建起了多样化的学习方式。

1. 课堂内:形成小组合作式学习方式

经过两年来的实践,我们改变了以往课堂内以老师讲解为主的教学方式,改成以学习单引导小组开展"问题学习"为主的学习方式,并将"3分钟演讲"做成学科的一个品牌。(详见本文"小组合作式学习"操作方式、"课堂3分钟演讲"操作方式)

2. 课堂外:拓展学习时空形成多样化学习方式

通过梳理教材内容,我们对一些可以通过学习动手实践来操作、体验的教学内容,充分挖掘周边的各项社会资源,利用家庭、社区、菜场、超市、学农基地、科普教育基地等各种社会资源,拓展学生的学习时空,形成多样化的学习方式。(详见下表)

生命科学基础型课程教学中利用相关社会资源一览表

拓展学习时空的途径	学习内容	学习方式
收集演讲素材 拓展学科知识	根据每节课的教学内容进行拓展。为提高演讲质量,编写演讲指南。(突出学科内生命教育和民族精神教育内容)	以演讲小组为单位开展自主学习、合作学习
创新学农项目 实践学科内容	学农:学习除草、松土、扦插、施肥,参观现代农业园区,调研改善光合作用提高产量的措施,学做馒头、酒酿等。(学科知识与生产生活结合,体验学科知识的价值)	在实践中学习劳动和生活技能 合作学习、实践体验
开展主题活动 弘扬节日文化	清明节:清明的由来及青团制作(制青汁) 植树节:了解绿化现状,提高植树成活率 世界艾滋病日:艾滋病的病因、危害、预防……(挖掘与学科相关的节日文化内涵)	合作学习、实践体验
布置探究作业 促进课余研究	指导学生开展小课题研究(指导选题,培养探究、创新能力)	合作学习、探究学习
建立学科博客 加强师生交流	拓展课外知识,与学生沟通交流、咨询答疑,开展主题式网上论坛	自主学习、探究学习
利用周边资源 开设拓展实验	利用金山食品工业学校、金山现代农业园区科普教育基地等周边资源,开设校内无法完成的一些生命科学拓展型课程实验,如微生物、植物组织培养等实验	合作学习、实践操作

（四）形成了每种学习方式的有效操作方式

1."小组合作式学习"操作方式

①合理分组;②明确分工;③改变教学模式;④形成评价和激励机制。

2."课堂3分钟演讲"操作方式

①合理分组;②推荐演讲主题;③编制指导手册;④有效评价。

3."学农项目"操作方式

①学农分组;②布置"学农项目";③实施学农项目;④开展学农成果评比。

4."主题调研"操作方式

①主题调研分组;②布置主题调研内容;③开展主题调研活动;④主题调研成果展览。

5."学生课题"操作方式

①成立课题研究小组;②指导开展课题研究;③研究成果展示。

6."博客交流"操作方式

①建立生命科学博客;②发挥博客功能。

7."拓展实验"操作方式

①选择"拓展实验"内容;②联系相关单位;③组织开展"拓展实验"。

四、研究结论

拓展学习时空,将学习时间从课堂40分钟时间,拓展到学生的课余、双休日、节假日等生活时间,将学习场所从课堂延伸到课外,从学校延伸到家庭、社区、菜场、超市、科普教育基地等生活场所,可以有效地利用学科知识解决生活问题,透过生活现象发现学科规律。在多样化的学习过程中,可提升学生的学习能力、合作能力、创新能力,以及应用知识解决问题的能力,达到让学生在校内外活动中完善学习方式、提升生命科学素养的目的。同时,实施多样化的学习方式,也提高了教师的教学组织能力,促进了教师的专业化发展。

1. 多样化的学习方式可提升学生的综合素养

将课堂还给学生,改变了学生的学习状态,加强了学生的学习责任。学生在小组合作式学习中提高了学习的主动性,加强了小组分工合作能力,课堂演讲提升了学生搜集整理信息能力、口头表达能力。拓展学习时空,打开了学生的视野,丰富了学生的学习体验,加强了学生的问题意识,促进了学生综合素养的提升。学农、主题调研、课题研究等活动项目的实施,使学生感受到生命科学和现实生活密不可分,提升了学生创新意识和创新能力、实验探究能力,以及运用学科知识解释生活现象、透过生活现象发现学科规律的能力。教师博客、班级 QQ 群的建立,加强了师生情感的沟通,弥补了节假日缺乏对学生指导的缺陷,促进了学生节假日的学习和研究。学生自主学习能力得到培养,有许多学生开始关注人类面临的环境、能源、人口、粮食等问题,并发现了许多与生命科学相关的研究课题,指导的 5 个课题被列为区级资助创新素养培育学生探究项目。有两个课题小组撰写的研究论文在"上海市青少年生物和环境科学小论文竞赛"中获二、三等奖,两个课题成果获第 27 届上海市青少年科技创新大赛三等奖,两个课题成果获第 10 届"明日科技之星"讲演奖。比获奖更重要的是,学生的环保意识、社会责任感大大增强,同时,他们的创新意识和创新能力得到了培养,生命科学素养有了较大的提升。

2. 多样化的学习方式可提高教师的教学组织能力

课题研究使教师更多地站在转变学生学习方式、促进学生学习、提升学生能力的角度来设计和改进自己的教学,提高了教师选择和实施多样化教学方式的能力。教师改变了以往的一言堂教学模式,设计出"小组合作式学习""课堂 3 分钟演讲""学农项目""主题调研""学生课题研究""博客交流"等多种适合课内外学习方式转变的教学模式,并有了配套的操作指南,为学生学习方式的转变提供了保障。

3. 研究和思考可促进教师专业化发展

课题研究,加强了教师自身的学习、研究和思考,促进教师发现、改进、完善多样化学习方式的操作模式,并及时分析和总结实践效果,撰写成论文和案例,提升了教师的专业化发展水平。在本课题研究过程中,有两项教学设计分获上海市中学生命科学教学设计评比一、二等奖,一篇论文发表于《生物学教学》,一篇论文获 2011 年"黄浦杯"长三角城市群"新观念,好实践"征文评选二等奖。课题组负责人还主持编写了《上海金山现代农业园区科普基地活动指南》,带动了区域内一批青年教师一起参与区本拓展课程的开发,促进了这些青年教师的专业化发展。同时,充分挖掘了金山现代农业园区及周边的现代农业生产基地的各种资源,开发并形成了青少年喜闻乐见的"寓教于乐,注重实践"的各类活动项目,为区内外学校开展相关的拓展活动提供便利。

五、思考与分析

（一）多样化学习方式难以全面推行的原因分析

1.人才选拔标准的单一性

目前,我国人才选拔还是以书面考试成绩为主,忽视了对学生学习能力、实践能力和创新能力的考核。在功利性的驱使下,教师、家长、学生三者围着应试这根指挥棒转,多样化学习方式因需要花费学生一些时间和精力,而往往不受家长和学生的欢迎,从而也打击了教师改革教学方式的积极性。这是多样化学习方式难以全面推行的根本原因。

2.教师教学改革的动力不足

在应试教育大背景下,学校对教师的教学评价也是以学生的学业成绩为主,而传统的灌输式教育在应试方面具有高效的特点,大部分教师还是愿意选择这条风险较小的传统老路走,而不愿尝试改变教学方式,教学改革的动力不足。

3.多样化学习资源的匮乏

开展多样化学习,需要许多社会资源,特别是科普场馆、周边大学的优质实验室等资源。国外中小学之所以有开展多样化的学习,这与他们具有丰富的社区资源、免费开放的科普场馆和大学实验室等资源密不可分。目前,国内学校非常缺乏这类资源,因此也造成了多样化学习难以实施的困扰。

（二）推进多样化学习的几个对策

1.人才选拔标准要多元化

随着教育本质的回归,我们越来越清醒地认识到创新人才培育的重要性,而传统的灌输式教育是很难培育出创新人才的。目前,一些名牌大学的自主招生已开始注重考察学生的综合能力,这为学校推进多样化学习方式提供了动力。当大学的录取与高中阶段学生的社会实践、研究性学习等考查学生综合素质的各项指标很好地挂钩的时候,多样化学习将成为师生的必然选择。

2.提高教师多样化教学的能力

随着大学自主招生中对学生综合能力的重视,一些学校已看到了学习方式改革的必然趋势。但一些教师由于长期以来适应了应试教育的一套方法,在推行多样化学习方式的过程中困难重重。比如,有些教师在开展小组"合作学习"

过程中,存在问题设计不恰当、问题讨论流于形式、评价方式单一等许多问题,致使没有达到推动学生思考、提升学生能力的目标,影响了教师教学改革的积极性。因此,学校在推动多样化学习的过程中,要为教师提供相关的培训,开展相关的研讨,提高教师多样化教学的设计能力。

3. 充分挖掘各类社会教育资源

在目前各类社会教育资源比较匮乏的情况下,社会、学校、教师都要积极行动起来,由教师、家长、专业技术人员、社会志愿工作者组成社会实践辅导团队,整合学校、社区、科普基地等各种社会教育资源,形成教育联盟,才能顺利开展各项学科社会实践活动。

三、在课改中建设理想课程

(一) 我的课程开发史

2004 年,我开始负责学校的教科研工作。这就迫使我不仅仅阅读专业书籍,还要看各种教育教学理论书籍。正是在这样的任务驱动下,自己教育理论方面的素养有了提升,理性思考能力得到了锻炼。

STEAM 教育是近十几年国际科技教育领域新兴的研究和实践范式,是基于问题的项目化学习,它打破了不同学科间的壁垒,旨在从小培养学生动手、创新、综合运用科学知识的能力,逐渐被越来越多的人接受和认可。STEAM 是由五个学科:Science(科学)、Technology(技术)、Engineering(工程)、Arts(人文艺术)、Mathematics(数学)的首字母组成。STEAM 教育不是几门学科的简单叠加,而是倡导由问题解决驱动的跨学科教育,在解决真实问题的情景中,让学生综合运用多学科知识,创造性地解决实际问题。目前,STEAM 教育虽然已在国内引起广泛关注,但真正能开发出适合学校的 STEAM 校本课程却很少。

学校教育从"知识本位"向"素养本位"的转型,是知识社会时代世界教育发展的共同趋势。"核心素养"的教育思潮,就是这种新时代教育诉求的集中体现。2016 年 9 月 13 日,北师大心理学院著名教授林崇德先生领衔的学生素养课题组发布了"中国学生发展核心素养"框架的研究成果。学者们对如何落实核心素养的主要观点是:学校的主要任务在于对核心素养进行校本化的理解、转化,形成校本化的表达。但校本化理解、转化、表达的途径尚不明确，具体的策略目前仍处于探索阶段。

基于以上分析，我们发现，一方面，"核心素养"的校本化实施没有具体的途径和策略；另一方面，目前一些学校引进的 STEAM 课程不接"地气"，有些课程过分关注技术的炫酷、制作高科技的成果，缺乏科学的教育设计、基础性学科知识的融合，偏离了 STEAM 教育本质。而 STEAM 课程的理念却与"核心素养"的培育目标是高度契合的，一些难以在基础型课程中培育的核心素养能在 STEAM 课程中得到较好培养。于是，我抓住学校申报名师工作室的契机，成立了"陈红梅 STEAM 校本课程开发"名师工作室，招募了十多位对跨学科课程开发有兴趣的老师，形成学校的 STEAM 课程开发团队，引领这些老师一起投入课程开发中。2017 年，成功申报了市级课题"基于核心素养培育的 STEAM 校本课程开发与应用研究"，通过课题研究来推进校本 STEAM 课程的开发，在 STEAM 课程实施的过程中培育学生的核心素养。

（二）课程开发和实施成效

经过三年的课程开发，我们建立了 STEAM 校本课程开发标准，依据 STEAM 校本课程开发标准开发了具有校本特色的 STEAM 课程群，并选择其中的精品课程，形成了 STEAM 校本课程精品集，组成了 STEAM 校本课程资源库。我们构建了由课程培训法、研讨培训法、助教培训法、案例培训法组成的 STEAM 校本课程培训体系，提升教师的课程开发能力。制订了 STEAM 校本课程评价方案，根据评价原则开发了学生评价量表和教师评价量表，促进教师的课程开发质量，提升学生的核心素养。

我们开发的 STEAM 校本课程群包括套餐式 STEAM 通用课程群、自选式 STEAM 特色课程群、自主式 STEAM 个性课程群三大类课程群。套餐式 STEAM 通用课程群是一类拓展学科的深度和广度，将学科内容中与生活联系紧密、学生有兴趣的问题开发形成的课程，这类课程主要在科技探索馆实施；自选式 STEAM 特色课程群是在筛选原有研究型拓展型课程基础上，将符合 STEAM 理念的课程经改造后形成的课程，或者是引进的原版 STEAM 课程，主要在创新实验室和创梦中心实施；自主式 STEAM 个性课程群是整合学校参与的科技类比赛开发而成，或是根据 STEAM 课程开发原则，由教师根据自己教育教学中遇到的问题及感兴趣的问题进行开发,或是根据学生提出的研究课题开发成的课程,主要在创梦中心或创新实验室实施(见下图)。

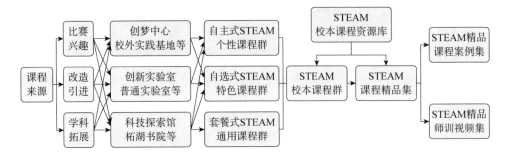

金山中学校本 STEAM 课程开发实施路径图

在 STEAM 校本课程的开发和实施过程中,不仅学生的核心素养得到了培养,同时,也提高了教师的课程意识和课程开发能力,培养了教师的核心素养,促进了教师的专业化发展。通过 STEAM 课程实施前后的问卷分析,发现 STEAM 课程可有效促进师生以下方面的能力。

1. 课程开发,激活师生问题意识

校本 STEAM 课程都是基于问题的解决而开发形成。有些是由教师感兴趣的问题或是教学中学生提出的问题开发形成,有些是根据学生研究型课题中提出的问题开发形成。因此,课程开发的过程,不仅激活了学生的问题意识,同时也激活了教师的问题意识,而一切的研究都是由问题引发的。

2. 课程实施,培育学生核心素养

(1)培育学生的学习能力。STEAM 课程学习没有现成的模板,也没有标准答案。课程实施过程中,需要检索文献资料,从浩如烟海的信息中筛选有价值的信息,可培养学生的信息意识和检索能力;而方案在设计、实施的过程中,经常需要头脑风暴,需要师生、生生间的相互学习、交流。在课程学习过程中养成学生乐学善学、勤于反思的学习品质,提升学生的学习能力。

(2)培育学生的科学精神。课程实施的过程也是一个探究的过程。方案的设计过程,培养学生的理性思维。当实验、实践或工程制作碰壁时,需要不断调整方案设计,可培养学生的批判质疑能力。在数据统计、研究结果分析过程中,培养学生的科学探究能力。因此,课程实施过程,就是培育学生科学精神的过程。

（3）培育学生的创新意识。课程实施的过程同样也是一个实践创新的过程。方案的设计和工程制作过程中，学生经常会"灵感乍现"，创意无限。

（4）培育学生的职业志向。从跨学科项目制学习课程学生兴趣调查问卷前后测比较，学生对与STEAM学习相关的核心学科：物理、数学、能源学、电子工程、机械工程等的学习兴趣显著上升，对从事STEAM相关职业，如科学、工程、计算机、创新创造、设计、建造类职业等的从业兴趣显著上升。学生在科学、跨学科项目制学习、艺术创意方面的自信心显著提高。同时，他们觉得STEAM跨学科学习变容易了，希望从事STEAM职业的学生也明显增加了。

3. 课程实施，培育教师专业素养

（1）培育教师的课程素养

在STEAM课程实施过程中，教师不再局限于本学科知识，而是打开了视野，为了解决问题，不断汲取各领域的相关知识，极大丰富了教师的知识面。教师根据STEAM课程开发的理念，为学生提供逼近真实、富有现实意义的学习情境，并形成了很多课程实施中的评价工具，促进学生的课程学习。在这个过程中，教师的课程开发能力得到极大提高，每位教师都撰写了课程开发案例。我们还将部分优秀课程拍摄成精品STEAM课程师训视频，为后续其他教师的开发提供借鉴。

（2）培育教师的"STEAM教学"素养

在STEAM课程实施过程中，培育了教师的"项目化学习设计"能力，教师将课程分设成几个项目，以问题解决为核心，指导学生开展自主、合作、探究等方式的学习。通过一段时间的STEAM课程教学，教师的"项目化学习设计"能力有了较大的提升，能基于项目内容，根据学生知识、经验、学习的水平和能力层次等实际情况，创建真实的驱动性问题，使学生在对驱动性问题进行深入持续的探索中，调动所有知识、能力、品质等创造性地解决问题，形成对问题解决路径的深刻理解，对学习历程的深刻体悟，并能在新情境中进行迁移。

（3）培育教师的科研能力

在STEAM课程开发和教学的过程中，教师会有许多的思考和感悟，撰写了相关论文或案例，为其他学校开发STEAM课程提供借鉴。

4. 课程评价，唤醒师生成长意识

在课题研究中，形成了包含"金山中学学生 STEAM 课程学习与核心素养发展总量表"和"金山中学教师 STEAM 课程开发与实施评价量表"的评价体系。

（1）提高教师课程品质意识

"金山中学教师 STEAM 课程开发与实施评价量表"主要是针对教师课程开发质量的评价。通过评价，促使教师不断完善课程内容，提高课程品质，提升课程开发能力。

（2）提升学生自我发展意识

"金山中学学生 STEAM 课程学习与核心素养发展总量表"主要是针对学生在课程学习过程中体现的核心素养的评价。通过自评、互评、教师评价等多主体的评价，对每位学生参与的项目作全过程的评价，通过评价促进学生核心素养的培养，提升学生自我发展意识。

三年的 STEAM 课程开发和实施，在以问题解决为基础的项目式学习过程中，我们高度关注学生学习过程中的实践经历，以教师的"项目化教学设计"促进学生的"项目化学习"。通过项目学习，学生学会科学探究的基本方法，体验科学探究的基本流程，培养基本的实验操作技能、资料检索能力、实验设计能力，有效培育学生科学精神（包括理性思维、批判质疑、勇于探索），学会学习（包括乐学善学、勤于反思、信息意识）、实践创新（包括劳动意识、问题解决、技术运用）等方面的核心素养。

四、结语

曾看到过这样一句话，内心不禁为之一颤。"当有人逼迫你去突破自己时，你要感恩他，他是你生命中的贵人。也许你会因此而改变或者蜕变。当没有人逼迫你时，请自己逼迫自己，因为真正的蜕变是自己想改变。"回顾自己的成长历程，我要感恩生命中遇到的那些贵人，正是在他们的鞭策、鼓励和指导下，使我坚定了自己的目标，抓住了成长过程中的一个个机遇。同时，我要感谢昨天努力的自己，在阅读、研究和课改中，逼迫自己不断蜕变。这个过程是痛苦的，但正是这一次次的蜕变，最终才化蛹成蝶，成就今天的美丽。

正如中国教育学会副会长李政涛先生所言，所有教师的人生之路，都通向这样的目标:上好每一堂课,成为一名好教师,过好自己的课堂生活。这种目标仿佛是一个山顶,不会轻易抵达,需要你披荆斩棘,跋涉前行。在这条教师的专业成长之路上,我不会停下前进的脚步,仍将全力以赴地向着理想的目标一路奔跑!

～∽∽ 优课示例与推荐人语 ∽∽～

优课示例1

作者简介：应学超，任教于上海市金山中学，从教时间2011年7月。所获荣誉：金山区第六、七、八届"明天的导师工程"学科骨干教师，金山区第九届"明天的导师工程"学科导师，上海市中小学中青年教学评选活动二等奖，金山区新苗杯一等奖，金山区"明天的导师工程"金苗奖。

特长爱好：研究新事物，落地新想法。

教坛心语：闪耀每一缕思想的星火，启智每一颗萌芽的心灵。

第4章 第1节 《生物催化剂——酶》教学设计
——实验"探究影响酶活性的因素"

一、教学设计说明

1. 教材分析

本节课是《生命科学》（沪科版）高中第一册（试用本）教材第4章"生命的物质变化和能量转化"第1节"生物体内的化学反应"的第3课时，学习水平为B级。

本单元内容主要包括：生物体内的化学反应、光合作用、呼吸作用和生物体内营养物质转变。通过本章学习有助于学生形成生命的物质和能量观，认识新陈代谢的主要过程和类型；形成设计并实施探究实验方案的科学探究能力，体验科学史和科学方法，运用知识解决实际问题；等等。其中第1节共4课时，第1课时学生需要认识新陈代谢的概念和本质，介绍生物体内的化学反应；第2课时主要学习酶的本质和特性及在细胞代谢中的作用；第3课时主要探究影响酶活性的因素；第4课时主要学习ATP的生物学作用。在本节后，学生需以本节知识为基础理解本章后续知识内容。

本节的主要内容中,教材通过"探究酶的高效性"实验引导学生体会酶的高效性及其作为生物催化剂的特点(高温失活),并以此为基础较为全面地介绍酶的概念、酶的活性、酶的作用、酶的命名、酶的应用等知识;通过实验(选做)"探究影响酶活性的因素"研究温度和 pH 对酶活性的影响;并通过广角镜及"想一想做一做"栏目中一些与酶的应用相关的内容,引导学生认识酶与人类生活的密切联系,关注生物技术的应用价值。

2. 学情分析

我校学生整体知识水平和学习能力都相对较强,对简单的生命科学知识掌握较快,思维的速度与深度也较好,但是由于学校地处远郊,学生在信息素养和表达能力上有一定的欠缺。

通过本节第 1 课时的学习后,学生对酶的基本概念、酶的作用、酶的专一性和高效性、酶的命名有了较好的掌握,但对于影响酶活性的因素并不了解,学生也并不关注生活生产实践中酶的应用,更不用说将学到的知识运用到生活生产实践中。因此,在内容组织中,结合学校信息化教育的发展,将本课重点内容安排拆分为两部分,即课堂学习部分(影响因素和应用等,引导学生合作学习进行实验设计、实验操作与实验讨论)和课后实践部分(帮父母洗一次衣服,小课题研究,引导学生进行拓展延伸)。

在学习过程中,突出三个"注重"。

一是注重主体性。本课以学生已经学习的基本知识与实验设计的基本原则为基础,在课堂中开展实验探究,帮助学生更好地掌握学科知识;此外,在课后也关注学生后续的学习发展,提供可选作业保障学生学习的拓展延伸,让学有余力的同学也能"吃饱"。

二是注重发展性。本课设想通过实验的设计与分析,培养学生的科学探究能力;通过小组讨论的过程,培养学生小组合作学习的能力;通过酶的案例讨论分析及学生生活实践,培养学生知识应用的意识与能力。

三是注重整体性。本课设想通过智慧课堂系统统筹学生学习进程,能在最大限度上保证绝大多数学生课堂学习效率的同时,及时掌握学困生的情况,课后有针对性地补充指导。此外,通过在线的练习反馈,及时掌握在学习中较为集中的问题,并进行补充教学,保证所有学生的学习效果。

3. 设计思路

本节课的设计指导思想是通过信息化教育(智慧课堂系统)①手段和"三学三研"教学模式重新组织课堂教学,突出"教师主导、学生主体"的教学策略,以实验探究和小组合作学习的教学方法,在保证教学效果的前提下充分提高课堂效率。

(1) 教育信息化的应用。本课主要设计在3个部分使用信息化手段,充分发挥信息化手段的优势。①课堂组织结合智慧课堂系统,完成个性化的评价;②小组合作部分以智慧课堂系统将讨论成果快速上传分享;③以云文档形式完成全班合作学习,进行快速的实验数据整合及处理,便于实验分析。

(2) 项目化学习。通过"如何正确使用加酶洗衣粉"的情境贯串课堂,贴近学生生活实际,使学生在实验分析、小组讨论和课后实践的过程中,自然而然地关注酶在生产、生活中的应用,关注学习的意义。

(3) "实验4.2探究影响酶活性的因素"改进。①将实验转变为由氧传感器收集数据的方式,使实验结果更加科学、准确;②增加实验梯度,通过数据采集,能较为简单地反映影响因素对酶的活性影响;③实验结果分析时引导学生对数据进行简单处理,能更好地反映实验结果或更深入分析实验数据;④由于班级中有新疆部插班生,因此实验材料替换为羊肝。

(4) 课后作业延续课堂学习。在课后学习部分,以"回家帮父母洗一次衣服"的实践活动,使学生将所学知识应用于生活实践,同时也在潜移默化中让学生学会以行动感恩父母;以小课题的形式延续课堂学习内容,对课堂留疑问题进行深入研究。

4. 教学特点

本课期望体现三个主要教学特点。

(1) 以信息化(智慧课堂)的方式学习本课内容,完成个性化学习、个性化评价、发展性评价(数字画像)。

---

① 上海市金山中学2019年已经通过信息化标杆校评审,智慧课堂系统已成为学校常态化应用。

（2）以多样态学习方式完成学习（实验研究、小组合作、案例研究、小课题研究和生活实践等），使学生的学习经历更丰富。

（3）以案例教学的方式使学生关注课本知识与生活、生产实践之间的联系，关注学习的意义，学会运用知识科学分析和解决实际问题。

二、教学目标和教学重难点

1. 教学目标

（1）经历"探究影响酶活性的因素"实验过程，学会简单的实验设计，对实验结果进行科学准确的分析，归纳总结温度和 pH 对酶活性的影响，认识实验数据转化的作用，提高科学思维的能力。

（2）理解影响酶活性的因素，提高应用所学知识解决生活实际问题的能力，逐渐理解学科学习的意义。

2. 教学重点

影响酶活性的因素、酶的应用。

3. 教学难点

设计实验方案，探究影响酶活性的因素。

4. 教学技术与学习资源应用

智慧课堂系统、氧气检测系统、导学案等。

三、教学流程

生活中洗衣情境引入 → 探究影响酶活性的因素 → 实验小结 → 住校生小瑶洗衣案例分析 → 课堂总结：如何正确使用加酶洗衣粉 → 作业布置

四、教学过程

教学环节	教师行为	学生行为	设计意图
课堂引入	从生活中的洗衣情境导入 过渡：请利用上一课我们已经使用过的 H_2O_2 酶催化 H_2O_2 分解的原理，设计简单的方案验证假设	分析洗衣过程中存在的问题，提出影响酶活性的因素的假设	通过日常生活情境引入本课，提高学生探究的兴趣，做好内容衔接

（续表）

教学环节	教师行为	学生行为	设计意图
实验探究"探究影响酶活性的因素"	活动一：实验设计 依据给定的实验材料,组织学生设计实验"探究温度对过氧化氢酶活性的影响" （期间巡视各小组设计情况） 选择一个小组进行实验方案展示讨论 组织各小组完善本组方案 实验探究 根据学生设计,确定实验方案 播放实验操作微视频 教师组织全班合作完成实验 活动二：实验讨论 1. 实验数据能否验证假设 （引导分析原因,强调平行重复重要性,用前面多组实验平均值代替） 2. 可以得出什么结论 （引导回忆煮熟羊肝匀浆的实验） （引导思考讨论问题3）	设计活动： 小组合作讨论设计实验 小组介绍实验方案,其他小组提出改进意见 实验活动： 根据分组情况明确本组实验操作要求 观看实验操作微视频,巩固操作方法 小组合作完成实验,收集并汇总实验数据 回答能否验证假设 预设：数据有问题 思考并回答实验结论 预设1：回答温度越高,过氧化氢酶活性越高 预设2：pH变化与过氧化氢酶活性关系无法分析	通过"探究温度对过氧化氢酶活性的影响"实验设计过程,学会简单的实验设计流程,理解实验设计的基本原则 全班合作完成探究实验,初步学会小组合作学习 学生直观感受温度和pH对酶活性的影响 得出实验科学的结论

实验探究环节中教师行为栏内嵌表格：

样品号	1	2	3	4	5	6	7	8
操作小组	1组	2组	3组	4组	5组	6组	7组	8组
3% H₂O₂	10 mL							
试剂	蒸馏水	新鲜羊肝匀浆	新鲜羊肝匀浆	新鲜羊肝匀浆	过酸处理羊肝匀浆	酸处理羊肝匀浆	碱处理羊肝匀浆	过碱处理羊肝匀浆
反应温度	室温	室温	室温+15℃	室温-15℃	室温	室温	室温	室温
反应pH	≈7	≈7	≈7	≈7	≈3	≈5	≈9	≈11
加入试剂量	1 mL							
氧气浓度(%) 1 2 3 …… 90								

（续表）

教学环节	教师行为	学生行为	设计意图
实验探究"探究影响酶活性的因素"	（引导思考相邻温度/pH的反应数据是否存在） 3. 能否对数据进行简单处理，从而更直观反映温度/pH对酶活性的影响呢 小结：根据前述及教学内容，小结酶的作用特点及影响因素	预设3：过氧化氢酶的最适温度（pH）为30℃(7) 思考改变数据观察角度以更直观反应实验结果 小结影响酶活性因素	初步认识实验中数据转换的作用 小结影响酶活性因素
案例研究	过渡：通过今天的实验，我们在酶的作用特性的基础上，探究了温度和pH对酶活性的影响。而我们所学的知识都可以应用于生活实践，下面我们来分析住校生小瑶使用加酶洗衣粉的习惯是否合理 活动三：我是洗衣专家 住校生小瑶用加酶洗衣粉洗衣服时有这样的一些习惯： 1. 加洗衣粉后浸泡衣服一整晚，认为这样洗更干净 2. 在有油渍时会用热水泡加了洗衣粉的衣物 3. 如果有一些较深的污渍则会配合一些肥皂一起揉搓 4. 有时会用加酶洗衣粉洗羊绒衫；小瑶使用加酶洗衣粉的方式对吗？为什么	思维活动：应用所学到的酶的相关知识，解决实际案例中的问题；小组讨论，并汇报小组讨论结果，有问题的部分其他小组予以更正	内容衔接 通过案例讨论，将理论应用于生活生产实践
总结	如何正确使用加酶洗衣粉	学生根据所学知识总结正确使用加酶洗衣粉的方法	对本课内容进行总结
作业	布置课后作业	完成相应课后作业	巩固并延伸本课学习内容

五、作业与评价

(1) 回家帮父母洗一次衣服,记得要科学地洗哦!

(2) 小课题:以"探究＊＊(因素)对过氧化氢酶活性的影响"为课题,设计方案进行课题研究。(选做)

六、板书设计

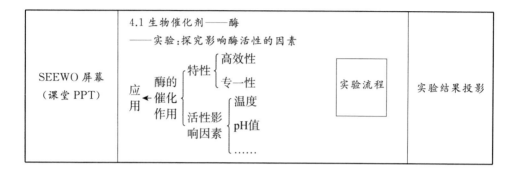

七、教学反思

本节课的设计思路,简单来说就是从生活中来到生活中去,希望学生通过加酶洗衣粉的案例研究理解"科学来源于生活,更要服务于生活"。在课堂教学过程中,通过实验设计的过程着重培养学生科学思维和实验设计能力,通过实验数据的转化和分析培养学生的信息素养和信息意识,通过小组合作学习培养学生的合作意识和合作能力。

在实验技术上,本节课对数据采集的方式进行了一定的改进,虽然改进后的传感器采集方式没有传统的气泡观察的实验现象明显、学生实验兴趣高的优势,但是很好地克服了传统方式实验数据受主观感受影响大而不准确的问题(特别是对线香亮度和气泡数量的描述),更能满足市重点高中学生高层次思维能力培养的目标和需要。此外,改进后的技术非常直接地证明了产生气体的种类,并通过数据反映出整个反应过程的浓度甚至速率变化,有利于通过后续分析提升学生数据处理和转换能力,让学生能理解实验过程中数据处理和转换的重要性,同样的数据,换一个角度观察就能得到更直观的结果,甚至能从另一个角度去理解和思考实验。

本节课最大的遗憾是在仪器设备上,由于仪器数量的限制,课堂上无法进行平行重复实验,也无法做更多组的梯度研究,这让最后的实验数据的准确性和数据密度上存在一定的缺陷;此外由于实验需要全班进行合作,个别组的操作不当会直接影响全班的数据分析,这需要全班更好的配合,这也是对学生和教师的双重考验。

此外,由于实验设计本身就是绝大多数学生学习的短板,在本节课前学生并没有设计完整实验的基础,因此,本节课是学生高中生物课中第一次自己动手设计实验。本课设计时希望能帮助学生完成一个从无到有的构建过程,让学生对于实验设计有一个初步的思路,让学生学会科学的思维方法,具备解决问题的能力。但是由于每一位学生学习能力的差异性,在教学过程中很难保证每一位学生都能较好地入门,这就需要更多的小组合作学习和实验设计的锻炼,这也是后续教学过程中需要特别注意的。

(本节课获 2019 年上海市中小学中青年教学评选活动二等奖)

专家点评

本节课是《生命科学》(沪科版)高中第一册(试用本)教材第 4 章"生命的物质变化和能量转化"第 1 节"生物体内的化学反应"的第 3 课时,内容是"探究影响酶活性的因素"。实验教学是高中生命科学教学中的难点,何况这是一个选做的探究实验。本节课既有实验设计,又有实验操作和结果分析,应学超老师能挑战这一节高难度的实验课,勇气可嘉。本节课在教学设计和实施效果上有许多可圈可点的地方,主要体现了以下几个亮点。

亮点 1:以项目化学习来组织教学,体现了学科学习的真正价值是为生活服务。

本节课围绕"探究影响酶活性的因素"这一主题,创设生活中如何正确使用加酶洗衣粉来洗净衣服这一情景,提高学生探究的欲望和兴趣。通过实验设计、分组操作、结果分析、得出结论,最终再运用实验结论来帮助学生自主解决生活中的问题。整节课基于问题的解决,前后响应,最终达到学以致用的目的,体现了学科学习的真正价值。

亮点 2:教学设计以学生发展为本,通过学科学习培养学生的学科核心素养。

本节课的主体内容是一个选做实验,许多学校选择不做。但本实验的教学可以很好地培养学生的科学探究精神。通过实验方案的设计和讨论,培养学生的创新能力,帮助学生掌握科学探究的基本思路和方法;通过方案实施以及对结果的交流和讨论,培养学生的归纳总结和口头表达能力,提高实践动手能力。本实验的设计和实施,为后续"探究影响光合作用的因素"这一探究实验的教学打下很好的基础。同时,本实验采用全班合作和小组合作学习方式,在这一过程中很好地培养了团队合作精神。

亮点3:利用现代教学设备开展实验教学,培养学生的现代实验应用技术。

本节课的另一大亮点是充分利用学校的智慧课堂教学系统,进行快速的实验数据整合及处理,极大地提高了课堂教学效率。实验结果由观察线香的亮度改为由氧传感器收集氧气产生量的方式,将定性实验改为定量实验,使实验结果更加科学、准确。通过实验数据图表间的转化和分析,很好地培养学生的科学思维。

本节课是运用现代教学媒体开展探究实验的一次有益尝试,在教学设计理念、教学组织方式、教学创新等方面有许多值得教师们学习和借鉴的地方,是一节有创意的好课。

生物特级教师   陈红梅

优课示例2

作者简介:金星宇,金山中学生物教研组长,从教时间2016年。所获荣誉:金山区"新苗杯"青年教师教学基本功评比一等奖、金山区中学理科教学教师实验能力(中学实验创新设计评比)三等奖。

特长爱好:看书,运动。

教坛心语:慎终如始,则无败事。

《细胞呼吸(第一课时)》教学设计

一、教材分析

《细胞呼吸》是沪教版高中《生命科学》第一册第四章第三节内容,学习水平为 B 级。本节内容接在光合作用之后,在营养物质的转换之前,起着承上启下的作用。光合作用把无机物转变为有机物,把光能转化为稳定的化学能,而稳定的化学能不能直接为生物体所利用,需要通过细胞呼吸氧化分解有机物,把储存在有机物中稳定的化学能转化为 ATP 中活跃的化学能,才能用于生物体内的各项生命活动。教材中以酵母菌的呼吸方式探究酵母菌有氧条件和无氧条件下的细胞呼吸,为有氧呼吸、无氧呼吸的学习奠定基础。有氧呼吸的过程的学习可以为后续营养物质的转换铺路搭桥,无氧呼吸在生产实践当中有着诸多的应用。学习本节内容,有助于学生更好地理解生物体内的物质变化和能量转换关系,有助于学生体会生命观念中的"物质与能量观"。

二、学情分析

高一学生已经学习了生物体内的化学反应,学习了光合作用,对新陈代谢有了一定的理解,对生物体内的物质和能量有了一定的认识。高一的学生学科思维能力比较差,科学探究的能力非常薄弱,需要教师通过问题引导,学生通过讨论分析,方能理解酵母菌呼吸方式实验设计所依据的生命科学实验设计的方法和原则,提高学生对生命科学实验的设计分析能力。学生对于实验结果和实验结论的概念界定不清,对实验结果的分析能力比较薄弱,可以通过酵母菌呼吸方式实验,通过学生讨论,教师引导,区分实验结果和结论,学着通过实验结果分析推导实验结论。

三、设计思路

本节内容分为两个课时,酵母菌呼吸方式实验是本节内容中的一个重点实验,虽然是演示实验,但是可以充分挖掘其教学价值,引导学生思考本实验设计所依据的原则,利用教材实验切实地提高学生的实验设计和实验分析能力。结合教材分析和学情分析,第一课时学习酵母菌呼吸方式实验,明确酵母菌有氧呼吸和无氧呼吸产物的差异,明确细胞呼吸的概念和生物学意义,为第二课时的学习做好铺垫。第二课时则学习无氧呼吸产生乳酸的呼吸类型及有氧呼吸的过程。考虑到增强教学的趣味性,同时也增加学生对于酵母菌这种单细胞真核生物的认识,本节课以酵母菌为主线展开,从微生物在食品方面的应用引入酵母菌,再从细胞水平认识酵母菌。让学生感受到结构如此简单的微生物竟能有如此巨大的作用,充分引起学生的学习兴趣。其实人类只是利用了酵母菌的细胞呼吸,从而引出细胞呼吸的概念及呼吸方式的探究实验。探究实验是本节课的重点内容,要在问题引导和讨论分析的过程中,逐步提升学生的理性思维和科学探究的核心素养。在实验完成后,进一步对酵母菌与人类的关系进行介绍和讨论,辩证地去认识酵母菌与人类的关系,认识到酵母菌对人类的重要意义,同时也提升学生的社会责任的核心素养。

四、教学流程

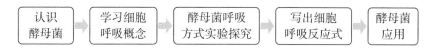

认识酵母菌 → 学习细胞呼吸概念 → 酵母菌呼吸方式实验探究 → 写出细胞呼吸反应式 → 酵母菌应用

五、教学目标

1.知识与技能

(1) 解释细胞呼吸的概念,思考细胞呼吸的生物学意义。

(2) 初步学会酵母菌呼吸方式实验的设计原理,分析实验结果,得出实验结论。

(3) 说出酵母菌有氧呼吸与无氧呼吸反应式。

2.过程与方法

(1) 通过酵母菌呼吸方式实验设计及其原理的分析,进一步学习实验设计的一般方法和原则。

(2) 通过对酵母菌呼吸方式实验的观察和分析,说出酵母菌有氧呼吸和无氧呼吸的产物。

(3) 通过列举酵母菌的应用和危害认识到酵母菌与人类的关系。

3.情感、态度和价值观

(1) 感悟生命科学实验设计的严谨。

(2) 练习发散性思维,逐步形成创新、求真、质疑的科学态度和科学精神。

六、教学重难点

(1) 重点:酵母菌呼吸方式实验设计原理及结果分析。

(2) 难点:细胞呼吸的生物学意义。

七、教学过程

教学环节	教师行为	学生行为	设计意图
课堂引入	从生活中与酵母菌有关的食品、饮品导入 过渡:这些食品都离不开一种微生物——酵母菌,那酵母菌到底是一种怎样的生物呢	结合经验思考食品工艺中酵母菌的作用	通过日常生活中常见食品引入本课,提高学生探究的兴趣
细胞呼吸概念	介绍酵母菌,将已有知识经过问题链的整合,引出细胞呼吸概念	思考有机物、ATP和生命活动之间的关系,齐读细胞呼吸概念	从原理上理解细胞呼吸概念的提出及细胞呼吸的意义
酵母菌呼吸方式实验探究	过渡:酵母菌在有氧和无氧条件下都能生存,其细胞呼吸的产物是否相同,如何通过实验来进行验证 活动一: 介绍实验目的、实验原理和实验装置,通过问题引导学生对实验设计进行分析 (1) 本实验自变量是什么?是如何控制的?还可以有哪些控制方法 (2) 本实验的因变量是什么?是如何检测的?还可以有哪些检测方法 (3) 本实验的无关变量有哪些?是如何控制的 (4) 本实验有对照组吗?是如何设置的 引导学生观察实验现象并记录	分析实验 阅读教材,根据教师给出的问题结合实验设计的原则和实验目的和原理,小组讨论分析实验 实验观察 仔细观察实验现象并及时记录	提高学生实验设计和实验分析能力,能在具体的实验情景中理解实验设计的原则 内容衔接 养成记录实验现象和结果的好习惯

（续表）

教学环节	教师行为	学生行为	设计意图
酵母菌呼吸方式实验探究	活动二： 实验分析：引导学生比较实验结果和实验结论，并依据观察到的实验结果得出实验结论 活动三： 依据细胞呼吸概念及观察到的实验结果推断有氧呼吸和无氧呼吸的反应物及产物，并据此写出有氧呼吸和无氧呼吸的反应式	实验分析 尝试描述实验现象，说出实验结果，尝试依据实验目的和原理，分析实验现象，得出实验结论 分析思考，写出细胞呼吸反应式	学会区分实验结果和实验结论，学会依据实验结果分析得出实验结论 提高学生的思维能力，理解细胞呼吸反应式
酵母菌应用	引导学生思考酵母菌在生活中的应用，思考人类与酵母菌的关系	根据生活经验，回忆思考酵母菌与人类的关系	辩证地认识酵母菌与人类的关系
课堂小结	结合板书，总结本节课的框架和知识要点		总结本节课内容

八、板书设计

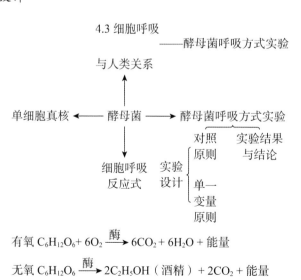

4.3 细胞呼吸
——酵母菌呼吸方式实验

与人类关系

单细胞真核 ← 酵母菌 → 酵母菌呼吸方式实验

对照 实验结果
原则 与结论

细胞呼吸 实验
反应式 设计

单一
变量
原则

有氧 $C_6H_{12}O_6 + 6O_2 \xrightarrow{\text{酶}} 6CO_2 + 6H_2O + \text{能量}$

无氧 $C_6H_{12}O_6 \xrightarrow{\text{酶}} 2C_2H_5OH（酒精）+ 2CO_2 + \text{能量}$

九、教学反思

本节课紧紧围绕着酵母菌这种微生物展开教学,以酵母菌为主线,对教材内容进行整合,重点突出酵母菌呼吸方式的实验,侧重实验原理的分析,实验结果和实验结论的关系,使高一学生对实验探究的一般流程和方法有个初步的认识。

在实际教学过程中,发现高一学生的思维能力还不够强,还不能很好地理解实验原理,还需要教师做进一步的引导,做更多的铺垫。在实验设计分析板块,教师力图让学生理解实验设计的原理和方法,但学生对"自变量""因变量"等相关概念是比较模糊的,无法很好地理解,使得后续问题的开展存在一定的问题,这可以在课前对相关名词作一个简单的介绍和分析。从授课情况来看,学生对实验结果的记录和分析是具备一定的能力的,这个时候应该让学生充分地表达自己的观点,锻炼他们对实验结果的分析能力和表达能力。

最后从酵母菌的细胞呼吸引出更多的问题,让同学们留着这些问题去预习,为下节课的学习做好充分的准备。可以对这些问题作进一步的精简,不一定要涵盖所有内容,但需要引出知识之间的联系,比如可以把问题改为"酵母菌在有氧和无氧的条件下细胞呼吸的产物有所差异,为何会产生这种差异,过程是怎样的"。

(本节课获金山区"新苗杯"青年教师教学基本功评比一等奖)

专家点评

本节课是沪教版高中《生命科学》第一册第4章第3节"细胞呼吸"的内容。"细胞呼吸"一节内容共分为2课时,本节课是其中的第1课时。金星宇老师的这节课能关注学生,很好地引导学生开展实验探究。整节课设计合理,各环节过渡自然,重难点突出,较好地达成教学目标。

本节课的主要亮点如下:

1. 教学设计体现"生活化"思想

本节课能以酵母菌这种微生物为主线,围绕酵母菌的结构、呼吸方式、与人类的关系展开教学。从酵母菌在食品中的应用引入,激发学生的学习兴趣,再从细胞呼吸认识酵母菌结构,然后通过课堂演示实验引导学生探究酵母菌的呼吸方式,最后又回归到酵母菌与人类的关系,内容上前后呼应,紧密联系生活实际,体现了"生活化"的设计思想。

2. 教学重难点能较好地把握和突破

本节课教学设计的重难点是酵母菌呼吸方式的实验设计原理、结果分析,以及细胞呼吸的生物学意义,重难点把握正确。酵母菌呼吸方式实验探究部分主要设计了以下三个活动:活动一,先由教师介绍实验目的、实验原理和实验装置。活动二,引导学生描述实验现象,分析实验现象,得出实验结论。活动三,依据细胞呼吸概念及观察到的实验结果推断有氧呼吸和无氧呼吸的反应物及产物,并据此写出有氧呼吸和无氧呼吸的反应式。通过以上三个环环相扣的活动,学生能基本掌握实验设计原理,正确分析实验结果,理解细胞呼吸的生物学意义,较好地突破教学重难点。

3. 教学过程注重学生核心素养培育

通过酵母菌结构的介绍,为后续学生理解有氧呼吸与无氧呼吸的场所做铺垫,便于学生建立结构与功能观,培育学生的生命观念。在"酵母菌的呼吸方式"这一实验探究过程中,通过活动一4个问题组成的问题链,引导学生分析实验设计中的自变量、因变量、无关变量是如何控制和检测的,对照组是如何设计的等一系列问题的讨论和分析,较好地培育学生理性思维和科学探究方面的核心素养。

总体而言,本节课教学条理清晰,重难点突出,语言表述简练,教师引导有方,教学亲和力强,是一节好课。

高 中 地 理

赵彩霞，女，1991 年毕业于华东师范大学地理系，同年参加教育工作，1998 年获得华东师范大学教育硕士学位，2021 年被评为中学地理正高级教师，2023 年荣获上海市地理特级教师称号。担任华东师大三附中地理教研组长、备课组长，担任金山区兼职教研员、中心组成员、光启天文创新基地指导老师、区科普基地指导老师。是"上海市双名工程"第二期、第四期成员，2007 年至 2021 年连续三届金山区人大代表，2019 年被授予金山区"拔尖人才"称号，2020 年获金山区"明天的导师工程"金玉兰奖，2021 年获金山区园丁奖，2022 年获上海市教育系统巾帼建功标兵称号，2023 年成立赵彩霞地理名师工作室。

在长期的教育教学探索中，结合地理学科特色与高中学生思维特点，逐步形成"具身感知—抽象思维—实践应用"相结合的教学特色，重视教学过程中学生对自然现象的感受与体验，由此促进抽象概念的形成，再经过实践应用提升综合思维与实践能力。重视教学与研究相结合，在教学中发现问题，以研究化解问题。多次主持区级课题研究，参加市级课题 2 项、国家级课题研究 1 项，在核心刊物发表多篇论文。于2015 年主持《天文观测探索》课程开发，先后获评上海市创新实验室、金山区科普基地、金山区天文探索创新基地、国家教育部课程教材研究所"校本课程"典型案例等。主编出版《走进星空世界》。

特级教师优课与经验分享

课堂·研究·课程

一、课堂教学

教学设计:基于地理空间思维的《地球公转》

(一) 教学说明

本节课是上海市第四期双名工程攻关项目"中学地理空间思维认知系统的教学研究"课题研究的教学实践课。主要内容是"地球公转运动",该知识涉及很多空间思维,如,研究地球公转运动的空间定位,地球与太阳之间的空间距离,地球公转运动产生的空间变化,以及由此产生的太阳直射点在地球表面的空间变化,正午太阳高度的时空变化及其规律,从地球到太阳系、总星系的空间尺度转化,因此本节课的知识有利于空间思维的提升。

教学中通过动态模拟、实物演示、动手操作、室外实践、图形转化等多种形式搭建空间思维平台,从二维到三维的空间联想,从模拟到实景的空间认知,从语言到图形的双重编码转换,从不同的视角建立空间思维体系,进行空间建模。本节课的教学主要是探讨通过相关地理知识的学习培养学生的空间思维能力。

(二) 班级特色

开课班级是华东师大三附中的高一(2)班,该班级是英语特色班,女同学人数较多,对于空间、方向的认知相对偏弱,因此增加了课前的实践观测。全班同学以小组为单位在室外观测太阳方位、太阳高度与人的影子之间的关系,通过实践体验,加强空间感知,然后再进行课内理论知识的学习。

(三) 教学目标

理解地球公转的方向、周期和速度;理解地球公转过程中产生的太阳直射点的移动、正午太阳高度的变化,探索其规律;利用所学知识解释生活中的相关地理现象(地理实践力、人地关系);学习过程中涉及地球空间、太阳系空间,从不同的空间尺度及其空间变化过程,认识地球的运动,提升地理空间思维能力。

（四）教学重点与难点

教学重点:地球的公转特征,地球公转产生的自然现象——太阳直射点的移动与正午太阳高度变化。难点:太阳直射点的移动及正午太阳高度的变化规律。

（五）教学方法

小组合作实物演示,实践观测分析,空间思维建模。

（六）地理空间思维流场分析

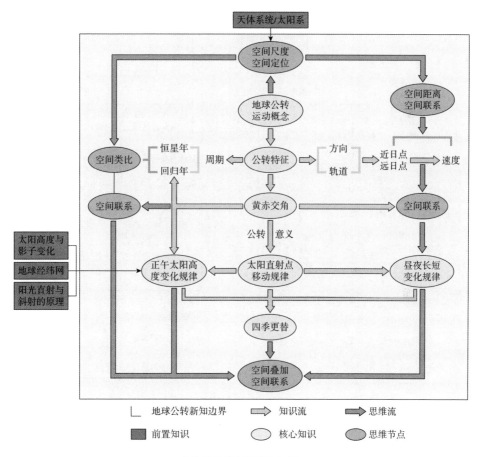

"地球公转运动"认知图

（七）教学流程

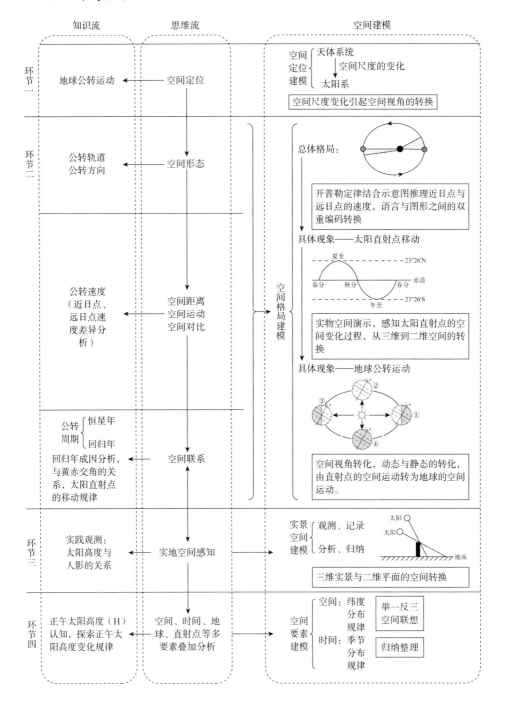

（八）教学过程

地球公转→公转特征→公转意义

【引入】"地球公转运动"动态演示。引出问题,地球的公转运动跟我们地球上的生活有什么关系?

【主题一】主要知识点的学习过程与方法。

（1）公转轨道、公转方向,采用实物演示。

（2）根据开普勒定律进行推理。

（3）公转周期:包括恒星年与回归年,"恒星年"由教师分析讲解,"回归年"的学习采取小组活动,实物演示、观察、理解,完成任务单。

教学说明:地球的公转轨道与公转方向在有关太阳系的学习中已经学过,在本节课属于复习内容。复习方法采取实物演示、学生操作,关注学生的地理实践能力。地球的公转速度通过开普勒第一、第二定律引导学生进行推理得出结论,教材上有结论但没有原因解释,对于高中学生来说通过定律的解释在理解的基础上进行学习更加有效。地球公转周期有恒星年与回归年的区别,难度较高。"恒星年"的学习关注空间视角的转变,假使学生站在宇宙空间来认识地球、太阳与其他恒星的相对位置,采取教师讲解为主,"回归年"的学习采用学生小组为单位进行实物演示、观察分析、归纳总结。演示教具有地球仪、表示太阳直射点的太阳光线。

学习过程:地球公转特征的认识。

知识点	学习过程	空间思维
地球公转方向、公转轨道	学生活动一: 学生实物演示: 任务:以小组为单位,实物演示,利用地球仪与太阳模拟光线进行地球公转演示 关注:地球是如何进行公转的? 公转方向、公转轨道是怎样的	空间定位:研究太阳系中地球的公转运动。在太阳系之外俯视太阳系,在宇宙空间的视角认识地球的公转特征。空间尺度:大尺度空间——太阳系。空间定位思维:判断地理事物的空间运动特征形式

（续表）

知识点	学习过程	空间思维
地球公转速度	学生活动二： 根据开普勒第二定律：对每一个行星而言，太阳和行星的连线，在相等时间内扫过相同的面积 $S_1=S_1=S_3$。推测近日点与远日点的速度快慢 	空间关系：近日点、远日点与公转速度之间的因果关系 空间联系思维：推理不同地理事物空间方位间存在的关系，即近日点与远日点的速度差异
地球公转周期	恒星年的学习：(PPT 讲解) 恒星年的认识，空间尺度进一步扩大，在宇宙中认识地球、太阳和其他恒星之间的相互位置变化	空间尺度的变化 空间联系思维：认识不同尺度的宇宙空间差异及其联系
	学生活动三： 回归年的学习：学生以小组为单位，演示地球公转运动，观察、归纳、总结下列内容：太阳直射点的最北位置在哪里？太阳直射点的最南位置在哪里？并总结太阳直射点的纬度范围 教师补充：回归年的认识(太阳直射点的移动规律示意图、二分二至日)，根据图来说明 	空间尺度变化：学生的视角从宇宙到太阳系再到地球表面 空间过程：学生演示，观察太阳直射点在地球表面的位置移动 空间联系思维：比较、归纳太阳直射点在地球表面的移动规律
	拓展问题：假设黄赤交角为零，太阳直射点的移动会怎样	空间形态变化：黄赤交角发生变化，太阳直射点的空间移动又将怎样变化 空间联系思维：根据黄赤交角与太阳直射点的关系，推理如果黄赤交角为零，太阳直射点的移动会出现什么结果

【主题二】正午太阳高度

概念认识：太阳高度角→正午太阳高度角→正午太阳高度

教学说明：由于学生对于"太阳高度角"这个概念比较陌生，缺乏实践认识，因此在课前布置了实践观测活动，课堂上根据学生的实践观测活动来认识太阳高度角的概念。

知识点	学习过程	空间思维
太阳高度	学生活动四： 对学生课前实践作业"观测太阳高度与影子的关系"进行分析 | 时间	上午 8:00	中午 12:00	下午 4:00 | |---|---|---|---| | 照片 | | | | | 影子长度 | | | | | 影子朝向 | | | | | 太阳所在方向 | | | |	空间关系： 太阳、地面物体与影子相互之间的空间位置与空间关系 空间定位思维：感知太阳、地面物体与影子之间的相对位置与相互关系
	问题：一天中影子何时较短？何时较长？为什么？一天中影子的朝向为什么有变化？引出太阳高度的概念	空间过程：随着时间的推移，太阳、地面物体与影子相互之间的空间位置发生变化。空间联系思维：随着时间的推移，太阳、地面物体与影子相互之间的空间位置发生变化，探索其规律
正午太阳高度	概念认识：太阳高度角→正午太阳高度角→正午太阳高度 方法：通过学生实景观测，认识太阳高度，并拍摄照片，课堂上根据"人的影子"照片，画出太阳高度	通过实景空间分析，感知太阳高度 太阳 课堂教学中实景分析与转换过程 太阳高度角（太阳高度）

（续表）

知识点	学习过程	空间思维
正午太阳高度的纬度分布规律	学生活动五： 根据太阳直射点的纬度位置,判断不同节气,正午太阳高度的纬度分布规律	空间定位与空间关系:认识太阳直射点、纬度、正午太阳高度三者的空间位置与关系 空间联系思维:通过太阳直射点、纬度、正午太阳高度三者的空间位置与关系,寻找空间规律
	列举不同地方的正午太阳高度大小,再进行归纳推理,获得正午太阳高度的季节分布规律 上海市一年中什么时候正午太阳高度最大？北京呢？ 这一天哪些地区正午太阳高度最小 得出结论:通过归纳推理,获得正午太阳高度的季节分布规律	空间定位: 例如,夏至日时,不同地区的正午太阳高度的大小比较 空间推理思维:通过空间位置的比较分析,获得夏至日北回归线及其以北地区正午太阳高度达到一年中的最大值。 南半球各地正午太阳高度为一年中的最小值

（九）课堂小结与作业布置

（十）学生课堂活动单

"专题4 地球的公转运动"学生活动单

【学生活动一】

任务:以小组为单位,实物演示,利用地球仪与太阳模拟光线进行地球公转演示。

关注:地球是如何进行公转的？公转方向、公转轨道是怎样的？

【学生活动二】

根据开普勒第二定律:对每一个行星而言,太阳和行星的连线,在相等时间内扫过相同的面积。任务:推测近日点与远日点的速度快慢有何不同？

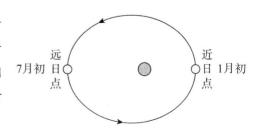

【学生活动三】

回归年的学习：以小组为单位，演示地球公转运动。

任务：观察、归纳、总结下列内容。

太阳直射点的最北位置在哪里？

太阳直射点的最南位置在哪里？

总结太阳直射点的纬度范围。

能否在下图中表示出太阳直射点的范围？

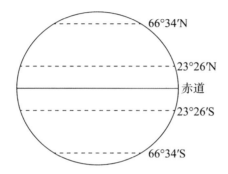

【学生活动四】

课前实践作业——观测太阳高度与影子的关系。

要求：在一块空地上，利用不同的时间段拍摄有影子的照片，测量影子的长度，记录太阳与影子各自的方位。

时间	上午 8:00	中午 12:00	下午 4:00
照 片			
影子长度			
影子朝向			
太阳所在方向			

课堂对观测结果进行分析：一天中影子何时较短？何时较长？为什么？一天中影子的朝向为什么会有变化？

【学生活动五】

根据太阳直射点的纬度位置，判断不同节气，正午太阳高度的纬度分布规律。（寻找空间规律）

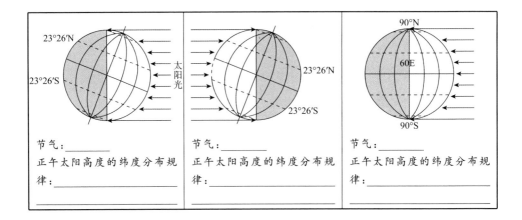

节气:_____
正午太阳高度的纬度分布规律:_____

节气:_____
正午太阳高度的纬度分布规律:_____

节气:_____
正午太阳高度的纬度分布规律:_____

【学生活动六】

正午太阳高度——用"H"表示

上海一年中何时 H 最大? _____。

北京一年中何时 H 最大? _____。

归纳推理:这一天,哪些地区 H 为最大值? 哪些地区 H 为最小值范围?

10°S 一年中何时 H 最小? _____。

30°S 一年中何时 H 最小? _____。

归纳推理:这一天正午太阳高度的最大值范围、最小值范围。

二、教学研究

具身空间视域下的地理空间思维建模探索①

——"地球公转"教学案例分析

摘要:地理空间思维是中学生地理学习的重要素养。课堂教学中,通过合理的教学设计,可以提升学生的地理空间思维。在"地球公转运动"的学习中,由于空间尺度大、动态性强,教师通过营造适合学生操作实践的具身空间,认识地球公转现象,再通过空间转化,搭建理论知识与实践的联系,构建地理空间思维模式。

关键词:具身空间　空间转换　地球公转　地理空间思维

---

① 上海市第四期普教系统名校长名师培养工程攻关项目郭迎霞地理名师基地。

（一）对于具身空间与空间转换的认识

具身空间是基于具身认知理论而提出来的。具身认知是认知心理学的新发展，主张身心合一，大脑嵌入身体，身体嵌入认知环境之中。人类认知是大脑、身体、环境三者构成的统一体。"具身空间"，即教学中提供学生参与实践感知活动的空间，在活动中身体多感官体验、感知、互动与合作，增加感性认识，为抽象思维的形成奠定基础。

由于地球公转运动的抽象概念较多，如正午太阳高度、太阳直射点等，学生难以理解，因此需要学生在具身空间获取直观的知识，再通过抽象加工，即空间转换，如三维与二维的转换、平面与球面的转换等，由形象思维上升为抽象思维。

（二）营造具身空间，提升地理空间思维

由于学生生活空间的局限以及对自然环境的关注度不够，使学生感受到的地理事物也有局限性，对很多自然现象都缺乏感性认识，从而影响学生的空间思维。如何提升学生的地理空间思维？从我们自身对空间认知的经验来看，实践感知非常重要，爬过山、看见过山，对山谷、山脊就会很容易理解。成年人对太阳高度与影子长短经验更多，很容易理解，而学生对这些现象如果关注很少，缺乏经验，对于正午太阳高度的学习就会存在问题。美国的心理学、脑科学专家西恩·贝洛克在研究中也发现，我们身体的经历会对大脑的理解造成决定性的影响。因此，在教学中教师有必要营造具身空间，让学生体验自然现象，加强大脑的感知，主要方法如下：室外观测、动手操作、实物演示、模拟实验和动态演示等，合理的具身空间使学生的身体以及身体的不同器官感受到不同的信息，身体的空间定位与变化使学生更好地感受地理空间，从而激发大脑，使思维与身体活动联系起来。

（三）通过空间转换，实现地理空间思维建模

地理空间思维建模的过程（见图1）是教师根据教学内容，设计地理学习的具身空间，使学生积极参与实践活动，获取感性认识，再通过空间转换，形成理性认识，使地理理论知识与实际生活联系起来，建立空间思维体系，实现地理空间思维建模。

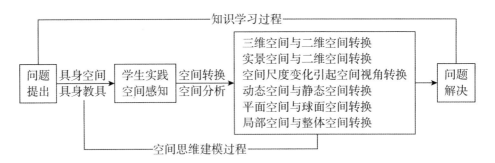

图 1　空间思维建模

高中地理教学中"地球公转运动"是一节经典内容,同时也是难点内容,如何降低这部分内容的空间思维难度?笔者尝试了基于空间思维的"地球公转运动"教学实践,教学中通过多种空间转换,从不同视角建立空间思维模式,培养学生的空间思维能力。

1. 空间尺度变化引起空间视角的转换

地球公转运动空间尺度大,要让学生"看到"地球的公转需要将视角定位在太阳系之外,教师营造的具身空间,一是视频动态演示地球公转运动,二是学生自己操作地球仪进行实物演示。

案例 1

问题一:在学习地球自转运动的方向时,我们在北极上空观察地球自转呈什么方向?这时我们观察地球的视角在哪里?学生通过地球仪的演示地球自转方向与观察视角。

问题二:研究地球公转运动时,我们的观察视角又在哪里?公转运动的动态视频引起学生的思考(表 1)。

表 1　空间尺度变化与空间视角转化

具身空间	空间尺度扩大	视角转换
学生演示地球仪	地球自转运动方向	离开地球,从北极上空看,呈逆时针方向
地球公转动态视频	地球公转运动方向	离开太阳系,从北部上空看,呈逆时针方向

通过空间尺度的扩大与缩小,研究视角也随之转换,有助于学生形成合理的空间定位,将整体与局部联系起来,为地球公转运动整体空间格局建模奠定基础。

2.三维空间与二维空间的转换

为了增加学生的生活经验与感知,提升空间认知能力,教学中采用地球仪等教具,营造学生活动氛围,在合作中完成任务,沟通二维与三维空间。笔者为此尝试了如下方法:

(1)利用实物演示,实现三维与二维空间的转换。

学生通过小组活动,进行地球公转演示,观测一年中太阳直射点的空间变化过程,利用具身教具,提升空间感知。

案例2

学生活动:以小组为单位,演示地球公转运动。工具包括地球仪,表示太阳与太阳直射光线的十字架。

注意事项:地球公转时,地轴的倾斜方向要保持不变。

任务:观察太阳直射点的最北、最南位置在哪里?总结太阳直射点移动的纬度范围,并在图中(见图2)表示出来。

活动展示:标注太阳直射点的移动范围,学生以不同的方式标注完成(见图2)。

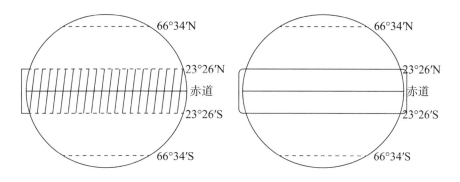

图2　地球公转运动演示活动

教师引导:将地球公转运动转化为平面示意图(见图3),请同学们判断二分二至日在图中的位置。

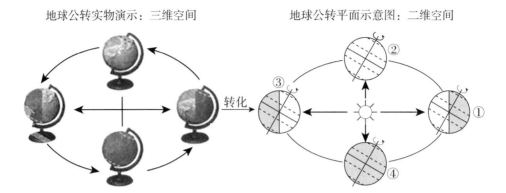

图3　三维空间向二维空间的转化过程

知识迁移：根据"太阳直射点的南北移动过程图"（见图4），判断一年中太阳直射点位于北半球的时间段；太阳直射点向北移动的时间段；今天太阳直射点的大致位置在哪里？正朝哪个方向移动？

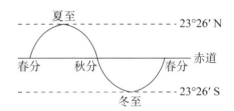

图4　太阳直射点的移动范围

学生在演示活动中动手操作地球仪、观察太阳直射点的变化，通过合作交流，多感官体验，基本能完成上述任务。

教师将学生实物演示的三维空间转化为二维空间，即地球公转平面示意图（见图3），有了动手操作的实践经历，再利用平面图学习二分二至日，使学习难度降低，学生的认识由感性上升到理性，提升了学生的空间转化能力，能将三维空间与二维空间联系起来，理解了地球公转过程中太阳直射点的移动规律。

（2）通过室外实践观测，实现三维实景与二维平面的空间转换。

教师创设室外实践活动的具身空间，学生收集资料在课堂上分析，使学生的书本知识与生活环境联系起来。

案例3

学生活动：课前实践作业——室外观测太阳高度与影子的关系（提出问题）。

要求:以小组为单位,在一块空地上,拍摄 12:00 点时人与影子的照片,测量影子的长度,记录太阳与影子各自的方位(见表 2)。(具身空间的体验)

表 2 正午太阳高度观测记录表

时间	中午 12:00
照片	
影子长度	
影子朝向	
太阳所在方向	

课堂上对观测结果进行分析:①根据人与影子的照片(见图 5),画出当时太阳的位置;并推测下午 5 点的影子长短变化与太阳高度变化,在图(见图 5)上表示出来。②一天中影子何时较短? 何时较长? 为什么?(空间转化与问题分析)

图 5 三维实景向二维平面的转换过程

在太阳高度角的学习过程中,学生在室外全方位感受太阳光线,很容易就理解了太阳高度与人影长短的关系,并且可以变通理解早晨、黄昏时的太阳高度与影子关系,教师在实景提问,学生反映比课堂教学效果好。有了实践的经历,课堂上学生根据照片迅速判断并画出太阳的位置,从而认识太阳高度的概念,再通过联想画出下午四五点钟时太阳高度与影子长度的大致变化情况,从而建立起太阳高度与影子长短的空间联系。通过三维实景与二维平面示意图的转化,学生完成了实景空间思维建模(见图5)。

3.平面与球面的空间转换

通过室外观测活动,学生有了一定的经验能够理解地平面的正午太阳高度角,在教师的引导下,学生的视角由平面转换为球面空间。

案例4

正午太阳高度的纬度分布规律学习。

问题一:由于地球表面是球面,在不同的纬度正午太阳高度不同,在球面图(见图6)中寻找太阳直射点在哪里? 观察太阳直射点在球面上的分布规律。

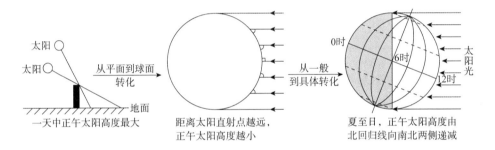

图6　正午太阳高度的认识转化过程

问题二:夏至日这一天(见图6),太阳直射点在哪个纬度? 此时全球正午太阳高度的纬度分布规律是怎样的? 冬至日、春秋分时又是怎样的?

从地平面到球面空间,再具体化到夏至日这一天的正午太阳高度分布规律(见图6)。这是从局部到整体空间的认知过程,利于学生的知识迁移与变通,实现正午太阳高度纬度分布规律的空间认知建模。

总之,教学中,为解决问题,教师营造具身空间,具身空间使学生在实践操作中获得对地理现象的感性认识,而空间转化则为学生搭建了三维与二维、实景与二维、平面与球面、静态与动态、局部与整体的空间联系,使学生获取的感性认识上升为抽象认知,这一过程就是地理空间思维建模过程。在这个过程中,学生的空间联系、空间转化与空间分析能力都得到了提升。

三、校本课程开发

课程名称:天文观测探索

（一）课程研制的背景与依据

为贯彻国家关于创新人才培养的教育思想,落实上海市课程改革发展,依据《金山区创新素养培育实验项目"金山计划"》的具体精神,实施学校特色发展的新目标,本课程是学校特色课程组成之一。结合学校师生的特点,以开发"天文观测探索"课程为载体,落实创新精神和实践能力的培养。

天文学发展涉及多领域,具有很强的前瞻性。目前我国天文学、航天航空领域的发展不断取得新成就,当代高中生在知识结构上应该了解天文学发展,了解我国航天航空领域的新成就。

对于天体观测这部分内容,很多学校由于设备、硬件、师资等原因难以开展,我校"天文观测探索"课程经过七年的发展,设备配置相对齐全,有室内天象厅、小型天文台、不同口径的多种天文望远镜等软硬件设施。在专家引领下,教师发展、培养形成稳定的师资队伍,课程内容不断丰富、体系不断完善,对天文观测活动的开展奠定了良好的基础。

（二）课程目标

在新课程背景下,高中地理的天文知识分布于必修课、选择性必修课与选修课三个板块中。在选修1的课标解读中指出:"天文学基础面向对天文学有兴趣的高中学生,目的是使学生初步了解太阳系、银河系等不同层次的宇宙天体,了解宇宙发展演化的基本过程,掌握基本的天文观测手段,激发学生探索宇宙奥秘和自然规律的兴趣。"同时天文观测探索课程也是我校特色课程的组成之一,激发学生的天文兴趣,满足不同学生的特色发展,培养学生的实践能力与科学素养,课程目标如下(见图1)。

(1) 通过天文知识的拓展学习,拓宽学科视野,了解学科发展前沿。

(2) 通过室内天象厅、室外天体观测活动,获得多种学习经历,培养天文探索兴趣和实践能力。

（3）通过小课题研究,进行研究性学习,把握科学研究的方法;利用网络、软件、WWT等进行宇宙漫游创作,提升学生的创新意识。

（4）通过天文探索实践活动,培养学生的综合思维、合作交流与团队意识。

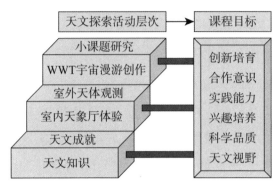

图1 "天文观测探索"课程目标

（三）课程内容

课程内容依托天文创新实验室的建设,开发了多种多样的教学活动形式,注重走出课堂的实践活动,是以天文观测活动为主线的天文探索课程,是集实践、探索、求真、创新、协作于一体的活动。"天文观测探索"课程主要由以下三个模块组成(见图2)。

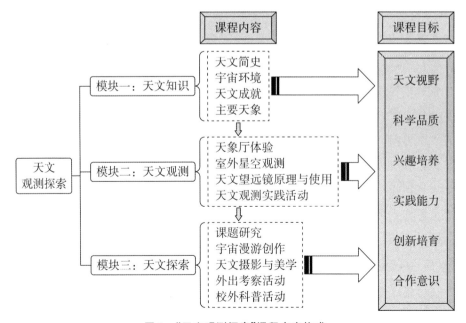

图2 "天文观测探索"课程内容构成

课程体系包括三大部分,其中天文知识属于基础型、拓展型课程;天文观测属于拓展型、研究型课程;天文探索属于研究型课程。

1. 天文知识与成就篇赋予学生天文视野

天文知识模块从史学角度认识天文科学的发展,以及中国天文成就。学习方式以学生作为主体开展项目活动,探索天文学家的成长道路,提升科学探索的品质,拓展学生天文视野。

2. 天文观测篇激发学生实践兴趣

观测是天文探索的基本能力,能激发学生求知欲和探究新事物的好奇心,特别是室外观测,不但使学生亲身体验天文知识产生的过程,而且增强了学生的实践能力,培养求真、协作的探索意识。

3. 天文探索篇挖掘学生创新潜能

WWT 宇宙漫游创作提倡分小组学习,每组分工明确,确定主题项目进行问题化探究,编辑一部有关天文、宇宙的"微电影",借助 WWT 平台完成,分工合作进行内容编辑(原创)、收集材料、筛选剪辑、后期制作等环节,充分挖掘展示学生的创新思维与实践能力。

(四)课程实施

1. 课程内容与安排

课程实施以项目化学习、研究性学习、实践操作活动为主,以面向真实情境解决问题、完成任务的实践活动为主。课程实施目标分三个层次:从室内星空兴趣引导到室外观测实践探索再到课题研究深入探索。课程内容安排如下(见图 3)。

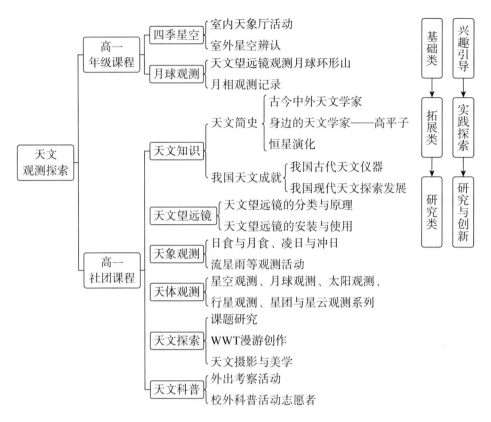

图 3 "天文观测探索"课程内容与安排

面向全体学生的探索活动。本课程面向全体高一学生,与高中地理必修 1 第一单元相结合,落实本单元的实践活动。

面向天文探索基地班学员开展的社团课程。每学年招收天文基地班学员。

2. 课程活动时间安排及课时总量

以高一年级为主,天文探索基地的活动时间从每年 9 月至下一年 8 月,分为三种形式:

学期中:每周周日下午 3:00—5:00。

寒暑假:短期集中学习或考察,每个假期约 3—5 天。

天象日:及时了解可观测天象发生时间,如月全食、日全食、火星冲日等,组织学生观测。

总课时数约 200 课时。

3. 活动地点与设施、设备条件

主要活动地点安排在学校天文探索创新实验室(包括天象厅、小型天文台、机房),外出考察活动主要在上海佘山天文台、上海天文馆等进行。

4. 教学方式

(1) 专题讲座,由学校地理教研组组成指导教师团队,开展互动式讲座。邀请校外专家作专家讲座。

(2) 体验式学习,天象厅"四季星空"体验。

(3) 室外观测活动,室外星空辨认、天象观测、天文望远镜天体观测等活动。

(4) 项目化活动,例如"利用天文望远镜获取木星清晰照片的项目化学习",小组为单位,通过逆向思维反推活动过程与准备阶段,完成任务。再如利用WWT(微软天文望远镜)进行宇宙漫游视频创作、小课题研究。

(5) 外出考察活动,组织学生进行参观考察活动,如上海佘山天文台。

5. 课程计划

课时安排与进度(见表1)。

表1 "天文观测探索"课时安排与进度

课时数	教学内容	主要学生活动
8	第一章 天文简史	一、探索古今中外天文学家 二、探索金山历史上的天文学家——高平子 三、实践活动:制作我国现代天文探索发展轨迹图,制作日晷模型
8	第二章 宇宙环境	一、探索宇宙的起讫问题 二、探索恒星演化与天体类型 三、实践活动:斗转星移 四季星空 (室内与室外观测结合)
8	第三章 天象	一、天象认识:日食与月食、凌日与冲日、流星雨 二、探索活动:月食(或日食)观测活动计划 (根据每年天象预告进行)
6	第四章 天文望远镜	一、天文望远镜类型与原理 二、实践活动:天文望远镜的安装与使用

（续表）

课时数	教学内容	主要学生活动
30	第五章 天文观测活动	一、天体、天象观测 二、探索活动：项目化学习——利用天文望远镜获取月球(或其他天体)清晰照片
30	第六章 课题研究	一、选题策略与方法 二、课题论文与课题研究报告 三、课题展示与交流
30	第七章 漫游创作	一、万维网微软天文望远镜(WWT) 二、创作宇宙漫游(学期中与寒暑假结合)
30	第八章 天文摄影与美学	一、天文摄影技术 二、星野摄影原理与实践 三、星轨摄影原理与实践 （根据季节分散进行）
30	第九章 外出考察活动	一、上海佘山天文台及天文博物馆、上海天文馆 二、华东师范大学实验室 三、雪龙号考察活动
20	第十章 校外天文科普公益活动	接纳校外中小学生天文活动，天文基地学生担任志愿者，师生共同完成

（五）课程评价

课程评价分学员评价和指导教师评价两部分。参照我校特色课程《创新素养培育课程》师生评价表。

1. 建立对学员的发展性评价体系

体现学员的积极参与、活动过程和学习成效，凸显学员的研究能力（见表2）。对学员的评价从出勤、活动过程和学习成效三个方面进行，最终评选优秀学员（不超过30%）、特长学员，对其颁发优秀学员证书，对考核合格的学员颁发基地结业证书。

表 2　学生活动评价

一级指标	二级指标	参考得分	实得分
出勤	出勤情况	按时到达活动地点,不缺席,不早退,得 15 分	
	学习准备	每次活动都作好充分准备,得 5 分	
活动过程	学习态度	学习态度端正,积极参与活动过程,得 20 分	
	思维方法	主动学习,注重思维方法的转换,积极思考,质疑问难,创新思维活跃,得 20 分	
	动手、互动	注重动手能力的提高,观测有效性高,对话交流互动深入,得 20 分	
学习成效	自主探究	善于发现问题,进行小课题研究,得 10 分	
	成果表达	成果形式合理有效,展示表达严谨规范,得 10 分。	
总分			

注:得分在 90—100 分为优秀;70—89 分为良好;60—69 分为合格;59 分及以下为不合格。

2. 建立对指导教师的绩效评价体系

体现指导教师的主动参与、课程建设和指导成效,凸显指导教师的引导能力(见表3)。对指导教师的评价从出勤、教学情况、课程建设和教学效果四个方面进行,最终评选优秀指导教师 2—3 名,对其颁发优秀指导教师证书,并给予一定奖励。

表 3　指导教师评价指标

一级指标	二级指标	参考得分	实得分
出勤	按时到岗情况	准时到达,按时下课,得 5 分	
	安全卫生情况	做好活动人员安全和场所卫生工作,得 5 分	
教学情况	备课情况	准备充分,文本和教具准备齐全,得 20 分	
	上课情况	教学方法恰当,学生参与度高,注重学生思维发展,得 30 分	

（续表）

一级指标	二级指标	参考得分	实得分
课程建设	课件	每节课有与教学内容相匹配的课件,得5分	
	教材	课程结束后能及时形成教材文本,得20分	
教学效果	创新素养培育	关注学生创新素养的培育,引导学生自主探究,鼓励学生创新思维,培养学生跨学科思想,得10分	
	受欢迎程度	教学活动能吸引学生,深受学生欢迎,得5分	
总分			

注:得分在90—100分为优秀;70—89分为良好;60—69分为合格;59分及以下为不合格。

（六）校本课程建设经验

1. 积极响应课程改革与发展的要求

在2015年的《教育部工作纲要》中提出要推动学校的特色发展,提升学校的品质。上海市金山区教育局公布了华东师大三附中天文探索基地为第二轮创新实验室建设市级项目,我校天象厅于2015年1月建成使用。

基地自批准运行以来,本校地理组教师积极开展天文观测探索课程开发,借助专家实力,立足本校教师发展,历经7年探索,师资力量不断加强,课程内容不断丰富,积极开展校级、区级多种天文探索活动,形成了"天文观测探索"课程体系。

2. 加强团队保障与管理

（1）成立校天文探索创新基地建设领导小组。

组成以校长为组长的领导小组,主要对基地的工作起监督、指导和协调的作用。

（2）成立校天文探索创新基地建设工作小组。

组成以地理组为主的基地课程建设工作小组。我校地理教研组的6位教师构成校内主要指导教师队伍。

（3）组建校外专家小组。

我校一方面依托华东师范大学的资源优势,同时与上海佘山科普教育基地签约了合作共建协议,在天象观测及天文望远镜的使用方面等加大了指导力度。

(4) 硬件设施不断完善。

第一,拥有主体实验室天象厅。这是开展室内星空学习实践活动的主要场地,设施完善,使用效率高,每年接待校内、校外大批中小学生开展天文探索活动。第二,配备有小型天文台。这是开展室外天文观测活动的场地。第三,配备不同型号的专业天文望远镜,用于完成不同的观测任务。第四,配备数台笔记本电脑。

(七) 校本课程建设成效

1. 形成区域辐射

通过学校领导和全体指导教师的共同努力,"天文观测探索"目前成为我校的特色项目,2015—2019 年被评为金山区科普教育基地,2016 年获得上海市创新实验室称号,2018 年被评为金山区优秀创新实验室,在全区起到良好的示范和辐射作用。

2. 提升了教师职业发展愿望

(1) 促进教师积极开展课题研究。指导老师均参加了区级或以上课题研究。其中参加市级课题研究 4 项,主持区级课题研究 4 项。基地教师 7 年来不断充实自身的天文知识,积极撰写相关论文,在区级、市级、国家级刊物发表、获奖相关论文 10 多篇。完成了校本资源《天文探索创新课程》的编写,校本资源《走进星空世界》2020 年由中华地图学社出版。

(2) 带动教师的职业发展。目前指导教师队伍已经拥有一名正高级教师,三名高级教师,两名年青的二级教师,形成了老中青相结合的梯队。

3. 丰富学生培养途径

(1) 形成提升中学生科学素养的天文观测活动策略。

在学生天文探索的过程中,逐步形成从兴趣培养到实践提升再到深入研究的三步探索过程,形成了提升中学生科学素养的天文观测活动策略。如,利用天象厅活动,感受星空世界,提升天文探索的兴趣;通过室外观测项目,沟通书本与科学世界,培养理性思维能力;通过望远镜天文观测研究,提高科学研究素养,培植批判质疑的态度;通过天文实践活动,提升兴趣、毅力与合作,培育勇于探究的精神。

（2）在天文观测探索引领下提升深度学习能力。

学生小课题研究数量增加。2020届的高中学生综合评价中,有13位学生提交了天文类课题研究论文,其中部分学生主动报名参加上海市天文台面向中学生的科研站天文探索活动,并完成小课题研究。

（3）在WWT宇宙漫游创作中提升创新思维。

WWT中文名称"万维天文望远镜",利用WWT的宇宙漫游制作可以进行天文类题材的视频创作,是学生深入探索、创新实践综合能力的体现。我校部分学生于2020年首次参加由中国科学院国家天文台主办的面向全国的第四届WWT宇宙漫游制作大赛,三组参赛作品均获得优秀奖。

（4）在天文观测活动中丰富人生体验。

成功观测并记录了多次天象,如火星大冲、木土同框,三次月全食、一次月偏食,以及对月球、太阳黑子、木星、土星、火星、金星、M42星云、昴星团等天体的观测活动。观测过程的艰辛与喜悦,为学生的人生提供了丰富多彩的天文观测体验。

（5）在多元化的作品展示中记录天文探索足迹。

每次活动完成的任务以作品形式展示在学校天文基地大厅。有个性化的学生四季星空图,月球表面环形山分布图,学生拍摄的月球(土星、木星等)照片,校园星座图,校园上空的猎户座,宇宙漫游视频作品等交相辉映,在大厅里熠熠生辉。

（八）仍然存在的困难或问题

目前进一步发展的问题:本课程在深入探索阶段,需要与数学、物理科学接轨。地理教师为主的指导老师需要与其他学科建立联系,使学生的天文探索课题研究能深入。在跨学科培养方面还有些欠缺,目前正在与其他学科合作,促进学生的研究性学习。

（九）学校课程体系框架图（见图 4）

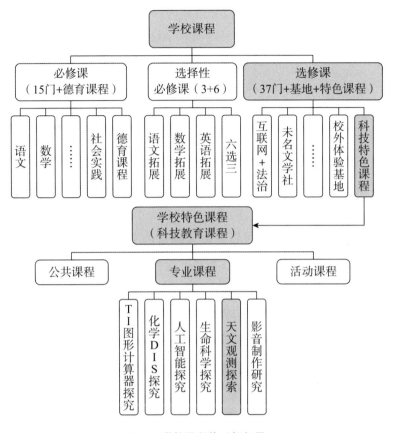

图 4　学校课程体系框架图

四、教育教学生涯感悟

（一）将课堂与生活相沟通，形成教育教学特色

地理教师站立在三尺讲台上，但传授的是万千大好河山，因此我坚持课堂教学与生活实践相结合，形成多感官体验式教学特色，为学生提供丰富的感知体验学习经历，形成具身感知—抽象思维—实践应用相结合的教学过程。注重知识的生成与建构，这样的探索使我的课堂教学更加有厚度，学生学习有深度、有兴趣。结合具身理论撰写了与之有关的论文并发表于核心期刊，并参与相关市级、国家级课题研究。

(二) 以立德树人为目标,提升教育教学品质

2015年,学校天象厅建成,作为地理教研组长,我与全组成员承担了学校天文课程的开发。几乎是从零开始,经过无数个夜晚的仰望星空,从一本、两本、几十本天文书籍的阅读,到精心的备课,开设出"斗转星移、四季星空"的天象厅课程,成功地吸引了学生。对于高中生来说,模拟的星空只是一个良好的开端,真实的星空则更具有吸引力,膨胀的天文需求使学生从室内走向室外。很多学生会在冬季拍摄猎户座、春季寻找狮子座、夏季寻找牛郎织女星,仰望星空成了习惯。并且"得寸进尺",提出我们能看得更清楚吗? 为了丰富室外的天文观测探索,我们又购买了不同型号的天文望远镜。望远镜的安装、使用,涉及很多天文知识、光学原理,天体拍摄、后期处理又涉及很多软硬件的使用。这些内容进一步丰富了我们的天文课程,使我们的天文探索从室内走向室外,从观测走向研究,逐步形成从兴趣培养到实践提升再到深入研究的三步探索过程。

从2015年至今,8年多的"天文观测探索"课程开发,形成了由室内天象厅,到室外天体观测、宇宙漫游视频创作、天体摄影、课题研究等丰富多彩的天文探索课程体系,创建了上海市天文创新实验室、金山区科普基地,2020年主编《走进星空世界》一书出版,2023年入选教育部校本课程典型案例;8年来我非常重视青年教师的培养,形成良好的教师团队,使天文课程能长期持续地开展下去;8年来的坚持使每一个学生都能走进天象厅,并为感兴趣的同学提供深入探索的机会;8年来带领学生开展校园天文观测探索活动,历经了很多感人的场面,如在夏日的高温炎热与蚊虫叮咬中拍摄火星大冲,在冬季夜晚的寒风中等待月全食的现身,这两年又是太阳活动高峰年,在烈日暴晒下观测太阳黑子、日珥。其实,天文观测是一件很艰辛的事,每一次观测活动都要同学们合作搬运沉重的设备,安装好,调试好,才能正常运转,也正是这样辛苦的过程成就了每一次观测的成功和喜悦! 对学生来说也是一次次意志的磨炼与成长,在观测过程中懂得合作的重要性,培养了毅力、耐力,提升了解决现实问题的能力。

2019年至今,高三学生的综合评价中,提交了20多篇天文类课题研究,10多名学生参加中国天文学会、中国科学院国家天文台主办的万维天文望远镜宇宙漫游制作大赛,并取得了优秀的成绩。

天文基地对全区中小学生开放,我长期利用周末、寒暑假开展天文活动,多样的学习方式为学子们打开了一扇通往宇宙星空的大门,在全区起到良好的示范和辐射作用。

(三) 爱岗敬业尽职尽责,教育教学成效显著

长期以来,在地理教学、班主任、教研组长及区学科导师、区人大代表等各项工作中都能勇挑重任,担职尽责,且成效显著,多次获奖。

等级考 7 年中 4 年的跨年级教学,课时多、任务重,效果好。作为班主任所带班级 2016 年荣获上海市优秀班级。担任地理教研组长荣获区优秀教研组称号。担任金山区地理学科导师,积极开设导师展示课,带教多名青年教师,2016 年、2020 年指导青年骨干教师分别荣获上海市教学评优一等奖、二等奖。

疫情期间参加金山区"金智云"线上公开教学,为学生提供优质线上课程资源。疫情期间还积极参加 3 位青年教师的空中课堂教学指导工作。

目前成立区级地理名师工作室,带领青年教师立足双新课改,开展项目研究,入围区级重点课题。促进青年教师的成长将是我接下来的主要任务之一。

做好一件事、做成一件事需要投入全身心的热爱,爱岗敬业方能使我们在教育岗位上走得更有力!潜心钻研、同伴合作方能使我们在教育事业上走得更长远!"星光不问赶路人,时光不负有心人",时光会见证每一分努力!

∞∾ 优 课 示 例 与 推 荐 人 语 ∾∞

优 课 示 例 1

作者简介:张福瑞,任教于华东师范大学第三附属中学,从教时间 21 年。所获荣誉:2020 年在"金山区 2019 学年见习教师规范化培训"教育教学指导工作中成绩优异,被评为优秀指导教师;作为副主编出版《走进星空世界》;在国家优秀期刊地理教育发表论文《从星空模拟到室外观测——培养地理实践力的有效路径》;在金山区生地科创专委会组织的微视频评比中荣获二等奖;2021 年起担任金山区第八届地理学科导师;2022 年《具身问道:源于身体与思维结合的教学活动——以大气的组成和垂直分层为例》荣获金山区教育学会论文案例评比二等奖;《利用智慧课堂系统搭建师生线上学习的舞台》在金山区在线教育成果评选活动中获得二等奖;多次荣获金山区手绘地图比赛优秀指导教师奖;2023 年《基于具身活动的问题探索教学课例——以"地球的演化过程"为例》在金山区"问题导学"新课堂优秀课例评选中获一等奖;课题"运用智慧课堂系统促进线上教学的实践研究"获金山区教育三等奖;领衔上海市中小学单元作业设计获三等奖。

特长爱好:天文探索。

教坛心语:俯察地理,仰观天文。

《交通运输与区域发展》教学设计

一、"区域发展战略"单元教学任务分析

(一) 单元内容分析

本单元内容是在学习人口、城镇和乡村、产业区位选择三个单元之后,聚焦区域发展战略的综合学习内容,有助于了解交通建设与区域发展互为影响,重大区域发展战略制定的地理背景及其影响,同时对维护海洋权益、加快建设海洋强国有更深的理解,有助于更科学地谋划区域发展。通过本单元的学习,有利于学生加深对人文地理基础知识的理解,关注我国当前经济发展领域的一些重大发展战略,树立建设家园的主动意识,提升地理综合思维品质。

本单元共包括三部分内容:交通运输与区域发展、重大发展战略及其地理背景、海洋权益与海洋发展战略。

（二）知识结构

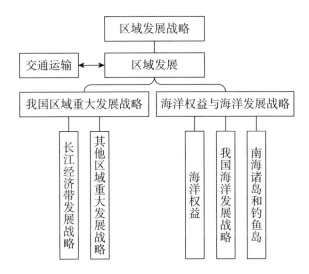

（三）学情分析

在知识与能力储备上,学生在初中阶段已经学习过交通运输方式的种类及特点,并且在高中地理课中学习了人口分布、乡村和城镇空间结构、三大产业区位等与本节相关的内容,具备自主建构知识的动机与能力。

在身心发展特点上,高中学生尚缺乏丰富的生活经验,自主实现地理规律与地理现象相结合的地理综合思维能力较弱,对具体实例中交通运输与区域发展的关系认识不足。需要在教学过程中创设真实情境,让学生在课堂中动手实操,自主探究,逐步构建相关知识体系,提高地理核心素养。

（四）单元教学目标与课时

序号	单元组成	单元内容	课时
1	交通运输与区域发展	1. 结合图文资料和实例,说明交通运输方式和布局对区域发展的影响 2. 结合实例分析区域发展对区域交通运输的促进作用	1
2	重大发展战略及其地理背景	1. 通过图文资料列举了我国区域重大发展战略 2. 以长江经济带发展战略为例,从长江经济带的地理概况、资源环境条件、社会经济基础、内部关联互补、海陆双向开放、面临的问题等方面进行介绍 3. 实践活动:分析长江三角洲区域一体化的交通发展	2
3	海洋权益与海洋发展战略	1. 结合浙江舟山群岛新区的设立,介绍海洋权益、我国的海洋发展战略 2. 结合资料,说明南海诸岛是中国领土的组成部分,钓鱼岛及其附属岛屿是中国固有的领土	1
核心素养		**单元目标**	
人地协调观		了解不同交通运输方式和布局对人类社会经济文化交流活动的影响;结合长江经济带内各地区资源开发运用的具体成功案例,理解山水林田湖草是"生命共同体"的理念;理解海洋开发、保护、利用对人类生存发展的影响	
综合思维		能结合实例分析某区域交通运输与经济发展的关系;分析长江经济带的地理背景,长江经济带战略实施中存在的问题,并提出建议;依据史实资料综合说明南海诸岛、钓鱼岛自古以来是我国的领土	
区域认知		能结合实例描述某区域区位条件的变化对交通发展的影响;描述、比较长江经济带内不同地区的位置和区域范围,发展定位的差异;能够描述海洋各政治地理空间,并辨识南海诸岛、钓鱼岛等	
地理实践力		能借助网络工具解决生活中的交通问题,满足生活需求;能主动关注、收集长江经济带内各地区资源开发运用的案例,了解区域内部发展的差异	

二、课时教学设计

（一）课时教学目标

1. 通过网络购票的具身活动,提高地理实践力;结合案例,理解交通运输与区域发展的相互影响,提升区域认知能力。

2. 通过我国东西部交通布局的现状,分析影响交通运输布局的主要因素,培养综合思维能力。

3. 了解我国交通建设的成就,提升民族自豪感,树立人地和谐的发展观。

（二）教学重难点

重点:交通运输方式和布局对区域发展的影响;区域发展对交通运输的影响。

难点:结合实例,说明交通运输与区域发展的关系。

（三）教学技术与学习资源应用

PPT、智慧课堂、导学案、笔记本电脑。

（四）教学流程

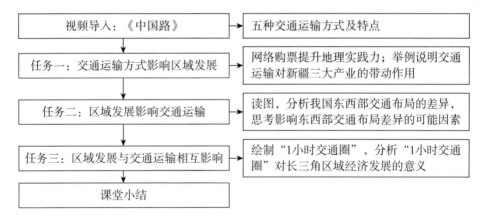

（五）教学过程

教学环节	师生活动		设计意图与素养要求
	教师活动	学生活动	
导入	播放视频《中国路》	关注视频中的交通运输方式	创设情境,引入课题 了解中国五种交通运输方式,增强民族自豪感

（续表）

教学环节	师生活动		设计意图与素养要求
	教师活动	学生活动	
任务一：交通运输方式影响区域发展	具身活动：引导学生进行网络购票	学生以小组为单位，进行网络购票的实操，并记录相关信息进行交流汇报	创设贴近学生生活的情境，通过网络购票这种具身活动，提高学生地理实践力。通过分析交通运输对新疆经济发展的影响，提高学生的区域认知能力
	案例：交通运输对新疆区域发展的影响	学生举例说明交通运输对新疆三大产业发展的带动作用	
任务二：区域发展影响交通运输	展示《中国主要交通路线分布图》，引导学生从不同角度分析交通布局差异，并得出结论：区域发展影响交通运输	读图，从图中提取有效信息，并结合所学知识，分析我国东西部交通运输布局的差异及原因	综合考虑城市、人口、地形、经济等多种地理要素对交通运输的影响，培养学生的综合思维能力
任务三：交通运输与区域发展相互影响	提供数据，引导学生绘制上海1小时交通圈；提供材料，引导学生分析1小时交通圈对长三角区域发展的影响	绘制上海1小时交通圈；能根据材料分析1小时交通圈对长三角区域发展的影响	通过绘制1小时交通圈，使学生更加深刻理解交通对长三角经济发展的影响，更深层次地理解交通促进区域经济发展
课堂总结	梳理交通运输与区域发展相互影响的关系		知识梳理，加深理解

（六）板书设计

主题10　交通运输与区域发展

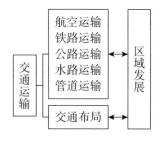

（七）布置作业

阅读 P89 材料，以扬州的兴衰为例，分析交通运输的变化对扬州发展的影响。

时期	交通变化	城市发展
古代扬州		
近代扬州		
今日扬州		

【教学反思】

<h2 style="text-align:center">一镜到底的体验式学习</h2>

——《交通运输与区域发展》教学反思

一、"一镜到底"的教学设计

本节课的课程标准是"结合实例,说明运输方式和交通布局与区域发展的关系","运输方式和交通布局与区域发展的关系"是重点内容。从"结合实例"和"说明"可以看出,课标的内容要求注重在具体案例中培养学生对知识的理解与运用能力。因此,本节课结合案例分别从交通运输方式对区域发展的影响及区域发展对交通运输的影响两个方面进行学习。在本节课的教学中,我采用了教学情境化,创设了李同学自新疆旅游返回上海的情境。情境是联系现实世界与教材中地理知识和原理的纽带,用这个情境贯串了整个课堂,采用"一镜到底"的教学策略使得教学线索清晰、课堂教学更加高效。依据教学情境,我设计了三个任务,要求学生在活动中逐步完成各项任务,最终达成教学目标。

二、体验购票的实践活动

在身心发展特点上,高中学生由于缺乏丰富的生活经验,无法实现地理规律与地理现象相结合,地理综合思维能力较弱,对具体实例中交通运输与区域发展的关系认识不足。需要在教学过程中创设真实情境,让学生在课堂中动手实操,自主探究,逐步构建相关知识体系,提高地理核心素养。本节课是围绕名师工作室的课题"基于地理实践力的具身性学生活动设计研究"开展的。基于此,我设置了网络购票的具身活动,我们的学生平时虽然经常出门游玩,但很少自己购票,缺乏这方面的地理实践,部分学生不知道去哪个网站买票,也不知道购票的步骤,很难单独完成这个任务,好在学生们以小组的形式相互帮助相互提携,不断尝试,最终能够选择出合适的交通方式和合适的网站,圆满完成购票任务。在购票的过程中,学生还能考虑出行的时间、价位和舒适度,真正用身心去体验、去感悟,地理实践力在这个过程中得以提升。

三、任务驱动的学习过程

区域发展对交通运输的影响主要通过两个尺度来学习,一个是大尺度,从中国东西部交通布局的差异入手,综合考虑城市、人口、地形、经济等多种地理要素对交通运输的影响,理解区域发展可以促进交通运输布局的发展。另一个是较小尺度,从终点站虹桥站入手,由于位于上海,虹桥站被建成亚洲最大的综合交通枢纽之一,体现了区域发展对交通站点的影响。最后通过绘制上海1小时交通圈,以及相关文字材料,让学生了解到,便捷的交通网络又会促进上海以及整个长三角区域的发展。更深层次地理解交通运输与区域发展是相互促进相互影响的,进而完成本节课的教学任务。

本节课也有很多遗憾,由于听课人数比较多,学生有点局促紧张,没有生成性的资源出现。另外,在活动中没有对学生的思维进行深层次的挖掘,思维含量有待于加强。

专家点评

学生课堂活动的具身化设计

本节课教学是基于双新课改前提下,以培育学生核心素养为目标的课堂教学,教学内容对应的课程标准是"结合实例,说明运输方式和交通布局与区域发展的关系",因此本节课结合实例,设置情境,以问题导学完成教学任务。突出了学生实践能力的培养、区域分析,以及综合思维的培育,总体设计体现出具身化、情境化、任务化。

一、教学设计情境化

本节课主题是"交通运输与区域发展",教学内容相对比较枯燥,理论性较强,因此,在教学设计上张老师采取"一镜到底"的策略,使学生的学习有了情境、情节的发展,课堂的生命活力得以体现。从上海到新疆、从新疆到上海,旅途的购票、交通方式的选择,以及沿途的风景、地方特产、经济发展水平等等,将众多知识点有序串联起来,提高了学生的学习兴趣。在一节课的新疆之旅中开展交通运输的学习,也是书本知识与现实生活的结合。

二、学生活动具身化

具身认知理论具有涉身性、身体的体验性、身体与环境的互动性、活动的情境性以及情感性体验等特征。地理知识的建构主要体现在三个过程:第一,具身感知的获得,建构对地理现象的感性认识;第二,使感性认识上升为理性认识,形成抽象思维,建构地理空间现象的抽象概念;第三,地理知识实践应用,即利用地理原理分析实际问题,具体与抽象的灵活沟通,建构地理综合思维能力。

本节课采取小组活动,进行网上购票、选择交通方式,是一种真实性的具身活动。有些学生从来没有自己购买火车票、飞机票,通过本次具身活动——网络购票,学会了上网购票,以及根据需要选择合适的出行方式,提高学生的地理实践力;同时也认识到我国交通运输的发展,以及交通运输方式的多样性。结合新疆案例,理解交通运输方式及发展趋势对区域发展的影响,加强了区域认知能力及综合思维能力的培养。

三、知识学习任务化

在学习过程中,张老师的设计始终以学生自主探索为主,通过合理的问题设计,提供相应的学习资料,引导学生解决一个又一个问题,在解决问题的过程中学习了本节课的知识点。同时,问题设计具有多样化,不同的问题采取不同的设计。例如,结合所学知识,读图分析东西部交通路线布局的差异,理解区域发展对交通运输的影响,通过分析城市、人口、地形、经济等多种地理要素对交通运输的影响,培养学生的综合思维能力;再例如,通过身边的案例"虹桥站点",了解交通布局和区域发展相互促进;通过绘制1小时交通圈,以及相关材料,了解1小时交通圈对长三角发展的意义。

本节课整体教学设计非常好,在思维训练方面需要进一步提升深度与广度。

优课示例 2

作者简介:孙淑媛,任教于华东师范大学第三附属中学,从教时间 4 年。所获荣誉:2019 年荣获金山区优秀见习教师;2019 学年金山区中小学(幼儿园)见习教师基本功大赛一等奖;2020 年上海市中小学(幼儿园)见习教师规范化培训基本功大赛综合奖一等奖;2020 年上海市中小学(幼儿园)见习教师规范化培训基本功大赛课堂教学单项奖二等奖;2020 年金山区生地科创专委会微视频评比一等奖;教育智慧呈现案例入选《2020 年见习教师规范化培训教育智慧呈现案例集》;2021 年上海市"中小学幼儿园课题情报综述"征文评选三等奖;2022 年金山区第六届"新苗杯"青年教师教学基本功评比一等奖。

特长爱好:阅读。

教坛心语:把爱带给每位学生。

主题 5 《大气的受热过程与运动》单元教学设计

一、单元教学任务分析

(一) 学情分析

本单元的教学对象是高一学生。学生在结束了对行星地球的探索之后,对地理的学习产生了浓厚的兴趣。但由于高一学生对地理知识的了解相对比较薄弱,对自然地理事物仅局限于感性认识,学习能力和分析能力相对不强,对概念、理论的归纳能力较弱,在教学过程中教师采用了有效的方法给予帮助,通过创设情境、问题引导,并借助学生自身生活经验,启发学生主动完成新知识的构建。

(二) 单元内容分析

本单元属于高一地理教材第 2 单元下的第二个专题"大气受热过程与运动",属于大单元"大气环境"下的小单元。本单元教学内容围绕三部分展开,即"大气受热过程""热力环流"和"大气水平运动——风",其中"大气受热过程"包含两部分相互联系的内容,一是大气对太阳辐射的削弱作用,二是大气对地面的保温作用。各部分内容及课时安排如下表。

序号	单元组成	单元内容	课时
1	大气对太阳辐射的削弱作用	太阳辐射被大气的吸收、反射和散射 活动:紫外线指数与防晒品选择	1
2	大气对地面的保温作用	太阳辐射、地面辐射和大气辐射的关系 实验:验证二氧化碳是温室气体	1
3	大气热力环流	热力环流的形成和原理 自然界的热力环流现象	1
4	大气水平运动——风	水平气压梯度力、地转偏向力和摩擦力对风速和风向的影响 活动:测定风向和风速	1

（三）单元内容结构图

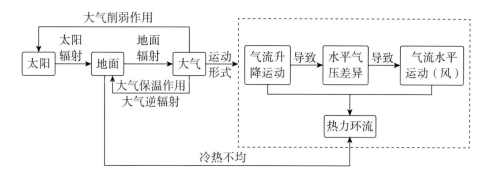

（四）单元教学目标

核心素养	目标陈述
人地协调观	理解大气对环境的影响,养成保护大气环境的必备品质
综合思维	1. 从太阳、地面和大气要素角度,分析三者之间的能量转换 2. 以海陆风、城市风和山谷风为例,对热力环流发生、发展进行分析
区域认知	比较不同地区太阳辐射能分布的差异
地理实践力	能借助他人的帮助和使用工具,设计测量风的实验

二、课时教学目标(第三课时)

(一) 课时内容分析

本节教学内容为高中地理必修第一册第二章第二个主题"大气受热过程与运动"的第三个知识模块"大气热力环流"。主要学习大气运动最基础的原理——热力环流,学生通过学习本节课内容,理解近地面受热不均是引起大气热力环流的原因,通过解读资料中提供的信息,将生产生活中的现象与大气热力环流相联系。本节课承接上节课"大气受热过程",为后续进行"大气的水平运动——风"的学习做铺垫,也为今后认识气候与天气相关现象奠定基础。

(二) 课时教学目标

1. 借助比热容、热胀冷缩、气压等知识,综合思考热力环流的形成。

2. 分析自然界各种热力环流现象产生的原因,如海陆风、城市风和山谷风。

3. 理解大气对环境的影响,养成保护大气环境的必备品质。

4. 归纳热力环流的原理,并通过知识迁移应用到生活情境中。

5. 通过动手实验,以小组合作的方式演示热力环流的过程。

(三) 教学重点、难点

重点:热力环流的原理及应用。

难点:热力环流的原理。

(四) 教学方法

实验观察法、探究学习法等。

(五) 教学资源

走马灯、小蜡烛、多媒体设备、脉冲点火器、PPT、学生任务单等。

(六) 教学流程

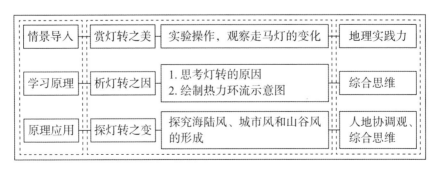

（七）教学过程

教学环节	教师活动	学生活动	设计意图
情境导入：赏灯转之美	1. 讲解走马灯的悠久历史 2. 演示走马灯的操作步骤,提醒学生实验注意事项	以小组为单位按步骤制作走马灯,并点燃蜡烛,最后观察走马灯的变化	激发学生兴趣,引导学生具身体验
	过渡：走马灯为什么会转动		
学习原理：析灯转之因	1. 引导学生思考走马灯气流运动示意图 2. 请学生绘制热力环流示意图 3. 讲述热力环流原理	【任务一】绘制走马灯内外空气垂直和水平方向上的运动,完成热力环流示意图	通过思考走马灯内外气流运动,理解热力环流的形成过程,并以此深入探究热力环流的原理
	过渡：热力环流在生活中有哪些应用		
原理应用：探灯转之变	1. 介绍海洋与陆地之间的比热容差异 2. 展示成都某日平均气温分布图 3. 展示材料:地处山顶的卖炭翁和地处山谷的卖臭豆腐大爷之间的矛盾	【任务二】根据热力环流的原理,绘制白天海洋与陆地之间的热力环流图 尝试绘制城市中心城区与郊区间的局部热力环流示意图 【任务三】通过绘制白天和晚上山顶与山谷间的热力环流,解决卖炭翁与卖臭豆腐大爷之间的矛盾	创设不同情境,使学生将热力环流原理与现实地理现象相联系,培养综合思维,提升人地协调观
小结	课堂小结	梳理巩固	巩固知识

（八）板书

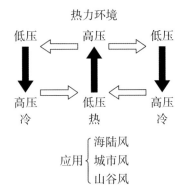

（九）作业（练习册对应的主题内容）

主题 5-3 《热力环流》学生任务单

班级：_____ 姓名：_____

【任务一】

沿虚线绘制走马灯内外空气垂直方向和水平方向的运动。

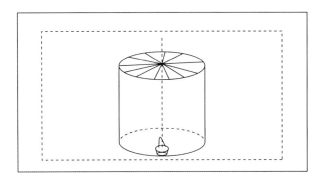

【任务二】

1.根据热力环流的原理,绘制白天海洋与陆地之间的热力环流图。

2. 据此,长发美女白天在海边拍照应该选择_____朝大海。

【任务三】

材料:有一天,居住在山谷的卖臭豆腐的老汉到县衙,控告居住在山顶的烧炭老翁烧炭的烟气熏得他晚上睡不着觉,而烧炭老翁到县衙后同样控告老汉臭豆腐的气味熏得他白天吃不下饭。县太爷不思其解感到很茫然。

1. 根据热力环流原理,解释材料中白天和夜晚山顶与山谷之间的大气运动。

_____

_____

_____

_____

_____

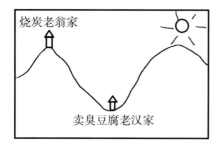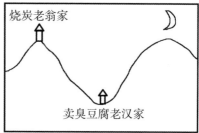

2. 如果你是县太爷,应该如何解决二者之间的矛盾?

_____

_____

_____

_____

【教学反思】

具身视域下的地理"双新"教学

本节课是基于教研组课题"基于地理实践力的具身性学生活动设计研究"下进行的具身视域下的高中地理"双新"教学探索。具身认知是认知心理学的新发展,人的认识是具身的,人类认知是大脑、身体、环境三者构成的统一体,身体各个器官的活动与大脑的思维活动密切相关。具身性活动是指学生活动过程中身体及身体的各个器官均参与活动,承担不同的任务,发挥不同的功能,全身心与环境各要素相互作用与融合的学生实践活动。本节课具有以下特点。

一、重视多感官参与的学习

"双新"背景下地理核心素养之一就是地理实践力的培养,学生能够运用所学知识和地理工具,在室内、室外真实环境下,通过考察、实验、调查等方式获取地理信息,探索和尝试解决实际问题,具备活动策划、实施等行动能力。地理实践让学生多感官参与到学习过程中,加深对地理过程、地理原理的理解,有助于学生开展真实、丰富的地理学习。

设计示例:本节课以小组为单位按步骤制作走马灯,利用电脉冲点火器点燃蜡烛,最后观察走马灯的变化。教师将学生分成不同的小组,用手感受走马灯内外气流的运动情况,记录并分析实验结果。整个活动过程,学生都是合作讨论完成,学生能直观地得出走马灯在点燃前后发生的显著变化,有助于学生实践能力的培养。

设计意图:走马灯的使用为学生提供了真实的地理情境,在实践中学生调动身体的各个感官、技能,用手感受气流的流动和空气的温度,用眼睛观察走马灯的转动,用大脑思考气流的运动,使学生多角度、多维度地思考地理问题,引导学生具身体验。

二、帮助学生进行维度转化

本节课设计实验走马灯来营造具身感知情境使学生感知热力环流。通过观察实验现象使学生沉浸在具身活动中体验热力环流,利用实验结果抽象建构热力环流模型,实现从三维到二维的过渡,形成热力环流的抽象概念。接着,课堂上利用海陆风、城市风和山谷风三个现实生活中的情境来实现原理的应用。最后,通过难度逐渐提升的习题来检测学生的学习效果。

在具身认知过程中,面临着两个思维维度转换。一方面,需要将具身情境转换为头脑中的思维模型;另一方面,将头脑中的思维模型应用到真实情境中。利用两个思维维度的转换,学生的体悟过程和核心素养得到进一步的提高,地理知识得到进一步的提炼,学生的抽象化处理能力得到培养,从而加深对抽象地理理论的理解。

设计示例:通过观察实验,引导学生思考走马灯气流运动示意图,并绘制走马灯内外空气垂直和水平方向上的运动,完成热力环流示意图。最终,利用示意图讲述热力环流原理。根据热力环流的原理,完成海陆风、城市风和山谷风等三个情境的分析。绘制白天海洋与陆地之间的热力环流图,城市中心城区与郊区间的局部热力环流示意图,绘制白天和晚上山顶与山谷间的热力环流示意图,解决卖炭翁与卖臭豆腐大爷之间的矛盾。

设计意图:在教学过程中,通过思考走马灯内外气流运动,理解热力环流的形成过程,并以此深入探究热力环流的原理,达到现实具身情境的三维甚至多维度的感受转换为二维的热力环流示意图。创设不同情境,使学生将热力环流原理与现实地理现象相联系,培养综合思维,提升人地协调观,达到二维的热力环流的原理应用到现实的情境中去。

三、注重核心素养培育

整节课下来过渡流畅,贯彻双新理念,以学生为主体,注重学生地理核心素养的培养,每个学生能积极参与课堂活动。教学目标基本达成,教学内容重点关注学生思维方面的能力,课堂秩序有序,实验操作安全有效,教学节奏张弛有度。但在细节上还是存在着一些问题,比如说对于智慧课堂的辅助教学的作用利用得不够彻底,在原理的表述方面存在着细节性的问题,在之后的课堂教学中,我会将其予以改正,以期达到更好的教学效果。

专家点评

课堂中的多感官体验式学生活动设计

地理教学要教会学生认识、解释现实中的地理现象及其发生、发展规律,因此课堂教学要与生活相结合,学会从地理的视角看生活,在生活中感知地理现象,多感官体验式教学是地理教学的特点。本节课学生通过观察走马灯,解释走马灯旋转的原理,绘制热力环流原理结构图,从而建构了热力环流的认知,注重知识的生成与建构,为学生提供必要的感知体验学习经历,这种探索课堂教学更加有厚度,学生学习有深度、有兴趣。

一、学生活动注重参与度

地理实践能力的培养要增加学生的参与,参与过程中感知、体验不同的地理现象,因此学生活动的设计很重要。是教师活动还是学生活动,是个别参与还是整体参与,是可有可无还是不可或缺,本着提升全体学生的多感官体验的目的,孙老师在本节课的设计之初就有学生参与,从走马灯的制作,课堂上的小组活动,任务分配,活动汇报,都由不同的学生参与、完成,几乎达到全体参与的效果。

二、学生体验设计注重由浅入深

在走马灯活动过程中,孙老师设计思路细致,从不同角度增加了学生的多感官体验,具身性更强。如"从动手制作灯笼,到课堂操作点亮灯笼,在走马灯上方用手感知热空气上升,用眼观察走马灯的旋转运动,在黑板上绘制走马灯的气流运动示意图,交流讲述走马灯旋转的原理"。由此可见,学生的多感官参与,从现象到原理的学习,体现出由感性认知到抽象思维的形成。在教师的引导下,由学生一步一步自己建构出来,加深对地理过程、地理原理的理解,有助于学生开展真实、丰富的地理学习。

三、学习过程注重学与用的结合

本节课的设计基本上是具身感知—抽象思维—实践应用三个环节,符合学生的认知规律。同时通过实践应用的环节,用所学原理解释其他相关现象,使所学知识得以迁移、拓展,开拓了学生的视野与思维。例如,本节课开始以走马灯的悠久历史传统和走马灯的制作引入,讲述走马灯作为我国的非物质文化遗产的美学体验;在本节课的结束,借用诗句"君问归期未有期,巴山夜雨涨秋池"引起学生对于"巴山夜雨"的思考,使一节课首尾呼应。学生在热力环流原理的学习后,对引入的问题已经是豁然开朗,难点也就迎刃而解了。

四、教学设计融合传统文化

在设计意图中,孙老师选择我国传统的走马灯,走马灯一方面可以展示热力环流现象,同时,对走马灯的欣赏和诗歌的美学能增加学生课堂上美的体验,愉悦学生各感官的审美。走马灯作为我国著名的非物质文化遗产,其蕴含着深厚的民族感情和历史价值,通过课堂的体验和课前的制作,使得学生对走马灯产生了浓厚的兴趣,有利于学生正确价值观、审美和民族感情的培养。将"巴山夜雨"的逻辑与诗歌审美放在一起,有利于学生综合思维的进一步培养。

顾燕文◎主编

特级教师在课堂 下

——新时代课程教育教学的智汇演绎

上海教育出版社
SHANGHAI EDUCATIONAL
PUBLISHING HOUSE

目录

下　　册

小 学 语 文

特 级 教 师 简 介

珍视学生需要方能因材施教,这是对学生也是对教育的尊重。

唐连明,现任金山区教育学院语文教研员,曾任区基础教育质量检测中心小学学段主任、教育学院小学教研室副主任,曾获上海市课堂教学评比一等奖、上海市教学设计一等奖,并执教"空中课堂——名师面对面";2001年起参加编写上海市二期课改小学语文二至五年级课本,在市教委教研室组织的"2015年基础教育教研员专业发展评选活动"中获得第一名。是上海市普教系统名校长名师工程第一届学员,2008年8月被市教委列为"上海市普教系统名校长名师培养工程"重点培养对象,被市教委聘任为"上海市教育委员会组织的上海市对口培养云南省级骨干教师项目的学科培训教师"。曾获共青团市委和市农委授予的"十路百家"优秀青年人才荣誉,被金山区委区政府评为"青年拔尖人才",2023年被授予"上海市特级教师"称号,同年晋级正高级教师。

曾申报并主持上海市教育综合改革重点项目"学科基础素养综合评估的实践",项目成果《金山区小学生学科基础素养综合评估的实践》被市教委教研室评定为"优秀";所撰写的培训课程《走向开放的小学阅读教学》被列为上海市基础教育教师培训共享课程,并在市师资培训中心组织的"2017年基础教育教师培训课程展评活动"中获得二等奖;开发的课程《"三维评估"焕课程新颜》被市教委列为"2016年上海市中小学、幼儿园校(园)长暑期专题培训"课程,在市教委组织的"创生——上海课改三十年区校成果报告会"上作主题交流;著有《语文课程校本化的区域指导》。

近年来致力于学生言语智能的研究与实践,一是编制小学各册表达训练的内容和要求,提炼和提高了读写结合幅合度的策略和方法,相关成果获区教科研成果一等奖;二是借助学习结果分类理论观测学生的个体需要,并在课程中设计相应的学习任务,提炼了课堂教学模式、推行基于任务分析的教学设计规程,相关论文发表于《基础教育课程》《小学语文教与学》《教学与管理》等刊物;三是创设情境组织学生用语言文字回应环境,组织开发学科综合实践课程、设计指向核心素养的单元教学预案,让学生在真实情境中运用语言文字,通过运用把知识转化成能力、丰润为经验,感受其价值,相关成果获得"2017年上海市基础教育教学成果评选"一等奖。

特级教师优课与经验分享

一、课堂教学——用模式匡正自己的教学行为

教师常需借鉴他人的设计,但往往因为没有明确的教学思路致使教学预案沦为东拼西凑的花布;教师常要借鉴他人的教学,但往往因为没有明确的教学观念致使教学陷入函矢相攻的境地。施良方先生在《课程理论:课堂教学的原理、策略与研究》的序言中说,教师要改进自身教学须有确定的理念、策略方法,且需践行数年。给自己设计一个教学模式,可以规范自己、强迫自己,进而成为既有理论观点又能将理论贯串于教学始终、落实在行为细节的有思想的教师。

因材施教必然追求基于学生需求的教学方式。格罗 SSDL 模式认为良好的教

学均是情景性的,并提出了"教学方法与学生自我指导水平相契合"的教学指导思想。20年前,借鉴这一思想,我设计了课堂阅读教学模式并运用于课堂,甚至借此执教《驿路梨花》参加市级课堂教学评比并获一等奖。这一模式,将学习者与学习内容的关系作为选择和设计教学方法的依据,以学生逐层质疑、释疑为基本结构,以基于学生的问题和需求组织教学为前提,以构建层级性问题和问题链为关键。

基于学生问题的课堂阅读教学模式

基础教育"面向人人"的教学方式,核心是以教促学实现育人方式的转型。课堂转型的关键是以学生的学习为中心来组织教学。"教学方法应与学生自我指导水平相契合。"这是格罗 SSDL 模式提出的教学指导的整体性思想。将这种指导思想落实于课堂,不仅可以扭转传统的灌输式教学,还能基于学生的问题情境实施相应的教学,是对课堂教学"面向人人"的教学方式的有益探索。

一、模式的设计目标及思路

教学方法与学生的需求相契合,是教学设计的目标。而在课堂教学这一时空环境下,学生们在阅读中会同时呈现不同方面、不同层次的需求。选择合适的教学方法以及同时满足这么复杂的需求,是一直以来的追求和困扰。

1. SSDL 理论的启悟①

SSDL 模式是"阶段性自我指导模式"(Staged self-direcled learning model)的简称,由吉罗德·O·格罗(Gerald. O. Grow)于1990年提出。格罗认为:教学方法应与学生自我指导水平相契合。为此,构建了两个系统。其一,划分学生的自我指导水平,建立了水平层级系统。他从学习者的兴趣、知识、能力等面观察学习者的自我指导水平并把这类水平分成了前后相继的四个阶段。"阶段性自我指导水平"反映学生面对学习内容时的预备状态,不同的阶段性水平则反映了学生对他人、对环境不同程度的依赖和需求。其二,提出了相应的四种教学方法,建立了对应的策略系统(整理后见表1)。

教师们通常也会考虑教学内容的难度,有时也作学情分析,但是由于缺乏固

---

① 胡平洲.格罗 SSDL 模式述略[J].比较教育研究,1993(2).

定的、有层次的学生需求的表述系统,教学方法的针对性因而无从提高。SSDL模式的"阶段性自我指导水平"系统提供了这方面的借鉴。

表1　阶段性自我指导水平及教学方法

阶段性自我指导水平		教学方法
自我指导水平四阶段	学习水平状态	
S1 低自我指导水平(依赖型学生)	依赖	权威　辅导
S2 初级自我指导水平(有兴趣的学生)	兴趣强、知识不系统	激励　指导
S3 中等自我指导水平(参与的学生)	具备一定的知识技能	促进
S4 高自我指导水平(自我指导的学生)	具有较高的自学技能	咨询　协商

2.课堂阅读的学生需求

阅读教学的内容是多层次的,因此学生个体面对不同的学习内容会处于不同阶段的自我指导水平;课堂学习的学生是多层次的,因此面对相同的学习内容,不同学生个体会处于不同的自我指导水平。因此,若把学生基础与学习内容的关系作为观察点,课堂教学中学生的需求繁复且预测难度大。

因此只能换一个角度,把学生与学生的需求关系作为观察点。如此,不难发现,学生阶段性自我指导水平的分布不外乎三类状态——大多数学生处于S1(低水平)的、学生处于不同阶段(S1—S4)、大多数学生处于S4(高水平)——第二类状态,学生间存在的差异比较明显。由此可以确定相应学习内容的三个层次,高难度、中等难度和低难度(图1、2)。

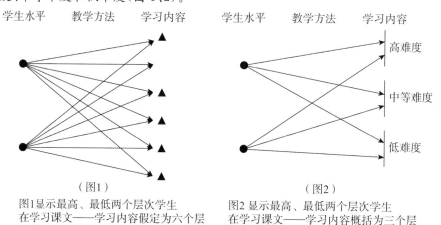

(图1)　　　　　　　　(图2)

图1显示最高、最低两个层次学生在学习课文——学习内容假定为六个层次时——理论上所需的教学方法

图2显示最高、最低两个层次学生在学习课文——学习内容概括为三个层次时——所需的教学方法

图1、2　学生所需教学方法的分布及相应的学习内容

3. 课堂阅读的教学方法

针对课堂中学生阶段性自我指导水平的三种分布状态(或者由此确定的三个层次学习内容),结合差异资源相关原理,教学方法依次是教师注入式教学、教师指导下的合作学习、学生自主学习。设计所依据的,不再是学生个体的自我指导水平,而是同一内容前学生的不同经验和需求。

表 2　阶段性自我指导水平的分布及教学方法

自我指导水平分布	内容难度	教学方法
多数学生处于依赖水平(S1)	高难度	教师辅导
学生处于不同自我指导阶段(S1—S4)	中难度	教师指导下的合作学习
学生多具较高的自学技能(S4)	低难度	学生自主学习

二、模式的基本结构及特点

鉴于这样的推理,构建了阅读教学的课堂教学模式(见表3)。

表 3　基于学生问题的阅读教学模式

操作环节	组织形式	学生		教师
		内容	情感状态	
自学	自主学习	1. 积累知识　2. 操练方法 3. 提出问题	激发兴趣 体验成功	1. 激发兴趣 2. 提示点拨
检查交流	小组合作	1. 检查交流　2. 释疑提炼	积极参与 获得满足	1. 组织小组学习 2. 检查学习情况
讨论讲解	小组合作 全班研讨	1. 释疑链化　2. 合作探究 3. 集体认悟	情感体验 激励自信	1. 指导链化问题 2. 组织小组探究 3. 适度讲解归纳
拓展	全班交流	整理:交流心得、回顾学法	情感发展 动机深化	1. 提炼学法 2. 提示方向
		参读:积累语言、运用方法		

这一模式以 SSDL 学习模式为理论基础,以教学方式与学生的需求相适应

为功能目标,通过分层质疑判断学生真实需求,并基于学生的问题提供相应的教学方式。

1.遵循认知规律,构建基本结构

学生的认知规律一般由感知、理解、运用几个因素组成,各因素相互联系、相互渗透。本模式牵引下学生加工课文信息的过程是:初读感知语言—细读理解、品评语言—熟读、练习、记忆和运用语言,因此涵盖了课文学习的主要内容,包含了阅读教学的基本过程。另外,本模式又渗透了自学辅导法的元素,从学生的角度看学习过程:自学—交流讨论—教师指导下的研读—方法迁移运用。模式把语言实践与学生的思考、质疑、探究活动统一起来,与分析、比较、判断、概括等思维活动统一起来,有意发挥学生学习的主动性。

2.基于真实需求,生成学习内容

学生的真实需求总是因情境而不同,在不同的情境下表现出不同阶段的自我指导水平。本模式各环节的学习内容均因学生水平而生成:"自学"环节,学习内容来自于教师的常规约定和学生自己的选定。选定什么内容呢? 取决于学生的阅读趋向和能力水平——面对自己选定的内容和常规内容,学生大多处于高或者中等水平(S4、S3)。"检查交流"环节,学习内容来自于常规约定和学生各自的提问。提了哪些问题呢? 不同学生的问题视角和水平层次不尽相同——面对同学提出的问题和常规内容,学生会处于不同的层次(S4—S1)。"讨论讲解"环节,学习内容取决于链化后的问题。链化出哪些问题呢? 教师根据小组提问提炼梳理而成——面对链化的问题,学生大多处于低水平和初级水平(S1、S2)。

总之,学习内容除了"自学"环节的常规约定外,均在课堂教学中生成,取决于学生的自我指导水平。根据学习水平的分布形态设计不同的学习组织形式,由此确定教学方法。

表4 学习内容及学习组织形式

环节	学习内容的生成	学生水平的分布	组织形式	教师
自学	常规约定 自己选定	S4 S3	自主学习	1.激发兴趣 2.提示点拨

（续表）

环节	学习内容的生成	学生水平的分布	组织形式	教师
检查交流	常规约定 同学选定	S4 S3 S2 S1	小组合作	1. 组织小组学习 2. 检查学习情况
讨论讲解	共同约定	S3 S2 S1	小组合作 全班研讨	1. 指导链化问题 2. 组织小组探究 3. 适度讲解归纳

三、模式的运用及评价

本模式由学生的自我指导水平生成学习内容，又由学生的水平及水平差异安排学习组织形式。因此，强调学生的真实需求，强调根据学生需求来确定教学方法。

1. 重视质疑，构成问题层级

本模式中，学生的需求多以"问题"来呈现："自学"环节，个体凭借已有知识技能解决遇到的问题，同时记下未解的"个人问题"；"检查交流"环节，小组合作相互释疑，并提炼出"小组问题"；"讨论讲解"环节，教师组织各小组发问，分类处置后梳理出"重点问题"。个人问题—小组问题—重点问题，不仅在于解决"个性问题"，还在于从中提炼"小组问题"，并提供全班讨论并孕育出"重点问题"，由此展开教师指导下的重点研读。因此逐层质疑释疑释放了学生的真实需求，把学生自由提问转化为有序提问的组织路径，也构成了课堂教学的基本结构。

环节	学生的问题	学生水平的分布
讨论讲解	<u>重点问题</u> 梳 ↑ 理 ↑	S2 S1
检查交流	<u>小组问题</u> 聚 ↑ 焦 ↑	S4 S3 S2 S1
自学	<u>个体问题</u>	S4 S3

图 3 逐层提问示意图

（1）激励学生提问。提问是孩子的天性，教学中教师要尊重学生，认真倾听学生提问；要鼓励学生提问，用语言、奖品鼓励他。但是，更重要的是激发学生的思维火花。譬如,一年级上册《青蛙写诗》以童话的形式、诗化的语言,把逗号、句号、省略号想象成蝌蚪、水泡、水珠,在雨中的池塘里帮青蛙写诗。教学伊始,教师连续打出了整整一行"呱"字,不换行也没间隔,然后发动学生努力地一口气读完,课堂立时恍如蛤蟆吵坑。这行"呱"并非来自课文,这样无序的自由读也断然不是教师期待的。这时,学生的问题就产生了:为什么要读这些东西呢?

随后,教师带着学生学习儿歌第 3 至第 5 自然段,让"小蝌蚪"游到这行字里变成逗号,让"水泡泡"浮到这行字里变成句号,让"一串水珠"落到那行字里变成省略号并吃掉几个"呱"字。这时,按照标点符号的特点再来读读这 14 个"呱"字,节奏、韵味全不一样啦。学生懂得了儿歌的意思,更体验到了标点符号的重要性。

呱呱呱呱呱呱呱呱呱呱呱呱呱呱呱呱呱呱呱呱
呱呱,呱呱,
呱呱呱。
呱呱,呱呱,
呱呱呱……

(2)引导问题方向。学生往往对情节内容更感兴趣,因此需要引导他们关注语言表达,学习从材料的选择和主次、内容的编排和过渡、遣词造句、标点符号等方面提问。譬如,一年级上册《小蜗牛》是以对话形式来展开的。在学生了解第 2 至第 4 自然段的大意后,可以呈现对话内容并作提示,然后引导学生去发现。

"孩子,到小树林里去玩吧,小树发芽了。"
"妈妈,小树长满了叶子,碧绿碧绿的,地上还长着许多草莓呢。"
"哦,已经是夏天了! 快去摘几颗草莓回来。"

根据提示,学生会把注意力集中到文中两处"小树"和"草莓"上,并有学生产生问题:为什么"小树"和"草莓"都出现 2 次? 小蜗牛为什么先说小树后说草莓? 基于以上问题,教师可以引导学生朗读,读出"对话"的味道,品出母慈子孝的韵味。

本模式以基于学生问题展开教学为基本原则,学生肯问是前提,学生真问是关键,学生善问是难点。因此教师要鼓励学生提出问题,指导学生发现并表述问题,同时还要分类处理学生的问题。对于学生提出的问题,或师生简答,或组织简短讨论,或作为重点问题来展开教学。因此,这方面的评价主要关注:

表5 教学模式评价标准1

内容		评价标准
教师导疑	导问	帮助学生发现并准确陈述问题
	理问	引导学生简单讨论并解答同学提出的问题
	纳问	基于学生问题(需求)组织教学
学生质疑	敢问	在安全的情境里,学生没有顾虑踊跃提问
	真问	在真诚的氛围中,学生表白自己真实的困惑
	善问	在耐心的指导下,逐步接近文本核心问题

2. 重视形式,完善交往技能

本模式追求教学方式与学生水平的对应,因此学生需养成一定的学习规范,以适应本模式下的学习。

(1) 完善自主学习的内容及要求。本模式以学生的自学为起始。"自学"环节的作业,要与学科任务相联系,兼顾听说读写具有整体性,但是也要考虑文体特点,突出针对性;要与教学内容相匹配,落实阶段学习要求具有统一性,但是也要考虑学生差异,体现选择性。同时,还可以渗透一些自学方法,比如高年级制订自学计划。另外,特别要记下自己的"疑惑"。不少教师在教学不同体裁课文时都有一套习惯性的方法,其实可以让学生从教师示范—师生共商—自由选择—自主确定的过程中,慢慢了解自学的内容和方法,甚至为自己确定自学任务。譬如一年级下册《小壁虎借尾巴》的课堂自学作业:

1. 读一读,认一认:朗读课文,遇到不认识的字圈出来,然后借助图画猜猜它读什么
2. 读一读,想一想:小壁虎为什么借尾巴?向谁借尾巴?借到了没有
3. 仿一仿,想一想:你发现了什么
　　　　　　　小鱼仔河里游来游去。
　　　　　　　老牛在树下_____。
　　　　　　　燕子_____。
4. 读一读,记一记:如果有不懂的地方,记下来向老师和同学请教

（2）增强合作学习的意识和能力。本模式倡导自主、合作及探究性学习，尤其是倚重合作学习。"交流讨论"环节需要采用这一组织形式。借助它，既要相互检查自学作业，还要发挥同学之间的指导作用。因此，一方面要采用异质分组的方法，也就是把生活环境、学习成绩、思维水平、个性等不相同的学生编成一个小组。如此能在异质分组的学习活动中，低成就的学生得到了伙伴的帮助辅导，学习水平提升较快；优秀生由于帮助别人，在指导过程中"讲授是双倍的学习"，进一步整理了自己的知识系统，完善了自己的思维模式，学习方法更加优化，其学业成绩也更加优异。国外实验表明，在异质分组中，32％的学生的学业成绩被评为"模范"，而控制组只有18％。① 另一方面，要逐步培养合作学习的组织策略和合作技巧，比如角色分工和组内评价、制定学习方案和汇报交流。

表6　小组学习前后学生问题的变化

组别:异质小组（乙组 4 人）　　　　　　　　　内容:《中彩那天》（"交流讨论"环节）

个人自学产生的问题（个人问题）	小组学习后留存的问题（小组问题）
1. 什么是"生计" 2. "一个人只要活得诚实，有信用，就等于有了一大笔财富。"这笔财富是什么 3. "梦寐以求"是什么意思 4. 什么是"道德难题" 5. K 字是谁用橡皮擦过的 6. "父亲打电话的时候，是我们最富有的时刻"。我们"最富有"的是什么	2. "一个人只要活得诚实，有信用，就等于有了一大笔财富。"这笔财富是什么 4. 什么是"道德难题"

本模式重视合作学习，小组学习是质疑解疑、提炼问题的重要平台。这方面的评价主要关注：

① Gillies R M. The effects of cooperative learning on junior high school students during small group learning[J].Learning & Instruction,2004(14).

表 7　教学模式评价标准 2

内容		评价标准
小组学习	有序	学生都能参与合作，成员有分工
		各小组能完成讨论、汇报和展示等合作性任务
	有效	通过检查交流，学生较好地完成了常规学习任务
		解决了小组成员提出的部分问题
		提炼出组员们都期待解决的问题

3. 重视提炼，链化主要问题

教学是有目的的活动，处理好学生问题和教学任务的关系，关乎教学目标的达成。因此需要在学生提出的问题中捕捉重点问题，或在学生问题基础上提炼挖掘问题，然后建立问题链。顺着问题链一步步走向课文的内涵深处、走入语言的百花园，完成学科教学任务。

在异质小组向全班介绍小组学习情况并提出"小组问题"时，教师可以采用即时释疑、适度追问、灵活补问的方式解决一些问题、留存"重点问题"，然后指导学生加上一些辅助问题形成问题链。譬如五年级课文《鸟的天堂》，基于"小组问题"提炼而成的"重点问题"是：最后作者感慨，"'鸟的天堂'的确是鸟的天堂。"作者为什么加"的确"二字？引导后可以形成由以下 4 个问题组成的问题链。问题链不仅引导师生解决"重点问题"，好的问题链还能提高对课文内涵或表达形式的感悟。

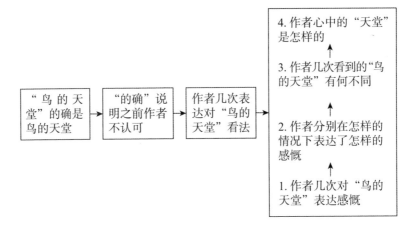

图 4　课文《鸟的天堂》的主要问题

提炼问题是关键,一要基于学生的基础和需求,二要顾及教材期望达到的教学内容和要求,三要在问题之间拉出一根线索,从而使几个看似孤立的学生问题转化成一组用于引导学生学习的教学问题。这方面的评价关注:

表8 教学模式评价标准3

内容		评价标准
梳理问题	把握重点	恰当地处理小组提问,并把握住其中的重点问题
		引导学生厘清重点问题的内容和指向
	链化问题	梳理问题并形成线索清晰的问题链
		问题之间的思维阶梯合理

学生的问题并非全由学生"说"出来,更需要教师从他们的表现中"看"出来。从他们的回答中察觉知识的破绽,从他们的思考中洞察能力的缺陷,从他们的言语中发觉信心的不足,所以"基于学生的问题"首先是一种教学理念。如果借助"阶段性自我指导阅读教学模式",教师基于学生真实需求设计教学方法的意识和能力就会得到提高,课堂教学"面向人人"就为期不远了。

二、备课——用规程规范自己的思维路径和方法

因材施教当以了解学生需要为前提。了解学情不应是一种假设或教师想当然的推测,更非教师个人的经验判断,而应经过需要分析明确学生学习特定内容时的个体需求。有此基础,才能准确地制定教学目标、合理地安排学习进程、恰当地设置学习任务。

备课规程是一种结合了规则和流程的工具,确保备课按照预定的步骤和规范进行。1969年,加涅与布里格斯和韦杰提出了一系列教学设计原理和技术,"从此,教学设计开始扎根在现代科学心理学的土壤之中"。"学习任务分析"就是其中一项教学设计原理。通过任务分析,可以厘清达成教学目标的条件、了解学生个体的需求。因此,将任务分析运用于备课并贯串于备课过程,不仅能观测每个学生的需求,还能明确学生达成学习目标所需完成的任务。

基于任务分析的课堂重学回路的设计

总有学生不具备学习新知的先决条件,设计"重学回路"因此成为广大教师的常规工作。借助"重学回路"使学生在继续学习前有机会重学并展示对知识、策略等必要先决条件的掌握,[①] 必然涉及重学知识的合理确定、重学对象的准确选择,以及重学过程与整体教学的互恰。这些,都离不开严谨的学理推演。

任务分析是一种教学设计理论,最先由心理学家米勒提出,后由加涅等人完善。所谓"任务分析"就是确定实现目标的先决条件,形成设计和确定教学条件所需的系统信息。[②] 加涅认为:一旦终点目标确定就可分析其先决条件,先决条件是终点目标学习之前的学习任务;如果不具备这些先决条件,它们就会成为下位目标,也有其先决条件,也需要完成相应的学习任务。[③] 这一理论,把对教学目标的关注转化为对实现目标的条件以及学生基础的分析。不同学生所具备的先决条件不尽相同,甚至不在一个层级上,因此"任务分析"还把对面向全体学生的教学目标的关注,转化为对学生个体需求的尊重。

一、找准终点目标,绘制重学回路的任务图谱

加涅认为:新的学习总以先前习得能力为基础,先前习得能力是当前学习得以展开的先决条件。先前习得能力的实现也有其先决条件,因此可从教学目标推导出相关的知识关联网络。无论教学顺序如何,学生的内部心智加工需要甚至必须贯通这些关联。因此这种关联如同一份任务图谱,揭示了学生需要完成的任务,同时引导我们有针对性地了解学情。

1. 找准教学单元的终点目标

任务分析,始于确定的终点目标。"终点"视教学单元而定,以一节课为单元,课时目标即为终点目标;以一个教学环节为单元,环节目标也可称为终点目标。

(1) 明确目标的类型。目标是预期的学习结果。加涅从学习结果的角度把教学目标分为言语信息、智慧技能等 5 种类型(见表 1),不同类型的学习需要不同的

---

① ② ③　R・M・加涅等著.教学设计原理[M].王小明,等译.上海:华东师范大学出版社,2018(8):236,149,152,125.

学习条件。譬如，三年级下册第 4 单元的单元语文要素是"借助关键语句概括一段话的大意"，归属于"认知策略"。"认知策略"作为教学目标，通常的训练方式是由学生反复执行一连串步骤或活动，经历"注意并了解—尝试并理解—运用并内化"的过程，在不同情境的操练中积累经验寻找灵活运用的门道。以上目标需要反复执行的步骤是：分清句子—理解句意—发现句子关系—借助关键句概括。

表 1　五类学习结果的先决条件①

学习结果的类型	必要性先决条件	支持性先决条件
智慧技能	较简单的组成成分智慧技能	态度、认知策略、言语信息
认知策略	特殊的智慧技能	智慧技能、言语信息、态度
言语信息	按意义组织的一些言语信息	语言技能、认知策略、态度
态度	智慧技能（有时） 言语信息（有时）	其他态度、言语信息
动作技能	部分技能（有时） 操作技能（有时）	态度

（2）明确目标的要求。制定目标通常从解读教材的单元目标入手。单元目标大抵简练扼要，所以不仅需要斟字酌句，还应联系相关单元纵向贯通。而课时、环节目标还需分别依据其在单元、课时中的位置确定具体要求。譬如，就"借助关键语句归纳段意"而言，三年级上册也有训练，要求是"借助关键语句理解一段话的大意"。从"理解"到"概括"，不仅要"懂"，还要全面并简单扼要地写（说）出自然段的意思。在三下第 4 单元中，课文《花种》第 1 自然段可用于"概括一段话大意"的训练。因为它是本单元的首次训练，依据学法、得法、用法的规律，这个自然段的目标定位可以是：绝大多数学生能关注或参与"分清句子—理解句意—发现句子关系—借助关键句概括"的过程。为之后归纳方法、尝试运用做好铺垫。

找准终点目标，不仅为任务分析提供基准，还便于设计表现性任务。所谓表现性任务，就是在一定情境中运用知识技能，并有相应的建构反应、行为表现或

---

① R·M·加涅等著.教学设计原理[M].皮连生，庞维国，等译.上海：华东师范大学出版社，1999(11)：182.

作品形成的任务。① 评估需要实证,而学生的反应和表现以及作品就能为教师及时、准确地评估教学进展提供依据。

2. 绘制教学目标的任务图谱

加涅认为,目标的实现需要满足先决条件。由此他将教学目标归类为 5 种学习结果类型,并梳理了先决条件(分为必要性条件、支持性条件,见上表1)。分析目标的先决条件可以绘制目标的任务图谱。

(1) 以"必要性"推导任务层级。"必要性条件"是学习前必须满足的先决条件,因为它将被结合进新习得的记忆实体成为其组成部分。教学中,学生往往不具备这些必要条件,于是这些必要条件就成为下一层级的目标,通过满足它的先决条件来实现。如此一层层推导,就能梳理出一个"自上而下"的层次。譬如,"借助关键语句概括段意"这一目标的必要条件是"理解段意","借助关键语句理解段意"的必要条件是"发现关键语句","发现关键语句"则必须"理解自然段中的每个句子"……(见下图 1 纵向箭头所示)每个必要条件都是需要满足的学习任务,要设计相应的学习内容和活动,呈现学习的层级性。

(2) 以"支持性"推导辅助性任务。"支持性条件"可让新的学习变得更容易,虽然它并非必要。终点目标,以及各层级由必要条件转化而来的目标可能还有支持性条件,而且不止一类。研究表明,每项学习都受态度的影响,都离不开智慧技能,很多学习活动离不开言语信息,其中有必要条件也有支持条件。针对支持条件安排、调整学习内容,使学生具备这些条件,能促进学习。譬如,当教学具有言语性质时,言语理解的容易性在教学设计中就特别重要。② 如果语言内容浅显,理解句子、发现关键语句、概括自然段意思——运用这些技能、策略时的障碍就少一些;如果学生认识到知识的意义,学习的态度会更主动积极一些(见下图 1 横向箭头所示)。

智慧技能是构建大多数课程的重要基础,而智慧技能彼此密切相关并形成累积的内部智慧结构,呈现明显的由简单到复杂的层级性;态度、言语等其他类

---

① 格兰特·威金斯,杰伊·麦克泰格著.追求理解的教学设计[M].闫寒冰,宋雪莲,赖平,等译.上海:华东师范大学出版社,2017:177.

② R·M·加涅等著.教学设计原理[M].王小明,等译.上海:华东师范大学出版社,2018(8):236,149,152,125.

型目标的学习,均可以融入智慧技能的学习过程。因此,大多数任务图谱体现了智慧技能的结构,它也因此成为教学和教学设计的主要框架。

关注、参与借助关键语句概括第1自然段意思的过程

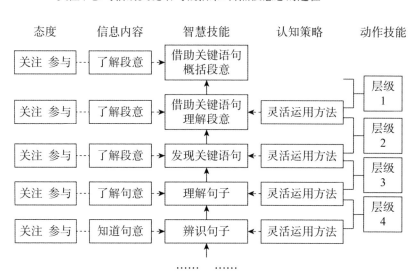

图1　任务图谱示意图

任务图谱,厘清了与教学目标相关的知识内容关联,也揭示了学习的思维路径。依据任务图谱,我们可以按图索骥地排查学生可能存在的需求以便根据需求确定学习任务,可以遵路识真地设定教学思路、安排教学内容,还可以提高现场教学中预判、指导的准确性。

二、甄别学生基础,确定重学回路的起点与任务

任务分析的目的,还在于评估学生基础以决定"重学回路"的起点,在于甄别不同学生的需求,以便在"重学回路"中设置相应的学习站点并配备相应的任务。

1.明确学生基础

基于学情是有效教学的基础和前提,分析学情,既要面向全体又要凸显个体需求,既要关注全面,又要凸显重点。

(1)关注学生各类型学情。每项学习都与多个类型的先决条件有关,按照任务图谱的指引,可以关注并了解到学生在知识、技能、能力以及态度等方面的储备,而这些信息都与这项学习活动直接有关。其中,兴趣、态度位于"核心素

养"的顶层,不可忽略。没有学生的关注和持续的情感投入,学习必是低效甚至无效的。譬如,三下第 4 单元在"概括自然段意思"的学习活动中,期待学生的情感状态呈现观察—认可—相信—参与的提升。事实上,兴趣、态度的教学要求并非无据可查。《课程标准》不仅有分学段的表述,"阅读""写作""口语表达""综合性学习"板块都提出相关要求。因此,可以编制兴趣习惯指标体系,明确习惯培养的维度和标准,用以引导学科教学中的兴趣习惯培育,当然也可用来诊断学生的学习态度。

表 2　兴趣习惯课堂观察指标①

项目	指标
听讲	认真倾听,不随意打断他人讲话 边听边记,能转述同学的发言,意思基本正确
	发言先示意,能说普通话,发言响亮 能大胆发表自己的感受和想法,表达流利,态度自然
读写	能根据教师的要求和课文的提示预习课文 能静心阅读,边读边思,标示疑问的内容并尝试运用工具书等方式解决问题 有兴趣阅读课外书报,能积累词句,在教师组织下积极参加交流展示等读书活动
	写字姿势正确,书写规范、字体端正、簿本整洁 养成专心作业、认真检查、及时纠错的习惯
爱好	喜欢语文,总体表现优良,对某一项语文活动有浓厚的兴趣
	有突出表现

　　(2) 甄别学生个体需求。学情分析所要了解的是参与学习的"具体的学生"和"差异的学生"。依据任务图谱,可以借助预习作业评估不同学生的预备状态,可以通过课堂提问、随堂练习评估不同学生的进展情况,还可以组织课余活动评估达标情况。在这过程中,准确甄别知识缺陷、思维水平、学习态度是关键也是难点。而这有赖于教师对目标的精准理解以及任务水平的可观测性。譬如,通过"理解句意、说说方法"可以发现学生分别处在读懂句子、知晓程序、活用方法三个不同阶段(见表 3),据此可以分别拟定学生的学习内容及要求(见下图 2 天干编码所示)。

---

　　① 唐连明.语文课程校本化的区域指导[M].上海:上海社会科学院出版社,2020:88.

表3   不同学生的学情观察及任务分配(理解句意)

学生	表现	水平	任务
丁	能说出句意,但说不清所用方法	了解句子的言语信息	掌握理解句子的智慧技能
戊	用指定的方法理解句子,能说出句意并解释所用方法	掌握理解句子的智慧技能	形成理解句子的认知策略
庚	自己选择方法理解句子,能说出句意并解释所用方法	形成理解句子的认知策略	了解发现句子关系的智慧技能

2. 设置学习任务

任务图谱只是提供了任务菜单,不必照单全收。每个教学单元总有终点目标,因此也有相应的教学重点,因此重学回路不能太长;而与必要性条件不同,支持性条件本就具有选择性;而学生需求的离散度,也是影响任务设定的重要因素。

(1) 依据整体需要,确定回路的起点。设计重学回路当从必要性条件着眼,考量的依据有两个:一是必要性,从学生的整体需求来确定把哪个层级的必要性条件作为起点;二是可能性,从教学所需时空来调控教学内容总量。每个教学单元总有终点目标,因此也有相应的教学重点,因此重学回路不能太长。譬如,围绕目标"借助关键语句概括自然段意思"的教学,按理想状态,只要组织第一个层级的学习——在学生已会"理解"的基础上指导他们"概括"。而在现实教学中,课文《花钟》第1自然段的教学要以"辨识句子"为起点,依次安排了5个层次的任务:分清句子—理解句意—了解句子之间关系—理解自然段意思—概括。为什么不从认识句子教起?因为课堂有终点目标,起点过低回路太长,会影响重点内容的教学进程。当然,如果相当多的学生有需求,则需考虑调整课时、环节的教学目标,重新安排教学进度。

(2) 依据个体需要,设置重学的任务。确定了重学起点,意味着已经选择了必要性条件。依据学生个体需求,将这些任务配置给合适的学生。至于支持性条件,可以根据需求的典型性以及课堂教学的时空可能作选择。譬如,围绕《花钟》第1自然段的教学,在任务图谱的引导下获悉了学生的需求(图1),然后为他们分别配置了相应的学习任务(图2),并将这些任务安排在统一的教学流程中(图3)。给予学生设置特定任务,其实是设定了针对这部分学生的

"小众目标"。当然,学生有了"小众目标"并不意味着他们可以不参与其他层级、类型的学习。

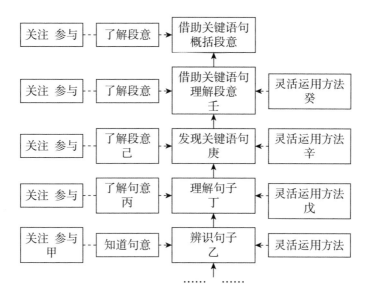

图2 学生学习任务设置(天干表示学生)示意图

过程	学习活动	评价内容及要求
	……	
划分句子	自读,划分句子	积极参与不齐读(全体)
	指名交流 (乙)	倾听并参与讨论(余生) 正确划分 (乙)
学习第一句	指名读并纠正 (甲)	倾听并指出不足 读正确、响亮
	指名读,交流句意 (丙)	倾听并愿意交流 大胆发言态度自然
	了解"芬芳"字面意思 (丁)	倾听 选出正确释义
	说说句子意思 (丁)	倾听并参与交流 意思完整正确(多美香)
	说说理解这个句子的方法 (戊)	倾听并参与交流 先联系语境理解词语
	……	

图3 教学流程安排

三、整合教学目标，实现重学回路与整体教学的契合

教学通常包含多个教学目标，如何将多个目标的学习组合在课堂教学这一时序里呢？首先分辨这些目标的学习结果类型，并根据学习结果类型寻找功能关系，再选择合并或独立展开的方式，最后确定教学顺序设计教学活动（表4）。

表 4　教学目标间的关系及教学内容的呈现

教学目标之间关系	实例	教学内容的呈现
没有内在关系	写字与归纳概括自然段大意的方法	相关教学内容单独呈现
目标对另一个目标的实现有支持作用	理解规定句子的意思与概括自然段大意	相关教学内容可以组合
目标是实现另一目标的必要性条件	提炼写作方法与写作方法的模仿运用	相关教学内容必须整合

譬如，《花钟》第1自然段的教学目标共3条。

1.认识"芬、芳、内"，会写"斗、芬、芳、内、醒、寿、苏"。

2.观察参与借助关键语句概括第1自然段意思的过程。

3.了解表示鲜花开放的几种说法，体会到这样写的好处。

其中，目标1中的"认识"生字是目标2、目标3的支持性条件；"生字会写"，可以和识字结合，也可以单独训练；目标2与目标3可以独立呈现，但两者有一个共同的必要性前提：理解第3句的意思。基于3条教学目标的功能关系，教学活动做如下安排（图4）。而相关的重学回路——譬如"分清句子—理解句意—了解句子之间关系—借助关键语句概括自然段意思"——就融入其中，成为课堂教学顺序中的有机组成部分。

图 4　《花钟》第 1 自然段 3 条目标的教学组合

"任务分析"把对教学目标的关注转化为对实现目标条件的分析，推导需要

甚至必须完成的任务,保证了重学内容之间,以及它们与新学知识的契合;"任务分析"把对目标的关注转化为对学生基础的分析,明确学生尤其是个体需要完成的任务,保证了重学内容与学生需求的契合。因此,"任务分析"通过对实现目标所需条件的分析、对学生基础的甄别,帮助教师合理确定重学知识、准确选择重学对象及重学内容,并将重学回路融入课的顺序,从而在有序教学的过程中给学生"适合的教学"。

三、课例——例说任务分析下的备课路径和方法

统编教材五上第 5 单元

16. 太阳

一、教材分析

(一)单元整体设计

1. 单元核心任务

本单元归属于"实用性阅读与交流"任务群,学习的是"说明性文章"中的"事物说明文"。张志公先生曾将"实用性文本"分为三类,"事物说明文"是其多个层级下的文本形态。因此,本单元的学习当与其他单元的"事物说明文"形成紧密关联,与其他类别的实用性文本——比如观察日记,在内容的获取、表达方式上也存在一定的共性。

"实用性阅读与交流"的实质是"实用"。其一,以实用为目的阅读,比如,为了获取某种信息进行阅读——这种阅读在"文学性阅读""思辨性阅读"中也能开展,但通过实用性阅读更有利于建构相关经验;其二,以实用为目标写作,因此更强调考量具体的情境、面向具体的读者、针对具体的问题。围绕本单元的核心概念,可以创设的学习情境要指向学生了解一种事物并向具体对象作介绍——选择一种事物推荐给同学或家长。基于这样的学习情境,能够促进学生概念性理解的核心任务设计为:"为你介绍我了解的事物。"要针对对象需要确定拟介绍的事物及其特点,做好观察和资料的搜集,在教师指导下完成习作《介绍一种事物》并积极参与全班或小组的分享活动。具体要求如下。

表1　介绍一种事物的具体要求

评价要求	自我评价★	同学评价★	小组推荐指数★
能针对明确的读者			
能抓住事物特点			
能从几个方面介绍事物			
能恰当使用说明方法			

2.单元目标及子任务设计

要完成这一核心任务并达成概念性理解,就需要进行子任务的设计。

子任务	目标	学习活动及内容	课时
学方法,选好介绍的内容	1.知道说明文的成功在于"说明白",让他人了解事物特点 2.说出列数字、作比较、打比方等基本的说明方法,并结合语句说出运用这些方法的好处 3.试图从几个方面去介绍一个事物 4.选定对象并确定介绍的事物及内容,还要明确需要补充的资料	1.了解核心任务"为你介绍我了解的事物"的要求,产生参与兴趣 2.学习精读课文《太阳》,了解作者是从哪些方面介绍的,了解列数字、作比较、打比方等基本的说明方法,体会作者根据读者需要选用方法的态度 3.学习习作例文《鲸》,了解作者是从哪些方面介绍的 4.讨论提纲(表格),交流要介绍的事物和拟要介绍的几个方面内容,讨论需要充实的内容及观察、搜集资料的路径,开启推介活动(完成表格:向谁介绍、介绍什么、介绍哪些方面)	3
选方法,讲好选择的事物	1.注意到两篇说明文的语言风格不同 2.理解不同说明方法的不同用处,并尝试选择 3.经历与师生一起根据需要选择运用资料的过程	1.学习精读课文《松鼠》,梳理作者从哪些方面介绍松鼠。通过比较感受不同说明方法的作用,感受不同的语言风格 2.改写《白鹭》第1—5自然段,学习使用不同的说明方法,一起根据需要选择使用资料 3.学习《交流平台》,整理"说明白"的方法 4.自查互查,选择适当的说明方法介绍事物(完善表格:向谁介绍、介绍什么、介绍哪些方面、用什么方法说明) 5.完成作品	3

（续表）

子任务	目标	学习活动及内容	课时
作展示，优化自己的作品	1. 参考评价标准和老师同学的建议修改习作 2. 对自己的习作进行创造性展示 3. 参与分享并交流自己的感受	1. 初次展示，互评、集体讲评典型习作（诊断书：有具体的读者、能抓住事物特点、从几个方面介绍、说明方法恰当）（借助习作例文《风向袋的制作》对介绍制作活动的习作作指导） 2. 学生修改自己的作品 3. 组织"为你介绍我了解的事物"推介会，评选优秀推介人（标准同《诊断书》）	2

（二）课文《太阳》的解读

《太阳》是单元第一篇课文，采用列数字、作比较、举例子、打比方等方法介绍了和太阳相关的知识，说明它与人类之间有着非常密切的关系。课文分两大部分，第一部分从太阳距离地球远、体积大、温度高三个方面介绍太阳特点；后一部分介绍太阳与地球上的动植物生长、能源形成、自然气候、预防和治疗疾病等的关系。

在内容和说明方法上，作者的"隐含读者"意识非常强，体现了单元人文主题"把事物介绍明白"。比如，在介绍太阳远、大、热三个特点时，作者在选择说明内容、安排内容次序、选择说明方法上所费的苦心（表2）。

表2 作者的"隐含读者"意识——《太阳》

追问	原由	结论
为什么介绍"远、大、热"这三个特点	读者在这三方面有错误认识	作者根据读者的知识和经验选择内容和说明方法
"远"，为什么介绍3次	顾及读者中不同知识、经验层次的群体	
为什么先说步行再说坐飞机	所用时间越来越短，逐步接近读者感知范围（三千五百年—二十几年）	
为什么不采用准确的数据	读者不需要十分精准的数据	

根据单元整体设计，本课重点落实第一条单元语文要素"阅读简单的说明性文章，了解基本的说明方法"。鉴于本单元第二条语文要素的要求——"用恰当的说明方法，把一件事物介绍清楚"，这里的"了解"，不仅是辨识说明方法、形成

概念,还要初步知道选择内容、使用说明方法的规则,即:了解写了什么？为什么写？用了什么方法？为什么用这种方法？

鉴于这样的定位,依据加涅任务分析理论,学生达成这一目标需要满足以下条件(图1)。

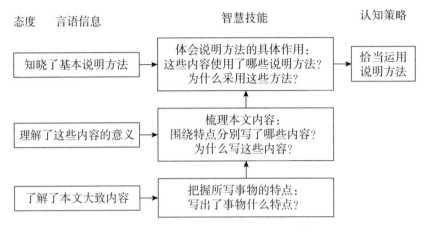

图1 "了解基本的说明方法"任务图谱

二、学情分析

(一) 学生相关基础的推测

虽然本单元是教材第一次明确要求"用恰当的说明方法,把一件事物介绍清楚",但在教材有意安排下,学生从三年级开始就在阅读或写作中接触到一些说明文,也知晓了一些说明方法。

单元	相关语文要素	习作要求
三下第1单元	试着把观察到的事物写清楚	为一种植物做记录卡
三下第7单元	了解课文是从哪几个方面把事物写清楚的;初步学习整合信息,介绍一种事物	介绍一种事物
四上第1单元	向同学推荐一个好地方,写清楚推荐理由	把一个地方介绍清楚
四上第3单元	体会文章准确生动的表达,感受作者连续细致的观察	写出动植物变化记录准确
四下第4单元	写自己喜欢的动物,试着写清楚动物的特点	从几方面介绍动物的特点

（续表）

单元	相关语文要素	习作要求
五上 第1单元	写一种事物，表达自己的感情	写写心爱之物的样子，表达喜爱之情
本单元	阅读简单的说明性文章，了解基本的说明方法；搜集资料，用恰当的说明方法，把某一种事物介绍清楚	恰当的说明方法 从几个方面介绍

（二）学生实际基础的测试

根据"了解基本的说明方法"任务图谱（图1），设计试题对学生作简单测试。

1. 书面测试

读短文，完成练习。

豚　草

豚草是一种杂草。

豚草与其他植物争水、争肥、争阳光的能力特别强。豚草消耗的水分和肥料是一般植物的2倍以上，常常导致许多经济作物和粮食作物严重减产，甚至颗粒无收。俄罗斯、美国等国家已经饱尝豚草危害之苦。在我国，豚草也侵入了管理不善的农田、果园和苗圃。

豚草的花粉能诱发枯草热病和支气管哮喘，严重危害人类健康。据国外有关资料介绍，一立方米空气中如果存在30—50粒豚草花粉，就能诱发花粉病。豚草花粉已使美、俄、英、日等国的上千万人患上了枯草热病、过敏性哮喘，病情严重的几乎危及性命。据有关调查报告介绍，南京市的哮喘病人中，60%以上也是由豚草花粉引起的。

豚草生命力强，繁殖量多。一株豚草能结籽数千粒，并借助风、人、畜和水流到处传播；折断的豚草，其根茬（chá）也会长出很多的新枝。

1. 豚草是一种具有危害性的杂草。请根据短文内容，列出这些危害。

（1）＿＿＿＿＿＿＿＿＿＿＿＿＿＿＿＿＿＿＿＿＿

（2）＿＿＿＿＿＿＿＿＿＿＿＿＿＿＿＿＿＿＿＿＿

2. 读短文选择正确答案（打钩表示）。

（1）第3自然段中，已经介绍了多个国家的人们的患病情况，为什么还要介绍南京市的调查报告？

A. 说明豚草花粉让很多国家的人得病。

B. 南京的患病人数最多。

（2）文中画线句子中的"30—50"写出了什么？（可多选）

A. 空气中的豚草花粉少。　　　　　　　　　　　　　　　　（　　）

B. 空气中的豚草花粉多。　　　　　　　　　　　　　　　　（　　）

C. 豚草花粉能诱发花粉病。　　　　　　　　　　　　　　　（　　）

D. 豚草花粉很容易诱发花粉病。　　　　　　　　　　　　　（　　）

3. 本文用到了哪些说明方法？请在文中画出句子，并注明说明方法。

2.测试结果分析

测试客观上反映了学生的整体基础、个体差异。经过比对、分析,学生处于"任务图谱"所示的不同位置。由此可以确定本课教学的起点、不同学生的学习任务。

表3　不同学生的学情观察(了解说明方法)

观测方法	评判标准	学生表现(学号)
课前练习	能理解数字的作用	达标:2.4.8.13.19.21
	能体会所写内容的作用	达标:2.5.6.7.15.17.19.23.24.29.36.38
	能识别句子使用的说明方法(找对一处及以上)	未达标:3.9.11.12.21.25.26.28.32
	能把握短文内容(正确概括两个自然段的意思)	未达标:3.9.10.11.12.14.16.18.22.25.26.27.30.31.35.37

＊2022.9　××小学　五(2)班

三、教学设计

子任务一:学方法,选好介绍的内容
第一课时
16.太阳

教学目标	1.通过观察海报,了解本单元学习的核心任务,产生为他人介绍事物的兴趣 2.通过复习说明方法,能辨识文中使用了"列数字、作比较、举例子、打比方"方法的句子,体会到说明方法的多样 3.能在教师引导下说出文中具体说明方法的好处,多数学生能借助句式说清楚作者介绍太阳离地球"远"、太阳"大"和"热"的原因,懂得要根据读者需求选择说明内容、说明方法 4.通过填表方式确定想要介绍的事物和对象,意识到要根据读者需要选择内容
教学重点	1.说出文中具体说明方法的好处 2.借句式说清楚作者分别用什么方法介绍太阳离地球"远"、太阳"大"、太阳"热"的

（续表）

教学难点	懂得作者能根据读者需要来选择说明内容及说明方法		
教学准备	PPT		

教学过程			
教学环节	学生活动	教师活动	评价内容及要求
了解单元基本要求	解读"单元导语页"	呈现"单元导语页"，引导学生发现	知道：课文类型、习作内容和要求
	一起回忆之前学过的说明文，归纳说明文的特点	启发学生小结：像这样……叫作"说明文"	知道说明文的特点：介绍事物特点
	回忆学过的说明方法	梳理并板贴	知道列数字、打比方、作比较和举例子的方法
	思考讨论：说明文以什么为成功	提问，激发思维：说明文成功的标准是什么（引导细读导语）	知道说明文要让读者明白
	观察海报："为你介绍我了解的事物"推介会	呈现习作要求，发布单元核心任务	明确任务

设计意图：

本课为单元首篇课文。借助单元导语页，引导学生联系之前学过的说明文，梳理对说明文的认知，同时将学习目标定位在"怎样说明白"之上，从而确定课文《太阳》的教学定位。通过发布《海报》，让学生明确本单元学习的最终任务是把课文所学知识技能迁移并综合运用到真实的语言运用情境中，而参加"为你介绍我了解的事物"推介会成为单元学习情境

《太阳》			
了解课文"说明了啥"	自读，交流：课文"从哪些方面"介绍太阳(3.9.1)	组织交流：课文要说明白什么（相机板书：远、大、热）	知道课文写了 2 个方面，前 3 个是特点
	讨论：为什么"与地球的密切联系"写在最后(2.5)	引导学生分析内容之间的关系	知道：有了特点才有了这样的关系

（续表）

设计意图：
直接从单元主题入手，以问题"说明白了什么"组织学生了解课文内容。之后将内容整理成"太阳的特点"和"与地球的关系"两部分，整体把握文本内容及关系，为第2课时的进一步学习做好铺垫

	自读思考、简答："远"这个特点，作者介绍了几次	提问并确定答案	学生发现写了三次，进而产生疑问
	研讨： 1. 第一次用了什么说明方法(11.12) 2. 为什么不写更准确的数据（实际距离149597870千米)(4.8)	组织讨论： 围绕"约"，出示具体数据激发思考，引导学生从读者的角度思考	知道：作者眼中有对象，对他们而言"大约1亿5千万"已比较准确
理解"远"如何"说明白"	1. 交流：后两次分别用了什么说明方法(21.25) 2. 演算，知道"三千五百年""二十几年"是怎么得来的(8.13)	组织讨论："三千五百年""二十几年"是怎么来的	体会到说明文内容的严密、语言准确
	讨论：为什么要介绍3次(19.21)	引导思考：对不同的读者而言，三次介绍各有各的优点和不足	知道：作者针对不同读者采用了不同的说明方法和方式
	探讨：为什么要介绍"远"用句式表达：作者认为，人们听到……误以为……所以他要告诉读者……(5.23.24)	提示"其实"意思（之后是真实的内容） 指导分析原因，逐步把意思说完整说清楚	知道介绍"远"，因为读者有误解

设计意图：
本环节重点讨论"为什么这样说明"和"为什么写" 一是以"为什么三次说明'远'？"为抓手，引导学生理解：三次说明能满足不同读者的知识基础，从而体会到：为了让读者明白，作者从说明的内容、说明方法两方面考虑读者需要 二是以"为什么要介绍'远'？"为抓手，引导学生联系前后文并用句式"作者认为，人们听到……误以为……所以他要告诉读者……"把这种思考整理出来 这两个教学重点，从说明内容、说明方法两个角度理解作者是如何说明白的 另外，组织学生计算，让学生感受说明文的严谨

（续表）

理解"大"如何"说明白"	自由发言：用了什么方法？（22.25）	提问，作出判断	知道：作者认为，读者看到太阳只有盘子那么大误以为太阳不大，所以要写
	说说：为什么要介绍"大"？借助句式发言：作者认为，人们看到……误以为……所以他要告诉读者：因为……所以……其实……（29.36）	指导分析原因指导分4步逐步把意思说完整、说清楚	1.知道作者针对读者的错觉而介绍2.用句式说清楚如何介绍"大"的3.知道为什么先写"远"

设计意图：
本环节重点讨论"为什么写"。与前一环节不同的是，理解写"大"的理由要与太阳离地球"远"联系起来，因为"远"导致人们的误解。如此，也理解了作者为什么要先介绍"远"

理解"热"如何"说明白"	自由发言：用了什么方法（26.28）	1.提问，作反馈2.讲述熔化（1535）汽化（2750）升华	1.知道作者针对读者的错觉而介绍2.用句式说清楚如何介绍"热"的
	说说：为什么介绍"热"（19.21）1.照样子猜测原因2.借助句式说清楚	1.指导分析原因，逐步把意思说完整、说清楚2.提醒学生：后文写到了别的原因	知道为什么先写"远"

设计意图：
本环节也讨论"为什么写"，与前一环节相同，也需要理解写"热"与太阳离地球"远"的关系，因为"远"导致了人们的误解，并通过句式说清楚。不同的是，教师不再按照步骤分4步去指导

再说"说明白"	尝试归纳："怎样说明白"（36.38）	帮助学生小结：针对读者的需要确定介绍的内容和说明方法，心中有读者才能"说明白"	理解作者要根据读者来选择介绍的内容和方法

设计意图：
回归基本问题"怎样说明白"，引导学生从内容和方法两方面整理本课的学习内容

（续表）

作业	布置作业： 确定想要介绍的事物和对象，然后填表(提纲)

向谁介绍	介绍什么事物	介绍哪些方面	用什么方法说明

设计意图：
将本课学到的"怎样说明白"的知识迁移到真实情景中，也为之后的习作，乃至单元最后的表现任务《"为你介绍我了解的事物"推介会》初定思路和内容

板书	16.太阳 把事物说明白　　　　　　　　　　　　列数字 作者　　　人们(读者)　　　　　　作比较 以为……　看到……　　　远　　　打比方 　　　　　误以为……　大　　　举例子 所以……　　　　　　　　热/ 其实…… 　　　　　　　　　密切

第二课时

教学目标	1.自读《鲸》，能辨识说明方法并体会到它们的具体作用，感受到作者对读者的尊重 2.通过讨论完善写作内容，懂得要从读者需要的角度选择内容，从哪些方面介绍事物 3.通过填表方式确定想要介绍的事物及说明方法，意识到要根据读者的需要选择内容

课文《太阳》

了解"密切关系"	默读圈画，说说：地球上的哪些事物与太阳有"密切关系"	组织交流，板书	确认地球上的很多事物与太阳的特点有关

习作例文《鲸》

整体梳理	自读《鲸》：介绍了哪些方面，分别用到了哪些说明方法(用表格梳理——见上)	引导学生借助批注梳理信息并归类	知道从形体、进化、种类、生活习性介绍 辨识出相应的说明方法

（续表）

	小组学习：推荐你认为最成功的一处（内容引起你注意，或说明方法用得好）	小组学习指导	
鉴赏细节			从读者的角度审视介绍的内容或说明方法
	大组交流：说说你认为最成功的一处说明	相机点评"作比较""列数字""举例子"各一处说明	
修改提纲	交流设想，提出建议 1. 所选事物是否适合预想的读者（听众） 2. 是否从几个方面介绍，介绍的内容是否有新鲜感 3. 选择的说明方法是否恰当	呈现学生作业，指导集体评议（修改、完善，并提供获取信息的途径）	完善写作内容：从读者需要的角度选择内容，从几个方面介绍事物
作业	完善提纲： {表格见下}		

向谁介绍	介绍什么事物 为什么介绍它	介绍哪些方面 为什么介绍这些	用什么方法说明 为什么用这些方法

* 教案中的数字为拟承担学习任务的学生学号。

【课后思考】

1. 正确践行课程标准新理念

《太阳》是五上第 5 单元的首篇课文。第五单元是习作单元，语文要素是"了解基本的说明方法"，习作要求是"搜集资料，用恰当的说明方法，把某一种事物介绍清楚"。教师设计了"'为你介绍我了解的事物'推介会"，并把它作为单元表现任务，要求学生在真实的语言运用情境中综合运用本单元所学的知识技能，把单元终点目标从"做题"提升到"做事"，体现了发展学生核心素养的课程理念。

2. 有效落实单元人文思想

本课教学挖掘并凸显了说明文的人文关照。首先，作者心里有读者，本课教学着重引导学生从介绍的内容、说明的方法两个角度斟酌作者的意图，体会作者

"为什么写这些内容""为什么这样写",将单元人文主题"说明文以'说明白'为成功"的内涵落到实处;其次,引导学生体会说明文内容的准确、语言的严谨,比如,验证"三千五百年""二十几年"的科学性、推敲"约""差不多"等字词存在的必要性;再次,引导学生感受字里行间作者的感情,比如,从"就是……也要……""就是……也会……"中体察作者的态度。

3. 有力提升学生思维水平

本课教学不仅厘清了"太阳的特点"和"与地球的关系"的分野,还引导学生思考"为什么先介绍'远'这个特点";不仅体会使用列数字、打比方等说明方法的作用,还引导学生思考"为什么要分三次介绍'远'这个特点",从而理解了作者的意图,也感受到说明文的人文气息。在此过程中,还通过"作者以为……于是……"这个句式引导学生将"写什么"与读者的需要联系起来、将太阳的三个特点联系起来,并用"讲出来"的方式斟酌关系、锤炼语言。

4. 准确把握基本问题及学生需求

从教学方案看,教师用任务图谱的方式梳理了学生达成教学目标的先决条件,在此基础上建立了问题链;同时,依据问题链组织课前测试,从而确定教学起点和学生的不同需求。这种严谨的备课工作,提高了学习方法的科学性和学习内容的针对性,也是以人为本教育理念的有效实践。

优课示例与推荐人语

优课示例1

作者简介:殷薇娜,任教于上海中医药大学附属枫泾小学,从教时间11年。所获荣誉:金山区第四届"新苗杯"青年教师教学基本功评比语文学科一等奖、金山区第三届"金穗杯"中青年教师教学评优语文学科一等奖。

特长爱好:旅游、看书。

教坛心语:为学之道,必本于思。

统编语文四年级上册第五单元

《麻雀》(第一课时) 教学设计

一、学习主题及内容

(一)学习主题

本单元的学习主题:把事写清楚。

包含以下两层意思:

(1)"事"需要学生做到:关注选材,挑选生活中的一件事情,将其完整写下来。

(2)"写清楚"一是按起因、经过、结果的顺序把事情的来龙去脉写下来,二是将事情发展过程中的重要内容写清楚。

1.课标相关要求

统编语文四年级上册第五单元是习作单元,编排了两篇精读课文、两篇习作例文、交流平台以及初试身手和单元习作《生活万花筒》。本单元属于"文学阅读与创意表达任务群",该任务群第二学段中要求学生能够结合自己的生活体验,尝试用文学语言表达自己热爱自然、珍爱生命的情感。根据习作单元的属性和要求,课标学业质量的相关描述为"乐于书面表达,观察周围世界,能把自己觉得有趣或印象深刻、受到感动的内容写清楚"。综上,学生通过本单元的学习,应掌握以表达情感或想法为目的写清楚一件事情的能力。

2. 单元人文主题

本单元的人文主题是"我手写我心,彩笔绘生活",单元习作要求学生选一件生活中印象深刻的事情并写清楚。据此可知,人文主题指向的是对选材的要求——应来源"我"的真实生活,要表达的是"我"的情感或想法。

3. 单元语文要素

本单元语文要素是"了解作者是怎样把事情写清楚的"和"写一件事,把事情写清楚"。需要学生了解并运用方法将一件事情写清楚,不仅关注写作顺序,还要着眼于写了什么、为什么这样写等。

综上,本单元的学习主题为:把事写清楚。

(二)学习内容

(1)精读课文《麻雀》《爬天都峰》。

(2)习作例文《我家的杏熟了》《小木船》。

二、学习目标与课时安排

(一)学习目标

本单元归属于"文学阅读与创意表达"任务群,结合习作单元的特点,在教学时应体现以生为本、读写结合的特点。

1. 本单元学习要求

统编教材第二学段记事类的习作要求呈现明显的层次性(见表1):三年级重在仔细观察、关注生活、大胆表达,主要培养学生习作的兴趣;四年级的四次习作都明确指向"写清楚"。本单元作为三年级与四年级记事类习作的衔接,既要观察生活选择习作素材,还要将事情写清楚。

表1 统编教材第二学段记事类习作的内容及要求

册别	单元	习作内容	习作要求
三上	二	写日记	学习写日记
	八	那次玩得真高兴	学写一件简单的事情,把你是怎么玩的写下来

（续表）

册别	单元	习作内容	习作要求
三下	二	看图画，写一写	仔细观察图画，把自己看到的、想到的写清楚
	三	中华传统节日	收集传统节日的资料、交流节日的风俗习惯，写一写过节的过程
	四	我做了一项小实验	观察事物的变化，把实验过程写清楚
四上	五	生活万花筒	写一件事情，按一定的顺序把事情写清楚
	六	记一次游戏	记一次游戏，把游戏过程写清楚
	八	我的心儿怦怦跳	写一件事，写清楚事情的经过和当时的感受
四下	六	我学会了_____	按一定顺序把事情的过程写清楚

2. 本单元语文要素的要求

单元共有两个语文要素，一是"了解作者是怎样把事情写清楚的"；二是"写一件事，把事情写清楚"。

（1）了解作者是怎样把事情写清楚的。本册第四单元学习了通过了解起因、经过、结果把握课文主要内容的方法，所以学生对按起因、经过、结果的顺序写清楚事情是有基础的，需要关注的是：怎样将事情的重要内容写清楚。也就是：选材、组材、表达都要围绕写作目的展开，从目的出发思考写什么、怎么写。

（2）写一件事，把事情写清楚。本单元作为三年级与四年级记事类习作的衔接，学生既要运用三年级时学习观察生活的方法来选择习作的素材，也要运用本单元学习的方法来将事情写清楚，后续的习作要在写清楚事情的基础上根据要求将具体的过程、感受等内容写清楚。

3. 学情分析

根据读写结合的规律，"了解作者是怎样把事情写清楚的"是"写一件事，把事情写清楚"的前提，学生需要通过学习掌握：了解作者写了什么事情？怎么把事情写清楚的？为什么要选择写这件事情？基于这样的分析，可以依据加涅任务分析理论来梳理达到这一目标需要满足的条件(图1)。

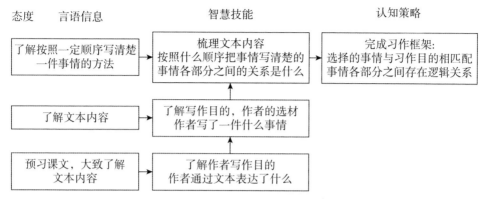

图 1　"了解把事情写清楚的方法"任务图谱

(1) 书面检测。根据任务图谱,在课堂教学前可以设计相应的预习单(表2)以了解学生的学情:

表 2　《麻雀》预习单

题目	麻雀
起因	
经过	
结果	

(2) 检测结果分析。预习单上的内容基本上能够客观反映学生的整体基础、个体差异,由此可以了解学情,确定本课教学的起点和不同学生的学习任务。

表 3　预习单完成的统计情况

观测方法	评判标准	学生表现(学号)
课前预习单	能读准课文中的生字、新词	未达标:1.5.39
	能准确、流利地朗读课文	未达标:1.5.27.31.35.39.42
	能准确梳理课文的起因、经过和结果	达标:7.8.19.21.25.28.32.34.37.40
	能完成习作提纲,并能做到起因、经过、结果之间互有联系	达标:7.19.34.37

＊2023.10.24　ＸＸ小学　四(4)班

4. 单元目标

综上,基于课标学段要求、教材编排及学生基础,结合新课标对第二学段"识字与写字""阅读与鉴赏""表达与交流"等领域的目标要求,本单元学习任务为:

(1) 学生将知道:

① 把事情写清楚需要将时间、地点、人物、起因、经过、结果交代清楚。

② 把事情重点内容写清楚需要把看到的、听到的、想到的或怎么说、怎么想、怎么做的内容写下来。

(2) 学生将学会:

① 围绕写作目的进行选材和组材。

② 运用表格梳理事情的起因、经过、结果,并使三者之间互有联系、环环相扣。

(3) 学生将理解:

一件清楚的事情可以体现作者的写作目的。

以上任务可以表述为以下学习目标:

① 通过学习两篇精读课文,知道写清楚一件事情既需要按照一定的顺序,也要写清楚事情的重要内容,懂得一件清楚的事情可以体现作者的写作目的。

② 通过仔细观察生活,围绕写作目的选择一件生活中亲身经历或看到、听到的印象深刻的事情,将起因、经过、结果罗列清楚并使三者之间互有联系,完成习作并参加"生活万花筒"栏目征稿,收获与同学们分享自己感受或想法的快乐。

(二) 课时安排

8 课时。

三、学习情境

对四年级的学生而言,激发浓厚的学习兴趣是促成他们完成学习任务的最佳方法。在课堂中,通过创设校园电台征稿这一情境,让学生了解本单元最终要完成的任务,在引起他们兴趣的同时也明确了单元习作的三个要求:第一,选择的事例是令自己印象深刻的;第二,要把事情的起因、经过、结果写清楚;第三,把事情发展过程中的重点部分写清楚。

四、学习任务与学习活动

1.单元核心任务

"文学阅读与创意表达"属于发展型学习任务群,其关键词是"审美"。其一,在阅读文学作品过程中通过感知、理解、欣赏、评价等方法获得丰富的情感体验,在本单元表现为通过阅读了解作者是怎样围绕写作目的来清楚描写一件事情的;其二,能综合运用自己积累的文学知识、文本阅读经验、典型表现手法等要素自主、创新地表达真情实感和个性体验。围绕本单元的核心概念,可以创设的学习情境要指向学生围绕写作目的——选择一件令你印象深刻的事情写清楚,在校园电台与同学们分享。具体要求如下:

评价要求	自我评价★	同学评价★	小组推荐指数★
选择的事情来源于自己的生活			
选择的事情与写作目的相符			
事情的起因、经过、结果清楚且前后有联系			
事情的重要内容清楚			

2.单元学习活动设计

学习任务与学习活动设计				
任务	子任务	活动内容	基本评价标准	课时
"生活万花筒"栏目征稿	发布任务并学习方法	活动1.学习课文《麻雀》与交流平台,了解课文是按一定顺序把事情写清楚的	了解课文写了一件什么事情;作者为什么要写这件事情;事情的起因、经过、结果各是什么	4
		活动2.修改习作框架	围绕写作目的修改自己习作框架中的起因、经过、结果,做到环环相扣、互有联系	
		活动3.学习课文《麻雀》及交流平台,了解作者是怎么把小麻雀的弱小无助、猎狗的庞大凶猛、老麻雀的奋不顾身写清楚的,深刻体会要表达的情感	理解:让"小麻雀与猎狗""老麻雀与猎狗"形成鲜明对比,突出了老麻雀英勇无畏的形象,体会作者被老麻雀对小麻雀的爱深深感动	

（续表）

任务	子任务	活动内容	基本评价标准	课时
"生活万花筒"栏目征稿	发布任务并学习方法	活动4.学习课文《爬天都峰》与交流平台，了解课文是按一定顺序把事情写清楚的	了解课文是按照爬山前、爬山中和爬山后的顺序把事情写清楚的；并且重点描写爬山前和爬山后	4
		活动5.学习课文《爬天都峰》，了解作者是怎么把"我"心理变化的原因、过程以及"我"爬山的过程写清楚的	知道作者是通过将人物怎么想、怎么说、怎么做的内容写下来，将"我"的心理变化和爬山过程写清楚的	
		活动6.学习《爬天都峰》，思考作者为什么着重写爬山前和爬山后	体会到作者写这篇课文是要点明"从别人身上汲取力量可以帮助自己克服困难"这个中心的，所以重点写"我"爬山前与爬山后的语言、心理等	
		活动7.完成征稿初稿	在"习作框架"基础上，根据"我"在事情中的角色，选择适当的方法把事情的重要内容写清楚	
	一起来修改	活动1.复习课文《麻雀》《爬天都峰》和交流平台内容	结合两篇课文的学习，提炼并理解交流平台中的内容	3
		活动2.完成初试身手1：看图并发挥想象，把图片的内容说清楚	按一定顺序说清楚事情的起因、经过和结果，重点内容清楚	
		活动3.学习习作例文《我家的杏熟了》《小木船》	通过批注，了解作者是通过描写奶奶的动作、语言将她打杏、捡杏、分杏的过程写清楚的。知道写事要分清主次	
		活动4.完成初试身手2：观察家人做家务，用上表示动作的词语把过程写下来	模仿《我家的杏熟了》，用上表示动作的词语将家人做家务的过程写清楚，也可以加上语言、心理等描写	
		活动5.修改两篇习作初稿	根据征稿要求、评价标准，发现习作初稿中不足的地方，并尝试运用学到的把事情写清楚的方法修改自己的习作	
	我上电视啦	活动1.挑选自己最满意的一篇习作参加征稿活动	根据征稿要求，挑选修改完成的一篇习作参加活动	1

（续表）

任务	子任务	活动内容	基本评价标准	课时
"生活万花筒"栏目征稿	我上电视啦	活动2.部分学生在学校平台分享自己的习作；其他学生倾听并进行评价	征稿获得录用的学生在"生活万花筒"栏目中进行分享，可配上PPT；其他学生通过多媒体观看，并作评价	1

五、教学设计

<table>
<tr><td colspan="4" align="center">麻雀（第一课时）</td></tr>
<tr>
<td>教学目标</td>
<td colspan="3">
1. 能准确认读"嗅、奈"等6个生字
2. 能准确、流利地朗读课文，讲清楚事情的主要内容，并理清事情的起因、经过、结果
3. 能学习并运用把事情起因、经过、结果写清楚的方法来修改自己的习作框架
4. 能了解作者从老麻雀奋不顾身从凶猛庞大的猎狗嘴下救下弱小无助的小麻雀的行为中感受到爱的伟大，通过写下这件事抒发对爱的赞美
</td>
</tr>
<tr><td>教学重点</td><td colspan="3">能学习并迁移把事情起因、经过、结果写清楚的方法</td></tr>
<tr><td>教学难点</td><td colspan="3">能整理、修改习作提纲的起因、经过、结果</td></tr>
<tr><td>教学准备</td><td colspan="3">PPT、习作用纸、板贴等</td></tr>
<tr><td colspan="4" align="center">教学过程</td></tr>
<tr><td>教学环节</td><td>学生活动</td><td>教师活动</td><td>评价内容及要求</td></tr>
<tr>
<td rowspan="6">一、创设情境明确要求</td>
<td>听录音，了解征稿启事</td>
<td>播放录音，出示"征稿启事"，创设情境</td>
<td>能仔细听录音，了解征稿要求</td>
</tr>
<tr>
<td>知道完成征稿需要达到的两个要求</td>
<td>出示征稿要求</td>
<td>能明确在课堂学习中需要达成的两个要求</td>
</tr>
<tr>
<td>齐读课题</td>
<td>出示课题</td>
<td>声音响亮、整齐</td>
</tr>
<tr>
<td>思考、交流：作者为什么要写麻雀</td>
<td>引发学生思考交流</td>
<td>能根据预习初步说出屠格涅夫是通过描写老麻雀拯救小麻雀，歌颂爱的伟大的</td>
</tr>
<tr>
<td>学生读"征稿主题"，讨论稿件要求</td>
<td>出示征稿启事</td>
<td>能抓住征稿主题中的"感动"知道自己是通过写一件事情表达自己的感动之情</td>
</tr>
</table>

（续表）

一、创设情境明确要求	设计意图： 由"生活万花筒"这一大主题引领征稿主题。第一期的征稿主题和要求基于课文《麻雀》而来。该篇课文中，老麻雀奋不顾身拯救小麻雀的过程中表现出来的对幼儿的爱感动了屠格涅夫，所以将第一期征稿的主题定为"那件令我感动的事"。作为习作单元的精读课文，学生需要学习写作方法并迁移运用，在精读课文的学习中让学生理解：一是要把事情的起因、经过、结果写清楚；二是把事情重点部分写清楚		
二、了解内容梳理事件	读词语	检查预习	能读准读音
	自读课文，交流：这三组词语，是怎么分类的	引导学生发现三组词语与文中人物有关	能发现三组词语对应文中的小麻雀、猎狗和老麻雀
	以"我"的口吻，交流：课文围绕小麻雀、猎狗和老麻雀写了一件什么事	指名学生交流，根据学生的回答梳理情节	能借助多媒体以第一人称的视角说清楚作者写的事情
	根据梳理的内容分清事情的起因、经过、结果	出示交流平台，指名学生交流	能分清事情的起因、经过和结果
	设计意图： 学生发现三组词语分别对应小麻雀、猎狗和老麻雀，然后以"我"的视角讲述课文内容，以帮助他们更好地理解作者的心理。梳理事情后，对"起因是哪一条"可能会有争议，有部分学生会认为"小麻雀被风吹到地上"是原因，这就需要老师引导他们发现：小麻雀掉落并非直接引发老麻雀拯救的情节，猎狗想吃小麻雀才是引发后续情节的必要条件，进而引导学生确定事情的起因		
三、发现联系迁移运用	4人小组讨论，能够说清楚起因、经过、结果的联系	引导学生去发现	能发现事情的起因、经过、结果之间的联系
	学生审视讨论同学习作中的起因、经过、结果，发现：三者之间缺少联系，然后提出修改意见	出示学生习作框架	能帮助同学围绕写作目的修改自己的习作框架，使起因、经过、结果环环相扣
	修改习作框架，全班交流	引导学生修改并交流	能说清楚自己习作中的起因、经过、结果以及之间的联系
	设计意图： 学生习作常常存在这样的问题：内容存在逻辑断裂、前言不搭后语。这是因为学生在建立习作框架时没有注意前后的关联。本课，上课伊始就引导学生关注《麻雀》的写作目的，初步了解选材要与自己想表达的目的一致；本文的起因、经过、结果之间环环相扣，是学生学习的范例，所以在这里安排了修改习作框架的练习		

（续表）

四、关注文本聚焦表达	了解习作要求二：把事情的重点部分写清楚	出示征稿启事	明确完成征稿要满足的另外一个要求
	读课文，思考并交流：作者除了将老麻雀拯救小麻雀的过程写清楚，为什么也对小麻雀、猎狗进行了比较细致的描写	引导学生读课文并交流	体会到小麻雀的柔弱无助、猎狗的凶猛庞大和老麻雀的英勇无畏，认识到写前两者是为了突出老麻雀对小麻雀的爱
	设计意图： 文本的核心是中心思想，所以在理清课文的起因、经过、结果后，以文本主旨为视角梳理各部分之间的关系，思考：文本的主人公是老麻雀，为什么还要细致描写小麻雀和猎狗，引导学生先关注老麻雀、猎狗、小麻雀的特点，再作比较，从而明白：写清楚猎狗和小麻雀最终是为将重点部分写清楚服务的		
五、小结内容留下思考	师生共同总结 认真听讲，明确要求	引导小结 布置作业，留思考题	能回顾本节课的学习重点
	设计意图： 回顾、写清楚一件事情，除了围绕目的，写清楚起因、经过和结果外，还要关注它们之间的联系。留下的思考题为第二课时学习"写清楚事情发展过程中的重要内容"做铺垫		
作业	1. 抄写16课课后词语，每个2遍 2. 认真读课文并思考课后题：课文是怎样把小麻雀的弱小无助、老麻雀的无畏、猎狗的攻击与退缩写清楚的，找出相关句子读一读		
	设计意图： 课后思考题让学生思考作者是如何进行表达的，为第二课时的学习打基础		
板书			

16　麻雀

有目的　　　　　老麻雀对小麻雀的爱
有顺序

　　　　　起因　　小麻雀被大风吹到地上
有联系　　　　　猎狗想要吃掉小麻雀
有重点　　经过　　老麻雀拯救小麻雀
　　　　　结果　　猎狗慢慢向后退

六、教学反思

习作单元中的精读课文对单元习作有着重要的指导意义。以下是我从学生本位出发,设计、执教《麻雀》一课的思考。

1. 以生为本,正视差距

新课标第二学段的学习要求和学业质量描述中均指出,学生应具备把自己觉得有趣或印象深刻、受到感动的内容写清楚的能力。这与本单元习作指向的"写清楚一件事情"的要求是一致的。在实际教学中,学生的习作常常偏离主题、主次不分、逻辑紊乱,究其原因是师生过于关注细节,如用了哪些修辞手法、什么描写方法,而忽略了基本要求——写作是需要有逻辑的,即目的明确,结构严谨。

基于现状,我们的教学就要做出调整。在本单元的精读课文学习中,学生需要了解作者是如何围绕写作目的进行选材、组材的。就《麻雀》一文而言,学生仅了解事情是按照起因、经过、结果的顺序写清楚是不够的,老师还要引导他们发现这三者之间是存在因果关系的。这样,学生才能明白:按顺序写事时还需要注意每个部分之间的关系,习作才能够做到前后一致。

2. 以生为本,明确学情

在明确学生应有能力与实际具备能力存在差距后,我运用加涅的任务分析理论确定了《麻雀》一课的学习任务:了解作者的写作目的——围绕写作目的,作者写了一件什么事情——作者是按什么顺序把事情写清楚的,各部分之间存在什么关系。

班内学生之间存在个体差异是客观存在的事实,故在教学前应了解学情,确定学生个体的学习起点。根据任务图谱,我制定了《麻雀》预习单作为教学前测,内容是让学生罗列课文的起因、经过和结果。通过前测发现,学生对于事件的起因争议最大,这说明他们并未从作者的写作目的着手理清关系,更没有意识到起因、经过和结果之间是互有联系的。基于这样的情况,我将学习起点定位于:了解作者的写作目的。

3. 以生为本,读写结合

阅读是写作的基础,写作是阅读的提升,促进学生读写能力的协调发展是推动学生语文核心素养提升的必由之路。作为习作单元,其所有内容均指向本单元习作任务目标,故在本课教学中,我安排了学生修改习作框架的内容这一环节。通过梳理，学生初步了解写清楚一件事情的要点，在课堂教学后半段，我让学生修改自己课前撰写的提纲（含起因、经过和结果），检验他们是否能够围绕写作目的将三者之间的关系处理清楚，为完成习作初稿打下基础。

专家点评

本课在 2023 年区中青年教师课堂教学评比中获得一等奖。

《麻雀》是统编小学语文课本四年级上册习作单元的第一篇精读课文，课本安排的习作任务是"选一件你印象深的事，按一定顺序写下来。"本课设计及教学体现了新课程标准指导下的教材观和教学观。

1. 以发展核心素养为单元目标处理教材。义务教育中小学语文课程标准（2022 年版）提出了发展学生核心素养这一课程目标，如何使用教材，尤其是课标颁布前的教材是一个绕不开且具挑战性的话题。本课设计，依托单元整体教学，以发展核心素养为突破口，将原有的写清楚一件事这一技能置于真实的语言运用情境，设置了单元评价性任务：选择一件令你印象深刻的事情写清楚，在校园电台与同学们分享。在此基础上，用递推的方法安排子任务，再根据子任务的学习目标确定《麻雀》一文的学习要求。由评价性任务—子任务—资源的选用，课文因此在核心素养培育中找到了适合的定位。

2. 以学生需要为重要依据制定目标。因材施教是对学生的尊重也是对教育的尊重，因此分析学情是必要环节。本课设计，教师借助具体工具观测学生的个体需要和整体基础，而非教师想当然的推测和个人的经验判断。首先，教师运用学习结果分类理论分析了实现目标所需的前提条件，然后参照任务图谱设计检测题，最后依据检测情况分析个体的需要。就本课而言，学情分析的意义体现在两个方面，一是学习目标的确定，二是为不同学生设置相应的学习任务。本单元习作就基本方法而言，主要包含"按起因、经过、结果的顺序写""把事情重要部分写清楚"两项要求。对前者，多数教师认为学生已有很好基础，但通过观测发现：真正理解起因、经过、结果联系的学生不到 10%。因此，把"发现事情的起因、经过、结果之间的联系"作为本课的学习目标。这一处理，在其他教师的教学预案中从未出现过。

3. 以读写结合为基本策略构建内容。人对知识的记忆有还原趋势,布卢姆强调学习要达到 80—90% 的正确率才能开始新的学习。为此,本课将两个习作要求分开组织教学,并且突出理解性阅读。比如,学习"要把事情的起因、经过、结果写清楚"时,先以第一人称说清楚课文内容,后分清事情的起因、经过和结果,再分析起因、经过、结果之间的联系。在此基础上着力知识迁移,先组织学生架构提纲列出所选事情的起因、经过和结构,后集体审视范例中起因、经过、结果及其关联并修改,然后同桌互评、各自修改。如此设计,提高了读写结合的幅合度。

优课示例 2

作者简介:陈凤禹,任教于上海市金山区朱泾第二小学,从教时间 3 年。所获荣誉:金山区"新苗杯"教学评比二等奖。

特长爱好:勇敢尝试各种可能。

教坛心语:教育的艺术在于鼓舞和唤醒。

统编语文二年级下册第七单元
《青蛙卖泥塘》(第二课时)　教学设计

一、学习主题及内容

(一) 学习主题

本单元的学习主题是:讲个我喜爱的童话故事。

包含以下几层意思:

其一,"讲故事"时使用图画、关键词句、示意图等提示,并有具体的听众;

其二,"我喜爱"意味着在了解这个故事的前提下,赞同故事中人物的品质与行为。

1. 课标相关要求

本单元归属于"文学阅读与创意表达"任务群,编排了《大象的耳朵》《蜘蛛开店》《青蛙卖泥塘》《小毛虫》四篇童话故事。根据单元的属性及单元要求,课标"学业质量"的相关描述是"能借助关键词句复述自己读过的故事或其他内容。"本单元侧重复述,所谓"复述"指学生把读物的内容用自己的话说出来。

本单元学习的是"儿童文学"中的"童话故事"。"儿童文学"是专为少年儿童创作的文学作品。根据不同年龄阶段的读者对象,"儿童文学"又分为婴儿文学、幼年文学、童年文学、少年文学。"童话"是多个层级下的一个体裁。与其他体裁的儿童文学有一定的共性。

2. 单元人文主题

本单元课文的内容和课后习题都指向一个人文主题:改变。

（1）"改变"需要时间和过程。在几篇课文中,虽然没有明显表示时间转变的词语,但都隐含着改变需要时间这一概念:《大象的耳朵》中,大象在与小动物的多次对话中改变自我认识;《蜘蛛开店》中,因为蜘蛛想法的改变而引发了一系列有趣的小故事;《青蛙卖泥塘》中,青蛙一次又一次地改造泥塘而让结局变得越来越好;《小毛虫》中,小毛虫因不断努力而不断成长。

（2）"改变"包括外在的改变,也包含内在思维的改变。对应到具体文本,内在的改变包括认知的改变与想法的改变。《大象的耳朵》和《小毛虫》这两篇文章将科学知识融合在故事的描写中,涉及的是对自己身体功能或者生命意义的认知,并体现对内在认知迭代或延续两个特点的改变。而《蜘蛛开店》和《青蛙卖泥塘》则是想法的改变,因为主人公想法的改变,并采取实际措施才导致故事结局的改变。

综上所述,"改变"是这个单元的主题,几篇课文通过不同的侧面诠释"改变"带来的不同结果,可见"改变"是一个既具体又抽象的复杂概念。

3. 单元语文要素

本单元的语文要素是"借助提示讲故事"。

（1）在本单元中,"提示"的目的是给学生提醒或暗示接下去的内容。"提示"包含多幅或单幅图画、插图、关键词句、人物心情、事件地点、示意图、表格等多种方式。

（2）"讲故事"是在记忆、理解原有语言材料的基础之上感知、分析、归纳语言情境,进而内化并将其表达出来的过程。本单元的"讲故事",学生应当首先了解故事情节,分析故事重要内容,组织语言再进行讲述。

综上,确定本单元的学习主题为"讲个我喜爱的童话故事"。

（二）学习内容

文本阅读:《大象的耳朵》《蜘蛛开店》《青蛙卖泥塘》《小毛虫》《月亮姑娘做衣裳》

拓展阅读:《烦恼的大角》《小河马变大桥》《大家都喜欢的地方》《沉默的仙人球》

二、学习目标与课时安排

（一）学习目标

本单元归属于"文学阅读与创意表达"任务群,课标中"学业质量"的相关描述是"能借助关键词句复述自己读过的故事或其他内容"。

1. 本单元学习要求

统编语文教材从一年级到三年级上册,几乎没有出现"复述"这个提法,取而代之的是"讲讲故事""分角色演一演"之类的表述。复述是认知策略中的一种类别,是在对原有语言材料记忆、理解的基础之上,感知、分析、归纳语言情境,进而内化并将其表达出来的过程。在这个视域下,复述、讲故事、分角色表演涉及的要素其实是大致相同的。

纵观统编语文教材,"复述"的编排体现了序列性,由详细复述、简要复述到创造性复述,借助的提示也做了精心安排(表1)。而本单元强调要"借助提示讲故事"。

表1　有关"复述"的单元要求

单元	主题	语文要素	种类	借助的提示
二上第3单元	儿童生活	阅读课文,能说出自己的感受或想法;借助字词,尝试讲述课文内容	详细复述	多幅图画、关键词句
二上第8单元	相处	根据图片和句子给的提示讲故事	详细复述	图片、关键词句
二下第1单元	春天	借助插图讲故事	详细复述	单幅插图
二下第7单元	改变	借助提示讲故事	详细复述	关键词句、示意图、图片

（续表）

单元	主题	语文要素	种类	借助的提示
三下第8单元	有趣的故事	了解故事的主要内容，复述故事	详细复述	表格、示意图
四上第8单元	历史传说故事	了解故事情节，简要复述课文	简要复述	分清主次；事情发展顺序
五上第3单元	民间故事	了解课文内容，创造性地复述故事	创造性复述	代入法复述；增加合理的情节；变换情节的顺序

2. 本单元语文要素的要求

本单元的语文要素是"借助提示讲故事"。

（1）有关"提示"的要求。在本单元之前，学生学过的提示大多采用课文的插图、图片、出自课文的少数词句等方式，本单元扩充了支架式、图文复合型示意图。因此，在学习本单元之前，多数学生知晓如何借助简单的提示讲故事，提示类型比较单一。

（2）有关"讲故事"的要求。本单元强调将故事内容以"讲"的方式呈现，属于"复述"中的"详细复述"。在学习本单元之前，学生已经接受了有关"交流"的训练：一年级要求借助图片了解并讲述课文，能够大胆说，认真听，重在激发学生交流的兴趣；二年级要求学生对同一件事或者问题有自己的想法和感受，要借助关键词、关键句讲述课文内容，还要能做到专注听与记。本单元提出的"讲故事"要求学生能较完整地讲述小故事，对复述的内容提出了一定要求。

3. 学情分析

首先，二年级学生对新知识新技能仍充满好奇，对童话故事特别感兴趣，喜欢听也喜欢讲。但由于认知能力有限，讲故事时容易出现偏差，也存在讲不清楚、讲不完整的问题。所以，教学中可以引领学生借助提示梳理故事内容、理清故事顺序、搭建讲故事的支架，使学生在提示下讲好故事。

其次，经过了一年半的学习，学生已经掌握了基本的学习方法，也积累了一些语言，在形象思维依然丰富的同时，抽象思维和逻辑思维的能力也正逐渐形成。因此,教学中要引导学生发现文段语言形式特点、习得必要的读书方法,培养学生对语言文字的感悟、体验、运用等能力,并适时总结学习方法。

最后,关于"改变"的话题,二年级学生理解较难。要让学生走进故事,引导他们说出自己的见解和体会,加深对童话故事的理解。教学中要注重课堂的趣味性和学生的参与度,通过多种途径和方法调动学生的积极性,可以让他们在课堂上分角色朗读,也可以让他们入情入境演一演,还可以让他们发挥想象力猜测故事情节。

4. 单元目标

综上,基于课标学段要求、教材编排及学生基础,结合课程标准(2022年)对第一学段"识字与写字""阅读与鉴赏""表达与交流"等领域的目标要求,本单元学习任务为:

(1) 学生将知道:

① 要用不同的语气诵读文本,感受语言的优美;

② 可以借助图片、关键词句、示意图等提示讲故事;

③ 分角色表演故事可以重现故事。

(2) 学生将学会:

① 借助提示较完整地讲故事;

② 较完整地解释人物行为或语言背后的原因。

(3) 学生将理解:

人物行为的改变是由于想法改变所引起的。

以上任务可以表述为以下学习目标:

① 通过字形观察,了解汉字部件之间的关系,产生主动识字、写字的愿望。

② 通过教师的朗读指导,体会到句号、问号、感叹号表达的不同情感并读出不同语气,产生主动阅读童话故事的愿望。

③ 通过学习四篇课文、语文园地和拓展文本,知道借助提示讲故事的方法,能较完整地讲述童话故事,感受阅读的乐趣。

④ 通过联系生活,能写清楚自己想养小动物的理由,深化对动物的喜欢和了解动物的兴趣。

(二) 课时安排

12 课时。

三、学习情境

童话里有五彩斑斓的故事,有奇思妙想的趣事。我们在童话中感受人物的成长,体会世间的各种情感。本单元以"校园电视台故事征集"为核心任务,在学方法、用方法、作展示的情境中了解、运用讲故事的方法,讲一讲自己喜爱的童话故事。

四、学习任务与学习活动

(一) 单元设计构思

1. 单元核心任务

"文学阅读"在本质上是人类独有的一种审美性、情感性的精神活动,是以美的"语言艺术"即诗、小说、散文、剧本和报告文学等体裁的作品为对象,"运用想象、联想而使作品内涵在头脑中具体化的活动,从而产生或喜怒哀惧或振奋震撼等情绪上的反应,并获得精神愉悦感、人格自由感和心灵净化感的审美活动"。"创意表达"是指在口头或书面表达时有新意、有个性、不落俗套,主要是鼓励学生在口头交流和书面创作中运用多样的形式呈现作品,表现美、创造美。围绕本单元的核心概念,可以创设的学习情境要指向学生了解一个童话故事并借助提示讲童话故事——选择一个童话故事讲给别人听。

基于这样的学习情境,能够促进学生概念性理解的核心任务设计为:"校园电视台故事征集",任务的评价要求是:选择自己喜欢的童话故事,借助提示讲一讲并积极参与班内选拔活动。

评价要求	自我评价★	同学评价★
愿意选择自己喜欢的童话故事讲一讲		
借助提示,按顺序讲述故事,不遗漏重要内容		
讲故事时,声音响亮,吐词清楚,自信大方		

2. 单元学习活动设计

结合教材编排意图,为完成核心任务并达成概念性理解,可设计以下学习活动:

学习活动	学习内容	课时
沉浸体验 读故事	1. 了解核心任务"校园电视台故事征集"的要求,产生参与兴趣 2. 学习《大象的耳朵》,为故事中的人物配音,知道朗读时要读好"问"的语气 3. 学习《青蛙卖泥塘》,了解青蛙为什么从卖泥塘到不卖泥塘,分角色演一演故事	3
活用支架 讲故事	1. 学习《大象的耳朵》,了解如何借助关键句理解大象的想法是怎么改变的 2. 学习《蜘蛛开店》,了解如何借助示意图讲述蜘蛛的开店之旅 3. 学习《小毛虫》,了解如何借助示意图和关键词句讲述小毛虫的一生	5
童话故事 大舞台	1. 学习语文园地《月亮姑娘做衣裳》,自主阅读拓展文本《烦恼的大角》《小河马变大桥》《大家都喜欢的地方》《沉默的仙人球》及支架,选择自己喜欢的故事,利用支架讲一讲故事 2. 组织"校园电视台故事征集令"班内选拔,评选班级之星,并推荐至年级	4

五、过程性评价与单元测评

评价 类型	学习活动	基本标准
过程性 评价	沉浸体验 读故事	1. 能认识《大象的耳朵》《青蛙卖泥塘》中的生字,会写规定的词语 2. 能有感情地朗读课文,读好问句 3. 能感受不同角色不同的语言特点,并借助角色的语言、动作等进行故事配音或演一演故事
	活用支架 讲故事	1. 能认识《蜘蛛开店》《小毛虫》中的生字,会写规定的词语 2. 能有感情地朗读课文 3. 能借助示意图和关键词句理解故事内容,并讲一讲故事
单元 评测	童话故事 大舞台	1. 能自主阅读感兴趣的童话故事 2. 能借助不同形式的提示讲一讲课外读到的故事 3. 能在班内选拔赛中积极参与,讲一讲自己喜欢的童话故事

六、教学设计

青蛙卖泥塘(第二课时)	
教学目标	1. 能正确、流利地朗读课文,能结合课文内容展开想象,说清楚小鸟、蝴蝶、小兔等给青蛙的建议 2. 能在情境中体会青蛙的想法和做法,了解劳动的方法,知道劳动创造美好生活 3. 能与同学合作演一演故事
教学重点	能在情境中体会青蛙的想法和做法,了解劳动的方法,知道劳动创造美好生活
教学难点	在对照中发现前两次卖泥塘在内容结构上的共同点
教学准备	PPT、头饰、竹子、水

教学过程			
教学环节	学生活动	教师活动	评价内容及要求
一、复习导入,回顾第一次卖泥塘	开火车读词语	出示词语:吆喝、水坑坑、舒服、采集、播撒	读准字音,声音响亮
	回忆人物及第一次卖泥塘的主要内容	引导回顾	读准字音,说出青蛙听了老牛建议后的做法
	设计意图: 针对学生容易读错的字词,通过小火车抽读的方式复习加以巩固。接着回顾青蛙第一次卖泥塘的经历,为之后学习第二次卖泥塘、发现结构共同点这一教学难点做铺垫		

教学过程			
教学环节	学生活动	教师活动	评价内容及要求
二、学习第6—8自然段，发现结构特点	学习青蛙第二次卖泥塘 1. 学习青蛙和野鸭的对话 （1）个别学生朗读野鸭的话 （2）发现野鸭这么说的原因 （3）读好青蛙和野鸭的对话 （4）和老师配合朗读第6、7自然段	（1）指名读野鸭的话 （2）引导发现野鸭这么说的原因 （3）指导青蛙和野鸭对话的朗读 （4）和学生配合朗读第6、7自然段	（1）读准字音 （2）联系生活，感受野鸭的生活习性 （3）读好小动物的语气 （4）读准字音，读好语气
	2. 学习青蛙的想法和做法 （1）画出青蛙的想法和做法，交流 （2）概括青蛙这时的想法 （3）圈画青蛙引水时的动作 （4）个别学生上台，试着演一演这些动作 （5）小组合作探究青蛙引水的过程	（1）引导学生画出青蛙的想法和做法。组织交流 （2）引导思考青蛙的想法，板贴：引水 （3）组织交流青蛙的动作 （4）引导学生做动作 （5）引导学生理解青蛙引水的过程	（1）正确圈画，大声交流 （2）理解青蛙的想法，能用两个字概括 （3）正确圈画动词，圈画时注意按顺序找 （4）敢于上台尝试 （5）理解青蛙引水时的动作
	3. 感受青蛙品质	组织交流	感受青蛙勤劳的品质
	4. 尝试自己说说青蛙怎么想、怎么做	隐藏部分内容，引导学生说一说	能说出课文的主要内容
	发现、交流第一次卖泥塘和第二次卖泥塘在内容结构上的共同点	引导发现	发现两次卖泥塘在结构上的共同点
	设计意图： 学生对引水过程一知半解，因此以青蛙引水时具体的动作为抓手，从圈画动词到动手实践，创设完整的情境引导学生感受青蛙引水的智慧，进而体会青蛙的品质在学习完两次卖泥塘的经历后，通过不同的文字，让学生对比文段的结构，发现特点，总结梳理青蛙从听到想、从想到做的逻辑思维		

（续表）

教学过程			
教学环节	学生活动	教师活动	评价内容及要求
三、学习第 9—10 自然段，师生合作表演共同改造泥塘	想象小动物们的建议和青蛙的想法、做法，多种形式演一演青蛙与小动物们间的对话	引导学生思考小动物们的建议和青蛙的想法、做法，多形式组织练习	将小动物的话和青蛙的想法、做法说完整
	个别学生上台展示	组织学生上台展示	敢于上台演示，能够将小动物的建议和青蛙的想法说完整
	"希沃白板"上和教师一起共同改造泥塘，感受青蛙的品质	帮助学生一起改造泥塘，引导感受人物品质	明白青蛙听取小动物的建议，把泥塘改造得更美
	设计意图： 这一环节是对上一环节的延续，经过师生示范、学生练习分角色扮演故事片段。这一练习，以小动物们对青蛙提建议为线索，想象动物们的建议和青蛙的想法、做法，对故事的内容有了全面了解，并为后续进行完整的"分角色演故事"打好基础 二年级的学生更倾向于视觉认知，在感知青蛙通过劳动改造泥塘的过程中，利用"希沃白板"及互动式操作，让学生更直观地感受到泥塘正在逐步变美		
四、学习第 11—12 自然段，感受泥塘的变化，知道青蛙最后为什么不卖泥塘	齐读第11自然段	出示第11自然段	读准字音，感受泥塘的美
	交流青蛙不卖泥塘的原因	引导理解青蛙不卖泥塘的原因	能感受青蛙不卖泥塘的原因
	交流自己的想法	引导感受青蛙的品质	大胆表达自己的想法，感受青蛙的品质
	聆听小结	小结	认真倾听
	设计意图： 青蛙善于听取他人的建议，通过思考，用自己辛勤的劳动改造了泥塘。抓住这些变化，学生理解青蛙不卖泥塘的原因，感受青蛙的品质，懂得劳动创造美好生活		

(续表)

作业	"青蛙卖泥塘"小剧场

"青蛙卖泥塘"小剧场

校园电视台发布了"故事征集令",《青蛙卖泥塘》这个故事生动有趣,很适合在电视台上展示。那我们如何通力合作,将这个精彩的故事表演出来呢?借助以下活动试着演一演这个故事吧

1. 角色我来选

在《青蛙卖泥塘》这个故事里有许多角色,请按出场顺序排一排(填序号)。经过小组讨论,你扮演哪个角色?在对应角色的方框里涂上你喜欢的颜色

① 野鸭 ② 小鸟 ③ 蝴蝶 ④ 兔子 ⑤ 老牛 ⑥ 小猴 ⑦ 狐狸

青蛙 □ □ □ □ □ □

2. 台词我来编

你扮演的角色有什么特点?为你的角色编一编台词吧

姓名:＿＿＿＿＿＿＿＿

特点:＿＿＿＿＿＿＿＿

台词:＿＿＿＿＿＿＿＿

人物形象(绘画或剪贴)

小提示:提建议可以先说优点,再说说建议

3. 道具我来做

表演时,经常会使用许多道具,比如青蛙卖泥塘的招牌、小动物们的头饰等,请你开动脑筋,想想还有哪些道具,再利用身边的物品做一做

4. 故事我来演

经过前期的准备,终于可以来演一演这个故事啦!借助评价表来评一评自己和同伴的表演,也可以为你的同伴提出宝贵的建议

评价标准	自我评价	同学评价
通过语言、神态和动作,准确传达出人物的情感,突出人物形象	★★★	★★★
吐词清晰,声音响亮,根据语境使用恰当的语气	★★★	★★★
排练态度认真,能够聆听他人,具有合作意识	★★★	★★★

5. 体会我来讲

相信通过这次的经历,你肯定有不少的感悟,不妨和老师、家长、同伴一起讲一讲吧

（续表）

设计意图： 生动有趣的《青蛙卖泥塘》故事十分适合在校园电视台等平台上进行课本剧展示。表演课本剧对二年级学生而言有难度，因此作业设计中为学生铺设了支架。作业过程中学生可以互相探讨，也可以向老师、家长寻求帮助	

| 板书 | 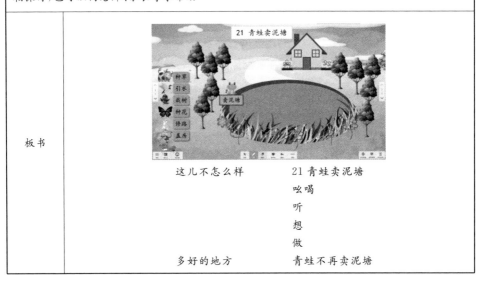

这儿不怎么样　　　　21 青蛙卖泥塘
　　　　　　　　　　吆喝
　　　　　　　　　　听
　　　　　　　　　　想
　　　　　　　　　　做
多好的地方　　　　　青蛙不再卖泥塘 |

七、教学反思

本课教学根据学生基础和需求确定学习内容和学习方法，初步尝试在小学语文教学中渗透"五育融合"，以促进学生核心素养的发展。

1. 关注教材及学情，确定学习内容

统编教材采用了人文主题和语文要素双线并进的编排方式。语文要素是学科知识的要点，人文主题关联学生核心素养，通过把握语文要素和人文主题，根据学生的基础和需求，可以确定学习内容，实现学科知识与"五育"的融合。本单元的语文要素是"借助提示讲故事"，本课要求学生在了解课文主要内容的基础上分角色演一演故事。二年级学生对童话故事特别感兴趣，喜欢听也喜欢讲。但由于年龄小、认知能力有限，讲演故事的时候容易出现偏差、遗漏的现象，因此课堂中需要给学生铺设讲演故事的支架。

"改变"是这个单元的人文主题，但是它更是一个抽象的复杂概念，学生不容易理解，或理解停留于表面。因此，我在具体文本的阅读过程中引导孩子进行逻辑思维的锤炼，从而让孩子理解并掌握这个核心概念。

学生缺少生活经验,把握不了文中青蛙如何引水的过程,如何砍竹子、破竹子,又如何把竹子接起来引水,他们均未体验过。而这部分正是感受青蛙会思考、爱劳动这一品质的关键。因此,相较于常规教学,我补充了此部分的学习内容,通过动手实操体验青蛙如何利用竹子引水,引导学生感受青蛙的品质。

2.创设多感官情境,丰富学习经历

在确定学习内容之后,我创设情境,拓展学生的学习空间,增加语文实践的机会。本次教学以下图中的这些活动为抓手,将核心问题拆分细化,以任务驱动学生进行自主探究,有助于学生由浅入深,由具象到抽象,层层推进完成学习,并设计师生合作、生生合作、小组合作等形式,提升学生的综合能力及核心素养。

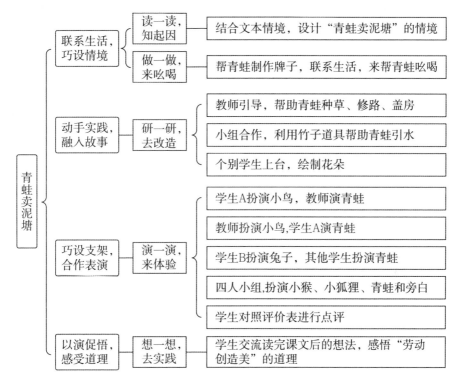

（1）沉浸式融入情境。二年级的学生更倾向于视觉认知,色彩鲜艳的图画能激发他们的学习兴趣。在过程中,我利用"希沃白板"多媒体平台创设青蛙卖泥塘的情境。通过按键触发、学生绘画等形式,在学生参与的过程中,板书上的烂泥塘逐渐变为一个"好地方",让学生感受"劳动创造美"。

（2）多样化任务形式。根据学习内容实现的难易程度设定多样化的任务。针对在课堂中难以呈现、学生无法体验的项目,我利用网络视频、图片资源让学生感受。例如,如何破开竹子是一个难点,但在课堂中真实展现难度较大且比较危险,所以课堂中选择了播放视频的方式。对"体验如何利用竹子引水"这种课堂中可以实现的操作,我为学生准备竹子等材料,引导学生探讨青蛙引水的方法。另外,《青蛙卖泥塘》是故事性的文本,我通过师生示范演、生生表演,设置支架,让孩子们在学习合作中演绎,以演促悟。

（3）合作化学习体验。二年级的学生乐于与同伴相处,因此我创设合作学习的氛围。例如,在小组合作讨论青蛙如何利用竹子引水的过程中,部分学生试着将一截竹槽塞进另一截竹槽里,但因粗细差不多,所以无法塞进。出现问题时,组员们试着一起摆弄竹槽,最终发现只要交叠摆放,水就可以从上面的竹槽流到下面的竹槽,其中一个小男孩还解释这背后的原因与地心引力有关。

专家点评

在"五育融合"主题观摩活动中,陈老师执教了《青蛙卖泥塘》。本课教学得到了华东师范大学基础教育发展与改革研究所教授的极大赞赏。

1. 以知识逻辑建构内容,五育融合推进学科教学

本课能基于核心素养发展,从知识结构和知识获取的路径等维度构建学习内容和学习方法,避免出现刻意追求"五育"以致"五育"不融的状况。比如,在学习"引水"部分,以青蛙引水时的动作为抓手,先圈一圈青蛙引水时的动作,后试着演一演动作,再合作做引水实验。以具身体验的方式先理解词义后体验引水,再感受青蛙的智慧。

2. 以五育视角发掘资源,学科教学促进全育发展

在读懂水牛、野鸭两部分内容后组织走进文本其他片段,学着把其他动物的建议用"要是……就更美了"的句式把建议说完整,然后借助"希沃白板"平台,师生合作模拟动物提建议、青蛙改泥塘的场景;在学习"引水"部分,学着剖竹子、用竹槽引水。这些活动不仅帮助学生读懂文本,还在实践活动中发现美、感受美,增强了热爱自然、热爱社会的意识。

3. 以稳定的路径引导学生学会阅读

课文先后写了青蛙听了老牛、野鸭、小鸟、小兔等的建议后改造泥塘的情节，内容虽有详略之别但内容及结构近似。教学中，教师先引导学生回顾青蛙第一次卖泥塘的经历并将方法迁移到第二次卖泥塘的内容，在此基础上对比、发现两部分文段的结构特点，并总结梳理出青蛙从听到想到做的逻辑思维。这一思维路径后被学生逐步尝试运用到第三、第四次卖泥塘的内容中，实现了思维路径的迁移。

4. 以儿童心理认知特点优化学习方式

为了让学生更好地进入文本情境，教师先引导学生沉浸于故事，实现其生理体验与心理体验的联结，并设计了相应的导学方式。如，提出"青蛙听到什么？想到什么？做了什么？"这三个问题引导学生以青蛙的身份去"看"去"想"去"做"，唤醒学生个体的感知，以便更好地进入讲故事的情境。为贴近学生的认知水平，分角色演一演青蛙卖泥塘后半部分的故事，这种演绎方式激发了低年级学生的学习兴趣，又激励学生提取文本主要信息从而促进了阅读。

本课不仅以学科的认知、道德、审美和实践维度选择、整合资源，显现了五育融合教育中的学科立场；在资源整合、方法选择方面均以学生需要为基础，教学因此展现出因材施教的魅力。

特 教 语 文

特级教师简介

何迎春， 1972 年出生，四川中江人，1990 年毕业于南京特殊教育师范学校。河南大学教育管理硕士，国家二级心理咨询师。2010 年获河南省特级教师称号，2016 年被评为河南省语文正高级教师。曾任商丘市特殊教育中心校长兼书记，2017 年被引进金山，现为金山区滨海学校教师。曾获特教园丁奖，河南省优秀管理人才、特教优质课大赛一等奖。2013、2022 年被教育部遴选为国培专家。已主持"聋童语言学习的规律与方法的研究"等 8 个课题，获省科研成果一、二等奖。已发表《从人类学视角探究聋人及聋人文化》《一加四模式——脑瘫儿童语文融合教育个案研究》等论文，参编《团体心理学——本会团体心理咨询模式理论与实践》等著作，翻译拍摄了手语版《弟子规》。

34 年特教实践探索，秉承爱育真善美的理念，为每个学生提供适性的教育。培养了数批残而有为的聋人大学生、国家级运动员和自食其力的劳动者，搭建了中外交流的一个特殊文化视窗。践行"七园愿景"，原履职学校被命名为联合国儿基会聋儿双语双文化项目实验基地，全国特殊艺术人才培养基地。

引进金山后，在各级领导的支持下，搭建了双特共同体和名师工作室的研修平台。通过项目引领、八大能力锤炼、主题研训等各种形式，提升 34 位教师的综合素养。所指导的教师在教学基本功、课题研究、优质课评选、论文发表交流等方面获县(区)、市、省级等第奖 85 人次。其中滨海学校付小平老师获上海市中小学中青年教师教学评选活动一等奖。

◈~ 特级教师优课与经验分享 ~◈

在求真中书写传奇

——为而不争深耕特教

我常常是沉默的、退缩的，甚至是笨拙的，除了为残障儿童的教育、生存与发展，才会忘我而无畏，变得似乎才华横溢、智勇双全了。不少国培班的学员，说是听了我半天课，很受启发和激励，准备重新规划自己的人生，并勇于向世人说：咱是光荣的特教人！更有粉丝说我是一个传奇，可能是我从 22 岁就开始主持特教学校工作，38 岁成为特级教师，44 岁被评为正高级教师，历经寒霜依然阳光，在特教界也是鲜有的吧。因为喜欢《传奇》这首歌的空灵与深情，所以以此为题，翻翻为而不争的过往，看看求真路上的足迹。

真，为真实，不假，为万物之本原。臻于道，是大自然客观存在的规律。陶行知先生说得好："千教、万教，教人求真"，半句话道出了教的目标、教的内容和教的方法，但若要教得好，却着实不易。首先，教师得是求真者。须知晓教育对象的身心发展规律、所教知识逻辑递进的规律、学习的规律，才能循规律而教真知，成人达己。对于特殊儿童来说，残障类型及成因、发生时间不同，使其差异性和独特性更加显著，面对这样的孩子，特教教师不仅要卓尔不群，更要求真知、践真行、做真人。

一、跬步积千里——求真知

求真知就是以恭敬之心，锲而不舍地追求真理，沉下心来，孜孜不倦地探求特殊教育的规律、特殊语言的规律如何落地，一步一个脚印地研究解决教学实际中的真问题，遵循特殊儿童的特性，帮助他们有效地沟通，扬长补短，获取实用的真知识技能，并且彰善、显瑜、展能，成残而有为的人才。

（一）从语言学视角分析使用手语

手语是聋人的重要沟通方式,借助手语让聋生学好汉语书面语,是语文教学的一个重要方法和目标。在 20 世纪 90 年代,存在着南方口语派、北方手语派之争。而综合沟通法(手语和口语同时使用,但手语是以汉语语法拼搭的洋泾浜状态——手势汉语)南北均有不同程度的使用。在北欧,聋人手语作为独立的语言地位逐渐被尊重和立法认可。通过与聋生和成年聋人在课上课下广泛地接触和观察,聋人间使用的手语有自己独特的语法,听人教师手势汉语的教学及沟通方式不利于聋生语言和思维的发展,甚至可能与聋生"不高兴白菜吃"等大量类似句子——汉语书面语语法问题相关。所以我决定,不理会这些纷争,埋头做事,从语言学的视角来研究分析手语的特性,突破手语关和沟通难题。

1. 精研全语言信息,提炼手语的九要素

通过学习研究发现,有声语言的副语言信息和超语言信息是语言交际中重要的内容。有时,这两种特征所包含的内容远比说话者的内容更为重要。① 作为视觉语言的有形语言——手语也有这两个特征,但与有声语言的内容不同。我认为如果手势的手形是手语的本语言信息(相对应口语的语音),那么手语的副语言信息是:手形的位置、单双手的使用、手掌的朝向,动作变化的速度、幅度、强度和频度等;超语言信息包括面部表情、口动、眼神、眉毛的挑动,身体的姿态与朝向、交流双方的距离,时序、空间、动词的方向性、重复、类标记和参照等。

因此从全语言信息角度,我将手语的语言特征归纳为九要素:一是手形;二是单、双手;三是位置;四是手掌朝向;五是动作;六是运动方向、变化;七是动作的幅度、速度、强度和频度;八是表情、体态;九是类标记、参照、时序、空间、动词的方向、重复等。手语的本语言信息、副语言信息和超语言信息这三部分组成了手语的语形(音),甚至语汇和语法。手语的副语言信息和超语言信息远比表达者的手势词汇更重要得多,它们对应了许多的汉语语法现象,如量词、代词、虚词,或状语、定语、补语,甚至是不同的句式和句间联系。后两部分的信息内容是手语语法和句法构成的要素,这一特点与有声语言不同,这也是视觉语言独特的语法特征。

---

① 周茜.书面语中的副语言和超语言信息及其翻译[J].渝州大学学报(社会科学版·双月刊),2001(8).

2. 捕捉每个细微,探求手汉语互译正确方法

手语者每一个表情体态、每一个细小的信息,都能表达不同的意义,这往往是传统聋教学和教师忽视的地方,大家不知道第八和第九个要素的语法功能,这是困扰聋生汉语书面语不通、混乱的语法问题的根源。

例如,在教学"我慢慢地向你走过去"时,手语表现一句话可以只用三四个手势:我/你/走/慢(有时"我"、"你"手势不打),同时副语言信息:手势"走",食中两指交替模拟两腿走动、频率稍慢,传达的是"慢慢地"走的信息;"走"手势移动的方向是从"我"向"你"的方向移动,表达的意思是"我"走,并且是向"你"的方向走;走到手语事先指示的"你"的位置不动了,表示走的状态是"过去了"。同时眼神跟着"走"的手势移动,身体朝向"你"的位置。如果在译写成汉语书面语时不理会"走"这一动词的方向性、动作的频度及眼神体态这些细微之处——手语的七~九诸要素,只记录手势词汇,写出的句子是"我你走慢。"或"走慢"这样的"哑巴话"。从汉语语法来看就少了副词(慢慢地)、介词(向)、趋向动词(过去),同时也缺失了状语、补语等句子成分。若重视细微变化、掌握手语的语法特征,教师学习并教给学生手语的九要素所代表的意义,在汉语书面语中对应的是什么成分,在书写时应该怎样写。聋童通过多次手语和书面语转写练习,是可以把书面语写得通顺、完整、流畅的。还能让聋生感受到手语的多维性、动态性,简洁生动的美,以及眉目的少许变化皆可表情达意的灵动,找到语言认同和归属感,不断地建立语言自信,更有兴趣学好汉语书面语。

3. 单句对比教学,应用超语言信息语法功能

为了进一步验证手语超语言信息——八、九各要素在汉语书面语中的重要语法功能,我在上示范课时进行了若干单句的对比教学。仍以教学"我、你、走"为例,同是三个手语词汇,但是在打手语时,改变一下动词的方向和动作变化的频度,"走"的方向是从"你"的位置到"我"的位置;食指和中指的交替移动频度加快,整个手移动的速度变快;手语者的眼睛睁大,眉毛上扬,口微张,面对"你"所在的位置。那么,手语的词汇没有增加,但意思却完全变了"你飞快向我走来干什么?"或者是"你为什么匆忙地向我走来?"眼神、眉毛、口的轻微变化,就使陈述句变成了疑问句;动词方向性的变化使施事成了受事;动作频度和速度的变化,

使"慢"变成了反义词"快"。使句意和句式发生如此大的变化的原因不是手语词汇变了,而是手语的副语言信息和超语言信息起了关键的语法作用,如果我们无视手语的这一特性,仍然直译成书面语"我你走",就会越教越错,事倍功无,误人子弟。

我很开心的是:学生夸我手语打得好,不说话就像聋人一样。他们爱上我的课、爱和我说真心话。我们9年聋童双语教学改革,实验班使用1年学前自编手语教材,8年普小、初中的选用教材,比其他学校12年学习经历的聋生高考成绩还要好。究其根本是以聋生为本,以求真知的态度从语言学角度研究重视手语特性,知其所以然,把握这些规律,应用于课堂教学实践,有的放矢地教真知,准确有效地教学,甚至是高效教学。

(二) 创编手语及记录手语的符号系统

在教学一个汉字的新字词时,普通学生需要掌握音形义,而聋生在此基础上还要掌握手语。修订版《中国手语》当中收录了5586个词目,仍不能满足语文教学的需要,还有许多的词语,没有对应的手语。教师常会用汉语拼音——手指语拼打声母或全拼来代替,偶尔一两个也就罢了,如果一句话或者一段话当中手指语较多,会影响聋生视觉辨识,难于理解语言内容。那么,中国手语的造词规律有哪些?创编的新手语,除了用文字、图示法记录之外,还有什么更简便的方式记录吗?要想优化课堂教学,就要解决这些问题,回到教育的本源做求真的研究。

1. 课题研究基于课堂教学

为方便师生教学,立足科学实用,2003年我开始主持国家级课题"聋童语言学习的规律与方法的研究",2008年主持"聋童双语课程改革典型案例研究",使课堂教学要基于科学研究、课题研究需解决实际教学问题的理念更加明晰。这两个课题都被评为河南省优秀科研成果一等奖,研究成果之一就是创编了一套记录手语的符号系统,在手指语拼音方案和数字手形(参见图1、图2)的基础上,选补43个手形作为基本手形,以其手形对应的拼音或数、字为基本记录符号,以一\＊⊕等符号表示两手型的位置关系、动作、身体动态、面部表情等,编写了《手语符号记录与使用说明》。这一套记录手语的符号系统,虽然不是很完善,但是在课题组研究和实验班级教学中,起到了较好的辅助作用。

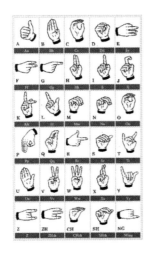

图1 手指语拼音方案

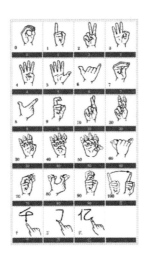

图2 数字手语

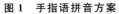

图3 手语弟子规总序

2. 从课中来到课中去

编创这套"手语符号记录系统"是为了让学生更有效地学习双语——手语和汉语,提高课堂教学效率。下面这个课例《弟子规　总序》,是我参评特级教师时所讲,部分展示了将手语符号应用于教学的过程。本节课采用研究性学习方式,七、八两个年级合班授课。总序部分一共四句话(参见图3),教学过程中第一个环节是视频导入,形象感知;第二个环节是合作探究,通读(打)释义。学生异质分组,学习任务分别是第一、第三和第四句。学生应用教师给出的《手语符号记录与使用说明》,试读、打出每句的手语,简单说出对句子的理解。通过三个小组汇报展示,学生可以借助手语符号来学习手语,可以较通顺地"读"句子打出手语,借助手语和汉语书面语对照理解词义,利用手语符号固着、强化记忆。在教师的示范下,规范手形及位置、朝向,在教师的点拨、引导下深化对词语和句意、句间联系的理解,表情体态符号的把握,以及它所表达的情绪情感。并且师生一起探讨手语符号说明,还可以做哪些优化补充。七年级的同学虽然是第一次接触手语符号,在八年级同学的带领下,很有兴趣和有效参与了学习与研究。A 生说:我发现小 B 打"规(范)"手势时,左手是横着,应该是竖立指尖朝上的(动作演示)。第二小组讨论时发现"圣人、孝、悌、谨"这几个手势都有表情符号,"圣人、孝悌"表情差不多的,"谨"的表情是不同的。教师及时肯定鼓励,适时引导强调手形、位置规范的重要性,表情体态这些要素和词义的相关性。启动如何解决这个问题,是否增补符号,如何增补的研究作业。激发学生学习、研究手语、学好《弟子规》的浓厚兴趣。这一环节的设计说明:将手语的九要素用简洁的符号作为记录和标识,帮助聋生学习手语和汉语书面语是可行的。

第三环节教师精讲,示范延伸。第二句话"首孝悌,次谨信",教师利用汉字溯源和拆字法多媒体辅助讲清"孝"的含义,对照手语符号示范"孝""悌"两个手语规范打法,简介创编由来。并结合生活实际借助图片视频举实例,帮助聋生较快理解并固化"孝""悌"的概念,记住手语与书面语。第四环节:总结交流,明礼导行。学生迁移生活实践、正反辨析、评价交流,明白尊敬师长、友爱同学、兄弟姐妹,是做一个好学生,做一个好人的首要任务这一道理。下课时学生仍意犹未尽,听课者感慨良多。所以一堂课,却似一扇小窗,映射出求真路上知、行、意的整合,学用经典、穿越时空对话的悠远,以及我对聋人、对手语、对聋人文化的尊重。

3. 课上两个词,课下一年功

在教学中常有词语没有对应的手语,如"孝"和"悌"。手语研究小组决定意译,如"孝"取的两个主要意思,尊敬与奉养。奉养《中国手语》中也没有,借用抚养的手势,这样需要四个手势,尚不能准确达意。"悌"也如此,并且一会儿左手代表受事,一会儿右手代表受事,容易产生干扰和隔裂感。所以与聋人协会张主席商量后决定:

首先是精简手势组成。充分利用身体表情等手语要素。"孝"尊敬之意只保留手势(一)左手握拳伸拇指坐另一手掌,向上举起至面部;目光追随向上举起的两手,面露敬意。奉养是将抚养两手势整合为手势(二)左手手形同上,右手平伸,手指抚碰左手拇指指根处两下，面露关爱之情，表示奉养之意(参见图 3"孝")。

其次是统一人物标识。尊长的类标记，用同一个手来表示。即在一个词语中均用左手代表被尊敬的人，如"悌"统一类标记，用左手代表兄长，右手代表弟弟。用三个手势加上友爱微笑的面部表情，表达了同辈关系的兄友弟恭，互助关爱之意(参见图 3"悌")。

还要应用手语的语流音变。在有声语言的口语语流中，由于受到相邻音节的相邻音素的影响，一些音节中的声母、韵母或声调会发生语音的变化，我们称之为语流音变。同样，由于相邻的两个手势的手形、类标记等的影响，手语的手形、位置、频率、朝向，主辅手等也会发生一些变化。因此创编手语时还要注意手语的语流"音"变。如"悌"的第三个手势，根据词序变换一下左右手，与常规打"爱"的主辅手是相反的。如"孝"的手势(一)举至面部，手势(二)也在面部同高的位置打。虽是一个细节的推敲，但也要有理有据。

图文对照后，我们明显看到，用手语符号来记录手语，十几个字节的站位就可以解决了，比用文字描述或拍照图画的方式要简便许多。在没有条件使用视频的情况下，用手语符号来记录手语可以辅助教师和聋生记录和记忆、复习再现新词新手语。花了这么多的笔墨，也是为了说明创编手语新词的复杂过程和手语的重要性，从一个视角体现特校课堂教学的专业性、特殊性和人文性。

二、敢为天下先——践真行

我从小被冠以"笨老鸭"的名号，不曾想有高远的抱负与追求，但为了教好特殊孩子，办优质的特殊教育，才先行一步，认认真真，做些实实在在的事情。

（一）为了自身硬，笨鸟先飞

1990 年我毕业于南京特殊教育师范学校，读了四年，当时算是中专。上班后觉得学问太低，自学四年拿到了汉语言文学专、本科学历。在做聋语言课题研究时，国内专家不多，国外资料少，又看不懂。求人不如求己，所以又考了河南大学教育管理硕士，研究的方向就是《聋童双语教学研究》，此论文获优秀硕士论文，且作为成果之一，使得课题的研究和推广价值提升，顺利地获得了省科研成果一等奖。这标志着我的学习力和文化、科研水平上了一个新台阶。

1995 年，我做河南省首届特教课堂大赛评委时，有人对我小教一级教师的职称提出了质疑,虽然主办者解释说我是科班出身,水平是有的。但是我觉得别人质疑得有道理,自己水平低,怎么有资格评人家?打铁需要自身硬,有差距就要努力呀!在课堂教学和科研能力方面下苦功夫,两年后以突出的业绩破格晋升了中教一级,十九年后又晋升了正高级职称。所以我要感谢那些质疑的人,是他们督促我不断进步、学习成长。参评特级教师是因为:不想做特级教师的老师,不是好老师,特校也应该有特级教师,我来试试吧!就这样,我这一只笨鸟不舍昼夜、不停地飞着,逐渐成为一个专业型、有创造力的教师。

(二) 为了师生进,率先垂范

期待教师能做到的,首先自己要做好。记住全校每个学生的名字并了解他们的情况特点,随时可以和他们的家长对接交流孩子的些许进步;随机可以和他们的老师沟通探讨,孩子的训练计划是否适切最近发展区,能否每天进步一点点。爱学生如此,教育教学改革、师训育新也是如此。

1. 做给你们看

特殊教育基于普通教育,又异于普通教育,曾经难题困境颇多。既然选择了特教,再难也不能做逃兵。我常去参加教研室以及普通学校的研讨、听评课活动,将普通学校各研究和改革热点拿过来,结合特殊教育规律,校本化地优化借鉴,应用于我的课堂教学和研究,做好特教排头兵。

2. 带你们一起做

能带出一个专业性的好团队,才是一个好教师。我带教师去普特名校学习取经,回来后再一起上研究课汇报交流。为改变教师畏科研如畏虎的态度,首先是我做课题主持人,带教师们一起做。再培养青年教师做课题主持人,较难的立项申请和发表文章我来做,其他的工作指导把关由他们做,如此,一个个省成果奖的获得,让大家能力、信心倍增。十年带下来,大多教师能做课题主持人,在普特课堂、技能大赛上也常能夺得头筹、取得佳绩。这促进了教师团队的专业化,撷取了科研强校的繁花。

3. 讲给你们听

天下特教是一家,好的经验重在分享,并在分享中检验、完善、提升。长期在特殊教育学校,看到教师、学生和家长存在很多心理问题。2009 年我开始学习心理学,开讲教师幸福工作坊、体验性的班会、家长会、心理沙龙活动,提升大家的心理资本和幸福指数。《高效课堂》《快乐教学》《在文化中行走》等国培专题和送教讲座，帮助全国各地的特教同仁们解决专业难题、优化心理建设，使大家更加明确选择特教的责任与价值，点燃新动能，谱写新的人生画卷。那将会有更多的特殊儿童及家庭受益。

（三）为了特教兴，创造先机

1. 创办综合性特殊教育中心

为了让弱智孩子和盲孩子有学上，在原聋哑学校增设了培智班和盲生班，1995 年创办了首个综合性特殊教育中心；为了让聋孩子有机会读高中和大学，延伸学制办了职业高中班。1997 年，全国特教检查团来我校视察，全国人大原教科文卫副主任韩怀智中将，称赞我们的办学模式"盲、聋、智障为一体，符合方向，大有希望"。此后各地的特教中心渐次鹊起。

2. 擦亮开放办学视窗

为了让特殊孩子回归主流，融入社会，学校在 20 世纪 90 年代实行周六周日开放办学，迎进来，走出去，与各界爱心人士联谊活动。在师范学院、工学院和部分企业，开办手语沙龙和手语培训班。学校还接待了 22 个国家与地区的友人来访，我校学生 50 多幅画作在瑞典展出，成为传播中国文明的一个窗口。

3. 首开计算机和英语课程

为了让特殊孩子有更多的学习体验，1995 年开设计算机课，1996 年我开始给聋生上英语课。面对"学生连话都说不好、字都写不通的情况下还学计算机和英语，不是天方夜谭吗？"的质询，我想，普通孩子能够拥有的，也要给残障孩子一些机会。不去做可能什么都没有，做了，一切都会成为可能。2000 年后，聋人高考中英语是必考课，我校的学生占了英语底子打得比较扎实的先机，一考中的。当一个父母离异，从小都比较自卑的聋孩子，试着用英语和一个德国的核物理学家笔谈对话的时候；当他自信、激动地打着手语告诉我这一过程的时候，我为孩子感到骄傲和自豪。也为自己的先导性决策与行动画上一个感叹号！

4. 形成双语聋教育的商丘模式

为了解决教学中的实际问题，在没有任何项目经费支持的情况下，我开始了聋童双语教学的研究。后来在 2004 年成为河南省首个联合国儿基会聋儿双语双文化项目实验基地，创造了双语聋教育的商丘模式，提出了 1＋6＞9，聋人教师是资源、听人教师是导演,聋人手语的"开门""关门"等独特观点与做法。特教专家张宁生改变了"先进的教育思想,常在沿海和发达地区产生。商丘,在地图上都找不到的一个小城市会有什么样的改革实验?"的认识,认为双语聋教育的商丘模式适合在欠发达地区推广。儿基会小野正博处长说:商丘是希望之城,星星之火可以燎原。

5. 尝试多种融合教育模式

为了满足一个脑瘫孩子朱某及家长的愿望:以后要去普通学校上学。2011年联合胜利路小学,开始了"脑瘫学生语文教学和康复训练融合教育个案研究",设计实施1+4融合教育模式。一年后朱某入胜利路小学就读,完成了回归主流的教育目标。又与普校联手创办融合幼儿园。为了创设更好的自主发展环境,给了孩子们学前康复后到普校学习,可以选择走校回来做个别化辅导或者继续上特校的多样化支持。

6. 拍摄首个手语版《弟子规》

为了让听力语言障碍的学生学好《弟子规》,传承中华经典,2010年我主持了"《弟子规》对聋校教育教学的辅助作用"课题。归纳总结了"翻译手语版《弟子规》的有关规律及操作办法",由聋双语班的学生做手语模特,拍摄了全国首例手语版《弟子规》,制作成光盘,用于学习传播。上图3幻灯片是我亲手画的,它作为一个历史见证,见证了我对手语研究倾注的心血、热情与创造力,见证了精研两个词语、总结一套规律、扎实做一件实事的践真行的历程;见证了我们课题组团队凝聚人心,聋健合一,科学研究、协作成长的过程;见证着我对聋教育的执着与深情,"为每一个特殊儿童提供适性的教育"的信念追求。一晃十几年已过,我的青春不再,但都化作美好的记忆,以及记忆之河中的闪闪粼光。

三、云深不知处——做真人

我非常崇敬袁隆平先生。袁先生是一位科学家,却整日蹲在田野中做研究,终成"杂交水稻研究的开创者"。他立足中国本土,做最接地气、精益求精的科学实证研究,是时代的先锋、中国的脊梁、民族的瑰宝,更是我学习的榜样。

也许前世我与特殊儿童有缘,今生的特教情结不会再改变。淡忘的是那些艰难和坎坷,沉浸专注的是福流体验。我想蹲在特教疆域里的田间地头观察、研究、实验、发现，求真知、践真行，做一位好老师。不拘于课上课下，校内校外，整合多维度显性和隐性的课程资源。也可游弋于国内外、历史与将来，扎根本土以大教育教学观看特教、做特教。享受时而做老师，时而做学生，教学相长的乐趣。庆幸心中有一份灵光指引，虽说云深不知处，而我寤寐求之，在知行合一的慎思笃行中，学做真人。

世人常说知易、行难，能够做到知行合一者，又溯本回源、不忘初心的，可能就是真人之境吧。陶老先生的"学做真人"，虽也是半句话，却如修仙飞升般难得。所以相较求真知、践真行，做真人这一步最是云雾缭绕、超然出尘，难于觅径登顶。在此致敬先贤，在金山的特教原野里，我将继续求真知、践真行、学做真人，用后半生与更多同仁共同书写星星之光……

优课示例与推荐人语

优课示例 1

作者简介:王志霞,任教于上海市金山区滨海学校,任教学科:生活语文,从教时间 17 年。所获荣誉:2016 年上海市中小学中青年教师教学评选活动(特殊教育)三等奖、2017 年上海市特殊教育资源应用案例征集一等奖、2021 年第四届"课植杯"特殊教育区级联动课堂教学评比二等奖、2022 年 3 月获 2021 学年金山区特殊教育教学设计评选活动一等奖。

特长爱好:阅读。

教坛心语:永远用欣赏的眼光看学生,永远用宽容的心态面对学生。

棒 棒 天 使

内容主旨

《棒棒天使》是金山区滨海学校五年级上第二单元的图片阅读篇目,画面简洁有趣,图片信息比较直观,介绍了棒棒天使和胖胖天使这一对形象差异较大的主人公有趣的日常生活,包含很多相反的现象:大和小、多和少、上和下、高和矮、胖和瘦、横和竖、干和湿、长和短、轻和重。相比第一单元的图片阅读篇目,图片信息较多,并且需要思考图片背后的隐藏信息。本单元前三篇课文中的插图,可以帮助学生初步了解图文结合的阅读方法,为本课整本书的阅读做铺垫。在内容上,前三篇课文中也涉及一些反义词现象:长和短、大和小、多和少等;本单元后面的集中识字教学内容也是反义词,因此本节课在教学内容上起到了承上启下的作用,既涉及反义词的学习和理解,也为反义词的运用提供了一个有趣的载体。这是我们第一次尝试用图文结合的阅读方法来获取图

特教语文 | 73

片中的隐藏信息，因此在后两个单元的图片阅读篇目中，将进一步练习使用不同的形式来获取隐藏信息，确保学生在不断的循环练习中掌握该项技能，最终达成学期目标。

学情分析

本执教班为金山区滨海学校五年级，班级共有学生 13 名，根据韦氏智力量表测评，学生的智商情况为：小姚 56，小徐 53，小钱 46，属于中度智障；其余 10 人智商均小于 40，属于重度智障，其中 3 人(小许、小黄、杨 2)有自闭倾向。根据学生的认知基础和课堂表现，我将班级学生按四个层次分成 4 组。

A 组 4 人(小姚、小徐、小钱和小唐)，课堂参与意识相对较强，识字量在 380 字左右，能阅读简单的短文，有一定的图片阅读能力，能看懂简单的图片，并能在提示下用简短的话讲述 1～3 幅图片的大意；能结合老师的讲述和借助插图理解课文内容。

B 组 5 人(小张、小马、杨 1、小许和小黄)，大部分时间能参与课堂活动。小马和小许的识字量在 300 字左右，小张的识字量在 200 字左右，能独立朗读课文，杨 1 和小黄识字量不足 50 字，无法独立朗读课文。在图片阅读方面，他们都能看懂简单的直观信息，能根据老师的提示和帮助讲述单幅图片的大意，其中小张和杨 1 的理解能力相对较好，其他 3 人的理解能力相对较弱，但杨 1 识字量太小，无法借助文字来理解图片大意。小黄有自闭倾向，认知能力尚可，但参与意识不强。

C 组 3 人(小丁、小王和杨 2)，大部分时间能参与课堂中的集体朗读、跟读，但识字量近乎为零。在图片阅读方面，小丁和小王能用词语说出图片中自己较为熟悉的直观信息；杨 2 有自闭倾向，看图意识较弱，有时能跟随老师说出单幅图片中的直观信息，有时要乱说。

D 组 1 人(小蒲)，能跟说词语和短句，但因视力问题(斜视＋弱视)，没有看图或者看黑板的意识，需要老师单独指导。

在学习本课之前，本班大部分学生已经有自主翻书的习惯和阅读图片的意识，但受限于识字量和认知能力，学生图文结合阅读的意识并不强，自主阅读的效率很低。经过四年级的图片阅读教学，学生已经具有了初步的观察图片意识，在阅读单幅图时，能把握相对直观的图片信息(如，图上有谁)，并能在老师的提示下发现图片细节,但是对于图片中的隐藏关系(如,因果关系),理解起来有困难。他们能在教师的指导下阅读1~3幅图片,并会用1~2句话讲述单幅图意,对于用1~2句话讲述多幅图的图片大意,学生还存在较大的困难。一方面是因为学生不会自主表达,另一方面,也是因为来自普校的他们,大都自卑,甚至胆怯,在课堂上,他们不敢表达也不愿意表达。经过很长一段时间的磨合,部分学生逐渐开始愿意表达,但往往无法准确地表达出自己的意思,在表述图片大意或课文理解方面仍会显得比较被动。

教学目标

A组:

(1)独立找出绘本中的9组反义词,并能运用比一比、说一说、演一演等多种形式正确理解这9组反义词。

(2)运用图文结合的方法阅读多幅图片,并能用上反义词讲述多幅图片大意。

(3)在阅读活动中体会反义词的趣味性,感受阅读的乐趣,愿意主动阅读。

B组:

(1)在提示下找出句子中的9组反义词,并能运用比一比、说一说、演一演等多种形式正确理解这9组反义词。

(2)跟随同伴用图文结合的方法阅读多幅图片,并尝试在提示下用反义词讲述多幅图片大意。

(3)在阅读活动中体会反义词的趣味性,感受阅读的乐趣,在同伴帮助下参与阅读。

C组:

(1)正确指认两位主人公:棒棒和胖胖,并能指出或用词语跟说他们的物品。

(2)跟随同伴运用听一听、看一看、演一演等多种形式理解"高—矮、长—短"等6组反义词。

(3)在帮助下参与阅读,并能在参与的过程中感受阅读的快乐。

D 组：

（1）说出两位主人公的名字，并能正确指认两位主人公。

（2）在帮助下参与表演反义词，尝试理解反义词的意思。

（3）在参与的过程中感受阅读的快乐。

教学重点

A 组：运用图文结合的方法自主阅读多幅图片，并能用反义词讲述多幅图片大意。

B 组：跟随同伴用图文结合的方法阅读多幅图片，并尝试在提示下用反义词讲述多幅图片大意。

C 组：跟随同伴运用听一听、看一看、演一演等多种形式理解"高—矮、长—短"等 6 组反义词。

D 组：说出两位主人公的名字，并能正确指认两位主人公。

教学难点

A 组：能用反义词讲述多幅图片大意。

B 组：尝试在提示下用反义词讲述多幅图片大意。

C 组：跟随同伴运用听一听、看一看、演一演等多种形式理解"高—矮、长—短"等 6 组反义词。

D 组：能正确指认两位主人公。

教学过程

教学环节	教师活动	学生活动	评价内容及要求
一、谈话导入，揭示课题	1. 谈话导入，出示棒棒天使 2. 揭示课题	1. C、D 组跟读：棒棒天使 2. 齐读课题	C、D 组读准字音 齐读时声音适中、整齐
设计意图：通过谈话吸引学生的注意力，齐读课题让学生集中注意力，为接下来的学习做好准备			

（续表）

教学环节	教师活动	学生活动	评价内容及要求
	1. 指导观察图片,认识两位主人公 (1) 提问:仔细观察图片,说说棒棒天使长什么样 (2) 指导朗读描写棒棒天使的句子 提示:读出感叹号的语气 (3) 引导学生看图模仿说出胖胖天使的样子	(1) A、B组看图回答:棒棒天使的身体细细的/长长的……像一根棒子;C、D组跟说:(这是)棒棒天使 (2) A、B组读出语气;C、D组跟读 (3) A、B组模仿说出:胖胖天使的身体就像一个球,那么胖! 那么圆!C、D组跟说:(这是)胖胖天使	A、B组根据提示,说出棒棒和胖胖的身体特征,并能有感情地朗读文本中的句子;C、D组能根据观察图片和听A、B组介绍,指认棒棒天使和胖胖天使;跟说:棒棒细、长,胖胖像球
二、 集体阅读,学习阅读方法	设计意图:指导学生观察单幅图片,鼓励学生抓取图片中的直观信息,说出图片中人物的主要特点:胖、瘦,同时借助文本中的句子,让学生模仿说话,规范学生的语言		
	2. 指导观察、比较两位主人公的不同 (1) 提问:仔细观察,说说棒棒和胖胖的身体有哪些不同 指出:高和矮、胖和瘦是反义词 (2) 引读句子,提出要求:分别用"高、矮""胖、瘦"来介绍班级同学	(1) A、B组回答:棒棒天使瘦,胖胖天使胖。/棒棒天使高,胖胖天使矮 (2) A、B组回答:(班级里的同学)谁高谁矮,谁胖谁瘦;C、D组跟说或指出:谁高谁矮,谁胖谁瘦	A、B组能用上反义词,正确说出棒棒和胖胖体形的差异。能通过比较说出:班级里的同学谁高谁矮,谁胖谁瘦;C、D组能参与比较,并能正确跟说或指出:谁高谁矮,谁胖谁瘦
	设计意图:指导学生进一步比较观察两幅图片,鼓励学生抓取图片中的差异信息,说出图片中人物的不同特点:高、矮、胖、瘦,同时联系生活实际,让C、D组的学生动一动,比一比,参与到课堂中,A、B组的学生则通过比一比,说一说的方式进一步理解"高、矮、胖、瘦"的含义,感受在比较"高、矮、胖、瘦"时,同一个人在跟不同的对象比较时会有不同的结果,体会反义词的相对性。同时,学生们还可以从图片细节中找出其他的反义词,如鸟的胖瘦等		

（续表）

教学环节	教师活动	学生活动	评价内容及要求
二、集体阅读，学习阅读方法	3.指导阅读第8—13页 （1）按顺序出示图片，指导学生理解单幅图片的意思 提示： a看一看图片，说说棒棒和胖胖在干什么 b读一读句子，找找里面的反义词 c仔细观察图片，用反义词说一说：棒棒……胖胖…… d理解反义词 （2）整体出示第8—13页图片，指导学生将多幅图片连起来，用上反义词说出图片大意 （3）总结学习方法	（1）阅读第8—13页 A、B组根据图片回答：棒棒和胖胖在干什么。棒棒……胖胖…… 找出反义词：上—下、少—多、大—小 通过指一指、数一数、猜一猜等多种形式理解3组反义词 C、D组跟读反义词；参与活动，理解3组反义词 （2）A组按要求讲述多幅图片大意；B组在提示和帮助下尝试讲述多幅图片大意 （3）A、B组和老师一起总结阅读方法	A、B组能独立找出3组反义词，并在提示下用自己的话讲述单幅图片大意。能通过多种形式理解3组反义词 C、D组在集体回答时，声音响亮地跟读反义词；能跟随同伴参与活动，理解反义词 A组能用上反义词将多幅图片连起来讲清意思 B组能在提示和帮助下尝试讲述多幅图片大意

设计意图：通过直观的图片信息给予B组学生表达的机会：棒棒和胖胖在干什么（飞）；"上下、多少、大小"这三组概念对学生来说并不陌生，因此通过找出句子中的反义词进一步加深A组学生对反义词的印象，同时为下一环节的用反义词说话提供学习的样式。通过指一指、数一数、猜一猜等形式帮助C、D组学生在参与的过程中体会反义词的意思相反，理解反义词的意思

设计意图：图片阅读实际上也是一个知觉、思维、语言相结合的智力过程，在这个过程中，学生需要认真观察、合理想象，才能准确表达。在这个集体学习的过程中，首先指导学生观察单幅图片，获取图片中的关键信息并用语言表达出来；再将多幅图片连接起来，讲述一个简短的小片段。对于我们的学生而言，能准确表达无疑是最重要的语文素养。因此，我设计了观察说话、猜测说话、模仿说话等环节，力求让他们能够通过不同的形式来获取图片和文字信息，并能将获取到的信息用语言表达出来。这一环节的集体学习也是为学生提供一个学习和模仿的例子，为接下来的小组合作学习做好铺垫

（续表）

教学环节	教师活动	学生活动	评价内容及要求
三、小组阅读，合作学习	1. 指导小组合作学习第14—21页 出示学习任务单，指导A、B组根据学习任务单自主阅读，完成学习任务；指导C、D组阅读图片，完成学习任务	A组带领B组开展小组合作学习：根据学习任务单的提示阅读，完成学习任务 C、D组在老师的帮助下完成学习任务	A、B组在小组合作学习时，能根据提示完成学习任务 C、D组在帮助下指认棒棒和胖胖，能说（指）出雨伞、彩虹，模仿表演横竖、长短
	2. 组织交流 （1）组织学生以小组为单位交流介绍学习成果：用上反义词讲述单幅图片大意 （2）指导学生理解4组反义词 （3）指导学生讲述多幅图片大意	（1）A、B组交流单幅图片：棒棒和胖胖在干什么。棒棒……胖胖……反义词有：横和竖、干和湿、长和短、轻和重 B组板贴反义词 C、D组跟读反义词 （2）用演一演、摸一摸、比一比等形式理解4组反义词 （3）A、B组用自己的话讲述多幅图片大意	A组能独立交流；B组能在老师的提示下交流；C、D组能声音响亮地跟读反义词，积极参与体验活动，理解4组反义词 A组独立讲清多幅图意；B组在提示和帮助下讲出

设计意图：为了最大限度地照顾到每一个学生，我设计了小组合作学习的环节，并采用同质分组和异质分组相结合的形式，将13名学生分成3组。其中C、D组的4名学生为单独的一组，其他9名学生分成两组，保证每组都有2名A组学生和2～3名B组学生。在小组合作学习环节，由能力较强、主动性相对较好的A组学生带领能力较弱、主动性不强的B组学生完成学习任务；由老师带领能力最弱的C、D组学生共同完成他们的学习任务

四、游戏巩固，总结全文	1. 介绍游戏：反义词对对碰	玩游戏	积极参与游戏
	2. 小结	听老师小结	

设计意图：引导学生在游戏中进一步感受反义词的好玩之处，进一步巩固本节课所学的反义词

课后作业单
★（听老师或父母）读一读故事。在生活中找一找故事中的反义词
★★把故事讲给父母或朋友听。在生活中找一找其他的反义词
★★★用你知道的其他反义词续编（画）故事

（续表）

教学环节	教师活动	学生活动	评价内容及要求
设计意图:语文学习的最终目的还是为了运用,作业设计中,我鼓励学生到生活中去找反义词,去进一步体验反义词的好玩之处。同时,我根据学生的学习特点,设计了星级作业,学生可以根据自己的实际能力选择合适星级的作业来进行拓展巩固			
板书: 　　　　　　　　　　棒棒天使 棒棒天使　高　瘦　上　少　小　　湿　长　轻 　　　　　　　　　横——竖 胖胖天使　矮　胖　下　多　大　　干　短　重			

教学反思

本节课在选材时参照了《上海市辅读学校九年义务教育课程指导纲要》中的教学指导建议,并基于学情评估,设计了分层的学习目标。本班学生虽然大部分来自普小,但是进班时间不同,学习基础也相差很大,多极分化现象非常严重。基于对学生的识字水平、阅读理解能力、自主阅读习惯以及语言表达能力、课堂参与等多方面的评估,在保证语文课堂的发展性与补偿性的基础上,我精心设计了分层的学习目标:A组学生能从图片中获取关键信息,正确表达多幅图片大意,并能在组织领导小组学习的过程中提高沟通能力;B组学生能在观察图片的过程中尝试表达,在参与的过程中感受绘本阅读的快乐,掌握绘本阅读的方法;C、D组学生能够参与互动,提高认知和感知能力,感受绘本阅读的乐趣。在课堂上我主要采用了以下几个策略。

1. 在活动中学,注重学习兴趣的激发

丰富多彩的活动可以有效地激发和维持学生的学习兴趣,提高学习效果。考虑到班级学生的学习兴趣和注意力,本节课,我采用了看一看(大小)、比一比(高矮、胖瘦)、数一数(多少)、贴一贴(上下)、摸一摸(干湿)、演一演(横着飞、竖着飞)等活动,帮助学生理解反义词;通过猜一猜故事情节、读一读句子、找一找反义词、说一说图片大意等活动,帮助学生阅读绘本,理解绘本内容;让学生在丰富的活动中动耳、动眼、动口、动手更动脑,通过多感官参与学习,激发学习兴趣,提高听、说、读的语文能力。此外,我还准备了棒棒天使和胖胖天使的玩偶,让学生更直观地认识两位主人公,增加趣味性。考虑到学生对"轻重"这一组概念的陌生,尤其是对"轻重"与船头上翘下沉之间关系的理解存在难度,我准备了彩虹船模型,让学生先掂一掂棒棒和胖胖的重量,比较出棒棒轻,胖胖重,再分别将棒棒和胖胖放在船的两头,观察船头的变化。在课堂上的体验环节,学生们的参与积极性非常高,但同时也表现出对两者之间关系的陌生。这次尝试也提醒我在今后的教学工作中要创设更多的体验环节,激发学生的学习兴趣,丰富学生的学习经历。

2. 小组学习,注重合作意识的培养

小组合作学习是对学生自主学习能力的一种培养。小组合作中,学生之间可以有互动,有交流,有反馈,在一定程度上会改善学生的沟通水平。即使是能力较弱的学生,也可以在小组合作学习中得到更近的支持与帮助,从而感受到学习的氛围。本节课上,我采用了同质分组和异质分组相结合的形式,将13名学生分成3组。其中C、D组的4名学生为单独的一组,其他9名学生分成两组,保证每组都有2名A组学生和2—3名B组学生。在小组合作学习环节,由能力较强、主动性相对较好的A组学生带领能力较弱、主动性不强的B组学生共同完成学习任务;由老师带领能力最弱的C、D组学生完成学习任务。异质分组主要是考虑到A、B组学生之间的能力差异较大,借助小组合作的形式一方面可以帮助B组学生更好地掌握学习内容,另一方面也可以锻炼A组学生组织沟通的能力;同质分组可以方便老师更好地指导该组学生学习,也降低了A、B组小组学习的压力,毕竟A组学生并不具备非常强的能力可以同时照顾到两组同学的学习任务。当然,如果有条件安排一名助教,那么在集体授课时,助教就可以较好地支持C、D组的学习;在小组合作学习时,助教也可以较好地辅助A、B组学习,这样教学效果会更好。

3. 提供支架,注重学习方法的授予

学习方法的习得有助于学生的自主学习。在课外阅读的过程中,班级学生虽然已经有了逐页翻书的意识,但是受限于识字量,大部分学生即使能完整地翻完一本书,也完全不理解书中所讲的内容,甚至无法说出任何信息。而不管是图片阅读还是文字阅读,目的都是从中获取有用的信息。因此,本节课我注重教给学生图文结合阅读的方法:先指导学生观察图片,说出图片的直观信息;然后阅读文字,找出反义词;接着,用上反义词讲述单幅图片的意思;最后,用上反义词讲述多幅图片的大意。在交流的过程中,也遵循着由易到难的顺序,引导学生一步步学会表达。同时,借助学习任务单的提示作用,鼓励学生带着问题去阅读,去获取有效的信息。学习任务单的运用，一方面为学生提供了学习的支架，让学生明白应该做什么，怎么做；另一方面，也是对学生自主学习能力的一种培养。从课堂效果来看，在自主学习环节，A组学生可以根据学习任务单的提示较好地带领 B 组学生完成学习任务，但是 B 组学生参与的积极性还有待提高。

4. 明确评价内容与要求，保证个别化教学的有效实施

为了保证个别化教学的有效实施，我按照分层教学目标，明确了每个环节的评价内容与要求，并通过语言评价和星星奖励的方式对学生的图片观察、语言表达等阅读效果进行及时评价，用具有针对性的评价语为学生的进一步学习指明方向，推动课堂活动的开展，激发学生的阅读兴趣，提高课堂的教学效率。此外，我也设计了书面的评价表，从学习习惯、学习能力和小组合作三个大的方面细化出具体的 6 个小点，根据学生的课堂表现进行书面记录，同时作为评价学生一个阶段学习效果的参考。

《棒棒天使》学习评价单

学生姓名 _____

内容 \ 等第 \ 评价者	教师评价 😀 🙂 🙁	学生自评 😀 🙂 🙁	家长(小组)评价 😀 🙂 🙁
学习习惯 认真倾听			
学习习惯 积极发言			
学习习惯 声音响亮			
学习能力 获取图片直观信息			
学习能力 认读反义词			
学习能力 说清图片大意			
小组合作 积极参与			
小组合作 乐于互动			
小组合作 主动交流			
描述性评价			

😀完全掌握　　🙂大部分掌握　　🙁没有掌握

这一评价单虽然包含了几个维度的评价，但是在实际教学过程中还需要对学生进行有针对性的指导，这样，学生才能逐步学会正确评价自己和他人，当然

这样的评价要求也仅仅限于能力较强的 A 组学生。

（本节课获上海市中小学中青年教师教学评选活动三等奖）

专家点评

这是培智学校中年级段一节比较扎实、典型的语文课，本课亮点是聚焦一个"评"字。

一是多元评估定目标。因智力障碍及多重残疾学生存在较大差异，所以根据医学评估、心理学评估、教育评估等多元评估手段下做充分的学情分析是确定教学目标、上好课的前提。王老师对本班 13 名学生的智力水平、学习风格、认知起点和能力基础做了全面适度的分析，根据本课教学内容（反义词）在图片阅读单元中承上启下的定位，确定了 4 个层次的三维目标，且目标明确可行、体现阶梯性。教学重点和难点的把握以及教学活动各环节的逐层递进，如对学生语文素养的培养，通过观察说话、猜测说话、模仿说话等环节的设置，直观性、小步子原则的贯彻，体验性游戏的参与，均为实现教学目标作了有效的突破与支持。

二是教评一体重过程。教学设计以表格形式呈现，便于师生教学活动和评价内容及要求同步呈现，这是金山区特殊教育备课的特点，也突出了特教课堂的典型性。所以，王老师这篇教学设计是以详案形式呈现：教师不仅是教学的设计者、执行者和评价者，还是监测者。比如，在导入环节，齐读课题时的评价要求为"C、D 组要读准字音""齐读时做到声音适中、整齐"，不仅有评价的标准要求，还有评价的内容和表现，体现了朗读训练的基本路径和分层评价目标的落实。让每个学生做课堂的主人，依图学文，观察、比较、理解、识记，参与学习的全过程。

三是多元评价育能力。本班能力最强的 A 组学生识字量是 380 字左右，距纲要要求中年级段"累计认识汉字 500—800 个"有较大差距。还有 10 名学生智商小于 40，属于重度智障。但可贵的是教师采用了小组合作学习和多元评价的方式，师评、生评、自评相结合；即时性评价及时反馈调整，延伸的家长评价做补充。评价学习习惯、能力、方法，以及小组合作多维具体。异质两个小组借助评价单，A 组学生可以辅助 B 组学生学习与评价，促进了合作互助、思维发展和语言能力的培养。任务单的支架作用，降低了 A、B 组学生学习的难度，使教师可适时对 C、D 组层次的学生做个别指导。集体教学、分层教学、个别指导结合自然，整个课堂氛围活泼紧凑、扎实有效。

优课示例 2

作者简介：杜凡凡，任教于上海市金山区滨海学校，任教学科：唱游与律动，从教时间 10 年。所获荣誉：2017 年获第二届"课植杯"特殊教育区际联动青年教师课堂教学评比二等奖，2019 年获"黄浦杯"长三角城市群征文评选三等奖，2019 年获上海市特殊教育资源应用案例征集活动二等奖，2021 年获金山区第二届"金穗杯"中青年教师教学评优活动特殊教育组一等奖，2022 年获上海市中小学幼儿园调查研究方法成果评选活动三等奖。

特长爱好：旅游、学习。

教坛心语：试玉要烧三日满，辨材须待七年期。

金孔雀轻轻跳

内容主旨

本节课所授歌曲《金孔雀轻轻跳》，选自上海音乐出版社《唱游》二年级下册第一单元《民族花朵》第一课中的"唱"，是辅校本学期选编教材中"唱"的其中一首歌曲。本次授课对象是金山区滨海学校五(1)班学生，虽是五年级学生，但其学习能力、接受能力、表达能力只相当于普校低年级甚至幼儿园学生水平。为了对学生进行言语补偿、视听协调、肢体协调等能力的培养，在本单元教学中，我以"孔雀情"为主题选编了单元内容。本单元乐曲一首、歌曲一首、律动一个，共 8 课时，本节课所授内容《金孔雀轻轻跳》为本单元的第 5 课时。

《金孔雀轻轻跳》是一首有傣族风的创作歌曲，2/4 拍，F 宫调式。全曲旋律优美、明快，曲中多以同度反复和三、五度音程进行，描绘出一幅傣族小姑娘、小男孩与孔雀一起翩翩起舞的生动画面，给人留下了美好的印象。歌曲节奏以八分音符为主,二分音符和四分音符为辅,出现了大量的一字多音,对于本班学生来讲难度较大,学生无法将歌谱与歌词完全割裂开来,因此在进行教学时,着重点放在歌曲的学唱上,要求学生歌词正确地演唱第一段。学习节奏时以拍奏为主,不过分强调音符名称。

学情分析

本执教班共 10 名学生,6 男 4 女。根据医学评估、心理学评估、教育评估等情况,我在充分分析学情预设困难的基础上将学生分成 A、B、C 三个组。

基本情况:A 组共 4 名学生,其中 3 名智力障碍,1 名痉挛性脑瘫(下肢僵直)。他们对知识的接受能力相对较强,上课发言比较踊跃,语言表达能力较好。B 组共 3 名学生,2 名智力障碍,1 名痉挛性脑瘫(左侧偏瘫并伴随言语障碍)。他们学习主动性一般,需要老师提示才能回答问题,其中 1 名学生课堂表现不太稳定,有时甚至会为了让他人注意到自己而破坏课堂;2 名重度智力障碍学生课堂表现稳定,但较胆小。C 组共 3 名学生,1 名自闭症患儿,2 名智力障碍并伴随言语障碍。他们接受能力弱,注意力不集中,有乱跑乱叫的行为,需要老师经常提醒和辅导。3 名学生课堂表现皆不大稳定,不能主动参与到课堂,需要他人的帮助才能进行学习。

音乐基础:A 组学生对基本乐理知识的接受能力相对较强,演唱歌曲时吐字清晰,肢体律动较协调(除脑瘫)。B 组学生学习主动性一般,较喜爱音乐课,演唱时会出现吐字不清晰现象,比较喜欢用小乐器伴奏。C 组学生听到音乐会手舞足蹈,喜欢模仿别人,需要他人的帮助才能进行学习。

课堂表现:在教学中,三组学生使用同一教材,但我会因人施教,根据学生的相关能力,制定不同的教学目标,提出不同要求。课堂上我主要采用集体教学、分组教学和个别辅导相结合的教学模式。在教学过程中,我紧紧围绕教学目标,引导学生自主地参与到音乐实践中来。为了充分调动每位学生的学习积极性,我利用各种素材及多媒体课件,创设情境,通过多种形式,让学生在熟悉的情境中感受傣族歌曲的魅力。同时注重培养学生语言、律动、感知等方面的能力,调动学生有创造性地参与音乐活动的兴趣。

我期望通过本课教学体现我的教学风格——紧扣教学内容、手段大胆创新、师生平等和谐、氛围生动活泼。在学习时激发学生学习音乐的兴趣,使他们积极地参与到活动中来,体验美、表现美和创造美,促进心智发展和身心愉悦。

教学目标

（1）在听、念、唱、演等音乐实践活动中，学会演唱歌曲《金孔雀轻轻跳》第一段。

（2）感受傣族的风土人情，树立热爱家乡的情感意识。

A 组：会用连贯的气息、自然的声音演唱歌曲，在钢琴带领下，唱准歌曲的旋律音高。

B 组：会用自然的声音，基本学会歌曲，在教师及钢琴帮助下，唱准歌曲的旋律音高。

C 组：养成安静聆听音乐的习惯，愿意和大家一起参与音乐活动。

教学重点：学会歌曲，并用自然的声音演唱。

A 组：用连贯的气息、自然的声音，演唱歌曲。

B 组：用自然的声音，在教师的引导下，基本能演唱歌曲。

C 组：在教师/同伴的帮助下，学唱歌曲。

教学难点：感受音高，唱准歌曲的旋律音高。

A 组：在钢琴帮助下，感受旋律，唱准音高。

B 组：在教师及钢琴的帮助下，基本唱准音高。

C 组：安静聆听，用肢体语言感受音高。

教学过程

环节 1：组织教学、进入课堂。

（1）听《孔雀舞》，音乐进教室。

（2）练声曲。

（3）师生问好。

设计意图：师生互动，共同创设轻松、欢乐的氛围，引导学生主动参与到音乐活动中，做好上课准备。

环节 2：初知歌曲、感知旋律。

（1）复习傣族的风土人情。

（2）教师范唱，学生感受歌曲优美抒情的情绪、2/4 拍号。

（3）教师用葫芦丝伴奏，学生模唱歌曲旋律

设计意图：音乐课听赏领先，课堂上，我引导学生反复聆听，感知歌曲情绪、

韵律等;通过葫芦丝的伴奏,激发学生的学习兴趣。

环节 3:唱念歌词、学唱歌曲。

(1) 播放音频,学生感受歌曲歌词。

(2) 教师板贴歌词,学生按节奏朗读歌词。

(3) "火眼金睛我会辨":对比歌曲中第 4、5 乐句的异同,区分 drr、l,d d 旋律走向。

(4) 学唱歌曲。

(5) 处理歌曲,用连贯的声音演唱歌曲。

设计意图:

(1) 通过图片、声势动作等辅助,引导学生反复识记歌词,为学习歌曲做铺垫。通过引导学生感知—说说—学习—齐念歌词,让学生对歌词有了充分的学习,为完整学唱歌曲做铺垫,同时配以 C 组学生喜爱的图画卡片,帮助学生理解歌词,从而正确完整地演唱歌词。

(2) 在"火眼金睛我会辨"环节,启发 A、B 组学生发现相似乐句的不同,并配以手势及多媒体课件辅助,让学生在听觉、视觉上对相似乐句的异同有所认识和学习。

(3) 通过不同形式的演唱,正确、完整地学唱歌曲,巩固所学的歌词内容,引导学生根据歌曲情绪的不同选择合适的演唱技巧,同时培养学生良好的演唱习惯及发声状态。

环节 4:丰富歌曲、展我风采。

(1) 指导学生用课堂小乐器为歌曲伴奏。

(2) 创设情境,引导学生参加"傣族音乐会"。

设计意图:

(1) 引导学生运用三种形式(唱、跳、奏)对歌曲进行二度创作,使得歌曲更加丰富;通过创设"参加傣族盛大节日"的情境,让学生仿佛置身傣族的节日中,热闹的气氛使得学生深切地体会到热爱家乡的感情。

(2) 学生根据自身的情况选择不同的音乐呈现形式,脑瘫儿可以选择演唱歌曲或者演奏乐曲,言语障碍的学生可以选择跳舞或者演唱歌曲等,在积极参与的过程中,每个学生都能感受到音乐课的快乐。

环节 5：总结课堂、情感升华。

（1）根据"孔雀"羽毛评价学生学习成果。

（2）小结、下课。

设计意图：在教学过程中，将学生分为两组，通过唱念歌词、学唱歌曲、综合表演等环节进行阶段性评价。每个环节，学生们都通过参与课堂活动为自己小组的孔雀争得"羽毛"，最终呈现一只展翅开屏的孔雀，让评价与歌曲内容相结合。学生们在"羽毛"的获取过程中，及时对学习成果进行检验，同时又使评价别具一格。学生能一目了然地看到自己获得的成绩，在体验成功喜悦的同时，也提升了课堂学习的有效性。

附教学流程图：

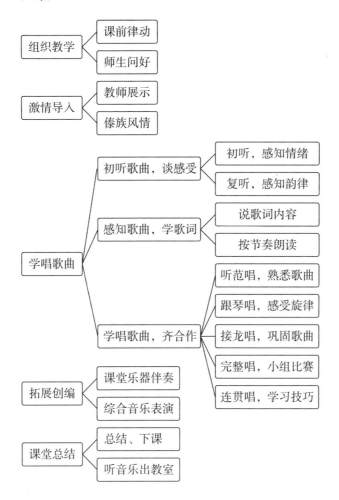

教学反思

"基于多元化评估，开展个别化教学""重视音乐实践，发展音乐能力""以学生发展为本，尊重个体差异"是我设计《金孔雀轻轻跳》的重要依据。下面将自己的教学从教学设计和课堂教学两个方面进行反思。

一、重视教学设计

（一）从"教师教知识"到"促学生发展"教学目标的制定

"知识与技能"是骨架，"过程与方法"是血肉，"情感态度价值观"是灵魂。音乐教学目标不能仅停留在骨架上，更要有血有肉有灵魂，要侧重在学生的各方面发展上。情感即音乐教学"情感化"，音乐是情感的艺术，是一种感受的实践体验，对于特殊学生来讲亦是如此。因此在制定目标时，我非常注重学生的音乐实践，注重让学生在实践活动中进行体验、学习，从而促进其音乐感知、肢体协调等能力的发展。

1. 教学目标的制定

本课的教学目标是基于对学情的具体分析，结合学生平时的课堂表现而制定，主要还是采用分层设计。在目标的制定上，我比较关注学生的实践性和参与性，让学生在听、唱、念、演等多种音乐实践活动中，学会歌曲《金孔雀轻轻跳》的第一段，感受傣族的风土人情，促进他们的情感体验，培养他们爱家乡的情感意识。针对表达、言语能力较强的 A 组学生，我制定了学会用连贯的气息、自然的声音来演唱歌曲的目标。针对表达、言语能力一般的 B 组学生，我制定了会用自然的声音演唱歌曲的目标。针对表达能力较弱或言语障碍的 C 组学生，我要求他们能安静聆听音乐，愿意和大家一起参与活动即可。

2. 教学重难点的确定

学会歌曲，需要掌握歌词内容、旋律音高、节奏韵律等元素的基本能力。对于大部分的智障学生来讲，歌词内容一般经过反复记忆、巩固练习就能达成，音乐节奏在他人的带领下基本也能达成，而旋律音高一直是难以达成的"疑难杂症"。因此，在本课中，我将难点设置为感受歌曲的旋律音高，在各种资源的辅助下努力唱准旋律。

日常教学中，本班 A 组学生在钢琴或其他有固定音高的乐器带领下能够唱准音高，所以本课 A 组的难点确定为：在钢琴的帮助下感受旋律，唱准音高。B 组乐感较弱，旋律音高需要他人的辅助才能达成，因此要求 B 组在教师的帮助下,基本能够唱准音高。C组2/3的学生有言语障碍,故让学生能用肢体语言来感受歌曲的音高即可。

在本次课堂教学过程中,通过教学目标及重难点的制定,学生较好地完成了教学目标,教学任务完成度较高。

(二)从"单一性"到"多元化"教学思路的设计

教师教,学生唱,学生学不会,教师就机械性地反复重唱,这种过于重视知识技能的学习,是传统音乐教学的特点。在这种教学思路的影响下,许多学生学习音乐的兴趣在单一性的教学手段中被削弱。其实,音乐课不等于单一的唱歌课,教学设计应该新颖、全面,重视音乐实践过程,培养学生情感素养。

情感在音乐教学过程中是最为活跃的心理因素,既是音乐审美感受的动力,又是音乐教育的目标之一。教学中通过直观演示、媒体画面、乐器伴奏等不同形式的呈现,适时点燃学生的情感火花,激发学生对音乐的学习兴趣,让学生在体验、交流、合作中感受傣族音乐的美。在教学过程中,我紧紧围绕教学目标,坚持以学生自信表演、大胆歌唱为主要的呈现方式;抓住学生的兴趣点,采用游戏、小组赛等多元化的教学形式,引导学生自主地参与到音乐实践中来,让学唱歌曲活动变单调为丰富多彩,变刻板为活泼生动,使音乐课"趣"起来,让学生在快乐中进行体验、学习。

二、聚力课堂教学

(一)丰富课堂效果,注重音乐实践

音乐是传承人类文化的重要载体,是人类宝贵的文化遗产和智慧结晶。音乐教学应以听赏为主导,以感知体验为主要手段,因此在本节课中,我积极引导学生参与到各种形式的音乐实践活动中。

引导学生观看教师表演进行导入,葫芦丝演奏、表演唱旨在丰富音响效果,调动学生的学习热情;引导学生"话傣族"说说自己所了解的民风民俗,配以多媒体,丰富学生的视觉体验;引导学生分辨相似乐句、感知歌曲情绪、声势动作学唱歌曲等,提高学生音乐感知能力;引导学生参与傣族音乐会,自选组别(唱歌组、舞蹈组、乐器组),发挥学生本体性,注重学生音乐实践。

(二)巧用评价手段,活跃课堂气氛

在本课中,我以教师评价、生生互评为主要评价手段,以"孔雀羽毛"为评价媒介。我将学生分为两个小组，让学生通过参与课堂活动为两只缺了"羽毛"的小孔雀赢得羽毛，并对其进行装扮，最终各自呈现一只展翅开屏的孔雀，使评价与本课主题、歌词内容相呼应。小小音乐会落幕后，教师借助希沃白板，将学生的表现投射到大屏幕上，并将一只大的孔雀奖励给优胜小组，进行总结性评价。

羽毛的获取过程，既是对学习成果的检验，又让评价别具一格，让学生在美的体验中，一目了然地看到自己所获得的成绩，也更加有利于学生根据评价标准进行改进。

（三）分析教学不足，改善音乐教学

1. 教学语言更严谨

教师课前准备好课堂预设语言、过渡语等后基本上不会有大的出入，但是对学生的引导、反馈、评价等生成性语言，则组员教师的语言更加简练，更具指向性。在本节课中，我对学生的反馈、引导语并不是非常精准。在今后的教学活动中还要不断磨炼自己的语言，在进行指导时既要有专业术语，又要让智障学生听得懂。

2. 教具使用更恰当

本节课在对歌曲的二度创作中，我设计了鼓伴奏。傣族的代表性乐器是象脚鼓，因此用鼓为歌曲伴奏，能更加贴合主题，调动起学生的学习热情。我设计的初衷，一是为了让学生感知 2/4 拍的韵律，二是丰富学生的音乐实践。但是这首歌曲的情绪是优美抒情的，由于引导不当，鼓的加入稍显破坏了歌曲的情绪。因此在教学中，对学生的引导、教具的使用一定要做到深入透彻的分析、预设。

3. 情感引导更到位

本课中，对歌曲情绪的处理，我是通过引导学生听、唱、演来进行感知的。但是对如何真正地让学生理解"优美抒情"，还十分欠缺。音乐是情感的艺术，也是抽象的，那么如何让智障学生感受到音乐的情感，真正理解音乐，化抽象为形象，这是在以后的教学中需要仔细研究的。

在音乐教学中，不应该一味地关注知识技能的达成，一定要注重学生的音乐体验，打造有趣快乐的音乐课堂。我认为引导学生主动参与到课堂中来，让学生在玩中乐，在乐中学，这样的教学才能够更有意义，当然这也是日后教学的目标与方向。

（本节课为"课植杯"四区联动二等奖的展示课）

专家点评

本课重视音乐体验、实践,以发展学生艺术能力为本,教学设计突出了一个"巧"字。

一是选择教材巧。教师选、用、编教材进行单元教学的能力非常强,在多元评估、充分分析学情的基础上,为滨海学校五年级的学生设计了"孔雀情"单元主题,以乐曲、歌曲、律动三种内容及形式,培养学生听、唱、动(舞)音乐能力和美好情感体验。本课是选自上海音乐出版社二年级下册的学唱歌曲,虽是普校的教材,但选材符合主题,适合学生,突出教师声乐优势,可谓一举三得。

二是情景创设巧。课前以图片辅助谈傣族风情,课中唱、念、奏,学傣族歌曲,课终参加傣族音乐会,整节课傣族风情贯彻始终,使学生在习能中育情,感受美、创造美;声势辅助用得巧,在学习"彩虹绕"两个不同旋律时,教师以手势画出旋律起伏与走向,使较难把握的旋律音高更加形象;在教授拍奏时,教师手掌打开展臂时用孔雀指,不仅切合主题,同时也表现出乐曲的优美;身边资源用得巧,在学生练习拍奏时,随手利用坐凳来击打拍奏与打击乐器拍奏相结合,体现了音乐的生活化与专业化,以及演奏可以随处不在的乐趣;评价巧,用孔雀羽毛作为代币,小组在每个环节为孔雀争得羽毛,最终呈现一只展翅开屏的孔雀,激励小组互动合作,更让大家感受到无处不在的孔雀情。

三是环节设计巧。本课逐层推进、环环相扣、别具匠心的设计、多维目标的达成,从教学流程图中可见一斑。如在学唱环节中充分体现了过度练习原则,教师使用钢琴伴奏、葫芦丝演奏、音乐伴奏、清唱,以多种形式:听范唱、跟琴唱、接龙唱、完整唱、连贯唱,学生多次听赏、练习来理解歌词,学唱歌曲,变换递进,紧凑有趣。通过闯关游戏激趣巩固,参加傣族音乐会综合展示,教师尊重学生个体差异设计了歌唱组、舞蹈组、乐器组,使每个学生都可以自主选择表演展示的方式,共同演绎新学会的歌曲。学生形成能力的同时,体验理解了美、表现创造了美。也让听课者感受到了敬业多才的特教教师素养、努力可爱的残障孩子潜能,以及美好动人的师生情。

优课示例 3

作者简介:付小平,任教于金山区滨海学校,任教学科:语文(特殊教育),从教时间 12 年。所获荣誉:2018 年 5 月获金山区"中小学德育课程一体化建设"教学设计案例评审小学组语文学科一等奖,2020 年 5 月获金山区特殊教育中青年教师课堂教学评优一等奖,2020 年 12 月获上海市中小学中青年教师教学评选活动一等奖,2022 年 3 月获金山区特殊教育教学设计比赛一等奖。

特长爱好:朗诵、阅读、运动。

教坛心语:教师好好学习,学生天天向上。

奇 妙 的 天 空

内容主旨

本次授课的课文是《奇妙的天空》,选自《浙教版培智语文》(六年级上)第 14 课,是"自然现象"这一单元的第二篇课文。这是一篇写景的文章,节选并改编自英国作家彼得·西摩的《这个奇妙的世界》。全文共五个小节,先总说天空有许多宝藏,然后按照时间顺序分别介绍了太阳、云彩、余晖和群星这些宝藏,最后又总说世界充满了宝藏,并告诉大家要认真学习、细细寻找大自然中的奇妙宝藏。整体上,这篇课文体现了智障学生教学中的发展性与补偿性原则,通过这篇课文的学习,学生的听、说、读、写能力都能得以训练,而且从这篇课文中学生还能懂得要认真学习、细细寻找才能发现大自然中的宝藏。课文内容具有一定趣味性,写作结构很清晰,且句子优美、生动,适合智障学生的阅读和学习。

本课主要是对六年级的中重度智障学生进行文本阅读的常规路径指导,培养学生借助多种方法理解关键词语,同时借助关键词语品读重点句子,理解课文内容。本课为第二课时。

教学目标

A 组:

1. 能用观察图片、近义词、做动作的方法理解词语"不时""闪烁"。

2.借助关键词语品读重点句子,理解课文内容;能用"什么像什么"句式展开合理想象并说一句话。

3.有感情地朗读课文,感受大自然的奇妙之美。

B组:

1.能用观察图片、近义词、做动作的方法理解词语"不时""闪烁"。

2.能够在提示下借助关键词语品读重点句子,理解课文内容。

3.正确朗读课文,感受大自然的奇妙之美。

C组:

1.尝试跟读词语和句子。

2.能借助图片听辨词语"太阳""云彩""余晖"和"群星"。

3.愿意专心听教师的讲解和同伴的交流。

教学重点

A组:能借助关键词语品读重点句子,理解课文内容。

B组:能够在提示下借助关键词语品读重点句子,理解课文内容。

C组:借助图片听辨词语"太阳""云彩""余晖"和"群星"。

教学难点

A组:能通过观察图片、抓关键词语和朗读来理解太阳、云彩、余晖和群星是宝藏。

B组:正确地朗读课文。

C组:愿意专心听教师的讲解和同伴的交流。

设计意图

教学目标和教学重难点分层设计是基于对学生的多元评估,特殊学生个体差异性很大,这就导致了他们的学习能力差异也很大,所以在目标的制定上要根据他们的具体学情来设计。本班共10名学生,6男4女,均为中重度智力障碍,脑瘫2人,自闭症1人,言语障碍1人,智力障碍6人。根据学生生字、词语学习能力及课文理解与朗读水平的差异,我在平时的教学中将学生分为三个层次,分别是:A组(3名中度)、B组(4名重度,其中2名脑瘫)、C组(1名中度且自闭+2名重度,其中1名伴有言语障碍)。三组学生使用同一教材,制定不同的教学目标,主要采用集体教学和个别辅导相结合的教学模式。他们的阅读基础具体情况如下。

	A 组生 （俞、戚、俊）	B 组生 （谭、婷、马、钟）	C 组生 （金、张、黄）
学生 特点	俞：学习态度认真,知识掌握牢,理解力不错 戚：学习能力可以,但行为习惯不好,上课小动作不断 俊：学习态度认真,理解力强	谭：学习积极性高,但识记慢,遗忘快 婷：脑瘫,双脚行走不便。学习态度认真,识记性的知识容易忘,思维不够活跃 马：脑瘫,左侧肢体不便。脑瘫也影响了发音,构音障碍导致其很多字读音不准确。学习态度认真,思维不够活跃,有点胆小,上课不愿意表现自己 钟：学习态度尚可,记性很好;上课会走神,常常对着天空莫名地笑,喜欢模仿别人。有一些情绪障碍,别人说话多,她会发脾气	金：学习态度一般,上课常常走神 张：自闭症,上课经常喃喃自语,有时会大喊大叫,没有参与集体学习的意识 黄：重度言语障碍,只会发"啊"音;喜欢模仿别人
识字量	常用字约 900 个,在学习了生字后基本上能朗读课文	谭、婷、马常用字识记约 500 个,学习新生字常常遗忘,需要不断强化。钟识字量可以达到 800 个,但只会写独体字	金和黄认识一些简单的生字,张虽识字但不参与
理解词语、课文的能力	能借助图片、动作或联系上下文来理解词语 能借助反复朗读、多媒体辅助等方式理解课文内容,知道通过抓关键词理解课文,但有时找不准关键词	能通过图片或动作来理解形象类的词,抽象类的词比较困难 能借助反复朗读、多媒体辅助等方式理解课文内容,知道通过抓关键词理解课文,但常常找不准关键词。钟理解课文有难度	金和张可以借助图片和动作理解形象类的词语,抽象类的很难理解;黄可以在引导下辨认形象类的词语 课文都很难理解
朗读课文能力	能朗读课文并尝试有感情地朗读;能简单交流自己的想法	在提示下能正确地朗读课文,谭、马会漏字,需要提醒;钟读短句可以,读长句常漏字	很难独自朗读课文。金可以跟读课题和词语;黄不能跟读;张在提示下可以跟读词语

教学过程

教学环节	教师活动	学生活动	评价内容及要求
一、复习导入，梳理内容	1. 揭示课题	齐读课题	读整齐
	2. 出示词语： 奇妙　展示　宝藏 结束　闪烁　充满	齐读	A、B组：能正确读出词语，声音响亮 C组：尝试跟读
	3. 出示朗读要求和填空：天空向我们展示了____、____、____和_____这些宝藏	A组边读边想 B组边听边指 C组安静聆听	A组：能按照朗读要求读课文，且能边读边思考 B组：能听到哪儿指到哪儿 C组：能安静聆听
	4. 请学生完成填空	B组说，A组补充 C组看图片	A、B组：能说出宝藏是什么 C组：能仔细观察图片
设计意图：根据智障学生的记忆特点，以复习的形式导入新课，既巩固了旧知，也为新知识的学习做好铺垫			
二、学习第2小节	1. 出示课文第2小节	齐读	能读整齐
	2. 请学生思考问题：为什么说太阳是宝藏	A组思考并回答问题 B组认真思考	A、B组：能认真思考
	3. 出示大火球图片，指导理解"太阳像____"句式	A、B组看大火球图片，找出词语"大火球"，理解句式"太阳像_____"；读出重音 C组观察大火球图片	A、B组：能在老师的引导下说出"把太阳比作了大火球"和"太阳像大火球"；能读出重音 C组：观察大火球图片，感受太阳的温暖
	4. 指导理解"太阳给我们带来了新一天的光明"	A、B组看图片理解"太阳给我们带来了新一天的光明"，读出重音	A、B组：能在老师的引导下说出"太阳给我们带来了新一天的光明"，能看图片感受太阳带来的光明 C组：认真看图片，感受太阳带来的光明
	5. 指导朗读	A组有感情地朗读 B组尝试读出感情	A组：在读出重音的基础上加上感情 B组：能读出重音，尝试读出感情

（续表）

教学环节	教师活动	学生活动	评价内容及要求
二、学习第2小节	6. 板书:带来光明 指名 C 组找出太阳图片,贴出来并读一读	A、B组和老师一起完成板书,C组找出太阳图片,贴出来并读一读	A、B组:能在老师板书的时候说出"带来了新一天的光明" C组:能正确找出太阳图片,贴到相应位置,并读出词语"太阳"
三、学习第3小节	1. 出示第 3 小节 (1) 指名 C 组找出云彩图片并贴出来,读一读词语"云彩" (2) 指名 B 组读第 3 小节	(1) C 组找云彩图片,贴出来,并读一读 (2) B组读第 3 小节	C组:能正确找出图片,正确读出词语"云彩" B组:能朗读正确
	2. 请学生思考问题:为什么说云彩是宝藏	A组思考并交流,找出"奇妙的形状" B组思考	A、B组:能认真思考
	3. 出示图片和句式"这朵云像_____"	A、B组想象说话,能根据云彩形状,说一个简单的故事 C组看图片	A 组:能说出"这朵云像什么在干什么" B组:能说出"这朵云像什么" C组:能认真观察图片,感受云彩的奇妙
	4. 总结:多么奇妙的形状,多么奇妙的故事,怪不得作者说云彩是宝藏	A、B组听总结,理解为什么说云彩是宝藏	A、B组:通过看图片、想象说话和听总结,能理解为什么说云彩是宝藏
	5. 指导朗读	A 组能在理解的基础上读出云彩的奇妙,B 组能读出重音,C 组尝试跟读	A 组:能读出云彩的奇妙 B组:能读出重音 C组:愿意跟读

设计意图:在学习第 2、3 节时,主要是引导学生先读一读课文,知道宝藏的名称;而后通过思考"为什么说它是宝藏",在文中找出关键的词句,加以深入理解;在此基础上,通过有感情地朗读,让学生感受天空的奇妙。在这学习过程中,主要是教师的引导和帮助,让学生明确并掌握学习方法,为后面的自主学习提供支架与方法

（续表）

教学环节	教师活动	学生活动	评价内容及要求
四、自主学习第4—5小节	1. 出示自主学习任务单 a. 读一读第4-5小节 b. 想一想为什么说它们是宝藏 c. 尝试画一画	A、B组学生根据任务单自主学习；C组学生借助图片听辨词语：天空、太阳、云彩、星星	A、B组：能认真阅读并思考问题 C组：能集中精力听辨词语
	2. 出示第4小节 （1）指导理解为什么说余晖是宝藏 a. 指导理解：不时 b. 播放视频《落日的余晖》 （2）指导朗读 （3）板书：变换颜色	A组学生读并交流画出的关键词语，能找出"变换" （1）A、B组理解词语"不时" 集体观看视频 （2）A组在理解的基础上读出感情，B组尝试读出感情，C组尝试跟读 （3）A、B组和老师合作完成板书。C组找出余晖图片，贴在相应位置，并读出来	A组：能大胆地交流并说出自己画的词语 A组：能在引导下说出"一会儿变成（金色），一会儿变成（红色）……" 认真观看视频，感受余晖的美（全体） A组：能有感情地朗读 B组：能读出重音 C组：愿意跟读 A、B组：能在老师板书的时候说出"变换颜色" C组：能找出余晖图片，并读出来
	3. 出示第5小节 （1）指导理解为什么说群星是宝藏 a. 播放儿歌《小星星》 b. 指导理解：闪烁 （2）指导朗读 （3）指导完成板书：闪烁	A组读并交流画出的关键词语，能找出"闪烁" （1）听唱儿歌 A、B组通过做动作和看图片理解词语"闪烁"。C组做动作 （2）A组在理解的基础上读出感情，B组尝试读出感情，C组尝试跟读 （3）A组板书"闪烁"；其余学生跟着一起书写 C组找出群星图片，贴在相应位置，并读出来	A组：能大胆交流并说出自己画的词语 能在听儿歌的时候一起唱（全体） A、B组：能找出词语"闪烁" C组：能配合做动作、跟读词语"闪烁" A组：能有感情地朗读 B组：能读出重音 C组：愿意跟读 A组：能正确写出"闪烁" C组：能找出群星图片，并读出来

（续表）

教学环节	教师活动	学生活动	评价内容及要求
设计意图：给予学生较为充分的自主学习和交流时间，并让他们在自主学习中获得成就感。同时，抽出时间对B、C组学生进行一定的个别辅导，让他们也能学有所得。视频与音乐的引入，为进一步加深理解提供了辅助，同时也能激发学生的学习积极性			
五、回顾板书，引读第2—5小节	1. 带领学生回顾板书	A、B组和老师合作根据板书复习第2—5小节	A、B组：能一起看板书总结
	2. 出示第2-5小节	齐读。	A组：能有感情地朗读 B组：能正确朗读 C组：愿意跟读
设计意图：通过回顾板书，带领学生复习第2—5小节，抓住这四个小节的关键词句，再通过朗读，让学生对课文的主要部分印象更加深刻			
六、学习第6小节	出示第6小节	师生合作读 齐读	A、B组：读整齐，能读出"啊"的语气 C组：愿意跟读
设计意图：第6小节只有一句，以"啊！"来引出"这个世界充满了宝藏，我们要认真学习，细细寻找。"通过朗读，让学生体会"啊"的语气，同时也明白寻找宝藏的方法			
七、布置作业	A组生： 1. 抄写词语：奇妙、结束、落日、形状、变换、寻找、闪烁 2. 找一找奇妙的天空里还有哪些宝藏，说给家长听 B组生： 1. 抄写词语（同A1） 2. 把课文《奇妙的天空》读给家长听 C组生： 1. 读课题：奇妙的天空 2. 将"太阳""云彩""余晖"和"群星"的图片指给家长看		
设计意图：根据智障学生的学习特点及本节课的要求，对不同组的学生设计不同的作业，A、B组学生抄写词语进行积累；针对A组设计拓展作业让学生去寻找其他宝藏，训练学生"认真学习，细细寻找"的能力。B、C组学生根据他们的能力设计适合他们的作业，复习巩固本课			

教学反思

此课是我参加第三届"课植杯"特殊教育四区联动青年教师教学评比活动中的课堂教学部分。此次比赛的主题是"基于多元评估的目标制定及有效落实"，结合我的教学设计和课堂教学,有以下收获。

1. 基于多元评估,落实分层教学,每组学生基本上都达到了教学目标。在准备教学设计时,我根据医学评估、心理学评估、教育评估等情况了解学生的特点,并通过日常的观察、对话等方式,了解学生的学习基础,分析学生学习本课过程中可能存在的问题。在充分了解学情的基础上,将本班学生分为 A、B、C 三个小组,分别设计不同程度的教学目标,设计不同的教学策略,并在教学中落实分层教学。我在教学中教授 A 组学生学习方法,引导他们自主学习;对 B 组学生给予帮助,C 组学生则是个别指导,在课堂上尽量兼顾到三组学生的需求。就本节课来说,三组学生参与度都比较好,尤其是 B、C 组学生,很好地达成了目标。

2. 紧扣课程纲要,依据学生学情,制定适合每组学生的教学目标。在教学目标的制定上,我根据《上海市生活语文课程指导纲要》中对中年级学段的要求,在分析学情的基础上,制定了符合本班学生的阅读目标。基于学生学习能力差异大的特点,又参考了低年级学段和高年级学段的要求,适当地降低或拔高要求。比如,"能抓住关键词理解课文内容"是高年级学段的目标,我根据 A 组学生的学习能力,将其降低为"能借助关键词品读重点词句",旨在向学生渗透"关键词"的意识,让学生在以后的语文学习中能够有意识地用抓关键词来理解课文。通过课堂反映来看,学生们在此次授课之后虽然关键词抓得还不太准,但是已经有了这个意识,说明这是一次成功的尝试。

3. 注重及时反馈,实施多元评价,尽可能挖掘学生潜能。在课堂中,我对于学生的每个回答都给予及时的反馈,让他们有清楚的方向和判断;在学生表现好的时候,落实朗读星和表达星奖励,同时给予口头上的夸奖和赞美,让学生在赞美声中不断进步;对 C 组学生参与,让全班同学给予大声的赞美,有利于他们更好地参与课堂。在"这朵云像_____"的句式训练中大胆提问 B 组学生,在问题的引导下激发他们的语言潜能。

通过反思,还发现有下列不足之处:

1. "有感情地朗读课文"这个目标达成不够,学生在"读出感情"上提高不大,主要原因有二:一是我的范读不够,在整节课中,我只范读了一次,其余的指导主要在评价中,学生可直接学习的就少;二是指导不够到位,在我范读后学生进行评价时,A 组学生听出了我语速有快慢、声音有高低、读出了重音,但是 B、C 组学生未必听得出,甚至并不是每个 A 组学生都听得出,我应该在指导的时候,引导学生明白什么地方读得慢了,什么地方读得快了,什么地方读得高了,等等,结合学生评价给予具体指导,这样针对性就更强,学生朗读进步就会更大。

2. 朗读形式可以再多样化。在此次授课中,我主要采用了范读、指名读、同桌读和小组读的形式,若再加上个人比赛读,效果会更好。在有感情地朗读时,可以让两个学生分别读,读完让别的学生评价哪个读得好,这样什么叫有感情就比较明了了。

比赛结束了,但成长没有止境。特殊学生的特殊性和差异性激励着我不断前行,陶行知先生曾说:"教什么和怎么教,绝不是凭空可以规定的。他们都包含'人'的问题,人不同,则教的东西、教的方法、教的分量、教的次序都跟着不同了。"因此,我们的教学要充分考虑到学生的主体地位,把课堂还给学生,让学生在充分的参与中体验到成功的乐趣。这也是我要努力的方向。

(本节课获四区联动"课植杯"二等奖)

专家点评

课上见精彩,功夫在课前,本节课付老师很是下了一番功夫的。

一是确定教学目标下功夫。教师不仅对学情分析得全面准确,对《上海市滨海学校生活语文课程指导纲要》的具体内容清晰明了,做到了紧扣课程纲要,依据学生学情,适当地降低或拔高要求,制定适合每组学生的教学目标。"能抓住关键词理解课文内容"是高年级学段的目标,本班 A 组学生识字量达到了 900 个,略高于中年级学段水平,但学习能力适中,将其降低为"能借助关键词品读重点词句"。从"抓住"到"借助",一个词语的变化,反映了教师灵活弹性确定教学目标的能力水平与功力。

二是利用多媒体辅助教学下功夫。为让以形象思维为主的学生理解各种宝藏如何奇妙,教师筛选编辑了太阳动态图片,以及各种云彩的组图,制作了视频《落日的余晖》,儿歌《小星星》。通过看图阅读、配乐朗诵、情景诵读等形式,突破理解关键词语,引导合理想象说句子,正确、流畅朗读等重难点。

三是培养学生语用能力下功夫。本节课的另一个亮点是语文生活化和注重培养学生实际运用语言能力。如在教学云彩的奇妙时,教师出示 6 张云朵组图,请同学观察说句子:这朵云像什么? 在干什么? 鼓励学生展开想象,积极表达。学生说出"这朵云像马,这匹马在草原上奔跑,跑得好快呀","这朵云像一把大伞,小朋友打着伞可以挡住太阳","这是一大朵乌云,马上就要打雷,有闪电就要下雨了"。这些生动活泼的语句,可见付老师注重学以致用的语言能力培养非一日之功。这不仅发展了语言思维,还通过交流让学生进一步了解了一些自然现象和我们的生活息息相关,知道云朵不仅好看奇妙,它还有许多功能。当请同学说一说你们还知道哪些星球时,一位同学竟然答出了九大行星的名称,并且告诉大家他是从《十万个为什么》中读来的。教师及时表扬了这位同学爱读书、会读书、记得牢、勇于表达交流这样良好的语文学习方法,及时进行正向强化以及阅读习惯的引导。付老师音色优美悦耳,板书简洁规范,语言简练准确,体现了较好的语文教师素养。建议给疑似表达性失语症的黄同学多元沟通的尝试,可能会有更多新的收获和更多形式的有效参与。

特 教 数 学

陆爱燕,女,中共党员。1979 年出生,1997 年毕业于上海市南林师范学校首届特教班,同年参加工作。2011 年获评高级教师,2018 年获华东师范大学特殊教育硕士学位,2020 年获上海市特级教师称号,现任上海市金山区滨海学校党支部书记、校长,金山区特殊教育指导中心常务副主任,金山区陆爱燕名师工作室主持人等职。曾是上海市"双名"工程第二期特殊教育名师培养基地学员、第四期"高峰计划"学员和"种子计划"金山特教基地主持人,上海市辅读学校课程实施中心组成员,金山区"明天的导师工程"第六届学科导师、第七届首席教师,金山区第一、三期"拔尖教师"高研班学员等。曾获上海市园丁奖并被拍摄系列短片《我的老师》之《聆听花开的声音》,金山区新长征突击手标兵,金山区教育系统优秀共产党员,金山区"明天的导师工程"金玉兰奖等荣誉称号。

从事特殊教育近 27 年,始终秉承着"5 颗心"即爱心、耐心、恒心、责任心和事业心,追求着提升做人、做学问、做教育工作"3 大境界",逐渐形成层层剖析、条理清楚、环环相扣、质朴灵气的"三主"即以学生为主体、教学为主导、训练为主线的教学特色,并坚持开展根植于课堂教学的研究。曾获上海市中青年教师课堂教学评选一等奖、上海市特殊教育资源征集课堂实录一等奖、上海市特殊教育教学案例一等奖等。任高级教师以来,主持完成市、区级课题 9 项,在研市级课题 1 项;执教市、区级公开课16 节;获市优秀教学成果基础教育类二等 1 项,市青年教师课题成果三等奖 1 项,区教科研成果一等奖 1 项、二等奖 3 项;汇编研究成果集 5 本,校本资源 2 册;区级以上交流、获奖或视作发表的论文近 20 篇,作讲座或报告 5 次;出版专著《培智学校学生数学能力评估研究》;参与研究市"高峰计划"攻坚课题及其他市、区级课题 9 项。同时,积极发挥引领辐射作用,在全区范围内带教中青年教师 30 多人,指导学员在全国、市、区级教育教学评选活动中获奖,所带"攀跃"团队被评为全国特色品牌名师工作室、上海市"双名"工程种子计划特色团队。

～◇ 特级教师优课与经验分享 ◇～

尊重特殊学生个体,满足差异化教学需求

《培智学校义务教育生活数学课程标准(2016 年版)》指出:生活数学课程是培智学校义务教育阶段的一般性课程,具有基础性、普及性、发展性、实用性和可接受性。我用心耕耘在特殊教育第一线近 27 年,主教数学学科,并在日积月累中逐渐形成层层剖析、条理清楚、环环相扣、质朴灵气的"三主"即以学生为主体、教师为主导、训练为主线的课堂教学特色,提炼了"三结合"(集体教学、分组教学、个别辅导相结合)"走班制"和"双师制"教学模式,探索了体验式教学策略,包含生活化、游戏化、操作化、情境化策略等,并基于课标开发了"3+3+1"培智学校生活数学评估工具。下面以时间为轴,叙述我尊重特殊学生个体,满足差异化教学需求的实践与思考。

一、研究游戏化教学,引导学生在玩中学

2012 年,我主持研究的"低年级智障学生数学游戏化教学策略的实践研究"

获上海市青年教师课题研究成果三等奖。研究中，通过对低年级智障学生数学游戏化教学过程的观察，一至三年级 6 次公开课教学的研讨，提炼了适宜低年级智障学生数学游戏化教学有效开展的应用原则与组织形式。

（一）低年级智障学生数学游戏化教学的应用原则

1. 知识性和趣味性相结合的原则

知识性是指游戏活动必须紧扣教学内容，不能游离于教学内容之外，要为达成教学目标服务。趣味性是指游戏新颖、有趣，能激发学生积极参与的热情。数学游戏是用以完成数学教学任务的快乐活动，所以，在设计或运用游戏时必须做到针对性和趣味性相结合，充分考虑低年级智障学生的个体特点，力求使每一个数学游戏都能在有趣味的基础上围绕教学内容和教学目的开展。让学生在游戏中体验快乐，积极主动地学数学，逐渐达到"数学好玩"的境界，千万不能为了游戏而游戏，用"趣味性"代替"数学味"。

2. 生活化和虚拟性相结合的原则

生活化是指游戏应贴近学生生活，设计的游戏情节能唤起学生生活中相应的体验。虚拟性指游戏不是真实的生活，是游戏者被暂时封闭在一个特定的时间和空间组成的游戏世界内，在遵守一定游戏规则的基础上开展活动。低年级智障学生智力水平低下，思维直观具体，很多时候往往难以分清生活的真实性和游戏的虚拟性，所以教师在运用数学游戏时就要注意生活化和虚拟性相结合，既不脱离学生的生活实际，又充分体现游戏的规则，逐步培养学生的"规则"意识。

3. 全员性和安全性相结合的原则

全员性是指要让每一位学生都积极参与到游戏活动中，进入游戏角色，获得愉快的过程体验。安全性指排除游戏过程中的一切不安全因素，为学生提供安全的游戏器具，设计安全的游戏规则和过程。低年级智障学生除了智力低下、生活自理能力差、肢体动作不灵活，往往还伴有自闭症、多动症等多重障碍，有些学生还带有攻击性行为（既伤害自己也会伤害别人）。所以教师在组织游戏时既要考虑到学生是游戏的主体，更要充分考虑到因为学生特殊可能引起的人身安全问题，否则"快乐学习"的意义无从谈起。有些数学游戏如小猫钓鱼、套圈、拼图形等建议安排助教，以真正做到让每一位学生都在安全的游戏中学数学。

4. 操作性和体验性相结合的原则

操作性指游戏要便于操作,游戏规则能将复杂抽象的数学问题简单化。体验性是指引导学生自己在游戏的体验中积极、主动地发现问题、探索问题、解决问题,获得一些基本的数学思想方法。研究发现,有些低年级智障学生好玩、好动也好问,但有些学生则非常懒惰,或者因极重度智障,不爱动手也不会动脑,只愿意呆坐。所以,教师在组织游戏时一定要注意操作性与体验性相结合,引导学生在有趣又简单的游戏操作过程中多感官协同作用,加强思维与动作的联系,经历知识形成和发展的过程,获取深刻的学习体验,逐渐喜欢上数学课,喜欢在游戏中学习数学的感觉,以不断提高教学有效性。

(二)低年级智障学生数学游戏化教学的组织形式

1. 集体游戏

目前培智学校普遍采用集体授课的教学形式。在对低年级智障学生开展数学游戏化教学时,采用集体游戏可充分体现全员性,不会顾此失彼。比如在《9 的组成》的教学中,某班级刚好有 9 名学生,为此教师设计《全班总动员》的游戏,让班上 9 名学生成为一个个"9"的元素。在"男生站 A 圈,女生站 B 圈"和"姓陈的同学站 A 圈,其余同学站 B 圈"等过程中,说一说"几和几组成 9,9 可以分成几和几"。如此,集体游戏让每一位学生都积极参与,缺一不可,学生不仅玩得高兴,而且也在游戏中熟记了 9 的组成,达成了既定的教学目标。

2. 个人游戏

由于智障学生个体差异性大,教师需根据学生的特点设计或选择一些适宜不同个体的游戏,也可将同一游戏演化成不同的变式供多种差异性个体学习。个人游戏不仅能更好地凸显学生个体水平,更能让教师或家长随时了解每一个孩子数学学习的现状,找到他们的最近发展区,从而为制定和实施个别化教学方案提供依据。从网上下载的 19 个数学游戏都非常适宜以个人形式开展,比如在教学了《10 以内加减法》后,学生之间的差异性日益显著,表现在数与运算方面:一部分学生已从表象水平的加减向抽象水平的加减过渡,能够运用数的组成计算 10 以内加减法,数群概念得到进一步发展;另一部分学生则处在动作水平的加减向表象水平的加减过渡的阶段,需要借助图片等静态形象或扳手指、摆学具,以计数方法进行逐一加减。为缩小个体间的差异,从网上下载了《数的动画游戏》,其可重复使用,监测每位学生单独计算 20 道 10 以内加减法算式的正确率和时间,而且每次出的题目不一样,满足了学生求奇求新求异的心理。

3. 小组游戏

有时,在集体游戏中教师很难把握学生的个体情况,而个人游戏又很费有限的课堂时间,且缺少学生间的交流合作,缺少课堂应有的活跃气氛。此时,可通过小组游戏开展教学,不仅能增强生生、师生间的互动,且根据小组的差异性设定不同的游戏目标,针对性更强。比如在《认识图形》的教学中,教师设计游戏《有趣的七巧板》,将动手能力和空间观念较强的学生分为 A 组,稍弱的为 B 组,更弱的学生和助教为 C 组,每个小组设 1 名组长,带领组员参与竞争、合作学习。A 组学生被要求用多块图形拼成常见的平面图形或各种组合图形,B 组学生可用七巧板中的两块拼出常见平面图形,C 组学生能拿出和老师一样的图形即可,分层教学的意识在这个游戏中得到充分体现。

4. 集体、个人、小组游戏相结合

教无定法。在大多数课堂上,教师无须拘泥于以何种形式开展游戏教学,有时可将集体形式、个人形式、小组形式三者相结合,从而融合这三种形式的优势,弥补这三种单一形式中的缺陷,教学效果会更好。比如在二年级教学完 5 以内加法后,教师根据学生差异性设计了"小猫钓鱼"的游戏,其不仅用一个游戏巧妙地串起一节课,更是一节复习与新授兼而有之的数学课。课上游戏有集体形式的,即全班玩同一个"小猫钓鱼"的游戏。有小组形式的,即引导 A 组学生在游戏前后比较数的大小、做加法,按"小鱼"的颜色分类计数,从中渗透一一对应和排列组合的数学思想,进行双维度思维的拓展训练;引导 B 组学生在游戏前后数数和比较数的大小,进一步理解 10 以内数概念,在游戏过程中培养手眼协调能力;有个人形式的,即 C 组学生在助教帮助下独立玩另一套有吸铁石的"小猫钓鱼"的游戏,让他们在游戏中数出数量在 3 以内物体的个数,体验学习的乐趣。

实践证明,运用游戏化教学策略可以激发低年级智障学生学习数学的兴趣,提高教学有效性;而数学游戏化教学的关键是选择、运用游戏要灵活,并重视家校合作。

［课例1］

巧用资源 玩中有学 探索游戏化教学
——以二年级数学《数的游戏》一课为例

一、课例背景

2010年12月15日,以"增强课程执行力,推进学校内涵发展"为主题的上海市"双名"工程金山区学员课堂教学展示活动如期开展,我作为市特殊教育名师培养基地学员公开教学二年级数学《数的游戏》一课。课上,我用一个"小猫钓鱼"的游戏串起一节复习与新授兼而有之的数学课,得到了一致好评。

二、课例描述

(一)第一次游戏

(教师介绍游戏规则后组长根据指令按开关,音乐起,学生开始钓鱼,教师巡回观察并指导。2分钟后组织交流)

1. 数一数,比较大小

(1)数一数:你钓到了几条鱼?(教师根据学生回答将数字写在对应的学生名字旁边)

(2)比一比:你们小组谁钓得多?(引导学生比较两个数的大小,教师在钓得多的学生名字旁加☆)

(3)比一比:全班谁钓得最多?(给钓得最多的学生加☆)

2. 算一算,比较大小

(1)算一算:两个人一共钓到了几条鱼?(当所钓鱼的数量超过5,教师先鼓励B组学生数出总数,再鼓励A组学生列出加法算式;教师将算式写在黑板上)

(2)比一比:哪一组钓的鱼最多?(教师将加法算式中的得数用红笔描写出来,请学生找出最大的那个数,在黑板上给获胜小组的两位学生分别画上一颗☆)

3. 分一分,算一算

(1)分一分:(请组长把抽屉里的纸盒拿出来)每个小组有几个纸盒,分别是什么颜色?请把钓到的小鱼按颜色放在纸盒里,再数一数每个盒子里有几条小鱼?

(2)算一算:任意取两个不同颜色的纸盒,算一算两个盒子里一共有几条

鱼?(当加起来的数量超过5,教师先鼓励B组学生数出总数,再鼓励A组学生列出加法算式)

(二)第二次游戏

(教师介绍游戏规则后两人小组继续游戏,教师巡回观察并指导。因为学生能力有差异,所以教师请先完成任务的学生帮助其他小组继续钓鱼,直至把所有的小鱼都钓出来,最后交流评价)

1.比一比

第二次你钓到了几条鱼?你们俩谁钓得多?(教师请一位帮助别人钓鱼的小朋友说一说自己钓了几条鱼,帮助别人钓了几条鱼,算一算共钓了几条鱼)

2.分一分

请把刚刚钓到的小鱼仍按颜色放到纸盒里,再数一数每个盒子里有几条鱼?

3.拓展训练

(1)从纸盒里拿出3条小鱼,放在桌子上。要求是:同一种颜色。

(2)从纸盒里拿出3条小鱼,放在桌子上。要求是:有3种不同的颜色。

(3)从纸盒里拿出3条小鱼,放在桌子上。要求是:有2种不同的颜色。

三、课例分析

(一)选好资源,游戏中可以落实分层目标

在学习本课前,本班学生在数学方面已出现很大差异,可以预见如果不把学生之间的差异缩小,将来的数学课堂将会面临更严峻的挑战,所以我决定好好利用学期末的复习课,让A组学生10以内数的概念进一步发展,尝试"目测数数""比较数的大小""按数群计数"等,熟练计算5以内加法,并有意识地加强多维思维的训练,以发展他们的思维能力;B组学生进一步理解10以内数的含义,能正确地读数与数数,正确计算5以内的加法;C组学生在助教帮助下认识数字1和2。为了使教学富有趣味性,我选用游戏化教学策略并用心选择资源。"小猫钓鱼"的玩具有两套,第一套无吸铁石,第二套有吸铁石。相对而言,第一套比较难钓,但正好符合本班学生目前的学习现状,即学生只学到5以内的加法。所以,为了让每个小组在单位时间内钓的鱼尽量控制在5以内,本课用第一套玩具。经过一番精心设计,我用"小猫钓鱼"这个游戏串起了一节数学课,学生玩得开心、学得轻松,从课例描述中可以清晰地看到,两次游戏之后教师设定的分层目标已得到落实。

（二）用足资源，游戏中可以训练多维思维

本课选用的"小猫钓鱼"玩具是由 1 个"鱼盘"、3 根"鱼竿"（本课用 2 根）、15 条"小鱼"（其中红色、绿色、黄色各 5 条）组成的；只要按下开关，鱼盘就会转动，学生只要将"鱼竿"中的"鱼饵"放入"小鱼"张开的"嘴"中，待"嘴"闭上就可以将"小鱼""钓"上来。本班大多数学生爱玩这个游戏。这套玩具中可用的数学资源比较多，从课例描述中可以看到：教师引导学生在游戏前后进行数数、比较数的大小、做加法，渗透一一对应的数学思想，培养学生的数学表达能力；因为"小鱼"有 3 种颜色，教师就用足资源，不仅引导学生进行分类计数，而且根据颜色和数量要求拿"小鱼"，巧妙地对学生进行了双维思维的拓展训练，渗透了排列组合的数学思想，挖掘了一部分学生的学习潜能。

（三）巧设问题，游戏中可以培养综合能力

"小猫钓鱼"这一游戏，从心理学角度来讲符合智障学生的需要，因为它不仅可以对学生进行数的训练，培养手、眼协调能力，而且还可以训练学生的反应能力。从课例描述中可以看出，两次游戏之后教师都巧设了许多数学问题，并注重游戏中的同桌互助、小组合作及学生个体数学语言的规范表达。比如，算一算两个人一共钓到了几条鱼？比一比哪一组钓的鱼最多？说一说自己钓了几条鱼，帮助别人钓了几条鱼？算一算一共钓了几条鱼……这些问题的提出既为达成本课教学目标，更是在游戏中将智障学生综合能力的培养渗透其中。

苏联教育学家克鲁普斯卡娅说："游戏对于孩子来说，不仅是娱乐，也是一种学习，而且是一种最自然的、最有效的学习形式。"在未来的培智学校数学课堂中，我将继续引导学生在有趣又简单的游戏操作过程中加强思维与动作的联系，经历知识形成和发展的过程，获取深刻的学习体验，更喜欢上数学课。

二、研究体验式教学，引导学生在做中学

2015 年，我主持研究的"运用体验式教学提高两类特殊学生解决购物中的数学问题能力的研究"立项为金山区第六届"明天的导师"工程 A 等项目。历经三年，获金山区第八届教科研成果二等奖。此研究以智障学生和学困生为研究对象，将"购物中的数学问题"分六大板块开展教学研究。

(一) 研究结果

1. 两类特殊学生干预后的总体效果

对两类特殊学生两种测试前后测的结果进行配对样本 t 检验,结果见表1。

表 1 两类特殊学生两种测试结果配对样本 t 检验

		智障学生(n=10)		学困生(n=10)	
		t	sig	t	sig
前测—后测	纸笔测试	−16.70	<0.01	−3.48	<0.01
前测—后测	口头测试	−8.18	<0.01	−5.48	<0.01

从表1可以看出,无论是哪类特殊学生,无论是哪种测试方式,后测的成绩都优于前测,前后测试结果之间存在显著性差异,尤其是智障学生的纸笔测试成绩提高幅度非常大,可见体验式教学干预总体效果很好。

2. 智障学生干预后的效果分析

对智障学生"购物中的数学问题"六大板块、两种测试前后测平均得分率进行统计,并对统计数据进行配对样本 t 检验,见表2。

表 2 智力障碍学生两种测试结果(n=10)

		纸笔测试				口头测试			
		前测	后测	t	sig	前测	后测	t	sig
前测—后测	1. 认识人民币	0.67	0.86	−4.02	<0.01	0.71	0.90	−4.83	<0.01
前测—后测	2. 认识标价	0.55	0.88	−4.74	<0.01	0.72	0.96	−3.63	<0.01
前测—后测	3. 元和角的简单计算	0.55	0.84	−6.87	<0.01	0.51	0.59	−1.17	0.273
前测—后测	4. 应用题	0.48	0.74	−3.78	<0.01	0.27	0.69	−5.89	<0.01
前测—后测	5. 认识重量	0.10	0.65	−4.98	<0.01	0.24	0.44	−4.12	<0.01
前测—后测	6. 认识收银条	0.58	0.88	−2.88	0.018	0.30	0.77	−4.22	<0.01

从表2可以看出,无论是哪种测试方式,经过8次体验式教学活动后,智障学生解决购物中数学问题的能力迅速提高。纸笔测试中前五个板块前后测试成绩之间存在显著性差异,第六板块的进步也是明显的。口头测试中除第三板块

元和角的简单计算以外,其余五个板块的前后测试成绩之间存在显著性差异。从平均得分率来看,纸笔测试中认识人民币、认识标价、元和角的简单计算和认识收银条这四个板块后测成绩均接近0.90。口头测试中各板块后测的成绩比前测都有所提高,尤其是认识标价的平均得分率已达0.96。综合来看,认识重量是学生的弱项,口头测试中元和角的简单计算这一板块进步优势不明显,说明短时间内提高智障学生的计算能力是有难度的。

3. 学困生干预后的效果分析

对学困生"购物中的数学问题"六大板块、两种测试前后测平均得分率进行统计,并对统计数据进行配对样本t检验,见表3。

表3　学困生两种测试结果($n=10$)

		纸笔测试				口头测试			
		前测	后测	t	sig	前测	后测	t	sig
前测—后测	1. 认识人民币	0.66	0.81	−3.15	0.012	0.51	0.79	−5.78	<0.01
前测—后测	2. 认识标价	0.42	0.68	−2.24	0.052	0.47	0.63	−1.62	0.141
前测—后测	3. 元和角的简单计算	0.15	0.53	−3.17	0.011	0.37	0.67	−2.02	0.074
前测—后测	4. 应用题	0.41	0.59	−2.13	0.062	0.04	0.37	−4.11	0.003
前测—后测	5. 认识重量	0.23	0.68	−3.52	<0.01	0.51	0.59	−0.46	0.660
前测—后测	6. 认识收银条	0.55	0.55	0.00	1.000	0.43	0.70	−2.52	0.033

从表3可以看出,无论是哪种测试方式,经过8次体验式教学活动后,学困生解决购物中数学问题的能力得到一定程度的提高。纸笔测试中认识重量这一板块前、后测试成绩之间存在显著性差异,后测成绩优于前测;认识人民币、元和角的简单计算这两个板块前、后测试成绩之间存在差异,但不显著。口头测试中学困生在认识人民币这一板块前、后测试成绩之间存在显著性差异,应用题和认识收银条这两个板块前、后测试成绩之间存在差异,但不显著。从平均得分率来看,纸笔测试中各板块的后测成绩都超过前测0.50,认识重量的提升幅度最大,但依然是学生的弱项,可见"重量"对于一些学困生来说也是抽象的,是难以掌握的,需要积累生活经验和反复体验。口头测试中,认识重量这一板块进步不明显。

（二）结论与思考

1.结论

（1）体验式教学能激发两类特殊学生学习解决购物中数学问题的兴趣。

（2）体验式教学对提高两类特殊学生解决购物中数学问题的能力是有效的。

（3）体验式教学对两类特殊学生解决购物中数学问题的效果是参差不齐的。

（4）纸笔测试和口头测试对两类特殊学生而言结果存在一定的差异。

2.思考

（1）重视学生情感态度的发展。

（2）重视学生生活经验的整合。

（3）重视学生体验层次的深入。

（4）重视学生基础知识的理解。

（5）重视教师有效指导的作用。

（6）重视家长积极配合的作用。

[课例 2]

引导操作　深入交流　探索体验式教学
——以普特混合班数学《储蓄罐里有多少钱》一课为例

一、课例背景

2015 年起,作为区小学数学学科导师,我带领校内外骨干教师进行研究"运用体验式教学提高两类特殊学生解决购物中数学问题能力的研究"项目,并于 2017 年 12 月 27 日顺利开展了成果展示活动。其中,由团队成员共同打磨的数学课《储蓄罐里有多少钱》令与会者津津乐道,因为它很好地诠释了体验式教学的内涵。

二、课例描述

（课前将 6 位学困生和 6 位智障生平均分成 3 个 4 人小组,每个小组设一位组长,每组的课桌上放一个装有硬币的储蓄罐）

（一）教学片段 1

师:小胖、小丁丁和小巧都是懂事的小朋友,他们把平时节约下来的零花钱存在储蓄罐里。(课件出示三个卡通人物及储蓄罐的图片)马上要到元旦了,他们想用零花钱给妈妈买礼物,你能读出这条围巾的标价吗?(课件出示围巾及标价)

生1:99.00元。

师:储蓄罐里的钱够买这条围巾吗?够,还是不够?怎么办?

生齐:数一数。

师:这节课我们就一起数一数这三个储蓄罐里各有多少钱。(板贴课题)

(二) 教学片段2

师:怎样才能把这些钱数清楚?(学生的目光看向桌上的储蓄罐)

生2:打开储蓄罐,把钱倒出来数。

生3:分单位数。

师:储蓄罐里都是硬币,它们有哪些面值?

生4:1角、5角、1元(师板贴硬币的分类)

师:怎样才能较快地数出储蓄罐里有多少钱,而且不出错?

生1:分类,把面值一样的钱分在一类。

生5:分类数一数,1元的放在一起,10个10个地数。

生6:两个两个地数5角,两个5角是1元。

生2:10个5角放在一起,10个5角是5元。

生3:10个10个地数1角。

师:接下来老师为每组同学准备了装有硬币的储蓄罐、学具篮、计算器、草稿纸、笔,请组长分工,带领组员一起数一数你们组的储蓄罐里有多少钱。(每位学生都兴趣盎然地参与体验活动,组长分工,有的数1元硬币,有的数5角硬币,有的数1角硬币,还有一位同学记录,教师巡视指导)

(三) 教学片段3

师:请大家说一说你们的储蓄罐里有多少钱?

生1:我们数的是小胖的储蓄罐,他的储蓄罐里有98元钱。

生2:小丁丁的储蓄罐里有99元钱。

生3:小巧的储蓄罐里有100元钱。

师:你们是怎么数清楚的?(希沃拍照、上传)

生7:1元的硬币10个10个地数,数出来有75元;1角是10个10个地数,数出来有8元5角;5角是两个两个地数,数出来有15元5角。我们把1个5角和5个1角放在一起,合起来是1元,所以总共99元。(其他学生看屏幕)

师:你们还有不同的数法吗?(生齐摇头)为什么10个10个地数1元、1角?两个两个地数5角呢?

生3:10个1元是10元;10个1角是1元,这样数更方便。

生8:两个5角是1元。(根据学生回答板贴数钱的方法)

(四)教学片段4

师:储蓄罐里的钱够买那条围巾吗?(课件出示三位小朋友及储蓄罐中硬币的总价值)

生1:小胖的钱不够,少了1元。

生2:小丁丁的正好。

生3:小巧的钱够的,还多1元。

师:有什么办法让3个人都买到围巾?

生齐:小胖问小巧借1元。

师:这个办法好,但要记得有借有还,再借才不难。下面说个好消息,商场节日特卖会开始了,围巾降价至79元,够买吗?还余多少钱?(课件出示围巾及标价)

生5:小胖的钱还余19元,小丁丁还余20元,小巧还余21元。

师:如果这条围巾是99.90元呢?现在还能买这条围巾吗?(课件出示围巾及标价)

生6:小胖的钱不够,小丁丁的钱不够,小巧的钱够买,还余1角。

三、课例反思

体验式教学是教师通过精心设计的活动让学生体验或者对过去经验进行再体验,引导体验者审视自己的体验,积累积极正面的体验,达到对对象本性或内蕴的一种直觉的、明澈的透察,使心智得到改善与建设的一种教学方式。在一些提高学生购物能力的方法当中,体验式教学能够让学生在体验中获得知识和最真实的感受,让学生在教师设计的活动中,在接触真实场景、完成真实任务中锻炼出处理问题的真实能力,因而体验式教学对于提高学生的购物能力具有独特的优势。

（一）创设情境，激发进入体验

体验式教学之所以受学生欢迎，那是因为它让学生通过体验进行学习。这一过程中，学生从自身需求出发，借鉴过去的经验，积极投入与体验环境的互动，通过肢体活动和大脑思维，在个体反思和集体交流中建构知识的意义。在教学片段 1 中，教师就创设了小胖、小丁丁和小巧想用零花钱给妈妈买条围巾作为礼物这一学生非常熟悉的生活情境，与他们的心理契合，学习的积极性一下子被调动起来。教师适时地提出"储蓄罐里的钱够买这条围巾吗"这一问题，激发了学生探究的欲望，很自然地把学生的注意力引向"储蓄罐里有多少钱"这一现实问题。

（二）问题引导，明确体验方向

美国著名数学家哈尔莫斯曾说过："问题是数学的心脏"。一个好的数学问题应具有浓郁的数学味、较强的挑战性、恰当的开放度。体验式教学就是以问题为引导，强调"以学生为中心"，引导学生在最近发展区"卷入"学习，明确体验方向，在主动体验中获得感知，提高能力。在教学片段 2 中，教师引导学生围绕"怎样才能把这些钱数清楚"进行思考，在充分讨论中明确了下一步体验的具体方向，即把面值一样的硬币放在一起，1 元和 1 角可以 10 个 10 个地数、5 角可以两个两个地数。由此，学生经历思考、明确各自任务后再动手，体验的气氛是浓烈的，效果是明显的。

（三）交流探讨，提升体验层次

数学知识的教学应注重学生对所学知识的理解，体会知识之间的关联，不能依赖死记硬背。在体验式教学中，学生的体验可能是片面的、薄弱的，也很难进行全面、深层次的总结，因此教师要时刻引导学生表达自己的体验，强化这种体验，帮助他们整理和提炼。在教学片段 3 中，教师就引导学生汇报"储蓄罐里有多少钱，是怎么数清楚的？"学生的回答很完整，表达也规范，洋溢的笑脸上可读出他们通过自主学习后品尝到了成功的喜悦。由此可见，通过亲身体验的确可以增加学生交流的素材，提升体验的层次。

（四）回归情境，提高解题能力

体验很容易获得，只要融入特殊的体验式情境，就一定会有相应的体验，但这并不意味着所有的学生都能获得同样层次的体验。学生通过自我体验，学到新的知识后,教师要及时引导学生将知识导入生活,反思自己的思维过程,提升解决问题的能力。在教学片段 4 中,教师就拓展了四个问题,即"储蓄罐里的钱够买这条围巾吗?""有什么办法让 3 个人都买到围巾?""商场节日特卖,围巾降价至 79 元,够买吗? 还余多少钱?""如果这条围巾是 99.90 元呢?"一个又一个问题,不断将学生的数学思维带向深处。他们获得了更多积极的情感体验,也解决了更多实际购物中可能碰到的问题。

无论是学困生还是智障学生,都渴望在体验式的数学课堂中习得更多的数学知识,解决更多的数学问题。所以,作为教师应不断积累经验,创设有效的体验式课堂,让学生乐于体验、善于体验,并在体验中思考,在思考中创造,在创造中发展,不断提高体验式学习的效率。

三、研究走班制教学,满足差异化的教学需求

2018 年,我主持研究的"培智学校高年级以走班制开展数学'综合与实践'活动的研究"立项为金山区第七届"明天的导师工程"项目。历经三年,研究成果获优秀。此研究根据课程内容,将"综合与实践"梳理成 7 大主题,设计了 23 篇教学活动方案,根据学生的数学能力分 6 个混合班,开展了为期一年的走班教学研究。

(一) 研究结果

1. 验证了高年级各混合班数学"综合与实践"活动干预后的效果

表 4　高年级各混合班学生数学"综合与实践"前测与后测的结果比较

	平均得点率		配对样本 t 检验	
	前测	后测	t	p
混合 1 班($n=13$)	0.60	0.79	-5.375	0.000
混合 2 班($n=11$)	0.38	0.53	-6.612	0.000
混合 3 班($n=9$)	0.26	0.25	0.821	0.436
混合 4 班($n=7$)	0.16	0.18	-1.449	0.197
混合 5 班($n=5$)	0.07	0.06	0.913	0.413
混合 6 班($n=5$)	0.03	0.01	1.534	0.200

观察表4,培智学校高年级各混合班学生数学"综合与实践"活动干预效果有差异,其中混合1班、2班前、后测成绩之间存在显著性差异,4班学生成绩略有提高,3班、5班、6班成绩略有下降。

2. 分析了走班制教学对于不同学生的有效性差异

表5　培智学校高年级不同学生前测、后测成绩平均得点情况

		平均得点率		配对样本 t 检验	
		前测	后测	t	p
性别	男($n=32$)	0.34	0.42	-4.124	0.000
	女($n=18$)	0.27	0.35	-2.383	0.029
年级	七($n=19$)	0.27	0.36	-3.327	0.004
	八($n=17$)	0.32	0.37	-1.891	0.077
	九($n=14$)	0.39	0.48	-2.787	0.015
障碍类型	智障($n=43$)	0.34	0.43	-4.623	0.000
	脑瘫($n=3$)	0.29	0.39	-1.286	0.327
	自闭症($n=4$)	0.08	0.07	1.567	0.215
障碍程度	轻度($n=5$)	0.53	0.67	-2.270	0.086
	中度($n=7$)	0.56	0.79	-4.745	0.003
	重度($n=38$)	0.25	0.29	-2.996	0.005

观察表5,从性别来看,男生的后测成绩优于前测,且两次成绩之间存在显著性差异;女生的后测成绩也优于前测,两次成绩之间有差异但不显著。从年级来看,七、八、九年级学生后测成绩均优于前测,其中七年级两次成绩之间存在显著性差异,九年级两次成绩之间存在差异但不显著。从障碍类型来看,智障和脑瘫学生后测成绩优于前测,且智障学生两次成绩之间存在显著性差异,自闭症学生后测成绩则略低于前测。从障碍程度来看,轻、中、重度学生后测成绩均优于前测,中、重度学生两次成绩之间存在显著性差异。

对高年级学生"综合与实践"前、后测平均成绩进行重复测量差异分析,结果如表6所示。

表 6　培智学校高年级"综合与实践"前测、后测平均成绩重复测量差异分析

效应	f	sig
前后测	—	0.000
前后测 * 性别	0.017	0.897
前后测 * 年级	0.740	0.483
前后测 * 障碍类型	1.157	0.323
前后测 * 障碍程度	10.820	0.000

观察表 6，培智学校高年级学生总体上前、后测成绩之间有显著性差异。前、后测成绩与性别、年级、障碍类型交互作用不显著；前、后测成绩与障碍程度交互作用显著。可以发现障碍程度越重，学生成绩变化越不明显，也就是干预的效果越弱。可见，学生的障碍程度对学习能力的影响是极大的。

（二）结论与思考

1. 结论

（1）以走班制开展"综合与实践"活动受培智学校高年级学生欢迎。

（2）走班制教学对提高高年级学生数学"综合与实践"能力总体有效。

（3）培智学校高年级学生走班制学习数学"综合与实践"的效果参差不齐。

（4）走班制教学对不同学生的数学"综合与实践"能力存在差异。

（5）项目研究促使学校科研水平上升。

（6）项目研究引发学校教学管理新思路。

2. 思考

（1）课程内容的整合是重点。

（2）因材施教的课堂是关键。

（3）教师能力的提升是支持。

（4）多维视角的评价是辅助。

［课例 3］

基于学情　尊重差异　探索走班制教学
——以高年级兴趣班《亿以内数的认识》一课为例

一、课例背景

《培智学校义务教育生活数学课程标准(2016 年版)》的课程理念之一:既要面向全体学生,又要满足学生的个别化需求,使不同学习能力的学生在数学上得到不同程度的发展。但现实是:培智学校学生障碍程度越来越重、类型越来越复杂,对教育需求的差异化越来越明显;在班级授课制的培智数学课堂中存在 A 组学生唱"主角",B组学生演"跟班",C 组或能力更弱的学生做"傀儡"的现象。为此,从 2018 年起我带领团队成员开始探索走班制教学在培智学校的可行性,并在区内公开教学高年级兴趣班《亿以内数的认识》一课。在上完这节课之后,我仍在思索:从"万"到"亿"的距离有多远? 培智学校的学生有必要认识亿以内的数吗? 他们能认识亿以内的数吗?

二、课例描述

（一）教学片段 1

师:(上课铃响)我们已学过的计数单位有哪些? (师板贴:计数单位)

生 1:个、十、百、千、万(师板书,并指出"个"也可以说"一")

师:数位有哪些? (师板贴:数位)

生 2:个位、十位、百位、千位、万位。

师:每相邻两个单位之间进率是几?

生 3:10。(师在每相邻两个单位之间画小弧线,并写上"10")

师:你能读出这些数并在计数器上拨一拨吗? (课件依次出现班级人数、全校人数、某普小人数、金山人口数、上海人口数、全国人口数:11、158、1230、732410、23019148、1339724852)

生:(11、158、1230 读得又快又对,但后面三个数出示后惊奇声一次比一次响)

师:看来生活中还有许多比万大的数,今天就一起学习研究"亿以内数的认识"。(出示课题)

（二）教学片段 2

师:请大家拿出计数器,一万一万地数,从一万数到十万。

生:(在计数器的万位上拨珠子)十万了,前面没有珠子了。

师:对呀,万位上满十,要向前一位进1,前一位在哪儿呢?我们的计数器最高位是万位,怎么办?

生:(你看我,我看你,一时不知道怎么办)

师:同桌之间的计数器能不能……

生1和生2:(受老师启发)我们计数器并一块儿吧。

师:太有智慧啦,计数器合二为一。现在你能给这个新的计数单位取个名字吗?

生3:十万。(师板书)

师:所以我们可以说10个一万是(　　　)?

生4:十万。

师:下面请同桌两人合作,拨一拨、数一数、想一想,10个十万是一(　　　),以此类推,你还能创造出哪些计数单位呢?请写在计数器上。

生们:(动手操作)

(三)教学片段3

师:怎样能很快记住这些数位呢?

生:(有的若有所思,有的尝试着背数位名称)

师:请把书翻到第101页,读一读最后一段话,你有什么收获?

生2:(读最后一段话之后)分级。

师:对,按照我国的计数习惯,每四位一级(板书)。下面请在作业单上填一填(数位顺序表,含数级)。

生们:(完成作业单)

师:(课件再次呈现732410、23019148、1339724852)现在你能分析这三个数吗?应该先做什么?请试着填一填。

三、课例反思

(一)基于学情,尊重差异的走班教学满足需求

走班制教学是学生根据自己现有的知识基础、各学科的学习能力和兴趣去相应的不同层次的班级上课,是一种固定班级、流动式学习的模式,其理论依据包括"因材施教""最近发展区""差异教学"等。本课授课对象由高年级3个自然班中"数与运算"板块能力较强的学生组成,他们在日常课堂教学中一直处于"吃不饱"的状态。尽管《培智学校义务教育生活数学课程标准(2016 年版)》中对"亿以内数的认识"不作要求,但因为日常生活中比万大的数广泛存在,所以,为了学生将来更好地融入社会,我综合分析学情后设计了本课。纵观 3 个教学片段,基于学情、尊重差异的走班教学让能力强的学生到兴趣班之后学到了更多的数学知识与技能,解决了"一刀切"集体授课模式带来的弊端。另外,能力弱的学生在小型团训课或一对一的个训课上也不再如集体课时被忽略,可经常性地尝到成功的喜悦。如此,走班教学的确满足了不同能力层次学生的学习需求。

(二)由旧引新,贴近生活的情境创设激发兴趣

培智学校的数学课堂尤其讲究情境创设的重要性。一个好的情境可以在最短时间内吸引学生的注意力,激发求知欲,使学生产生浓厚的学习兴趣。在教学片段 1 中,我在上课伊始就通过复习万以内的计数单位,唤起学生对旧知的回忆;再通过读一读生活中不同的人数,由两位数、三位数、四位数到六位数、八位数、十位数,也就是由万以内的数到比万大的数,引起学生想读出金山、上海乃至全国人口数量的强烈欲望,使课题呼之欲出,达成预设的目标。

(三)由扶到放,引导操作的合作探究发现规律

培智学校的课堂需要探究吗?需要合作吗?需要操作吗?需要放手吗?答案是肯定的,特别是走班后的数学课堂。只是怎样探究?怎样合作?操作的形式有哪些?什么时机放手……这些都值得老师根据学生实际巧妙预设。在教学片段 2 中,在认识"十万"这个计数单位时我采用的是"扶"的策略,引导每位学生在拨一拨计数器的过程中发现"10 个一万是十万",但计数器上没有"十万"这个计数单位,从而引起认知冲突后由学生想出将两个计数器合二为一,"创造"出第六个计数单位即"十万"。之后则是"放",让同桌合作发现规律,认识"百万""千万""亿""十亿"。这个过程有点大胆,但正因为有老师的"放",才能最大限度地挖掘学生潜能。

(四)由学到用,首尾呼应的资源再用巩固新知

将教学资源用到极致是我的追求,正如我努力在教学中做到首尾呼应。在教学片段 3 中,我先引导学生通过尝试记忆数位名称,发现数位多不好记,自然产生"最好有一种好办法来记数位"的想法。之后引导学生通过预习知道"四位

一级"，从而认识了"个级"和"万级"。认识"数级"的名称不是关键，关键是活用"数级"概念，学会在分级之后正确分析一个数的数位、位数、计数单位、数级，以及每个数位上的数的具体含义。教学片段 1 创设的情境中含有三个比万大的数即 732410、23019148、1339724852。为了巩固新知，我及时将这三个数抛出来，提出"现在你能分析这三个数吗？应该先做什么？"的问题，引导学生正确分级，并完成一些相关的填空。实践证明，如此首尾响应的资源再用既帮助学生认识三个比万大的数，也活用了"分级"的概念，教学效果很好。

由"万"到"亿"的距离有多远？其实不远，开展走班教学、精准分析学情、合理创设情境、灵活运用资源，在由"扶"到"放"的过程中用好计数器，引导合作探究，认识比"万"大的计数单位和数位，认识数级对于高年级兴趣班的学生而言是可以学习的，也是有必要学习的。

未来，我仍将基于多元评估把准教学起点，基于课程标准把准教学方向，钻入教材、跳出教材，组织游戏、引导操作……努力"奔跑"在培智学校数学教学研究的征途上！

四、研究课程本位评估，精准把握学生数学学习的起点

2016 年 11 月，教育部正式发布《培智学校义务教育生活数学课程标准（2016年版）》。我携手团队成员，以"基于国家课标培智学校生活数学评估工具的开发与应用"为项目，开启课程本位评估的研究，5 年内开发了"3＋3＋1"评估工具，并运用评估工具每学期对一至九年级全体学生开展了数学能力的评估，前后共计735 人次，连续追踪了 77 位学生的数据变化，撰写了 24 篇基于评估的数据分析报告、13 篇个案，积累了 40 个优秀课例。项目研究成果于 2022 年获上海市优秀教学成果基础教育类二等。

（一）问题的提出

从教师成长角度，解决教师对国家课标把握不到位的问题；从学生评价角度，解决培智学校生活数学评估工具缺失的问题；从学校管理角度，解决教师基于评估开展教学的意识与能力薄弱的问题。

（二）解决问题的过程与方法

一是明确研读课标的必要性，通过一系列对比研读活动，形成生活数学课程

内容细目表;二是确定培智学校生活数学评估工具的内容,开发"3＋3＋1"生活数学评估工具;三是将评估工具应用到教学实践并向外推广,提高学生数学能力,促进教师专业发展,扩大学校对外影响。

（三）成果的主要内容

1. 理论基础

课程本位评估(Curriculum-Based Assessment,简称 CBA)关注学生的差异化需要,这是培智学校教育对象渐趋复杂化的必然要求,它在于评估学生是否掌握了他们需要的知识和技能。课程本位评估综合运用多种评估方法,全面、真实地反映培智学校学生的学习过程,符合课标对培智学校教育评价的要求。

2. 主要观点

（1）开发评估工具的立足点是全面解读课标。

（2）开发评估工具是助力教师系统把握课标的重要途径。

（3）应用评估工具应遵循整体性、发展性、差异性、多元化原则。

（4）完善评估工具需要在教学实践中反复应用与调整。

3. 成果要点

（1）形成了《培智学校生活数学课程内容细目表》。

这是细化《培智学校生活数学课程标准(2016 年版)》课程内容的成果,按学段分成 3 张表,在形成过程中促进教师系统把握课标,助力评估工具的开发。

（2）开发了"3＋3＋1"生活数学评估工具。

基于国家课标对学段(第一学段 1～3 年级,第二学段 4～6 年级,第三学段 7～9 年级)的划分,开发了 3 册《培智学校学生数学能力评估表》,依据评估表配套编写了 3 册《培智学校学生数学能力评估试题集》,编写了 1 册《培智学校学生数学能力评估指导手册》。

每一册评估表相对独立,但基本结构雷同,均对应课标所规定的常见的量、数与运算、图形与几何、统计、综合与实践五个部分的课程内容。评估表中所列前四个部分在结构上采用"评估模块→评估维度→评估项目"三级形式,共分 10 个维度、247 个项目。第五模块因其特殊性,在结构上采用"评估模块→评估主题→评估项目"三级形式,含 7 个主题、50 个项目。

每一册评估试题集相对独立,但基本结构雷同,均包含 A、B、C、D 共 4 套试题。每套试题集均对应评估表所列五个评估模块,且知识点难度和题型完全相同。每一道试题与评估表中所列评估项目又进行了匹配,方便评估者选用。

《培智学校学生数学能力评估指导手册》是为指导评估者使用评估表和配套的试题集而编制的。由评估的目的与功能定位、评估表的简单介绍、评估试题集的简单介绍、评估的实施、计分标准及说明、评估结果分析六个部分和附件(计分纸)组成。

(3)促进了生活数学教师的专业发展。

5年的磨练,促使培智学校生活数学教师的专业能力显著提升。他们在理解了课程本位评估理念的基础上,养成了经常性对学生开展学业评估、运用SPSS23.0软件分析数据、基于学生学习起点有针对性地设计与实施教学方案、开展个案追踪,并经常性地查阅文献,寻求发展学生数学能力突破口的习惯,评估数据的变化也实证了学生数学能力的提升。

"没有理念,实践就会盲目;没有实践,理念就会空洞。我们需要理念和实践的高位结合。"2022年底,我申报的市级课题"基于 ARCS 动机模型的游戏化教学在培智学校数学课堂中的应用研究"成功立项。这是一个载体,带着我和团队继续奋进在尊重学生个体、满足差异化教学需求的征途上。

特殊教育是小众教育,但它意义非凡。心怀感恩,坚守初心,躬耕教坛,静待花开。

优课示例与推荐人语

优课示例 1

作者简介:舒晓静,任教于上海市金山区滨海学校,从教时间 2008 年。所获荣誉:教育部"一师一优课、一课一名师"活动"优课",上海市中小学中青年教师教学评选二等奖,上海市中小学幼儿园运用调查研究方法优秀成果评选一等奖,上海市金爱心教师二等奖,金山区"金爱心"教师称号,金山区"明天的导师工程"金苗奖,金山区第九届教科研成果评选优秀研究者称号等。

特长爱好:信息技术、阅读。

教坛心语:永远用欣赏的眼光看学生,永远用宽容的心态面对学生。

《统计表》教学设计、反思与点评

一、教学设计

（一）教学任务分析

1. 学情分析

我执教的班级是金山区滨海学校九(1)班,共 10 名学生,7 男 3 女,包括 2 名轻度智障生,3 名中度智障生且其中 1 名自闭症,5 名重度智障生。班上 8 名学生有在普通学校学习的经历。根据学生的数学学习能力,我在平时的教学中将学生分成 A 组(4 人)、B 组(4 人)、C 组(2 人)。三组学生使用同一教材,制定不同的教学目标,主要采用集体教学、分组教学和个别辅导相结合的教学模式。各组具体情况如下:

A 组:能力相对较强,基本能掌握所学知识。在学习本课前已有一定的统计经验,能够按照要求对生活中简单事例进行数据的收集、记录和整理。接触过统计表,但对统计表没有完整的认识。

B组:能理解大部分已学内容,但掌握得不扎实。个别学生在计算时依赖计算器,且对"图形与几何""数与运算""生活中的数学"板块中较抽象和复杂的问题都有畏难情绪。在学习本课前,他们已有一定的统计经验,能进行简单的分类计数,但参与调查的主动性不够,且不能独立记录数据,往往需要 A 组学生的协助。接触过统计表,但对统计表没有完整的认识。

C组:能力相对较弱,对所学内容只达成部分目标。学习本课之前,有过记录人数、得星数等统计经验,但分类计数易出错,参与调查的主动性不够,且不能独立记录和整理数据。

综上所述,教学中我基于学情分析,针对学生个体分层设计教学目标,以充分调动学生学习的积极性,使不同层次的学生都获得成功的体验。

2.教材分析

《统计表》的教学内容选自全日制培智学校教科书(试用本)《数学》第十八册第三单元《简单的统计表和统计图》。统计在日常生活、生产和科研中有着很广泛的应用,统计的思想方法是数学的一个重要思想方法。总体来说,学生学习统计的内容主要概括为数据的收集、整理、呈现、描述和分析,而本册教材中有关统计的内容缺少数据的收集与整理,且选用的素材都很老旧,不符合时代变化的要求。针对班上学生的实际情况,对课标进行细化,并以全日制培智学校教科书《数学》为主要教材,结合九年义务教育课本《数学》等,对教学内容进行"增、删、改、编"。本课属于本单元的第三课时,前两课时学生已学习了数据收集、记录等。本课主要引导学生通过记录统计数据,学会整理数据和使用统计表呈现数据的方法,体验统计表的直观与简洁,培养统计的观念。

表 1　九(1)班第一学期第三单元《统计(一)》课时安排及教学目标

单元名称	内容及课时		分课时	教学目标
统计(一) 12课时 + 1机动课时	数据收集整理 (2课时)		第1课时(新授课)	会分类计数,通过熟悉的场景介绍收集数据的具体方法,学会用画"正"字、竖杠等方法进行记录、收集数据并简单整理
			第2课时(练习课)	
	统计表 (8课时)	简单统计表	第3课时(新授课1) ★本节课	初步认识统计表,根据需要整理数据并填写统计表,能对数据进行描述与分析
			第4课时(新授课2)	进一步认识统计表,能将收集整理的数据填入统计表,能进行合计,进行简单分析
			第5课时(新授课3)	能根据需要设计简单统计表,并联系实际进行简单分析、解释
			第6课时(练习课)	复习简单统计表,加深对统计表的认识,进一步熟悉收集、整理、呈现、描述数据等统计过程
		复式统计表	第7课时(新授课1)	在具体的统计活动中认识复式统计表,能根据收集、整理的数据填写统计表,并能根据统计表中的数据进行简单的分析
			第8课时(新授课2)	
			第9课时(练习课1)	
			第10课时(练习课2)	
	单元复习 (2课时)		第11课时(复习课)	通过单元整理与复习,加深对统计表的认识与运用
			第12课时(练习课)	单元测验
	机动1课时			

3. 设计思路

"基于多元化评估,开展个别化教学""培养智障学生生活适应能力""注重各种课程资源的有效利用,发挥现代信息技术的作用"是我设计本课的核心理念。

(1) 分析学情,实施个别化教学。

对学生开展评估,是制定教学目标的重要依据。在教学本课前,我根据医学评估、心理学评估、教育评估等情况了解学生的特点,并通过日常的观察、对话等方式,了解学生已有的统计基础,分析学生学习"统计"过程中可能存在的问题。在充分分析学情的基础上我将学生分成 A、B、C 三个组开展个别化教学,即三组学生使用同一教材,制定不同的教学目标,采用集体教学、分组教学和个别辅导相结合的教学模式。

(2) 联系生活,设计教学过程。

统计这部分内容涉及的知识面广,又与生活实际密切相关,所以在日常教学与班级管理时,我注重将统计的知识融入其中,提升统计在每天生活中的地位,培养学生的统计意识。本课教学中涉及 8 张统计表,素材大多来源于学生的日常生活。比如 3 张是学生根据自己的调查结果"最喜欢的水果人数""最喜欢的运动人数""最喜欢的兴趣课人数"完成的统计表;为了验证统计的有效性,又用到一张九年级各班人数的统计表;第 5 张是根据账单填写的统计表;课后作业中两张统计表包括电费、水费或燃气费的统计和奥运奖牌总数的统计;最后一张则直接来源于学生本课的评价记录。由校园生活、家庭生活到社会生活,又回到课堂评价,学生真实地体验到统计无处不在,统计应该是真实的,统计是有用的。

(3) 搭建支架,达成分层目标。

为了达成教学目标,我在教学中运用支持性的教学策略,为学生的学习搭建支架,主要包括学习任务单、同伴互助、信息技术辅助、家长协助等。

① 学习任务单。教学中我根据分层目标设计了分层的学习任务单,针对性较强,且各组的练习题注重形式与内容上的变化,力求使每一位学生都学有所获。比如练习中有根据调查的记录填写统计表并回答问题,也有根据账单填写统计表,且预设 A 组学生根据统计结果提出合理建议,从而体验统计的价值。反馈时遵循由易到难的原则,不断启发学生思维向深层次发展。

② 同伴互助。教学中采用异质分组、同伴辅助的策略,由 A 组学生辅助 B 组、C 组学习,共同经历统计的全过程,培养合作交流的能力,也提高了 B 组、C 组学生的自信心。比如,课前由 A 组带领 B 组、C 组一起完成调查记录;课中提示或帮助 B、C 组完成学习任务单;课后合作完成上网探索奥运奖牌的作业;等等。

③ 信息技术辅助。本课采用信息技术辅助教学。多媒体课件可化抽象为具体、静态为动态,且色彩绚烂,容易集中学生尤其是智障学生的注意力。如课前

两分钟的快乐大转盘游戏,以动态的画面、动感的音乐可以在较短的时间内吸引学生注意力。教学中使用多媒体课件,可以清楚地呈现各个知识点,做到重点突出,逐步展示分解难点。比如本课中,利用课件逐步呈现统计表的各个部分并以颜色进行区分,可以加深学生对统计表结构的认识,为后续正确描述数据做好伏笔。在作业反馈时使用"希沃授课助手",通过拍照上传,可以很清楚地呈现学生的作业,做到即时评价、纠错等,检验学生知识目标的达成度。

(二) 教学目标

A 组:

(1) 初步认识简单的统计表,知道统计表包含标题、项目、数量,能根据需要整理数据并填入统计表。能说出统计表中每个数据的具体含义,能根据统计结果提出一些简单问题并正确回答。

(2) 经历数据整理、呈现与描述的统计过程,体会使用统计表呈现数据的直观、简洁,逐步培养统计观念。在简单分析统计表的过程中感受数据中蕴含的信息,培养提出问题、解决问题并正确表达的能力。

(3) 逐步体会统计与日常生活的密切联系,感知统计是有趣的和有用的,激发学习兴趣,发展数学思维,培养合作意识。

B 组:

(1) 初步认识简单的统计表,能找出统计表中的标题,在提示下能根据需要整理数据并填入统计表,能说出统计表中每个数据的具体含义,并能指出统计表中哪个数最大或最小。

(2) 经历数据整理、呈现与描述的统计过程,体会使用统计表呈现数据的直观、简洁。参与简单描述与分析统计表的过程,逐步提高数学表达和比较数的大小的能力。

(3) 逐步体会统计与日常生活的密切联系,感知统计是有趣的和有用的,激发学习兴趣,发展数学思维,培养合作意识。

C 组:

(1) 初步认识简单的统计表,在提示或帮助下能将整理后的数据填入简单的统计表,尝试说出每个统计数据的具体含义。

(2) 经历数据整理、呈现与描述的统计过程,体会使用统计表呈现数据的直观、简洁。

（3）逐步体会统计与日常生活的密切联系，感知统计是有趣的和有用的，激发学习兴趣，发展数学思维，培养合作意识。

（三）教学重点与难点

教学重点：

A组：知道统计表包含标题、项目、数量，能填写统计表，并能说出统计表中每个数据的具体含义。

B组：在提示下能根据需要整理数据并填入统计表。

C组：在提示或帮助下能将整理后的数据填入统计表。

教学难点：

A组：联系实际对统计表进行简单分析。

B组：能在提示下说出统计表中每个数据的具体含义，能指出统计表中哪个数最大或最小。

C组：尝试说出每个统计数据的具体含义。

（四）教学技术与学习资源应用

多媒体课件、学习任务单、希沃授课助手等。

（五）教学过程

教学环节	教师活动	学生活动
课前	两分钟预备铃：快乐大转盘 提问：说出下面的符号各表示几 	学生抢答，C组读一读
	设计意图：以"快乐大转盘"的游戏吸引学生注意力，激发学习兴趣，为新授课做铺垫。C组反应慢，只要求读或跟说	

（续表）

教学环节	教师活动	学生活动
一、复习引入	1.复习:课前第一小组统计了九年级最喜欢的水果人数,引导学生说一说统计方法和结果(呈现学生的调查记录表) 九年级最喜欢的水果人数 苹果　正 香蕉　正丁 橘子　正正 2.引入:怎样能一眼就看出喜欢各种水果的人数呢(呈现统计表并补充完整) **九年级最喜欢的水果人数统计表** | 水果种类	人数(人)
---	---
苹果	
香蕉	
橘子	| 3.揭示课题(板贴)	1.A组学生汇报,其他学生听讲 2.观看课件,并回答问题

设计意图:学习统计的方法很重要,但培养统计意识更重要。所以,学习"统计"要求"真实",要求"有价值"。由学生课前的调查记录表引出统计表,真正让学生经历数据的收集、整理,体验到以统计表呈现数据的简洁和直观。A组作为组长汇报结果,锻炼他们的表达能力,B组、C组观察、表达能力弱,重在引导他们理解

教学环节	教师活动	学生活动
二、探究新知	1.认识统计表 (1)认识标题、项目、数量 提问:这张统计表统计的是什么?(引出标题)它有几行几列(引出项目、数量) (2)比较两张统计表的异同 **九年级最喜欢的水果人数统计表** | 水果种类	苹果	香蕉	橘子
---	---	---	---
人数(人)	4	7	10 | 提问:这是统计表吗? 为什么? 这两张统计表一样吗 (3)描述统计数据 提问:你能读懂这张统计表吗	1. (1)主要是A组回答,B、C组跟读 (2)A组说出两张表的异同,B、C组跟说统计表的组成 (3)主要由B组描述数据,C组尝试说、跟读

(续表)

教学环节	教师活动	学生活动
	设计意图:结合例题认识统计表的标题、项目、数量,为正确描述与分析统计数据做铺垫。引导学生在比较中发现统计表既可以是竖的,也可以是横的。A组观察及表达能力较强,预设他们能数出几行几列,并能发现两张统计表的异同,B、C组观察、表达能力弱,可能发现异同但正确表达有困难,重在填写数据并理解数据的含义	
二、探究新知	2. 分析统计表 (1) 比出最多、最少 提问:你能一眼看出最喜欢什么水果的人数最多?那最少的呢?你能给食堂师傅提出什么建议 (2) 求相差数、总数 提问:最喜欢香蕉的人数比最喜欢苹果的多几人?你还能提出其他减法或加法的问题吗(板书) 3. 小结	2. (1) B组回答,C组参与学习、跟说,A组提建议 (2) 主要由A组回答,B、C组参与学习
	设计意图:本环节重在数据的简单分析,能读懂统计表,联系实际分析统计数据,作出简单的判断。通过计算九年级的总人数验证统计的有效性。问题由易到难,兼顾到A、B、C组学生,旨在达成不同的教学目标。结合板书小结,梳理本课所学重点,为后续练习做铺垫	
三、练习巩固	1.第二组调查了九年级最喜欢的运动人数,请根据记录填写统计表,并回答问题 九年级最喜欢的运动人数统计表 跳绳　卌丨 踢毽子　丨 踢足球　卌卌 拍皮球　卌 | 项目	人数(人) | |---|---| | 跳绳 | | | 踢毽子 | | | 踢足球 | | | 拍皮球 | | A组: (1) 九年级最喜欢哪项运动的人数最多 (2) 喜欢这四项运动的一共有多少人	1. (1) A组汇报调查方法,其他学生听讲

（续表）

教学环节	教师活动	学生活动
	B组： (1) 九年级最喜欢哪项运动的人数最多？请在统计表中圈出来 (2) 九年级最喜欢踢毽子的人数最少，是（　　）人 C组： (1) 九年级最喜欢踢足球的人数最多，是（　　）人 (2) 九年级最喜欢踢毽子的人数最少，是（　　）人 教学步骤： (1) 谈话引入，引导学生汇报调查方法和结果 (2) 提出要求，引导学生在学习任务单上答题 (3) 作业反馈，引导学生交流汇报	(2) 听清要求，在学习任务单上完成，B组、C组由老师辅助 (3) A、B组汇报，A组尝试根据统计结果提出合理建议
三、练习巩固	设计意图：由学生的调查记录表引出练习，将用竖杠记录的数据整理后填入统计表，既巩固本课所学的知识与技能，进一步体验统计的价值，且渗透强身健体的重要性。根据分层目标有针对性地设计各层次学生的练习题，搭建有效支架，让学生体验成功的快乐。另外，交流环节中会涉及根据统计需求提出建议的问题，以A组回答为主	
	2. 第三组调查了九年级最喜欢的兴趣课人数，请根据记录填写统计表，并回答问题 九年级最喜欢的兴趣课人数统计表 串珠 4＋5 扎染 4＋1 烹饪 2＋5 | 项目	串珠	扎染	烹饪 | |---|---|---|---| | 人数(人) | | | | A组： (1) 喜欢烹饪的人数比喜欢串珠的少几人 (2) 喜欢这三门兴趣课的总共多少人 B组：九年级最喜欢哪门兴趣课的人数最少 C组：九年级最喜欢串珠的人数最多，是（　　）人 教学步骤： (1) 谈话引入，引导学生汇报调查方法和结果 (2) 课件出示练习，引导学生口答 (3) 引导学生根据统计结果提出建议	2. (1) A组汇报调查方法，其他学生听讲 (2) 观察习题，B组先尝试回答 (3) A组尝试提出建议

(续表)

教学环节	教师活动	学生活动
三、练习巩固	设计意图:由第三组学生的调查记录表引出练习,将他们收集到的数据整理后填入统计表,既巩固本课所学的知识与技能,渗透艺术教育对人成长的重要性,且进一步提升统计在日常生活中的价值。根据分层目标设计问题,针对性强,以使各层次的学生都体验到学习的乐趣。另外涉及的根据统计需求提出建议的问题,以A组回答为主	
	3.根据电费账单填写统计表 6月:86.30元　　　　7月:208.80元 8月:211.60元　　　　9月:109.90元 **舒老师家6—9月电费支出情况统计表** | 月份	6月	7月	8月	9月
---	---	---	---	---
金额(元)				| A组:电费支出最多的是(　　)月,其次是(　　)月 B组:(　　)月支出的电费最多,是(　　)元 C组:211.60元是(　　)月支出的电费 教学步骤: (1) 出示账单和统计表,解读习题 (2) 提出要求,引导学生在任务单上答题 (3) 作业反馈,引导交流汇报	3. (1)听清题目要求 (2)在学习任务单上完成,B组、C组由老师辅助 (3)A组汇报,尝试根据统计结果提出合理建议
	设计意图:前三张统计表都是基于学生课前的调查记录,本练习继续遵循以学生生活所见或生活经验中的"真实资料"来学习统计概念的原则,且通过从电费账单上获取关键数据填写统计表的过程,体会统计数据可以多渠道收集,渗透调查统计表与汇总统计表的区别,培养节电意识。B、C组独立收集、整理数据的能力还有待提高,所以为他们搭建的支架是同伴互助,在A组帮助或提示下完成学习任务单	
四、总结评价	1.课堂总结 2.统计各组得星情况,集体完成统计表 **10月19日九(1)班数学课各组得星情况统计表** 	组别	第一组	第二组	第三组
---	---	---	---
得星数(颗)				 	回顾本课知识点,并数一数五角星数量,找出最多的
	设计意图:统计各组学生的得星数并填写统计表,既可以检验学生知识目标的达成度,且注重评价的长效性,为后续学习复式统计表做铺垫,使学生直观地感受到统计与日常生活有着密切的联系,统计是有趣的,有用的	

（续表）

教学环节	教师活动	学生活动
板书设计	**统计表** 标题　　九年级最喜欢的水果人数统计表 项目｜水果种类｜苹果｜香蕉｜橘子 数量｜人数（人）｜4｜7｜10 最喜欢香蕉的人数比最喜欢苹果的多几人？ 7－4＝3（人） 喜欢苹果、香蕉、橘子的一共有多少人？　九年级一共有多少人？ 4＋7＋10＝21（人）　　　　　10＋11＝21（人）	

统计表

标题　　九年级最喜欢的水果人数统计表

项目	水果种类	苹果	香蕉	橘子
数量	人数（人）	4	7	10

最喜欢香蕉的人数比最喜欢苹果的多几人？

7－4＝3（人）

喜欢苹果、香蕉、橘子的一共有多少人？　　　九年级一共有多少人？

4＋7＋10＝21（人）　　　　　　　　　10＋11＝21（人）

（六）作业与评价

1. 教学评价

	第一组	第二组	第三组
倾听星			
表达星			
练习星			

学生有创造性思维时可另奖励智慧星。

2. 作业设计（课后）

（1）搜集自己家 6—9 月电费（或水费、燃气费等）账单，完成统计表。

_____家 6—9 月_____费支出情况统计表

（2）上网查询今年奥运会奖牌榜，完成统计表。

第_____届奥运会五个国家获奖牌总数统计表

国家	中国	英国	美国	俄罗斯	德国
奖牌（枚）					

二、教学反思

统计问题是最常见的生活问题,教学中教师应根据特殊学生的特点,把数学问题生活化,关注学生的学习兴趣和经验,注重培养学生的学习能力,使他们掌握一定的数学思想方法,了解生活中处处有数学,体会数学与生活的紧密联系。

(一) 统计内容实用,贴近学生生活

统计在生产、生活各方面都有着广泛的应用。统计的过程,不仅是数学知识的综合应用,如计数、运算、比较分析等,还利于提高学生沟通与表达能力,让他们更好地融入社会。通过分析统计结果,提出调查的建议,还可以培养学生数据分析的观念,培养尊重事实、用数据说话的科学态度。本课教学选择的统计内容贴近学生生活,从班级中"最喜欢的水果人数""最喜欢的兴趣课人数""最喜欢的运动项目人数"的统计到家庭生活中的"电费账单"统计,在生活情境中经历统计的过程,学习统计的知识和方法,培养了统计的意识。

(二) 评价融入教学,激发学习兴趣

教学评价贯串教学始终,有效地激发了学生的学习兴趣。教学中我做到评价的多元化、层次性和及时性。我以小组为单位从听、说、练三方面对学生在课中的表现及时展开评价,鼓励他们用心倾听、大胆发言、认真答题、积极思维,最大限度地挖掘学生的潜能,并注重个体对团队的贡献,培养竞争意识。同时也做到充分利用评价后的数学资源,下课前组织学生完成本课的最后一张统计表——《10 月 19 日九(1)班数学课各组得星情况统计表》,既检验本课的目标达成度,且通过分析数据发现各组学生在听、说、练等方面的优势和不足,为后续教学的顺利开展提供有价值的参考,也为学习复式统计表积累素材。

(三) 反思教学不足,促使改进提升

1. 细节关注还不够

在反馈学生作业时,对学生练习中出现的错误反馈不到位,有遗漏。在以后的教学中我会注意这方面细节,既要注重反馈的及时性,也要注重反馈的精准性、激励性,使学生在反馈中进一步理解知识点。

2. 课堂预设还不够

一方面,当提问"根据统计表可以提什么建议"时,或许因为问题比较开放,学生一下子回答不出,我的适时引导做得不够;另一方面,最后一道习题,由于时间关系来不及拍照反馈,导致课件上呈现的练习不够完整,如果能够预设到,课前做个"链接",就可以进行反馈了。

3. 时间把控还不够

我对教学时间的把控还有待改进,前松后紧,导致总结与评价匆匆收尾。所以,在以后的教学中,我还需根据学情预设更多的可能性,教学语言要更精练、提问的指向性更明确,让教学环节更紧凑流畅,从而使课堂时间的把控更精准。

(本课 2016 年获上海市中小学中青年教师教学评选二等奖)

专家点评

教学中,教材并不是教学内容确定的根本依据,作为教师,要充分分析学情和教材,从特殊学生的特点、培智学校教材的特点出发,灵活运用教材资源,采用合适的教学策略,落实个别化教学目标,始终践行"以生为本"的课程理念进行教学实践。

这节课中,舒老师能基于学情的精准评估选择教学内容,分层制定适切的教学目标并有效达成。纵观全课,老师精心设问、思路清晰、层层推进,注重培养学生的统计观念,紧抓五条线来开展教学。

第一条线是课前—课中—课后,课前让学生收集整理身边的数据,课中进行反馈并作为学习新知的素材,课后延续课堂中的练习,让学生经历了自我理解、问题导向、复习巩固等过程,在一次次经历统计的过程中掌握所学知识。

第二条线是校园生活—家庭生活—社会生活,舒老师在教学中涉及多张统计表,有对学生校园生活调查而进行的统计,有对生活中电费账单的统计,也有对奥运奖牌的统计,涉及校园、家庭、社会各方面。教师在教学中充分利用生活中的资源为教学服务,真正让学生体会到统计在各方面的广泛应用。

第三条线是掌握统计的步骤,从需求出发—用统计方法呈现数据—描述分析数据后进行推断、预测、决策等,经历统计全过程,体会数学与社会生活之间的联系,在积累丰富活动经验的同时,掌握统计的方法,体会统计的价值,形成和发展数据意识和统计意识,培养统计观念。

第四条线是教学模式上的变化,教学中,舒老师以集体教学为主,落实分组教学和个别化辅导。在课堂中教师巧妙地将学生进行分层、分组、分工，关注到班里每个孩子，体现"既要面向全体学生，又要满足学生的个别化需求"的教学理念，是个教学的有心人。

第五条线是层层搭建支架，落实个别化教学，从课堂中教师的个别辅导，到练习中的同伴互助，再到课后作业中的家长协助，让每位学生都能体验成功的喜悦。教学中，舒老师基于每位学生的学习实际情况，基于重点、难点搭建教学支架，为学生的独立探索和互助学习奠定基础。

总体来说，本课能体现舒老师长期致力于培养智障学生生活适应能力的理念，希望在未来的教学中能够正视不足，比如对部分学生关注不够到位，对课堂的生成资源处理不够灵活等，积极改进，为营造更精彩的课堂再努力！

优课示例 2

作者简介：冯婷，任教于上海市金山区滨海学校，从教时间 2010 年。所获荣誉：第三届"课植杯"特殊教育四区联动课堂教学评比一等奖，上海市中小学信息化教学应用交流展示活动（微课）二等奖，上海市特殊教育资源应用案例征集二等奖，金山区第三届"金穗杯"中青年教师教学评优一等奖，金山区特殊教育教师教学基本功一等奖，金山区中小学在线教育成果评选活动三等奖。

特长爱好：古筝。

教坛心语：做一片绿叶、一丝春风、一缕阳光，把温暖和爱带给特殊孩子，为他们插上翅膀，助他们飞翔。

《毫升与升的认识》教学设计、反思与点评

一、教学设计

（一）教学任务

1. 学情分析

（1）总体概述。我执教的班是金山区滨海学校九（1）班，共 10 名学生，6 男 4

女,1人中度智障(IQ48),9人重度智障(IQ＜40),其中2人伴有癫痫,2人伴有言语障碍,1人伴有情绪问题。平时数学课上大部分学生能主动参与课堂教学活动,师生和生生之间有良好互动,1人学习非常被动。在本课之前,学生已经学习了长度单位、重量单位和面积单位的相关知识。

(2) 分组情况。根据学生实际情况,我在教学时将学生分成三组,使用同一教学内容,制定不同的教学目标,主要采用集体教学、分组教学和个别辅导"三结合"的教学模式。

A组4名学生,1人中度智障,3人重度智障,能基本听懂教师指令,有一定的学习能力和理解能力,其中小虹和小军能在课堂的小组活动中起到"领头羊"的作用,也乐于帮助其他同学。在前期的学习中,A组已经比较熟练地掌握了长度单位、重量单位和面积单位的相关知识;能正确分辨固体和液体,能正确判断液体量的多少。

B组4名学生,均为重度智障,学习能力较弱,指令理解有些困难,识字数量不多;能在提示下说出长度单位、重量单位和面积单位的名称。能正确分辨固体和液体,能正确判断液体量的多少。

C组2名学生,为重度智障,不会点物数数,其中小轩不能握笔书写,但能和教师进行言语沟通,小轩能在提示下说出个别的长度单位、重量单位和面积单位的名称;小敏对教师指令基本没有反应,沟通比较困难,对单位没有建立认知,只能机械地跟读。能在提示下分辨固体和液体,能说出"哪个瓶子里的水多,哪个瓶子里的水少"。

本课是学生第一次认识容积单位。在第一次对全班学生前期调查的过程中发现,学生能正确分辨物体的形态——固体或液体,也能正确判断液体量的多少,但10名学生均未听说过"毫升与升",对容积单位的知识一片空白。其实在生活中,学生几乎每天都要接触和"毫升与升"相关的物品,如牛奶、矿泉水、饮料、洗发水、沐浴露、酱油等等。因此,学生对学习"毫升与升"有现实的需要。

在课前布置收集生活中常见的容器和阅读容器外包装上的信息后,对全班学生进行了第二次访谈调查,发现A、B组的部分学生在阅读信息的过程中,对"毫升"和"升"这两个单位名称有了初步的认识,但对其真正含义并不理解。

综上所述,在教学中我根据学生学情分层设计教学目标,充分调动学生学习的积极性,帮助不同层次的学生都能有所收获。

2. 教材分析

《培智学校义务教育生活数学课程标准(2016 年版)》第三学段"常见的量"部分要求学生:结合实例,了解常用的容积单位(升和毫升)。由于部编教材尚未出版完全,因此我选用了沪教版九年义务教育课本四年级第一学期第二单元《毫升与升的认识》的教学内容。

教材中例 1 出示两个水壶实物,并将水壶装满水,提出问题:哪个水壶里的水多? 再通过用不同的杯子测量得到的杯数不同的经历,使学生感受使用同一量具进行测量的必要性。例 2 通过对话,引出表示液体的多少的单位——毫升,说明毫升的表示方法,并通过用滴管向量筒中滴 1 毫升水,观察 1 毫升水实际是多少,使学生初步具备 1 毫升的量感,建立 1 毫升的表象,然后出示日常生活中用毫升表示的物品,丰富学生对毫升的感受。例 3 出示一些用升描述液体物品多少的容器让学生观察,使学生知道当计量较多的液体的多少时,一般使用升作单位,然后出示 1 升的量杯,让学生通过观察感知 1 升实际是多少,初步具备 1 升的量感,建立 1 升的表象。在分别介绍过毫升与升之后,通过将 1000 毫升的饮料倒入 1 升量杯的实际操作,让学生认识 1000 毫升和 1 升是相等的,进而用"1000毫升=1升"表示 1000 个 1 毫升合起来和 1 升是相同的。例 4 通过自己动手制作1 升的量具,并使用其测量周围容器的容量,进一步丰富学生对 1 升的量感。

根据教材和学生的实际情况,我对教学内容进行适当的调整和补充,并将本单元分为 5 课时教学。第 1 课时,能辨别固体和液体,能判断液体量的多少,感受使用同一测量工具的必要性。第 2 课时,认识毫升和升,初步建立毫升和升的量感,知道可以使用毫升和升描述液体量的多少,知道 1 升=1000毫升。第 3 课时,会进行简单的单位换算,解决简单的实际问题。第 4 课时,综合实践活动——制作奶茶和果汁。第 5 课时,单元复习。本课为第 2 课时。

3. 设计思路

(1) 以生活适应为核心,选材贴近生活。

毫升与升的知识本就源自生活,我在设计本课教学内容时注重与学生的生活实际相联系。在课前布置任务时,要求学生收集生活中装液体的容器,如饮料瓶、牛奶瓶、酱油瓶、洗发水瓶子等,在引入环节引导学生注意观察这些容器的共同点以及瓶身上的信息，继而引出毫升和升这两个单位。无论是引入部分还是练习部分，本课的素材均取自于学生日常生活物品，让学生感受到数学知识就在身边，数学来源于生活，也应用于生活。

（2）以操作活动为支架，助力难点突破。

要正确建立毫升与升的量感，操作活动必不可少。本节课的操作活动分为两大部分：利用标准量具建立量感和利用非标准量具建立量感。

利用标准量具建立量感前，我先引导学生观察学具盒中的量筒，辨别量筒的不同规格，观察筒身上刻度线的特点，先认识最大刻度和每一大格是多少，再引导学生选取合适的量筒分别量取 1 毫升、10 毫升、100 毫升、1000 毫升。在操作体验中，学生对一定量的液体建立了感性的认识。

利用非标准量具建立量感，我设计了学生小组合作，将量筒中的 1 毫升、10 毫升和 100 毫升水分别倒入一次性杯子中，并标记水面的高度，再通过水面的高度估测一次性杯子的容积，既培养了学生的估测能力，也在生活中建立起一个非标准的量具作为参照物。

（3）小组合作，分工明确，人人体验。

教学中我采用异质分组、同伴辅助的策略，每一小组均由 A 组学生做小组长，辅助 B 组、C 组，共同完成任务。在任务单一中，量取 1 毫升、10 毫升、100 毫升水时，先由 A 组学生做示范，B 组学生模仿量取，C 组学生在帮助和提示下完成。在量取 1000 毫升水时，A 组学生负责观察液面所在刻度线，B 组、C 组学生负责用工具倒水。在任务单二中，B 组、C 组学生负责倒水，A 组学生负责标记刻度。在小组活动中，明确每位学生的任务，做到人人动手、人人体验，不仅能培养学生合作交流的能力，也提高了 B 组、C 组学生的自信心，收获成功的体验。

（4）信息技术辅助，提升课堂教学。

培智学校生活数学课程的设计与实施须根据实际情况合理地运用现代信息技术，要注意信息技术与课程内容的整合，注重实效。

课前 2 分钟的导入视频，我根据 CCTV 科教频道《探秘度量衡》这一期节目，选取学生容易理解的知识，剪辑成 2 分钟的短视频，简单介绍了我国度量衡的悠久历史和"度""量""衡"分别表示的意义。精彩的视频既能快速吸引学生的注意，又能激发学生的学习动机，也让学生感受到我国古代人民的智慧和我国数学文化的魅力。此外,我通过微视频呈现"1000毫升果汁大约可以倒几杯"的验证过程,既节约了课堂时间,直观简洁的操作方式也便于学生理解。

(二)教学目标

基于本课的教学内容和对学生能力的评估,我制定了如下的分层教学目标。

A组:

(1)结合实例,认识毫升和升,知道可以使用毫升和升描述液体量的多少。能正确认读容器外包装上的容积标识。

(2)借助量筒、量杯等测量工具,通过观察、操作等活动,初步建立1毫升、10毫升、100毫升和1000毫升(1升)的量感,知道1升=1000毫升。

(3)培养观察、操作、表达、合作的能力,渗透节约用水和无偿献血的意识,知道数学来源于生活,并运用于生活。

B组:

(1)在教师和同伴的帮助下,结合实例,认识毫升和升,知道可以使用毫升和升描述液体量的多少。能正确认读容器外包装上的容积标识。

(2)在教师和同伴的帮助下,借助量筒、量杯等测量工具,通过观察、操作等活动,初步建立1毫升、10毫升、100毫升和1000毫升(1升)的量感,知道1升=1000毫升。

(3)培养观察、操作、表达、合作的能力,渗透节约用水和无偿献血的意识,知道数学来源于生活,并运用于生活。

C组:

(1)在教师和同伴的帮助下,结合实例,认识毫升和升。

(2)在教师和同伴的帮助下,正确跟读容器外包装上的容积标识。

(3)参与课堂活动,体验学习数学的乐趣,渗透节约用水和无偿献血的意识。

(三)教学重点与难点

教学重点:

A组:建立毫升和升的量感。

B组:在教师和同伴的帮助下,建立毫升和升的量感。

C组:在教师和同伴的帮助下,认识毫升和升。

教学难点：

A组：建立毫升和升的量感，知道1升＝1000毫升。

B组：在教师和同伴的帮助下，建立毫升和升的量感，知道1升＝1000毫升。

C组：在教师和同伴的帮助下，认识毫升和升。

（四）教学技术与学习资源应用

教师：多媒体、seewo、量筒、量杯、滴管、水、各类容器、红色颜料。

学生：量筒、量杯、滴管、水、容器、水盆、抹布、学习任务单等。

（五）教学过程

教学环节	教师活动	学生活动
课前	两分钟预备铃 1. 播放微视频《度量衡》 2. 提问：度、量、衡这三个字分别表示什么	观看视频，A组学生回答度、量、衡分别表示的意义
一、初识单位名称	1. 提问：我们已经学过了哪些长度单位和重量单位 2. 提问：你知道和容量有关的单位有哪些吗（介绍容量的含义） 3. 出示各类容器，组织学生小组观察。提问：你能找到容器上的容积标识吗 4. 组织学生交流。结合课件，介绍毫升与升的英文缩写 5. 揭题：毫升与升的认识（板贴）	1. A、B组学生个别回答常用的长度和重量单位。C组学生跟读 2. B组学生个别读容量的含义 3. 观察容器外包装上的关键信息，读出容积标识 4. 集体交流，齐读单位。C组学生个别读 5. 齐读课题
	设计意图：从秦始皇统一度量衡的历史引出，通过观看微视频，快速吸引学生的注意力，激发学生的学习兴趣。"度"和"衡"分别指长度和重量，学生在学习长度单位和重量单位时，已经有所了解。"量"指的是容量，先简要介绍容量的含义，再通过引导学生观察容器外包装上的信息，引出表示液体量多少的单位——毫升与升	
二、操作中建立量感	（一）利用标准量具建立量感 1. 出示任务卡一，引导学生理解任务要求 ① 量取1毫升、10毫升和100毫升水 ② 量取1000毫升水，并思考：毫升和升之间有什么关系 2. 课件出示并介绍常见的液体测量工具	（一） 1. A组学生个别读任务卡一的内容，明确要求 2. 观看课件，认识量筒、量杯、滴管 3. 小组活动，仔细观察量筒，认识最大刻度和每一大格是多少。C组倾听其他同学回答

(续表)

教学环节	教师活动	学生活动
二、操作中建立量感	3. 以 5 毫升量筒为例,组织学生观察测量工具。提问:量筒上的最大刻度是多少? 每一大格是多少 4. 提问:量取 1 毫升水用哪个量筒最合适? 并组织学生量取 1 毫升水 5. 组织学生交流展示,提问:读刻度时要注意什么 6. 继续组织学生分别量取 10 毫升和 100 毫升水,并进行展示和交流 7. 组织学生先量取 1000 毫升水,再将 1000 毫升水倒入 1 升的量杯中,提问:你有什么发现 8. 小结 (二) 利用非标准量具建立量感 1. 出示任务卡二,引导学生理解任务要求 ① 小组合作,将 1 毫升、10 毫升、100 毫升水分别倒入一次性杯子中,并标记水面高度 ② 估一估,这个一次性杯子能装多少毫升水 ③ 猜一猜,1000 毫升水最多能倒满几杯? 大约还余多少毫升 2. 组织学生操作完成任务① 3. 组织学生展示交流 4. 提问:估一估,这个一次性杯子大约能装多少毫升水 5. 教师操作验证 6. 提问:猜一猜,1000 毫升水倒入一次性杯子中,能倒满几杯? 并播放视频验证 7. 小结	4. 集体回答 5. A、B 组学生尝试回答 6. 小组合作,分别量取 10 毫升和 100 毫升水。C 组:观察同伴操作,跟读 1 毫升、10 毫升和 100 毫升 7. A、B 组量取 1000 毫升水,并将 1000 毫升水倒入 1 升量杯中,验证 1000 毫升=1 升。C 组:观察同伴操作,跟读 1000 毫升=1 升 8. 集体小结 (二) 1. A 组学生个别读任务卡二,明确要求 2. 小组合作,将 3 个量筒中的水分别倒入一次性杯子中,并标记水面高度。C 组:观察同伴操作 3. 各组学生分别上台展示完成的结果 4. 全班估测一次性杯子大约装多少毫升水 5. 集体观察 6. 全班猜测 1000 毫升大约可以倒满几杯。A 组学生尝试用除法计算 7. 集体小结
	设计意图:建立毫升与升的量感离不开操作活动,这一环节的操作主要分为:利用标准量具和非标准量具建立量感。学生先通过标准的量筒,建立 1 毫升、10 毫升、100 毫升和 1000 毫升这四个比较有代表性的液体量的量感,再借助生活中常见的一次性杯子感知非标准量具中对应的水面高度。主要因为学生生活中并不常见量筒,需要建立一个非标准的量具作为参照物来估测液体量的多少	

（续表）

教学环节	教师活动	学生活动
三、巩固练习	1. 读一读 读出图片上的容积标识 牛奶（250毫升）　　口服液（10mL） 果汁（1升）　　　矿泉水（5L） 2. 选一选（在_____上填写"升"或"毫升"） （1）一瓶眼药水大约 13_____ （2）无偿献血一次大约 200_____ （3）一瓶雪碧大约 2_____ ＊3. 算一算 （1）一个没有关紧的水龙头，1小时就会流失 500毫升水。2小时就流失了多少毫升水？合多少升 （2）1升果汁，平均分给5人，每人分到多少毫升果汁	1. A、B组：正确读出容积标识。C组：正确跟读 2. A、B组：填写合适单位。C组：在教师的指导下跟读 3. A组：独立完成。B组：教师适当指导读题。C组：在教师的指导下继续跟读容积单位
	设计意图：练习环节分为三部分：读一读、选一选和算一算。"读一读"主要检验学生能否正确读出容积标识，训练以B、C组学生为主。"选一选"是根据提供的物品图片，选择合适的单位描述液体量的多少，这部分练习已经脱离实物，主要依靠学生的想象和生活经验，眼药水和雪碧都是学生生活中常见的物品；一次献血量是200毫升，虽然根据学生已有的经验，可能并不了解，在这里主要渗透学生无偿献血，帮助他人的意识。"算一算"作为弹性练习，设计了没有关紧的水龙头浪费的水量，既练习巩固了1000毫升＝1升，也是利用今天所学的知识解决实际问题，同时渗透节约用水的意识；果汁平均分的题目，引导学生在审题时，注意单位的不同，应先将1升果汁换算成1000毫升，再进行平均分	
四、回顾总结	提问：这节课你有什么收获	A、B组学生交流发言。C组学生认真聆听
	设计意图：结合板书，师生共同梳理本节课所学的知识点，再一次复习巩固	
板书	毫升与升的认识 测量工具：量筒、量杯、滴管 毫升（mL） 升（L）　｝表示液体量的多少 1000毫升＝1升 1000mL＝1 L	

(六) 作业与评价

1. 教学评价

	第一组	第二组	第三组	第四组
操作				
合作				
表达				
倾听				

2. 作业设计(课后)

(1) 读一读,写一写。(将收集到的容器上的容积标识抄写在横线上)

————————   ————————   ————————

————————   ————————   ————————

(2) 选一选,填一填。(在括号里填上"升"或"毫升")

一瓶果汁 330(　　)　　　　　　一瓶风油精 6(　　)

一桶纯净水 18(　　)　　　　　　一汤勺水 10(　　)

(3) 想一想,说一说。

运动会结束了,小胖和小丁丁满头大汗。小丁丁说:"我一口气能喝 3 杯水。"小胖说:"我只能喝 1 杯。"你觉得谁喝的水多?

(4) 算一算。

① 300 毫升浓缩果汁,加入 1 升水,可以制成多少毫升的果汁?

② 食堂的王师傅把一桶 4 升的食用油平均装在 8 个油壶里,平均每个油壶装了多少毫升?

设计说明:"读一读,写一写"训练学生寻找关键信息的能力,能正确读出数据和单位,并借助实物巩固量感;"选一选,填一填"脱离实物,依靠学生的想象和生活经验,选择合适的单位;"想一想,说一说"是一个开放性问题,小胖和小丁丁使用的杯子容积没有直接说明,所以有三种答案。练习前提示学生,尤其鼓励 A 组学生多思考。"算一算"利用毫升与升的知识解决实际问题,巩固在平均分之前,先要换算单位。其中,A 组:(1)、(2)、(3)题必做,第(4)题选做。B 组:(1)、

(2)、(3)题必做。C组:(1)、(2)题必做。

二、教学反思

在备赛的一个多月里,我反复推敲教学环节,在一次次的磨课中不断精益求精。本节课的教学目标达成度较高,课后我也及时反思,以下三个方面值得肯定。

(一) 激活已有经验,找准认知起点

培智学校生活数学的教学活动应以学生的认知发展水平和已有的知识经验为基础。学生前期在学习"质量单位"时,已经知道在外包装上标有"净含量"的位置找到和物品质量有关的信息,对于能力较强的学生,"毫升"和"升"也并不完全陌生。鉴于学生已有的经验和基础,在引入环节,我给每个小组下发了生活中常见的容器瓶子,组织学生讨论这些瓶子中装的物品有什么共同点,究竟装了多少,在瓶身上标有什么单位。在小组交流和教师的启发下,学生初步感知"毫升"和"升"都是描述液体的多少的单位。

(二) 借助任务驱动,初步建立标准

特殊儿童的数学思维能力较弱,开展教学的过程中要以具体形象思维为主。本节课我设计了两张任务卡,一是"利用标准量具建立量感",二是"利用非标准量具建立量感",帮助学生在测量的具体活动中丰富概念表象。由于是初次体验,本节课主要建立1毫升、10毫升、100毫升和1000毫升(1升)的量感,同时,又以建立1个标准单位量感为重中之重,只有在学生脑海中深深刻上1个计量单位的标准,量感的形成才会有参照物。

教学中我先组织学生独立量取1毫升水,先提问选取哪个测量工具更科学,这一环节是先引导学生想象1毫升水大概是多少。在学生使用滴管的过程中,让学生数一数大约滴了多少滴,积累对1毫升水的感知,最后将1毫升水倒入手心,充分感知"1毫升水是非常少的"。同样,在量取1000毫升水后,让学生提起装有1000毫升水的量筒,感知"1000毫升水有点重"。

多维度的感知和体验将抽象的数学知识转化为学生可以"看得到,摸得着"的东西,促进学生量感的建立。

(三) 多重体验感知,逐步累加计量

量感的培养不是一蹴而就的,需要教师为学生提供不同的参照物多次体验。

在充分感知了 1 毫升水后,组织学生继续量取 2 毫升、3 毫升和 5 毫升水,逐步感受液体量的增多,让学生充分发挥小组合作的作用,通过具体的测量、观察、比较,丰富对"量"的感觉。

但量筒在学生的日常生活中并不常见,这就需要他们借助熟悉的物品作为参照对象。为此,我组织学生将量取的 1 毫升、10 毫升和 100 毫升水分别倒入一次性杯子中,操作之前,我先引导学生猜测水面的高度,再去操作验证。将计量单位与学生熟悉的物体对应起来,建立计量单位的参照物和直观模型,更有效地帮助学生建立量感。

在上课的过程中,也还存在着很多问题值得反思。首先,操作环节中有些拖沓,造成巩固练习部分的时间有些紧张。其次,评价还不够全面,对学生各方面表现的总体性评价还有所欠缺。最后,教师随机应变的能力也尚需磨炼。

(本课 2019 年获第三届"课植杯"特殊教育四区联动课堂教学评比一等奖)

专家点评

学生虽然未曾正式学过"毫升与升"的知识,却未必一片空白,冯老师能在开展教学前对学情进行充分评估,保证了教学目标的适切性。在教学资源的选用上,冯老师能充分考虑数学知识"生活化",选用学生日常生活中常见的素材,引导学生切实感受到了数学知识与生活的紧密联系。在教学活动的设计上,冯老师组织学生开展了丰富的体验活动。量源于量,只有通过具体的测量体验活动,才能帮助学生积累对计量单位的丰富感知。

本课最大的亮点是以"任务卡"的形式引导学生有目的地开展操作活动。学生选取合适的量筒分别量取 1 毫升、10 毫升、100 毫升、1000 毫升,在液体量逐步增加的过程中,不断丰富对"量"的感觉。每一次量取任务完成后,冯老师都会立刻引导学生联系生活中的物品,如一支口服液大约 10 毫升、一瓶养乐多大约 100 毫升,把抽象的数学知识和常见的事物联系起来,让学生感受到日常生活中就蕴含着数学。然后通过将量筒中的 1 毫升、10 毫升和 100 毫升水分别倒入一次性杯子中,标记水面高度,让学生感受到在相同规格杯子中 1 毫升、10 毫升和 100 毫升水面的不同高度,帮助学生再次强化量感。更为巧妙的是,借助 100 毫升水面的高度引导学生估测这个杯子能装多少毫升水。在全班热烈的猜测氛围中，冯老师拿出提前准备的 2 杯 100 毫升水，在验证时先倒入 100 毫升，此时水面离杯口还有一段距离，再次追问学生是否需要修改自己的猜测，然后继续倒入 100 毫升水，此时水面高度正好与杯口齐平且没有溢出。整个验证的过程是在全班的注视下完成的，在充满悬念的步步引导中，学生结合亲眼所见不断改变自己的猜测，班级的学习气氛达到最高潮。这一教学环节和问题设计层层递进，学生充分经历了估测和实测验证，在操作与交流中提升了体验的层次，逐步建立量感并培养了一定的估测能力。

冯老师还注重信息技术与课程内容的整合。2 分钟的导入视频《度量衡》让人眼前一亮，可以看到学生很快被视频吸引住了。在量取液体的环节，由于量筒中水面是凹液面，学生遇到的一大困难是如何正确读取数据，冯老师利用希沃软件将两位学生量取的 1 毫升水同时投屏呈现，引导学生在对比观察中，发现应该读取凹液面最低点所对应的数据。利用多媒体呈现对比图，学生需要注意的点就一目了然。

一节课很快结束，学生还沉浸在浓厚的探究氛围中，用桌上的量筒测量着液体，欲罢不能。听课者都为之动容，由衷地感叹：原来一节设计巧妙的体验式数学课是如此受学生欢迎，它可以把学生真正变成学习的主人。希望冯老师在培智学校数学体验式教学的探索中有更出彩的表现。

初 中 英 语

特级教师简介

陈　志，1972 年出生，上海金山人，上海师范大学英语教育本科，上海交通大学公共管理硕士（MPA），2020 年荣获上海市英语特级教师称号，同年被评为中学英语正高级教师。上海市中小学英语专业委员会理事，金山区名师工作室主持人。参加上海市"双名工程"第二、第四期英语名师基地，金山区第六、第七届"明天的导师工程"英语学科首席教师，金山区第六届中学英语一组工作坊主持人，金山区第二、第三期拔尖教师。连续三年被评为区学科工作坊优秀主持人，多次荣获区"明天的导师工程"金玉兰奖和金牡丹奖。先后赴美国加州大学洛杉矶分校（UCLA）和澳大利亚昆士兰理工大学（QUT）学习进修。

参加上海市教委举办的 2014 年上海—加州影子教师项目和 2017 年上海市优秀教师赴外籍子女学校伙伴研修项目，主持上海市"双名工程"专项课题"初中英语课堂活动有效性的实践研究"以及多个区级课题。在区级及以上刊物上发表论文《任务型教学在初中英语课堂学习活动中的运用策略》《构建以学生为中心的互动课堂》等二十余篇。获得多个市、区级教学奖项，开设市、区级教学示范课十余节，举办"素养视角下的初中英语课堂"市级个人展示专场，形成"任务驱动，激发思维，充分预设，随机生成"的教学风格。教学专著《初中英语课堂学习活动设计》由上海教育出版社出版，并作为金山区"十三五"英语教师培训课程用书。担任多个区的高级教师职称评审以及市正高级职称评审，参加上海市中考英语学科命题工作,赴云南普洱四县支教讲学。指导青年骨干教师获得多个市、区级教学评比英语学科等第奖。努力成为师德的表率,育人的模范,教学的专家——这是自己作为一名人民教师的终身追求。

特级教师优课与经验分享

素养视角下的初中英语课堂学习活动设计与实施

　　课堂是教师和学生交流的地方,也是学生接受外语输入、进行学习策略训练和学习评估的最重要场所。教学是学生在教师引导下主动学习和掌握知识、技能,同时全面发展其核心素养的活动过程。课堂教学设计是在教学之前的、系统的、有方法和目的的准备工作。

　　《义务教育英语课程标准(2011年版)》(教育部)以学生"能用英语做事情"的描述方式设定各级目标要求,旨在强调培养学生的综合语言运用能力。各种语言知识的呈现和学习都应从语言使用的角度出发,为提升学生"用英语做事情"的能力服务。教师要通过创设接近实际生活的各种语境,采用循序渐进的语言实践学习活动,以及各种强调过程与结果并重的教学途径和方法,如任务型语言教学途径等,培养学生用英语做事情的能力。《义务教育英语课程标准(2017年版)》(教育部)提出了指向学科核心素养的英语学习活动观,明确活动是英语学习的基本形式,是学习者学习和尝试运用语言理解与表达意义,培养文化意识,发展多元思维,形成学习能力的主要途径。《义务教育英语课程标准(2022年版)》(教育部)倡导学生围绕真实情境和真实问题,激活已知,参与到指向主题意义探究的学习理解、应用实践和迁移创新等一系列相互关联、循序渐进的语言学习和运用活动中。我们应从英语学习活动观的视角重新审视课堂教学设计的合理性和有效性，整合课程内容，优化教学方式，为学生设计有情境、有层次、有实效的英语学习活动。

本文中对课堂学习活动的讨论，与课程标准中提出的语言实践学习活动是一致的。凡是在课堂上能促进学习者语言学习进程的活动都可称为课堂学习活动，这是一种广义的"活动"意义，而我们应更加注重"狭义"的"活动"概念，即学习活动有明确的交流目的、真实的交流意义和具体的操作要求，并为学生提供展示学习成果的机会，使学生能够在个体和合作的实践活动中发展语言和交流思想的能力，并能在展示活动中感受成功。与此同时，学习者在语言交际能力上受到刺激，能够激发出向更高水平发展的动力。但是，在日常的教学实践中有些教师还在能力培养和应试教育中挣扎，陈旧理念还未根本转变，表现为课堂教学一言堂，重信息轻思维，重流程轻内涵，重结果轻过程。难以引导学生用英语思考，难以帮助学生整合知识，形成能力，难以培养学生形成学习策略，发展学科素养。因此，对于课堂学习活动设计与实施的研究具有非常大的方向性的理论价值和实践意义。

一、初中英语课堂学习活动设计与实施理论基础

（一）课堂活动中的学生语言学习

1. 课堂活动关注学生语言的学习发展

语言习得是指一个人语言的学习和发展。有些学者把学习（learning）和习得（acquisition）作为同义词使用。而有些则将两者对比使用，学习指有意识地学习明确的语法知识，并监控自己的语言行为，这种情况往往是在外语课堂教学环境中；而习得则是指无意识地内化语言规则的过程，内化语言规则是由于接触可理解的输入，即学习者的注意力集中在语言的意义上而不是语言的形式上，这种情况往往是在第二语言环境中。

学校课堂内的活动是不是都是学习？Ellis（1990）提出，在自然使用语言过程中如果关注语言的形式，就是学习；而在正规课堂教学时，如果人们关注语言的内容，就是习得。我们把在学校课堂中的语言学习和习得作为同义词使用，即课堂学习活动关注的是学生有目的的、有意义的语言学习和发展。

Long（1997）认为，按照传统的语法顺序进行教学是低效的，但是也不能不注

意语言的准确。仅仅依靠大量可理解的输入并不能使学习者达到较高的语言准确性。解决的办法是在学生进行交流活动时，随时注意语言的形式，解决语言准确的问题。

在语言学习的研究中，很少有证明人们无论是在课堂学习或是自然学习中，掌握语言是一次就可以完成的。也就是说，学习语言不是一个单个语言项目的累加过程。一味地追求语法顺序的教学是沉闷乏味的，这样的教学会使学生失去兴趣。虽然主要传授语法知识的教学也使许多人学会了语言，但事实上还是有无数的学习者学习语言时非常吃力也不成功。至少集中在语言形式上的语言学习费时较多且收效很少。

2. 做中学是学生语言学习的最佳途径

Nunan(1999)提出，语法知识的记忆不能保证语言使用的正确，也不能保证学生不犯语法的错误。即使学生已经能背诵语法的规则，仍然不一定能在实际使用时正确地使用。学生实际上需要的不仅是在不同情境中反复接触含有这项语法规则的实践机会，而且还需要在不同的情境中以及不同的语境中不断变换地使用这些固定的表达方式，从而逐渐发展自己的语言系统。

以交际为导向同时有明确的语法讲解的课堂活动，要比只注重语法教学或回避语法讲解的沉浸式教学效果更好。语言学习另外一个重要的条件是有交流的机会，即语言使用，学习者的参与对语言熟练程度的提高影响极大。

在课堂学习中，掌握语言的最佳途径是让学生做事情(learning by doing)，即完成各种任务活动。当学生积极地参与用目的语进行交际的尝试时，语言也被掌握了。当学生所进行的任务使他们当前的语言能力发挥至极致时，学习也扩展到最佳程度。在任务语言学习活动中，学生注意力集中在语言所表达的意义上，努力用自己所掌握的语言结构和词汇来表达自己的意思，交换信息。这时学生的主要目的是完成一个学习活动。为了有效地完成任务活动，学生需要使用已有的语言知识，也需要同时寻求新的知识。

3. 让学生能够有使用语言的情感动机

Willis(1996)总结了语言学习的四个基本条件：第一是要有语言环境，有大量的、真实的语言输入(exposure)；第二要有使用语言的机会(use)，可以使用语言做事情，交换信息；第三要有使用语言(包括听、说、读、写各类活动)的动机

(motivation);第四是理想的状态,应该有教学的指导(instruction),也就是有机会注意语言的形式。在语言学习任务活动中,当学生组织自己想要表达的语言,表述他们的想法时,交际的任务使得学生运用完全不同的心智系统。

以学生为中心的教育理念尊重学生的个人情感和个人学习动机,强调具有真实个人意义的学习,主张包括认知和情感在内的全人教育。如果学生感觉课堂的语言学习是一个使他们暴露自己语言错误的地方,如果他们上课时心里紧张,他们的情感因素就会阻止语言的输入。表面上看起来他们也在做各种语言练习,但实际上,他们心里的情感因素会形成一个过滤器,把语言的输入阻挡住。当学生注意语言所表达的意义时,他们会暂时忘记自己是在使用一种他们还没有完全掌握的语言,他们的"情感过滤"就降到了最低点。因此,我们应当尽量为学生创造一个宽松、愉快、民主,有开放式思维对话的课堂学习氛围。

(二) 课堂活动中的学生主体作用

1. 以学生为中心的学习充满真实意义

社会建构主义理论认为,学习和发展是社会活动和合作活动。知识是由学习者个人自己建构的,这种建构发生在与他人交往的环境中,是社会互动的结果。它强调学习者个人从自身经验背景出发,建构对客观事物的主观理解和意义,重视学习过程,反对现成知识的简单传授和教师的一言堂。

我们在组织课堂学习活动的过程中,要特别注重学生的主体作用。我们应尽可能多地为学生提供丰富的语料和语境,将学生校外的生活经历与校内的学习活动联系起来。图片、报刊文摘、个人生活经历与课堂学习活动相结合,可以让学生有所生活的环境与学习是一体的感觉。这样,由学生自己进行意义的建构,而不是让他们接受现成知识和直接结果。学生参与越多就越有自主的感觉与体验。学生越具有自主的感觉,他们就会参与得更多,也就有了更多的内在动机,从而更好地促进他们的语言发展。

课堂语言学习活动使学习过程充满真实的个人意义,能促进学生学习能力的发展,积极的情感和健康人格的发展,并提供给学生一个可同时进行探究的环境。我们的课堂应该充满对学生具有挑战性的各种真实的机会。学生可以按自己的节奏,通过自己的体验和经历,进行可自我调控的学习过程。我们要使英语课堂学习活动富有教育性,理解学生个人,了解他们的个人特征和个人需求,帮助学生理解活动的意义和目标及完成活动的过程。同时,也要为学生创造适宜英语学习的心理环境,促进学生形成控制自己行为的意识、信心和能力。我们只有充分了解整个学习和发展过程的心理机制,才有可能创造出具有挑战性的课堂环境和学习活动来促进学生语言的学习和发展。

2. 学生积极参与的学习过程充满活力

学习是一个充满活力的过程,在这个过程中学生通过自己的努力,去发现问题和解决问题。学习也是一个社会互动的过程,这个过程是在自然的状态中,在同伴间互动、合作下发生的。学生的积极参与是让课堂学习过程充满活力的保证。

让学生能积极地根据自己的想法来理解所提供的信息并建构意义。我们可以引导学生从阅读的材料中、从自己写的内容中和互相讨论的结果中建构意义,并展示他们的自主性和创造性。这样的活动就是我们所说的真实性学习。

让学生在学习过程中充满自信。如果学习者对自己有自信心,他们就会确定乐观的目标。学生需要有自信心,这种自信心建立在他们能逐步地用所学的语言知识做成一些事情、完成一些学习活动。课堂活动的意义在于学生通过完成各种任务活动,看到自己的学习效果和新建构的意义,取得成就感并获得自信心。

让学生可以控制自己的学习过程。学习者在感到他们可以控制自己的学习过程时学得最好。当学习者能根据自己的意愿确定适合自己的学习目标,能决定自己想做的事情,能自己确定学习内容,能自主选择他们喜欢的学习材料时,他们的积极性和责任感就会大大增加。

让学生有自己选择学习方式的机会。每个人的个性、学习方法、学习策略、做事的方式都不同。在组织各种课堂活动和布置任务时,应该给学生自己选择的机会,以符合他们的兴趣爱好。我们不仅要给学生提供各种各样的语言活动,同时也要注意帮助学生形成自己的学习风格、学习策略,按照自己喜欢的方式学习。

3. 学生在与他人的互动中学习和发展

社会互动理论强调人的学习和发展发生在与他人的交往互动中。学生掌握语言主要是通过互动或者说交流。因此课堂学习活动能否为学生提供大量互动和交流的机会就成为理解和掌握语言的关键。我们在课堂教学实践过程中经常运用大量的对话活动和小组活动,当学生在完成各种各样任务活动的时候,运用语言的机会就大大增加了。当学生的注意力集中在运用语言去表达和接收真实的信息时,这种信息对说话人和听者都是很重要的,这就是互动。

互动可以使学生在模拟真实交际的情景中进行语言活动。任务活动就是人们在生活中最常需要做的事情。如果学生在语言活动中能够模拟生活中人们交际时所要做的事情,那么他们今后就会在真实的交际活动中,使用他们所掌握的技能和交际所需要的各种语言知识、表达方法等。

互动可以使学生增加语言输入与输出的量。在有限的课堂教学时间内应尽可能地保证足够的活动量。人们掌握语言主要靠大量的可理解的输入,即大量的听与读。除了有可理解的输入,还应该有可理解的输出。在语言学习活动过程中,我们让学生分小组或结对完成各种任务。通过这种小组交流活动,学生的语言活动量得以成倍地增长。

互动可以使学生学会创造性地使用语言。创造性并不是高不可攀的事情,人们有创造语言和创造性地使用语言的能力。创造性地使用语言就是学生把学习过的词汇、语法结构、固定用法重新组合,来表达以前没有表达过的意思。在小组活动时,学生为了完成任务,如讨论出一个结论,进行调查,制定一个计划,询问并记录所需要的信息等,他们需要结合使用以前学过的语法、词汇和句型,这就是创造性思维能力。

(三)课堂活动中的学生特点分析

任何课堂学习活动都有特定的对象,学习者是学习活动的中心因素。所谓分析学习者,就是指教师要对自己所教的学生的心理发展、语言能力和学习特点开展分析,了解他们的心理特点和语言发展对语言学习过程的影响,用这些来设计相应的课堂学习活动。

1. 了解学生的年龄特点

初中学生属于青少年阶段,大多 11—15 岁之间,他们在各方面的变化和成长将成为整个人生的重要基础,因此,这个阶段具有特别重要的意义,对于外语学习同样如此。本书中所提到的课堂学习活动都是针对这一年龄段的初中外语学习者,他们的学习特点可以归纳如下。

(1) 青少年常常被教师、家长和学校认为是问题最多的一个阶段,其主要行为特征是逆反心理。但是,如果给予恰当的支持,青少年能产生强烈的语言学习动机,成为最优秀的外语学习者。他们开始逐步理解语言形式的抽象性,能够对语言形式做出分析。

(2) 能开始认识到自己的学习目标和需要,逐渐懂得努力的重要性,为学习策略的发展形成基础。能开始评估自己的学习,通常女生的自我评估会略超过教师的评估,因为她们受表扬的机会略多于男生。

(3) 无论用母语还是外语,开始逐渐地学会与人交流,能逐渐地参与小组沟通,开始发展互相理解、交换意见、维持交流等语用技能。

(4) 逐渐树立自主意识,行为上介于儿童与成人之间,因此经常在理性和非理性之间反复跳跃。

(5) 开始注重个人身份,关注个人与外部世界的关系。特别在意他人对自己的评价,认为好教师是能够叫出自己名字的人,也特别重视同伴对自己的看法。

2. 提升学生的学习兴趣

外语学习和第一语言的区别之一是学习兴趣和动力对学习结果的影响。第一语言即母语的习得过程中,儿童是在不知不觉中学会的,没有任何一位儿童会产生母语习得的情感问题,或者说不喜欢学习母语。但是外语的学习结果与兴趣等情感要素有着密切的关系,因此,我们在分析学生特点和设计活动时,保持和激发学生的学习兴趣是一个重要的问题。对于初中学生来说,这种学习动力来源于他们对未来英语交际能力的向往、学习过程中所产生的成功感和愉悦感等。

兴趣的动态特征决定了学生的学习积极性不是一成不变的心理状态,而是需要我们长期细心呵护的一种心理特征。因此,我们的教学过程必须保证学生与学习任务难度之间保持匹配,使得学生能在自觉的努力和他人的帮助下获得成功。

提升学习者动力的另一项重要的手段是把学习活动过程设计得有趣,一项设计得好的活动可以让学习者在学习时,享受到活动所带来的收获感和愉悦感。优秀的学习活动多种多样,但是它们都有一些共同的特点:语言知识、内容和技能接近学生的实际能力,既不太容易,又不是学生难以完成的;活动有新鲜感,能让学生感觉到新奇;以学生为主体,在活动的过程中,学生能自主掌控学习内容、过程评价;学习的结果清晰可见,师生有共同的标准;教师有充分的准备,有高效的组织方式和恰当的语言反馈评价。

3. 促进学生的思想表达

在过去的外语教学中,有些教师往往比较关注教授孤立的词组等语言知识,忽视学生对语言意义的需要。教师往往担心学生的语言能力低,给他们呈现的通常是幼稚的内容,因为这些内容适合于句型操练、词汇重复等机械性训练,这样的训练活动过多的后果是学生对语言意义的忽视。

其实,学生在语言学习过程中,一直需要意义,但是由于他们的语言能力不足,导致他们无力处理与他们认知能力相当的意义和思想,造成了表达苍白无力,理解错误百出,这种现象并不是说学生不会思考,缺乏批判性思维能力。外语教学始终要把语言教学放在第一位,但是在学习语言的过程中,一定要有高级思维的参与,让学生在高级思维的活动中学习语言。因此,在语言学习和思维的关系中,思维不是目标,而是学习环境,教师要创造出有丰富思想和意义的语境,让学生能够在思考的过程中学习语言,尤其是教师要能够帮助学生用简单的语言来表达复杂的思想。

二、初中英语课堂学习活动中的学生素养发展

上海市教委教研室在《教学与评价的风向标》(2018)中提出,中小学英语学科素养涵盖理解与表达、语用与语感、情感与文化三个方面,以及语言知识、语言技能、学习策略、语言思维、文化意识和语言自觉六个要素。理解与表达、语用与语感、情感与文化在学习英语的活动中相互融合、相互作用,共同促进学生综合语言运用能力的形成与发展,与知识,与技能、过程,与方法、情感态度、价值观的三维学习目标高度吻合。语言知识和语言技能是综合语言运用能力的基础。学习策略和语言思维是提高学习效率、发展自主学习能力的保证。文化意识是得体运用语言的保证,语言自觉是影响学生学习和发展的重要因素。三个方面共同促进学生形成学科核心素养,体现引导学生运用知识、发展自我、融入社会的学科育人价值。

（一）学习活动中的理解与表达

理解与表达是指掌握语言知识、运用语言技能，通过各种形式获取信息，进行书面与口头交流。语言知识包括语音、词汇、语法、语篇、功能、话题等。语言技能涉及听说读写。理解与表达是学生通过听说读写等语言实践活动，对语音、词汇、语法等陈述性知识以及话题、功能等程序性知识的有机整合。

1. 掌握学习活动中的语言知识

学习语言知识的目的是发展学生的语言运用能力，因此要特别关注学生在语言知识学习活动中的意义表达和学以致用。

（1）依靠语音知识，实现社会交际功能。我们应该让学生在有意义的语境中学习语音知识，通过训练和运用，感受语音的意义表达，逐步学会恰当地运用语音知识达到有效交流的学习目的。我们引导和帮助学生在体验、感知、模仿的过程中形成清晰的英语发音和一定的语感，并通过教材学习相关的语音知识，形成一定的语音意识。同时，学生还需要大量的语音实践活动，例如在学习中注意句子重音、意群和停顿，根据连读和不完全爆破规则正确发音，根据语境选择适切的语调，等等。

例如，《英语》(上教版)8AM2U5 Encyclopaedias 说的部分，要求学习三种常见的名词复数的读音。学生先在词汇中练习结尾的不同发音：an ant—ants, a dog—dogs, a box—boxes, 接着在句子中加强练习：Ants on plants, flies on dogs, matches in boxes, eggs from frogs, 然后学习一个对话语篇，关注对话中的名词复数的使用和读音：one of the characters, many other things, magic powers 等。最后要求学生模拟对话中的情景，开展对子活动，互相告诉对方伙伴自己最喜欢的卡通人物角色，角色有什么特点，为什么喜欢等，在自己的有意义的对话表达中关注语音。

（2）积累词汇知识，传递话题意义信息。在词汇学习中，我们要引导学生借助语音、构词法等知识掌握词汇的读音、拼写，建立音与形的联系。根据不同的主题或类别对词汇进行归纳和整理，形成词块，提高词汇记忆效率，为词汇运用打好基础。结合听读活动，在不同语境中理解词义、词性、词形变化和词汇的语法性质，扩大词汇量，体会词汇在不同语境中词义和词性的变化。在活动中操练和运用词汇，提高灵活运用词汇的能力，逐步形成良好的词汇积累习惯。

例如,《英语》(上教版)7AM2U4 Jobs people do 阅读部分,要求阅读故事,在句子空格内加入职业的名称,如,doctor, nurse, policeman, policewomen, an SPCA officer, ambulance workers 等。然后根据故事情节发展,将图片进行正确的排序。排好顺序后,由教师提问学生故事的情节发展,在回答问题的过程中学习一些动词过去式的表达,如,knocked him down, caught fire, ran away, arrived at, took care of 等。最后开展小组活动,由学生自己轮流提问和回答故事发生的情节,在情境中使用课堂上学习的职业名词和动词过去式,谈论不同的人物和不同的工作。

(3)运用语法知识,加强语言形式意识。在词法和句法的学习中,应当指导学生对所学词法内容进行主动预习、复习和小结。要善于记住要点,必要时可以借助母语知识通过比较加深理解,也要积极思考,去发现语言的规则并能够加以实践应用,增强语言的输入和输出。结合词法的相关知识,提高句子表达的准确性,探索句法与语篇的关系,建立语用和语义之间的联系,在有意义的交际中加深对词语和句子的理解。

例如,《英语》(上教版)9AM1U2 Traditional skills 语法部分,内容是学习被动语态。首先,让学生比较阅读文本鸬鹚捕鱼中的句子,区分主动语态和被动语态的主语和结构上的不同。接着让学生使用所给动词被动语态的基本结构完成关于小鸬鹚的成长过程的文本。然后引入新的语境:大民因鸬鹚捕鱼这一中国传统技艺出名后,法国电影摄制组过来进行采访、录制节目,要求学生使用所给词汇的被动语态完成文本,如 transport, interview, employ, choose, film, use 等。最后法国导演在摄制完成后给大民写了一封感谢信,要求学生再次使用所给动词的被动语态完成信件,进一步巩固所学语法。整个语法学习的过程,始终在单元主题中国文化鸬鹚捕鱼的情境中展开,使阅读、语法、词汇学习等形成了一个整体。

(4)了解语篇知识,分析整体结构特征。语篇类型包括记叙、议论、说明、应用等不同类型的文体,以及口头、书面等多模态形式的语篇(文字、图示、歌曲、音频、视频等)。学生多接触和学习不同类型的语篇,了解生活中常见的语篇形式,知道不同语篇的结构、文体特征和表达方式,不仅有助于学生加深对语篇意义的理解,还有助于使用不同类型的语篇与他人进行积极的信息交流和充分的自我表达。

例如,《英语》(上教版)9AM1U3 Pets 阅读部分是一篇议论文,文本配有两幅宠物狗的图片,表明要讨论宠物这一话题。文章排版分为两栏,说明有两种不同的观点碰撞。从文本结构上看,养宠物好还是不好两种观点的阐述都采用了"总—分—总"的结构。在阅读活动中,先让学生把握主旨大意,找出 Emma 和 Matt 的总观点,再让学生仔细阅读,找出他们各自的分论点和论据。在这个过程中,引导学生关注表达个人观点时要注意层次分明,逻辑清晰,并适当运用连接词,如 first,second,what's more,finally 等。最后学生分两组进行模拟辩论时,也是要求运用语篇的这种结构,有论点和相关论据,有观点表达并陈述理由。

(5) 理解语用知识,沟通表达准确得体。学生在语用知识这部分的学习中,结合语音、词汇、词法、句法和语篇的学习,体验、感悟、领会语言结构形式所表达的功能意念,理解形式、意义和使用的关系。开展诸如角色扮演、情景会话等多种形式的语言实践活动,了解和掌握特定背景、条件、时间、场所、人际关系等语境中语言的功能和意念,根据不同的语境要求用恰当的形式进行表达,形成主动交流的跨文化交际能力。

例如,《英语》(上教版)9AM1U1 *Ancient Greece* 说的部分,语言功能是提供、接受和拒绝帮助。Jenny 在忙于校园报刊的工作,Tony 提供了三次帮助:Anything I can do to help? Come on, let me give you a hand. If you want, I could do some typing. Jenny 拒绝了两次:Thanks very much, but I can manage. No, thanks. I'm OK. Jenny 接受了第三次:Oh, that would be good. Thanks a lot. 当然,教师还可以给学生更多的表达这些功能的方式。在完成学习输入后,要求学生在新的情景中操练:Jenny 在家做家务,Tony 来拜访她并提供帮助。学生开展对子活动,练习语言功能的表达与交流。

(6) 探究话题意义,提供有意义的语境。学生的语言学习需要主题来提供语境。对主题意义的探究是学生学习语言过程中非常重要的内容,能够直接影响他们理解语篇的深度、思维能力的发展和学习语言的效果。在人与自我、社会和自然这三大主题语境中,人与自我涉及学生的生活、学习、做人、做事等,人与社会涉及服务、沟通、文学、艺术、体育、历史、文化、科学、技术等,人与自然涉及生态、环保、灾害防范、宇宙探索等。这些主题语境给我们提供了丰富的中外文化学习内容。

例如,《英语》(上教版)8BM2U4 A new newspaper 阅读语篇,是一份关于校报编辑们筹划校刊编写工作的会议报告。话题是校报筹划,属于"人与社会"中"学校生活"的范畴。语篇主要叙述了小编辑们筹划校报编写的会议内容和过程,包括选举、表决、分工、确定下次会议内容和校刊命名等。通过对这些基本信息的了解,读者可以感受到小编辑们认真负责的工作态度,以及较强的自主能力与团队合作意识,从而感悟到语篇的隐含意义,即要从小养成积极主动的自我管理意识和团队合作精神。

2.发展学习活动中的语言技能

发展学生英语语言技能,就是使学生能够通过听、说、读、写、看等课堂学习活动,在口头和书面语篇中理解所传递的信息、观点、情感和态度,并能利用所学语言知识和文化知识等,根据不同的交流目的和对象,通过不同形式进行创造性地个性化表达。这些学习活动是学生提升英语学习素养的重要途径。

《上海市初中英语教学基本要求》(2017)提出了学科学习水平界定,分为知道、理解、运用、综合四个级别。知道水平是指学生感知、记忆、识别、再现、复述学习内容,是对所学内容的初步认识。理解水平是指学生了解学习内容,能解决直接问题,领悟交际信息,是对所学内容的深入认识。运用水平是指学生为解决碰到的问题或者完成日常生活中的交际任务,提取相关的学习内容,是对所学内容的基本掌握。综合水平是指学生综合有关的学习内容,采用适当方法,调动学习动机,处理好实际问题,完成交际任务,是对所学知识的熟练掌握。

学生在英语学习使用过程中,五种语言技能往往不是一个个地使用的,很多时候这些技能是综合在一起同时使用的。在课堂语言实践活动设计和实施中,我们需要从学生的认知水平出发,充分调动学生的学习积极性,激活他们的背景知识,选择有意义的、贴近学生生活经验的主题,创设有吸引力的语言情景,让每一位学生都有机会参与学习和体验,在课堂学习活动中勇于表达自己的情感和想法,发展语言技能,提高交流、合作、批判性思维能力和创造性思维能力。

例如,《英语》(上教版)6BM3U9 Sea water and rain water,模块主题是自然世界,单元话题是海水和雨水,阅读文本标题是海洋。文本有五节,分别讲述了水、海洋、动物、海鲜和海洋的重要性。文本配有海洋动物图画,能吸引学生。在学习活动设计中学生围绕着谈论海洋、海洋动物和海洋的重要性。

在任务前的准备阶段,用一个歌曲视频引出海洋的主题,进而学习一些海洋动物的相关词汇,为下面的文本阅读做准备。

在任务中的过程阶段,先整体阅读文本找出文中描述了哪几个海洋动物,再读文本找出使用了哪些形容词去描述这些海洋动物。进而对文本进行深度思考:地球上的水都在海洋里吗?海洋对所有动物都重要吗?等等。然后,联系学生的生活实际,谈论金山嘴渔村和城市沙滩,深入理解海洋对我们生活的重要性。最后跟随录音大声朗读回顾全文,巩固文本学习。

在任务后的活动阶段,先做一个课文内容的测试游戏,检查学生对海洋信息和海洋动物的文本学习的熟练情况。然后进行小组活动:为世界海洋日制作海报,书写标语,并借助海报宣传海洋的重要性。

在作业巩固部分,要求学生继续练习朗读课文,并完成练习册上关于海洋的听力和阅读测试。

在课堂学习活动的设计和实施中,努力创设接近学生实际生活的各种语境,采用循序渐进的语言实践学习活动,培养学生用英语做事情的能力。学生通过积极的相互交流和小组合作,学习语言知识,训练语言技能,思考海洋的重要性,同时也加深了对海洋文化的认知。

(二) 学习活动中的语用与语感

语用与语感是指通过学习特定情境中的特定话语,在语境中理解和运用语言,逐步增强对语言形式及用法习惯的敏感性。语用与语感涉及认知、调控、交际和资源等学习策略,以及思维意识和思维习惯。

1. 运用学习活动中的学习策略

运用学习活动中的学习策略主要指学生为促进自身语言学习运用而不断调整采取的各种积极的措施和行动。学生在语言学习和运用的活动中,管理和调控自己的学习措施,在学习过程中使用学习策略去解决碰到的问题。使用学习策略的有效性与否,对于提高学生英语学习的效率和自主学习的能力,都是非常具有帮助和积极意义的。而且,学习策略的使用有助于学生养成良好的学习习惯,促进学生终身学习能力的发展。

学生在学习和运用语言的过程中常用的策略有:元认知策略、认知策略、交际策略和情感策略等。其中,元认知策略指学生制定计划、进行评价和反思、进一步调整学习过程,提高英语学习效率的策略。认知策略指学生为了完成语言学习活动而采取的一些具体方法和步骤。交际策略指学生为了获得更多的交际机会、进行交际和提高交际效果而采取的策略。情感策略指学生能够控制好学习情绪、保持积极的学习态度而采取的策略。在语言学习实践中,这些策略可以组合运用,解决学习中的复杂问题。

授之以鱼不如授之以渔,在日常的学习活动中我们要多关注对学生学习策略的培养,有目的地引导学生使用多种学习策略,从中寻找最适合自己的学习方式和方法,发展自我学习的能力。我们可以指导学生学会计划自己的学习过程,经常进行小结并思考如何提高学习效果,在学习中一直让自己保持积极的情感,利用各种资源多接触语言材料,在英语语言活动中不断实践和进步。

2. 培养学习活动中的思维能力

语言是思维的工具,二者密不可分,有语言就必然有思维。从学习角度来说,这是语言学习的过程,也是一个促进学生心智发展的过程。学生的语言思维能力其实就是在交际中表达自己思想的能力。在英语课堂学习活动中,不论学生的语言水平如何,在真正使用所学内容表达意义时,即说出的东西是有意义的、有目的的,不是机械重复的时候,思维就发生了。

在英语学科中培养和发展学生的思维能力,就是在英语学习活动中引导学生观察、归纳语言及语篇特点,辨识语言形式和语篇结构的功能,分析和评价语篇所承载的观点、态度、情感和意图等,帮助学生学会观察、比较、分析、推断、归纳、建构、辨识、评价、创新等思维方式,增强思维的逻辑性、批判性和创造性,提高思维品质。同时,思维品质能力的提升又有利于增强学生的外语语言能力,提高自主学习的效率以及形成跨文化意识。

初中阶段 6—9 年级学生学科核心能力对语言运用的要求是:能用学到的词汇、短语和语法规则就熟悉的话题准确描述、表达想法与情感。我们可以通过以下途径在英语课堂学习活动中培养学生的思维能力。

(1)整合有意义的内容,促进学生语言认知。将碎片化的内容教学转变为基于意义的单元整体设计学习活动,可以很好地整合各种不同的知识,在促进语言发展的同时促进思维发展和对文化的深层理解。

(2)依托文本开展活动,发展学生思维能力。教材中的每篇文本都有它独特的语篇特征,我们要做的就是帮助学生正确地解读文本内容,把握好文本的意义主线,明确通过学习活动,学生需要在认知与思维层面解决的问题是什么。这样设计出来的课堂活动之间才会有一定的逻辑性。

(3)巧设问题及时追问,检测学生思维能力。发表个人的见解就是思维的表现,当学生在表达个人见解时,说明他是在判断、分析之后得出自己的结论。此时我们就应该及时追问 Why 和 How,进一步对文本内容进行整合,建立关联。

(4)重视产出性的活动,培养逻辑思维能力。我们应该重视课堂汇报,重视学生的口语表达。在课堂学习活动中,我们会经常要求学生以小组为单位进行话题讨论、做调查、设计一个方案等,活动后都需要进行汇报或发表演说,用例证来支撑观点。

(5)引导多视角的思考,培养批判思维能力。多角度思考就是让学生换位思考,理解别人的观点与角度,也就是批判性视角。在活动中,当我们换位思考的时候,会发现每个人所做决策都有自己的出发点,有自己的理由或依据。这种决策能力对学生的未来发展也是很重要的。

例如,《英语》(上教版)9AM3U6 Detectives Protecting the innocent 第一课时,学习的文本是 Pansy 对侦探 Ken 的采访内容。本课内容与学生的年龄层次和兴趣爱好相吻合,具有很强的延展性,能锻炼学生的表达能力,学生也可以发挥自己的想象力,根据有效信息进行预测推理等。

本课课文内容易引起学生的探索兴趣,为学生思维的拓展提供了良好的语境,学生能通过读、说的训练拓展思维,充分理解和掌握文章结构。课文中生词较多,在本课时中重点对部分影响阅读的单词做出合适处理,确保学生能够准确掌握,为后面的课文学习、逻辑推理和观点表达做好铺垫,其余的新词在不影响阅读理解的情况下放在第二课时再进行讲授。

本课的重点是提高学生对文本特征的理解能力和对文本整体概括的能力。根据这种情况,在处理文本时,充分利用文本特征,在 Before-reading 部分让学生充分解读 title、introduction 和 pictures,根据情节环环相扣,鼓励并引导学生发现问题、寻找线索、解决问题。利用 Pansy 的六个问题串联整篇文章,使学生对文本内容形成整体的理解。之后将文章分成 Part 1 和 Part 2 两部分分别处理。针对第一部分进行较详细讲解,引领学生思考,帮助学生充分理解采访内容,提高概括及预测思维能力。对第二部分进行整体性处理,让学生进行发现、总结。再利用 case—clues—possible conclusions—proof—right conclusions 这样的线索将 Part 1 和 Part 2 两部分联系起来,让学生对文章整体形成一个清楚的认识。

为了逐渐提高思维训练要求,使学生充分理解文章主旨,要求学生帮助 Pansy 设计一个标题并陈述理由。最后设置了一个问题:What can you learn from the case? 目的是使学生进行深入的思考,对文本中人物的品质、行为方式等进行更充分的挖掘和认识。

(三)学习活动中的情感与文化

情感与文化是学生在积累学习经验、发展学习能力的过程中形成的正确的学习态度、心理适应能力和跨文化交际能力。表现为积极的学科情感,融入语言环境的学用意识,以及文化理解和文化交往等文化意识。在全球化时代,学生越来越有可能在未来的生活、学习和工作中接触来自不同文化背景的人或事。帮助学生了解文化差异,理解、尊重不同文化,形成跨文化交际的意识,可以帮助他们提高语言能力和跨文化交际能力,更好地处理生活和学习中的事情,从而为终身学习和发展打下基础。初中阶段 6—9 年级学生学科核心能力对语言文化的要求是:初步具有跨文化交往意识,能了解英语国家与中国的文化异同,在交流中用英语简单介绍中华文化。

(1)学习活动中的情感态度。有明确的学习目的,能认识到学习英语的目的在于交流;有学习英语的愿望和兴趣,乐于参与各种英语实践活动;有学好英语的信心,敢于用英语进行表达;能在小组活动中积极与他人合作,相互帮助,共同完成学习任务;能体会英语学习中的乐趣,乐于接触英语歌曲、读物等;能在英语交流中注意并理解他人的情感;遇到问题时能主动请教,勇于克服困难;在生活中接触英语时,乐于探究其含义并尝试模仿;对祖国文化能有更深刻的了解,具有初步的国际理解意识等。

(2)学习活动中的文化意识。了解英语交际中常用的体态语,如手势、表情等;恰当使用英语中的称谓语、问候语和告别语;了解、区别英语中不同性别常用的名字和亲昵的称呼;了解英语国家的饮食习俗;对别人的赞扬、请求、致歉等做出恰当的反应;用恰当的方式表达赞扬、请求等意义;初步了解英语国家的地理位置、气候特点、历史等;了解英语国家的人际交往习俗;了解世界上主要的文娱和体育活动;了解世界上主要的节假日及庆祝方式;关注中外文化异同,加深对中国文化的理解;能初步用英语介绍祖国的主要节日和典型的文化习俗等。

(3) 学习活动中的文化渗透。《英语》(上教版)初中教材紧密联系学生的日常生活实际,为课堂学习活动中培养学生的文化品质提供了很多生动、有趣、实用的素材,这些素材营造了丰富多彩的英语环境,为学生搭建了使用语言的平台。在课堂活动中,学生不但提高了英语听说读写能力,而且通过师生、生生之间的交流活动了解了不少异国文化风俗,特别是学生在语言交际活动中学会了正确表达看法和传递文化信息,从而提高了自身的人文素养。

在具体课堂活动的实施中,文化品格的培养需要结合学生的已有图式、实际社会生活状况、心智能力和语言学习水平。文化知识的学习、文化意识的形成、文化修养的提高都要融合在英语学习活动之中。现行的教材主要特点是以文化内容为主线,围绕主题思想,设计所需学习的语言。因此,我们在课堂上应该充分结合教材中的文化内容,带着学生在情境中体验文化,在语言运用中学习文化。

在活动中,可以创设模拟情境,营造文化氛围,在真实的活动情境中能够帮助学生进行有效的交际活动,使学生在轻松、愉快的氛围中开展对子活动和小组活动,进行交流。由于中西方文化的不同,人们在风俗习惯、思维方式等方面存在着不同,我们也可以通过对比教学,使学生对中西方文化的差异进行比较,更好地体验不同文化之间的有趣内容。比如中西方不同的节日、传统食品、城市风貌等。正如课程标准所建议的"感知中外文化知识——分析与比较,认同优秀文化——赏析与汲取,形成文化理解——认知与内化"。

例如,《英语》(上教版)9AM1U2 Fishing with birds 的课文通过介绍中国传统技艺——鸬鹚捕鱼,引发学生对中国传统文化的思考,培养学生重视中国传统文化的意识。学生阅读文本后开展读后小组活动:

Group work:

If you were the cormorants, would you say something about Damin? Would you say something about yourselves? Would you tell us how you catch fish for the fisherman? Would you be sad when there were fewer cormorant fishermen in the world?

学生四人一组展开讨论:假如你是鸬鹚,请你介绍一下你的主人大民,介绍一下你自己,介绍一下你和大民的捕鱼过程。现在从事鸬鹚捕鱼的渔夫越来越少,你会感到伤心吗,为什么? 为了进一步调动学生的积极性和增加趣味性,可以给学生做几个鸬鹚的头饰,学生小组汇报时戴上头饰,他们就成了"鸟人"了,课堂气氛会非常好。

讨论后进行 4 人小组汇报,学生可以分工讲述,降低难度。前三个问题是从鸬鹚的角度对所学文本内容的回顾和反馈。最后一个问题学生会回答"我会伤心,因为我喜欢和大民一起捕鱼,大民对我很好";也有学生说"我不伤心,因为我可以自由捕鱼,自我享受了"。让学生自由表达他们的观点,这是对他们发散性思维最好的锻炼。最后,教师在学生小组汇报以后,也可以加以适当的引导:我们需要像大民这样的渔夫,因为我们不想让鸬鹚捕鱼这一中国传统技艺在现代生活中消失掉——这也是本文的写作目的所在。

三、初中英语课堂学习活动设计与实施策略

(一) 学习活动目标要明确

我们首先要对本节课的总体目标做到心中有数,其次在设计每项活动时全面考虑学习的需要和学生的实际情况,遵循本节课的总目标来制订每项活动的目标。我们可以考虑以下问题。

为什么做? 做这项活动是为了让学生巩固所学语言、做机械性训练,还是让学生参加意义活动、运用所学语言? 是做开放性活动,拓展学生的语言能力,还是完成一个真实学习任务,让学生在模拟的实际生活中运用语言?

如何做? 我们要为学生如何做搭好台阶,铺好路。让学生在搭建好的语言知识框架中,完成知识的建构。同时,我们还要考虑用什么方式做,是小组讨论,还是两人对话? 是全班活动,还是让学生单个参与?

做到什么程度? 活动最终要达到什么效果? 通过此项活动,是需要讲授,还是初步感知所学语言? 是基本掌握,还是完全掌握所学语言结构? 是简单运用,还是自如运用所学语言功能谈论所学话题? 只有在制定目标时考虑全面,活动目标具体、明确,才能保证每项课堂学习活动的实效性。

我们在活动设计预设时,应将相对完整的知识体系、具体的某一单元和某一

课时相结合,明确一堂课的重点、难点,有的放矢地设计学习活动。传统英语教学往往将重点放在词汇和语法方面,教学目的是使学生掌握某一个知识点或语法结构,这是不够的。发展学生核心素养需要我们培养学生的语言能力、文化意识、思维品质和学习能力。我们在进行活动设计时应给予学生学习任务,这个任务具有学生熟悉和关心的主题,为了完成任务,学生需要参与一系列不同的、有序的、解决问题的活动,并要使用新的语言,对特定社会环境下的语言表达有一个认知和交际的过程。我们要明确提出任务要求,引导学生把大任务分解成若干子任务作为学习的基本环节,分层推进,最终完成一个完整的任务,即产生一个结果,进行汇报展示。

例如,《英语》(上教版)6BM3U8 Windy weather 一课的教学目标:

By the end of the lesson, the students are expected to

describe three kinds of wind and what people do in the wind with adverbs like tightly, quickly, slightly, etc.;

talk about what they can see people doing with see sb. doing;

talk about what they can see in different weather conditions according to their personal experiences;

be more conscious of and show more respect for what ordinary people do.

其中目标 4 为情感、态度、价值观目标。该条目标是在前三条目标达成的基础上自然而然达成的。学生用所学词汇与句型谈论特定时刻"看到他人在做什么",在此过程中引发对普通人,如清洁工、公交车售票员、交通警察、卖早点的师傅等的关注,关注到他们给他人生活带来的便利,从而激发对这些人及他们所从事行业的尊敬。

(二)学习活动形式要多样

丰富多彩的学习活动能够充分调动课堂氛围,激发学生兴趣,提高学习积极性,但是不能一味追求形式多样而忽略活动的主要目的。为此,在学习中既要考虑到学习活动的多样化,又要考虑到学习活动的实效性。我们在设计学习活动时要注意以下几个方面:在以目标为中心的前提下设计多种形式的学习活动,多种活动的方式都要围绕本节课的总目标开展。我们要了解和掌握不同形式、不同课型的活动,才能够选择多种有效活动方式。要注意活动的前后安排,考虑到整体结构的合理性。对不同的活动形式、内容要有判断、取舍的能力。有些活动虽然很好，学生也喜欢，但是与本节课学习没有多大的关联，就没有必要浪费时间。精心设计学习过程中的每一项活动是提高课堂学习实效的保障。

课堂学习活动的设计必须正确处理教学系统中教与学的双边关系。我们知道，经验的累积依赖于学生本身的活动，并非教师灌输的结果，要坚持以学定教，在设计教案时头脑中应始终有学生，以学生语言素养的发展为核心，充分考虑学生的实际英语水平、智力水平和对生活的认知水平来因材施教。如对六、七年级学生而言，我们在教学中既要关注学习内容，也要关注课堂组织形式，在设计活动时应多穿插学生感兴趣的歌曲、诗歌、游戏、竞赛、调查、对话、表演等教学手段，寓教于乐，让课堂变成学生获取知识的乐园；而对八、九年级学生来说，还可以增加主题讨论、话题辩论等思维含量更高的学习方式等。

例如，《英语》(上教版)8AM3U6 Caught by Gork 阅读课的学习目标为聚焦关键词汇，深入理解细节，聚焦人物特征，寻找文本证据，聚焦故事发展，促进思维能力。但是如果学习内容大大超越学生的已有经历和他们能够接受的语言水平，第一课时直接去讨论人物特征和故事结尾，效果会非常不理想，课堂时间也不允许。恰当的做法是把阅读过程分为两个课时，第一课时以学习词汇和理解故事情节为主，第二课时在此基础上开展人物性格特征的讨论和发挥想象给故事增加结尾，这样就会水到渠成，达到阅读学习目标。因此，以学生发展为本并非可以忽视教师教的作用。有些教师将以学生发展为本理解为整堂课全部是学生的活动，而自己只需站在旁边做观众，那是对以学生发展为本的一种曲解，那样做只是英语表演，而不是英语课。以学生发展为本要求我们在学习内容和形式的设计上要充分考虑学生的可达成度。

（三）学习活动内容有意义

学习活动内容是根据本节课所教授的知识和技能而选择的，每项活动内容都要围绕本节课的功能、话题展开，而不能只是就结构、语法、词汇进行练习活动。要为学生提供足够的语言输入，来支撑学习活动的开展。即使是训练环节的活动，也要尽量使训练内容意义化，这样才能提高学生使用语言的能力，使其真正掌握所学语言。也就是说，我们要为学生创设有意义的活动情境，使学生在这种语境中能够学会使用新语言。活动内容要围绕语意、语境、语用而展开。在导入环节,我们可以引领学生从生活走向文本。在运用环节,我们又要在学习文本的基础上将学习活动回归生活实际,让学生运用所学的语言知识表达自己的感受,学以致用,体现了"从生活中来,到生活中去"的理念。

《英语》(上教版)教材以贴近生活而著称,所以我们在课堂上要改变严格区分师生关系的呆板的教学模式,把课堂作为生活的一部分,师生之间通过交际传递信息。所以我们要融入学生中去,在课堂上也应尽量贴近学生的实际生活。

例如,《英语》(上教版)6AM1U3 Spending a day out together 一课中有一部分介绍照片的内容,如果我们看学生的照片也像看朋友的照片一样,表现出自己的兴趣,不时地问这问那,相信学生一定会自然流露,兴致盎然地向教师介绍自己的照片。教师传递的信息(学习内容)也在轻松、愉快的气氛中输入给了学生,学生也会轻松、愉快地向教师反馈他们的信息。这充分体现了教师的角色是课堂学习的促进者,学生的角色是课堂学习的主动参与者。

再如,《英语》(上教版)9AM1U3 More practice The Fisherman and the Fish 阅读课,让学生四人一组分角色扮演 the narrator, the fish, the old fisherman and his wife,开展舞台剧表演活动,然后提问 Have you learned anything from the story? What's your comment on the story? 先让学生自主归纳并总结汇报,最后教师在课件上呈现这样一句话:There is enough for need, but there is not enough for greed. 有效提升了文本主旨,让学生在语篇学习后知晓一个道理,即在生活中人的追求容易满足,但贪欲永无止境。

(四) 学习内容形式要统一

学习活动内容是本节课要学习掌握的语言知识和技能,活动形式是指用什么方式来对所学内容进行训练、运用、强化和评价。要做到活动内容与活动形式统一化,就要根据活动内容合理安排活动方式。

小组活动,包括对子活动(pair work)、合作学习(cooperative learning)被认为是任务活动的特点之一。从社会建构主义的学习观点看,人们的语言能力就是在社会交往中发展起来的。在大班的情况下,如果教师只能给少数学生回答问题的机会,而无法照顾到全班大部分学生,那么久而久之,学生就会产生两极分化的问题。而在小组活动中,如果设计得当,时间分配合理,每个人就都有可能参与活动和交流,巩固所学内容并表达自己的思想。

小组活动还激发了学习的动机、学习的乐趣,给学生提供了互相帮助、合作学习的机会。在小组活动中,同学之间不是竞争的关系,而是合作、交流的关系。因此,学生之间可以互相鼓励和互相帮助,补充各自信息的不足。同时,学生有机会根据自己的爱好表达自己的想法,而不仅仅是重复教师或教材上的话。

教材为我们编写了大量的对子活动和小组合作学习活动。我们在要求学生进行对子活动的时候,通常会给他们一个对话的句型样式,我们可以要求基础薄弱的同学按照对话样式进行,要求能力强的同学在掌握句型的基础上可以适当拓展丰富对话内容。同时要求每位同学操练的时候把对话内容记在脑子里,以便交流的时候可以看着对方而不是黑板上的句型样式。在小组合作学习活动时,我们通常会角色分工,如负责活动的人(leader),提建议的人(adviser),记录意见想法的人(writer),小组发言汇报的人(reporter),把握活动时间的人(time keeper)等,小组的每位成员都可以同时兼几个角色,人人都可以提建议,汇报可以一个成员也可以一起上台分工进行内容汇报等,这样可以让小组活动更加富有实效。

例如,《英语》(上教版)7BM2U5 What can we learn from others? 一课中,学生在完成新授听说内容 Model students 的学习后,开展对子活动,讨论海报上的学生情况,老师给出句型:

S1:What can we learn from Alice / Simon / Joe?

S2:Although..., he / she...

学生使用所学的句型和词汇谈论好海报上的同学后,进而再继续谈论自己班级的同学,从他们身上可以学到什么,这样的对子活动充满了正能量,交流时同学们互相取长补短,互相欣赏,班级学习活动氛围相当和谐。

再如,《英语》(上教版)7BM2U8 A more enjoyable school life 一课中,在完成阅读部分 My ideal school 以后,进行四人一组的问答学习活动,找出同学们想看的校园变化(In groups, ask and answer questions to find out what changes your classmates would like to see in your school.)。然后,扩大问答的对象,进行全班问答采访,找出班级同学最想看到的 5 个校园变化(Conduct a class survey. Find out the top five changes your classmates would like to see in your school.)。最后四人一组汇总采访结果,准备小组汇报发言交流。整个活动过

程,既操练了阅读部分输入的句型和词汇内容,又联系学生的校园生活实际,活动的真实性使学生们都有话可说,有话要说,学习效果自然特别好。

(五) 学习活动关联有梯度

在不同的学习环节中,可以采用不同的学习活动。活动与活动之间都有着内在联系,明确了它们的内在联系,设计出的活动才能层层递进,体现出整体活动的层次性和逻辑性。

遵循规律——遵循由易到难、从简到繁、形式多样的规律,要把握好所有活动中知识内容的连贯性。搭好台阶——前一个活动要为下一个活动做语言铺垫,帮助学生在搭建好的语言知识框架中参与活动,建构知识。形成梯度——围绕一节课的知识与能力目标展开不同学习环节的活动,要注意活动内容的结构化,活动的推进要做到难易渐进、前后呼应、形成梯度。

课堂活动的层次梯度要求构成活动程序本身的每个步骤,以及各个步骤之间的次序均能体现某种学习的规律,而不是任意的、人为的。程序连贯性的最终目的在于保证学生的学习达到预定的成果和水平。设计步骤要注意由浅入深,由易到难,做到可接受性与高难度相结合,灵活性练习与机械性练习相结合,半机械性练习与创造性练习相结合。

课堂活动设计与实施可以遵从这样一条主线:从学生的生活实际引出文本。在掌握文本的基础上进行机械操练,让学生经过模仿、识记的过程,对新知识加以感知、理解和储存。接着由机械操练转向意义操练,把语言形式的操练转向语言内容的操练,使学生的认知由知识外部特征转向知识内在联系。最后引导学生运用他们所获得的知识和技能来完成一个交际性的任务。学习内容应是从课堂、书本走向生活,如果用金字塔来形容的话,现实生活中的交际应是语言学习金字塔的最顶端。

例如,《英语》(上教版)7AM3U9 International Food Festival 单元中,单元的整体安排是这样的:阅读文本,国际食品节的不同食物—画海报,展示一次国际食品节—讨论各种喜欢和将要出售的食物—看和读如何为国际食品节做食物—听说活动,在食品节上卖食品—写信讲述国际食品节。据此,我们在进行单元整体设计时就要纵观全局,根据学习内容的一步步深化来合理设计任务活动。不仅是一节课的活动设计、实施要有层次梯度,教师还必须考虑到课与课之间的连续性。教材的每一章节都有一个主题,学习内容就如一本书,围绕主题展开和延伸。

（六）学习活动参与要广泛

要使学生能够积极、广泛地参与活动,我们在设计和实施每项活动时要考虑:活动内容要符合学生水平,尽量接近学生的经验,与学生的生活紧密联系。活动方式要激发学生兴趣,把活动的过程变成学生自己分析和解决问题的过程。活动层次要由浅入深,随着活动的层层递进,要体现出学生参与活动的深度。活动组织要有序合理,既要有多种方式的活动,又要保证学生的参与不是停留在表面。

在活动中要树立以学生为本的观念,把学习的主动权交给学生,引导学生去探究知识,提高能力。教师应成为引导者、助学者,创造条件让学生学,帮助学生学,让学生在实践活动中充分发挥自己的聪明才智,培养发展学生的语言能力。要尽可能给学生机会操练,学生能说出的话,尽量不要从教师嘴里先说出来,学比教更重要。一堂课中学生操练的时间要多,教师应起到穿针引线的作用。学生操练的面要广,不能只让少数学得好的学生动起来,要让全体学生都动起来。课堂上可以通过个别提问、集体回答、对子活动和小组活动使每堂课学生的活动面达到最大化,做到全员参与,全程参与。在课堂上要体现因材施教,如我们设计的问题应有难易之分,针对不同程度的学生提出不同的问题,要关注到全体学生,使全体学生都能获得成功的体验,以增强其学习的自信心,不断取得进步。

（七）学习活动指令要简洁

教师首先要提高英语语言艺术,表达上要简洁、准确、清晰,其次要学习、掌握更多的课堂用语,注重语言表达的科学性和有效性,富有逻辑。作为教学过程要素之一的教师,我们自身的英语语言素质也是上好一堂课的关键。在学习活动中,教师作为信息的载体,是一个信息发射站,学生正是通过这个信息发射站,不断接收各种信息。作为英语教师,首先必须具备标准的语音语调,否则,课上得再精彩,教出来的学生也很难说出漂亮、自然的英语。

我们要做到尽可能多地把时间留给学生,所以教师的课堂用语要简洁明了,声音响亮,以动词开头直接告诉学生要做什么。有时,教师在自己的头脑中有清晰的想法,认为可以即兴地向学生发出指令,但事实证明,有些课堂用语对学生来说,并不如教师想象的那么明确。因此,我们有必要在讲述课堂用语之前谨慎地思考用词,甚至于可以写在教案中。对于基础并不好的学生应使用一些固定的课堂用语。如果一个活动需要连贯的几个步骤,教师可以一步步分解,这样的指令效果较好。另外,实物演示、PPT演示或师生演示可以减少教师不必要的课堂用语,容易被学生接受。同时,教师可以借助一些身体语言,如手势、眼神等将课堂指令更形象化。

（八）学习活动时间要考虑

当谈到提高学习活动实效性时,就必须要考虑到时间成本。全面的质量标准必须考虑时间因素。因此,我们在设计和实施每项学习活动时,还要考虑活动所要花费的时间和如何在有效的时间内达到学习目标。节约时间成本可从合理安排时间、控制活动节奏、精炼教学语言等方面考虑。

例如在设计课前预热活动的时候,还要注意时间上的安排和控制。如果课前热身活动花费的时间太长,就会喧宾夺主,影响一节课的主要教学进程。又如,有时候预热活动气氛热烈,学生觉得不够尽兴,教师就应及时使学生的注意力和学习活动转入下一个程序,同时要让学生明白预热活动如同正餐前的开胃菜,精彩内容还在后面。一堂课开始之初的预热活动对于课堂学习氛围的产生奠定了坚实的基础,是课堂学习成功的基石。我们要明确活动设计的目的,把握教材、教师和学生三者的关系,设计出新颖的活动任务,让英语课堂真正活动起来,从而提高课堂活动的有效性。

此外,运用现代教育技术创设真实的语境,将各种生活情景生动、活泼、真实地展现在学生眼前,不仅可以创设学习外语的语言环境,而且可以尊重学生的个性特点,激发学生学习外语的兴趣,并有利于学生去感知和思维。但是如果将教学的重点完全放在了多媒体制作上,课件的展示占用了大部分课堂时间,而学生能够进行操练的时间却少得可怜,有的甚至看了一系列情景只为了说一句话,一堂外语课变成媒体观赏课,这样一来便本末倒置了。在课堂上不论是使用PPT还是放多媒体,都要为完成既定的课堂学习目标服务,要服从于完成任务活动这个大局。

四、初中英语课堂学习活动设计与实施评价

以学生为中心的英语课堂学习活动能使学生积极参与实现多元教育目标,

从而满足学生发展的需求。学习活动被看作一种外在的工具,我们可以利用这个工具影响学生的心智运作过程。课堂学习活动可以使教师和学生有一个共同的、明确的、具体的努力目标。我们可以考查学生的语言综合运用能力,而不仅仅是语言知识的记忆能力,通过每天课堂上学生完成的丰富多样的学习活动来评价学生对所学内容的掌握。我们可以让全体学生共同参与活动的评价,让学生成为积极主动的学习参评者。我们也可以通过多层面、多角度的考查,发展学生的高层次思维能力,培养学生的情感态度、学习策略、合作精神等,在形式、内容、时间等方面给予学生更多的选择机会,从而让其涉猎更广泛的知识领域和学科内容。

学习活动设计可以通过学习活动的文本进行分析,但这种分析毕竟只是对学习活动预设的分析,而对学习活动实施的实际成效的分析,则需要通过课堂观察进行,即观察学习活动在课堂的实施,然后分析评价学习活动预设是否合理。课堂观察是一种教学研究活动,我们在教学实施过程中,有计划有目的地观察学生的课堂表现和教学反应的行为方式,分析教学行为是否达到预设目标,教学是否有效,总结有效教学方法,发现低效、无效甚至负效教学行为,并针对其问题与原因,探索可能的解决方案,以此提高课堂学习活动的实效性。英语课堂学习活动观察与评价可以参考以下两表。

上海市初中英语听说教学观摩与研讨活动(2019)评分标准从教学设计、教学实施和教师专业素养三方面进行评分,见下表。

教学设计(40)	教学实施(40)	教师专业素养(20)	总分
听说教学目标清晰 学生学习过程明显 听说活动形式合理	教师控制较少 学生反馈面广 学生互动明显	语音语调较好 教学指令清晰 学生意识明显	

邹为诚(2015)从语言技能教学设计的角度,提出从学习目标、学习内容、学习活动、师生角色和作用、任务活动执行的条件与环境等方面对课堂学习活动设计进行观察与评价,见下表。

课堂学习活动设计		你观察到了什么（1—5）
学习目标	学习目标是否清楚、具体	
	学习目标是符合英语课程标准中对学生语言技能的要求	
学习内容	学习内容与学习目标是否一致	
	学习内容是否利于目标技能教学的实施	
	学习内容的难度是否符合英语课程标准的要求	
	活动设计和内容中是否存在语言错误	
学习活动	活动是否符合学生的实际水平	
	活动是否符合学生的实际需要	
	活动的难度是否符合英语课程标准的要求	
	活动环节是否便于实施	
	活动环节之间是否有连贯性和逻辑性	
	作业的设计是否有助于学习目标的实现	
师生角色与作用	教师是否为学生提供了足够的"支架"来完成任务活动	
	学生在活动中是否有主动参与或主动发挥的机会	
任务活动执行的条件与环境	活动的时间安排是否合理	
	活动的组织形式（个人、对子、小组、全班等）是否恰当	

叶澜认为，要在动态生成中创生一堂好课。培养主动、健康发展的人要在日常的课堂教育教学中实现，课堂应遵循动态生成的理念，而不是只完成事先预设的模式。有的教师为了课堂的节奏，频繁点名能给出满意答案的学生，其他学生则以齐唱"对"、全体朗诵课文等方式完成"动"，这仅仅是一种形似的互动方式。课堂是师生产生思维碰撞的公共空间，并由此生成新的知识，认识、体验需要有思想的真实，积极互动，语言的交流和心灵的沟通。我们要十分善于捕捉学生积极的反馈，并准确解读学生发出的信号，进而给每个学生充分的表达、历练和发展空间。这样的课堂应该是日常化的，而不是专为"一堂成功的公开课"准备的。一堂好课是有意义的课，有效率的课，常态化的课和生成性的课。一堂好课必然包含着遗憾、不完美，恰恰因为不完美所以需要反思、重建，育人的过程就是一个

不断实现教育本真的过程。

总之,我们在课堂教学实践过程中,教学有法,但无定法。不同的教师,不同的学生,不同的教材内容,我们采取的策略和方法也是不一样的。世上没有绝对最佳的教学模式和一成不变的教学方法,正如巴班斯基所说,学习过程最优化的实施和应用就是不断选择的过程,是选择论思想的具体呈现。这对我们教师提出了更高的专业化发展要求。我们在实践中可以从不同的角度灵活地考虑课堂任务活动的设计和实施,做到因材施教,遵循加强英语课堂活动有效性的策略,使用促进英语课堂活动有效性的方法,通过积极探索和研究提高课堂学习活动的实效性来追求更好的学习效果,从而达到更高的学习目标——这就是我们努力追求的课堂教学艺术所在,也只有这种对艺术魅力的不懈追求,才会促进学生英语学科核心素养的发展,才会让我们的英语课堂焕发出生命的活力!

优课示例与推荐人语

优课示例 1

作者简介:李青青,任教于上海市干巷学校,从教时间 13 年。所获荣誉:连续三届被评为金山区骨干教师,并获区"明天的导师工程"金苗奖后又被评为金山区第九届"明天的导师工程"学科导师。在区级及以上刊物发表或获奖的论文有 12 余篇,获全国教学案例评比一等奖。曾获金山区园丁奖,上海市优秀志愿者。2022 年评为中学英语高级教师。

特长爱好:在课堂教学中,通过引入与时俱进的多媒体资源,利用恰当的信息技术手段,组织开展项目化学习,有效激发学生的学习兴趣,提高学习效率。

教坛心语:教育是心灵的交流,是智慧的碰撞。在教育的征途上,我愿做一位探索者、拓荒者。

Teaching Plan

Material:*Oxford English* 7AM3U9 International Food Festival
  Reading:Different foods for the festival(1st period)
Teacher:Shanghai Ganxiang School 李青青(Laura)
Class:Class 6,Grade 7
Teaching objectives:

By the end of the lesson, students are expected to:

1. understand the main idea, text feature of the dialogue and the poster through reading;

2. describe a plan for an activity by using"wh-/ how questions"and "be going to"with the help of the mind map;

3. evaluate the poster and develop critical thinking;

4. raise awareness of taking the responsibility to the society.

Teaching focuses：

Guiding students to understand the dialogue about how to plan an activity.

Helping students to make a plan for an activity properly with the help of mind map.

Potential difficulty in learning：

Students may have difficulty in making a plan and a poster for an activity in a proper way.

Teaching procedure：

Stages	Learning activities	Teaching purposes
Pre-reading	Watch a video clip and talk about the English Festival according to the mind map.	To engage in the topic and arouse Ss' interest
	Look at the picture and predict what Mr Hu and his students are talking about.	
While-reading	Read the dialogue and answer the questions. ■ What are Mr Hu and his students doing? ■ Why do they do that?	To help Ss understand the main idea and the reason why to have the international food festival
	Read the dialogue again and complete the mind map about the international food festival.	To help Ss to conclude the rules of planning the international food festival
	Listen and read the dialogue after the recording.	To help Ss be familiar with the dialogue and describe the festival in a proper way
	Make a dialogue with the help of the mind map.	
	Complete the poster about the festival.	To help students to analyze the feature and the function of the poster
Post-reading	Work in groups to finish the mind map for the 8th English Festival.	To encourage students to innovate and evaluate the poster in group work
	Work in groups to make the poster and evaluate.	

（续表）

Stages	Learning activities	Teaching purposes
Assignments	Oral work：Retell the main idea of the international food festival according to the mind map. Written work：Polish the poster for the 8th English Festival.	To help Ss to continue learning the text and prepare for the next period

教学设计说明

【单元分析】

本节课选自《英语》（上教版）七年级第一学期第三模块第九单元 International Food Festival，话题属于"人与自然"中的饮食。本单元共分为 Reading，Listening and speaking，Writing 及 Revision 这几个部分。

本单元话题与学生生活实际紧密相连，围绕一次有趣又有意义的国际食品节展开，第一课时以对话形式呈现 Kitty 和她的老师、同学们计划国际食品节的过程；第二课时展示了他们如何表达对各国特色食品的偏爱并选择要卖的食品，然后介绍了葡萄干烤饼的制作方法；第三课时呈现了现场售卖食物的过程，融入了提出请求、数量表达、询问价格等功能意念；第四课时帮助 Kitty 完成给亲戚的一封信，记录这次特殊的活动经历；第五课时为单元复习。本单元让学生在情境中通过听、说、读、写、看的学习活动，了解如何举办一次食品节，并引导学生通过自身的努力帮助他人，实现学科育人价值。

【语篇研读】

本课属于"人与自我"主题范畴，涉及"多彩、安全、有意义的学校生活"。

What：本课语篇是《英语》（上教版）七年级第一学期第九单元 International Food Festival 的第一课时 Reading：Different foods for the festival。语篇内容为 Mr Hu 与他的学生 Kitty、Alice、Joe、Peter 的对话。为了给动物保护协会筹钱照顾无家可归的动物，他们讨论并策划一次国际食品节。讨论的内容包括食品节举办的日期、时间、地点、售卖的食物等。语篇还包括一张他们制作的食品节的海报，用于宣传吸引更多人了解并参与到此次食品节活动中。

Why：通过文本对话和海报的学习，学生可以了解策划一次活动需要考虑的基本要素以及学习海报这一应用文在组织活动中的作用及特征。此外，学生通过语篇学习也能够唤起社会责任感，应该主动去做一些力所能及的事为这个社会贡献出自己的力量，比如筹备这样一次国际食品节去帮助动物保护协会筹集资金，救助无家可归的动物们。这也体现出人与人之间的关心和关爱以及合作的重要性。

How：语篇第一部分包括标题、一张配图和一段对话。配图呈现了 Mr Hu 及他的学生在教室里围绕着黑板上呈现的 International Food Festival 这一主题开展讨论的画面。对话较长，但是语言比较浅显，只有一个新词 homeless，主要句型结构为特殊疑问句和一般将来时（be going to），也是学生比较熟悉的。第二部分海报包括标题、文本及图片，在 6BU7，6BU8，7AU8 的写作部分有涉及完成海报以及绘制海报的活动，学生对此已有了解，但对其特征不够明确。因此，在本课中应注重分析海报文本的特征以及绘制，为食品节的开展做准备。

【学情分析】

本节课的授课对象为七年级学生。结合学段考虑，七年级的学生普遍对于贴近自己生活的话题比较感兴趣。大部分学生已经掌握了一定的阅读技能，能关注文本的标题、图片等信息，能根据已知信息进行合理的预测。对于特殊疑问句和 be going to do 的用法在七年级上册第一单元中已经学习过，但是还没有进行过一次完整的计划讨论。此外，这一学龄段的学生需要教师在课堂中进行内容拓展，设置真实的情境和开展综合性的实践活动。

【教学过程】

本节阅读课分为三个部分：读前活动、读中活动和读后活动。

读前活动：为了激发学生的学习兴趣，引入课题，为课文学习做好铺垫。我在导入活动部分结合学生实际，自制一个视频回顾英语节的活动，然后借助思维导图让学生讨论四个有关节日的问题（when、what、where、why）；再让学生根据图片猜测课文内容，旨在培养学生读前预测的能力；接着让学生分享他们想要知道关于这个国际食品节的哪些内容，有了导入部分的铺垫，学生自然而然地愿意表达想法。这篇关于节日的文本能否满足学生的好奇心呢？学生带着兴趣开始阅读课文。

读中活动：读中活动主要是带领学生一起运用阅读策略，理解文本大意和细节信息，借助思维导图梳理文本内容。首先，要求学生快速浏览文章回答问题（胡老师和学生们在做什么？），确定对话的大意。之后，让学生再读文本，确定文本介绍了关于节日的哪些内容,是否能回答自己导入部分提出的问题,然后完成思维导图。这次思维导图使用的导入部分与读前活动的区别在于,导入部分是老师主导问问题,读前部分是学生表达自己的想法,而这次是学生通过阅读找到依据,完成思维导图。接着三读文本,讨论文本运用什么方法来进行计划的讨论。最后教师出示:Wh-/How questions+be going to ...学习课文后进行巩固,学生听录音跟读,然后全班朗读对话,训练语音语调。之后的对话操练让学生运用特殊疑问句,并在思维导图的帮助下进行对话,谈论国际食品节的内容。有了该铺垫后,再完成食品节的海报内容。

读后活动:这是拓展部分。首先询问学生,讨论活动计划时如何让更多人知道。因为前几单元涉及海报的内容,所以学生就回答出了这一方法。接下来让学生帮助主人公完成海报,总结海报的格式,这个环节一方面是复习以前学的关于海报的制作方法,一方面是引导学生通过观察,总结为活动制作海报的方法。最后是让学生独立讨论并制定活动计划,输出活动一定要结合学生的实际生活,因此提议学生今年的第八届英语节可以做点有意义的事情帮助他人。通过前面的活动,学生已经了解了如何借助思维导图进行活动计划的讨论,也在教师的带领下进行了文本学习和实践。这次需要他们单独进行,首先要求学生完成一半思维导图,即想几个关于活动的问题,写下疑问词,然后全班讨论确定活动信息,最后制作海报。海报的设计有两个意图,一是学生根据之前学习的海报格式讨论制定评价表,提升海报制作的正确率;二是巩固海报的制作方法。由于上课时间有限,因此让学生回家完成海报的图片部分,第二天评选最佳海报用于活动,这也激发了学生的学习兴趣,给予学生发挥自己能力的舞台。

【教学反思】

本次授课内容为《英语》(上教版)七年级第一学期第三模块第九单元 International Food Festival 第一课时 Reading:Different foods for the festival。在课堂上,我根据课型、文本和学生实际,培养学生的阅读能力。带领学生通过阅读掌握知识点,学习如何策划一次活动,并借助思维导图梳理文本信息,培养学生的归纳总结、逻辑思维和创新能力。同时,进行德育渗透,引导学生通过自己的努力帮助他人,成为有社会责任感的人。

1. 新旧结合,关注单元联系。本课时作为本单元话题的起始部分,为其余课时的内容做好了铺垫,整个单元结构是计划活动—谈论要制作的食物—制作食物—售卖食物—活动小结,因此后面内容都是依托第一课时展开。除了文本内容的把握,本课时的教学也要为后续活动提供素材,在读后活动中我设计了第八届英语节活动,这也服务于写作课——谈论校园经历。本文解读时不仅关注单元内部联系,还进行了单元间知识的整合,复习了第二单元有关 SPCA 的内容及第八单元海报的制作等,通过新旧结合,促进综合语言运用。

2. 情境创设,体现学以致用。在教学过程中给学生创设了真实的教学情境,既活跃了课堂气氛,又激发了学生的学习兴趣,锻炼了学生的语言能力,还培养了学生的思维能力。本课以谈论他们熟悉的学校举行的第七届英语节为引入环节,借助思维导图回顾节日的要素(时间、地点、活动、目的),以计划学校第八届英语节活动为输出环节,做到了前后呼应,学生能在自己熟悉的真实情境中加以运用所学,提高语言表达能力。

3. 研读文本,重视阅读指导。本课时的内容比较多,有两页,一页是讨论计划的对话文本,一页是海报制作的学习,都是属于活动策划的一部分。对话文本不难,但是比较长,对学生来说流利表达需要时间来练习。在实现教学目标的过程中,利用思维导图梳理文本,重视阅读指导,培养学生的逻辑和创新思维能力。接着让学生观察总结活动讨论的方式和海报的格式,最后完成第八届英语节的海报制作。

专家点评

李青青老师的课有很多亮点,具体如下:

1. 聚焦阅读课型,秉承英语学习活动观。读前活动引导学生进行预测,激活思维。读中环节一共有三次阅读:一读文本,引导学生对文本整体感知,了解大意;二读文本,引导学生细读文本,从多方面提取关键信息,利用思维导图帮助学生进行内容梳理,加深理解;三读文本,通过结对子活动引导学生整合信息描述大意,提升思维能力。三次阅读活动设计逐层推进,引导学生运用已有的技能与话题知识深入理解文本。读后活动分为确定计划内容、完成海报、计划英语节活动,鼓励学生将所学知识技能运用于生活实际。活动的开展,始终秉承"在学习中理解,在实践中应用,在迁移中创新"的英语学习活动观理念。

2. 创设真实情境,输出环节水到渠成。创设真实情境,既能活跃课堂气氛,激发学生学习兴趣,又能发展语言能力,提升思维品质。本课以谈论上学期学校举行的第七届英语节为引入环节,借助思维导图回顾节日的要素(时间、地点、活动、目的),以计划学校的第八届英语节活动为输出环节,鼓励学生联系实际,将所学知识在熟悉且真实的情境中加以迁移运用,从而提高语言表达能力。此外,海报的创制也是他们英语节中必不可少的一个环节,因此学生对输出环节驾轻就熟,制作起来也比较得心应手。

3. 巧用思维导图,提升学生思维水平。在英语阅读教学中运用思维导图可以引导学生从宏观的角度把握文章的脉络,厘清文章的结构,提炼文章的主题,提升阅读能力,对提升学生的逻辑思维和创新思维能力也有很大的启发和引导作用。在导入环节运用思维导图回顾英语节活动以启发学生,在读前和读中引导学生运用思维导图,搭建好"脚手架",读后活动中放手让学生自己构建思维导图。这一过程不仅有利于反馈阅读学习成效,还锻炼了学生的思考方式,提升了思维品质。

4. 活动伴随评价,学习成效更加明显。本课的教学设计旨在践行"教学评一体化",做到目标引领、活动跟进、评价伴随、作业保障。如在最后的输出环节,即学生进行海报制作前,引导学生根据海报特点和自身实际制定出"评价量表",明确学习活动目标。由于课堂时间有限,课堂上的海报设计可以不包括图片。图片的补充或修改作为回家作业,第二天再进行海报评比,选出最佳海报用于活动的举行,这样可以激发学生的兴趣与动力。在分享展示海报时,其他学生要进行评价,这样不仅能检测出本节课的目标达成度,还能在相互评价活动中培养学生的批判性思维能力,学习成效明显。

优课示例 2

作者简介:毛修凤,任教于上海市蒙山中学,从教时间 9 年。所获荣誉:荣获金山区第八届"明天的导师"工程骨干教师,金山区第五届"新苗杯"中学英语教学评比二等奖,金山区英语专业委员会论文评比二等奖,2020 学年金山区德育先进工作者。

特长爱好:善于掌握学生的心理特征和学习特点,用多方式、多环节调动学生积极学习能动性,引导学生学会自主学习、合作学习和探究学习。

教坛心语:做一个有温度的引路人。

Teaching Plan

Material:*Oxford English* 6AU3 Spending a day out together

Reading:Green Island (II) Look and read & Look and say

Teacher:Shanghai Mengshan Middle School Mao Xiufeng(Lucia)

Class:Class 4,Grade 6

Teaching objectives:

By the end of the class,students are expected to:

1. recognize the phonetic symbols /ɑ:/, /k/, /ts/and read them correctly;

2. understand the basic way to introduce a photo through reading;

3. introduce a photo by using correct tenses and sentence patterns;

4. experience the relationship and happy moments with people around them.

Teaching focus:

Guide students to find out the basic way to introduce a photo through reading.

Potential difficulty in learning:

Students may have difficulty in introducing their own photos correctly.

Teaching procedure:

Stages	Learning activities	Teaching purposes
Before-reading	Have a chant together.	To warm up, elicit the phonetic symbols and guide them to learn
	Read the pictures and guess.	To arouse students' interest and activate their background knowledge

(续表)

Stages	Learning activities	Teaching purposes
While-reading	Read the dialogue and tick what aspects are mentioned.	To get students know the general idea of the dialogue
	Read the dialogue again and underline the key information about places.	To assist students in finding out the places and learn the new words
	Read for the third time and circle the key information about people and activities.	To guide students to find out how to introduce a photo
	Read the text after the recording.	To help students practise reading aloud and understand the text better
After-reading	Act as Miss Guo and her students and talk about the photos in pairs.	To help students consolidate what they have learned
	Introduce their own photos first and then share in groups.	To guide students to apply how to introduce a photo correctly and experience the relationship and happy moments with people around them
Assign-ments	1. Read the dialogue aloud after the recording for at least three times. 2. Create a dialogue according to your photos as the model on P18.	

教学设计说明

【单元分析】

本课时的教学内容选自《英语》(上教版)六年级第一学期 Module 1 Unit 3 Spending a day out together 的阅读 Green Island 的第二课时。整个 Module 1 的主题是 Family and relatives,对应《义务教育英语课程标准(2022 年版)》主题内容要求(二级/三级)中"人与社会"的范畴。依据《上海市初中英语学科教学基本要求》六年级中的话题,本单元主题群为"人际沟通",子主题为"良好的人际关系与人际交往"。

本单元语篇以对话为主,共有四个语篇。语篇一 Green Island(Ⅰ)由一张地图和师生两人对话组成的语篇,地图呈现了 Green Island 上的十个地方名称,师生用两个话轮谈论周末活动及距离的远近。语篇二 Green Island(Ⅱ)是郭老师和她的四位学生之间的对话。郭老师询问她的学生去过 Garden City 的哪些地方,学生借助照片用三句话回应老师的提问。语篇三 My photo album 是一段配图短文,相册图文兼顾,并用上一课时所学描述照片中自己去过的地方、同行的人员以及开展的活动。语篇四 Planning a visit 是一段配图四人对话,对话主要聚焦计划一次外出游玩时需考虑的要素,如时间、地点、出行方式、费用等。

【语篇研读】

本课时是单元的第二课时,也是本单元阅读部分的第二课时。在上一课时中,郭老师和 Kitty 谈论了周末活动以及地理位置远近。本课时中,郭老师继续询问学生去过 Garden City 的哪些地方,学生借助照片回答。这课时为下一课时的写作课时做铺垫,起着承上启下的作用。

What:本课语篇是郭老师和四位学生之间的对话。郭老师询问她的学生去过 Garden City 的哪些地方,每位学生借助一张和家人出游的照片用三句话从地点、人物、活动三方面回应老师的提问。

Why:Kitty、Alice、Peter、Jill 四人的回答在现实生活情境中可以帮助学生了解从哪些方面描述出游的照片。配图呈现四人和家人去不同地点出游的照片,引导学生感受家人间的和谐相处。

How:本课的第一部分是郭老师提问和四位学生回答的配图和文字内容,配图指向明确。第二部分包括对出游活动的补充和一个对话模板。回答中使用了多种时态准确传达信息。例如,使用现在完成时 have been 表述去过某地;使用现在进行时介绍照片中人物的活动。

【学情分析】

本课时的教学对象为预备(4)班学生,该班学生学习态度积极,思维较活跃,部分学生有较强的表达欲望,且学生对于出游这一话题兴趣浓厚。他们在本学期第一、第二单元已经接触过 This is... 以及现在完成时 have been 的使用,对出游活动也具有一定的知识储备,但对于如何运用多种时态及句型正确地描述出游的照片,学生仍存在困难。

【教学过程】

在 Pre-reading 环节,带领学生们一起唱 chant。chant 内容为上一课时即本单元第一课时主要内容,以此激活学生背景知识,与本课学习建立关联。然后通过引导学生看本篇课文的图片进行场景的猜测,导入课时话题,唤醒学生头脑中与话题相关的已有知识,培养学生利用图片进行推断预测的能力。

　　在 While-reading 环节,设置了三次阅读活动来帮助学生通过观察、分析语篇总结如何描述一张照片。对于语篇的第一遍整体阅读,教师让学生通过扫读快速找到主人公们谈论的内容,也就是介绍一张照片应包含的三个方面:地点、人物、活动。在第二遍阅读时,教师让学生通过寻读画出四个主人公在照片中去过的地点。第三遍阅读,教师让学生圈出照片中的人物和活动。教师引导学生运用 skimming 和 scanning 这两种阅读策略,一步步由整体阅读到细节体会,帮助他们整体理解课文内容,并培养学生准确获取、梳理、记录关键信息的能力。最后,学生跟着录音齐读课文,在此过程中感知和模仿语音、语调、节奏,内化所学语言,也进一步加深对文本的理解。

　　在 Post-reading 环节,先让学生做对子活动,假设他们分别是 Miss Guo 和她的学生,对 PPT 中所呈现的照片进行谈论,以此来巩固课文所学,练习如何介绍一张照片。这一环节目的在于引导学生转述语篇的核心内容,梳理、学习和内化关键句型与重点语言,为进一步在实际生活情境中运用所学做好铺垫。接着,教师向学生们分享自己的照片,并对照片进行介绍。最后,教师创设贴近学生实际的情景:我们学校公众号正在征集同学们外出活动的照片,你如何来介绍自己的照片呢?这一情境与课文、单元主题紧密相连,且具有一定的真实性、开放性和趣味性,同时这也为下一课时写作课做好铺垫。学生在这一情景的设定下,先在小组内交流分享,再以小组为单位轮流展示自己的照片并分享。这一活动引导学生联系实际生活,用所学语言做事情,根据新情境整合运用相关语言表达,完成交际任务,学以致用。

【教学反思】

　　回顾整节课的设计与实践,我始终坚持以学生为中心,以培养学生核心素养为出发点和落脚点,有以下几点达到了我预想的效果。

　　1. 音标教学扎实有效。本课时音标教学内容为元音 /ɑː/,以及两个辅音 /k/,/ts/,教学目标为认识上述音标并能正确朗读。我充分考虑到学生的年龄特点、学习起点和学习水平,在导入环节借助 chant 的形式,把本节课新授单词 market, collect, kite 编写到 chant 的歌词中,并将三个音标以及对应的字母及字母组合进行标注,清晰明了,让学生在唱的过程中自然而然地识别并复习这三个音标的读音。之后,我轮流出示音标卡片,随机抽选学生以小组为单位齐读,达到再次巩固的目的。紧接着,我引导学生回忆旧知:还有哪些其他的字母或者字母组合发/ɑ:/或/k/或/ts/的音,学生的积极回答符合甚至超出我的预期。至此,在导入环节,本节课新授单词的难点已基本扫清。

2. 情境创设真实有效。在 post-reading 活动中,我创设了这样一个情境:我们学校的公众号正在准备一期推送,现向全校老师和学生征集外出游玩的照片。本节课的上课时间是新学期的第四周,六年级学生刚刚进入全新的初中校园,学校的一切对于他们而言都充满着新鲜感。公众号建设又是我校的一大亮点,学生们从入学以来参与的每一次活动、竞赛都会出现在学校公众号上,学生也总期待自己的作品能被选入公众号的推送中。这一情境贴近学生生活实际,因此激发了学生很大的学习兴趣和表达欲望。在课件制作时,我利用了学校公众号的截图作为背景,以公众号推文的形式引出此情境,让学生更加"身临其境",从而在分享时获得积极的学习体验,愿意主动参与探究。

3. 教学评价及时有效。教—学—评一体化鼓励教师及时向学生提供反馈,帮助他们了解自己的学习进展和需要改进的方面。比如,在读前预测活动中,我通过个别学生回答、全体学生举手等反馈方式观察学生根据图片推测情境线的能力,并通过同伴互评给予学生及时的反馈。在 while-reading 中,学生在观察、分析、总结语篇的过程中,我将学生学习所得板书下来,整个教学过程基于学生的生成不断推进,最后的板书就是本节课输出活动的评价量表,学生自然而然地成了评价活动的参与者、合作者,并在迁移创新活动中自觉运用自评、互评的评价结果改进他们的学习。

当然,本节课还有很多需要完善之处,比如本节课小组内分享交流的时间不够充分,小组成员之间的分享机会和时间可能存在不平衡的情况,基础较薄弱的学生可能没有充分表达的时间等。学生对于这样的活动形式还有点陌生,小组内分享时还是以自评为主,互评较少,需要在今后的课堂中多操练,养成好习惯。同时,小组上台分享照片的时间也比较少,应该让更多的学生有机会上台分享,让课堂学习更加精彩纷呈。

专家点评

毛修凤老师的课有很多亮点,具体如下:

1. 基于学习特点,落实预备班音标教学。本课时音标教学内容为元音/ɑ:/,

以及两个辅音/k/,/ts/,教学目标为认识上述音标并能正确朗读。本课时的音标教学落实主要集中在以下两个环节:引入环节,教师通过引导学生 chant 与上一课时话题相关的内容,引出本课时将学音标。接着,教师借助音标卡片帮助学生认识音标,并正确朗读音标。然后,教师引导学生通过回忆旧知总结音标对应的常见的字母及字母组合,帮助学生进一步掌握音标。读中环节,教师引导学生借助音标拼读新授词汇,进一步巩固音标的正确朗读。

2. 基于教学目标,践行英语学习活动观。《义务教育英语课程标准(2022 年版)》提倡践行思结合、用创为本的英语学习活动观,倡导学生参与到指向主题意义探究的学习理解、应用实践和迁移创新等一系列相互关联、循环递进的语言学习和运用活动中。在本节课整个阅读过程中,设计了读前、读中、读后环节引导学生这一系列的学习活动。通过引导学生进行语篇的三次阅读,从理解语篇到深入语篇最后到超越语篇,引导与帮助学生掌握介绍一张照片所需要的要素,发展他们的逻辑思维能力,最后结合实际,鼓励学生实践运用,给予迁移创新的机会,践行学习活动观。

3. 基于学习过程,实施教学评一体化。我们要准确把握教、学、评在育人过程中的不同功能,树立"教—学—评"的整体育人观念。在第一个读后活动中,老师继续拓展提问,促使学生思考总结照片中人物的心情状态,归纳出介绍照片的第四个方面,也就是描述照片中人物的感受。教师的教和学生的学相呼应,教学活动符合学生的认知规律,与学生的认知过程保持一致。在教学过程中,随着学生的观察、分析、总结,在黑板上渐渐板书了 places, people, activities, feelings,在最后的产出环节,这些板书就变成了一张评价量表,学生作为主体在这张评价量表的引导下有逻辑地形成对自己照片的介绍。在组内分享中,也要求学生利用这张量表进行互评。教师更是从这四个方面,观察小组讨论和小组展示中学生能否说出照片中的地点、人物、活动以及情感,了解他们对所学语篇内容和语言知识的掌握情况,根据需要给出必要的指导和反馈。教、学、评三者相互依存,相互影响,相互促进。至此,围绕短文 spending a day out together 的"教—学—评"一体化设计与实施得以顺利推进。

初 中 化 学

特级教师简介

徐志强，1972 年出生，上海金山人，1996 年毕业于上海师范大学化学系，2017 年获得上海市化学学科特级教师称号，2021 年获评中学正高级教师。上海市中小学课程教材建设专家委员会委员。现任上海市金卫中学党支部书记。上海市第三期双名工程化学名师基地三组学员；上海市第四期双名工程化学名师基地攻关计划主持人。金山区"明天的导师工程"第二届、第三届学科带头人，第五届、第六届学科导师，第五届、第六届化学学科工作坊副主持人。区第二届"拔尖教师"高研班学员。曾连续 20 年担任区初中化学学科中心组成员。担任上海市高级教师(金山区、松江区)评审委员会委员、金山区中级教师评审委员会委员。上海市教育学会化学教学专业委员会会员，上海市化学化工学会化学教育专业协会会员，金山区教育学会化学教学专业委员会秘书长，金山区教育系统名师工作室主持人。先后荣获"金山区教师课堂教学有效行动计划"优秀教师，金山教育科研 30 年先进个人，区教育系统"三个金山"建设建功立业先进个人，上海市、金山区优秀园丁奖，2016 年、2017 年、2018 年连续 3 次获得区"金玉兰奖"，2019 年获得区"金牡丹奖"，2015 年教育局记大功奖励。连续多年获得金山区教育教学奖励。从事化学教学 28 年，积极探索，勇于实践，反思提升。主持完成市级青年课题 1 项，完成区级课题 4 项，其中重点课题 2 项。区级重点课题"初中化学教学中培养学生非连续性文本阅读素养的实践研究",获金山区第六届教育科学研究成果二等奖。多篇论文在全国核心刊物发表,将多年课堂教学改革的实践与思考——"课堂对话"撰写成个人专著《对话:初三化学教学》,获金山区第八届教育科研成果一等奖。参与金山区化学拓展型教材(初中篇)——《我认识的化学》第五章编写工作。培养指导青年教师参加市区级各类比赛获奖。

特级教师优课与经验分享

在初中化学课堂对话中培养学生自主发展意识的实践与思考

摘要:课堂对话是在课堂中进行的、直接指向发展和新的理解的行动,它能增长知识、增进理解、提高参与者的敏感度,代表着一种持续的、发展的相互交流。课堂对话对于初中化学教学不但十分重要,而且十分必要,很适应初中学生的心理发展水平。每一个初中化学教师都应该重视并且努力学会和用好课堂对话,从而培养学生自主发展意识,提升学生学习能力,真正实现化学学科核心素养。

关键词:初中化学　课堂对话　自主发展意识

上海市进一步推进高中阶段学校考试招生制度改革实施意见和实施办法,以及基础教育新课程标准都相继正式制定颁布,这是为深入学习贯彻党的二十大精神和全国教育大会精神,深化考试招生综合改革,发展新时代学生的素质,推进教育公平而制定。

目前我们的学校教育教学,学生还是面临着中考的过大压力问题,很多学生没有时间自发地去考虑要自主地进行实验的问题。他们迫于中考的分数,宁可多做一个习题,也不愿意去多思考一个实验,因此很多同学还只是习惯于纸上谈兵,没有太多的时间和空间去动手操作。有时,我们教师也只是为解决一个问题而进行探究学习,而没有留有回味和深化的学习内容。我们教师在这方面缺少引导,没有充分地给予学生探究的时间和空间,导致学生的思维过于模式化、机械化、公式化,他们已经习惯于接受学习,在化学课上,进行自主实验探究还不是很习惯。学生的探究学习也只局限于课堂之中。教师缺乏引导学生到社会这一大课堂中学习,培养学生终身学习的意识。同时目前课余时间开放化学实验室的条件还不是很成熟,同学在课堂上学习了新知识以后,想要自己设计实验进行验证和学习的愿望还不能实现。

改革遵循了教育规律、学生成长规律,顺应了义务教育优质均衡发展、高中阶段学校特色多样发展的新要求,深化了本市初中学业水平考试与初中学生综合素质评价相结合的高中阶段学校考试招生制度改革,为学生的自主学习、合作意识和终身发展夯实基础。根据中考改革意见,改革要求深化中小学课程改革:以学生核心素养培育为目标,完善课程方案,进一步凸显课程内容与社会生活的融合性。加强学生创新精神和实践能力的培养,提供可选择的综合学习经历,丰富学生学习实践经验,提高学生综合素养。中考改革丰富学习经历,避免学生的偏科与知识面的窄化。物理和化学实验操作,跨学科案例分析等新增的考试内容旨在培养学生的动手能力、实践能力、创新素养,可以更好地释放学生的创造力。

教学不能仅仅是教。在学生学习的过程中,始终是问题解决、新知求得、能力提升的过程。课堂教学中,传统"传话教学"中的传授与实例,能在最少的时间内传授最多的知识,提高知识传授的短时效率。但这样就会导致师生仅仅围绕知识转,课堂缺少语言交流、心灵传递、思想碰撞,教学生命的活力就很难焕发出来。杜威认为:沟通是有效的教学手段,也是教育的目的。因此,我们必须从"传话"教学(即以"讲授"为主的教学)走向"对话"教学(以学生主动学为主能够提出质疑的教学)。从课堂传话走到课堂对话,对教学的理解在不断提升,对学生的理解在不断深刻,对课堂的理解在不断创新。课堂对话,营造了一个足以让学生和老师共同成长的舞台,走出了一条课堂教学的新模式,让学生能够充分展现自我风采,这对于初中化学教学不但十分重要,而且十分必要。课堂对话很适应初中学生的心理发展水平,每一个初中化学教师都应该重视并且努力学会和用好课堂对话。

一、厘清三个概念

（一）什么是对话

对话,本义是指两个人之间通过语言进行谈话、沟通或者交流,后来有了广泛的引申。例如,在政治、经贸和外交领域,对话意指对立或者相互了解较少的国家、集团、组织、方面等进行的接触、谈判或协商,或指政府机构负责人士等与民众、群体就某些问题进行的意见交换;在社会学领域,对话是一种交往方式;在文学领域,对话被认为是生活的本质,也是文学的本质;在哲学领域,对话被认为是思想的交流、传递,等等。主体不再限于两个人,工具不再限于语言,方式不再限于口头语言;不变的本质乃是观点的交流和思想的碰撞。相对宽松的环境、参与者的投入、相对自由的心态、智慧的展示与参与者产生某些变化则是对话成功的要素。

（二）什么是课堂对话

课堂对话是发生在教学过程和教学情境中教师和学生,以及学生和学生之间进行的对话,是课堂教学的一种手段和方法。美国的布伯斯认为,不同于其他的交流方式(如聊天、谈判等等),"教育学意义上的对话是一种直接指向发展和新的理解的行动,它能增长知识、增进理解、提高参与者的敏感度。它代表着一种持续的、发展的相互交流"。课堂对话正是具有这样的属性。课堂对话的研究,需要在长期的教学实践中形成。课堂对话是在课堂中进行的、直接指向发展和新的理解的行动,代表着一种持续的、发展的相互交流。

（三）什么是自主发展

什么是学生的自主发展?学校环境下的学生发展,关注的不仅仅是学生的"生命意义",更多的是学生的"认识和运算",也就是人不同于其他任何生命体的最重要的"自我产生和自我再生"的能力以及"实现重任价值,获取幸福人生"的内在保证。基于这样的认识,一些教育学者提出的有关学生自主发展的理念是"不能自主发展的学生,是失败的学生,学校的一切是为了学生的自主发展"。基于上述理念的行为策略,一是重构课程结构,让学生有选择,学会选择;二是改进教学方法,让学生深度学习,让课堂闪烁生命的光芒;三是搭建数字平台,让学生学习和适应数字环境下的生存与发展;四是改革评价体系,让学生择优发展,体验成功等。

二、初中化学课堂对话的重要性

在化学课堂对话中，不仅要有效培育学生的化学学科素养和学习能力，要在对话中展现课堂的人文魅力，在对话中帮助学生确立正确的世界观、人生观、价值观；还要强调培育学生自主自信，要通过多种教学环节和手段引导学生自主探究、合作交流，从而改变传统的学习方式，使学生有效地参与教学活动，在探究未知转化为已知的过程中，获得知识，发展能力。

美国 2011 年国家年度教师奖获得者米歇尔·谢尔女士说，"让每个人一进实验室都觉得自己是化学家，我让学生做的就是挽起袖子，戴上护目镜，按照自己的想法去尝试。当学生实验失败的时候，一脸茫然地问我该怎么办，我从不直接去演示正确做法，而是告诉他们'现在你需要做的是解决问题，我相信你能做到'。"平等的对话让学生处在一种无拘无束、自由宽松的空间，处在良好的氛围中，使学生能够尽情地自由参与，自由表达，积极思考，主动质疑，体验真情，发挥思维潜能，形成真正意义上的有效对话。

初中化学具有启蒙性质，内容多，任务重，压力大，只开设一年。有人认为，初三学生对化学懂得少，时间又紧，没法跟他们慢慢对话，还是让他们抓紧时间赶快多记住一点东西吧。其实，正是因为初三学生对化学懂得少，初中化学具有启蒙性质，就更需要进行课堂对话。不进行对话就难以利用学生学习化学的鲜活的经验基础，就难以了解学生的前概念和相异构想，就难以有效地教学；正是因为时间紧，才更需要进行课堂对话，以提高课堂教学的效率。在初中化学教学中，恰当的课堂对话可以激发学生的学习动机，培养和发展他们的学习兴趣；可以帮助他们正确地掌握概念，进行判断和推理，形成化学认识，理解学习内容，发展逻辑思维能力；可以引导他们学会发现问题、解决问题，初步形成解决化学问题的能力；可以帮助他们学会进行实验方案设计；可以促进他们学会合作，学会对话，形成协调、有效的教学共同体；还可以结合具体情况有效地开展立德树人活动。

初中学业水平考试改革的一个重要导向就是进一步强化对初中学生实际问题解决能力的培养和评价，物理和化学实验操作考试成绩计入初中学业水平考试总成绩，引导初中学校积极落实物理和化学课程标准规定的实验要求。设置跨学科实践活动,主要是为了提高初中学生综合运用所学的学科知识来分析和解决实际问题的能力,提升学生的化学学科素养。

三、在初中化学课堂对话中培养学生自主发展意识的实践探索

在课堂教学中,应用对话的形式,并不单纯指简单的教师提问,学生回答,而是在提问和回答之后,能够产生思考与追问,能够解决问题并能够产生新的问题,而这新的问题正是对新的学习内容一种量变到质变的飞跃。这种思维的碰撞也正是苏格拉底对话理论所要达到的教育效果。

自主是指个体对自己活动支配和控制的意识和能力,发展是指个体认知能力及身心各因素的平衡与协调的水平与程度。自主发展首先作为一种个体意识,是在确立主体地位和发挥主体作用的前提下对自我意识的积极调控和主体人格的有效建构,是一种良好的个性心理特征,它以形成积极向上的自我概念和自强不息的自主意识为目标,以激发人的自主发展内在动机为出发点,在自主学习活动中发挥个性潜能,逐步提高自主发展能力,形成健全心智,为学生身心素质的和谐发展打下终身学习的心理和能力基础。

自主发展意识的培养强调主体的能动性和发展性,是个体对自己的活动及周围环境关系的自主选择、自主评价、自主调控的主体意识的显现。因此,它既重视环境对个体的潜在影响,更重视个体自觉、能动的自主计划、活动和调控的能力,在主体自我调节、自我强化、自我激励中获得情感体验,形成健康向上的良好个性。

(一)课堂对话的主要形式

课堂对话可以激发学生的学习动机,培养和发展他们的学习兴趣;帮助学生正确地掌握概念,进行判断和推理,理解学习内容,形成化学认识,发展逻辑思维能力;引导学生联系生活,学会发现问题、解决问题,形成解决化学问题的能力;帮助学生学会进行实验方案设计,学会合作,学会对话,形成协调、有效的教学共同体。

1. 师生对话

这种对话形式是最为常见的对话形式,一般的表现,也就是教师提出问题,学生经过思考后举手回答问题或者是教师点名学生回答,如果学生回答正确,则

表扬一下;若回答错误,则请另一位同学补充。严格地说,这也只是一种简单的课堂问答形式而已,而不是真正的对话体现。如果对话进一步,那就是教师抛出一个探究问题,学生小组讨论(涉及了生生对话),教师引导、学生交流和补充、教师总结或者学生总结,堪称一个"完美"的教学过程,但其实这也只是表面上的对话存在。我认为,真正的对话形式,是通过这样的回答形式,挖掘其问题背后所要折射的学科思想和思维方法,以及学生如此这般回答所表现的思维品质,而且,师生的对话应该是民主、和谐的,因为课堂上,师生关系是平等的,应该互相尊重。

2. 生生对话

这种对话形式的"对话源"依旧是在于教师的"问题绣球"。但跟之前教师的问与学生的答有所不同的是,这种对话主要是在学生与学生之间进行的。为什么这样说呢? 因为这种问题的抛出不是纯粹意义上学生思考之后就能回答的,更多的是体现在学生的讨论交流和思维融合中。因此,在我们的课堂上,并不是什么问题都可以用于小组讨论,合作探讨。我们应该选择更容易产生"分歧",更容易使学生通过讨论探究以后得到结论的问题。只有这样,才能使学生之间相互产生思维的碰撞,学生的思维品质才能够得以提升。

3. 生本对话

这里的"本",给之以"环境""课本""实验"等不同的教学情境的含义。营造一个可以让学生乐于学习、喜于学习的环境,这也是环境赋予学生的学习心态,是学生与环境的有效的良好对话。

学生与环境的对话:实验室是学生获取化学知识的必由之路。化学实验室营造了一个探究、研究的氛围,对于学生的探究是非常重要的。实验室墙壁上,张贴着化学家的画像以及相应的介绍,实验桌上有必需的化学仪器,实验室橱窗有关于物质的模型、实验装置的模型等等,都把学生置身在一个探究化学的世界中,对于学生学习起到了非常重要的作用。而化学实验室的布置,抑或可以由化学实验员或者由化学老师来布置,也可以由学生进行。布置的过程本身也就是一次学习的过程,比如,学生对于化学家画像的挂置,就会去了解化学发展的历史,就会和老师一起交流沟通,了解历史,了解化学家,了解化学,这本身就是一次对话,是对历史的对话,更是对化学学习的对话。再比如,在化学橱窗中布置化学实验装置,就是要在学生学习了一定的化学知识以后,如实验室制取氧气和二氧化碳的知识学习之后,对装置的再认识的过程。而这样的过程中,少不了对话的环节,而正是这样的环节的设置,才可以使学生的学习更加深刻。学生与学习环境的对话,正可以充分发挥学生学习的主动性,也可以让学生置身于一定的学习情境之中,学习的体验会更加深刻。

学生与课本的对话,则是学生通过教材的阅读,加深对知识学习的理解与升华。在阅读过程中,阅读者需要调动广泛的认知能力,诸如对所呈现材料的基本解码能力,调用词汇、语法、句法结构和语言学方面的知识储备,探索自身以外的世界,等等。阅读者也需要运用元认知能力,如运用恰当的阅读策略和意识,为了特定的目的进行思考、监控和调整阅读行为等。

(二) 在初中化学课堂对话中培养学生自主发展意识的成效

如何寻求课堂对话源,捕捉师生共振点?从本质上来说,教学是一种"沟通"的活动,是一种通过"提出问题"(包括"提问")引发的活动。但是课堂上的对话,不能停留在"提问"这样一个层面上,需要构建以学生为主体的课堂,为课堂教学寻找对话教学的有效途径。笔者对在初中化学教学中运用化学课堂对话进行了实践探索。笔者认为,初中化学教学中的课堂对话可以分为不同类型,现结合具体的课堂教学实例介绍如下。

1. 通过课堂教学对话,自主构建化学知识体系

初中化学的知识点非常散,把零散的知识能够整理成体系,这是学好初中化学的关键。在课堂教学中,笔者注意通过对话教学,引导学生从点、线、面三个维度构成物质反应的知识体系,帮助学生理解知识,提升对知识应用的能力。

在"二氧化碳的性质"导课的过程中,可以引用"狗死洞"这样的故事,引发学生对于学习的好奇,提问学生:为什么人进去安然无恙,而狗一旦进去却不能生存?通过对话提示学生因为洞的封闭性,里面积累了大量的二氧化碳;引导学生通过查找资料(教材),知道二氧化碳的密度大于空气的密度,沉积在洞的底部,二氧化碳不供给呼吸;……在师生对话、生生对话中顺理成章地知道二氧化碳密度大于空气密度,以及二氧化碳不供给呼吸的性质。

在学习二氧化碳的溶解性问题时,可以打开汽水瓶盖,看到有大量的气泡

冒出，教师通过对话引导学生针对看到的现象分析二氧化碳溶解性的影响因素：冒出的气泡是什么物质？为什么打开瓶盖的时候会有大量的气泡冒出？使学生通过对话知道汽水是碳酸饮料，汽水制造时，通过压力的改变，溶解了大量的二氧化碳，而打开汽水瓶盖时，又是通过压力的改变，使大量的二氧化碳冒出。

在二氧化碳化学性质的学习中，以绿色植物光合作用的事实、灭火的视频以及利用汽水瓶中放出的二氧化碳进行有关实验为基础，通过生生与教学资源的对话，使学生认识到二氧化碳的化学性质。

通过课堂中不断地进行对话，引发学生的思考，使学生对于二氧化碳的物理性质和化学性质的认识逐步完整，既能够提高学生学习的兴趣，又能够结合情景进行问题的分析，更容易掌握所学习的知识，学生对于二氧化碳的知识也就可以当堂整理成体系。

在课快要结束之时，教师在课堂上利用汽水瓶引发新的对话：除了从汽水瓶中可以得到二氧化碳进行相关的实验，实验室是如何获得二氧化碳的？为实验室和工业制取二氧化碳的学习打好伏笔。

学习物质的摩尔质量的时候，在学生已有的知识层面，通过教师提问式的对话引发思考：1 mol 水与 1 mol 二氧化碳所含的分子数相等吗？1 个水分子与 1 个二氧化碳分子的质量相等吗？1 mol 水与 1 mol 二氧化碳的质量一样吗？前面 2 个问题学生已经学习过，可以很好地回答出。但对于第三个问题，有一定的障碍。

在学生感觉很困难时，可以通过对话设定一定的阶梯：教师创设表格情景，组织学生按照学习小组进行计算并填表——1 mol 铁、碳、水、二氧化碳的质量，让学生通过生生对话形成新的知识体系。

小组内通过对话交流之后，由此引出摩尔质量定义、符号、摩尔质量单位、单位符号等相关内容也就顺理成章的事情。对于概念的理解，学生提出，这个概念类似于物理中的"速度"这一概念：单位时间内的路程。"摩尔质量"就是单位"物质的量"内"物质的质量"。有了速度这一概念的铺垫，学生也就能够比较自然地理解物质的摩尔质量。最后对于概念的巩固，就要通过计算物质的摩尔质量进行。通过这样的对话引导，使学生对于物质的摩尔质量这一很抽象的概念能够有一个比较清晰的认识。

微粒符号	每个原子或分子的质量(克/个)	1 mol 微粒的个数	1 mol 物质的质量(g)	式　量
C	1.993×10^{-23}	6.02×10^{23}		
Fe	9.302×10^{-23}	6.02×10^{23}		
CO_2	7.30×10^{-23}	6.02×10^{23}		
H_2O	2.990×10^{-23}	6.02×10^{23}		

在这样的整个对话学习的过程中,不能够忽视一个环节,学生提出:1 mol 微粒的个数都是相等的,为什么 1 mol 物质的质量却不尽相等? 引导学生讨论对话,学生明白了"个"和"mol"量的区别。通过表格很清楚地看到,那是因为每一个微粒的质量不相等。这样一个细节是不能置之不理的,否则就算你头头是道地讲得很好,学生虽也经过计算训练,但是他们还是弄不明白不相等的原因,这样的话就会为今后的计算带来很多的麻烦。

2. 通过课堂教学对话,自主理解化学学科思想

化学学科思想是在认识化学的实践活动中形成的对化学本质、特征与学科价值的基本认识。对学习、研究和解决化学问题具有方法论意义。在中学化学教学中,教师应该注意渗透最精髓、最本质的学科思想,通过对话引导学生在学习的实践活动中通过自己的理解获得启迪,感悟化学学科思想,促进认识的升华,掌握化学思维的方法。

CO 和 CO_2 的化学性质一节课的学习内容是在之前学习物质的基础上深入学习,因此,学习的要求也有所提高,要求学生能够从比较 CO 和 CO_2 在微观结构和宏观组成上的异同点出发,理解 CO 和 CO_2 在化学性质方面的差异。这既是学习重点也是学习难点。

在比较 CO 和 CO_2 的性质差异时,设计"问题链",引导学生进行生生对话,树立"结构决定性质""物质的转化"的化学思想,从而突破学习重点和难点。

a. 比较 CO 和 CO_2 在微观结构和宏观组成上的异同点。(学生之间相互补充完善)

b. 性质分为物理性质和化学性质。在学习物理性质时,重点研究哪些内容?(学生回忆研究物质物理性质的几个点)

c. CO 和 CO_2 的物理性质存在差异。为什么会有这样的差异？

d. 是不是这样一个氧原子的差异，也导致了二氧化碳和一氧化碳化学性质的差异呢？（此处渗透"结构决定性质"的化学思想）

e. 我们已经学习的和二氧化碳有关的化学反应，书写有关的化学方程式和回答有关的反应现象。（必要的时候，进行实验）

f. 因为一个氧原子的差异，你能猜想一氧化碳的化学性质吗？（提示：猜想的依据是 CO 和 CO_2。学生通过小组内生生对话得出：在微观构成上，CO 分子少了一个氧原子，CO 就有可能从其他含氧物质中夺取氧元素，比如 CO 是否可以和 CuO 反应从而转化成为 CO_2，此处也是渗透了物质的变化关系）

通过这些问题链，在课堂上和学生充分对话，逐渐拨开一氧化碳和二氧化碳结构差异的迷雾，让学生明白两种物质的物理性质和化学性质，并初步懂得存在差异的原因，使学生在问题解决的过程中求得新知，由此也揭示"结构决定性质""物质相互转化"的化学思想。

3. 通过课堂教学对话，引导学生自主思维训练

2006 年 12 月，哈佛大学前校长拉里·萨默斯访问中国，在接受中央电视台采访的时候，记者问道："你认为一个优秀的哈佛大学生需要具备的最重要的素质是什么？"萨默斯先生说："正直诚信的品格是我们对学生最基本的要求，除此之外，我想最重要的是思路清楚，分析问题的时候有着非常清晰的思考过程。"

新课程强调，"以学生学习为中心"——要鼓励学生自己学；教会学生如何学；达到今后不教也能学的目标。课堂教学中的预设一定要立足于学生已有知识的基础，否则他们的思考就没有方向，课堂对话也就失去"对话"的内涵。

在物质转化流程分析一课学习时，课堂开始就向同学们展示了一块石灰石、一瓶粉末状碳酸钙（试剂，标有碳酸钙含量）以及一瓶儿子平时吃的钙片（标签，标有碳酸钙成分）。

引发对话：它们都含有碳酸钙，但它们完全相同吗？有什么区别？资料背景：碳酸钙含有钙，可以作为补充人体内钙质的食品营养强化剂，还可以用作发酵促进剂、抗结块剂、增白剂以及配制食品疏松剂等，还可以做牙膏生产中的摩擦剂。但是，在用作食品添加剂时，必须按照国家标准严格控制杂质含量、用量和粒度（不可太粗）。于是，学生通过与资料的对话，很容易得出，石灰石与碳酸

钙粉末的区别就在于纯度的不同。我们在用于食品工业的时候,就特别要使用比较纯净的碳酸钙粉末。在这样的一个环节,学生很自然地搞清楚了纯净物和混合物的区别,以及在不同场合使用不同纯度的物质。

引导讨论:石灰石是比较容易找到的廉价原料,怎样才能把它转变成比较纯净的碳酸钙粉末,从而使之用于生产中,为生活服务呢? 请你设计化学反应过程,写出有关的化学方程式。通过情境设置,就如何把不纯净的碳酸钙粉末转化为较为纯净的碳酸钙,展开师生之间的课堂对话,把学生带入学习的氛围。

学生于是会很容易地设计出以下的反应过程:

方法一:

$CaCO_3 \xrightarrow{\text{高温}} CaO + CO_2 \uparrow$;

$CaO + H_2O \longrightarrow Ca(OH)_2$;

$Ca(OH)_2 + CO_2 \longrightarrow CaCO_3 \downarrow + H_2O$ 【$Ca(OH)_2 + Na_2CO_3 \longrightarrow CaCO_3 \downarrow + 2NaOH$】

方法二:

$CaCO_3 + 2HCl \longrightarrow CaCl_2 + H_2O + CO_2 \uparrow$;

$CaCl_2 + Na_2CO_3 \longrightarrow CaCO_3 \downarrow + 2NaCl$

在此基础上,请学生思考如何用方框和箭头表示方法一的流程图。学生设计的流程图为:

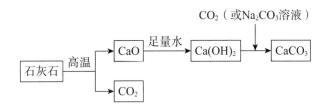

流程图 1

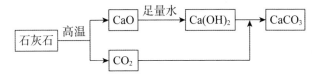

流程图 2

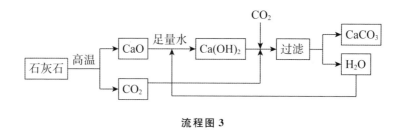

流程图 3

接着引发学生从绿色化学的角度进行流程图的不同之处以及可取之处的对话,比如学生讨论中涉及二氧化碳和水的循环使用,充分利用物质资源,以此完善流程分析。

又如,确定所给白色粉末的成分一课学习过程:

a. 展示目标。课前二天,向学生展示实验习题:有一包白色粉末,可能是碳酸钠、硝酸钡、硫酸铜中的一种或几种,请设计一实验,确定这白色粉末的组成成分。引发对话,要求学生运用已学的知识,根据物质的性质,设计实验鉴定的方案,并拟订所需的仪器和药品,同时探讨实验时可能产生的现象及相应的结论。

b. 探索方案。课堂教学开始,先让学生复习可能含有的三种物质的性质,并以实验加以佐证。在这个过程中,学生可以不断地补充和修正,达到对话的目的[三种物质的性质:①$CuSO_4$ 溶于水后成为蓝色溶液;②Na_2CO_3 遇酸后产生气泡;③$Ba(NO_3)_2$ 遇稀 H_2SO_4 后产生白色沉淀;④三者两两混合,$CuSO_4 + Na_2CO_3 \longrightarrow$ 蓝色沉淀,$Na_2CO_3 + Ba(NO_3)_2 \longrightarrow$ 白色沉淀,$CuSO_4 + Ba(NO_3)_2 \longrightarrow$ 白色沉淀,其中前二种沉淀均会溶于稀 HNO_3]。

之后,教师点拨,引导学生就课前设计的实验方案进行小组对话,讨论、交流,以进一步完善实验方案。讨论结束后,每一小组派代表发表组内确定的实验方案(投影)。而后,大家评议各组实验方案的优劣。(实验方案并不是唯一,因此,大家对各组方案只是评议,而并不归结于一个方案,孰优孰劣,由实验鉴别时论证)

c. 实验鉴别。师生首先共同讨论实验注意事项。(①实验每 2 人一组,安静耐心,做好现象记录。②各组组成成分不同,因此实验过程中不受邻组同学实验的干扰。③取样白色粉末时,应以少量为宜,以防白色粉末受到温度影响不溶解而误认为沉淀。④溶解白色粉末时,应用蒸馏水,而不用自来水,以防止 CL^- 在

实验中的干扰。⑤胶头滴管取烧杯内溶液时,应靠住烧杯内壁,接触液面即可)

学生根据 b 的讨论,进行实验。(实验时,可以根据具体情况,对方案做一些调整)在实验时,要注意观察现象,并做好记录。实验结束,根据现象,做出结论。

d. 结果讨论。教师对学生实验时发现的错误操作作评点;对学生中出现的错误结论作原因剖析,分析其中操作及选用试剂等可能的错误。

此时,教师还应积极引导学生对话:第一步除加水溶解,还可以用什么方法?学生接过教师抛过来的问题后,立即可以投入讨论、实验探索之中,使学生的思维始终在探究性学习中运转。[第一步还可以这样做:取样,把白色粉末置于表面皿上,然后滴加稀 HCl 或稀 HNO_3,看是否产生蓝色的现象(判断有无 $CuSO_4$),看是否产生气泡(判断有无 Na_2CO_3)]。

整个过程,充分利用对话教学,在师生对话、生生对话,以及与实验的对话过程中,学生不仅仅是探究了这一包白色粉末的成分,更重要的是复习了酸碱盐的化学性质,学生的思维品质也得以提升。

4. 通过课堂对话,提高学生自主发展能力

化学九年级第二学期第五章有这样一个内容:探究 Fe、Cu、Ag 的金属活动性顺序。请设计一个方案,比较 Fe、Cu、Ag 的金属活动性强弱。(提示:通过三种金属与 $FeSO_4$ 溶液、$CuSO_4$ 溶液、$AgNO_3$ 溶液三种溶液之间的反应,得出结论)

于是,在课堂教学中,我提供给学生可以选择的试剂铁钉与铜片两种金属,$FeSO_4$ 溶液、$CuSO_4$ 溶液、$AgNO_3$ 溶液三种溶液。学生根据所给试剂进行实验步骤的设计并选择实验试剂,这实际上是给学生提供了一个充分"提出假设"的机会。学生们根据提供的试剂,纷纷设计实验,结果同学们的实验过程是不尽相同的,而且同学们在课堂上还能够积极地发表自己的见解。(方法一:把铁钉放入硫酸铜溶液中,取出反应后的铁钉,放入硝酸银溶液中;方法二:把铜片放入硝酸银溶液中,把铁钉放入硫酸铜溶液中;方法三:将铁钉分别与硫酸铜溶液、硝酸银溶液混合,再将铜片与硝酸银溶液混合;方法四:将铁钉与铜片分别放入硝酸银溶液中,将铁钉放入硫酸铜溶液中;方法五:把铜片分别放入硫酸亚铁溶液和硝酸银溶液中)我把学生提出的每一个实验方案依次亮相给全班同学,但这中间我没有肯定,也没有直接否定,只是让学生通过后面的实验进行证明。接着,学生通过自己设计的不同方案进行实验,得出了结论。最后,再由学生进行综合评

价。有的同学经过实验以后,又产生了第二种、第三种实验方案,我也鼓励学生经过实验进行验证,得出结论。同时,也有同学把多种实验方案进行比较,得出了自己认为可以最快辨别出金属活动性顺序的方法。对于这一切,我都及时在课堂上给予了肯定,并请同学们记录下自己实验的感受。这样的一个过程,无疑是给学生自主学习提供了一个广阔的天地。学生们的思维是积极活跃的,也充分体现了他们学习的自主发展意识,并得到了进一步的提高,也激发了学生自主实验探究的欲望。

学习《溶液的酸碱性与我们的生活》一节课前,我要求同学们第二天来学校时,每人带一样生活中常见的液体。课堂上,发给每位学生一张 pH 试纸,按照测定 pH 的方法,测出自己带来的液体的 pH,以确定液体的酸碱性,然后完成实验报告。因为学生所测的液体是自己从家里带来的,因此学生对此兴趣都很浓,很迫切地想知道这些液体的 pH。

学生所测的液体范围也很广:他们有的带来了肥皂水,有的带来了花露水,有的带来了醋,有的带来了牛奶……结果发现,有些同样的液体,测定出来的 pH 有些误差。如有的同学测出牛奶为 6,有同学为 7,也有同学为 8,等等。我就引导学生进行分析,以下是学生们的一些讨论记录:可能是由于浓度有差异;也可能测定过程中测量方法的误差;也有可能测出后观察颜色时,因为颜色比较接近,读数时有误差。但有一个同学的实验记录中,在"碱性液体"一栏中,赫然写着食盐水的 pH 为">7"。课后,他找到我问我:为什么家中食盐溶液为碱性呢? 我一听,心里也格登一下。我倒也没有想过,这是为什么呢? 很快,我就想到了:现在家用食盐都是含碘盐,可能是碘酸钾溶液呈碱性吧。我觉得,这是一个发展学生自主学习能力的好机会。于是,我就引导这位学生进行探究学习。在我的鼓励和引导之下,他进行了一番研究工作,写出了他的研究报告。报告指明了他研究的课题是:探究食盐水的酸碱性。报告内容分为以下几个方面:

引言:学习了溶液的酸碱性后,老师要求我们回家后用 pH 试纸测一下家中一些常见溶液的酸碱性。于是我就测了一下食盐溶液的酸碱性,结果发现其为碱性。但是在课堂上,通过实验已知 NaCl 溶液应该是中性的。

产生疑问:为什么家中的食盐溶液呈碱性呢?

猜测:食盐中可能含有某种碱性的物质。

查资料得知：……

在我国加碘盐主要加入碘酸钾。碘酸钾溶于水，碘酸钾溶液的 pH 为 5.0—8.0。

实验器材（实验药品、实验仪器、实验用品）：

家用含碘食盐、纯净 NaCl 固体、蒸馏水、pH 试纸、烧杯、玻璃棒、药匙。

实验步骤设计：

用药匙分别取适量家用含碘食盐及实验室纯净 NaCl 固体置于烧杯中。倒入蒸馏水，并用玻璃棒搅拌使其充分溶解。用玻璃棒蘸取溶液，分别滴在 pH 试纸上。

实验现象：家用含碘食盐溶液的 pH 大于 7；纯净 NaCl 溶液的 pH 等于 7。

分析和结论：

家用食盐水为碱性，因为它的溶质中含有碘酸钾和食盐，且碘酸钾为碱性；而纯净的 NaCl 溶液的确为中性。

后记：为了使实验结论更具说服力，我认为可以用碘酸钾作对比实验，即直接检测其溶液的 pH。但老师帮我在学校实验室以及附近其他学校的实验室中寻找，都没有找到碘酸钾，为这次探究实验留下了些许遗憾。但我通过这次探究学习，使我掌握了探究学习的一般方法。

虽然实验报告写得还稚嫩了点，但毕竟是他的起步之作，我还是给予了很高的评价。

通过一系列的家庭实践活动，一方面使学生保持了学习的兴趣，另一方面也巩固了课堂上学习的有关基础知识。更重要的是，增强了学生树立自主发展的意识，使他们想通过自己的努力去解决生活中的一些实际问题的想法能够得以实现。于是，学习的兴趣也就更加浓厚了，他们也便想要不断地自主发展。既达到了复习酸碱盐的作用，又提高了学生自主发展的能力，使学生对化学学习始终保持着探究的热情。

四、初中化学课堂对话的思考

对话是一种聚焦，在过程中可以探索和发现真知灼见。课堂是多种声音相聚的地方。教师必须尊重学生，把学生看作是自己的学习伙伴，细心倾听学生的发言,想方设法引导学生进行有效对话,努力构建有效对话的情境。在对话过程中,要让学生处在一种无拘无束、自由宽松的空间,处在良好的氛围中,让他们尽情地自由参与,自由表达;积极思考,主动质疑;体验真情,再创生活;畅所欲言,发挥思维潜能,形成真正意义上的有效对话。

课堂对话教师要让出讲台,把聚焦点还给学生,让更多的学生把握话语权,分享预习和讨论的成果,让学生的思考和行动相结合,不断体验到成功的喜悦,积蓄更丰厚的学习能量。这有助于学生自信心和创新能力的培养,能让他们体验到智慧碰撞的快乐和做学习主人的自豪感、使命感。而通过课堂对话,就是让更多的学生能够拥有这样的机会。在课堂对话教学中,教师保持这三种姿态必将创造一个有生命力的课堂。传统课堂的讲授,已经让我们的师生非常疲倦。在这样的课堂上,学生每天都会有新的认识、新的感受、新的体验。这样的课堂不是满堂灌、满堂问,不是放任自流,而是师生全身心地投入。他们不只在教与学,他们还在感受课堂中生命创造的奇迹。这样,才能使学生产生新鲜感,激发求知欲,我们的教育也才能真正满足学生发展的需要,焕发出蓬勃的生机。

课堂对话,由于对话的性质,使师生之间有了和谐的氛围。化学自主学习能力是逐步形成的,不会一蹴而就。我们要遵循人的发展的客观规律,不断提高学生的自主意识,并积极地创造有利于自主学习化学的条件和因素,选择合适的教学内容开展自主探究学习,变"要我学"为"我要学",逐步增强学习化学的独立性,促进"教"学向自学转化,促进化学自主学习能力的形成和发展。

把课堂还给学生,创设民主合作的学习情境。充分发挥学生的主体作用,调动学习的主观能动性,要让学生在课堂上能够积极地活动起来,不仅要积极地动脑思考,还要积极地动手探究,保护和培养学生的自主发展意识。当然,活动不应当是表面的、外在的,而内在更深刻的就是使学生的思维一直处于活跃状态,积极思考问题。在学习的过程中,要培养学生敢于质疑的学习精神,要从重结果到重过程,从接受知识到问"为什么?"从单向思维到多向思维,从对问题的一元理解到多元理解,从背实验到设计实验探究,通过质疑,调动了学生在学习过程中动脑想、动口讲、动手做的自主学习的积极性,也就是说,要让学生成为学习真正的主人,要让他们认识到自己始终在学习中都有发展的空间,从而使学习成为一件乐事。

作为老师,我们不要怕课堂上学生动了以后,就不能上好课,而关键是我们要不断地去实践。事实证明,只要教师更新教学观念,把崭新的教学思想与教学理念注入自己的头脑,学生一定会在课堂上学到方法,那就是一堂成功的课。因为方法可以引导他们去探究、去思考、去学到更多的内容。我想,这就是课堂的一个实质所在吧!

优课示例与推荐人语

优课示例 1

作者简介:方时超,男,2013 年毕业于上海师范大学化学专业,大学本科学历。任教于上海市金卫中学,担任初三化学学科教学。在从教的这几年里成长迅速,多次获得区级比赛奖项,2018 年成为第四期"上海市普教系统名师培养工程"种子计划学员,金山区第七届、第八届"明天的导师工程"骨干教师。

他熟知化学学科的知识内容,深入了解化学课程标准,明确要求学生掌握的知识深度、教材的内涵及外延,并积极参加各类进修活动来提升自己。在向同行们学习的同时,努力把自己的所见、所闻、所学,巧妙地融入自己平时的课堂教学中。

他的课堂设计十分精心,以激发学生兴趣为主,同时启发学生思维,使学生积极参与到课堂中来。他总能让学生在学习时集中注意力,更好地感知,同时启发思维和想象。这和他每次在课前做好充分准备不无关系,他精心设计化学课堂教学的每个环节,注意教学方法、教学技巧的灵活运用,培养学生化学学科的核心素养。充分、合理地利用多媒体现代教育手段,并结合学生实际情况,形成课堂教学大容量、多信息、快节奏的特点,呈现既有趣又直观的课堂教学特色。

在课堂学习活动中发展学科核心素养
——以《混合气体的检验》一课为例

【课例设计说明】

活动背景:这次活动目的是以"有效的教,高效的学"为指导,通过"学习、实践、反思、交流、合作"的实践策略,以学生自主学习和师生有效互动的课堂对话为主要特征,全面提高课堂教学的质量。

同时我也在思考,在中考总复习阶段,老师们大多为求稳不敢对专题复习课有任何的创新。初三考试学科的专题复习课大致上都是类似的框架,"先细致地罗列相关的知识点,然后再讲几个典型例题(多数是历年的中考题),最后再针对性地做几道练习题"。打听下来好像大家都在这么进行专题复习,所以老师们也就理所当然地认为这样做是最有效的,当然效果肯定是有的,但是否是最有效的呢?看着学生被一张张试卷压得喘不过气来,我经常思考有没有不那么枯燥的专题复习。我心中有一种强烈的愿望,我想改变专题复习课的方法,让学生在课堂学习活动中发展学科核心素养。

学生情况:本班学生共 27 人,男生 17 人,女生 10 人,整体学习水平一般,大部分女生和个别男生学习习惯良好,能较好地完成学习任务。总体来说,班里学习气氛一般,学生的上进心不强,缺乏学习的主动性。学生能力方面不足的表现就是大部分学生分析推理的能力薄弱。在分析问题时,不能很好地解释证据与结论之间的关系,有时还会粗心大意,审题失误,需要进一步培养学生证据推理与模型认知的学科核心素养。另外他们实验探究能力也有待提高,缺少依据探究目的设计并优化实验方案的思维,缺少实验探究与创新意识的培养。二模考试之后,部分学生变得比较浮躁,学习上畏惧困难,更有个别同学厌倦学习,把学习作为一种负担,导致专题复习的效果达不到预期。教师要想办法调动这些学生的学习兴趣,需要在教学设计上好好下一番功夫。

【课例】

一、教学目标

1. 复习巩固氢气、水蒸气、二氧化碳、一氧化碳四种气体的检验方法。

2. 学生通过小组合作学习、自主探究,解决问题链,梳理归纳混合气体检验的一般思路和方法。

3. 通过试剂的选择及装置的连接,检验混合气体的成分,提高学生的实验思维能力。

二、教学重难点

1. 教学重点:检验混合气体的方法,学会试剂的选择与装置的连接。

2.教学难点：混合气体检验的实验设计与综合分析。

三、教学用品准备

1.仪器：启普发生器、U型管、多功能瓶、铁架台。

2.药品：大理石、不同浓度的稀盐酸、无水硫酸铜、硝酸银溶液。

四、教学流程

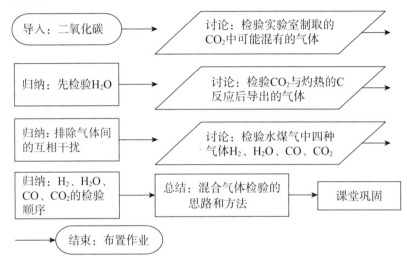

五、教学实录

课前准备：两分钟的时间对班级成员进行分组，分别命名为"氢气小组""水蒸气小组""二氧化碳小组"和"一氧化碳小组"。布置课前任务：讨论这四种气体的检验方法有哪些？

［在分组时要注意各个层次的学生合理搭配，使各小组学生学习程度达到基本平衡。在学习任务下达后，小组成员按各自能力与专长分工合作，使得每位成员都能参与到探究知识过程中。教师在布置完任务后，通常会穿梭于各小组之间，进行旁听（观）、指导、帮助或纠正，这样的学习气氛显得轻松、活泼而又团结互助，有利于学生顺利完成学习任务；有利于师生间的有效沟通；有利于学生间的彼此了解；有利于学生相互帮助、相互支持、相互鼓励，从而促成他们融洽的人际关系的建立，进而培养合作能力和团队精神］

引言：同学们，今天我们来进行一节关于气体检验的专题复习课。初中阶段我们遇到过的气体有很多，例如氢气、氧气、水蒸气等等。针对这些常见气体的检验，我们一般会根据气体本身的化学性质，再利用具有特征现象的化学反应对其进行检验。而当这些气体混合之后又该如何检验呢？检验时要注意哪些细节呢？今天我们就来好好梳理一下。

师：先从我们人体正在产生的呼出的一种气体入手,你们知道是什么气体吗？

生：二氧化碳。

师：对,二氧化碳在我们的生活生产中是一种非常重要的气体,你们知道它有哪些用途？

生：能灭火。植物光合作用的原料。制作碳酸饮料……

师：非常好,二氧化碳的用途十分广泛,它可以带给我们勃勃生机;也可以奋不顾身扑向烈火;它可以给我们带来清凉的感觉,也可以营造富有魅力的舞台效果。

[展示 PPT] 二氧化碳用途的相关图片。

（让学生感受生活中的化学之美。同时培养"结构决定性质,性质决定应用"的观念）

【情境一】

师：在实验室中,我们一般选用什么试剂来做反应物制取二氧化碳呢？

生：大理石和稀盐酸。

师：非常好,那么如果我要检验反应生成的二氧化碳,又该用怎样的方法呢？

生：将气体通过澄清石灰水。

师：请详细说出检验的方案,判断依据及结论。

生：将气体通过澄清石灰水,若溶液变浑浊则该气体为二氧化碳。

（复习巩固二氧化碳的检验方法的同时,强调实验方案设计的完整和规范）

师：好,但是这个反应生成的二氧化碳中有时会混有其他气体,可能会干扰二氧化碳的检验。请大家互相讨论,猜测一下,从发生装置导出的二氧化碳中可能混有哪些气体？

生：水蒸气、氯化氢气体。

师：哪来的水蒸气和氯化氢气体？

生：从盐酸溶液中挥发出来的。

师：根据你们的猜测我们可以罗列四种情况。

[展示PPT] ①只有水蒸气;②只有氯化氢气体;③两种气体都有;④两种气体都没有。

(培养学生学会收集各种证据的能力,对物质的性质及其变化提出可能的假设)

师:如果证明假设1中的水蒸气,我们该如何检验?

生:将气体通入装有无水硫酸铜粉末的U型管中,若白色粉末变蓝色,证明有水蒸气。

师:非常完整,那如果证明假设2中的氯化氢气体,我们该如何检验? 小组讨论一下。

生:将气体通入装有紫色石蕊试液的多功能瓶中,若溶液变红色,证明有氯化氢气体。

师:这个方案在这个情境下不可行,谁能说说这个方案为什么不可行?

生:因为导出的二氧化碳与水反应生成的碳酸也能使紫色石蕊试液变红色。

师:那你的方案是什么?

生:将气体通入装有硝酸银溶液的多功能瓶中,若产生白色沉淀,证明有氯化氢气体。

(通过提问、追问,不断地激发学生思考。培养学生寻找具有特征现象的化学反应检验物质的思维)

师:下面请大家小组讨论,设计出完整的实验方案,之后,再进行实验操作来验证我们的假设。

(学生通过对装置连接顺序的思考,调动思维活动,培养化学学科核心素养。小组合作完成实验操作,对观察记录的实验信息进行加工并获得结论;通过小组成员之间的交流讨论,培养合作能力和团队精神)

师:老师也搭建了一套实验装置,一起来看一下吧。启普发生器连接B(装有硝酸银溶液),再连接C(装有无水硫酸铜粉末)。观察到B中溶液有白色沉淀生成,C中白色粉末变蓝色。所以我的结论是假设3成立。

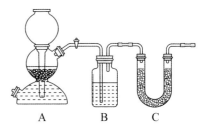

生:老师的实验方案有问题。B中硝酸银溶液可能会挥发出水蒸气进入C

中,因此C中无水硫酸铜变蓝色,无法证明A中导出的气体存在水蒸气。

师:那你们组的方案是怎么样的?

生:将B、C两套仪器互换位置就可以依次验证水蒸气和氯化氢气体。

师:有同学很聪明,已经发现老师是故意设计错的。其实,通过刚才的环节,老师希望大家认识到:①检验气体要借助具有特征现象的化学反应,并根据现象得到正确的结论;②检验混合气体时,要注意先检验水蒸气。

(老师呈现出错误的装置和结论,让学生敢于质疑、大胆地将知识运用到解决问题上,感受学习的成就。同时,也引出混合气体检验时会出现干扰,为下一个环节做铺垫)

【情境二】

师:我们把二氧化碳中的可能存在的气体除去后得到纯净的二氧化碳,再将它通入灼热的碳粉中与之反应,就能生成另一种气体CO。一氧化碳是一种具有可燃性和还原性的气体,它可以作燃料,还可以用来冶炼金属。请问我们应如何检验反应的产物CO?

生:利用其可燃性,可以将气体点燃观察火焰颜色。

生:也可以利用还原性,将气体通入装有灼热的氧化铜的玻璃管。

(明确检验气体的方法不唯一,根据气体性质找到具有特征现象的化学反应。培养学生从不同视角对化学变化进行研究,逐步揭示化学变化的特征和规律)

师:现在小王同学为了装置A中导出的气体成分,设计了如下装置。

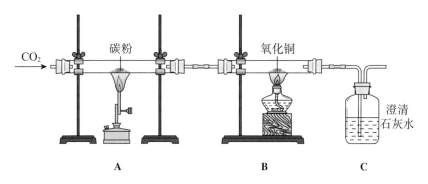

师:请问此时小王的实验目的是检验哪些气体?

生:装置A中导出的气体成分。

师:他的设计能否达成实验目的?

师:无法检验哪种气体?

(再次通过不断地提问、追问,激发学生思考,培养学生实验探究要先明确实验目的)

师:下面就请大家通过小组讨论改进实验方案,合理地连接实验装置检验二氧化碳和一氧化碳。(老师在四个小组之间穿梭,进行旁听、指导、帮助或纠正)

师:请某某同学在 seewo 上搭建改进后的实验装置。

(学生搭建好改进后的装置)

师:请说说你们组这样改进的理由。

生:A 装置导出中除了一氧化碳还可能存在二氧化碳,小王同学设计的方案只能验证一氧化碳。所以先连接澄清石灰水用于检验二氧化碳,再连接装有氢氧化钠溶液的多功能瓶用来吸收多余的二氧化碳。这样就只剩下一氧化碳气体,就可以接 B、C 装置来检验一氧化碳。

师:你设计的方案不错,就是有个小问题。有没有人帮助完善?

生:最后还要尾气处理,防止污染空气。

师:对,如果检验的混合气体中存在一氧化碳,我们必须要进行尾气处理。

(同学之间交流实验探究的成果,提出进一步探究或改进实验的设想)

师:下面请大家小组讨论试着思考,如何优化他的方案?利用更少的仪器也能检验出二氧化碳和一氧化碳。

生:可以省略吸收二氧化碳的氢氧化钠溶液。

师:为什么?

生:因为即使不吸收剩余的二氧化碳,也不会影响 B 装置中灼热的氧化铜检验一氧化碳的现象。

师:非常好。通过刚才这个环节,我们希望大家意识到:①在检验气体前,我们必须先明确要检验的气体的成分,再借助具有特征现象的化学反应来检验气体;②在检验混合气体时,各成分之间有可能会互相干扰,我们要先检验可能被干扰的气体。

(培养学生缜密的思维,考虑干扰问题,帮助学生掌握基本规律。培养学生依据探究目的设计并优化实验方案,进一步在课堂学习活动中发展化学学科核

心素养）

【情境三】

一氧化碳是煤气的主要成分，其中有一种煤气叫作水煤气。水煤气是一种重要的工业气体燃料和化工原料。工业上用煤炭与水蒸气在高温条件下反应制取水煤气，水煤气的主要成分是一氧化碳和氢气，还可能混有少量的二氧化碳和水蒸气。

（引导学生认识环境保护和绿色化学观念，深刻理解化学、技术、社会和环境之间的相互关系，赞赏化学对社会发展的重大贡献）

师：设计实验方案证明水煤气的主要成分是一氧化碳和氢气。

生：将气体通入灼热的氧化铜。

师：可是两种气体都有还原性，都可以还原黑色氧化铜。

生：这两种气体反应后的产物不同，氢气还原氧化铜生成水蒸气，而一氧化碳还原氧化铜生成二氧化碳。只要再检验产物就可以了。

师：下面请大家小组讨论，设计实验方案检验水煤气中含有的四种气体：一氧化碳、氢气、二氧化碳和水蒸气。（老师在四个小组之间穿梭，进行旁听、指导、帮助或纠正）

师：请同学利用 seewo 搭建实验装置。

（请小组成员解释设计的实验方案，阐述选用试剂的作用。再请其他小组来完善、优化实验方案或者提出不同的实验方案。小组之间经过思维的碰撞，产生不同的实验方案，老师对各个方案给予评价）

【师生共同小结】

通过这节课三个环节的学习，我们在混合气体检验时要注意哪些呢？

① 在检验混合气体前，明确实验目的，清楚要检验的混合气体的成分，以及进入每个装置的气体成分。

② 在检验混合气体时，要借助具有特征现象的化学反应来检验其中的气体。

③ 在检验混合气体时，各成分之间可能互相干扰，要先检验可能被干扰的气体。

④ 常见混合气体检验的一般顺序：水蒸气——二氧化碳——氢气——一氧化碳。

宣布下课。

(三个环节层层递进,逐步提升难度。发散学生思维,通过小组合作、自主探究,解决问题链,在对四种常见气体的检验进行复习巩固的同时,引导学生归纳混合气体检验的思路和方法,完成知识的迁移和应用。同时,让学生认识实验探究的一般步骤:①提出问题。②建立猜想和假设。③制定探究计划。④进行观察和实验。⑤分析实验结果。⑥得出结论。⑦对实验结果和得出的结论进行评估和交流)

【教学反思】

本课主题是《混合气体的检验》专题复习。虽然作为专题复习课,但也要让学生感受化学与生活的紧密相连。从身边的事物入手,增加知识与生活的亲近感,使学生理解知识来源于生活,应用于生活。

在现阶段,学生已经对常见气体的检验和吸收有一定的知识储备,对化学变化中物质的转化关系也有了一定认识。这节课是在学生学会 CO_2、CO、H_2、O_2 这四种气体的相关性质后,对这些气体性质的综合应用。本节课内容包含了混合气体的检验与相关仪器的连接等知识。学生在活动中运用实验探究的方法,基于证据进行分析推理。以生活中的气体为学习素材,从单一气体到混合气体,从试剂选择到装置搭建,内容充实,结构完整。学生课堂反应良好,能初步建立关于气体性质的一个知识体系,并且增强了学习兴趣,提高了探究身边化学现象的积极性。

通过创设三个情境,三个环节环环相扣,同时逐步提升难度,发散学生思维。通过小组合作、自主探究,解决问题链,在对四种常见气体的检验进行复习巩固的同时,引导学生归纳混合气体检验的思路和方法,完成了知识的迁移和应用。

通过对本节课的反思,我发现了一些问题,以下是我对本节课的一点改进建议:

首先,在教学活动中,还可以试着采用竞赛抢答、提问回答、分组回答等多种形式的对话,这样会使更多学生参与其中,同时课堂气氛也会更加活跃。

其次,在对混合气体检验方法进行总结时,缺少板书的呈现,可以将图像展示与板书结合在一起,这样总结的知识将不只是停留在理论的层面上,也能更加直观地加深学生的印象。

最后,整个过程中我要多扮演引路人的作用,将课堂尽可能地交给学生。通过进行这次专题复习课,对化学学科核心素养又有了更深一层理解。

专家点评

方时超是一位年轻的化学骨干教师,工作年限不长,但走上工作岗位后,进步非常明显。他能够把化学学科知识融入社会活动和生活实际之中。在他的课堂上,以激发学生兴趣为主,并在课堂上抓住时机启发学生思维,营造学生自主学习、合作学习、体验学习的浓厚氛围。

在《混合气体的检验》一课中,方老师能紧紧抓住"有效学习、对话学习"这一学习方式,紧紧抓住"学、做、思"共进的实践策略,提升课堂教学的质量和效果。方老师一改复习课的常规教学模式,力求在课堂教学中通过活动,发展学科核心素养,通过实验探究的方式,基于证据进行分析推理。以生活中气体为学习素材,从单一气体到混合气体,从试剂选择到装置搭建,使学生初步建立起关于气体性质的知识体系,增强学习兴趣。

创设三个情境,环节环环相扣,逐步提升难度。学生在课堂上,则通过自主学习探究、小组合作解决问题,以生生对话、师生对话、与教学环境对话等方式,对初中阶段学习的相关气体进行复习巩固,加以检验。并引导学生归纳混合气体中对气体逐一检验出来的思路和方法,既起到基础复习作用,又起到知识的迁移和应用。

优课示例 2

作者简介:程华,2000年7月毕业于上海师范大学化工工艺教育专业,大学本科学历,工学学士。中学化学高级教师。现在上海市朱行中学工作。2004年到2011年担任化学教研组长,2011年8月起担任学校教导处主任。

从教以来,经历过两套教材的课堂教学,也一直在反思自己的教学,可以说她一直走在课堂教学改进的路上。以情促学,努力激发学生的学习兴趣,充分发挥学生的主观能动性,从而提升学生的学习效益,是她从教以来一直秉承的教育教学理念。朱行中学提出了"生态课堂811"课堂教学理念,所提倡的即为关注学生的学,因此,程华每学期会选取其中一到两个操作点,作为课堂教学重点加以实施,比如,学生会的教师少讲或不讲,重视课堂小结等,力求使自己的课堂教学高效且有效。

在教科研方面,结合教育工作实践,运用科学研究方法积极进行教育教学研究。关注本学科研究动态,结合实际,提出问题,确立课题进行研究。2013年负责完成了区级课题"初中化学教学中人文资源重组及利用的行动研究",获金山区教科研成果三等奖,该课题的研究论文在上海市教育学会教学专业委员会2014年论文评选中荣获三等奖。

充分挖掘学科内涵
——以《质量守恒定律》一课为例

【课例设计说明】

质量守恒定律是初中化学的重要定律,是化学反应前后质量关系的概括。它的应用贯串于整个中学化学。

之前学习了用文字表达式来反映化学变化的过程,学生对化学变化中物质在"质"方面有了初步的认识,但这远不能完整、准确地揭示出各物质间的"量"的关系。而"质量守恒定律"则从理论上弥补了这一缺点,从"量"的方面提示出了化学反应的内在本质。它为学习化学方程式的书写及根据化学方程式进行计算提供了理论依据,所学原理、技能是基础化学中最基本的,是今后学习化学反应及各种规律的基础。因此,"质量守恒定律"起到了承上启下和奠基的作用,学生能利用先前学习的化学变化的基础和分子、原子的相关知识,从微观的角度理解化学变化前后物质总质量一定守恒的原因。

在前面的学习中,学生已经知道了构成物质的微粒有分子和原子,通过水的电解的微观示意图知道了化学变化的实质,因此我想从微观的角度让学生通过微观示意图来得出化学变化前后的几个不变的量,从而引出宏观上化学变化前后物质的质量是不变的规律,最后直接抛出质量守恒定律的具体内容。

了解质量守恒定律的发现史,能使学生对科学家们求真、求实的态度有更加深刻的认识,感悟并传承科学精神。

质量守恒定律的内容并不复杂,如果要学生死记硬背不会有太多困难。可是不通过实验让事实来说话,学生无法透彻理解定律的含义。通过演示实验,学生模仿实验,再对产生的问题设计改进实验,充分认识定律确实具有普遍意义。

对于质量守恒定律的运用,应该贯串学生化学学习的整个过程。本节课的关注点是质量守恒定律与生活的结合,让学生感受化学与生活的密切关系。

一、教学目标

1. 知识与技能

(1) 通过从微观角度分析及化学反应中反应物与生成物质量的实验测定,理解质量守恒定律的含义及守恒的原因。

(2) 根据质量守恒定律能理解一些简单的实验事实,能推测物质的组成。

2. 过程与方法

通过实验的方法来定量研究问题和分析问题。

3. 情感态度与价值观

通过对实验现象的观察、记录、分析,学会由个别到一般的研究问题的科学方法,养成严谨求实、勇于探索的科学品质及合作精神,认识永恒运动的物质既不会凭空产生,也不能凭空消失的道理。

二、教学重点、难点

对质量守恒定律含义的理解和应用。

三、教学用品准备

氢氧化钠溶液、硫酸铜溶液、双氧水、二氧化锰、锥形瓶、带有橡皮套的橡皮塞、电子天平、小试管。

四、教学流程

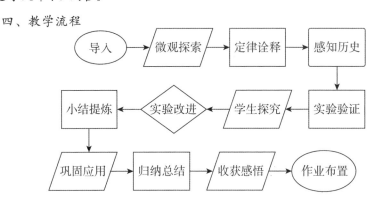

流程说明：

1.通过水分子分解的微观示意图分析出化学变化前后原子种类、原子数目、原子质量不变,从而推出宏观的元素种类不变、化学变化前后反应物的质量等于生成物的质量。

2.对质量守恒定律进行诠释。

3.质量守恒定律的发现史:从罗蒙诺索夫到拉瓦锡到近代科学家,通过实验验证了这一结论,感悟"求真、求实、协作"的科学精神。

4.设计实验验证质量守恒定律:由老师的演示实验探究硫酸铜溶液和氢氧化钠溶液反应前后的质量关系,到学生的模仿实验:探究双氧水和二氧化锰混合前后的质量关系。

5.探究实验后学生交流探讨得出有气体生成的实验必须在密闭的环境中进行,并对实验进行改进,再次实验。

6.对质量守恒定律中的一些关键词进行小结提炼。

7.设置情境对质量守恒定律进行应用,让学生真切感受化学知识是为社会生产和生活服务的。

8.通过本节课的学习,让同学们谈谈收获和感悟。

五、教学实录

教师活动	学生活动	设计意图
(一) 探微求知 出示水电解的微观示意图 分析化学变化前后微观粒子的量的变化	思考、回答	从熟知的反应引入思考量的变化
(二) 定律诠释 出示质量守恒定律的含义	阅读、理解	知道质量守恒定律的含义

（续表）

教师活动	学生活动	设计意图
（三）感知历史 出示史实资料:质量守恒定律的发现史	阅读、感悟	通过了解历史,感悟"求真、求实、协作"的科学精神
（四）实验验证 1.演示实验:探究硫酸铜溶液和氢氧化钠溶液反应前后的质量变化	观察、记录	了解科学探究的首要方法是实验
2.学生实验: 分组实验: （1）探究双氧水和二氧化锰混合前后的质量变化 （2）探究氢氧化钠和稀盐酸混合前后的质量变化	设计实验、动手操作 记录实验现象 汇报自己小组的实验情况。 (1)实验装置、现象;(2)反应前后总质量比较(可能出现不同结果)	知道实验前要先理清实验步骤 通过亲身体验实验,提高实验操作能力,培养他们严谨求学的态度
（五）前失后鉴: 1673年,英国化学家波义耳做了这样一个实验,他将金属汞放在一敞口容器里煅烧,冷却后进行称量,得出的结论是固体物质的质量增加了。该实验导致波义耳与质量守恒定律擦肩而过 问:是什么原因导致波义耳未能发现质量守恒定律	讨论、交流 波义耳在敞口容器里做实验 改进后再做实验	通过表达交流,培养缜密的化学思维,以及准确的语言表达能力。同时培养了学生实事求是、一丝不苟的科学态度 学生活动中出现"等"与"不等"两种结果,处于矛盾状态,经历初次探究的挫折后,分析原因,优化设计,重建实验,最终得出规律
（六）小结提炼 对质量守恒定律中的一些关键词进行小结提炼	思考回答、共同提炼	更深刻理解质量守恒定律的含义以及能正确应用该定律
（七）知识应用 强调与深化	学生完成知识应用,巩固对质量守恒定律的理解	再次激发学生对定律的思索,以便使学生深入地体会知识,加深对质量守恒定律的理解

（续表）

教师活动	学生活动	设计意图
（八）归纳总结 从微观到宏观 原子种类没有改变 原子数目没有增减 原子质量没有变化 宏观：化学反应前后元素的种类不变，反应前后质量守恒	回顾、概括	对本节课的内容进行概括，让学生对质量守恒定律的本质和含义有一个整体的认识
（九）作业布置		巩固所学知识

板书设计：

质量守恒定律

定义：参加化学反应的各物质的质量总和等于反应后生成的各物质的质量总和。

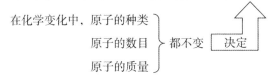

在化学变化中，原子的种类　原子的数目　原子的质量　都不变　决定

课堂巩固：

1.17 世纪人们认为水能变成土，1768 年科学家拉瓦锡对此进行研究。他将一定量的蒸馏水加入特殊的蒸馏器，反复加热蒸馏 101 天，发现蒸馏器内产生少量沉淀，称得整个蒸馏装置的总质量没变，水的质量也没变，沉淀的质量等于蒸馏器减少的质量。对于这项研究的说法中，错误的是（　　　）。

A．精确称量是科学研究的重要方法　　B．水在长时间加热后转变为土

C．物质变化过程中总质量守恒　　　　D．沉淀物来自蒸馏器本身

2．有一则广告："水变含碳元素的高价汽油、柴油，经济收入惊人，技术转让，请有识之士加盟。"同学们，假如你是老板，是否会加盟？说说你的想法。

课后巩固：

1．用质量守恒定律解释生活中的下列现象：

（1）镁带在空气中燃烧后产物的质量大于镁带的质量＿＿＿＿＿＿＿＿＿＿

（2）氯酸钾和二氧化锰加热后剩余固体质量减少

2. 在反应 A＋B ——→C＋D 中,若 28 克的 B 恰好完全反应,生成 44 克 C,2 克D,则参加反应的 A 的质量为____克,若生成 4 克D,则需 A____克。

3. 液化气中的一种主要成分是 C_2H_6,其燃烧的化学方程式为 XC_2H_6＋$7O_2$ ——→$4CO_2$＋$6H_2O$,根据质量守恒定律推断出 X 的数值为(　　)

A. 2　　　　　　　B. 4　　　　　　　C. 6　　　　　　　D. 7

4. 氯气是一种有毒气体,可用烧碱溶液来吸收处理。其原理为:

Cl_2＋$2NaOH$ ——→$NaCl$＋X＋H_2O,则 X 的化学式为(　　)

A. HCl　　　　　　B. NaClO　　　　　C. H_2　　　　　D. HClO

5. 化学反应遵循质量守恒定律的原因是(　　)

A. 物质的种类没有改变

B. 分子的种类没有改变

C. 原子的种类、数目和质量均没有改变

D. 分子的数目没有改变

6. 下图是水分子在一定条件下分解的示意图,从中获得的信息不正确的是(　　)

A. 一个水分子由两个氢原子和一个氧原子构成

B. 水分解后生成氢气和氧气的分子数比为 2∶1

C. 水分解过程中,分子的种类不变

D. 水分解过程中,原子的数目不变

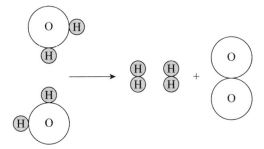

7. 在一个密封容器内有 X、Y、M、N 四种物质,在一定条件下反应一段时间后,测得反应前后各物质的质量如下:

物质	X	Y	M	N
反应前质量(g)	10	10	10	10
反应后质量(g)	10	15	8	7

(1) 试推断该密闭容器中发生化学反应的基本类型是(   )

A. 分解反应   B. 化合反应   C. 氧化反应   D. 无法确定

(2) 由表中数据分析可知,X物质在该反应中可能作_____剂,依据是_____。

8. 某人用A、B、C、D四种元素组成的化合物AD、BAC、BCD经过了一系列十分复杂的化学反应,制造出人类迄今未知的物质X。此人发布新闻说:"我制造出了一种新元素X。"请分析后回答:此人的话是否正确?为什么?

【教学反思】

质量守恒定律是化学反应前后质量关系的概括,它的应用贯串于整个中学化学,所以它的重要性是不言而喻的。本节课的设计思想是从微观到宏观,通过水的电解的微观示意图知道了化学变化的实质,在此基础上得出化学变化前后的几个不变,引出宏观上化学变化前后物质的质量是不变的规律,由此直接抛出质量守恒定律的具体内容。在实施教学环节,预设计实现程度较高,但也存在不足之处,下面是我对教学过程中的优点和不足之处的总结。

1. 我之前上质量守恒定律课的一般思路是先提出问题:反应物的质量和生成物的质量是否相等,学生猜测并进行实验探究,然后得出质量守恒定律的含义,最后从微观上揭示质量守恒定律的本质。这样的设计思路,给学生们一种感觉,就是质量守恒定律是学生通过几个实验得出的结论,事实上,该定律的产生,科学家们是经过无数次实验后得出的结论。所以我在设计质量守恒定律这一教案时,想突破以往的思路,先把质量守恒定律的含义抛出,然后让学生用实验进行验证,最后对质量守恒定律进行应用。

原本以为水的电解的微观示意图在学习分子原子这一知识时对学生呈现过,学生知道了化学变化的实质是原子的重新组合,反应前后原子的种类、个数保持不变,但是在这一环节中找出哪些量在化学反应前后是不变的,学生花了较长时间。在这一环节里,对于原子的种类、数目、质量在化学变化前后不变,学生比较容易掌握,因为这些量不变,所以反应前后物质的总质量不变,可能有点难理解。为了便于学生理解,可以在这之前铺垫一下,水是由无数个水分子构成的,因为构成水分子的原子种类、数目、质量不变,所以反应前后的物质总质量不变。

2.为了挖掘学科内涵,我在教学环节中增加质量守恒定律的发现史,目的是使学生对科学家们求真、求实的态度有深刻的认识,感悟并传承科学精神,并且这种精神始终贯串整节课,也为后面的实验做了铺垫。在实验设计阶段,我让学生们以小组合作的方式进行实验,这样做是为了培养学生的参与意识。通过演示实验和学生实验,再对学生实验过程中产生的问题设计改进实验,充分认识定律确实具有普遍意义。但在学生实验中,探究双氧水和二氧化锰混合前后的质量变化关系,在敞口的容器中因为氧气散逸到了空气中,称量前后质量减少,但是学生实验时还是出现了质量不变的情况,学生又做了一次实验,仍然不变。在这种情况下,我首先分析双氧水和二氧化锰的反应原理,让学生思考产生的氧气有没有称量,氧气逸出,质量变少,再分析了为什么现在质量不变产生这一情况的可能原因。对于该实验的失败,可能是仪器的选择和药品的量和浓度没有控制好,在下次上课时应该要注意这些细节问题。

3.本节课的关注点是定律与生活的结合,通过学生实验,让学生归纳了质量守恒定律的适用范围和使用注意事项,这让学生在应用质量守恒定律时减少了很多错误。本节课选取的题目都是来自生活,让学生感受化学与生活的密切关系。但选的题目时代性不够,应该要与时俱进。

通过以上反思,我想以后的质量守恒定律这一教学中我要做到以下几个方面。

1.课题导入要吸引人,我将采用让学生动手用粒子模型来展现水的电解这一过程,这样可以更直观地让学生知道化学反应前后哪些量没有发生改变。

2.设计实验时,让每组学生做三个实验,有沉淀生成、有气体生成、没有气体或沉淀生成的,这样更能说明质量守恒定律具有普遍意义。同时在学生实验阶段开始时,可以先给学生半分钟的时间阅读实验步骤,然后我再重点讲解几个注意事项,减少实验失误,也可以减少实验所需的时间,多给学生时间表达自己的想法。学生实验操作时,可以通过摄像头收集实验错误和实验失败案例,在实验反馈时教师和学生一起分析。

3. 在课堂小结环节,可以设置一些问题,通过问答的方式,来总结本节课所学知识。

通过这节课的实践,我觉得教师要尽量创造条件让学生从多角度去理解一个知识点。上完一节课,通过反思发现自己在教学上还有很多不足之处,同时也学到了很多东西,要善于处理教学中知识传授与能力培养的关系,巧妙创设能引导学生主动参与的活动及情境,让学生在实践中学习,才能不断地激发学生的学习积极性与主动性。经过一次次的反思—提高—再反思—再提高的过程,我受益匪浅,也更加深刻地认识到了在教学中及时反思的重要性和必要性,它会使我逐渐形成自我反思的意识和提高自我监控的能力。在今后的教学中,我会通过不断地反思来提高自己的教学水平和创新能力。

专家点评

程华老师对于化学课堂教学有其独特独到的理解,她的课堂总是能关注激发学生的学习兴趣,充分调动学生学习的积极性,从而提升学生的学习效益。这一点,从程老师提供的教学案例《质量守恒定律》的教学设计中,可以充分体现。质量守恒定律是一条非常重要的定律。单是从其定律的内容而言,好像并不复杂,但是如果不通过实验,不让事实说话,学生无法透彻理解定律的含义,所以,程老师通过一系列演示实验,学生模仿实验,再对产生的问题设计改进实验,充分认识定律的普遍意义。

学习质量守恒定律之前,同学们已经学习了很多化学变化,知道了物质在化学变化中发生了"质"的变化,但是,还不能揭示化学变化中物质之间"量"的关系,从而也不能完全认识化学反应的内在本质,而对于这一点,在工农业生产中显得尤为重要。如何引导学生在"量"上对化学变化有一个认识,对于化学老师来说就显得尤为重要。

程老师的设计独具匠心,她从水电解的微观示意图入手,进行化学变化的探微求知,引导学生进行分析化学变化前后原子种类和个数是不变的;接着在此基础上,直接出示质量守恒定律的含义,引导学生阅读,并在分析微粒变化的基础上,理解质量守恒定律的含义。

　　了解质量守恒定律的发现史,感悟科学精神,对于化学学科核心素养体现得淋漓尽致。化学是一门以实验为基础的学科。因此,在本堂课中,程老师运用演示实验和学生实验相结合的方式进行科学探究,亲身体验。整堂课立足学科特点,充分挖掘学科特点,把实验体验、宏观认识和微观辨析,与工农业生产实际紧密相连,充分体现了一位学科骨干教师扎实的基本功。

小学音乐

特级教师简介

张　懿，中国教育学会音乐教育分会理事，上海市第三期音乐名师基地学员，金山区第二届拔尖教师，金山区第五、第六届"明天的导师工程"学科导师，金山区第七届"首席教师"，主持金山区音乐名师工作室，2020年评为正高级教师，2023年荣获上海市特级教师称号，现任金山区小学音乐教研员。曾获金山区先进生产工作者、金山区艺术教育先进个人、金山区"十三五"教育科研"优秀研究者"、金山区导师工程"金玉兰"奖、区见习教师规范化培训优秀指导教师等荣誉。先后被聘任为上海市义务教育五四学制非统编教材艺术（音乐）编制业务指导专家、艺术（音乐）学科教师教学用书审核专家、华东师范大学"佛年杯"教学技能创新大赛评委等。

从教三十多年，秉持"让每个农村孩子享受艺术美"的育人理念，深耕音乐教育一线，提出了以"美"为核心，以"技""趣"为双翼的音乐课堂教学主张。多次开设市、区级公开课，先后执教上海市"空中课堂"、浙江省名师"课博会"音乐专场教学展示，与辽宁、云南、南非等国内外教育同行开展教学研讨和展示，曾获上海市器乐教学评比一等奖、上海市中青年教师教学评比二等奖。

主持区级重点课题和项目研究，有多项科研成果获市、区级奖项。致力于乡土音乐课程资源建设，开发实施特色课程《金山田山歌》，并出版课程资源。主讲的《金山田山歌》课程，作为上海市音乐名师基地子课程,被录用为"十三五"教师培训市级共享课程。

关心青年教师成长,先后带教了五十多位青年教师,指导的多位教师获上海市中青赛一、二等奖,全国教学评比二等奖,培养的一批批教学骨干成长为远郊艺术教育的中坚力量。

∽ 特级教师优课与经验分享 ∽

向青草更深处漫溯

犹记得自己刚踏上工作岗位时那个稚嫩的模样,如今,我已经是一个有着三十多年教龄的老教师了。三十多年来,我始终怀揣教育初心,深耕音乐教育一线,先后任教于漕泾小学、漕泾中学、金山初级中学,2022 年,我调入金山区教育学院任小学音乐教研员。回顾自己的教学和成长之路,有艰辛,有快乐,有迷茫,有收获,每一时都弥足珍贵……

一、立足课堂,在实践中探索教与学的变革

课堂是教师的立身之本,也是教师成长的必由之路。我努力追随教育改革的步伐,在一节节精心设计的课中捕获音乐教学的灵感,领悟着课堂教学的真谛。

(一) 懵懂,成长的青涩

教学生涯的前十年,我是在漕泾小学度过的。记得,刚踏上教学岗位的头两年,学校只有我一个音乐教师,没有老教师的带教指导,一切都在自我摸索中前行。尽管没有教学经验,也不懂教学理念,但我肯学肯干,慢慢地有了一些成绩,也逐渐地掌握了一些教学的门道。

课改的春风吹来了"唱游课"和"器乐进课堂"。在外出听课与学习中,我的

音乐课堂开始变得丰富多彩起来。在一次培训中,我接触到了口风琴,并将口风琴带进了我的课堂。至今我都清晰地记得孩子们吹响口风琴时欣喜的表情。那时,农村孩子在器乐学习方面几乎都是零基础,但对于我这个对教学有着满腔热情的人来说,一切困难都不是问题。逐渐地,孩子们有了令人惊喜的进步。看着他们在六一儿童节上自信的表演,我对自己说:在音乐世界里孩子们多么快乐啊,我一定要把这份快乐带给每一个学生。

(二) 锤炼,成长的印记

"不积跬步无以至千里",我的教师专业发展可以说是"一路学习、一路成长"。面对在音乐教学上已取得的一点成绩,是熬着资历"混"下去,还是继续前进不懈怠?我选择了后者,一步一个脚印地在音乐教学的路途上踏实行走。

公开课是最能磨炼人的。细数我上过的近三十节各级公开课和评比课,其中有三节课让我最为印象深刻。在这课堂教学三部曲中,我逐渐明晰了我的教育教学理念。

1. 小试牛刀

记得那是 2007 年,当时我已经调入了漕泾中学任教。恰逢区里开展教学评比,我以一节综合课《小乐队》参加了评比并获得了二等奖,课中的口风琴合奏给评委老师们留下了深刻的印象。随即我又在区里开了器乐教学公开课,获得了我区音乐教研员李老师和同行们的高度评价。在我开课的下半年,迎来了 2007 年上海市器乐教学评比,经过选拔,我获得了代表金山区参加比赛的资格。于是,接下来的几个月,从选择内容到设计教学,又到试教和修改,在反复的磨课中,我带着紧张、焦虑的心情暗暗努力着。经历了"昏天黑地"的几星期后,我的《巡逻兵进行曲》一课在这次评比中获得了一等奖。让我颇为自豪的是,这也是我区音乐学科在市级教学评比中拿到的第一个一等奖。在这节课中,我融口风琴吹奏、律动为一体,尝试了小组合作创编伴奏的方式。扎实的器乐教学、有效的小组合作学习和良好的师生"同频共振"是这堂课成功的"法宝"。

2. 迎难而上

2013 年我调入了金山初级中学。新的学校新的起点,虽然在音乐教学上已有了一点成绩,但我没有自我满足,开始了比原先更忙碌的工作与学习生活。

时光迈着匆匆的脚步带来了 2014 年度上海市中青年教师教学评比。我和徒弟共同参加了这一年的中青赛,我参加艺术学科,徒弟参加音乐学科。在和区教研团队一起指导徒弟参赛的同时,我自己也进入了紧张的备赛状态。可是,中青赛的这节艺术课却准备得异常艰难,没有了2007年第一次参加市级比赛的初生牛犊不怕虎的精神,如今的我更多了一份顾虑、一份责任。那段日子,对我来说是难熬的,可能是太想把这节艺术课上出新意,我经常有新的想法,但又因为患得患失而时常否定自己。最终,我以欣赏德彪西的交响素描《大海》第一乐章"海上的早晨到中午"为主教材,以"大海"为主题的多种艺术门类的融合完成了我的比赛课。虽然竭力想尝试艺术的综合,但碍于其他门类艺术素养的缺乏,这节课上得并不理想。这一次幸运女神并没有眷顾我,我只取得了二等奖的成绩,而我的徒弟则在这次音乐学科的比赛中取得了一等奖。得知成绩的那一刻,虽然为徒弟而高兴,但自己却很失落。

那之后的一阵子,我总爱独自静坐在音乐教室里,反复思考,一等奖的那堂课真的是成功的吗?二等奖的这堂课带给我怎样的启示?失败是客观原因还是我个人的问题?是不是我没有与时俱进呢?带着对课堂的反思,我开始了更深入的学习与研究。同时,我也意识到,没有理念的引领,仅有对课堂的直觉是不够的。恰如音乐舞台上的"偶像派"总是"短命"的,只有"实力派"才能有着长久的艺术生命。教育生涯的下一步该怎样走?我找寻着从"技术型教师"到"内涵型教师"的转型。

3. 再迎挑战

促使我顺利转型的正是金山区"明天的导师工程"和上海市第三期音乐名师基地。在这两个平台中我有了更为全面、快速的成长,实现了对自我的超越。

算起来,我与导师工程结缘了整整15年,在考核中连续12年获得优秀,连续7年获"金玉兰奖"。从金山区第三届"明天的导师工程""百名优秀青年教师"到第四届"学科骨干教师",又成长为第五、第六届"学科导师"和第七届"首席教师"。导师工程见证了我的孜孜求索,在这里,我播种下攀登的种子,学有所思、学有所悟、学而践行。期间,我有幸成了金山区第二届拔尖教师研修班的一员,并参加了第三期"上海市普教系统名校长名师培养工程"音乐学科基地的学习。一场场对话,一个个报告,就像一份份精神食粮,不断地滋养着我的思想,给予我前行的动力。得益于名师基地专家的指导和同学们的帮助,我完成了一个个艰巨的学习任务,专业成长又往前跨了一大步。

在忙碌的教学与培训学习的同时,我认真履行区学科导师的职责,做好教研员的得力助手,充分发挥在区内的辐射引领作用,以教学指导、课堂展示、专题讲座等多种方式带领青年教师探索有效的音乐课堂教学,把自己的所学所得毫无保留地与区内青年教师分享。2018年,我成为了金山区第七届"明天的导师"工程"首席教师",带着这一份荣誉与责任,我对课堂教学的钻研又上了一个新台阶。

2020年,我区中学音乐学科接到了上海市第二轮空中课堂视频课的录制任务。李老师将这一任务交给了我,让我带领徒弟完成六年级第一学期第四单元《倾听亚洲的声音》的拍摄。由于教学内容难度高,教材提供的资源又非常少,为了更精准地呈现亚洲音乐文化的特征,我们购买了专业书籍,上知网查找资料,涉及地理、历史等方面的内容就求助于专业的学科教师。有时为了寻找一个更好的资源,在电脑前坐到凌晨是常有的事。最终,我们确定了从各音乐文化区入手讲亚洲音乐的思路,提炼了核心概念"文化交融、各具特色的亚洲音乐",从感受东亚音乐文化区、南亚音乐文化区和东南亚音乐文化区各具特色的音乐风格出发设计了三个课时。

空中课堂的磨课虽然是一个痛苦的过程,但也是一个非常难得的向市教研员和市中心组团队近距离交流学习的机会。智慧的碰撞让我收获满满,通过这次备课,我对"单元教学内容的结构化组织"和"用文化激活音乐,用音乐丰富文化"有了更清晰的认识,我的教学专业素养又一次得到了提升。

(三)蜕变,成长的启示

在一次次的课堂教学磨砺中,在"让每一个农村孩子享受艺术美"的育人理念引领下,我逐渐形成了自己的教学特色,提出了"一核双翼"的音乐课堂教学主张,即"以'美'为核心,以'技''趣'为双翼"。并在长期的教学实践中不断丰富它的内涵,多次开设市、区级公开课;开展区拔尖教师教学专场展示;执教市"课程与教学"督导推荐课;在市中小学音乐课型研究音像出版物中发表录像课;赴云南送教;受邀参加浙江·嘉善第七届"课博会"中小学音乐专场教学;先后与辽宁沈阳、云南、浙江、南非等国内、国际教育同行展开教学研讨,进行教学展示。

我经常问自己，"为师者到底该构建怎样的课堂？怎样的课才是一堂好的音乐课？"这一系列问题的答案，随着我的学习和教学实践在心中慢慢清晰起来。一个个对教育教学思考的日日夜夜，让我对课程、对课堂有了全新的认识，更收获着对教学的理解和对专业的敬畏。

品味艺术的人文之美

音乐艺术作为人类创造的文化现象之一，是人类文化的一种重要形态和载体，蕴含着丰富的文化和历史内涵。在深化基础教育课程改革和艺术教育自身发展的当下，艺术（音乐）课程紧紧围绕"以美育人""以情感人""以文化人"的宗旨，以提高学生审美和人文素养为目标，发挥着音乐教育在育人方面的独特功能和巨大作用。

然而，在实际的艺术（音乐）课程教学中，往往过多注重于音乐知识与技能的学习，而忽视了艺术教育在审美情感体验、文化传承等方面的重要价值。艺术核心素养中的"文化理解"素养常常被忽略。学生对音乐艺术深层次的鉴赏、审美能力的发展和文化底蕴的积累有所缺失。因此，在艺术（音乐）课程实施过程中，教师应以人文的视角挖掘音乐文化内涵，在教学中创设生态的艺术人文课堂，正确处理音乐基础知识、基本技能的学习与审美体验和文化认知的关系，使学生在学习音乐知识技能的同时获得音乐文化的滋养，提高对音乐艺术的感受、理解和鉴赏的能力，全面培育艺术核心素养，真正发挥出艺术课程的育人价值。

一、更新艺术课程理念，拓宽艺术人文视野

（一）优化角色，树立艺术课程人文意识

作为艺术教师，不仅是艺术的传播者，更应该是文化的传承者；不仅是艺术课程的实施者，也应该是艺术课程的研究者。艺术课程的目标是在多样化的艺术实践与体验中，帮助学生形成健康的审美观念与情感，提高学生的艺术能力和综合素养。艺术教师应跳出一味传授技能的框框，自身要有丰富的人文情怀和强烈的课程资源意识，站在课程建设者的角度，形成对艺术课程性质认识的人文回归，突出艺术课程的人文性和审美教育功能，丰富艺术教育的人文内涵，使艺术课程在普及音乐艺术基本知识、基本技能的基础上，发挥出普及音乐文化、弘扬人文精神的教育价值。

（二）研读教材，探索艺术人文资源之美

以艺术人文的视角深入研读教材，我们不难发现，在艺术课程中布满了具有人文色彩的亮点。纵观初中艺术（音乐）教材，每个单元都由一个人文性的主题构建模块内容，或体现了艺术与社会生活的关系，或挖掘了艺术内在的人文情感，或凸显了艺术的风格语言，或呈现了艺术发展的新姿……而单元中的每一课则体现了更为丰富、具体的艺术人文内涵，有体现"音乐与历史发展"的，有涵盖"民族精神与文化"的，有表现"人与人的关爱"的……这些人文主题统领下的音乐艺术作品呈现出五彩缤纷、绚丽多姿的态势，需要我们透过表面的艺术形态去发掘、探索其中蕴含的人文之美。

（三）广采博取，丰富自身艺术文化底蕴

从艺术教师师资现状来看，目前的艺术教师大多数来自专业院校的音乐系或美术系，他们虽然具有本专业的知识技能，但对专业之外的艺术门类却未必熟稔于心，艺术文化素养水平也是参差不齐。这一现状使得当前的艺术课并不能真正达到艺术的综合，更缺乏艺术的人文气息。艺术教师除了要积极参加各类培训以外，平时更要自觉地汲取艺术养分，关心艺术信息，充分利用传统介质及网络数字资源等，不断提升个人的艺术人文素养，挑战自己的能力极限。随后，深入艺术课堂，以自身丰富的艺术学识与素养更好地驾驭艺术教学。

二、挖掘艺术人文内涵，深入品味音乐文化

无论从文化中的音乐，还是音乐中的文化视角出发，艺术作品和音乐活动皆注入了不同文化身份的创作者、表演者、传播者和参与者的思想感情和文化主张，是不同国家、不同民族、不同时代文化发展脉络以及民族性格、民族情感和民族精神的展现，具有鲜明而深刻的人文性。

初中艺术（音乐）课程资源蕴含着丰富的音乐文化，教师应关注与音乐艺术密切相关的文化现象，加强与其他艺术、其他学科的联系。从音乐与社会生活、音乐与姊妹艺术以及音乐与文学等方面入手，挖掘音乐作品所蕴含的民族精神、时代特征、历史背景、社会风貌、地域风情、文化传统、创作背景及价值观念等与音乐有密切关系的人文因素，引导学生从文化的角度加深对音乐作品的理解，并从中获得人文精神的滋养。这与 2022 年版《义务教育艺术课程标准》中提出的"突出课程综合"的课程理念是高度契合的。

（一）音乐与社会生活

艺术是社会生活的反映，社会生活是艺术创作的源泉。音乐艺术与社会生活有着极其密切的联系。从"音乐与社会生活"的角度开发文化内涵，具体有以下几个人文主题类别，表1结合初中艺术（音乐）教材的内容举例说明。

表 1　人文主题内涵举例

人文主题	主题阐释	举例说明
民族精神	民族认同感、自信心、自豪感	交响芭蕾《保卫黄河》蕴含的民族情感和爱国热情
时代背景	作品展现的时代、历史发展	歌曲《追寻》再现了在共产党领导下多党合作与政治协商制度建立的历程
民族传统文化	民族特有的审美观念、表现形式、民间艺术	民族管弦乐《丰收锣鼓》中表现的我国汉族民间敲锣打鼓、扭秧歌的欢庆场面
地域特点与风土人情	地域风貌、民俗风情	歌曲《故乡是北京》《上海本是好地方》中歌唱的北京与上海的民俗风情
创作背景	创作故事、创作意图	《惊愕交响曲》的创作故事及命名"惊愕"的由来
艺术家的艺术人生	艺术家成长与创作历程、人生态度	京剧艺术大师梅兰芳的生平小故事以及对京剧的贡献
中国戏曲文化	我国不同地域的戏曲、曲艺所展现的地方特色	越剧的产生、发展、唱腔、流派
音乐发展与流派	音乐流派的形成、风格	印象派音乐的表现风格等
音乐表现的爱与和平	人与人之间的关爱、友谊、人类和平	《让世界充满爱》《时间都去哪了》等歌曲中表现的人间大爱
音乐述说的历史、传说	以历史故事或神话传说为创作题材	小提琴协奏曲《梁祝》表现的梁山伯与祝英台的爱情故事
音乐描绘的劳动场景	劳动的形象与画面、艰辛与喜悦	音乐舞蹈史诗《复兴之路》描绘的不同时期中华民族劳动者与建设者的形象

（二）音乐与姊妹艺术

音乐与舞蹈、美术、影视、歌剧、舞剧、戏剧和曲艺等诸种姊妹艺术有着密切的联系，既有共性又有个性。如音乐与舞蹈的浑然一体，音响和画面的完美结合等。挖掘音乐与姊妹艺术的联系，并不是各艺术门类知识和技能的简单叠加，而是将音乐与姊妹艺术的相关内容、共同手段有机结合，有效促进学生视觉、听觉以及其他感觉的形成，运用艺术的通感加强对音乐内容与情感的感悟，帮助学生获得更加丰富的审美意象。同时，通过对艺术形象的多方位感知，使学生在认识和了解各种姊妹艺术的过程中，体验音乐艺术的独特表现力，积累丰富的艺术鉴赏经验。

音乐与姊妹艺术有着密切关系的例子举不胜举。如法国印象派作曲家德彪西的交响乐素描《大海》，它的构思深受英国画家特纳、法国画家莫奈作品的启发。乐曲充满了光感和动感，颇具视觉效应，生动地描绘了海的不同风貌，融诗、情、画、乐于一体。在欣赏这部作品时，结合印象派绘画作品中大海的色彩、光感去聆听、想象，将更有利于学生理解音乐语言所描绘的形象。

（三）音乐与文学

艺术是一门综合性很强的学科，与其他人文学科的关系非常密切，尤其是人文学科的主干之一"文学"。在艺术课程的实施中，应充分认识学科发展的综合性特点，强化音乐艺术与其他人文学科之间的内在联系来启发学生的思维，引领学生从文学艺术的角度了解音乐，探索音乐，并使学生在学习音乐艺术的同时，了解到更多优秀的人类文明成果。

有句话说得好："音乐是流动的文学，文学是凝固的音乐。"自古以来，音乐就与文学结下了不解之缘。中国文学中的古诗词吟唱就是鲜明的例子。另外，中外许多器乐作品表达的情感、意境和景色也都与文学作品有直接或间接的关系，如门德尔松的序曲《平静的海洋与幸福的航程》就体现了音乐与诗歌的密切关系。这首序曲的标题取自德国诗人歌德的两首独立但又相互补充的短诗——"平静的海洋"和"幸福的航程"。序曲以这两首对比性的短诗为依据，乐曲相应扩展的慢速引子，标有"平静的海洋"的字样，而随后用奏鸣曲式写成的快速度音乐，则反映"幸福的航程"的内容。在欣赏这首由诗生乐的乐曲时，教师可以采用引入有关诗词或文学作品的方法，通过分析诗歌、配乐诗朗诵进而感受、理解音乐作品的情感和意境，引导学生体验音乐是怎样用自己的语汇去表现诗歌内涵的。

三、创设生态艺术课堂，无痕融入音乐文化

（一）有机整合资源，关注艺术课程的人文传递

面对众多的艺术课程资源，教师应智慧地利用教材、灵活地整合教材并有效地拓展课程资源，利用与开发教材内、外的多种艺术人文资源，做到以音乐文化为精髓，注重艺术课程内容的艺术性、人文性、经典性、时代性、民族性以及与多元文化的有机结合，使学生在感性化、生活化和多样化的状态下得到较为系统、完整的音乐文化教育。

如八年级《大海》一课，教师在设计单元教学内容时，以教材作品为主体，将课内外的相关音乐文化资源进行有机整合。第一课时将音乐与舞蹈《小溪、江河、大海》、管弦乐《海上的早晨到中午》、音乐与诗歌《平静的海洋与幸福的航程》作为教学内容，从音乐与舞蹈、音乐与绘画、音乐与诗歌三方面，引领学生体验不同的艺术形式和艺术语言对大海的描绘。而在第二课时中，教师则以《大海·乡情》作为人文主题，将歌曲《鼓浪屿之波》作为主教材，以七年级所学的歌曲《大海啊，故乡》作为情感的铺垫，课外拓展余光中的诗《乡愁》、马思聪的小提琴曲《思乡曲》，重在通过艺术学习与实践挖掘艺术作品所蕴含的深厚的思乡之情，引领学生感悟艺术家寄予大海的情感。通过对教学资源有机地整合与拓展，教学内容既有联系又多彩纷呈，教学主旨明确，人文脉络清晰，课堂传递出浓厚的人文情怀。

（二）营造人文情境，在融会贯通中感悟人文意蕴

在艺术教学中，教师可以着力于音乐艺术的文化根基、文化渊源、文化内涵和文化审美心理的诠释，将音乐艺术置于文化脉络中传承，多视角、全方位地剖析音乐形象，用音乐作品中蕴含的人文境界、人间真情、民族尊严等感染学生，做到在人文的熏陶下以情感人，以美育人。

以音乐为本，将人文作为隐线，围绕同一个人文主题，营造人文情境，引导学生运用不同的艺术形式去体验、理解与感悟人文主题意蕴，实现由此及彼、由彼及此的通感式鉴赏。通过多种艺术形式的相互沟通和相互启发，学生的视、听、动觉等多种感觉共同作用，既强化了学生对人文内涵的理解，又保持了各门艺术的独特性，丰富了学生的艺术体验。如《春江花月夜》一课，以同为"月夜"主题的画、乐、

诗、舞为教学素材，营造"月夜"的意境美，展现了中国古典艺术含蓄典雅的美学特色。从人文的角度，利用艺术的通感和审美迁移，让学生在一系列的艺术体验和鉴赏中，理解在中国文化土壤中孕育出来的音乐艺术同中国的文学、绘画、舞蹈等姊妹艺术的密切关系，引导学生在融会贯通中逐步提高艺术鉴赏能力。

（三）丰富艺术经历，在实践体验中增进文化理解

艺术课程的实践性决定了艺术学习必然要以体验为最主要的手段。增强艺术表现能力和创意实践能力；领悟艺术内涵，提高艺术审美感知能力；理解相关文化，促进文化理解能力都需要以实践体验为基础。多样化的艺术实践是艺术学习的基本方式，它能激发学生学习艺术的兴趣，是提升学生艺术素养的重要途径，也是感悟艺术人文内涵的有效方法。艺术教学中，教师应创设丰富多彩的实践活动，丰富学生的艺术学习经历，引导学生通过亲身的实践体验来获得对音乐文化的感悟以及人文素养的提升。

仍以《春江花月夜》为例，教师不是只将《春江花月夜》同名的画作、音乐、古诗、舞蹈加以简单介绍，而是在艺术实践活动中，引导学生体会画作的意境；聆听、学唱古曲《春江花月夜》，知晓其表达的主题，感受优美的旋律；吟诵同名古诗，理解诗作对《春江花月夜》的描绘；欣赏《春江花月夜》舞蹈，模仿舞蹈动作去感受音乐的美；最后全体学生合作表现《春江花月夜》。这一系列的艺术实践活动，环环紧扣，引领着学生在艺术实践中体验不同艺术形式的《春江花月夜》的内涵，感悟中国传统艺术文化之美。像这样，在教学中将音乐知识技能的传授与音乐文化的熏陶、音乐审美体验紧密结合，融为一体，能使学生在饶有兴趣的学习中，加深对艺术作品的理解和对音乐文化的感悟。

总之，教师要善于挖掘艺术的人文内涵，从音乐文化出发，从人文的角度诠释音乐，将音乐艺术作品的人文内涵以一种凸显艺术学科特点、遵循艺术学习规律的方式在教学中呈现。把音乐艺术的学习与欣赏置于艺术人文的背景中，关注音乐文化的传承，做到在浓郁的艺术氛围和良好的人文情境中处理艺术学科知识与技能的学习，在教学中无痕融入音乐文化理解，从而扩大学生的艺术文化视野，促进学生对艺术形象与情感的感受和理解，以审美的体验走向对审美的思考，帮助学生积累艺术审美的经验并养成主动、乐于探索音乐文化的习惯。

二、开发课程,在创新中拓宽教与学的渠道

"学然后知不足",随着工作的深入开展,我越来越意识到"学习是一辈子的事"。在广泛的学习中,我将在培训班中看到、学到、感受到的经验和方法运用在自己的教学中,并将所学所得辐射到区内骨干教师团队,将自己的专业成长和区域的学科发展牢牢联系在一起。

由于之前有农村学校任教的经历,所以我始终有着让农村孩子享受优质艺术教育的情怀。农村孩子尤其是随迁子女,除了学校的艺术课,很少能接受到艺术的熏陶。为了让农村孩子也有机会享受丰富的美育资源,多年来,我始终坚持艺术特色课程建设。除了开设常规的合唱课、口风琴校本课程以外,还致力于金山乡土音乐课程资源的建设,提倡"让金山学子了解、传承家乡民间音乐文化"的课程理念,与学校拓展型课程相结合,开发了区域特色课程《金山田山歌》,并出版了课程资源。

课程开发绝不是一件一蹴而就的工作,它综合考量了我们的教育理念、教育视野和教育创新水平,需要我们长期地学习和积累,努力突破学科限制,站在综合运用的角度去设计课程。在开发田山歌特色课程的基础上,我又带领区骨干教师团队探索金山民间音乐文化资源与学校美育有机融合的路径与方法,指导我区骨干教师编写课程资源,用言简意赅的语言来概括课程定位,用层次清晰的框架来表述课程内容,用富有逻辑的文字来阐述特色课程的"独特"之处,用具有说服力的实例来演示课程的实施重点。相继开发了集多项非遗项目为一体的金山民间艺术课程《乡韵飘香——淳美的金山乡土音乐文化》,以丰富的民间艺术课程资源拓展远郊孩子艺术学习的时空。

金山乡土音乐课程资源的开发与实施

一、问题提出

乡土音乐是中华民族音乐文化的重要组成部分,对于艺术教育有着不可替代的作用。金山地区拥有着丰富的非物质文化遗产和优秀的民间艺术资源,具有文化底蕴的朱泾花灯、山阳民乐,以及源远流长的金山田山歌都是宝贵的传统音乐文化财富。如何保护和传承这些优秀的民间艺术资源，维护地区音乐文化生态平衡，已经成为音乐教育工作者面临的共同任务。

相比其他形式的传承途径，课堂教学具有可复制和能够大面积推广的优势，更是传统音乐文化走向普及化、科学化、系统化和规范化的必由之路。合理开发与有效利用乡土音乐课程资源，不仅能解决初中校本音乐课程资源不足的困境，还能给师生的教与学留有选择与创造的空间，从而发挥音乐课程的文化传承功能。因此，作为金山的艺术教育工作者，有责任和义务对家乡优秀的地方音乐文化资源进行开发利用，以校本课程为载体，通过学校艺术教育途径传承金山本地民间音乐文化。我们成立了项目组，开创和丰富学校艺术特色课程，引起学生对金山民间艺术的关注，增进学生对家乡音乐文化的了解和喜爱，在学生心中树立起保护、传承、发展家乡优秀音乐艺术的理念，促使金山优秀的民俗民间音乐文化在传习中寻求突破，在弘扬中得到发展。

二、研究过程

本着弘扬金山非遗文化、传承金山本地民间音乐文化的理念，项目组运用文献法、调查法、行动研究法、经验总结法，通过文献资料研读、调查分析、实地采风、整理筛选、实践研究、总结提炼的方式，对朱泾花灯、廊下莲湘、吕巷龙舞、亭林腰鼓、山阳民乐等金山优秀的乡土音乐文化资源进行开发利用，将优秀的金山民间艺术纳入到学校拓展型课程领域，以校本课程的建设为载体，以学校艺术教育为途径，开发实施《乡韵飘香——淳美的金山乡土音乐文化》区域特色课程，探讨金山乡土音乐课程实施的内容与方法，为学生艺术核心素养的培育提供丰富多彩的课程资源。

（1）确定研究方案与分工。在前期制定金山乡土音乐课程开发计划和研究方案的基础上，召开项目组会议，明确《乡韵飘香——淳美的金山乡土音乐文化》特色课程开发与实施的理念、目标、思路，确定项目实施方案，安排人员分工。

（2）资料研读。查阅《金山县志》有关金山民间音乐的记载，了解金山地区民间音乐艺术的渊源；了解金山本地非遗项目中和民间音乐文化有关的内容，基于学情选择课程的内容。

（3）调查分析。走访有关镇文化体育中心以及部分金山地区群众文艺工作者，收集、整理花灯舞、打莲湘等有关金山民间音乐文化的文字材料、谱例及音像资料，分析研究金山民间艺术的风格特征、地域特色和音乐文化。

（4）实践研究。开展项目研究活动,提炼、筛选、整合有关金山本地乡土音乐文化资源,与学校艺术教育相结合,进行"金山乡土音乐文化课程资源的开发与实施"专题研讨,结合教学实践,在学校拓展型课程实施《乡韵飘香——淳美的金山乡土音乐文化》区域特色课程,针对不同的民间音乐艺术特点,研讨有效的教学方法,不断完善课程内容。在每月一次定期研讨活动的基础上,有计划地按照民间艺术分类和单元规划编写《乡韵飘香——淳美的金山乡土音乐文化》教材,并组织开展课堂教学实践和区级项目研究成果阶段展示。

（5）总结提炼。归纳整理,汇总研究成果,撰写《乡韵飘香——淳美的金山乡土音乐文化》教学参考资料与建议,整理音视频资源,建设配套教学资源包,拍摄课例,撰写结题报告,开展区级项目结题展示。

三、结果分析

（一）挖掘地域资源,开发乡土音乐课程

1. 以民间艺术资源为载体,构建课程框架

项目组深入我区朱泾镇、金山卫镇、廊下镇、山阳镇、吕巷镇、亭林镇等有关乡镇,联系各镇文化体育服务中心和当地文艺工作者,对上海市非遗项目朱泾花灯、金山田山歌、廊下莲湘、吕巷龙舞以及一镇一品山阳民乐、亭林腰鼓等民间艺术进行实地采风,收集、汇总文字、音像资源,并分类整理、筛选,以全局的视角、统整的方法对金山乡土音乐课程进行系统、整体的设计,制定目标,架构框架,梳理线索,设置了六个单元(如图1),完成了《乡韵飘香——淳美的金山乡土音乐文化》特色课程教材的编写。

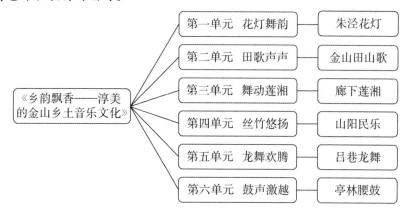

图1　课程框架结构

2. 呈现脉络清晰的板块,精心安排课程内容

《乡韵飘香——淳美的金山乡土音乐文化》课程内容选取金山民间音乐文化中一些具有代表性、内容积极向上、符合学生认知特点、易于学生学习的资源作为主要内容,力求体现审美性、人文性、知识性、实践性、创造性相结合。根据学生的年龄层次和认知水平,《乡韵飘香——淳美的金山乡土音乐文化》特色课程中每个单元分别设有"广角镜""艺海拾贝""小试身手""艺术空间""乡韵舞台"五个板块。这些具有趣味性的活动板块,以由浅入深、层层递进的内容编排,以形象生动、优美精练的文字、图片呈示。

"广角镜":介绍与这一单元主题相同或相似的我国其他地区的民间文化艺术,了解各地不同的民间艺术特点,体现民族文化的传承和民族精神教育的内涵。

"艺海拾贝":介绍金山本地某一民间艺术种类的特点和音乐文化,结合图片、视频的欣赏与感受,激发学习兴趣。

"小试身手":挖掘本地民间艺术中有关音乐的元素,比如歌曲的体裁与演唱方法、歌舞音乐的特点、基本舞蹈动作、锣鼓节奏等,设计音乐实践活动,引导学生学习体验家乡民间音乐文化,体现音乐学习和课程的实践性特征。

"艺术空间":以分组探究的形式,组织各小组成员互相交流、切磋技艺,提出活动要求,尝试创作。

"乡韵舞台":展示学习成果的舞台,是对单元学习效果的评价与反馈,也是传承和发展金山民间音乐文化的体现。

五个板块的内容涵盖"听、唱、奏、演、赏、创"六大学习领域。其中,"广角镜"和"艺海拾贝"两个板块以音乐人文和赏析为主,重在开拓学生视野;"小试身手"板块则以"唱、舞、奏"等音乐实践体验活动为主;"艺术空间"和"乡韵舞台"板块则以创和演为主。教师可以有机整合五个板块的内容将每个单元分成2—3课时教学。

3. 提炼与音乐相关的资源,凸显乡土音乐课程特征

《乡韵飘香——淳美的金山乡土音乐文化》课程所选取的朱泾花灯、金山田山歌、廊下莲湘、吕巷龙舞、山阳民乐、亭林腰鼓等民间艺术资源中,有的资源本身就具有很强的音乐性,如"朱泾花灯"的花灯音乐和花灯舞;"金山田山歌"的传统田山歌和新创作的田山歌;"山阳民乐"的民乐欣赏曲等。而廊下莲湘、吕巷龙

舞、亭林腰鼓这三项则音乐性偏弱一些,分别是以打莲湘、舞龙、打腰鼓的基本动作套路为主。为了使"舞动莲湘""龙舞欢腾""鼓声激越"这三个单元的内容更具音乐性,更契合乡土音乐课程的内涵,我们挖掘、提炼了这三个项目中与音乐相关的资源,如廊下莲湘的音乐"莲湘调、莲湘节奏"、亭林腰鼓的"腰鼓基本节奏"、吕巷龙舞的"伴奏音乐、伴奏乐器与锣鼓经"等,而弱化了基本动作套路的学习。结合音像资源的欣赏,以"学习体验莲湘音乐、舞龙音乐和学习打击鼓点节奏"为主,以"学做一至两个简单的莲湘舞动作、舞龙造型和腰鼓动作"为辅,使课程既彰显了乡土背景,又凸显了音乐特征。如图2、图3所示:

图2 莲湘调

图3 腰鼓节奏

(二)探索实践策略,推进乡土课程实施

乡土音乐课程既与国家基础型音乐课程有着异曲同工之妙,又有其独特之处。它不同于基础型音乐课程内容的多元性,而是产生于劳动人民生活的有着"土味"的民间艺术。对于当今受多元音乐文化冲击的初中生来说,传统的民俗民间音乐文化与他们的审美取向有一定的错位。在乡土课程教学实践中,如何引发学生对家乡优秀传统音乐文化的兴趣,让学生带着美好的情感来学习、欣赏家乡的歌、舞、乐,从而更有效地推进乡土课程的实施,我们的教师应该认真思考,积极探索实践策略。

1. 关注乡土音乐文化,融审美与育德为一体

从金山这块美丽的土地上孕育出来的民间艺术有其独特的魅力,这些颇有特色的金山民间艺术中蕴含着丰富的音乐文化。《乡韵飘香——淳美的金山乡土音乐文化》课程中的音乐人文主要体现在"广角镜"和"艺海拾贝"两个板块中,

在"艺术空间"板块也有所涉及,教师应该智慧地将音乐人文生动形象地在教学中呈现给学生,引导学生在日常学习中不断加深对乡土音乐文化的感受、体验、理解,从而在他们心底埋下传承金山民间文化艺术的种子。

习近平总书记在全国教育大会上提出的"传承传统文化,厚植爱国主义情怀"的目标,作为金山音乐教育工作者,我们有志于引导学生通过学习金山乡土音乐,了解和热爱家乡的音乐文化,让孩子们的爱国主义情怀培育从爱上家乡的民间艺术开始,从而凸显金山乡土音乐的学科本体价值及其教育内涵。

2. 实践三类核心活动,融体验、表现、创造为一体

乡土音乐课程中实践体验活动的设计与音乐学科"体验性学习活动、表现性学习活动、创造性学习活动"三类核心活动高度契合,学习活动的多样化体现在"听、动、演、赏、创"等综合音乐实践上,教师可以根据不同的金山民间音乐艺术特点,着重从其中的一至两个领域设计实践体验活动。如田山歌在"赏"的基础上侧重于"唱",并鼓励学生的"创",而"花灯舞"则在"赏"的基础上侧重于"演"。通过图片、音频、视频资料加深学生对金山民间音乐艺术的感受与体验,并通过设计丰富的学习活动,引导学生运用合作学习的模式在聆听、观赏中体验,在歌唱、舞蹈、敲击节奏、造型表演中表现,在编创与创新中传承、创造与发展。

如区级结题展示课例《千姿百态的舞蹈形象——朱泾花灯》中,项目组成员沈洪洋老师设计了赏析《千姿百态的舞蹈形象——朱泾花灯》宣传片、《花灯传说》视频等体验性学习活动,引导学生了解朱泾花灯,知道不同题材作品中花灯的表现,体验舞蹈形象表达的情感;在此基础上,又设计了学习花灯基本舞姿律动,并根据特定的主题进行简单的舞蹈形象创作与表演等表现性、创造性学习活动。在欣赏、模仿、合作、交流、创作、评价等过程中,引领学生感受花灯舞从民间到舞台表演的不同呈现,体会花灯舞"美"的升华。

3. 开展单元整体评价,融激励与反馈于一体

单元整体评价是课程实施的重要组成部分,是检测学生单元学习目标达成情况的重要途径,也是教师开展教学即时反思与改进的重要依据,它对音乐教学具有诊断、反馈、调节和激励作用,对教师的教和学生的学都具有导向作用。针对每一个单元的学习目标和学习内容,《乡韵飘香——淳美的金山乡土音乐文

化》课程的各个单元都设计有单元整体评价量表(如表2),采用自评、互评、总评的方式对学生在学习过程中的表现以及学习结果予以及时的评价反馈,一方面增进学生的学习兴趣,激励学生积极参与课堂学习活动,另一方面也促使教师根据学生的学习表现及时调整课堂教学策略。

表2 单元整体评价量表

评价内容	评价等级				自评				互评				总评
	A	B	C	D	A	B	C	D	A	B	C	D	
了解我国各地的莲湘文化、动作特点													
走近廊下莲湘,了解其文化特色和动作特点													
感受廊下莲湘的音乐风格,能用欢快的歌声演唱歌曲《莲湘调》													
学习廊下莲湘的基本动作,能伴随《莲湘调》的音乐熟练地打莲湘													
能根据不同的背景音乐创编廊下莲湘动作													
评定说明	A 优秀　　B 良好　　C 一般　　D 需努力												

四、成效分析

(一) 拓展了音乐学习资源

"金山乡土音乐课程资源的开发与实施"从乡土音乐的视角拓宽了学生的音乐学习途径与视野,是目前音乐学科基础型学习资源的有效拓展与补充。它弘扬了金山本土民族民间音乐文化,挖掘了金山本土音乐文化资源的育人价值,对于学生艺术素养的培育以及深化区域艺术特色具有积极的意义。

(二) 提升了教师的课程建设能力

乡土课程的开发与实施是一个动态的不断完善的过程。在为期两年多的时间里,项目组团队致力于开发利用金山优秀的地域艺术文化资源,挖掘、整理、提炼音乐文化特色,编写乡土音乐课程教材和教学参考资料与建议,编辑整理配套音像资源包,实践乡土音乐课程的校本化实施,并通过课例研讨、区级项目研究成果阶段展示与结题展示扩大了在区内的影响力,让更多的音乐老师参与到乡土音乐课程开发项目中来,并在参与的过程中了解、学习金山优秀的乡土音乐文化,实现民间艺术资源校本化、课程化。

项目组教师在参与乡土课程建设的过程中,形成了课程研究意识,提高了课程开发与实施的能力,如,在收集、梳理、选编乡土教学内容的过程中,教师学会了如何进行资源的合理运用,对不适合学生年龄、心理特点和缺乏美育功能的资源进行剔除;在课堂教学实践乡土课程的过程中,教师学会了资源的有机整合和教学策略的改进;在实施乡土课程学习评价的过程中,关注到了学习评价的多元性和科学性,使评价能更好地发挥激励与反馈的功能。

（三）形成了传承乡土音乐文化的有效渠道

在乡土音乐课程开发之前,本地优秀的民间艺术只是在各乡镇文化体育中心组织的活动中传习,即使有部分乡镇学校以本镇的民间艺术特色作为校本课程资源,也是仅限于对某一项民间音乐艺术类别的学习与体验,在学生群体中的传播面非常小,而大部分的学生对家乡的民间艺术都不甚了解,城区学校的孩子更是对此一无所知。

集合了全区多项优秀民间艺术的具有浓郁地方特色的《乡韵飘香——淳美的金山乡土音乐文化》课程,不仅使平时与乡土音乐几乎"零接触"的教师们认识了乡土音乐的风格特征与艺术魅力,成为乡土音乐文化的传播者,更增进了学生对家乡音乐文化较为全面的了解。通过在学生群体中广为学习和传播,使金山民间艺术能得到更好地传承和发扬。乡土音乐文化的纯朴、生机和亲和力,使学生在"润物细无声"的情境中提升综合素养。相信本课程的广泛开展,将使金山学生在优秀乡土音乐的浸润中,激发对民族民间音乐的喜爱,提升文化自信。

五、问题思考

（一）扩充课程资源

配套资源包内的教学资源有待进一步充实。后续将进一步筛选、整理音视频、图片资料,补充完善配套资源包,丰富金山乡土音乐课程教学资源,为乡土音乐课程的顺利开展提供保障。另外,教师与学生本身就是课程设施的基本条件资源,实践、创作、反思、困惑等都将构建起一个丰富的课程资源的宝库。这个宝库中不仅有经典性的传统艺术资源,也会随着时间的推移,与时俱进,及时补充具有时代性的音像资源和文本资料,以体现金山乡土艺术的推陈出新和不断发展。

（二）着力教师培训

立足区域教师培训课程,坚持学用结合、讲求实效的原则,多层次、多渠道、多形式地对教师开展系列培训,通过培训进一步帮助教师们了解乡土音乐文化背景、艺术价值、风格特点、表现技巧等,并掌握乡土音乐教育教学的规律、方法和手段,从教学师资层面为乡土音乐课程的区域性实施提供保障。

（三）拓宽艺术空间

进一步加强与区文化馆、镇文体中心的沟通,借助其资源优势,开展深层次合作,搭建学生亲身参与民间音乐活动的平台,拓宽学生的民间音乐文化学习和实践体验的渠道,拓展乡土艺术教育空间,逐步构建起科学、完备的金山乡土音乐课程体系,真正发挥其"以美育人,以文化人"的育人作用。

三、投身教研,在研究中夯实教与学的底蕴

成长的过程是不断挑战自我与超越自我的过程。漫漫求索路上难免坎坷与迷茫,每一位引路人总能指引我成长的方向。每当想放弃时,总有一种声音让我倍感力量。静夜里,孤灯下,多少个不眠的夜晚,考验我的不仅仅是恒心与执着,更是实践、思辨与探索。

"教而不研则浅,研而不教则空"。作为音乐老师,我跟大多数本学科老师一样,在讲台、舞台上可能得心应手,而写论文、做研究则是我们的短板。多年的教育教学实践让我清醒地认识到,只有通过教育科研才能不断提升一名教师的专业境界。成长的需求迫使我不得不在研究上下功夫。我开始动笔写经验论文,并尝试做项目,开展课题研究,从区级规划课题开始,慢慢摸索方法,开始有了教学生涯中第一个区级重点课题,在科研上终于跨出了一大步。从那以后,我把科研与课堂教学改革紧密结合在一起,在教学形成特色的同时,努力实现由"经验型"到"科研型"的转变。

  2021 年，由于工作的需要，我在完成初中音乐教学的同时兼职了金山区小学音乐教研工作，并于 2022 年正式调入金山区教育学院。工作性质的不同，给我带来了新的挑战和压力，尤其是肩负着带领我区小学音乐教师团队，引领区域小学音乐教研方向的重任，让我深深地感到不能停歇探索的脚步。课堂实践是我最直接积累经验的渠道，而研课则是引学促思的方法。作为一个将工作主阵地从初中转到小学的教研新手，我深知自己要拥有准确的专业判断力，必须以丰富的小学音乐课堂教学实践经验为基础。

  为了带好队伍，我一心扑在教研工作上。一方面在新课标的引领下深入基层教师的音乐课堂，夯实我区基础型艺术课程，做实区域学科主题教研，推动校本教研的有效开展；另一方面依然坚持一线教学，蹲点基层学校，积累小学音乐教学经验，在课堂实践中有意识地把教学中的问题、难题转化为教育科研课题，从大处着眼，小处着手，及时总结教育教学实践心得、方法，以项目引领教师队伍的整体成长，从而提升农村学生艺术素养。指导的 2022 年上海市在线教学优秀课例供全市分享；指导的小学音乐课《欢歌乐舞赞彝族》在全国第三届"五育融合"研究论坛课堂教学研讨会上现场展示。

  教研的力量来自永不停息的探索与追求，科研的价值在于有效的指引实践并不断地在实践中提升效益。从小学到初中再回到小学的教学经历，让我对小学和初中音乐教学的现状有了更深入的了解，也让我能站在一体化的角度去审视中小学音乐教学的有效衔接。2022 版新课标的发布与实施，也对当前义务教育阶段课程的小初衔接提出了新的要求。由此，我产生了带领金山区音乐名师工作室小学段、初中段学员，结合区域主题教研开展"新课标视域下音乐教学'小初双向衔接'实践研究"的设想，并通过开展"小初双向衔接"音乐课堂教学实践的案例研究，探索、形成新课标导向下的小初双向有效衔接的实践策略与方法。同时，增强与区域内初中音乐教研的联动、协同，帮助教师形成基于新课标理念的课程衔接意识，引导教师正确理解"小初双向衔接"背后所推动的"转变音乐学习方式"的价值内涵，并通过主题教研展现本课题研究的价值取向，以点带面地推动区域开展"小初双向有效衔接"的课堂改进行动，推动区域中小学音乐教师专业化发展。

  攀者有其径，其径有花香。循着音乐教育教学这条充满了智慧与真情的小路,我从青涩慢慢走向成熟。我想说,行走在艺术教育之路上,更美的风景还在前方。我将始终保持教育路上的那份情怀,耕耘在金山教育这片沃土上,带领更多的老师与我一同成长。

素养导向下小学音乐学习活动设计的区域实践与探索

随着课改的深化和 2022 年版《义务教育艺术课程标准》的颁布,艺术课程核心素养为音乐课堂教学带来了新的挑战。课堂是落实核心素养培育的主渠道,音乐学习活动是艺术课程教学与实施的关键,也是落实艺术课程核心素养的重要载体。在强化以"立德树人"为根本任务,落实"核心素养"为教育目标的新一轮深化课改的价值导向下,如何在有限的课时内为学生创设有效的学习活动,设计有利于学生主动参与、深度实践、自主建构的音乐学习活动,提供必要的学习经历,这直接关系到艺术课程核心素养的形成。

一、我区小学音乐学习活动的现状与问题分析

本文所指的音乐学习活动是为达成预期的音乐学习目标,学生在教师的指导与学习环境的交互作用下基于特定的音乐学习任务而展开的一系列有助于学生认知理解、能力发展和品格养成的音乐实践行为。从近两年笔者所听取的我区小学音乐课来看,多数教师的音乐课堂学习活动存在着这样的现象:一是音乐学习活动以教师的"教"为主,忽视学生的"学",教师强势主导,牢牢把控,看似教得很认真,但忽视了学生学习能力的培养;二是音乐学习活动的目标不明晰,教师设计学习活动只注重活动形式、方法的多样化,而缺乏清晰的学习结果预设和明确的目标达成意识,常出现不同年段音乐学习活动的水平要求"同质化",甚至出现低年级高要求或高年级低标准的倒挂现象。多数教师缺乏依据课程标准开展教学、设计音乐学习活动的意识和能力,在音乐学习活动的设计与实施中有如下几个问题:

(一) 追求表面热闹——形式化的音乐学习活动

这一类音乐学习活动经常出现在青年教师的音乐课堂中,看上去整节课的音乐活动非常丰富,形式多样,学生参与度很高,课堂很热闹,但细细揣摩就会发现有些学习活动表演的成分偏高,并没有知识的习得和能力的提高,甚至有些学习活动对于课堂学习内容来说是不必要开展的。

（二）无视学习基础——水平拔高或降低的音乐学习活动

这一类学习活动的问题在于教师以自我为中心,不考虑学生的学习需求、学习基础与学习能力,更多地从"教什么""怎么教"去考虑音乐学习活动的设计与实施,有的学习活动难度过高,超出了学生的认知范围,而有的学习活动又过于简单重复,这样的学习活动往往会打击学生的学习积极性,使学生渐渐失去学习音乐的兴趣。

（三）偏离教学重难点——目的不明的音乐学习活动

部分教师在设计音乐学习活动时缺乏对教材的钻研和对教学重难点的把握,课程标准缺位、目标意识模糊或目标把握不到位,音乐学习活动意图不明、目的不清,导致学习活动偏离重难点,目标与学习活动分离。

（四）忽视能力发展——单向输入的音乐学习活动

这种现象通常表现为以教师单向输入为主,教师在学习活动设计的过程中缺少对学习方法和学习组织形式的思考。音乐学习活动表现为老师"牢牢牵住"学生,课堂中没有问题激发思维,没有学生的自主建构,看似老师教得非常认真,面面俱到,但学生处于被动的学习状态,缺乏对音乐关键能力和自主学习能力的培养。

针对基层教师设计与实施音乐学习活动中普遍存在的问题,我们以"新课标视域下音乐课堂改进的问题解决"为导向,聚焦音乐学习活动的有效性开展基于课堂教学实践研究的主题教研,探索教与学方式的变革,形成了"保障艺术课程核心素养落地的音乐学习活动设计与实施"的策略。

二、素养导向下小学音乐学习活动设计与实施的基本策略

彰显学科特质、指向核心素养培育的音乐学习活动需要教师转变教学观念与教学行为,从艺术课程核心素养达成的角度出发,全面思考音乐学习活动的设计与实施。通过区域实践,我们认为音乐学习活动应该是在音乐学科课堂教学中,为了达成核心素养导向的教学目标,聚焦学习内容重点,突破学习难点,从而获取知识、提升能力的音乐实践活动。它可以课内实施为主,根据需要,也可以在课前或课后实施。

（一）围绕素养目标,在单元视域下整体架构音乐学习活动

以素养目标为导向开展学习活动是落实新课标的应然要求,素养目标是新课标视域下音乐学习活动设计的起点和归宿。教师应依据单元素养目标,

从单元教学的角度出发,结构化地设计音乐学习活动,从"教作品"向"育素养"转型。运用合适的资源和手段,选择恰当的学习方法和活动方式,针对单元学习内容重点和难点有目的、整体性地规划、设计单元学习中重要、关键的音乐学习活动,加强课时之间学习活动目标与要求的关联性,使得在单元统摄下的各个课时音乐学习活动更聚焦于教学重点,促使整个音乐学习活动指向目标的达成。从而帮助学生在有限的时间内获得学科的关键知识技能,促进学生在单元各课时有关联和递进的音乐学习活动中形成持续的审美实践体验,积累经验,深化理解,发展音乐学科关键能力,最终促进艺术课程核心素养的形成。

通过区域课堂实践与探索,我们构建了如下整体架构单元音乐学习活动的思路表,以帮助教师更好地规划单元音乐学习活动(如下表)。

单元音乐学习活动设计表

单元名称:	
单元学习内容与学业要求 (2022 版课标/《教学基本要求》)	1. 2. ……
核心素养导向的单元教学目标	
单元核心学习活动与要求	
课时内容与安排	
课时音乐学习活动与要求	第一课时重点学习活动:
	第二课时重点学习活动:
	……
音乐学习活动评价设计	

(二)聚焦内容重点,凸显音乐学习活动对关键能力的培养

上海市音乐学科在《单元教学设计指南》中提出的"三类核心活动"(体验性活动、表现性活动和创造性活动)与艺术课程(音乐学科)实践领域相对应,以落实相关领域音乐关键能力培育为宗旨,是学习、理解单元内容重点的关键性音乐学习活动。其中,体验性活动指向"音乐感受与欣赏"领域,侧重于"听觉与联觉反应"能力的培养。表现性活动指向"音乐表现"领域,侧重于"乐感与美感表现"

能力的培养。创造性活动指向"音乐创造"领域,侧重于"即兴编创与创作"能力的培养。

音乐学科"三类核心活动"的理念启发我们在课堂实践中从"遵循艺术课程(音乐学科)各实践领域的本质特征与客观规律"这一角度出发"突出重点、把握关键",设计体现学科特质和音乐学习本质的学习活动。

在音乐学习活动的设计与实施中,抓住不同类型核心活动的特质和规律,能引导教师避免因过于关注琐碎细节而带来的重点不突出、要点不聚焦等问题,以及活动中因缺乏目标意识而出现的逻辑欠缺和方法手段形式化等现象。教师应明确学习活动中核心素养培育的关注点,针对学习内容重点和目标,从遵循音乐课程各领域的实践规律,聚焦三类活动对能力培育的侧重点,实现符合规律、目标明确的学习活动设计与实施。

(三) 搭设学习支架,从学习需求出发设计音乐学习活动

学生是学习的主体,教师是学生学习的组织者和引导者。素养导向下的音乐学习活动要求教师必须从过去考虑"如何教"转变为思考学生"如何学"。

在音乐学习活动设计的区域实践中,我们力求做到三个关注,即关注学生年龄特点和认知规律,关注学生知识、经验、能力基础与差异,关注学生学习心理、学习兴趣与学习参与性。遵循音乐课程各领域的学习特征和学生认知特点,以"聚焦课堂学习的内容重点"为首要目的,尝试将学生的音乐学习置于真实的问题情境中,运用学习任务单为学生搭建学习支架,充分预设学生在学习过程中可能存在的问题,提供学习的资源与学习方法,给予学生充分的自主学习、交流和表现的时空,并为学生学习活动的顺利开展提供及时的反馈与指导。

如在五年级歌唱教学《踏雪寻梅》一课中,教师设计了如下两个学习活动,学习活动一:学唱歌曲《踏雪寻梅》前半部分,在老师指导下,轻声、高位朗诵前半部分歌词,感受歌词韵律,并用明亮的声音正确演唱,体会歌词与旋律的紧密结合,表现孩子们冬日里踏雪寻梅的愉快心情。学习活动二(图1):根据学习任务单(图2)的提示,利用平板电脑和学习资源包,分小组自主学唱歌曲的后半部分,唱准歌曲中的顿音、一字多音,用恰当的声音表现歌曲的意境,并与伙伴交流、评价学习成果。

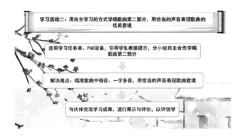

图1 学习活动二　　　　　　图2 学习任务单

学习活动一、二的设计丰富了歌曲学唱的方式,关注了对学生自主学习方法的引导,提升了学生自主学习的能力。学生从跟随老师"被动的学"到运用学习支架开展"自主合作、深度参与"的学习活动,在小组讨论、同伴互助、全班分享交流中增强协作意识,提高学习能力。

在以上的学习活动中,教师充分认识到学生在完成新的音乐学习任务时所具备的学习经验和已有的认知基础,基于学情设计学习活动和情境,提供关键设问、情境任务、技术资源支持,强化已有的学习经验与新知识之间的联结,努力使学习活动的每一个环节都能恰到好处地在学生的"最近发展区",最终促进其新的认知和经验建构。

(四)巧用课堂评价,促进音乐学习活动的有效实施

针对核心素养导向的教学目标和重难点学习活动的要求,有针对性地设计融入学习过程的"形成性"评价,让评价伴随学习过程,以促进学习活动的有效性,体现"基于标准、目标导向"下对"教、学、评一致"的追求。

我们在区域实践中运用多元化方式开展评价,做到评价主体多元化、评价维度多元化、评价方式多元化。针对学习要求,从学习兴趣、学习习惯和学习结果等多个维度将评价要点或标准合理、适度地融入学习过程,通过评价来诊断、激励并促进学生改进和完善学习,提升学习成效,更好地体现并落实"评价改进学习"的理念,保障教学目标的达成。如在以上学唱《踏雪寻梅》学习活动二的"小组交流展示环节"中,由于教师提供了明确的学习目标和评价指标,学生能依据评价标准促进正确演唱歌曲,并能依据评价要求有理有据地进行互动点评。又如在欣赏《阿细跳月》一课中,我们根据"听辨5

拍子的节拍韵律"以及"对不同乐段的乐器音色和演奏形式做出反应"这两个重难点设计了简单核查表和等级量表,以便于在学习过程中及时检验学习目标的达成。

评价表 1　简单核查表

评价内容	学习结果核查
能在老师的指导下,听辨出乐曲 5 拍子的节拍韵律	□ 能　□ 不能
能用"跳月"舞步正确表现乐曲 5/4 拍的节拍韵律	□ 能　□ 不能

评价表 2　等级量表

评价内容	等第判断
能跟随音乐的节拍韵律用模拟演奏的方式对不同乐段的乐器音色做出反应	① 能跟随音乐的节拍韵律用模拟演奏的方式对笛子主奏部分做出反应 ② 能跟随音乐的节拍韵律用模拟演奏的方式对大三弦主奏部分做出反应 ③ 能跟随音乐的节拍韵律用模拟演奏的方式对二胡主奏部分做出反应 ④ 能跟随音乐的节拍韵律用模拟演奏的方式对民乐合奏部分做出反应 □ 优秀:能做到以上 4 项 □ 良好:能做到以上 3 项 □ 合格:能做到以上 2 项 □ 需努力:能做到以上 1 项,或以上 4 项都做不到

　　在区域实践中,我们总结了运用评价促进学生学习过程中需注意的三个方面,一是根据目标达成和学习难点突破的需要设计评价标准和评价要点,有侧重地兼顾学习活动中音乐兴趣与情感的激发、习惯与能力的培养和知识与技能的掌握;二是将评价根据活动目标合理分布于必要的学习环节中,把握合适的评价时机,引导学生基于评价要点有目的有针性地评价;三是注重课堂评价的反馈与改进功能,指导学生运用所学知识和技能根据教师提供的学习要求完成学习任务,以评促学。

　　三、素养导向下小学音乐学习活动设计区域实践的成效与展望

　　(一)厘清了音乐学习活动设计的路径

　　通过在区域主题教研中开展"素养导向下小学音乐学习活动设计"的实践

与探索,我们在具体课例的研究中对素养导向的音乐学习活动"以达成核心素养导向的教学目标为宗旨,以落实学习内容重点为依据,以促进学科关键能力为目的"的基本特点达成了共识,并形成了音乐学习活动设计的路径(图 3):即研究课程标准,对照课标各学段目标、学习内容与学业要求,根据教材教法分析合理确定单元素养目标、学习内容、学业水平,是合理设计学习活动的前提。随后,根据学习内容和素养目标,深入分析、挖掘教材中音乐作品的关键特征,根据学生的年龄、认知与能力,确定契合《课程标准》要求的学习活动,并运用评价促进学习。

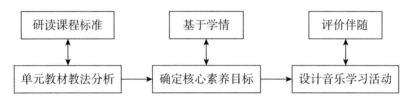

图 3 音乐学习活动设计的路径

(二) 课堂音乐学习活动发生了改变

通过"素养导向下小学音乐学习活动设计"的区域实践,教师的教学理念和教学行为发生了明显的改变,课堂中忽视学生学习需求的形式化、无目的的音乐学习活动少了,教师对课标和教材的研究多了,对学习活动设计的理性思考也多了,形成了基于学情,紧紧围绕单元整体和教学重难点设计音乐学习活动的意识,音乐课堂教学活动发生了可喜的变化。

(三) 对音乐学习活动设计的后续思考

核心素养导向下的音乐学习活动是基于课程标准和教学目标的学习活动,是指向问题解决与能力迁移的学习活动,也是提供学生自主探究与深度体验的学习活动。后续我区小学音乐学科将进一步通过主题教研,以"学生学习"为视角,从内容重点的精准性、目标水平的适切性、学习活动的合理性和学生能力发展的梯度性等方面进一步开展充分研讨,发掘经验并探讨问题,并将聚焦"以融合的视角设计音乐学习活动",尝试设计主题式、项目化学习活动,将优化音乐学习活动视为落实艺术课程核心素养的手段和途径,提升区域课堂教学质量,推动音乐课堂教学改进向着"落实素养"的方向纵深发展,以主动适应课程改革深化的需要。

～～ 优课示例与推荐人语 ～～

优课示例

作者简介：梅蕾琳，任教于上海市金山区金山小学，从教时间 6 年。所获荣誉：2022 年上海市中青年教师教学比赛二等奖；2021 年金山区"金穗杯"中青年教师教学评优小学组一等奖；2020 年金山区中小学在线教学优秀案例评选二等奖；上海市美育实践"魅力教师"奖。

特长爱好：声乐、古筝。

教坛心语：走下讲台给学生上课。

彝族音乐的乐·舞·韵

一、单元概述

此微单元取材于上海音乐出版社《音乐》三年级第一学期第一单元"来跳舞"中的"听"《快乐的诺苏》和第四单元"夜色美"中的"听"《阿细跳月》，补充了人教版二年级第二学期第四单元的歌曲《阿西里西》作为听赏作品。

本单元围绕核心概念"彝族音乐的乐·舞·韵"整理为两条线索：

1. 彝族歌舞音乐中丰富的节拍韵律。

2. 彝族歌舞音乐中富有特色的民族乐器及其演奏形式。

这两条理解线索齐头并进，贯串于本单元的两个课时中。

通过上述作品重构的微单元，学生在对彝族音乐富有舞蹈性的节拍韵律、民族乐器音色和演奏形式的感知、体验与表现中，对彝族歌舞音乐集歌、舞、乐于一体的特征有初步的感知与了解。

二、单元教材分析

(一) 单元教学内容

内容	关键特征分析	教学内容 关联性分析
听《阿西里西》	• 2/4 拍,旋律富有舞蹈性 • 歌曲情绪欢快、活泼,彝族人民常会边唱边跳起彝族"弦子舞"舞步来表现欢乐、愉悦的心情 • 月琴是彝族特色的传统乐器,它的音色温润、清脆。月琴版《阿西里西》采用了齐奏的演奏形式	• 三首作品都是彝族歌舞乐作品,都体现了彝族音乐集歌、舞、乐于一体的特征
听《快乐的诺苏》	• 三段体,A 段为 2/4 拍,主题短小、流畅,富有舞蹈性;B 段 3/4 拍,旋律悠扬舒展 • 乐曲由四川凉山地区的彝族舞蹈作品《快乐的啰嗦》改编而成。"啰嗦步"加上"碎摆手"的舞蹈动作表现了彝族人民载歌载舞的热闹情景 • 弹拨乐合奏,运用了月琴、柳琴、大阮、琵琶等民族弹拨乐器	
听《阿细跳月》	• 混合节拍 5/4 拍,旋律活泼跳跃、富于动感 • 乐曲源于彝族特色的"跳月"歌舞素材,以"三步乐"为基本舞步的跳月舞展现了五拍子的节拍韵律 • 民乐合奏,采用了彝族特色乐器大三弦,以及笛子、二胡等其他民族乐器	• 三首作品各具不同的节拍韵律,并运用了丰富的彝族特色乐器,有着不同的器乐表现形式
说明	补充作品《阿西里西》在原教材中是一首歌唱曲目,此微单元中选用了歌唱版和月琴齐奏版的《阿西里西》作为欣赏曲目,以此来感受彝族音乐二拍子的舞蹈性节拍韵律和月琴音色及齐奏的演奏形式。通过三个作品重构单元的学习,学生对彝族歌舞音乐的节拍韵律和器乐表现形式的感受呈现出递进关系	

(二) 单元基本问题

本单元教学内容侧重于三项学科核心内容中"音乐的表现力",同时兼顾"音乐的文化语境",本单元基本问题可概括为:

1. 歌(乐)曲运用了怎样的节拍韵律和民族乐器及其演奏形式来表现彝族人

民载歌载舞的欢乐情景？

2. 如何通过跳彝族舞蹈动作、唱主题旋律、模拟演奏等方式来表现对彝族歌舞音乐节拍韵律和民族乐器及其演奏形式的感受？

3. 彝族歌舞音乐丰富的节拍韵律、舞蹈动作和富有特色的民族乐器表现了彝族人民怎样的生活场景？

三、单元教法分析

理解线索	学科基本 要求标引	关键学法与能力侧重点 （有助于叙写课时目标）	课时
一、彝族歌舞音乐中丰富的节拍韵律	☑ 感受与欣赏 音乐情感与形象 1.1.2 ①②B 音乐要素 1.2.1 ①②B 音乐体裁与风格 1.3.6 ①②A 音乐相关文化 1.4.2 ①A	• 听觉与联觉反应 ① 聆听《阿西里西》及《快乐的诺苏》A段主题，感受二拍子节拍韵律，跟随音乐用铃鼓伴奏，并用不同的彝族舞蹈动作体验彝族歌舞乐具有舞蹈性的节拍韵律，联想、想象彝族人民载歌载舞的欢乐情景 ② 聆听《快乐的诺苏》B段，听辨节拍、情绪的变化，用肢体摇摆、移动重心的动作表现三拍子的韵律感，联想、想象B段的音乐意境 ③ 在已有的二拍子和三拍子听觉经验的基础上，聆听乐曲《阿细跳月》主题旋律，借助每小节老师的举手提示，跟着音乐拍一拍，探索乐曲每小节的拍数以及二拍子和三拍子的组合规律，认识混合节拍5/4拍，跟音乐用声势律动体验五拍子的节拍韵律	1课时
	☑ 表现 识读乐谱 2.1.2 ②B 综合性艺术表演 2.4.1 ①②③④A 2.4.2 ②③A	• 乐感与美感表现 ① 模仿舞蹈视频中不同的彝族舞蹈动作（《阿西里西》彝族"弦子舞"舞步、《快乐的啰嗦》"啰嗦步"加"碎摆手"），在老师的示范与指导下分别跟随《阿西里西》《快乐的诺苏》A段主题的二拍子节拍韵律边歌边舞，表现彝族人民载歌载舞的欢乐情景 ② 模仿老师的动作学跳"跳月舞"，跟随《阿细跳月》音乐，用舞步体验5/4独特的韵律感，表现勇敢团结的阿细人月下欢舞的情景 ③ 借助字母注音的提示，在钢琴伴奏下，以齐唱或师生接唱的方式，按音乐的速度和节拍视唱乐曲《快乐的诺苏》《阿细跳月》的主题旋律	
	☐ 创造	• 创意思维与创造实践	

（续表）

理解线索	学科基本 要求标引	关键学法与能力侧重点 （有助于叙写课时目标）	课时
二、彝族歌舞音乐中富有特色的民族乐器及其演奏形式	☑ 感受与欣赏 音乐情感与形象 1.1.2 ①②B 音乐要素 1.2.5 ①②A 音乐体裁与风格 1.3.4 ①②A 1.3.6 ①②A 音乐相关文化 1.4.2 ①A	• 听觉与联觉反应 ① 聆听、比较本单元三首乐曲中民族乐器的音色，对月琴、大三弦等不同民族乐器的音色特点作出记忆，用模拟不同乐器演奏动作的方法随音乐作出反应 ② 比较齐奏、弹拨乐合奏、民乐合奏等不同演奏形式所带来的不同音响效果，借助图片、演奏视频等资源，了解不同的器乐演奏形式，分享对音乐情境的联想，并对音乐情境作出反应	1 课 时
	☑ 表现 综合性艺术表演 2.4.2 ①②③A	• 乐感与美感表现 跟随《阿细跳月》，用舞蹈动作、声势律动、模拟演奏方式跟随音乐进行综合表演，表现音乐的热烈气氛，并交流对音乐表演的感受与评价	
	□ 创造	• 创意思维与创造实践	

四、单元目标设计

1. 听辨本单元三首彝族歌舞音乐作品的节拍韵律，知道相关民族文化，分享对音乐情感的体验。

2. 感知月琴、大三弦等民族乐器不同的音色及齐奏、弹拨乐合奏、民乐合奏的演奏形式并作出反应，分享器乐表现形式和音响效果带来的对音乐形象与情境的联想与想象。

3. 模唱并记忆本单元中两首乐曲的主题旋律，分享对不同主题旋律探索、比较的结果。

4. 以模仿的方式学会彝族"弦子舞"舞步、"啰嗦步"加"碎摆手""跳月舞"的动作，与伙伴合作开展音乐表演，并对表演成果进行交流评价。

五、单元课时设计

第1课时　欢歌乐舞彝家乐

【教学内容】听《阿西里西》《快乐的诺苏》

【课时教学目标】

1. 听辨歌曲《阿西里西》的节拍韵律，模仿彝族"弦子舞"舞步，跟随歌曲二拍子的节拍韵律，体验彝族人民载歌载舞、欢快愉悦的心情。（对应单元目标1.4）

2. 分段聆听乐曲《快乐的诺苏》，辨别不同乐段节拍与情绪的不同，模仿舞蹈视频及老师的动作示范，用"啰嗦步"加"碎摆手"的彝族舞蹈动作和肢体律动伴随音乐表现乐曲第一、第二部分不同的音乐情境与形象。（对应单元目标1.4）

3. 跟随钢琴用欢快、有弹性的声音模唱并记忆《快乐的诺苏》第一部分8小节主题旋律。（对应单元目标3）

4. 聆听月琴齐奏《阿西里西》和弹拨乐合奏《快乐的诺苏》，借助音视频、图片等资源，认识月琴和柳琴、大阮、琵琶等弹拨类乐器，比较其音色和外形的不同，跟随音乐模拟演奏动作，分享对齐奏、弹拨乐合奏不同音响效果的感受和对音乐情境的联想。（对应单元目标2）

【学习难点】

1. 能用彝族舞步表现歌（乐）曲舞蹈性的节拍韵律。

2. 能比较月琴等弹拨类乐器音色的不同，并跟随音乐模拟其演奏动作。

【课时关键问题】

1. 歌（乐）曲的节拍韵律是怎样的？你能用舞蹈动作表现其节拍韵律吗？

2. 乐曲运用了什么民族乐器和演奏形式？你能跟随音乐模拟不同的演奏动作吗？

【课时评价设计】

评价表1　简单核查表

评价内容	学习结果核查
能听辨出本课中两首彝族歌（乐）曲的节拍韵律	☐ 能　　☐ 不能
能用舞蹈动作或肢体律动表现歌（乐）曲的节拍韵律	☐ 能　　☐ 不能

评价表 2　等级量表

评价内容	等第判断
能跟随音乐的节拍韵律用模拟演奏的方式对月琴、柳琴、大阮、琵琶等不同弹拨类乐器的音色作出反应	☐ 优秀:能跟随音乐的节拍韵律用模拟演奏的方式对月琴等 4 个不同弹拨类乐器的音色作出反应
	☐ 良好:能跟随音乐的节拍韵律用模拟演奏的方式对其中 3 个不同弹拨类乐器的音色作出反应
	☐ 合格:能跟随音乐的节拍韵律用模拟演奏的方式对其中 2 个不同弹拨类乐器的音色作出反应
	☐ 需努力:不能或只能对其中 1 个弹拨类乐器的音色用模拟演奏的方式跟随音乐的节拍韵律作出反应

【教学过程设计】

一、欣赏导入

【关键设问】你能说说视频中的彝族人民在干什么吗?

1．欣赏彝族风情视频。

2．出示课题《欢歌乐舞彝家乐》。

二、感知、体验两首彝族歌舞乐的节拍韵律

(一) 感知、体验歌曲《阿西里西》舞蹈性的节拍韵律。

【关键设问】歌曲是几拍子的? 你能跟随歌曲的节拍韵律用彝族舞步表现载歌载舞的欢乐情景吗?

1．初听歌曲,感受歌曲的节拍韵律和音乐情绪。

【设问】歌曲是几拍子的呢? 你的心情是怎样的?

2．跟唱歌曲,感受歌曲欢乐的气氛。

3．用符合歌曲二拍子节拍韵律的彝族舞步,表现歌曲欢乐的情境。

【设问】《阿西里西》舞蹈视频中彝族"弦子舞"舞步和音乐节拍是如何配合的?

(1) 观看《阿西里西》舞蹈视频,交流舞步和节拍的特点,模仿老师的动作,学跳彝族"弦子舞"舞步。

(2) 跟随歌曲,手拉手用"弦子舞"舞步表现彝族人民载歌载舞的欢乐情景。

【设计说明】

1. 活动类型说明：环节 1、2 是体验性活动，环节 3 是表现性活动。

2. 难点指导与反馈(或评价)要点说明：

① 围绕体验歌曲舞蹈性的节拍韵律这一重点，教师设计了几个层次的学习环节，从初步聆听、听辨节拍—跟唱、熟悉歌曲韵律—跟随音乐模仿彝族特色的"弦子舞"舞步，体现了运用多感官由浅入深的感受、体验歌曲节拍韵律的学习方式。

② 环节 3 围绕"能否用符合歌曲的节拍韵律的彝族舞蹈动作表现音乐情境"这一评价要点，重点关注学生的舞蹈动作是否符合音乐的节拍韵律感，在模仿、学跳"弦子舞"舞步的过程中体现了对学生舞蹈动作的观察与指导。

3. 技术与资源支持说明：选用《阿西里西》的彝族舞蹈视频作为素材，以此带领学生用彝族"弦子舞"舞步体验歌曲舞蹈性的节拍韵律。

(二) 感知、体验《快乐的诺苏》第一、第二部分的节拍韵律特点。

【关键设问】乐曲第一、第二部分的节拍是怎样的？你能跟随音乐用舞蹈动作或肢体律动表现音乐情境吗？

1. 聆听感受乐曲第一部分节拍韵律，用彝族舞蹈动作表现音乐情境。

(1) 初听第一部分主题，听辨其节拍韵律。

【设问】你能听出这段音乐是几拍子的吗？

(2) 跟随第一部分二拍子的节拍韵律，用铃鼓为其伴奏。

(3) 简介乐曲，欣赏《快乐的啰嗦》舞蹈视频。

【设问】彝族人民用怎样的舞蹈动作表现乐曲欢快热烈的情景的？

(4) 在老师的指导下，模仿彝族"啰嗦步"和"碎摆手"的舞蹈动作，围成圈，跟随音乐表演，感受乐曲的舞蹈性，并交流体会。

(5) 聆听教师范唱，结合字母谱的提示，用欢快、有弹性的声音跟随钢琴模唱第一部分 8 小节主题旋律。

2. 聆听感受乐曲第二部分节拍韵律，用肢体律动表现音乐情境。

(1) 初听第二部分，感受节拍和情绪的变化，想象音乐情景。

【设问】音乐情绪、节拍发生了怎样的变化？让你联想到怎样的场景呢？

（2）用铃鼓为第二部分伴奏，表现三拍子的节拍韵律。

（3）跟随音乐的节拍韵律用肢体律动、移动重心表现对音乐的感受。

【设计说明】

1. 活动类型说明：环节 1 是体验性活动＋表现性活动，环节 2 是体验性活动。

2. 难点指导与反馈（或评价）要点说明：

① 环节 1 围绕感知乐曲第一部分舞蹈性的节拍韵律这一要点，将在《阿西里西》中作为输入的二拍子舞蹈性节拍韵律的感受迁移到《快乐的诺苏》第一部分二拍子节拍韵律的表现，形成输出。通过用小乐器伴奏、模仿彝族舞蹈动作跟随音乐进行表演，以及模唱主题等环节，进一步感受、体验乐曲的舞蹈性和欢乐的情境，也为后续第二课时的学习埋下伏笔。

② 环节 2 基于对第一部分二拍子节拍韵律的感受与体验，通过对比聆听，感知乐曲第二部分的节拍与情绪的变化，想象音乐场景，再引导学生用肢体律动进一步地感受三拍子的节拍韵律和音乐情境。

③ 环节 1 和 2 均围绕"能否听辨出本课中彝族歌（乐）曲的节拍韵律"和"能否用舞蹈动作或肢体律动表现歌（乐）曲的节拍韵律"这两个评价要点，在每个聆听和表现步骤中均体现对全体学生音乐聆听反应和肢体表现情况的观察与指导。

3. 技术与资源支持说明：为了让学生更好地体验彝族音乐富有舞蹈性的特点，选取了《快乐的啰嗦》舞蹈视频资源，通过欣赏视频、模仿彝族的"啰嗦步"和"碎摆手"舞蹈动作，从而更好地体验彝族音乐歌舞乐一体的特点。

三、探索两首彝族歌舞乐中富有特色的民族乐器及其演奏形式

（一）欣赏月琴齐奏《阿西里西》。

【关键设问】乐曲是用什么乐器演奏的？采用了怎样的演奏形式？

1. 聆听乐曲，感受月琴音色。

【设问】它的音色是怎样的？你觉得它是哪一类乐器呢？

2. 欣赏视频，认识月琴，了解齐奏的演奏形式。

【设计说明】

1. 活动类型说明：以上环节是体验性活动。

2. 难点指导与反馈(或评价)要点说明：

围绕感知乐器音色和演奏形式这一要点，此环节作为认识彝族特色乐器月琴的输入环节，教师运用了"听觉感受＋视觉感知"的学习方法，引导学生聆听感受月琴的音色，借助图片和视频，认识月琴的形状，了解其演奏姿势及齐奏的演奏形式，为后续《快乐的诺苏》中民族乐器和演奏形式的感知学习做好铺垫。

3. 技术与资源支持说明：

为使本课时两个作品在彝族特色乐器和器乐演奏形式的学习上呈现出递进关系，因此选用了月琴齐奏版本《阿西里西》作为补充资源。

(二) 欣赏民族弹拨乐合奏《快乐的诺苏》。

【关键设问】乐曲运用了什么民族乐器和演奏形式？你能跟随音乐的节拍韵律用模拟演奏的方式对乐曲中不同弹拨乐器的音色做出反应吗？

1. 分段聆听乐曲第一部分，感知各片段乐器音色，认识不同的民族弹拨乐器。

【设问】相比于月琴的音色，柳琴、大阮的音色是怎样的？

(1) 聆听月琴演奏片段，再次感受月琴音色。

(2) 对比聆听柳琴、大阮的演奏片段，交流对不同弹拨乐器音色的感受。

2. 完整聆听乐曲第一部分，用模拟演奏的方式表现对不同弹拨乐的听觉感知。

3. 聆听乐曲第二部分，感知与第一部分不同的音色，认识琵琶。

4. 聆听《快乐的诺苏》第三部分，了解弹拨乐合奏的演奏形式。

【设问】这段音乐和哪一部分相似呢？与前两个部分相比，它的音响效果带给你怎样的感受？

(1) 聆听第三部分，交流对乐曲音响效果、速度、力度、情绪的感受。

(2) 简介弹拨乐合奏。

【设计说明】

1. 活动类型说明：以上是一个完整的体验性活动。

2. 难点指导与反馈（或评价）要点说明：

① 环节 1 和 3 是输入环节，在已有对月琴音色感知、记忆的基础上，通过分段对比聆听，感知其他弹拨乐器的音色特点，进而认识不同的弹拨乐器。

② 环节 2 是输出环节，基于环节 1 的听觉基础上，引导学生自主聆听，用模拟演奏的方式表现对不同乐段弹拨乐器音色的感知与记忆。教师需要观察学生"能否跟随音乐的节拍韵律用模拟演奏的方式对不同弹拨乐器的音色做出反应"的情况，并及时地做出指导和评价。

③ 环节 4 通过聆听第三部分乐段，感知速度、力度与情绪的变化，从而感受弹拨乐合奏带来的丰富的音响效果。

3. 技术与资源支持说明：

乐曲第一部分音频的剪辑，以便输入环节的分段聆听，并选择教学所需片段合成，用于输出环节的跟随音乐模拟演奏。

四、课后学习任务

完整聆听乐曲《快乐的诺苏》，按照要求完成学习任务。

第一部分	跟随音乐的节拍用模拟演奏的方式对不同弹拨乐器的音色做出反应
第二部分	用肢体律动、移动重心的动作表现三拍子的节拍韵律
第三部分	跟随音乐用"啰嗦步"加"碎摆手"的舞蹈动作进行表演

五、课堂小结

第 2 课时　欢歌乐舞赞彝族——欣赏《阿细跳月》

【教学内容】欣赏民乐合奏《阿细跳月》

【课时教学目标】

1. 聆听乐曲《阿细跳月》片段，跟音乐拍一拍，听辨乐曲五拍子的节拍韵律，用声势律动和模仿"跳月"舞步的方式体验并表现乐曲的节拍韵律，想象彝族阿细人"月下欢舞"的情景，交流对音乐的听觉感受。（对应单元目标1.4）

2. 经老师的指导,跟随音乐模唱并师生接唱乐曲主题,探索旋律的特点,加深对《阿细跳月》主题旋律的记忆和对五拍子节拍韵律的感受。（对应单元目标3）

3. 聆听、感知大三弦、二胡、笛子的音色,认识彝族大三弦,了解乐曲民乐合奏的演奏形式,跟随音乐用模拟演奏的方式对不同乐段的乐器音色做出反应。（对应单元目标2）

4. 在老师的指导与提示下,用符合五拍子节拍韵律的舞蹈动作、声势律动、模拟演奏等方式跟随音乐进行综合表演,表现彝族人民载歌载舞的欢乐情景,交流对音乐表演的感受与评价。（对应单元目标2.4）

【学习难点】

1. 能听辨乐曲5/4拍的节拍韵律,并用声势律动、"跳月"舞步、模拟演奏正确表现乐曲的节拍特点。

2. 完整表演乐曲,对不同乐段的乐器音色和演奏形式做出反应。

【课时关键问题】

1. 乐曲《阿细跳月》的节拍韵律是怎样的？你能用舞蹈动作表现出乐曲的节拍韵律吗？

2. 乐曲运用了什么民族乐器和演奏形式？你能跟随音乐模拟相应的演奏动作吗？

【课时评价设计】

评价表1　简单核查表

评价内容	学习结果核查
能在老师的指导下,听辨出乐曲5拍子的节拍韵律	□ 能　□ 不能
能用"跳月"舞步、声势等方式正确表现乐曲5/4拍的节拍韵律	□ 能　□ 不能

评价表2　等级量表

评价内容	等第判断
	① 能跟随音乐的节拍韵律用模拟演奏的方式对笛子主奏部分做出反应 ② 能跟随音乐的节拍韵律用模拟演奏的方式对大三弦主奏部分做出反应

（续表）

评价内容	等第判断
能跟随音乐的节拍韵律用模拟演奏的方式对不同乐段的乐器音色做出反应	③ 能跟随音乐的节拍韵律用模拟演奏的方式对二胡主奏部分做出反应 ④ 能跟随音乐的节拍韵律用模拟演奏的方式对民乐合奏部分做出反应
	☐ 优秀：能做到以上 4 项
	☐ 良好：能做到以上 3 项
	☐ 合格：能做到以上 2 项
	☐ 需努力：能做到以上 1 项，或以上 4 项都做不到

【教学过程设计】

一、复习导入

1. 跟随乐曲《快乐的诺苏》律动进教室。

2. 复习回顾二拍子和三拍子的强弱规律。

3. 跟随音乐，用铃鼓表现《快乐的诺苏》不同段落的节拍韵律。

二、欣赏乐曲《阿细跳月》

（一）听辨、感知乐曲《阿细跳月》的节拍韵律。

【关键设问】乐曲每小节有几拍？它的节拍韵律是怎样的？

1. 初听乐曲，结合每小节老师的举手提示，跟音乐数一数每小节有几拍。

【设问】你能用点掌心的方式跟着音乐数一数每小节有几拍吗？

2. 再次聆听，辨别乐曲的节拍韵律。

【设问】乐曲的节拍是由三拍子和二拍子两种节拍组合在一起的，你能听出它们是按照怎样的顺序组合在一起的吗？

3. 认识混合节拍 5/4 拍，跟随音乐的节拍韵律拍一拍，并感受音乐情绪。

4. 跟随老师的板书提示，用五拍子（3＋2）的节拍形式有节奏地赞美彝族音乐的旋律。

（二）模仿"跳月舞"动作体验节拍韵律，想象并表现音乐情境。

【关键设问】"跳月"舞步和乐曲五拍子的节拍韵律有什么联系呢？

1. 出示曲名，了解曲名含义。

2.观察老师的"跳月舞"动作,交流舞步特点,体会舞步和节拍的联系。

【设问】老师做了什么动作?在哪些拍子上表现了"跳月"的动作呢?

3.模仿"跳月"舞步,跟随音乐的节拍韵律齐"跳月"。

4.了解阿细跳月传说,用五拍子(3+2)的节拍形式再次赞美彝族音乐的旋律。

5.围成圈,模仿"阿细跳月"的场景,跟随音乐表现阿细人"跳月"的热闹情景。

【设计说明】

1.活动类型说明:环节(一)是体验性活动,环节(二)是表现性活动。

2.难点指导与反馈(或评价)要点说明:

① 环节(一)围绕辨别、感知5/4拍节拍韵律这一重难点,教师设计了一系列有梯度的学习活动,联系单元第一课时中对二拍子和三拍子节拍韵律的体验,将此迁移到混合节拍5/4拍的听辨、感知学习上,用"听音乐数一数每小节有几拍""听辨三拍子和二拍子按怎样的顺序组合在一起""用声势律动随音乐五拍子韵律拍一拍、赞一赞",形成由浅入深的聆听指导,逐步引导学生加深对五拍子节拍韵律的感知与体验,为难点解决架设了梯子。

② 环节(二)是在环节(一)感知5拍子基础上运用"引入情境、动觉切入"进一步体验乐曲独特的节拍韵律,此环节中需要教师围绕学生"能否模仿跳月舞步,跟随音乐的节拍韵律表现跳月场景"这一评价要点,持续关注学生的舞步状态,并及时予以指导与评价。

3.技术与资源支持说明:

① 使用乐曲《阿细跳月》合奏片段音频。

②"阿细跳月"场景动图。

(三) 模唱、熟悉乐曲主题旋律,感知旋律特点。

【关键设问】你们接唱的部分是5拍子的哪几拍?它们都一样吗?

1.跟钢琴用"bong"模唱旋律。

2.跟动态图谱画一画旋律线,并再次用"bong"模唱旋律。

3.和老师以视唱的方式接唱主题旋律,结合观察乐谱,找一找旋律特点,进一步感知乐曲五拍子(3+2)的节拍韵律。

【设问】请边唱边思考,你们接唱的四个部分都一样吗?

4. 师生合作接唱旋律,并用简单声势动作表现出五拍子(3+2)的节拍韵律。

【设计说明】

1. 活动类型说明:此环节是表现性活动。

2. 难点指导与反馈(或评价)要点说明:

在此环节重点是模唱并记忆主题旋律,教师设计了 4 个层次的学习活动,"模唱记忆中的旋律""在旋律线的提示下建立固定音高概念""师生合作视唱乐谱,寻找旋律特点""在情境中用动作辅助接唱",在循序渐进的过程中引导学生记忆主题。在此过程中需要教师重点关注学生的音色、音准以及节拍韵律感,并及时予以评价与指导。

3. 技术与资源支持说明:

① 库乐队软件制作主题旋律 midi。

② 旋律线动态图谱。

(四) 分段聆听,感知乐曲不同主奏乐器的音色特点及演奏形式的变化。

【关键设问】各乐段的音色是怎样的? 你能跟随音乐的节拍韵律用模拟演奏的方式对不同乐段的乐器音色及演奏形式做出反应吗?

1. 认识彝族特色乐器大三弦,感知音色特点。

【设问】大三弦的音色是怎样的?

(1) 聆听乐段,交流对大三弦音色的感受。

(2) 跟随音乐节拍韵律模仿大三弦的演奏姿势,体验欢歌乐舞的情境。

2. 聆听感知笛子、二胡主奏乐段的乐器音色,交流聆听感受,并跟随音乐的节拍韵律模拟其演奏姿势。

3. 聆听乐曲合奏片段,感受丰富的音响效果,了解民乐合奏的演奏形式。

【设问】相比刚才大三弦、笛子、二胡主奏的片段,这个片段带给你怎样的感受?

4. 欣赏民乐合奏视频片段,小组合作,跟随音乐模拟民乐合奏。

【活动设计说明】

1. 活动类型说明：以上是一个完整的体验性活动。

2. 难点指导与反馈(或评价)要点说明：

此环节围绕理解线索二设计学习活动，通过分段聆听感知大三弦等不同民族乐器的音色，并跟随音乐的节拍韵律模拟演奏。再通过对比聆听，引导学生感受民乐合奏丰富的音响效果，并展开模拟合奏。在此环节中教师应持续关注学生能否跟随音乐的节拍韵律对不同的乐段用模拟演奏的方式做出反应。

3. 技术与资源支持说明，民乐合奏视频片段。

三、综合表演

1. 完整聆听乐曲，了解表演顺序，想象音乐场景。

2. 跟随音乐展开合作，用模拟演奏、声势律动、"跳月舞"再现彝族阿细人月下欢舞的热闹情境。

3. 师生交流，自我评价。

四、课堂小结

1. 小微单元小结。

2. 升华情感，结束本课。

教学反思

对于三年级的学生来说，彝族音乐作品相对接触较少，为了加强学生对彝族音乐听觉与联觉反应能力的培养，帮助学生进一步丰富音乐情感体验，提升乐感与美感表现能力，我选择了三首彝族音乐作品组成了一个单元，把单元教学重点放在感受彝族歌舞音乐的节拍韵律、民族乐器及器乐表现形式上，从而帮助学生建立起对彝族歌舞乐风格特点的理解。我主要采取了以下几点教学策略。

一、立足单元核心概念，把握学习重难点

本单元的核心概念是："彝族音乐的乐舞韵"，核心是"韵"，也就是指节拍韵律；"舞"是体验和表现韵的一种主要手段；"乐"是指民族乐器及其演奏形式，在本单元中,"舞"和"乐"不仅具有独立学习的价值,还可以作为一种表达对节拍韵律的理解手段。如在单元第二课时的教法与学法设计中,我围绕辨别、感知5/4拍节拍韵律这一重难点,设计了丰富的体验性活动和表现性活动,引导学生在拍一拍、赞一赞、模唱主题和舞蹈律动等活动中,加深对五拍子节拍韵律的感知与体验,为后续的学习做好铺垫。同时,围绕感知乐器音色和演奏形式这一要点,引导学生通过模拟演奏、对比聆听、模唱旋律等活动,进一步感受民乐合奏丰富的音响效果,并将巩固5/4拍节拍韵律这一重点贯串始终。

二、丰富音乐情感体验,提升乐感与美感表现力

在第一课时感受两首作品音乐情感的基础上,为了使学生更好地感受第二课时中"阿细跳月"独有的奔放热烈的音乐情绪,想象音乐所表现的"月下欢舞"的欢乐情景,我将火把节情境贯串始终。通过了解"跳月"传说,使学生感受到彝族人民的勇敢团结,结合赞一赞,进一步升华了情感;通过学跳跳月舞,激发学生用舞步表现出彝族人民不畏艰难、团结一致的精神,表现出韵律美;模唱旋律时,借助小火把为彝族的火把节添柴加火,帮助学生唱准主题旋律;模拟演奏时,引导学生跟随节拍韵律表现出乐感与美感;综合表演时,小火把又作为评价机制,激发学生积极参与到多种音乐实践活动中,等等。在浓郁的情境氛围下,学生用声势律动、歌声和舞姿表现了彝族夜色下欢歌乐舞的情景,进一步丰富了对音乐的情感体验,提升了乐感与美感表现能力,从而建立起对彝族歌舞乐风格特点的理解。

反思课中的问题和不足,教学中我应加强对学生的关注,给予及时地反馈与指导,学会适度引导,把更多的主动权交给学生,在后续的课堂教学中我将会努力改进。

专家点评

梅蕾琳老师的"彝族音乐的乐·舞·韵"单元,是以三首彝族歌舞乐作品为载体而组成重构单元。本单元的三首作品,两首来自教材内(上海音乐出版社《音乐》三年级第一学期第一单元中的"听"《快乐的诺苏》和第四单元中的"听"《阿细跳月》),一首来自教材外(补充了人教版二年级第二学期第四单元的歌曲

《阿西里西》）。教师基于教材分析，抓住了这三首彝族音乐作品的关键特征，提炼了"彝族音乐的乐·舞·韵"这一核心概念，重构了一个两课时的单元，体现了对"促进音乐学习理解的小微单元教学"的实践探索。在本单元的教学中，我们可以清晰地感受到以下几个特点：

一、以教学内容结构化促进学生认知结构化

围绕单元核心概念，梅老师引导学生从彝族歌舞音乐中丰富的节拍韵律和富有特色的民族乐器及其演奏形式这两条理解线索出发，将两条理解线索齐头并进，贯串于本单元两课时，建立起单元作品之间的关联，打破了以往按作品顺序来教学的做法，而是通过围绕音乐学习的内容重点来展开教学。单元中，两课时单元作品之间互有关联，隐隐成线。第二课时的认知经验是建立在第一课时的基础之上的，两个课时的教学结构也互有关联，均为前半节课是节拍韵律，后半节课是器乐表现形式，但在后半节课中，对节拍韵律的深入体验也是一以贯之的。这种重组的单元教学内容结构打破了原有教材中仅以人文主题串联单元作品，而缺乏作品之间音乐性关联的现象，避免了"就作品教作品"的情况，使学生能在同一类作品的学习中加深听觉体验，形成听赏经验，这也体现了新课标的教学理念。

二、在多样的学习活动中加深学生音乐体验

为了使学生从对音乐的听觉感知逐步过渡到对音乐的听觉理解，针对两条单元理解线索，梅老师分别设计了一系列有梯度的学习活动，紧紧围绕感知节拍韵律、乐器音色及演奏形式这两个要点，运用多种体验性活动和表现性活动，循序渐进地引导学生感受、体验彝族歌舞音乐的特点。

如在第二课时欣赏《阿细跳月》中，针对"感知乐曲 5/4 拍节拍韵律"这一教学重难点，教师联系第一课时中对二拍子和三拍子的体验，将此迁移到第二课时混合节拍 5/4 拍的听辨与感知学习上，用"数一数每小节有几拍""听一听三拍子和二拍子是怎样组合的""拍一拍五拍子""用五拍子节拍韵律赞一赞彝族""唱一唱乐曲的主题旋律""跟随音乐跳一跳五拍子的跳月舞步""跟随音乐模拟演奏"等活动，在逐级递进的任务中，学生对五拍子的感知从简单到复杂，从单一到综合，逐步加深了对乐曲节拍韵律的感受与体验。

三、在丰富的人文情境中促进音乐学习理解

彝族音乐集歌、舞、乐于一体，它植根于民间，既独具个性，又具有深厚的文化底蕴。课堂中,梅老师并没有只关注乐曲本体的聆听学习,而是将对"彝族歌舞音乐丰富的节拍韵律和富有特色的民族乐器"的感受置于彝族音乐文化中,在浓浓的人文情境中引导学生体验彝族的歌、舞、乐,促进学生对彝族音乐特点的学习理解。

本单元教学中,教师运用了多个彝族风情视频和彝族民间歌舞乐视频,直观地将彝族音乐文化展现在学生面前,并在欣赏乐曲的过程中时刻渗透音乐文化。如为了更好地感受乐曲《阿细跳月》的节拍韵律、理解音乐形象,教师营造了彝族"跳月"情境,通过"跳月"传说将学生带入到阿细人扑灭山火的情境中,不仅让学生感受了阿细人的勇敢和团结,更将"跳月"传说与五拍子的"跳月"舞步联系起来,生动有趣地引导学生想象并表现彝族人民载歌载舞的欢乐情景,

综上所述,"彝族音乐的乐·舞·韵"单元教学体现了教的"单元视域"和学的"自主构建",教师破教材教教材,突出重点、把握关键,把教材变为理解音乐作品表现特征、落实单元内容重点的素材和载体,并在多样化的音乐学习活动中将音乐特点和音乐文化深入浅出地呈现出来,为达成学生对音乐的理解而服务。

初 中 美 术

特级教师简介

顾慧英，1971 年出生，上海金山人。上海师范大学本科，1993 年 7 月参加工作。2017 年荣获上海市美术特级教师称号，2019 年评为美术正高级教师。2018 年评为金山工匠。现任上海市西林中学副校长、上海师范大学美术学院兼职教授。曾获全国特色教育优秀教师、上海市三八红旗手、金山区拔尖教师、金山区学校优秀艺术教师等荣誉称号，获金山区记功奖励。

连续四届获金山区"明天的导师工程"骨干教师、学科带头人/学科导师称号。开设的公开课曾获上海市中青年教师教学评选活动一等奖、全国第三届中小学美术课录像课上海地区中学组三等奖、金山区青年教师大奖赛一等奖；曾先后在金山区博物馆举行个人画展，个人油画、版画作品曾先后参与上海徐汇土山湾、上海师范大学、浦东新区、松江美术馆、云南普洱大学画展展出。多次获全国、市级"优秀辅导教师奖"。在市、区级核心刊物上发表获奖论文 40 篇，其中一篇论文获上海市创新实验室优秀论文评选一等奖。先后参加课题 23 个，论文发表在《大数据时代的创意美术教育》《上海教育》《现代教育》上。教学单元设计发表于上海市教育资源库官方网。被聘请为上海中小学课程教材特约撰稿人。参与市"大中小学德育课程的标准与教材衔接研究"课题研究工作。参与市级"十三·五"教师培训课程 2 项，独立主持区级教师培训课程 2 项。个人专著《印痕经纬——地域文化与中小学版画教学》

由上海大学出版社出版。2018 年 11 月,被市教委选派参加为期 135 天的上海优秀校长和教师赴英国中长期研学项目。2019 年成为上海市高峰计划美术学科核心组成员,参加多项职称评审工作,是教材审核专家。

～～～ **特级教师优课与经验分享** ～～～

深耕传统文化　力行美育课堂
——地域文化下的课堂·课程·项目的实践与研究

一、地域文化下的美育课堂

美育作为教育的重要组成部分,对于提升学生的审美素养、培养高尚的道德情操、树立正确的世界观具有特殊意义。美术学科与社会生活联系紧密,具有很强的地域性。美术教师可以充分利用和开发当地民间艺术资源,开展丰富多彩的美术教学活动。

利用地域文化资源　培养学生审美情趣
——《东林古刹》教学设计

一、背景

本课内容选自少年儿童出版社中学美术教材七年级第二学期《营造和谐的家园》中的一课,属于第三课时,结合家乡建筑的变迁过程,挖掘本土资源,对身边建筑进行赏析。选定美术欣赏——古代寺庙建筑并挖掘地方特色东林寺,旨在通过学生身边的建筑为教学素材,通过对古刹东林的欣赏,了解和认识东林寺建筑的艺术特点。欣赏和分析东林寺的建筑风格,提高学生对中国古代寺庙建筑的欣赏能力。通过本课的学习,提高学生的艺术欣赏水平,树立正确的审美观念,激发他们热爱艺术、热爱家乡的思想感情。

美术教材更多的是提供一种思路,一种参考,老师需要发挥智慧,不仅教好教材,还要用好教材。基于本人对教材的理解和对环境建筑的认识,认为挖掘身边的本土建筑和本课的主题有着密切的联系。《美术新课标》中提出"认识本土文化是学生学习艺术、认识艺术的基础,是他们走向世界的起点",教师有必要引导学生深入地学习本土文化,从他们的周围环境开始,挖掘"生活的美,乡土文化的美",所以选定本课的内容为古刹东林。金山东林寺,原名观音堂,坐落在金山朱泾镇东林街。我利用课余时间,带学生到东林寺实地考察,亲身体验东林寺的建筑风格。学生对家乡的古建筑非常熟悉,但从来没有用美术的眼光去观察它。让学生进一步了解中国古代寺庙建筑,不仅使学生对这些建筑产生亲近感,以此激起学生进一步研究和欣赏家乡建筑的兴趣和欲望,更重要的是学生能更加热爱、传承及保护本土的建筑文化。

对七年级学生来说,观察和想象能力比小学年级学生丰富,他们的感受能力较强,好奇心强。在认识客观世界时具有积极性、主动性。但对"建筑"的认识可能还是停留在很肤浅的阶段。而本教学设计正是建立在唤起学生对建筑艺术启蒙教育的关注情况下进行设计的。怎样通过师生和谐、有效的交流和对话,挖掘身边的典型建筑,培养学生审美能力是一个值得关注的话题。为经历这样的师生创作活动、智慧活动我充满信心和欣喜。

二、过程与分析

基于对学生学情状况的分析,我为这节欣赏课《东林古刹》拟定了以下教学目标:

1. 知识与技能:通过对古刹东林的欣赏,了解和认识东林寺建筑的艺术特点。

2. 过程与方法:欣赏和分析东林寺的建筑特点,提高学生对中国古代寺庙建筑的欣赏能力。

3. 情感、态度与价值观:通过本课的学习,提高学生的艺术欣赏水平,树立正确的审美观念,激发他们热爱艺术、热爱家乡的思想感情。

教学预设过程中,我产生了以下的想法:

1.本节课采用游戏的方法：把握课堂大环节，自始至终以学生互助、师生合作的方式，让学生以"金山东林寺一日游"的游戏形式赏析家乡的经典建筑。整堂课教学气氛热烈有序，在轻松愉快的游戏中开展教学。

2.通过欣赏感受东林寺的建筑美感，归纳古代寺庙的建筑风格，从而提高学生的审美能力及评价能力。

教学实录：

（一）启发与导入

1.说说家乡的典型建筑。

2.看看朱泾镇东林寺的地理位置。

3.议议东林寺的初步印象。

（通过说说、看看、议议来初步了解东林寺的概貌，学生对东林寺或陌生或熟悉，引起学生学习的兴趣）

4.引出课题，揭示课题：《东林古刹》。

（二）引导学生欣赏

1.初识东林寺（播放东林寺概貌的视频）。

2.学生谈感受，尝试归纳东林寺的建筑特点。

3.分析东林寺的建筑特点：

建筑布局，平面方形

东林三宝，堪称绝妙

铜雕艺术，炉火纯青

（1）特点一：建筑布局，平面方形。

出示东林寺的平面图。（学生导游讲解）

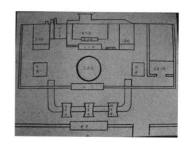

（学生根据平面图，分析了解寺庙建筑特点之一）

（2）特点二：东林三宝，堪称绝妙。

东林三宝，景泰蓝善财童子、千手千眼观音、灵雨观音是东林寺的三绝。

• 景泰蓝善财童子

- 千手千眼观音

东林第二宝，千手千眼观音（播放视频）（学生导游讲解）；请学生说说千手千眼观音的奇特。

- 灵雨观音

灵雨观音是东林寺的第三宝，是东林寺的镇寺之宝。（播放视频）（学生导游讲解）学生说说灵雨观音的绝妙之处。

（3）特点三：铜雕艺术，炉火纯青。

东林寺的铜雕作品堪称一绝。都是由中国铜雕王朱炳仁大师、王树文工艺美术大师和佛教雕塑家徐建佩等联手打造而成的。

- 山门（学生导游讲解）
- 五佛冠（学生导游讲解）
- 金愿桥（学生导游讲解）
- 钟楼鼓楼（学生导游讲解）
- 天下第一铜门（学生导游讲解）

学生欣赏视频并总结其特点。

（三）游戏

金山东林寺一日游，每组推选一名小导游进行介绍。

（四）学习小结

了解了东林寺这座 700 多年古刹的概况，知道东林寺的建筑风格，明白古代寺庙的特点。作为金山人更应该觉得身在金山，为有这样一座元代古刹会感到由衷的幸福和自豪。

（五）作业练习

1."最佳旅行社"花落谁家。综合本堂课六大旅行社的导游表现，从资料准备、团队合作、现场发挥等方面评出"东林寺一日游"最佳旅行社团队并颁奖。（学生互评）

2.创作实例。鼓励学生走上街头，拍摄有代表性的家乡的建筑，绘画能力强的学生还可以用画笔来表达。

（六）教学评价

本课教师对学生的课堂评价以鼓励、表扬为主。激发学生学习古建筑艺术的兴趣。评价可分三个层次：

1.建筑的有关基础知识；知道中国古代寺庙建筑艺术的特点；提高对建筑的欣赏审美能力。

2.调查家乡的经典建筑，能对身边建筑进行简单评价。

3.欣赏现代建筑的形式美，体会建筑与人的关系，认识建筑所蕴含的人文精神。

根据学生情况、因人而异、分层设计，激发学生学习建筑艺术的兴趣。

三、分析与思考

《古刹东林》是以建筑为内容的欣赏课，在环境建筑的文化背景下，利用信息技术，使学生了解和认识东林寺建筑的艺术特点，提高学生对中国古代寺庙建筑的欣赏能力。提高学生艺术欣赏水平，树立正确的审美观念，激发他们热爱艺术、热爱家乡的思想感情。美术欣赏课是在初中阶段进行美育教育的一个重要途径，它有助于帮助学生拓宽视野、陶冶情操，树立正确的人生观、价值观，对于培养学生具有创新精神和动手实践能力的综合素养有着重要的意义。那么在初中美术欣赏课中，如何培养学生的审美能力，应该从以下几方面进行。

（一）让学生在情境中寻找美

初中学生已经形成较独立的个性，有自己的主张。学生对美术课的学习态度大部分决定于教师。"亲其师,信其道"。所以作为教师,上课先要做到抓住学生的心,让学生接受你,才能接受你的课。要达到这一目的,我尝试了以下几种方法。

1. 角色互换,让学生体验审美情感。

努力改变"传道、授业"的模式,把主角的位置让给学生。不要让学生产生上"美术课是一种负担,欣赏理解作品是一项任务"这样的错觉。教师可以自己坐到学生中间去,作为其中的一分子参与讨论。从形式上拉近与学生的距离,营造一个愉快美好的教学气氛,让学生放松心情,带着轻松愉快的情绪去感受,才能得到快乐的体验。当然这需要学生对教学内容的提前预习。

上《古刹东林》课时,我先布置学生课前预习,了解一些世界著名建筑,课上要求大家谈谈自己身边的建筑,大到城市规划,小到自家的装修,由于运用了谈话形式,再加上大家感觉话题很亲切,课堂发言非常积极。通过讨论,学生很快就从中感受到了那些著名建筑所表现的美,感觉到了建筑师的创意。

2. 合理评价,让学生建立审美理念。

学生不管是完成作品还是回答问题,总是希望得到教师的肯定。作为教师首先要对学生积极参与的态度表示赞赏,然后对具体的作品进行分析,做出科学、合理的评价。这样既保护了学生的学习热情,又能帮助他们提高分析与鉴赏的能力。合理的评价可以建立起学生对老师的信任感,同时也传递给学生一种信息——公正、公平的评价方法。

评价的方式可以是多种的,可以采用学生自评或互评,结合教师的点评,最后让学生通过自己的努力来确立正确的审美理念。

在《古刹东林》教学中,大部分学生刚开始时对东林寺的认识只停留在外观建筑上。我首先对学生的学习热情大加鼓励,然后对东林寺内部结构、典型建筑分别给予分析。教师用意见或建议的方式发掘学生的潜力,使学生总能保持着自信的学习态度。最终,在教师的引导下,学生感受到了古代寺庙建筑的内涵,培养了正确的审美情感。

(二) 让学生在参与中感受美

在教学中,我注重学生的参与,让他们能够充分展开自己的想象力,提出自己的观点,使学生体会到学习美术的乐趣,在学习知识的同时也陶冶了自己的情操,提高了审美能力。同时我还注重学生之间的相互交流,运用学生导游,讲解东林寺一日游,把东林寺的建筑特点通过学生之间的交流,加以巩固。同时,培养了他们的一种探究精神。注重学生自己的情感体验和师生之间的交流互动。在教学中有真情、真意、真感、真趣。教师像一个磁场,能吸引住全体学生。运用图像、音乐、游戏让学生进入美的境界。心灵的震撼,能发出无穷的力量。美的感染,促使学生勤奋好学,奋发向上,达到以美育人的功效。在学习知识过程中,注意生活化、感性化、兴趣化、交流化,让学生动手实践,充分发挥学生的主观能动的作用。

(三) 让学生在情趣中鉴赏美

在日常教学中,教师应该有意识地向学生灌输一些分析、鉴赏美的方法。这对提高学生的欣赏能力起到积极的作用。引导学生鉴赏美,既可动之以情,又可褒之于真、善、美,贬之于假、恶、丑,将学生带到无限丰富、绚丽的世界中,从而使学生在学习美术时感受到美的享受。

在《古刹东林》一课中,寺庙建筑表达一定的气氛,或庄严雄伟,或神圣壮观,或寂静神秘等。其中,灵雨观音雕塑追求一种诗情画意的意境;在教学中由于有些学生没有接触过这些建筑,我采用多媒体播放视频,背景音乐采用佛教音乐,让学生感受庄严、壮观的气氛。教师营造情景,激发了学生探究知识的积极性,课堂效果非常好。

(四) 让学生在实践中创造美

创造美是审美教育中更高层次的活动。让学生在寻找美、感受美、鉴赏美的基础上通过各自的实践活动,"按照美的规律"创造出美的事物,享受美,这也是美术教学的最终目的。

1. 在现实生活中对社会美和自然美的创造。

社会美的核心是人的美。健美的体型,聪明的才智,高尚的情操和品德,都是学生自身美的构成要素。通过美术的教学活动,使学生在社会生活中,建立亲友、同学、师生之间的一种团结友爱、助人为乐、真诚平等的新型的人际关系,也是一种和谐的社会美的创造。通过本课的拓展内容,学生对环境的建设,如自己卧室的整洁和明亮,在家中摆放自己制作的小饰品;校园的清洁有序,校园的草坪上插着的学生设计制作的护花牌,走廊上挂着的一幅幅绘画作品等,都是学生人工创造的自然美,学生在这过程中既是在创造美又享受美。

2. 激发人文情感。

人文性是时代的呼唤,社会呼唤全人格的教育。美术课程是人文性质的课程,美术教育教学应体现对学生的浓郁的人文关怀色彩,并将教育教学活动放在一种人文背景中加以理解,努力从中发掘人文内涵。其核心是贯串于人们的思维与言行中的审美趣味。

任何艺术品都是外层形式和内层意蕴紧密结合的有"意味"的形式,建筑艺术也同样如此。在施工前的构思设计阶段,建筑师已经赋予未来的建筑物象征性意义和精神内涵。经市民宗委批准,现东林寺于2007年4月进行改造。建成后的东林寺,以佛法、文化、管理、慈善为重点。通过东林寺建筑欣赏,让学生了解古代寺庙的建筑风格。建筑师往往综合运用序列组合、空间安排、比例尺度、造型式样、色彩质地、装饰纹样等建筑语言构成意境。学生在老师的启发下,能够有类似的感受才算领略了建筑艺术的深层意义。

3. 鼓励学生进行艺术创造。

在课内,要求学生结合本堂课内容,以导游的方式进行介绍。并从资料准备、团队合作、现场发挥等方面评出"东林寺一日游"最佳旅行社;鼓励学生走上街头,拍摄有代表性的家乡的建筑。在启发下,学生思维十分活跃。所有这些都是学生对未来的向往,是想象力和创造力的表现。完成后的摄影、速写、拓印作品栩栩如生,带来美的享受。

总之"美"使美术教学活动充溢了独特的魅力。美术课的内容应该充分突出以美育人,充分运用各种形式的美的内容吸引、感染学生,让学生认识和理解,进而提升学生审美能力。丰子恺说:"美术是为人生的,人生走到哪里,美术跟到哪里。"在美术教学中,就应该充分挖掘学生的审美意识、审美需要和审美潜能,让他们感受到美的存在。激发他们追求、表现美的热情和欲望。

实践证明,学生的审美能力的培养是多方面、多方法、多角度、多层次的过程,这还需我们不断地去探索、去实践。

民间艺术喜传承　返璞归真得怡然

——版画藏书票教学传承地域文化的实践研究

悠久灿烂的传统文化,地域特色的形成,丰富的物产以及多样化的生活方式,孕育了绚丽多彩、种类繁多的民间艺术文化。民间美术是最丰富、最生动、最质朴、最健康的民族文化的组成部分,反映着质朴的审美观念。上海地域文化五色斑斓、底蕴深厚。她是上海城市个性的表征,也是城市文化的根。但是,当今全球化已成席卷之势,原本口耳相传和习得方式传承的民俗文化正在快速式微,甚至归于泯灭,已是不争的事实。民间的传统手工技艺,古老的交通方式,日常的生活器皿逐渐被现代工艺、现代工具、现代材料所代替。对本土民间艺术的保护与传承,已成了刻不容缓的当务之急。

通过对美术教学与地域文化内在联系的学习,学生便可以更加全面地了解本地域文化,从而让学生知道民间文化的重要性,激发学生学习民间文化的热情和兴趣。在美术版画藏书票教学中渗透地域文化,提升学生传统文化底蕴,传承民间艺术,已不仅仅是时代的需要,更是培养学生爱家乡、爱祖国的热情及健康的道德观、人生观形成的需要。作为一名美术教育者有责任唤醒学生对地域文化的热爱,传承民间艺术。"民族的才是世界的",因此,地域文化要发展和传承就一定要走进校园,走进美术课堂,走进孩子们心中,我们以版画藏书票形式来传承地域文化。

金山蕴藏着丰富的民俗文化资源,中国最优秀的民间艺术,享誉江南的"金山农民画""金山土布"、悠久历史的"金山黑陶"、精美的雕花木床、粗狂洒脱的灶壁画、造型别致的砖雕、具有群众基础的民间舞蹈、创新发展的金山故事等等。这些金山丰富的地域文化资源迫切需要我们去传承,我们利用各种活动挖掘金山地域文化资源,提炼金山特色民俗,把其精华之处纳入藏书票教学中,形成本土特色。

一、开展版画藏书票教学地域文化特色的意义

(一) 藏书票艺术是社会文明进步的需要

藏书票作为书籍艺术的一个组成部分,是书籍持有者的艺术标记,并起到美化装饰书籍的作用。它是人们读书、爱书、藏书的信物,是具有实用和审美双重

功能的艺术品。藏书票被人们称为"版画珍珠"或"纸上宝石"。随着人类文明的进步,爱书、藏书更成为人们时尚、文明的行为。藏书票也以它独特的魅力传遍各国。装饰和美化藏书的同时,促进人们读书和求知的热情,唤醒人们爱书和藏书的意识,所以藏书票艺术使我们的社会充满文化气息,它是近代人类文明进步的见证,是社会文明的需要。

(二) 渗透地域文化是民间美术传承的需要

地域文化是特定区域源远流长、独具特色、传承至今仍发挥作用的传统文化,具有浓郁的地方特点,为老百姓所喜闻乐见。中国是世界版画的发源地,有着悠久灿烂的辉煌历史,祖先的业绩需要我们继承和发展。上海是中西文化交流的中心,是藏书票艺术进入中国的重要传播地。上海图书馆是最早设立藏书票专项收藏的国内大型图书馆。金山是上海的远郊,金山农民画是本地劳动人民从田畴垄野间脱颖而出的民间美术原生态,以丰富的江南地区民俗情态、外拙内巧的艺术风格见称于世。将藏书票与本土文化相结合,是开展藏书票教学地域特色传承民间美术的需要。

(三) 开展版画教育是学校办学特色的需要

我校版画特色教学已被评为金山区艺术重点项目,上海市艺术特色学校。在现代化的今天,在寻找艺术教育模式和教学方法突破口之机,在倡导民族传统文化的继承与现代性创新之际,在提升爱国主义精神与道德修养之时,西林中学的版画特色教学,已经在这方面做出了卓有价值的实践和探索,彰显出西林中学的办学理念,已然形成学生喜爱、家长欢迎、社会赞誉的学校艺术教育的特色品牌。

(四) 实施藏书票教学是学生个性发展的需要

《美术课程标准》总目标明确指出:"学生以个人或集体合作的方式参与各种美术活动,尝试各种工具、材料和制作过程,体验美术活动乐趣,获得对美术学习的持久兴趣;⋯⋯在学习过程中,激发创作精神,发展美术实践能力,形成基本的美术素养,陶冶高尚的审美情趣,完善人格。"我校于2006年起开始版画教育,成立了"墨香"版画工作室。2008年、2009年连续两年被金山区教育局命名为民族文化技艺培训重点项目。2010年—2014年连续5年被评为金山区特色项目,现已成为金山区重点项目。《西林版画》的课程目标为:以学生发展为本,培养学生个性特长,提高学生审美能力,提升学生的创新精神和实践能力。教育策略是:"全面普及版画教育,建设版画特色品牌,探索版画综合育人",逐步形成了"课堂抓普及,活动抓提高,参赛促发展"的总体教育思路,并确立了"以木版画为基础,以传统文化为特色,以学生生活为内容"的培训理念。学校一直努力探索培养学生艺术素养的有效途径。藏书票创作和其他美术表现形式一样,它不仅能提高学生的审美情趣,而且它能促使学生挖掘自己的生活经验,综合反映学生的情感、态度和价值观,充分体现了自主学习、创造性学习和建构学习的意义,是一种综合实践性美术学习活动。因此,藏书票教学对于提高学生的美术素养具有实际意义。

初中生在心理水平上不断成熟,基本能摆脱无意性、情绪性等不成熟的状态,出现较稳定的有意性、计划性和目的性的特点,较少受兴趣、外来因素的干扰。但是,处于发展期的中学生美术造型上向往写实,但不能出色表现写实,思维发展趋向抽象,逻辑思维日益占有主要地位,初中生的个性差别日益明显。而版画藏书票制作过程比较特殊,它不仅需要学生进行精细的手工制作,还是学生个性的自我展示,符合学生的心理特点。版画藏书票的整个学习过程,都是学生探究的过程,从构思、起稿、制版到拓印每个环节学生都要研究思考并具体操作,每一个步骤既各自独立,但又是一个统一的整体,相辅相成,所以完成一幅版画藏书票作品,从头到尾环环紧扣,每个环节都是艺术的创造和才能的施展。通过对不同材料的使用,可以开拓学生的创新思维;通过刻版,可以加强学生对空间和肌理的审美情趣;通过印刷,可以让学生体验到劳动创造的快乐。因此,版画藏书票教学对培养学生的创造性、计划性、周密性、预见性、忍耐性以及对学生艺术创新精神的培养、对艺术个性化体现都有其独到之处。版画藏书票教学是美术教学中一种特殊的美术教学形式,它对培养学生的个性,有着其他课业所不能代替的作用。

二、如何使中学藏书票教学与地域文化特色相融合

在西林版画藏书票实践的基础上,理清金山地域特色的形成和发展,分析中学藏书票和金山地域文化特色之间的相互关联。

(一)地域文化教学资源的挖掘与提炼

地域文化应当是以地域为基础,以历史为主线,以景物为载体,以现实为表

象,在社会进程中发挥作用的人文精神。对地域文化,从空间上看,在大范围讲有其独立性;在小范围讲有其主导性。从时间上看,在历史发展上有其持续性;在当下意义上有其现实性。我们对地域文化的研究,就是通过对"器"(有形之物)的"索"(探索研究的过程),达到悟出"道"(变化发展法则)的目的,从而以明理来指导我们的现实活动。

金山自古以来民间艺术广泛流传,蕴藏着丰富的民俗文化资源。明清时期,由于著名的纺织工具"朱泾锭子吕巷车"的制作,金山成为"衣被天下"的松江府手工纺织和印染业的中心之一。"金山土布"享誉江南,古朴的蓝印花布沉积着农民的审美理想。精美的雕花木床、粗狂洒脱的灶壁画、造型别致的砖雕是农民的世界。传统与现代工艺的结合,使5000年前的黑陶艺术重放异彩。我们利用各种活动努力挖掘金山地域文化资源,提炼金山特色民俗,把她的精华之处纳入藏书票教学中,形成本土特色。

(二) 藏书票创作内容与金山地域文化相融合,形成特色藏书票

1. 藏书票票面内容上渗透金山民俗艺术

在《全日制义务教育美术课程标准(实验稿)》的课程性质与价值第二条引导学生参与文化的传承和交流中指出:美术是人类文化最早和最重要的载体之一,运用美术形式传递情感和思想是整个人类历史中的一种重要的文化行为。在现代社会中,随着信息化进程的加快,图像作为一种有效而生动的信息载体,越来越广泛地出现在人们的生活中。通过对美术课程的学习,有助于学生熟悉美术的媒材和形式,理解和运用视觉语言,更多地介入信息交流,共享人类社会的文化资源,积极参与文化的传承,并对文化的发展做出自己的贡献。

因而在藏书票票面内容上渗透金山地域文化,有助于学生积极参与地域文化的传承。由于藏书票票面较小,图案设计需简洁概括并具有金山地域文化。藏书票的内容题材是金山地域特色,学生根据金山地域特色内容和自己的兴趣爱好进行创作,涉及物质民俗、信仰民俗、岁时节日、体育游戏、民间工艺、民间艺术、民间文学的各个方面。藏书票制作不但有图案还有文字,无论图案还是文字都可蕴藏着某种寓意,方寸之间可以借物抒怀,以字言志,表达自己的个性、爱好和向往。

2. 藏书票色彩配色上借鉴金山农名画色彩

藏书票和谐的色彩展现了学生活泼的童趣。金山农民画的色彩继承了传统

民间工艺的配色方法，重视色调明快，在对比强烈中求和谐，突出色彩的装饰性。在平时的教学中，我让学生欣赏金山农民画，感受金山农民画的艺术风格：构思新颖、造型夸张、色彩明快、构图饱满，富有江南民俗情趣。

我利用业余时间，带领学生们到廊下新农村，感受廊下文化独特的魅力和风采。廊下民居"白墙、黛瓦、观音兜"具有浓郁的地方特征，廊下三绝：打莲湘、剪纸、农民画，让学生亲手玩玩、做做、看看。通过系列活动，将自然生态、民俗文化、农耕文化等元素有机融入藏书票教学中，让学生感受金山农民画的审美情趣。从现实生活中，让学生零距离感受饱含着水乡清新而芬芳的泥土风韵和丰富的现代农村生活气息，体验农民画家对色彩的选择和特殊的审美习惯。学生喜欢明快的、主体突出的色彩效果，教师引导学生利用各种材料和手段变化出一些肌理效果，使学生在制作的过程中运用金山农民画独特的色彩配色，学生在制作中能发现、体验、享受更多的乐趣。一枚小小的藏书票，在设计时要根据书籍的底色来确定主色调，要依据金山农民画配色方法来选择色彩，还要考虑自己的喜好，藏书票创作过程也是孩子学习色彩的过程，更是展现孩子活泼童趣的过程。

3. 藏书票艺术形式上传承金山地域文化

藏书票多样的艺术形式展现了孩子创造的天性。藏书票设计可以是单张的，也可以是成套的。成套的藏书票，我们设计制作了金山黑陶系列藏书票、金山泥塑藏书票，还有民间舞蹈、朱泾的传说等藏书票。学生藏书票形式丰富多彩，并融地域特色为一体，开展制作"手印藏书票"：学生根据金山地域特色和自己的特长爱好制作一枚枚藏书票；制作了"套色藏书票"：运用学会的版画各种特技印制一枚枚地域文化藏书票；也进行了"通用藏书票"制作：这类书票不标明票主，但在票面上留有一定的空白，作为书主签名的地方。我们引导学生制作金山民俗藏书票，互相赠送，加深友谊，传承金山地域文化，为金山地域特色藏书票的广泛普及走入千家万户提供了前所未有的契机。多样的形式吸引着孩子们，使他们的创造潜能得到充分发挥。

（三）藏书票课堂教学与金山地域文化相融合，形成特色课程

课堂是教育的主阵地，地域文化是否能以更大的比例纳入美术教学课堂，融进美术校本课程里，以凸显民间艺术的价值，也是我们近年来一直思考与探索的

问题。我们常常通过学生主动、积极的建构方式来获得对民间艺术的重新认识，有效地把金山地域文化融入藏书票课堂教学中，为此我们从以下几方面开展教学。

1. 在教学内容上渗透，认识地域文化

《全日制义务教育美术课程标准(实验稿)》第四部分的教学建议中指出：美术学习应当从单纯的技能、技巧学习层面提高到美术文化学习的层面。美术教学要创设一定的文化情境，增加文化含量，使学生通过美术学习，加深对文化和历史的认识，加深对艺术的社会作用的认识，树立正确的文化价值观，涵养人文精神。因而在平时的藏书票教学中注重金山地域文化渗透，加深学生对金山地域文化和历史的认识，传承金山地域文化。

例如，在一节《蓝印花布》——藏书票制作与欣赏课上，巧妙运用孔版画方法制作藏书票，借鉴孔版画制作的形式和方法，结合蓝印花布的设计，让民间艺术走进课堂，师生共同参与传承和创新蓝印花布。蓝白分明、花纹清新、便于操作的蓝印花布得到学生的喜爱。课上，我不断地引导学生观察与实践，亲身体验艺术美与制作技法以及它与家乡生活的关联性，在意识状态与艺术作品之间建立深层关联，达到对学生艺术人文素养的培养。学生们通过藏书票寓意性的感染和启发，有利于表达他们的情感。他们在藏书票票面上设计有"小明之书""小英珍藏"等字样；或刻上"蓝印花布""爱家乡""奶奶的衣服"等……这些文字的内涵寓意，寄托了热爱生活、热爱家乡的情怀。无论是学生创作的图案还是文字，都展现着每一位孩子独特的个性，激发了学生继承与发扬传统艺术的创作欲望和探究精神。

2. 在教学行为上渗透，感悟地域文化

教学既是科学，又是艺术。教师要面向全体学生，注重个性化教学，注重地域文化特色的渗透。在教学过程中，教师不仅是知识的传播者，更应体现出崇高的师德，发挥育人的功能，传承民间艺术；培养学生掌握和利用知识的态度和能力，激发学生热爱家乡的感情；帮助学生学会在实践中学，在合作中学，为其终身学习奠定基础。

(1) 巧妙运用信息技术，感受地域文化。

如我在上一节《古刹东林》时，放映朱泾东林寺历史遗迹的录像，讲讲关于那里的典故、传说,让学生亲眼看到、亲耳听到朱泾东林寺的历史,个个津津有味,时不时发出感叹声,一种保护家乡的古建筑的自豪感油然而生,学习兴趣高涨。同时,将一些文字资料发放到学生手中,让学生再次仔细阅读,并将东林寺藏书票的作品展示给学生看,让学生在欣赏感受中开阔视野,增加知识。接着又让学生讨论看了录像、资料、图片后的感受,该如何制作等,交流总结后通过媒体展示。就这样结合地域民间文学美术教材,通过放映录像、图片展示、多媒体电脑图形设计、文字资料介绍等方式向学生介绍乡土美术,让学生用藏书票形式来创作家乡的美景。

(2) 寻觅地域文化资源,拓宽学生视野。

旅游资源是一个天然博大的民间美术宝库,引导孩子在旅游中带一双发现民间美术的眼睛,随时用相机收集、记录蕴藏在民间的艺术:在我的《寻找上海最后一个渔村》的课中,我带领学生游览了金山嘴渔村,那里有渔村博物馆,有石刻砖雕,有古老的纺车,有渔村茶室……通过游览,学生了解了金山嘴渔村的历史、民风民俗、海洋文化、渔村风情,领悟到从渔村的发展史中,折射金山人民百折不挠的精神,从宝贵的海洋文化中,继承、整合、发展、繁荣民族民间文化。这样,学生有了丰富的感性材料,于是教师让学生讨论该如何用藏书票形式表现眼前的美景,带着问题参观,更有目的性。有些学生还以小组合作形式找到各种形状、色彩的树叶制作了综合版藏书票《美丽的渔村》。这样把美术课堂扩展到野外,在游玩中观察感受渔村魅力、自然风光之美。这样的活动,提高了学生考察研究地域文化的兴趣,发挥学生的主观能动性,培养独立思考的能力,进一步提高学生的审美能力。改变教学环境,让学生在旅游中探古寻源,把生活变成我们的大课堂,也是学习民间艺术最有效的方法。

3. 在教学材料上渗透,体验地域文化

环境是人类赖以生存和发展的空间,是学生发展的重要资源。创设适宜学生活动的环境,提供丰富的物质材料,可以有效地提高学生实践能力,促进学生在学习和游戏中获得知识。

我校地处郊区,与农村有着紧密的联系,周围蕴含着大自然丰富的资源,根据周围的大自然和学校自身的条件,充分利用周围资源进行教学与探讨,就地取材,发挥地方资源的多样性。如植物的花、叶、秆,动物的皮、毛、壳,农村随处可见的石头、稻草都是综合版画创作的重要材料。利用物质材料和自然美的工艺性，在作品的创作过程中，材料自身的肌理、纹饰、硬度、光泽等自然形态都会得到充分的利用。在制作技艺方面十分自由，往往是因材施艺。

《古韵彩陶》教学课中，我利用枫泾土布、麦秆、黑豆等随处可得的乡土材料拼贴综合版画，课堂上学生不仅体验综合版画的制作过程和拓印的乐趣，感受彩陶纹饰的特有神韵，了解中国制陶史上的伟大成就，还能感受家乡大自然丰富的资源，激发爱国情感。教学材料贴近学生的生活实际，用身边的实物、人物、事例进行教学，容易激发学生的兴趣，学生也乐于学、乐于接受。

（四）藏书票应用与金山地域特色文化相融合，形成区域文化

1. 设计藏书票，在应用中提升

通过较为系统的藏书票教学，学生掌握了结合金山地域特色，运用剪贴、手绘、版画等藏书票制作方法，教师引导学生除为自己心爱的书设计藏书票外，还引导学生为他人设计藏书票，获得一份肯定与友谊。如社团学员朱梦婷在给上海协和国际学校美国小伙伴赠送圣诞礼物时，就为他设计制作了金山民间秧歌舞：踩高跷。小伙伴收到这份礼物，非常惊喜，特别喜欢具有中国金山特色的藏书票，对好朋友崇拜至极。小朱同学在掌握技艺的同时，也收获了一份浓浓的友谊。

2. 展览藏书票，在展示中提高

我们定期在学校宣传橱窗中进行藏书票展览，在学校每年的读书节中还进行主题藏书票设计比赛，如"乡土景观风景藏书票展""民间工艺藏书票展""家乡美书画展"。积极参加海峡两岸学生藏书票比赛，并邀请周边学校的学生参加，结合金山民俗风情，实地考察采集资料，然后进行藏书票比赛。通过展览，展现朱泾学子爱书、藏书、读书的高雅情怀，让学生在展览中提高版画藏书票素养，为学校版画藏书票品牌建设添砖加瓦，形成版画区域文化。

三、藏书票教学地域特色研究活动取得实效

经过多年教学工作，结合金山地域文化特色引导学生欣赏、创作藏书票，应用展示藏书票，学生的美术综合探索能力得到提升，丰富了他们的学习经历，传承了地域文化，使学校版画藏书票形成区域特色，效果显著，具体表现为以下几点。

（一）通过藏书票活动，激励学生创作、丰富学生学习经历

我校版画项目起始于2006年，历经七年，在学校领导的重视下，学校教师的积极配合支持下，版画特色项目创建取得了显著的成绩。我校在抓好版画藏书票课堂教学质量的同时，把版画藏书票教育向课外、校外延伸，不断丰富版画藏书票教育的内涵、拓宽版画藏书票教育的外延。学校常常为学生创造艺术观摩、艺术实践、访谈民间老艺人等交流机会，让孩子们在艺术的舞台上，充分展示艺术才华，同时传承金山地域文化。学校积极组织学生参加各种藏书票比赛及交流活动。在活动中让学生更加全面地了解地域文化，从而让学生知道本土文化的重要性，激发学生学习本土文化的热情和兴趣，学生健康发展、快乐成长。在活动中，坚持面向全体学生，重在参与，让每位学生都有机会实践和体验。

（二）通过深耕实践，传承地域特色、传承民间艺术

地域文化是一个民族赖以生存的根，在长期的历史文化进程中，一些优秀的民间文学艺术正有逐步消亡的迹象，这些带有浓厚地方特色的民间文化的资源是经历上千年流传的民族文化精髓。我们通过深耕实践，选择合适的课题、恰当的切入点突出地方文化色彩，引导学生在广泛的文化情景中学习创作藏书票，参与地方文化的传承与交流，使学生更好地了解地域文化、藏书票与地域文化、艺术与文化的关系，涵养人文精神。运用美术藏书票形式传递情感和思想是课程中的一种重要文化行为，共享人类社会的文化资源，积极参与文化的传承，是培养学生人文精神的途径之一。

（三）通过藏书票创作，学校区域藏书票特色显著

我校版画课程是区示范课程，在教育均衡发展背景下，以探索版画教育优质发展文化共性为追求，以构建学校特色发展个性为方向，为缩小城乡学校差异化、个性化的版画发展平台等方面追求，在先进教育理念引领下，形成区域版画文化生态共性。分年度分重点持续实施推进，最终成为金山区版画艺术交流基地。我们利用自身优势，推进特色项目，创办特色学校，蕴含着教育创新的深刻内涵。

在我国艺术发展的长河中，物质与精神文明融合的地域文化孕育了独特的民族特色与风俗。而与世界接轨的艺术舞台上，我们清醒地意识到民族的就是

世界的。而在美术教学中对地域文化的传承已经成为美术教育者肩上的一项重责,如何正确引导在版画藏书票教学中融入地域文化,加以善材利用,需要我们美术教育者不断努力和探索,让孩子们学习了解认识地域文化任重而道远。

二、地域特色文化下的特色项目

在立德树人、学科育人的理念下,在厘清版画课程蕴含的育人价值基础上,采用过程范式,运用行动研究方法。历经七年,我进行了区域资源背景下构建版画课程育人价值的校内外行动策略实践研究,探索了版画育人价值的校内外行动策略的内容与路径,并形成评价体系。揭示了金山特色版画课程资源所具有的育人价值。

区域资源背景下构建版画课程育人价值的校内外行动策略实践研究

一、提出的背景和意义

本项目系教育部哲学社会科学研究重点课题攻关项目(2013)"大中小学德育课程衔接的理论与实践研究"和上海市学校艺术科研重点项目(2015)"中小学艺术育德一体化的理论与实践研究"的深化研究。是"中小学艺术美育一体化的行动策略研究"主课题下的子课题。

中学美术课堂教学中存在教师授课偏重教学技法和技能较多,学生课堂实践少;教法研究多,学法研究少;忽视了学生的主体地位,忽视了学科育人的理念。当今全球化已成席卷之势,原本口耳相传和习得方式传承的民俗文化正在快速式微,甚至归于泯灭,已是不争的事实。[①] 对本土民间艺术的保护与传承,已成了刻不容缓的当务之急。

开展该项目研究是改变中小学美术课程重技能、轻育人,实现学科育人的根本途径。开展该项目是学校文化发展的需要。版画特色教育为学校积淀了丰厚的文化底蕴,促进和谐校园文化的建设,形成独具特色的西林精神文化。开展该项目是地域文化和民间美术传承的需要。

---

① 尹继佐.民俗上海[M].上海:上海文化出版社,2007.

二、研究的实施

（一）概况

1. 文献综述

国内：目前在我国中小学版画教学虽然起步较晚，但在广大美术工作者的努力下也已蓬勃发展。国内研究版画教学的比较多，特别在高校研究较多。而研究区域背景下版画育人的不多。国外：日本、法国、美国和英国都非常重视版画教学，被誉为"版画之国"的日本，设立了专门的儿童画教育机构和定期的儿童版画期刊，开展了以中小学版画教学为中心的系列活动。但对在区域资源背景下进行版画育人的实践与研究较少。因此，进行这方面的研究弥补和丰富了学科育人，促进学生个性健康发展，促进学生多元发展。

2. 研究的理论依据

（1）主体性教育理论：人的主体性从根本上来说就是指人在与客体的作用中所表现出来的能动性、创造性和自主性。本课题的研究依据主体性理论，根据初中生健康发展理论，通过课程实施促进学生全面而有个性的发展。[1]

（2）夸美纽斯的"大教学论"的观点，"凡是应当做的都必须从实践去学习"；布鲁纳的"发现学习理论"，学校通过版画活动，引导学生对未知领域发生兴趣和产生认知需要，激发自主探究的学习动机。[2]

（3）《基础教育新课程改革纲要》和《全日制义务教育美术课程标准》。

3. 研究的目标

通过本项目的研究，依托区域资源优势，提升学科育人价值。遴选区域资源，发掘育人内涵，构建课程脉络。依托区域资源，明确学习内容，落实学科育人。学校、社会各方形成合力，共建共享共赢，夯实育人根基。

4. 研究的主要内容

（1）遴选区域资源，发掘育人内涵，构建课程脉络：准确把脉区域资源实情，推进资源课程化、校本化建设；自建主题场馆，自编校本课程，克服资源短板。

① 张天宝.主体性教育[M].北京：教育科学出版社，2001.
② 夸美纽斯.大教学论[M].北京：教育科学出版社，1999.

（2）依托区域资源，明确学习内容，落实学科育人：精准对接，找准区域资源与学科教学的最佳共振点；实践研究，探寻区域资源与学科教学的最佳实施路径。

（3）各方形成合力，共建共享，夯实育人根基：加强合作，学校、社会共同担负起育人的重任；规范实施，以课程化不断拓宽学科育人内涵；锤炼队伍，在美术教育教学中促进教师专业成长。

5. 研究的对象

上海市西林中学六、七年级版画班学生、上海市西林中学美术教师。

6. 研究的方法

教育观察法、教育调查法、个案法和行动研究法，辅以教育实验法和经验总结法，整个研究过程的基本方法为行动研究法。

（二）研究过程

自该项目立项以来，我们坚持实事求是的研究精神和理论与实践相结合的研究方法，蕴科研于教学实践，主要做了以下几方面的工作。

1. 注重研究过程，夯实研究

本项目为期 7 年。经历了四个阶段，从准备阶段、实施阶段、深入实施阶段到总结鉴定阶段。从学习理论，构建项目研究框架；确定样本，实施研究；撰写研究中期报告，最后撰写结题报告。层层递进，目标明确，任务清晰，保障项目有效顺利进行。

2. 定期召开研讨，推进进程

我们按照研究计划推进项目研究的进程，定期召开项目组成员会议。项目组成员探讨对本课题研究的认识，及时反思项目研究中存在的问题，提出解决方案。通过这样的研讨过程，使项目组教师共同成长，从而带动教师快速的专业成长。

3. 阶段总结提炼，注重理论

项目研究的过程就是项目组成员读书、写作、科研提升的过程。一边读相关的理论书籍，一边结合自己的项目研究情况，撰写项目研究方面的论文，把读到的理论和自己的思考记录下来。有了读书、实践、写作的支撑，三者的有机结合，努力使项目研究成果上升到理论层面。

4. 邀请专家指导,依靠团队

项目组邀请相关专家作为顾问,定期向专家汇报,请专家给课题把脉诊断,及时向项目顾问汇报项目研究的进程,解决项目研究中的困惑难题。

做到以上四个方面,项目研究的过程做得扎实有效,积累了丰富翔实的材料,形成真实可信的研究结论,为研究成果的推广普及,进行更大范围的实践验证奠定基础。

三、研究取得的成效

(一) 研究成果

1. 遴选区域资源,发掘育人内涵,构建课程脉络

(1) 准确把脉区域资源实情,推进资源课程化、校本化建设。

《金山区教育综合改革方案》指出,义务教育阶段学生至少掌握1门艺术技能;全区100%学校建立至少1项艺术品牌特色项目。实现"学生人人掌握与喜欢一门艺术的能力和素养"的目标。西林中学作为上海市美术教育实验基地之一,引领着全市10所版画特色学校,在课程单元编写上积极投入,取得了一些研究成果。

(2) 自建主题场馆,自编校本课程,克服资源短板。

我校于2006年起开始版画教育,成立了"墨香"版画工作室。学校被评为全国艺术特色学校、上海市艺术特色学校、上海市美术教育教学研究基地、上海师范大学产学合作教育基地。2015年8月,建成区域版画艺术发展中心。编写了校本教材两册《魅力版画》《童真印迹》,师生画册《印迹点点》。

2. 依托区域资源,明确学习内容,落实学科育人

(1) 精准对接,找准区域资源与学科教学的最佳共振点。

《全日制义务教育美术课程标准》中明确指出:"应充分利用当地民族、民间艺术资源以及文物资源,开展各种形式的美术教育活动"。金山蕴藏着丰富的民俗文化资源,中国最优秀的民间艺术,享誉江南的"金山农民画""金山土布"、悠久历史的"金山黑陶"、粗狂洒脱的灶壁画、造型别致的砖雕等等。这些金山丰富的地域文化资源迫切需要我们去传承,利用各种活动挖掘金山地域文化资源,提炼金山特色民俗,把她的精华之处纳入我校版画教学中,形成本校版画教学的特色。

区域资源元素提炼应用于版画课程归纳表

区域资源 ＼ 版画元素		题材(A)	材料(B)	造型(C)	颜色(D)	总
物质民俗	蓝印花布	A	B	C	D	ABCD
	建筑	A		C	D	ACD
	农耕	A	B			AB
	庙会香市	A				A
岁时节日	传统节俗	A				A
	渔村岁时	A				A
体育游戏	传统体育	A				A
	传统儿童游戏、玩具	A				A
民间工艺	金山黑陶	A		C	D	ACD
	金山农民画	A		C	D	ACD
	剪纸	A	B	C	D	ABCD
	泥塑	A	B	C	D	ABCD
	木雕	A	B	C	D	ABCD
	竹编	A	B	C	D	ABCD
民间艺术	金山灯谜	A				A
	民间舞蹈	A				A
民间文学	金山故事	A				A
	风物传说	A				A

（2）实践研究,探寻区域资源与学科教学的最佳实施路径。

在西林版画实践的基础上,理清金山地域特色的形成和发展,分析中学版画和金山地域文化特色之间的相互关联。通过实践研究,探寻地域文化与学科教学实施路径。

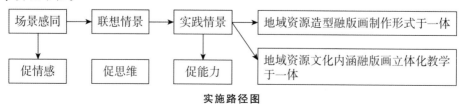

实施路径图

第一,倚场景之感同,增强学生情感体验。艺术来源于生活,通过场景体验,将学生的生活与所学的内容联系起来,将地域文化与版画有机融合,打开学生的生活库藏,增强情感体验,在愉快的氛围中轻松地学习到版画知识。第二,倚联想之跳跃,提高学生理性思维。场景体验是直观的,也是有效的教学手段。第三,倚实践之情境,提升学生综合素养。在美术课堂上将区域资源中可以利用的因素综合运用于课堂,创设氛围,同时给学生视觉、听觉、触觉等全方位的感觉,调动学生学习的乐趣,使课堂更加灵动。

3. 各方形成合力,共建共享共赢,夯实育人根基

(1) 加强合作,学校、社会共同担负起育人的重任。

我校在抓好版画课堂教学质量的同时,把版画教育向课外、校外延伸,不断丰富版画教育的内涵、拓宽版画教育的外延。学校积极组织学生参加各级各类实践展示活动,让学生真正从实践的角度得到成长、锻炼。几年来,我们参加了全国、市区级活动90多项,并积极开展"两岸传统文化"版画教学研讨活动,举办两岸三地学生版画比赛表彰活动。在活动中运用赏识教育理念,以培养创新精神和实践能力为重点,让学生健康发展,茁壮成长。

(2) 规范实施,以课程化不断拓宽学科育人内涵。

在上海的十所版画特色学校,探讨小学、初中学生绘画发展规律中的版画课程特点,并确立适宜的版画课程内容。通过版画特色学校的实践研究,挖掘学生的生活经验,体现自主学习、创造性学习和建构学习的综合实践性学习,研究基于学生绘画发展规律中的版画课程单元化设计。

(3) 锤炼队伍,在美术教育教学中促进教师专业成长。

我校以"成为德才兼备、一专多能、充满智慧的理想教师"为教师发展目标。研训结合,搭建教师成长平台。以教科研课题研究为抓手,提升版画教育品质。顾慧英老师参与了翁铁慧领衔的"大中小学德育课程的标准与教材衔接研究"课题研究工作。承担了"中国教师研修网"学科重难点解决策略研究;几年来,版画组教师共承担市、区课题20个,论文40篇。

(二) 研究的成效

1. 实践活动,提升了师生版画文化理念和行为

学校开展丰富多彩的实践活动,引领特色教师树立正确的价值观,营造和谐、

向上的教师行为文化氛围。立足学校版画课堂实际，深化版画课堂文化建设，落实校本课程，做强特色课程，彰显学校课程特色化；坚持"以学生发展为中心，关注学生素养培育"的理念。学校组织学生参加区艺术竞赛均能取得多项奖项，特色经验多次在区域交流，上海市新优质学校项目展示活动以及上海市区县教育改革巡访活动相继在我校顺利举行。中央以及沪上多家媒体陆续报道金山教育改革阶段成果和我校转型发展的办学举措。

以活动为主线，多渠道、多层次地开展丰富多彩的教育活动。以"我眼中的西林"等不同的形式，丰富讲坛内涵，先后举办了师德讲座、教工社团、文体娱乐等各种形式的版画文化活动，发掘学校身边的感人事迹，主动搭建教师交流展示的平台，促进凝聚力工程，让西林校园正气抬头、正能量汇聚，营造和谐、向上的教师行为文化。

2.项目研究，发展了学校特色文化内涵

上海市教委对"立德树人"美术教育教学研究基地的建设非常重视，从政策、条件和资源等方面都给予了大力支持。第二批上海市美术教育教学研究基地试验学校，我校成为其中之一，学校教师珍惜与高校紧密合作的机会，利用基地平台不断拓宽教学研究的思路与视野。我校作为领衔学校进行基于校本课程版画学习内容单元化的教学研究。

进行本项目研究，有利于版画的传承，也是学校课程建设的需要。我们严格按照上海市颁布的各学科课程标准执行基础型课程的同时，开设体现层次性和地域性、可选择性的校本课程。校本课程适合学生发展的需求，根据地方特色和学校实际，高质量地开发版画校本课程，丰富学校的版画课程资源，努力形成学校的版画课程特色。

我们首先对中小学版画教材进行了梳理和研究，探讨同一种版画在不同年龄段的学习内容和要求。其次通过实践课程挖掘学生的生活经验，研究不同年龄段适合的基于基础型单元版画形式。最后通过实践探索，研究在校本课程中基于民族传统文化主题的版画单元。

3.统筹规划，促进了学校文化环境建设

让每一面墙壁会说话是我校版画校园文化建设的构思源点。全面把握、统筹规划校容校貌、版画文化环境的格局、格调，芳香四溢的墙壁、楼梯文化，彰显特色的班级文化,异彩飞扬的英语角,弥漫书香的图书角,精巧曼妙的操场文化,都蕴含了西林人的教育思想和教育智慧。学校被评为上海市校园文化环境建设示范学校。

以美育人,以美化人,工作二十多年来,在美术学科课堂、课程和项目的实践层面做了很多尝试,并把金山地域文化与西林版画有机结合,体现了西林版画教育教学的特色。发挥校本特色,积极营造美育氛围,在提升学生美术素养等方面做了很多有益的探究。通过美术学科实践活动,发展思维,理解文化,形成美术学科素养,创建西林学校特色。

优课示例与推荐人语

优课示例

作者简介：冯晓丽，任教于上海市吕巷中学，从教时间 7 年。所获荣誉：2013 年获金山区第三届"新苗杯"青年教师教学基本功评比一等奖、金山区教育系统廉政公益海报评选一等奖，2014 年获金山区最美乡村学校辅导员称号，2015 年获上海市中小学美术教师培训者研修班优秀学员称号。

从教七年，主持吕巷中学《少儿彩墨画》校本课程开发与建设，指导学生开展国画创作，学生作品获得全国、市级、区级奖项 50 余次，本人多次获得市级、区级优秀指导教师称号。

特长爱好：绘画、摄影、设计。

教坛心语：让美育的种子悄悄地在孩子们心里萌芽成长，激发更多的喜悦与热情。

校园 POP 字体设计

——少儿版初中美术六年级第一学期《一目了然的信息》单元

【教学任务分析】

（一）教材分析

《校园 POP 字体设计》一课是少儿版初中美术六年级第一学期《一目了然的信息》单元中的一课，属于"设计·应用"领域。本单元是学习字体设计、书籍装帧设计、小报设计等平面设计的基础知识和设计方法的课程。

本课主要是让学生了解 POP 字体的笔画与结构特征、设计手法和装饰方法，通过欣赏、探究、演示等教学方法探索 POP 字体的笔画和结构等特点；运用 POP 字体设计和书写有创意的校园文化标语。本课的设计遵循"关注文化与生活""注重创新精神"的美术课程标准理念,将作业设计和校园生活结合,和育人结合,培养学生的创新意识和实践能力。

(二) 学情分析

1. 学生心理特点及能力分析

六年级学生好奇心强烈,表现欲强,自主意识逐渐增强,乐于通过学习成果展示自我价值。POP 字体的设计特点是制作快、效果好、成本低,比较适合初中学生的学习基础。学生可以运用 POP 字体的设计方法快速地表现出自己的想法和创意,并可以将本课学习的 POP 设计手法运用于生活中,如,班级布置、贺卡制作、小报设计等,培养学生初步的设计意识和能力。

2. 学生已有的知识技能分析

学生在本教材前面单元中已经学习了色彩的知识及点、线等造型要素。在本单元的第一课时中学习了宋体字和黑体字的字形结构特征和书写特点,通过前后两节课知识的衔接,进行 POP 字体设计的教学,从而让学生在系统的、循序渐进的教学中更易掌握知识点。

【教学目标】

知识与技能:知道 POP 字体的笔画和结构特点,能运用 POP 字体笔画和结构特点设计校园 POP 字体,正确使用方头马克笔书写 POP 字体校园标语。

过程与方法:通过欣赏、比较、示范,探索 POP 字体的笔画和结构等特点;在师生共同探索中了解 POP 字体的基本设计手法和装饰方法;运用 POP 字体设计、书写有创意的校园文化标语。

情感、态度与价值观:感受美术字体的形象之美,培养初步的设计意识、运用所学的美术知识和技能美化生活与环境的意识。

【教学重点与难点】

教学重点:运用 POP 字体设计的基本方法设计并书写校园文化标语。

教学难点:初步把握 POP 字体的笔画和结构特点。

【教学技术与学习资源应用】

教学技术:多媒体设备及技术。

学习资源:课件、校园环境、书报等。

【教学设计思路】

(一) 单元设计

为了帮助学生把握《一目了然的信息》这一单元的教学内容和要求,本单元主要分四课时进行教学。具体安排如下。(本课教学是第二课时)

课时	课题	教学内容与要求
第一课时	《宋体与黑体》	了解中国文字发展历程,掌握宋体和黑体的笔画和结构特征
第二课时	《POP 字体设计》	知道 POP 字体的笔画和结构特点,运用 POP 字体的设计手法设计和书写校园文化标语
第三课时	《书籍装帧设计》	了解书籍的结构特征,知道封面设计的三要素和之间的关系,运用所学字体设计的知识,结合色彩和图像设计一幅自己喜爱的书籍的封面
第四课时	《小报设计》	知道小报的构成要素和编排形式,结合以往所学的美术知识,设计一张手写小报

在学习了宋体字与黑体字笔画特点和书写要点的基础上,再通过欣赏、比较、示范,探索 POP 字体的笔画和结构等特点,体现学习内容的难度的递进;运用 POP 字体的设计手法设计和书写校园文化标语,将所学知识运用于生活中,体现美术装扮生活的理念。

在两节字体课学习的基础上,进一步丰富学习内容,通过《书籍装帧设计》和《小报设计》两节课的学习,将文字、图形、色彩三要素有机运用于平面设计中,形成以创意为重点的设计意识,理解平面设计在生活中的意义和价值。

(二) 主要问题及对策

本课在试教的过程中,围绕重点、难点,根据学生出现的问题及时调整教学设计。

可能存在的问题	采用的对策
马克笔运用不恰当	通过尝试练习,让学生体验马克笔的特性,并在教师示范中演示方法和提示注意点
POP 字体特征把握不到位	通过探究、欣赏和示范演示,结合信息技术设备,引导学生把握 POP 字体的笔画和结构特征

（续表）

可能存在的问题	采用的对策
校园标语文字内容不够丰富	通过教师启发和小游戏贴一贴，引导学生考虑标语的实用性，激发创造力

【教学流程】

（一）视频导入

（1）欣赏"POP字体书写过程"视频。

（2）找一找、说一说生活中的POP字体。

（3）初步感受介绍POP字体的特点。

（4）揭示课题:《校园POP字体设计》（板书）。

（二）导学达标

1. 知道与理解POP字体的特征与艺术特点

（1）通过POP字体与黑体字两种字体的比较，提炼、概括POP字体的特征（板书）。

① 笔画方向（横不平、竖不直）;

② 字体结构（上松下紧、改变重心）;

③ 装饰美化（装饰笔画、添加背景和图形）。

（2）概括POP字体的艺术特点:稚拙、活泼、有趣。

2. 知道POP字体设计的方法与书写的步骤（板书）

（1）笔画设计（改变方向、粗细一致）。

（2）结构设计（改变重心、上松下紧）。

（3）装饰设计（装饰笔画、添加背景）。

① 装饰笔画（重叠法、连笔法、替代法）;

② 背景装饰（勾线、添加图形）;

③ 色彩装饰（对比色、同类色等）。

（4）POP字体的书写方法与步骤（教师示范）。

① 第一步:确定书写内容与布局;

② 第二步:铅笔单线勾画结构;

③ 第三步:马克笔书写笔画;

④ 第四步:整体装饰、调整。

3. 欣赏 POP 文化标语在校园中的应用

(1) 想一想:校园中的几处角落和场景设置怎样的文化标语?

(2) 议一议:文化标语能为校园增添怎样的文化氛围?

(三) 创作体验

(1) 作业内容:选择校园内某一处场景,用 POP 字体为其设计一款文化标语。

(2) 作业要求:

① 确定恰当的文字内容,字数 2—4 个;

② 运用 POP 字体进行设计和书写,适当添加装饰;

③ 体现 POP 字体特征,设计与装饰具有创意与美感。

(3) 学生设计、书写,教师巡回指导。

(四) 作业展评

学生将作业贴于展示板,学生自评、互评、教师评价。

(五) 课堂小结

希望同学们用今天设计制作的校园文化标语激励自己,做一个讲文明、有修养的人;运用 POP 字体美化我们的校园和生活。

【教学反思】

参加了本次美术学科教师教学专业能力展评活动,这次比赛对我来说是一次珍贵的锻炼与学习的机会。下面谈谈我在本次活动中的收获和反思。

(一) 本课亮点

1. 遵循美术学习规律,明确内容与要求

本课教学设计与实施基于学生学习基础,遵循学生学习规律,充分发挥美术学科在视觉感知方面的特性,引导学生自主学习与探究。教学的容量、内容难易度、时间设置比较合理,内容明晰,要求明确,符合六年级学生的学习基础。

2. 师生共同探究,解决重点难点

通过师生共同对 POP 字体的特征理解和把握、字体构思和设计的基本方法和步骤之探究,实现教学重点和难点的有效突破。在示范过程中积极采纳学生的合理建议,推动课堂生成的产生,创设平等、生态的课堂,培育学生观察、思考、概括、演绎能力,激发学生创意。

3.融入校园文化,优化作业设计

本课的作业设计将知识点凝结到校园文化标语牌这一载体,使原本枯燥的内容赋予了文化性和实用性,更贴近学生的生活空间。采用的书写工具为马克笔,能快速地书写出视觉效果强烈的 POP 字体,并准备了各种造型的卡纸,增强作业的视觉效果。

(二) 反思不足之处

1. 时间把控不准

整堂课在创作体验环节,留给学生设计书写的时间稍显局促,主要原因在于讲授与演示环节没有精准把控时间,没能"收放自如",在内容处理方面还要提炼,在互动过程中还要学会及时正确引导和反馈。

2. 教学智慧不足

在作品展示环节,大部分学生都已书写完成字体结构,正在装饰字体,没有及时展示出来有点可惜。相对于农村学生,世界外国语中学的学生有着更强的表现欲和自主意识,他们很想让自己的作品尽善尽美后再展示。课堂上我没有灵活地用一些方法去鼓励和引导他们展示作品。今后我应加强这方面的锻炼,面对不同的学生,更好地把握学生的心理,课前做好预案,以便顺利应对教学中出现的各种情况。

在今后的教学工作中,我将更严格要求自己,努力成为一名优秀的美术教师,带领孩子们在美术活动中展开想象的翅膀,尽情表达对美的感受、对生活的理解和对梦想的追求。

专家点评

一、一堂好课的思考

我常常思考怎样的课,学生喜欢? 怎样的课是成功的课。我觉得要上好一节好课先要回答三个问题,任何一位学科教师、任何一节课都必须回答好三个问题:你要把学生带到哪里去? 你怎样把学生带到那里? 你如何确信你已经把学生带到了那里?

第一个问题:你要把学生带到哪里去? 其实教师要回答的是学生的课堂学

习目标问题:学什么? 学到什么程度? 第二个问题:你怎样把学生带到那里? 教师要回答的是学习策略和学习过程问题。第三个问题:你如何确信你已经把学生带到了那里? 教师要回答的是学习效果的评价问题。回答好了这三个问题,这节课离好课的距离已经不远了。

以冯晓丽老师的这节《校园 POP 字体设计》为例,分析这三个问题。

1. 你把学生带到哪里去? 就是要弄清楚本节课学生学什么? 学到什么程度? 本节课学生学习经典的宋体字、黑体字基础上,组织学生了解结构与形象迥然不同、装饰风格多样的 POP 字体。其学习程度是:探索 POP 字体的笔画和结构等特点,了解 POP 字体的基本设计手法和装饰方法,并运用 POP 字体设计、书写有创意的校园文化标语。

2. 你怎样把学生带到那里? 也就是要理清本节课的学习策略。在教学中冯老师采用了共同探究学习、小组合作学习、做中学学习策略。这些策略都是以学生为主体,强调自主学习、探究学习、合作学习,学生在学习活动前能够调动以往积累的知识,主动确定学习目标、制定学习计划,在学习活动中还能够做出自我调节,必要的时候还能够与他人合作。在合作学习的时候,学生必须责任到人,每个学生都要为一部分学习任务负责。这节课中体现了这些学习策略。

学习过程:好课的教学过程更注重美术学习的情境性。我们要提升学生的核心素养,由于素养是一种复杂的、高级的、人性化的能力,其形成和发展需要借助真实的情境。所学内容需要紧密贴合学生的日常生活经验,以给学生形成一种开放的学习和探究的空间。在"迁移知识"的过程中,学生所学习的专业内容便有了意义,也容易让学生体会学习的乐趣和成功感。这节课内导入部分采用情境学习,能吸引学生,引发学生兴趣。学习中,仅有"情境"是不够的,如果美术教学不能在情境中让学生思考、探究、发现,其美术学习效果就会大打折扣。因此,我们同时要强调"基于问题式的学习",这可以给学生提供具体的"学习任务"或"研究课题"。在"提出问题—解决问题—发现问题"的过程中,诉诸学生思维和行动的知识运用能力会有机会得到不断的锤炼,其学科核心素养亦会得到极大提升。本节课通过欣赏、比较、示范,探索 POP 字体的笔画和结构等特点;在共同探索中了解 POP 字体的基本设计手法和装饰方法;运用 POP 字体设计、书写有创意的校园文化标语。本课经历了视频导入—导学达标—创作体验—作业展评—课堂小结五个环节,每个环节都很重要,环环相扣,前者是后者的铺垫,后者是前者的结果。每个环节有所侧重,课堂有节奏,激发了学生的学习兴趣。

3. 你如何确信你已经把学生带到了那里? 是学习效果的评价问题,美术教学的评价导向也是很重要的,通过评价来控制和调整教学行为。评价应该和教学目标保持一致,否则就会扭曲教学目标和行为。本节课的教学评价围绕美术课的知识点来评价,围绕 POP 字体的笔画和结构特点、POP 字体的基本设计手法和装饰方法进行评价学生作业。

我们说课堂是学生成长的地方,也是学校课程开展的主阵地。优秀的课堂需要不断创新才能实现师生生命的成长。有生命的课堂,应当有健康、知识、生长三个维度,身心健康、学习知识、智慧和德性共同生长的状态,正是一个个有机的活泼的生命个体应有的成长状态。

二、教学建议

1. 我们说我们的美术课要有美术味,才是好课。在这方面还需要我们老师思考。有美术味的课堂应该立足美术素材,运用美术语言,讲好美术故事,引领学生成长。这是真正有美术味的课堂。

2. 师生对话应避免陷入诱导式的对话过程。一问一答的方式,牵着学生的思路,学生的能力、知识,如何看世界? 如何成长? 应该放手让他们高飞。

3. 在借班上课的情况下,课前的预设不够充分,教学中生成的新内容缺乏相应的灵活多样的教学方法。

上海市美术特级教师、正高级教师　顾慧英

后记

　　随着《特级教师在课堂——新时代课程教育教学的智汇演绎》一书的圆满编撰与出版，我心潮澎湃，感慨万千。作为一名特级教师，能够参与并见证这一过程的完成，我深感荣幸与责任重大。

　　教育的本质是点燃火焰，而非灌满瓶子。特级教师，作为教育领域的领头雁，我们肩负着传承教育智慧、引领教学改革的重任。本书通过不同学段、不同学科的特级教师的优课分享以及经验交流，力求为广大教师提供一份宝贵的学习资料和灵感源泉。

　　在编写过程中，我们精心挑选了多位特级教师的精彩课堂实录与心得体会。这些教师中，有的深耕教学一线数十年，积累了丰富的实践经验；有的勇于创新，不断探索新的教学方法与模式，他们用自己的智慧和汗水，诠释了教育的真谛，展现了特级教师的风采。

　　书中的每一篇文字，都蕴含着特级教师们的辛勤付出与深刻思考。他们不仅分享了自己的教学技巧和成功经验，更深刻剖析了教育教学的本质与规律。这些宝贵的经验与智慧，如同一盏盏明灯，照亮了广大教师前行的道路。

　　作为主编，我深知这本书的出版离不开金山区教育局领导的关心与支持，也离不开区内各位特级教师的积极参与和无私奉献。在此，我要向所有为本书编撰付出努力的人表示衷心的感谢和崇高的敬意！

　　同时，我也希望这本书能够成为广大教师的良师益友，为教师立德树人提供有益的借鉴与启示。愿每一位读者都能从书中汲取到教育的力量与智慧，不断提升自己的专业素养与教学能力，为培养更多优秀人才贡献自己的力量。

　　最后，我要特别感谢《特级教师在课堂——新时代课程教育教学的智汇演绎》一书的出版方，是你们的专业与努力，让这本书得以顺利面世。我相信，在未来的日子里,这本书将会继续发挥其独特的作用与价值,为教育事业的发展贡献更多的力量。

作为一名特级教师,我深知自己的责任与使命。我将继续秉承教育初心与使命,不断创新与探索,为培养更多优秀人才而不懈努力。同时,我也期待着与广大同仁携手并进、共创辉煌!

顾燕文

2024 年 10 月